普通高等教育汽车类专业精品系列教材

汽车构造

主 编 王树凤 王翠萍 李学慧

北京理工大学出版社
BEIJING INSTITUTE OF TECHNOLOGY PRESS

内容简介

本书主要针对汽车总体认识、传统燃油汽车（主要发动机、底盘构造）、新能源汽车技术及智能网联汽车技术进行介绍。采用章节任务导向型模式，指出每章的学习目标和重难点，以当前汽车中成熟的结构与技术为对象，配合二维码，通过示意图、立体图、动画、视频等方式，对整车及典型结构部件的组成和工作原理进行详细介绍，使读者更容易理解。除此之外，每章还配有补充提示，介绍相关内容的先进技术知识和思政启示。章节末尾的练习题可用于指导读者对知识的复习和巩固。

本书可作为车辆工程、交通运输等相关专业的教材，也可作为汽车相关工作的参考资料和汽车爱好者的读本。

版权专有　侵权必究

图书在版编目（CIP）数据

汽车构造／王树凤，王翠萍，李学慧主编．--北京：北京理工大学出版社，2022.5（2022.6重印）

ISBN 978-7-5763-1296-6

Ⅰ．①汽… Ⅱ．①王… ②王… ③李… Ⅲ．①汽车-构造 Ⅳ．①U463

中国版本图书馆CIP数据核字（2022）第087978号

出版发行／	北京理工大学出版社有限责任公司
社　　址／	北京市海淀区中关村南大街5号
邮　　编／	100081
电　　话／	（010）68914775（总编室）
	（010）82562903（教材售后服务热线）
	（010）68944723（其他图书服务热线）
网　　址／	http://www.bitpress.com.cn
经　　销／	全国各地新华书店
印　　刷／	唐山富达印务有限公司
开　　本／	787毫米×1092毫米　1/16
印　　张／	25
字　　数／	584千字
版　　次／	2022年5月第1版　2022年6月第2次印刷
定　　价／	62.00元

责任编辑／王玲玲
文案编辑／王玲玲
责任校对／刘亚男
责任印制／李志强

图书出现印装质量问题，请拨打售后服务热线，本社负责调换

前言

我国汽车行业起步较晚，但经过半个多世纪的快速发展，汽车销量和保有量已经位居世界前列。汽车产业在经济和社会发展中占据重要地位。2021年的"十四五"规划为汽车产业的发展提出了重要的目标与方向，创新、协调、绿色、开放、共享的新发展理念将成为汽车工业今后发展的重要指导思想和理念，新能源汽车和智能网联汽车都将在汽车产业中扮演越来越重要的角色。

汽车构造是车辆工程、交通运输等专业的专业基础课程，在整个专业课程体系中具有举足轻重的地位，汽车构造课程对汽车专业创新性人才的培养发挥着重要作用。本书力求反映当代汽车技术的发展状况，对传统汽车的内容进行删减，并引入新能源汽车与智能网联汽车的相关技术介绍，使之适应汽车"新四化"的发展需求。全书包括总论、发动机构造、汽车底盘部件、新能源汽车及智能网联汽车等内容，以乘用车为主，介绍了汽车的结构与工作原理。此外，在书中插入了二维码，能够使读者更为直观地认识到汽车部件的相关结构与其工作原理。

参加本书编写的主要有王树凤、王翠萍、李学慧，同时，还得到山东科技大学、山东理工大学汽车构造相关专业老师的支持与帮助。在整理书稿过程中，王新凯、王世皓也付出了大量的心血和努力。本书编写过程中，参考了相关的书籍和文献，在此一并向其作者表示衷心感谢！

由于时间仓促及编者水平有限，书中难免存在不妥之处，请读者原谅，并提出宝贵意见。

编 者

目 录

总 论 ·· (1)
   第一节　汽车发展 ·· (1)
   第二节　汽车分类 ·· (4)
   第三节　汽车总体构造 ·· (6)
   第四节　汽车行驶的基本原理 ··· (8)
   练习题 ·· (10)

第一篇　传统燃油汽车

第一章　汽车发动机的总体构造和工作原理 ·· (13)
   第一节　概述 ·· (13)
   第二节　发动机的基本结构与术语 ·· (14)
   第三节　往复活塞式内燃机的工作原理 ·· (16)
   第四节　发动机总体构造与产品型号编制规则 ··· (20)
   第五节　发动机的性能指标与特性 ·· (22)
   练习题 ·· (24)

第二章　曲柄连杆机构 ·· (25)
   第一节　概述 ·· (25)
   第二节　机体组 ··· (26)
   第三节　活塞连杆组 ··· (30)
   第四节　曲轴飞轮组 ··· (38)
   练习题 ·· (44)

第三章　配气机构 ··· (45)
   第一节　概述 ·· (45)
   第二节　配气定时及气门间隙 ··· (49)
   第三节　配气机构的零件和组件 ·· (52)
   练习题 ·· (57)

第四章　电控汽油喷射式燃料供给系统 ··· (58)
   第一节　概述 ·· (58)
   第二节　发动机运转工况对可燃混合气成分的要求 ··· (62)

第三节　电控汽油喷射系统 ……………………………………………………… (64)
　　练习题 ……………………………………………………………………………… (74)
第五章　柴油机燃料供给系统 …………………………………………………… (75)
　　第一节　概述 ……………………………………………………………………… (75)
　　第二节　机械式柴油供给系统的组成 …………………………………………… (79)
　　第三节　电控柴油喷射系统 ……………………………………………………… (94)
　　练习题 ……………………………………………………………………………… (98)
第六章　进排气系统及排气净化装置 …………………………………………… (99)
　　第一节　发动机进排气系统 ……………………………………………………… (99)
　　第二节　增压系统 ………………………………………………………………… (104)
　　第三节　排气净化装置 …………………………………………………………… (105)
　　练习题 ……………………………………………………………………………… (107)
第七章　发动机冷却系统 ………………………………………………………… (108)
　　第一节　概述 ……………………………………………………………………… (108)
　　第二节　水冷系统的主要部件 …………………………………………………… (110)
　　第三节　风冷系统 ………………………………………………………………… (114)
　　练习题 ……………………………………………………………………………… (114)
第八章　发动机润滑系统 ………………………………………………………… (115)
　　第一节　概述 ……………………………………………………………………… (115)
　　第二节　润滑系统的主要部件 …………………………………………………… (118)
　　练习题 ……………………………………………………………………………… (121)
第九章　发动机点火系统 ………………………………………………………… (122)
　　第一节　概述 ……………………………………………………………………… (122)
　　第二节　传统点火系统的组成与工作原理 ……………………………………… (123)
　　第三节　电子点火系统 …………………………………………………………… (126)
　　第四节　微机控制点火系统 ……………………………………………………… (127)
　　第五节　汽车电源 ………………………………………………………………… (128)
　　练习题 ……………………………………………………………………………… (130)
第十章　发动机起动系统 ………………………………………………………… (131)
　　第一节　概述 ……………………………………………………………………… (131)
　　第二节　起动机 …………………………………………………………………… (132)
　　第三节　其他形式的起动机 ……………………………………………………… (135)
　　练习题 ……………………………………………………………………………… (137)
第十一章　汽车传动系统 ………………………………………………………… (138)
　　练习题 ……………………………………………………………………………… (143)
第十二章　离合器 ………………………………………………………………… (144)
　　第一节　概述 ……………………………………………………………………… (144)
　　第二节　摩擦离合器 ……………………………………………………………… (146)
　　第三节　离合器的操纵机构 ……………………………………………………… (151)
　　练习题 ……………………………………………………………………………… (154)

第十三章　手动变速器 (155)
第一节　概述 (155)
第二节　变速传动机构 (157)
第三节　同步器 (163)
第四节　变速器操纵机构 (168)
第五节　分动器 (171)
练习题 (172)

第十四章　自动变速器 (173)
第一节　概述 (173)
第二节　液力自动变速器 AT (174)
第三节　其他类型自动变速器 (186)
练习题 (189)

第十五章　万向传动装置 (190)
第一节　概述 (190)
第二节　万向节 (192)
第三节　传动轴和中间支承 (197)
练习题 (199)

第十六章　驱动桥 (200)
第一节　概述 (200)
第二节　主减速器 (201)
第三节　差速器 (205)
第四节　半轴与桥壳 (210)
练习题 (212)

第十七章　汽车行驶系统 (213)
第一节　概述 (213)
第二节　车架和承载式车身 (214)
第三节　车桥 (217)
第四节　车轮与轮胎 (223)
练习题 (228)

第十八章　悬架 (229)
第一节　概述 (229)
第二节　弹性元件 (231)
第三节　减振器 (234)
第四节　非独立悬架 (237)
第五节　独立悬架 (240)
第六节　主动悬架与半主动悬架 (247)
练习题 (248)

第十九章　汽车转向系统 (249)
第一节　概述 (249)
第二节　机械转向系统 (252)

第三节　动力转向系统 ………………………………………………………… (258)
　　练习题 …………………………………………………………………………… (266)
第二十章　汽车制动系统 ……………………………………………………………… (268)
　　第一节　概述 …………………………………………………………………… (268)
　　第二节　制动器 ………………………………………………………………… (270)
　　第三节　制动传动机构 ………………………………………………………… (276)
　　第四节　制动力调节机构 ……………………………………………………… (281)
　　练习题 …………………………………………………………………………… (284)
第二十一章　车身及附属设备 ………………………………………………………… (285)
　　第一节　汽车车身 ……………………………………………………………… (285)
　　第二节　附属设备 ……………………………………………………………… (288)
　　练习题 …………………………………………………………………………… (292)

第二篇　新能源汽车

第二十二章　新能源汽车基础 ………………………………………………………… (295)
　　练习题 …………………………………………………………………………… (299)
第二十三章　纯电动汽车 ……………………………………………………………… (300)
　　第一节　概述 …………………………………………………………………… (300)
　　第二节　结构与工作原理 ……………………………………………………… (301)
　　第三节　驱动系统的布置方案 ………………………………………………… (303)
　　第四节　电动汽车的关键技术 ………………………………………………… (307)
　　练习题 …………………………………………………………………………… (315)
第二十四章　混合动力电动汽车 ……………………………………………………… (316)
　　第一节　概述 …………………………………………………………………… (316)
　　第二节　结构与工作原理 ……………………………………………………… (317)
　　第三节　能量管理策略 ………………………………………………………… (322)
　　练习题 …………………………………………………………………………… (323)
第二十五章　燃料电池电动汽车 ……………………………………………………… (324)
　　第一节　概述 …………………………………………………………………… (324)
　　第二节　结构与工作原理 ……………………………………………………… (325)
　　练习题 …………………………………………………………………………… (327)

第三篇　智能网联汽车

第二十六章　智能网联汽车概述 ……………………………………………………… (331)
　　第一节　智能网联汽车的定义 ………………………………………………… (331)
　　第二节　智能网联汽车的发展历程 …………………………………………… (333)
　　第三节　智能网联汽车的关键技术 …………………………………………… (336)
　　练习题 …………………………………………………………………………… (338)

第二十七章　环境感知技术 ……………………………………………………………（339）
  第一节　先进的传感器技术 ………………………………………………………（339）
  第二节　高精度地图与导航定位技术 ……………………………………………（344）
  第三节　V2X 通信技术 ……………………………………………………………（348）
  练习题 ………………………………………………………………………………（351）
第二十八章　智能决策技术 ……………………………………………………………（352）
  第一节　目标状态预测 ……………………………………………………………（353）
  第二节　行为决策 …………………………………………………………………（353）
  第三节　路径规划 …………………………………………………………………（354）
  练习题 ………………………………………………………………………………（355）
第二十九章　底层控制技术 ……………………………………………………………（356）
  第一节　车辆纵向控制 ……………………………………………………………（356）
  第二节　车辆横向控制 ……………………………………………………………（358）
  第三节　横纵向一体化控制 ………………………………………………………（358）
  第四节　车辆控制执行算法 ………………………………………………………（359）
  练习题 ………………………………………………………………………………（360）
参考文献 …………………………………………………………………………………（361）
附录　各章知识小结导图 ………………………………………………………………（362）

总　论

第一节　汽车发展

汽车作为现代常用的运输工具，经过一百多年的发展，已经成为现代社会生活中不可或缺的一部分。科学技术是第一生产力，人类为了提高生产和生活的水平，不断追求创新突破，把科技发展的成果应用到汽车上。从最初的蒸汽机，到内燃机，再到现在日新月异的新能源、智能网联汽车，汽车产业的持续发展是人类追求美好生活的象征。

1. 蒸汽汽车时代

1769 年，法国人 N. J. 居纽制造了世界上第一辆蒸汽驱动的三轮汽车，如图 0-1 所示。这辆汽车被命名为"卡布奥雷"，车长 7.32 m，车高 2.2 m，前进时靠前轮控制方向，每前进 12~15 min，需停车加热 15 min，运行速度为 3.5~3.9 km/h。1825 年，英国人斯瓦底·嘉内制造了一辆蒸汽公共汽车，18 座，车速为 19 km/h，开始了世界上最早的公共汽车运营。

图 0-1　蒸汽驱动的三轮汽车

后来，蒸汽机发展成为铁道车辆和船舶使用的外燃动力源，人们为汽车寻找功率体积比、功率质量比高的轻便动力装置。

2. 电动汽车时代

美国人托马斯·达文波特于1834年制造出第一辆直流电动机驱动的电动车。在1832—1838年，苏格兰人罗伯特·安德森发明了电驱动的马车，这是一辆使用不能充电的初级电池驱动的车辆。1859年，法国人普兰特发明了世界上第一个可充电的铅蓄电池，为后来纯电动汽车的发展奠定了基础。

第一辆真正具有实际意义的纯电动汽车是由法国古斯塔夫·特鲁夫在1881年制造的可充电的电动汽车（图0-2），采用铅酸电池为动力，以直流电动机驱动。1898年，德国人波尔舍发明了一台轮毂电动机，以替代当时在汽车上普遍使用的链条传动。随后开发了Lohner-Porsche电动车，该车采用铅酸蓄电池作为动力源，由前轮内的轮毂电动机直接驱动，这也是第一辆以保时捷命名的汽车。波尔舍于1900年在这辆电动车上又加装了一台内燃机来发电驱动轮毂电动机，这也是世界上第一辆混合动力汽车，该车采用了串联式混合动力构架。

图0-2 古斯塔夫·特鲁夫的三轮电动汽车

20世纪初，由于内燃机的发明及生产技术的提高，燃油车在这一阶段形成了绝对的优势，让纯电动汽车退出市场。

3. 燃油汽车时代

1866年，德国工程师尼古拉斯·奥托成功地试制出具有进气、压缩、做功、排气的立式四冲程内燃机，其发明在动力史上有划时代意义，为汽车的发明奠定了基础。

1885年，德国人卡尔·本茨使用汽油内燃机为动力源，研制成第一辆三轮机动车（图0-3），其具备了现代汽车的特点：火花点火、钢管车架、水冷循环、后轮驱动、钢板弹簧悬架等，实现了汽车自动行走，被公认为世界上的第一辆现代汽车。戴姆勒在1886年研制成世界上第一辆汽油发动机驱动的四轮汽车（图0-4）。1886年1月29日被公认为世界汽车的诞生日，本茨和戴姆勒则被尊为汽车工业的鼻祖。燃油汽车的发展历程分为四个阶段：

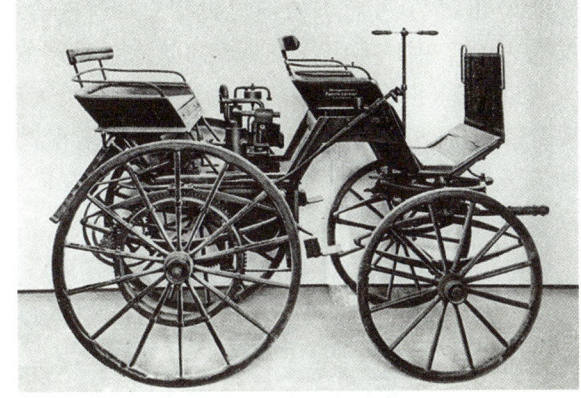

图 0-3　本茨的三轮汽车　　　　图 0-4　戴姆勒的四轮汽车

（1）汽车技术发明阶段（1886—1910 年）

随着汽车上的关键技术不断发明问世，汽车的基本结构定型。奔驰、戴姆勒、雷诺、福特、通用等汽车公司相继成立，欧洲成为汽车产业的中心。此时的汽车生产均为手工装配生产。汽车的外形为马车形；在车身材料方面，全金属车身开始出现；动力方面，柴油发动机诞生；整车布置上出现了四轮驱动和发动机前置后轮驱动的结构形式；转向盘、分挡变速器、差速装置、蜂窝式散热器、脚踏式加速器、盘式制动器和鼓式制动器、充气式橡胶轮胎、保险杠等关键设备相继出现。

（2）汽车技术完善阶段（1911—1946 年）

两次世界大战的运输需求推动汽车技术不断完善，汽车生产进入标准化流水线生产，生产效率大幅度提高，世界汽车工业的中心从欧洲转向美国。雪铁龙、大众、丰田、林肯等汽车公司成立。整车布置上出现了前置前驱，但主流布置依然为前置后驱的结构形式；车身结构方面，承载式车身出现；汽车外形方面，由于空气动力学的进步，造型从箱形汽车转为甲壳虫形汽车；交通基础设置方面，公路上开始出现中心线和信号灯；独立悬架、液力耦合器、液力变速器、自动起动器、空调装置、子午线轮胎、滤清器、照明电灯、刮水器等设备出现。

（3）汽车多样化阶段（1947—1972 年）

第二次世界大战后进入汽车多样化阶段，汽车无论是在外形、性能还是颜色上，都发展变化很快，这一时期的汽车技术主要向高速、舒适方向发展，世界汽车中心由美国转回欧洲。汽车外形方面，船形汽车取代了甲壳虫形汽车成为主流，楔形汽车出现；车身材料方面，铝合金及塑料零件开始应用；三点式安全带、转向助力器、D 型电子控制燃油喷射、ABS、涡轮增压器等技术出现。

（4）汽车环保与电子化阶段（1973 年至今）

20 世纪 70 年代石油危机爆发，使汽车技术向环保、电子化、安全方向发展，日本成为继美国、欧洲之后的世界上第三个汽车工业发展中心。整车布置上，前置前驱兴起并成为紧凑级家庭轿车的设计标准；车身材料方面，全铝车身和全塑料复合材料车身出现；由于电子技术的飞速发展，数字式 ABS、ESP、ACC、安全气囊、数字式发动机管理系统、

3

三元催化剂等技术相继出现。

（5）新能源、智能网联汽车时代

20世纪70年代，石油危机和更加严格的排放法规的出现加速了混动和纯电动技术的发展。1997年，丰田普锐斯成为第一种量产的混合动力汽车，混动汽车开始复兴。

进入21世纪，电池能量密度技术有所突破，电池性能、续航水平、电机动力等不断提升。纯电动汽车、插电式混合动力（增程式）电动汽车和燃料电池汽车等新能源汽车得到进一步的发展，特斯拉在2016年推出的L2自动驾驶级别的纯电动Model 3便是纯电动汽车的代表，如图0-5所示。

图0-5 特斯拉Model 3

在能源和环保的压力下，新能源电动汽车无疑将成为未来汽车的发展方向。一些国家已经发布禁售燃油汽车的时间表，荷兰和挪威将从2025年禁售燃油汽车，印度和德国从2030年禁售燃油汽车，法国和英国从2040年禁售燃油汽车，中国计划在2060年实现碳中和，而新能源汽车的推广和普及对这一目标的实现具有重要的意义。

新时期，汽车技术的发展方向为"低碳化、信息化、智能化"，低碳化是全球汽车产业长期关注的关键技术方向之一，目前各国车企正多管齐下，加紧推进节能车与新能源汽车这两个技术路线的发展进步；信息化与智能化指向未来汽车对"安全、舒适、高效"的更高追求，目前这两个技术领域的发展趋势主要体现在智能网联汽车等方面。

随着计算机、传感器、通信、网络及人工智能等技术的发展，移动互联与汽车深度融合，出现了智能网联汽车，汽车正在从传统交通工具转变为新型的智能出行载体，加速构建人、车、路、环境协同的智慧交通体系是未来交通的发展趋势，为人类提供绿色、共享的智慧出行和运输是汽车行业的目标与任务。

第二节　汽车分类

一、汽车的定义

现行国家标准GB/T 3730.1—2001中对汽车的定义为：**由自身的动力装置驱动，具有四个或四个以上车轮的非轨道承载车辆，主要用于载运人员和（或）货物，牵引载运人员**

4

和（或）货物。

美国汽车工程师学会标准SAEJ 687C中对汽车的定义是：由本身动力驱动，装有驾驶装置，能在固定轨道以外的道路或地域上运送客货或牵引车辆的车辆。

日本工业标准JISK 0101中对汽车的定义是：自身装有发动机和操纵装置，不依靠固定轨道和架线能在陆上行驶的车辆。

二、汽车的分类

国标GB/T 9417—1988把汽车分为八类：轿车、货车、客车、越野车、自卸汽车、牵引汽车、专用汽车和半挂车。其中，轿车、货车、客车为普通运输汽车，可按各自的主要特征参数分级。轿车是供个人使用的、载运少量乘员（2～9人）的汽车，其按发动机排量的不同，分为五级（表0-1）；客车是供公共服务用的，载运较多乘员（9人以上）的汽车，其按车辆总长度的不同，分为五级（表0-2）；货车是载运货物的运输汽车，其按汽车的总质量的不同，分为四级（表0-3）。

表 0-1 轿车的分类

轿车级别	微型	普通级	中级	中高级	高级
发动机排量 V/L	$V \leq 1.0$	$1.0 < V \leq 1.6$	$1.6 < V \leq 2.5$	$2.5 < V \leq 4.0$	$V > 4.0$

表 0-2 客车的分类

客车级别	微型	轻型	中型	大型	特大型客车
车辆总长 L_a/m	$L_a \leq 3.5$	$3.5 < L_a \leq 7.0$	$7.0 < L_a \leq 10.0$	$L_a > 10.0$	铰接式客车与双层客车

表 0-3 货车的分类

货车级别	微型	轻型	中型	重型
最大总质量 m_a/t	$m_a \leq 1.8$	$1.8 < m_a \leq 6.0$	$6.0 < m_a \leq 14.0$	$m_a > 14.0$

为更好地和国际标准接轨，在此基础上，国家制定了汽车分类的两个国标GB/T 3730.1—2001和GB/T 15089—2001。

GB/T 3730.1—2001是通用性分类，适用于一般概念、统计、牌照、保险、政府政策和管理的依据；GB/T 15089—2001主要用于型式认证，是型式认证各技术法规适用范围的依据。

GB/T 3730.1—2001将汽车按用途分为乘用车和商用车两大类。所谓乘用车，是指在设计和技术特性上主要用于载运乘客及其随身行李和临时物品的汽车，包括驾驶员座位在内最多不超过9个座位，它也可以牵引一辆挂车。所谓商用车，是指在设计和技术特性上用于运送人员和货物的汽车，并且也可牵引挂车。

GB/T 15089—2001将机动车辆和挂车分为L类、M类、N类、O类和G类，适用于道路上使用的汽车、挂车及摩托车，见表0-4。

表 0-4　机动车辆及挂车分类

汽车类型			乘客座位数	厂定汽车最大总质量/t	说明
M 类	至少有 4 个车轮并且用于载客的机动车辆	M₁ 类	≤9	—	包括驾驶员座位在内，座位数不超过 9 个的载客车辆
		M₂ 类	≤9	≤5.0	包括驾驶员座位在内，座位数不超过 9 个，并且最大设计总质量不超过 5.3 t 的载客车辆
		M₃ 类	>9	>5.0	包括驾驶员座位在内，座位数超过 9 个，并且最大设计总质量超过 5.0 t 的载客车辆
N 类	至少有 4 个车轮并且用于载货的机动车辆	N₁ 类	—	≤3.5	最大设计总质量不超过 3.5 t 的载货车辆
		N₂ 类	—	>3.5~12	最大设计总质量超过 3.5 t，但不超过 12 t 的载货车辆
		N₃ 类	—	>12	最大设计总质量超过 12 t 的载货车辆
O 类	挂车（包括半挂车）	O₁ 类	—	≤0.75	最大设计总质量不超过 0.75 t 的挂车
		O₂ 类	—	>0.75~3.5	最大设计总质量超过 0.75 t，但不超过 3.5 t 的挂车
		O₃ 类	—	>3.5~10	最大设计总质量超过 3.5 t，但不超过 10 t 的挂车
		O₄ 类	—	>10	最大设计总质量超过 10 t 的挂车

第三节　汽车总体构造

一、传统燃油汽车总体构造

汽车构造对于行驶动力性、燃油经济性、操纵稳定性、乘坐舒适性、碰撞安全性、发动机排放性等性能起着至关重要的作用。**汽车的整体构造主要由发动机、底盘、车身、电气与电子设备组成。**

0-1 汽车构造

1. 发动机

发动机的作用是使输进气缸的燃料燃烧而发出动力。现代汽车广泛应用往复活塞式内燃机，它由机体、曲柄连杆机构、配气机构、燃油供给系统、冷却系统、润滑系统、点火系统（汽油发动机采用）、起动系统等部分组成。发动机主要影响汽车的动力性、燃油经济性和排放性，它的振动与噪声对于乘坐舒适性也有很大的影响。

2. 底盘

底盘接受发动机的动力，使汽车产生运动，并保证汽车按照驾驶员的操纵正常行驶。底盘主要由传动系统、行驶系统、转向系统、制动系统等组成，如图 0-6 所示。底盘主要影响汽车的动力性、操纵稳定性、乘坐舒适性，对燃油经济性和排放性也有一定的影响。

图 0-6 汽车底盘构成

（1）传动系统

将发动机的动力传递给车轮，并具有变速和协调左右驱动轮转速的功能，主要由离合器、变速器、传动轴、主减速器、差速器、半轴组成。

（2）行驶系统

使汽车各总成及部件安装在适当的位置上，对全车起支承作用和对路面起附着作用，并能够缓和来自道路的冲击、振动。主要由车架或承载式车身、悬架、车轮等部分组成。

（3）转向系统

使汽车按照驾驶员选定的方向行驶。主要由转向盘（方向盘）、转向器和转向传动装置组成，有的汽车还有转向助力装置。

（4）制动系统

使汽车减速或停车，并可保证驾驶员离去后汽车可靠地停驻。主要由制动器和制动传动机构组成。

3. 车身

汽车车身既是驾驶员的工作场所，也是容纳乘客和货物的场所。包括车前板制件（车头）、车身本体，还包括货车的驾驶室、货厢以及某些汽车上的专用作业装备。车身主要影响汽车的碰撞安全性、乘坐舒适性及承载运输能力。

4. 电气设备

电气设备包括电源、发动机启动系统以及汽车照明等用电设备。在强制点火的发动机中，还包括发动机的点火系统。此外，现代汽车上越来越多地装用各种电子设备，微处理机、中央计算机系统及各种人工智能装置等，显著地提高了汽车的性能。

二、新能源汽车总体构造

新能源汽车的主体结构，除了包括与传统汽车类似的车身外，在动力、底盘尤其是动力传动部分、电气设备方面有很大区别。

新能源电动汽车是在传统汽车产业链基础之上发展而来的，在车辆结构上与传统汽车最大的区别在于电力驱动控制系统。**电力驱动控制系统是**

0-2 新能源汽车构造

电动汽车的核心，由电源系统、驱动电动机系统和整车控制器等组成。

电源系统：电源为电动汽车的驱动电动机提供电能，主要包括动力电池、电池管理系统、车载充电机及辅助动力源等。

驱动电动机系统：是电动汽车的核心，将电源的电能转化为机械能，通过传动装置或直接驱动车轮和工作装置。一般由驱动电动机、电子控制器、机械传动装置和车轮等组成。

整车控制器：是电动机系统的控制中心，控制电动机的电压或电流，完成电动机的驱动转矩和旋转方向的控制，实现电动汽车的变速和方向变换等。

三、智能网联汽车总体构造

智能网联汽车是在已有汽车构造的基础上，通过搭载先进的车载传感器、控制器、执行器等装置，并融合现代通信与网络技术，实现汽车安全、舒适、节能、高效行驶。从汽车本身的角度，其主要由环境感知系统、智能决策系统及底层控制系统组成。

1. 环境感知系统

通过车载环境感知技术、卫星定位技术、4G/5G 及 V2X 无线通信技术等，实现对车辆自身属性和车辆外在属性（如道路、车辆和行人等）的静、动态信息提取和收集，并向智能决策系统输送信息。

2. 智能决策系统

接收环境感知系统的信息，对周围环境中潜在的障碍物状态进行预测，根据需求确定车辆的行为（如直行、转弯等），从规划的多条可行驶路径中选取最优路径作为车辆行驶轨迹，输出给底层控制系统。

3. 底层控制系统

把来自智能决策系统的行为决策、路径规划落实到汽车执行机构上，对车辆进行横纵向控制，使车辆的速度和轨迹等参数的变化与智能决策规划相一致。

第四节　汽车行驶的基本原理

汽车在道路上行驶，需要施加一个驱动力来克服各种行驶阻力。驱动力是由发动机的转矩经传动系统传至驱动轮上得到的。行驶阻力包括滚动阻力、空气阻力、坡度阻力和加速阻力，如图0-7所示。若驱动力小于滚动阻力、空气阻力和坡度阻力之和，则会导致静止的汽车无法起步、行驶中的汽车减速直至停车。

一、汽车行驶的驱动力与行驶阻力

1. 汽车的驱动力 F_t

发动机输出的转矩经传动系统传至驱动轮上，产生驱动力矩 T_t，如图0-8所示。在 T_t 的作用下，在驱动轮和路面接触处产生一个车轮对路面的圆周力 F_0，其方向与汽车行驶方向相反。同时，路面对车轮施加一个大小相等、方向相反的反作用力 F_t。F_t 就是汽车行驶的驱动力。

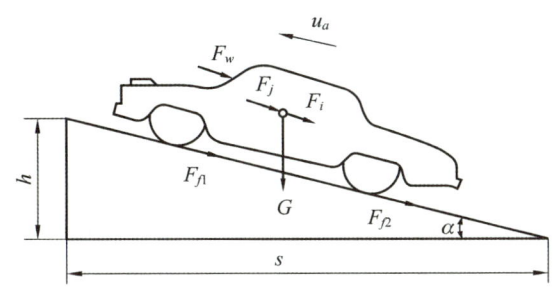

图 0-7　汽车的行驶阻力　　　　图 0-8　汽车的驱动力

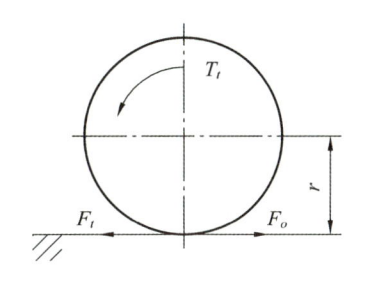

2. 汽车的行驶阻力

（1）滚动阻力 F_f

车轮滚动时，轮胎与路面的接触区域会产生轮胎与支承路面的变形，由此引起的路面对轮胎的阻力，就是滚动阻力，以 F_f 表示。

（2）空气阻力 F_w

汽车行驶时，受到的空气作用力在行驶方向上的分力称为空气阻力，以 F_w 表示。空气阻力与车身的形状、汽车行驶方向的投影面积有关，特别是和汽车与空气之间相对速度的平方成正比。当汽车高速行驶时，空气阻力的数值将显著增加。

（3）坡度阻力 F_i

当汽车上坡行驶时，汽车重力沿坡道的分力称为汽车坡度阻力，以 F_i 表示。

（4）加速阻力 F_j

汽车加速行驶时，需克服其质量加速运动时的惯性力，就是加速阻力，以 F_j 表示。汽车的质量越大，加速阻力越大。

要想使汽车行驶，需满足的第一个条件可表示为：

$$F_t \geq F_f + F_w + F_i$$

此式称为汽车行驶的驱动条件，但它只是必要条件，只反映了汽车本身的行驶能力。

可以采用增加发动机转矩、加大传动比等措施来增大汽车的驱动力。但这些措施只有在驱动轮与路面之间不发生滑转时才有效。如果驱动轮在路面上滑转，则增大驱动力只会使驱动轮加速滑转，地面切向反作用力并不会增加。这种现象表明，汽车行驶除受驱动条件制约外，还受轮胎与路面附着条件的限制。

二、汽车行驶的附着条件

地面之所以产生切向反作用力，主要是依靠地面与驱动轮接地表面之间的摩擦作用。把车轮与路面间的相互摩擦以及轮胎花纹与路面凸起部的相互作用综合在一起，称为附着作用。附着作用所能提供的地面对轮胎切向反作用力的极限值，称为附着力，以 F_φ 表示，在硬路面上，它与驱动轮法向反作用力 F_Z 成正比，即

$$F_\varphi = F_Z \varphi$$

式中，φ 为附着系数，由路面与轮胎决定。

驱动力的发挥受到附着力的限制，实际发出的驱动力，只能小于或等于附着力，而不能大于附着力，否则将发生驱动轮滑转现象，即需满足：

$$F_t \leqslant F_\varphi = F_z\varphi$$

这是汽车行驶的第二个条件——附着条件，它是汽车行驶的充分条件。

加上前面所得到的必要条件，汽车行驶的充分必要条件可表示为：

$$F_f + F_w + F_i \leqslant F_t \leqslant F_z\varphi$$

上式称为汽车行驶的驱动-附着条件。

在实际工作中，不允许车辆常在严重滑转的情况下工作。严重的滑转将使车辆的燃油经济性显著下降，轮胎磨损加剧。在严寒冬季冰雪路面行驶的车辆易打滑，为了增加附着力，可采用特殊花纹的轮胎或在轮胎上绕防滑链，也可采用在路面撒砂等应急措施。

> **补充提示：**
>
> 通过对汽车发展历程的学习，可以知道，一切事物都是不断运动、变化、发展的。发展具有普遍性，发展的实质是新事物的产生和旧事物的灭亡。任何事物的发展都离不开创新，都需要在前人技术研究的基础上进行革新。坚持创新思维，有利于推动人类社会的进步和发展，无论是发达国家还是发展中国家，都需要在创新中寻求促进经济增长和发展的新动力。

练习题

1. 汽车产业是如何发展变化的？
2. 未来汽车的发展方向是什么？
3. 汽车按用途分成哪些类型？
4. 传统燃油汽车、新能源、智能网联汽车由哪几部分组成？各部分的作用是什么？
5. 汽车行驶的基本原理是什么？

第一篇
传统燃油汽车

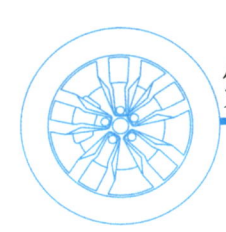

第一章 汽车发动机的总体构造和工作原理

学习目标

本章介绍了发动机的分类、基本术语、工作原理、总体结构及其性能指标。要求学生掌握发动机的分类、基本术语与总体构造；重点掌握四冲程发动机的基本结构与工作原理；了解国产发动机的型号编制规则；熟悉发动机的主要性能指标。

重点难点

1. 发动机的基本术语与总体构造。
2. 四冲程发动机的基本结构与工作原理。
3. 汽油机与柴油机的比较。
4. 发动机的总体构造。

第一节 概 述

发动机是一种能够把其他形式的能量转化为机械能的机器，是汽车的动力源，俗称汽车的"心脏"。发动机分为内燃机和外燃机，内燃机是液体或气体燃料和空气混合后在发动机内部燃烧产生热能，外燃机则是燃料在发动机外部燃烧产生热能。与外燃机相比，内燃机结构紧凑、体积小、质量小和容易起动，故内燃机尤其是活塞式内燃机被广泛用作汽车的动力装置。本书以后涉及的发动机的内容，主要是指活塞式内燃机。

活塞式内燃机按不同的特征分类：

①按活塞运动方式不同，分为往复活塞式和旋转活塞式两种。前者活塞在气缸内做往复直线运动，而后者活塞在气缸内做旋转运动。往复活塞式内燃机在汽车上应用最广泛，是本书的主要讨论对象。

②按着火方式不同，分为压燃式和点燃式两种。压燃式发动机是压缩气缸内的空气或

13

可燃混合气产生高温，靠燃油的自燃燃烧；点燃式发动机是靠火花塞点火使可燃混合气燃烧。

③根据使用燃料种类不同，主要分为汽油机、柴油机和气体燃料发动机。以汽油或柴油作为燃料的活塞式内燃机分别称为汽油机或柴油机；使用天然气、液化石油气和其他气体燃料的活塞式内燃机则称作气体燃料发动机。

④按冷却方式不同，分为水冷式和风冷式两种。以水或冷却液作为冷却介质的，称为水冷式内燃机；以空气作为冷却介质的，称为风冷式内燃机。

⑤按冲程数不同，分为四冲程和二冲程发动机。在一个工作循环中，活塞往复四个行程的内燃机称为四冲程内燃机，而活塞往复两个行程完成一个工作循环的则称作二冲程内燃机。

⑥按进气状态不同，分为增压式和非增压式。若利用增压器增高进气压力，使进气密度增大，则称为增压式内燃机；若进气是在接近大气状态下进行的，则称作非增压式内燃机或自然吸气式内燃机。

⑦按气缸数不同，发动机可分为单缸发动机和多缸发动机。多缸发动机按气缸间的排列形式不同，可分为直列式发动机、V型发动机和对置式发动机等。

目前应用最广、数量最多的汽车发动机为水冷、四冲程往复活塞式内燃机，其中，汽油机多用于轿车、轻型客车、轻型货车上，柴油机多用于大客车、中重型货车上。

1-1 直列式和V型发动机示意图

补充提示：

时下中国制造在全球的影响力很大，中国自主品牌的发动机技术也逐步走向正向研发，从奇瑞汽车在2005年同欧洲顶级发动机设计公司AVL合作，研发完全拥有自主知识产权的奇瑞ACTECO发动机，到吉利收购沃尔沃，在新一代涡轮增压发动机性能上取得全面突破，再到长城汽车旗下哈弗车型陆续改用自主研发的发动机，民营车企已经成为中国发动机技术发展的核心力量。

第二节　发动机的基本结构与术语

一、单缸发动机的基本结构

图1-1所示为单缸发动机的基本结构，主要由曲轴3、连杆7、活塞8、气缸10、气缸盖11、凸轮轴16、进气门25、排气门15等组成。气缸内表面为圆柱面，在气缸内做往复运动的活塞通过活塞销与连杆的小头连接，连杆的大头则与曲轴相连，活塞、连杆、曲轴等共同构成曲柄连杆机构。气缸的顶端由气缸盖封闭，气缸盖上装有进、排气门。通过进、排气门的开闭实现向气缸内充气和向气缸外排气。进、排气门的开闭由凸轮轴驱动。凸轮轴由曲轴通过齿形带或齿轮驱动。进、排气门和凸轮轴以及其他一些零件共同构成配气机构。构成气缸的零件称为气缸体，支承曲轴的零件称为曲轴箱，气缸体与曲轴箱的连铸体称作机体。

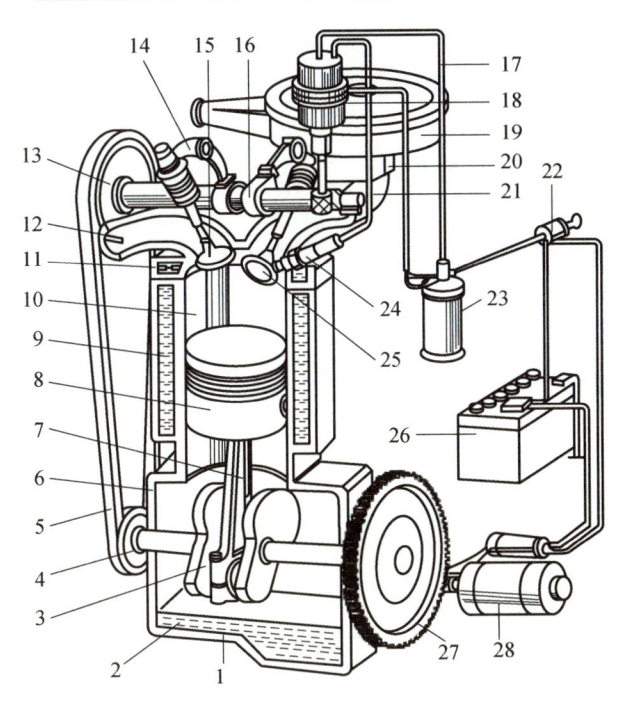

第一章 汽车发动机的总体构造和工作原理

1—油底壳；2—机油；3—曲轴；4—曲轴同步带轮；5—同步带；6—曲轴箱；7—连杆；8—活塞；9—水套；10—气缸；11—气缸盖；12—排气管；13—凸轮轴同步带轮；14—摇臂；15—排气门；16—凸轮轴；17—高压线；18—分电器；19—空气滤清器；20—化油器；21—进气管；22—点火开关；23—点火线圈；24—火花塞；25—进气门；26—蓄电池；27—飞轮；28—起动机。

图 1-1 单缸发动机的基本结构

二、发动机的基本术语

以图 1-2 为例说明发动机的一些基本术语。

（1）工作循环

由进气、压缩、做功和排气四个工作过程组成的封闭过程称为活塞式内燃机的工作循环。

（2）上、下止点

活塞顶面离曲轴回转中心最远时的止点称为上止点；活塞顶面离曲轴回转中心最近时的止点称为下止点。

（3）活塞行程

上、下止点间的距离 S 称为活塞行程。曲柄的回转半径 R 称为曲柄半径。曲轴每回转一周，活塞移动两个活塞行程。对于气缸中心线通过曲轴回转中心的内燃机，$S = 2R$。

（4）气缸工作容积

上、下止点间所包容的气缸容积称为气缸工作容积，记作 V_s，单位为 L。

$$V_s = \frac{\pi D^2}{4 \times 10^6} S$$

式中，D 为气缸直径（mm）；S 为活塞行程（mm）。

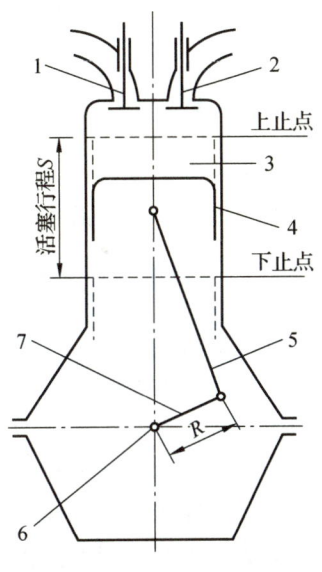

1—进气门；2—排气门；3—气缸；4—活塞；5—连杆；6—曲轴中心；7—曲轴。

图 1-2 往复活塞式内燃机示意图

15

(5) 发动机排量

发动机所有气缸工作容积的总和称为发动机排量，计作 V_L。

$$V_L = iV_s$$

式中，i 为气缸数；V_s 为气缸工作容积（L）。

(6) 燃烧室容积

活塞位于上止点时，活塞顶面以上气缸盖底面以下所形成的空间称为燃烧室，其容积称为燃烧室容积，也叫压缩容积，记作 V_c，单位为 L。

(7) 气缸总容积

气缸工作容积与燃烧室容积之和称为气缸总容积，记作 V_a，单位为 L。

$$V_a = V_s + V_c$$

(8) 压缩比

气缸总容积与燃烧室容积之比称为压缩比，记作 ε。

$$\varepsilon = \frac{V_a}{V_c} = 1 + \frac{V_s}{V_c}$$

压缩比的大小表示活塞由下止点运动到上止点时，气缸内的气体被压缩的程度。压缩比越大，压缩终了时气缸内的气体压力和温度就越高。轿车用汽油机的压缩比一般为 8~11。

(9) 工况

内燃机在某一时刻的运行状况简称工况，以该时刻内燃机输出的有效功率和曲轴转速表示。

(10) 负荷率

内燃机在某一转速下发出的有效功率与相同转速下所能发出的最大有效功率的比值称为负荷率，以百分数表示。负荷率通常简称负荷。

第三节　往复活塞式内燃机的工作原理

车用往复活塞式内燃机通常都是四冲程发动机，所用的燃料为汽油和柴油。因为汽油和柴油的性质不同，故在发动机的工作原理和结构上有所差别。

一、四冲程汽油机工作原理

汽油发动机在进气行程中吸入可燃混合气（空气与汽油以一定的比例混合而成），然后对混合气压缩，点火使其燃烧产生热能，高温高压的气体作用在活塞顶部，推动活塞往复直线运动，通过连杆、曲轴、飞轮对外输出机械能。四冲程汽油机经过四个活塞行程即进气行程、压缩行程、做功行程和排气行程，曲轴旋转两圈（720°），完成一个工作循环。以气缸容积 V 为横坐标，以气缸内的气体压力 p 为纵坐标，来表示活塞在各个行程中气体压力 p 随气缸容积 V 变化的示功图，如图 1-3 所示。

1-2 工作原理动画

1. 进气行程

曲轴带动活塞由上止点移至下止点，进气门开启，排气门关闭，曲轴转动180°。在此过程中，气缸容积逐渐增大，气缸内气体压力从 p_r 逐渐降低到 p_a，气缸内形成一定真空度，空气和汽油形成的混合气通过进气门被吸入气缸，并在气缸内进一步混合，形成可燃混合气。由于进气系统存在阻力，在进气终点（图中 a 点），气缸内气体压力小于大气压力，为 0.08～0.09 MPa。

由于进气管、气缸壁、活塞顶、气门和燃烧室壁等高温零件的加热以及与残余废气的混合，进入气缸内的可燃混合气的温度可达 320～380 K。在示功图上，进气行程为曲线 ra。

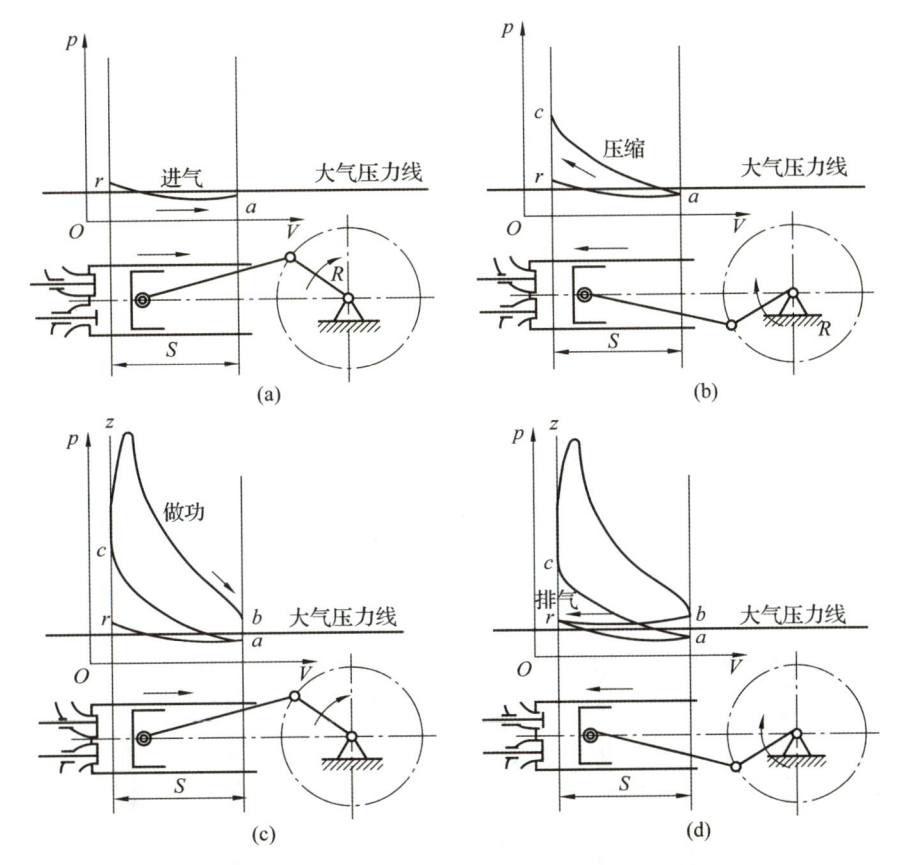

图 1-3 四冲程汽油机的示功图
(a) 进气行程；(b) 压缩行程；(c) 做功行程；(d) 排气行程

2. 压缩行程

进气行程结束后，活塞从下止点向上止点运动，进、排气门同时关闭，曲轴转动 180°。活塞上移时，工作容积逐渐变小，缸内混合气受压缩后，压力和温度不断升高，在压缩终了时，其压力 p_c 可达 0.8～1.5 MPa，温度达 600～750 K。在示功图上，压缩行程为曲线 ac。

压缩终了时，可燃混合气压力和温度的大小取决于压缩比。压缩比越大，可燃混合气的压力和温度越高，燃烧速度越快，发动机输出功率越大。但压缩比过大时，不仅不能改善燃烧状况，反而会出现爆燃和表面点火等不正常燃烧。

1-3 p-V 图动画示意

3. 做功行程

当活塞接近上止点时，火花塞点燃可燃混合气，混合气燃烧释放大量的热能，使气缸内气体的压力和温度迅速升高。燃烧最高压力 p_z 可达 3.0~6.5 MPa，最高温度 T_z 可达 2 200~2 800 K。活塞在高温高压燃气的推动下从上止点向下止点运动，并通过曲柄连杆机构对外输出机械能。随着活塞下移，气缸内容积增加，气体压力和温度逐渐下降，到达 b 点时，压力降至 0.35~0.5 MPa，温度降至 1 200~1 500 K。在做功行程中，进、排气门均关闭，曲轴转动 180°。在示功图上，做功行程为曲线 czb。

燃烧产生的热量一部分用于对外做功，一部分用来维持发动机本身运转，一部分传给气缸壁，一部分随废气排出。

4. 排气行程

排气门开启，进气门仍然关闭，活塞由下止点向上止点运动，曲轴转过 180°。排气门开启时，燃烧产生的废气在气缸内、外压差作用和活塞排挤的作用下向缸外排出。由于排气系统存在一定阻力，排气终点 r 点的压力略高于大气压力 p_0，为 0.105~0.12 MPa。排气终了时，温度 T_r = 900~1 100 K。活塞运动到上止点时，燃烧室内仍留有一定容积的废气无法排出，这部分废气称为残余废气。在示功图上，排气行程为曲线 br。

二、四冲程柴油机工作原理

四冲程柴油机的工作循环同样由进气行程、压缩行程、做功行程和排气行程组成。但由于柴油与汽油相比，自燃温度低、黏度大、不易蒸发，因而柴油机的可燃混合气的形成及着火方式与汽油机不同。在压缩行程接近终点时，喷入高压柴油与空气混合，在高温高压环境下，自燃着火，向外输出动力。其工作过程如图 1-4 所示。

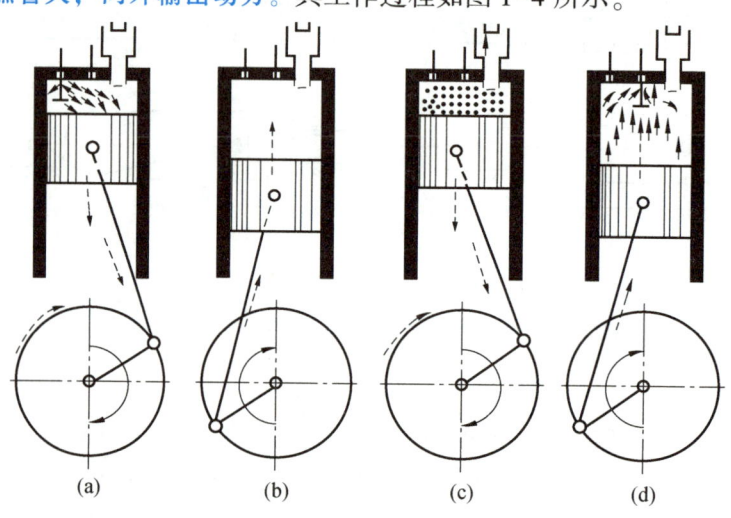

图 1-4 四冲程柴油机的工作原理图
(a) 进气行程；(b) 压缩行程；(c) 做功行程；(d) 排气行程

1. 进气行程

在进气行程中吸入气缸的是纯空气。由于柴油机进气系统阻力较小，进气终了时，气体压力为 p_a = (0.85~0.95)p_0，比汽油机高。进气终点温度 T_a = 300~340 K，比汽油机的低。

2. 压缩行程

由于压缩的是纯空气，因此柴油机的压缩比比汽油机的高，一般为 16~22。压缩终了时的压力可达 3~5 MPa，同时，温度高达 750~1 000 K，远远超过柴油的自燃温度（约 520 K）。

3. 做功行程

当压缩行程接近终了时，柴油在高压油泵作用下以极高的压力通过喷油器喷入气缸燃烧室中，在很短的时间内与空气混合后自行发火燃烧。气缸内气体压力迅速上升，可高达 6~9 MPa，温度也升到 1 800~2 000 K。

4. 排气行程

柴油机排气过程与汽油机的基本相同，只是排气温度比汽油机的低，一般 T_r = 700~900 K。

三、汽油机和柴油机的比较

1. 燃料不同

汽油和柴油在蒸发性和流动性上存在差别，因此两种发动机的**混合气形成方式不同**。除了缸内汽油直接喷射的汽油机外，目前绝大部分汽油机的可燃混合气是在气缸外部形成的，而柴油机的可燃混合气则是在气缸内部形成。

2. 点火方式不同

汽油机的可燃混合气由电火花强制点火燃烧（点燃），而柴油机的可燃混合气则在高温高压环境下自行着火燃烧（压燃）。

3. 压缩比不同

汽油机的压缩比受汽油爆燃特性的限制，不能很高；而柴油机压缩的是空气，压缩比比汽油机的高，燃气膨胀充分，膨胀终了时，气体温度较低，热量利用率高，热效率可达 40% 左右（汽油机只有 30% 左右），所以柴油机燃油消耗率低。但由于柴油机压缩比高，会造成起动困难，零件所受的机械负荷大。与相同功率的汽油机相比，柴油机的体积大、质量大，制造和维修成本高，运转时振动和噪声较大。

4. 尾气排放不同

与汽油机相比，柴油机中的柴油与空气在气缸内混合的时间很短，通常需要比理论空气量多的空气，柴油在气缸内能充分燃烧，因此废气中的 CO（一氧化碳）和 HC（碳氢化合物）的含量低，但 NO_x（氮氧化合物）和 PM（颗粒）排放物较多。另外，由于柴油机的燃油经济性好，相应的 CO_2（二氧化碳）排放量也比汽油机的低。

另外，汽油机具有质量小、体积小、升功率高、噪声小、起动性好、制造和维修成本低等特点，在汽车尤其是轿车上广泛应用。随着人们对环境污染和能源问题日益重视以及技术的不断发展，低油耗、低排放（主要指 CO、HC 和 CO_2）的柴油机也得到了越来越多的应用。

第四节　发动机总体构造与产品型号编制规则

一、发动机的总体结构

发动机是一部极其复杂的机器，包含许多机构和系统。现代汽车发动机虽然类型不尽相同，但基本构造相似。**对汽油机来说，通常由两大机构五大系统组成，而柴油机包括两大机构四大系统（无点火系）。**图1-5所示为一般汽油机的构造，以其为例介绍汽油机的各机构和系统。

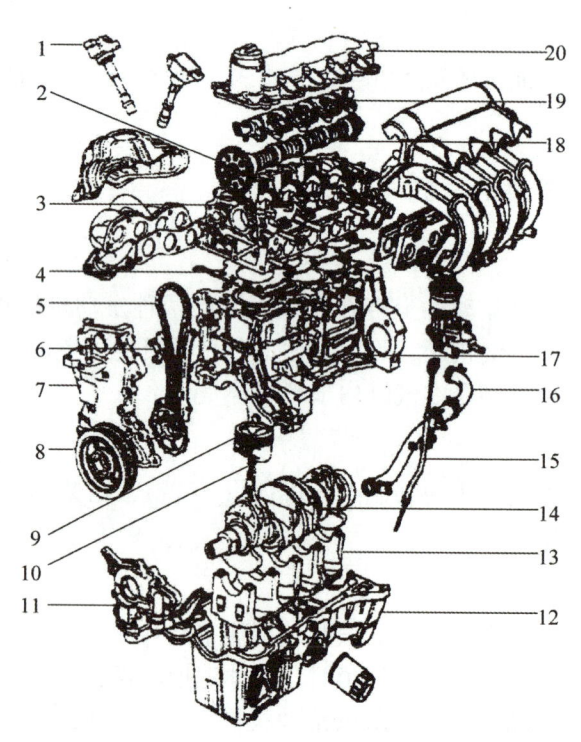

1-4 发动机总体结构

1—火花塞；2—凸轮轴正时齿轮；3—气缸盖；4—气缸垫；5—正时传动带；6—张紧机构；
7—正时齿轮罩盖；8—水泵、发动机曲轴带轮；9—活塞；10—连杆总成；11—曲轴前端封油挡板；
12—油底壳；13—曲轴轴承盖；14—曲轴；15—油标尺；16—机油管；17—气缸体；
18—凸轮轴；19—凸轮轴轴承盖；20—凸轮轴罩盖。

图1-5　汽油机构造

1. 机体组

发动机的机体组包括气缸盖3、气缸垫4、气缸体17及油底壳12等。机体组的作用是作为发动机各机构、各系统的装配基体。在进行结构分析时，常把机体组作为曲柄连杆机构的一部分。

2. 曲柄连杆机构

曲柄连杆机构包括活塞9、连杆总成10、曲轴14和飞轮等。它将活塞的往复直线运动转变为曲轴的旋转运动，进而输出动力。

3. 配气机构

配气机构包括进气门、排气门、摇臂、凸轮轴 18、凸轮轴正时齿轮 2、正时传动带 5 等。其作用是将可燃混合气及时充入气缸，并将燃烧后的废气及时排出。

4. 燃料供给系统

燃料供给系统包括汽油箱、汽油泵、汽油滤清器、油管、空气滤清器、喷油器（或化油器）、进气管、排气管、排气消声器等。其作用是根据发动机各种工况的要求，配制出具有一定数量和浓度的可燃混合气，供入气缸，并将燃烧生成的废气排出发动机。

5. 点火系统

点火系统包括电源（蓄电池和发电机）、分电器、点火开关、点火线圈、火花塞 1 等。其作用是保证在规定时刻及时点燃气缸中被压缩的可燃混合气。

6. 冷却系统

冷却系统主要包括水泵、散热器、风扇、节温器、分水管及气缸体 17 和气缸盖 3 中铸出的水套等。其功用是将受热机件的热量散发到大气中，以保证发动机正常工作。

7. 润滑系统

润滑系统包括机油集滤器、机油泵、限压阀、润滑油道、油管、油温和油压传感器、油温和油压表、油标尺 15 等。其作用是将润滑油不断地供给到相对运动的零件表面，减小摩擦阻力，减轻机件的磨损。

8. 起动系统

起动系统包括起动机及其附属装置，用于使静止的发动机起动并转入自行运转。

二、内燃机产品名称及型号编制规则

为了便于内燃机的生产管理和使用，2008 年，我国对发动机的名称和型号编制方法重新审订，颁布了 GB/T 725—2008《内燃机产品名称和型号编制规则》，代替之前的 GB/T 725—1991 版本。

发动机型号的排列顺序及符号所代表的意义如图 1-6 所示，国标规定发动机的型号由以下四部分组成。

①第一部分：由制造商代号或系列符号组成。制造商根据需要选择相应 1～3 位字母表示。

②第二部分：由气缸数、气缸布置型式符号、冲程型式符号、缸径符号组成。

③第三部分：由结构特征符号、用途特征符号组成。

④第四部分：区分符号。同系列产品需要区分时，允许制造商选用适当符号表示。

型号编制示例：

（1）汽油机型号

①1E65F/P——单缸，直列，二冲程，缸径 65 mm，风冷，通用型。

②CA6102Q/P——第一汽车制造厂制造，六缸，直列，四冲程，缸径 102 mm，水冷，车用。

（2）柴油机型号

①6135Q——六缸，直列，四冲程，缸径 135 mm，水冷，车用。

② 10V120FQ——十缸，V 型，四冲程，缸径 120 mm，风冷，车用。

气缸布置形式符号

符号	含义
无符号	多缸直列
V	V型
P	平卧型
H	H型
X	X型
⋮	⋮

结构特征符号

符号	含义
无符号	冷却液冷却
F	风冷
N	凝气冷却
S	十字头式
Z	增压
ZL	增压中冷
DZ	可倒转

用途特征符号

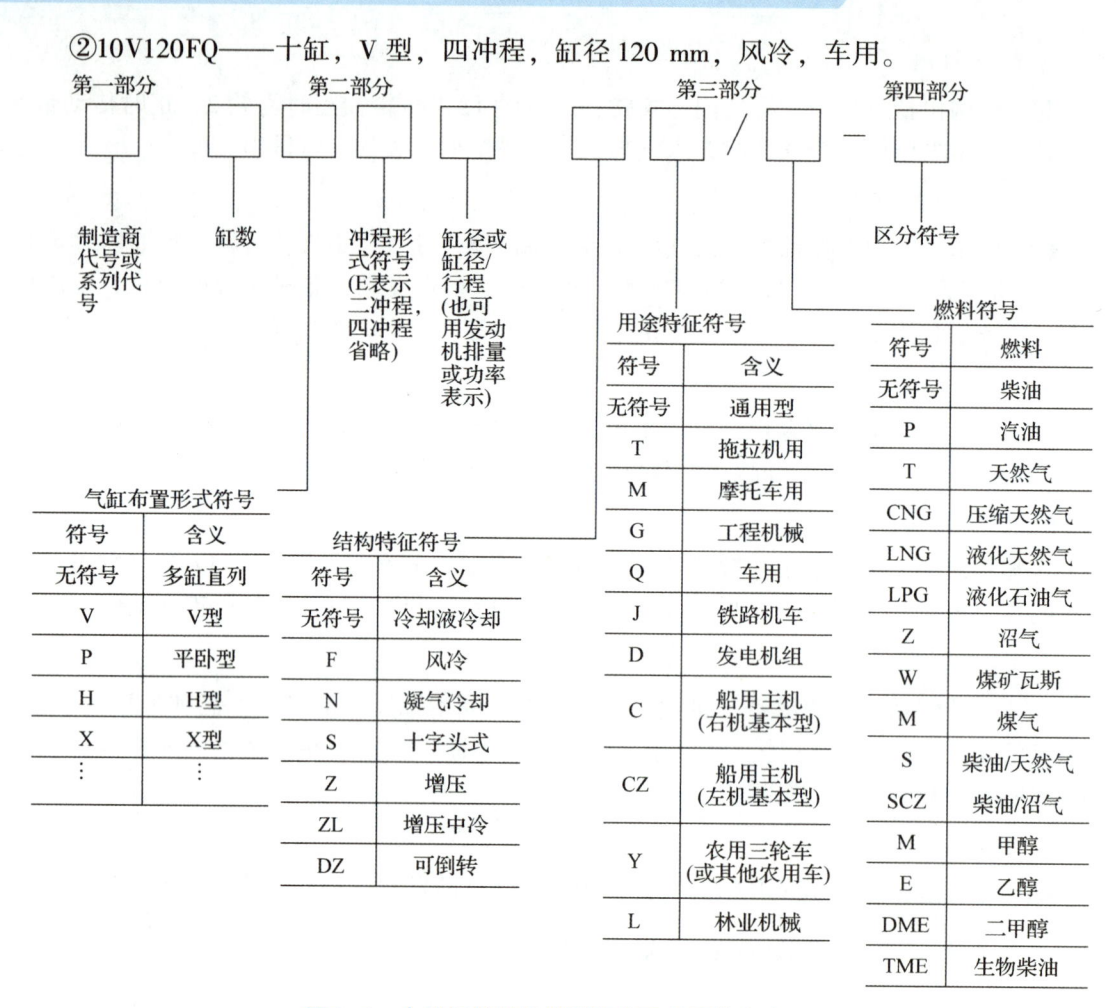

符号	含义
无符号	通用型
T	拖拉机用
M	摩托车用
G	工程机械
Q	车用
J	铁路机车
D	发电机组
C	船用主机（右机基本型）
CZ	船用主机（左机基本型）
Y	农用三轮车（或其他农用车）
L	林业机械

燃料符号

符号	燃料
无符号	柴油
P	汽油
T	天然气
CNG	压缩天然气
LNG	液化天然气
LPG	液化石油气
Z	沼气
W	煤矿瓦斯
M	煤气
S	柴油/天然气
SCZ	柴油/沼气
M	甲醇
E	乙醇
DME	二甲醇
TME	生物柴油

图 1-6 内燃机符号的排列顺序及符号代表意义

第五节　发动机的性能指标与特性

发动机的性能指标用来表征发动机的性能特点，并作为评价各种发动机性能优劣的依据。常见的性能指标有**动力性能指标（有效转矩、有效功率、转速等）、经济性能指标（燃油消耗率）**和**环境指标（排气品质、噪声等）**。

一、动力性能指标

1. 有效转矩

发动机对外输出的转矩称为有效转矩，记作 T_e，单位为 N·m。有效转矩与曲轴角位移的乘积就是发动机对外输出的有效功。

2. 有效功率

发动机在单位时间内通过飞轮对外输出的有效功称为有效功率，记作 P_e，单位为 kW。发动机的有效功率可用台架试验方法测定，也可用测功器测定有效转矩和发动机速度，用如下公式计算出发动机的有效功率 P_e：

$$P_e = T_e \frac{2\pi n}{60} \times 10^{-3} = \frac{T_e n}{9\,550} \qquad (1-1)$$

式中，T_e 为有效转矩（N·m）；n 为发动机转速（r/min）。

3. 发动机转速

发动机曲轴每分钟回转的次数称为发动机转速，用 n 表示。发动机转速的高低关系到单位时间内做功次数的多少或发动机有效功率的大小。说明发动机有效功率大小时，必须指明相应的转速。

二、经济性能指标

发动机经济性指标一般用燃油消耗率表示。发动机每输出 1 kW 的有效功率，在 1 h 内所消耗的燃油质量称为燃油消耗率，记作 b_e，单位为 g/(kW·h)。燃油消耗率越低，经济性越好。b_e 可按以下公式计算：

$$b_e = \frac{B}{P_e} \times 10^3 \qquad (1-2)$$

式中，B 为发动机在单位时间内的耗油量（kg/h）；P_e 为发动机的有效功率（kW）。

三、环境指标

环境指标主要指发动机的排气品质和噪声水平，目前已成为发动机的重要性能指标。对汽油机来说，主要是废气中的一氧化碳（CO）和碳氢化合物（HC）的含量；对柴油机来说，主要是废气中的氮氧化物（NO_x）和颗粒（PM）的含量。噪声会对人的健康造成不良影响，对学习、工作和休息等正常活动产生干扰，发动机是汽车的主要噪声源，因此其噪声也需控制。

四、发动机速度特性

当汽油机的节气门或柴油机喷油泵的油量控制拉杆位置固定不变时，发动机性能参数（有效转矩 T_e、有效功率 P_e、燃料消耗率 b_e）随发动机转速 n 改变而变化的曲线，称为速度特性曲线。发动机的速度特性是在试验台架上（如测功器试验台）测出的。当节气门开度达到最大时得到的速度特性为外特性（图 1-7），其他位置测得的速度特性称为部分负荷特性。

发动机外特性曲线上的每一点都代表在此转速下的最大功率及最大转矩，所以外特性代表发动机的最高动力性能。发动机的额定功率、额定转矩的标定是以外特性为依据的。

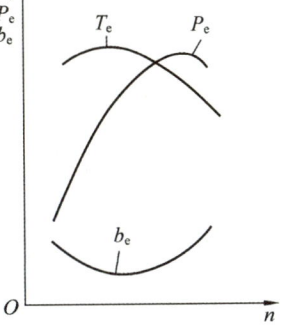

图 1-7　汽油机外特性

五、发动机工作状况

发动机的运转状态或工作状态（简称发动机工况）常用功率和转速来表征，有时也用负荷与转速来表示。发动机在某一转速下的负荷是指当时发动机发出的功率与同一转速下可能发出的最大功率之比，以百分数表示。由图 1-8 得知，在 $n = 3\,500$ r/min 时，若节气门全开，可得到该转速下可能发出的最大功率为 45 kW。如果节气门开到 Ⅱ 和 Ⅲ 的位置，在同样转速下只能发出 32 kW 和 20 kW 的功率。

根据上述定义，可求出 a、b、c 和 d 四个工况下的负荷值：

工况 a　负荷为零（即发动机空转）；

工况 b　负荷 $= \dfrac{20}{45} \times 100\% = 44.4\%$；

工况 c　负荷 $= \dfrac{32}{45} \times 100\% = 71.1\%$；

工况 d　负荷 $= \dfrac{45}{45} \times 100\% = 100\%$（即发动机全负荷）。

注意，不要把负荷和功率的概念相混淆。如某一转速时全负荷（如 d 点），并不意味着此时发动机的功率是最大。发动机的最大功率应当是工况 e 的功率。又如，在工况 f 下，虽然功率比工况 c 的小，但却是全负荷。也就是说，功率的大小并不代表负荷的大小。

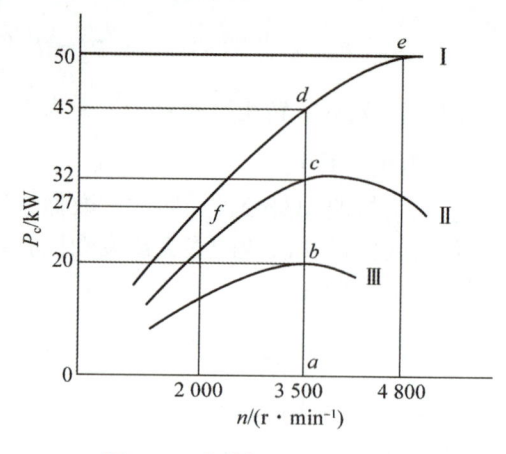

图 1-8　发动机 P_e-n 特性

> **补充提示：**
> 通过对发动机性能指标的学习，可知发动机在使用中既要考虑动力性能指标，又要考虑经济性能指标、环境指标，在力求发动机性能最优时，会出现"鱼与熊掌"不可兼得的状况，此时应以最重要的性能指标作为目标，同时兼顾其他性能指标。在我们日常工作生活中也会经常遇到这种情况，需要抓住事物的主要矛盾，统筹兼顾。

练习题

1. 汽车发动机通常由哪些机构与系统组成？它们各有什么功用？
2. 什么是发动机排量、燃烧室容积和压缩比？
3. 简述四冲程汽油机、柴油机的工作原理。
4. 汽油机和柴油机在可燃混合气形成方式和点火方式上有何不同？
5. 四冲程汽油机和柴油机在总体结构上有哪些异同？
6. 某汽油机有 4 个气缸，气缸直径为 87.5 mm，活塞行程为 92 mm，压缩比为 8，试计算其气缸工作容积及发动机总排量。
7. 发动机的主要性能指标有哪些？什么是发动机的速度特性？

第二章 曲柄连杆机构

学习目标

本章主要介绍曲柄连杆机构的组成与工作原理。要求学生掌握机体组的组成与结构特点，曲柄连杆机构各组成部分的功用、结构与工作原理，曲拐布置与多缸发动机的工作顺序的关系。

重点难点

1. 机体组的结构特点。
2. 活塞连杆组和曲轴飞轮组的组成，各部件的功用、结构与原理。
3. 曲拐布置与多缸发动机工作顺序的关系。

第一节 概 述

机体组是曲柄连杆机构等零部件的装配基体。活塞连杆机构的功用是将燃料燃烧时产生的热能转变为机械能，通过连杆将活塞的往复运动变为曲轴的旋转运动而对外输出动力。 进气、压缩和排气行程则依靠曲轴和飞轮的转动惯性，通过连杆带动活塞上下运动，为下一次做功创造条件。**曲柄连杆机构由机体组、活塞连杆组、曲轴飞轮组三部分组成。**

2-1 曲柄连杆

曲柄连杆机构是在高温、高压、高速以及有化学腐蚀的条件下工作的。发动机做功时，气缸内的最高温度可达 2 800 K 以上，最高压力可达 5~9 MPa，发动机转速在 3 000~6 000 r/min 时，活塞每秒钟要经过 100~200 个行程，线速度很大。由于曲柄连杆机构是在高压下做变速运动，曲柄连杆机构主要承受气体压力、往复惯性力、旋转运动件的离心力以及相对运动件接触表面的摩擦力。

第二节　机体组

机体组主要由气缸体、气缸套、气缸盖、气缸垫、曲轴箱和油底壳等组成，是发动机的支架，曲柄连杆机构、配气机构和发动机各系统主要零部件的装配基体。缸盖用来封闭气缸顶部，与活塞顶、气缸壁一起形成燃烧室。另外，气缸盖和机体内的水套及油道，以及油底壳又是冷却系统和润滑系统的组成部分。

2-2 机体组组成图片

一、气缸体

气缸体是发动机的基体，承受高温高压气体的作用力，要求气缸体具有足够的强度和刚度。为散发掉发动机在工作时的多余热量，保证发动机正常工作，应对气缸体和气缸盖进行冷却，按冷却介质的不同，可分为水冷和风冷，汽车发动机多采用水冷方式。为减小发动机的整体质量，要求气缸体结构紧凑、质量较小。

水冷发动机的气缸体和曲轴箱常铸成一体，如图2-1所示。气缸周围和气缸盖中均有用于充水的空腔，称为水套。气缸体和气缸盖上的水套是连通的。气缸体应具有足够的强度和刚度，并且耐磨损和耐腐蚀。力求结构紧凑、质量小，以减小整机的尺寸和质量。气缸工作表面必须耐高温、耐磨损、耐腐蚀，缸体的材料常采用优质灰铸铁。

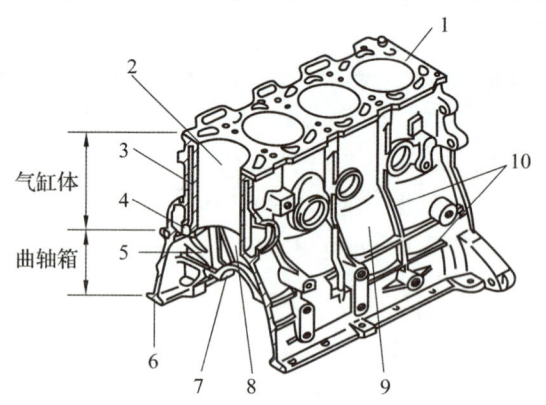

1—机体顶面；2—气缸；3—冷却水套；4—主油道；5、10—加强筋；6—机体底面；
7—主轴承座；8—缸间横隔板；9—机体侧壁。

图2-1　气缸体结构组成

气缸体的构造与曲轴箱结构形式、气缸排列形式和气缸结构形式有关，主要分类如下：

①根据发动机的曲轴轴线与气缸体下表面的位置，分为一般式气缸体、龙门式气缸体和隧道式气缸体，如图2-2所示。发动机的曲轴轴线与气缸体下表面在同一平面的，称为一般式气缸体（图2-2（a）），这种气缸体便于机械加工。发动机气缸体下表面移至曲轴轴线以下的（图2-2（b）），称为龙门式气缸体，这种气缸体的刚度和强度较好，但工艺性较差。为安装采用滚动主轴承支承的组合式曲轴，采用如图2-2（c）所示的隧道式气缸体，其结构刚度比龙门式的更高。

26

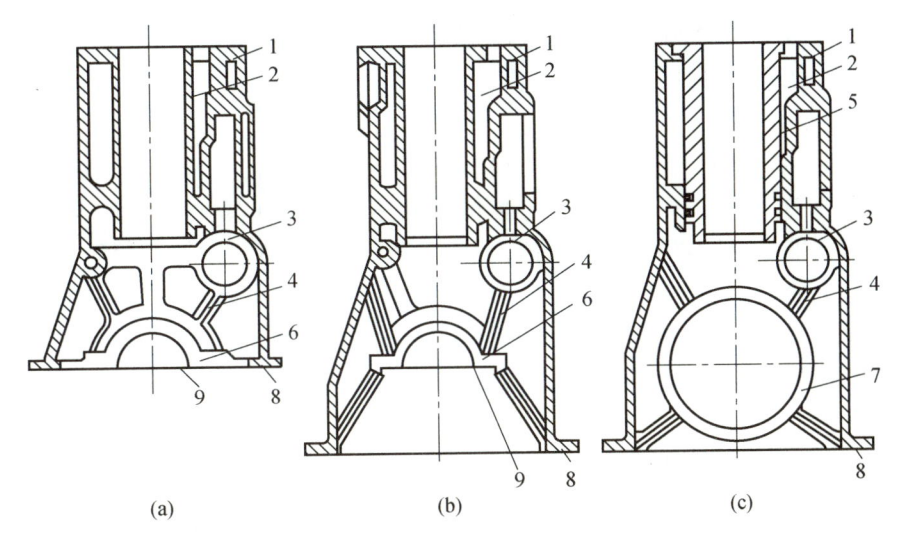

1—气缸体；2—水套；3—凸轮轴孔座；4—加强肋；5—湿缸套；6—主轴承座；7—主轴承座孔；
8—安装油底壳的加工面；9—安装主轴承盖的加工面。

图 2-2　气缸体结构形式
（a）一般式；（b）龙门式；（c）隧道式

②根据气缸的排列方式，分为直列式、V 型、对置式等。直列式发动机的各个气缸排成一列，一般是垂直布置的，如图 2-3（a）所示。双列式发动机左、右两列气缸中心线的夹角 $\gamma<180°$ 者，称为 V 型发动机（图 2-3（b））；$\gamma=180°$ 的则称为对置式发动机（图 2-3（c））。一般六缸以下的发动机常采用直列式。为了缩短发动机的长度和高度，增加气缸体的刚度，减小质量，常采用 V 型发动机。但 V 型发动机加大了宽度，形状复杂，加工困难，主要用于缸数较多的大功率发动机上。对置式发动机的高度比其他形式的小得多，在某些情况下，使得汽车的总布置更方便且有利于发动机的风冷。

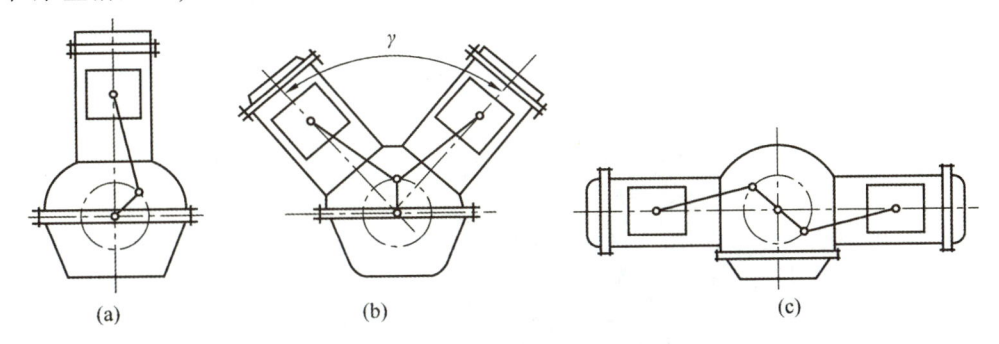

图 2-3　多缸发动机排列形式
（a）直列式；（b）V 型；（c）对置式

③根据气缸结构形式的不同，可分为无气缸套式、干式气缸套式、湿式气缸套式。

无气缸套是在机体中直接加工出气缸，其优点是缩小气缸中心距，机体的尺寸和质量减小，刚度大。缺点是为了保证气缸的耐磨性，整个机体必须采用耐磨的合金铸铁等制造。

为减少材料上的浪费，广泛采用镶入缸体内的气缸套，形成气缸工作表面。气缸套可用耐磨性较好的合金铸铁或合金钢制造，延长气缸的使用寿命，而缸体则采用价格较低的普通铸铁或铝合金等材料制造。根据气缸套是否直接与冷却水接触，可将其分为干式和湿式两种，如图2-4所示。

干式气缸套的气缸套外壁不直接与冷却水接触，壁厚一般为1~3 mm。为了获得与缸体间足够的接触面积，保证缸套的散热和定位，缸套的外表面和与其配合的气缸体支承孔的内表面均须精加工，以保证必要的形位精度和便于拆装。其优点是强度和刚度较好，但加工复杂，拆装不便，散热不良，多用于汽油机。

湿式气缸套的气缸套外壁与冷却水直接接触，壁厚一般为5~9 mm。湿式气缸套仅在上、下各有一圆环带和气缸体接触，下部用1~3道耐热耐油的橡胶密封圈进行密封，防止冷却液泄漏；上部的密封是利用气缸套装入机体后，气缸套顶面高出机体顶面0.05~0.15 mm。这样当紧固气缸盖螺栓时，可将气缸盖衬垫压得更紧，保证气缸的密封性，防止冷却水和气缸内的高压气体窜漏。湿式气缸套优点是气缸散热良好，冷却均匀，加工容易，拆装方便，但强度、刚度不如干式气缸套，容易漏水，多用于柴油机。

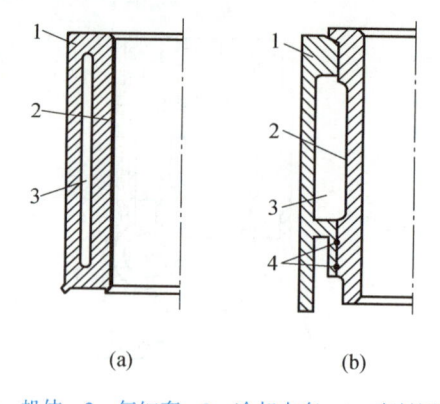

1—机体；2—气缸套；3—冷却水套；4—密封圈。

图2-4　气缸套
（a）干式气缸套；（b）湿式气缸套

二、气缸盖

气缸盖的功用是密封气缸上部，与活塞顶部和气缸一起形成燃烧室，承受气缸内的气体压力。 气缸盖内部有冷却水套，端面上的冷却水孔与气缸体的冷却水孔相通。气缸盖上有进、排气门座，气门导管孔和进、排气通道等，如图2-5所示。汽油机的气缸盖上有火花塞座孔，而柴油机则设有安装喷油器的座孔。

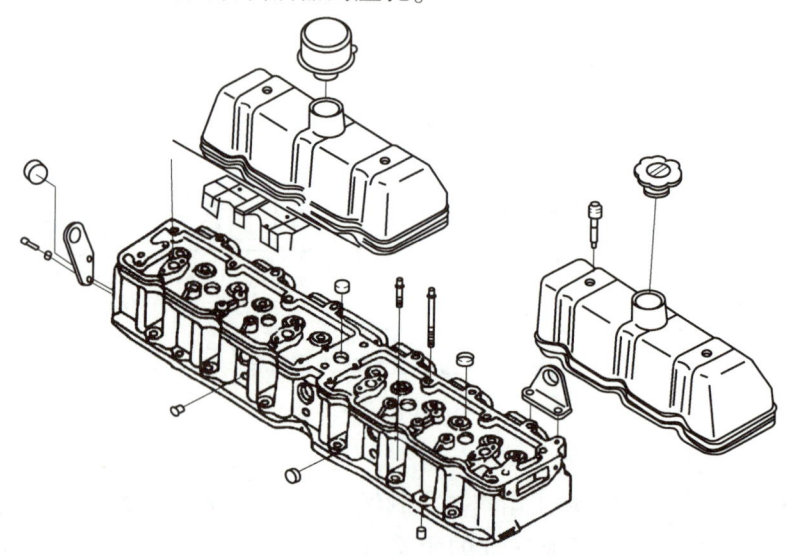

图2-5　CA6102型发动机气缸盖

气缸盖分为单体式、块状和整体式。采用整体式气缸盖可以缩短气缸中心距和发动机的总长度，但刚性较差，受热和受力后易变形，影响密封，一般用在发动机缸径小于

105 mm 的汽油发动机上。缸径较大的发动机常采用单体式或块状气缸盖。气缸盖的材料常为灰铸铁或合金铸铁，有的汽油机气缸盖用铝合金铸造。

燃烧室由活塞顶部（位于上止点时）及气缸盖上相应的凹部空间组成。燃烧室首先要尽可能紧凑，表面积小，以减少热量损失及缩短火焰行程；其次是使混合气在压缩终了时具有一定的涡流运动，以提高混合气燃烧速度，保证混合气得到及时、充分的燃烧。汽油机燃烧室的常用形状有以下几种（图2-6）：

①半球形燃烧室（图2-6（a））。其结构紧凑，但因进、排气门分别置于缸盖两侧，故配气机构比较复杂。其散热面积小，有利于促进燃料过程的完全燃烧和减少排气中的有害气体，在现代发动机上用得较多。

②楔形燃烧室（图2-6（b））。其结构较简单、紧凑，散热面积小，进气阻力小，在压缩终了时，能形成涡流，但火花塞位于楔形燃烧室高处，火焰传播距离长。

③盆形燃烧室（图2-6（c））。其结构较简单，制造成本低，但不够紧凑，散热面积大，火焰传播距离长，热损失大。

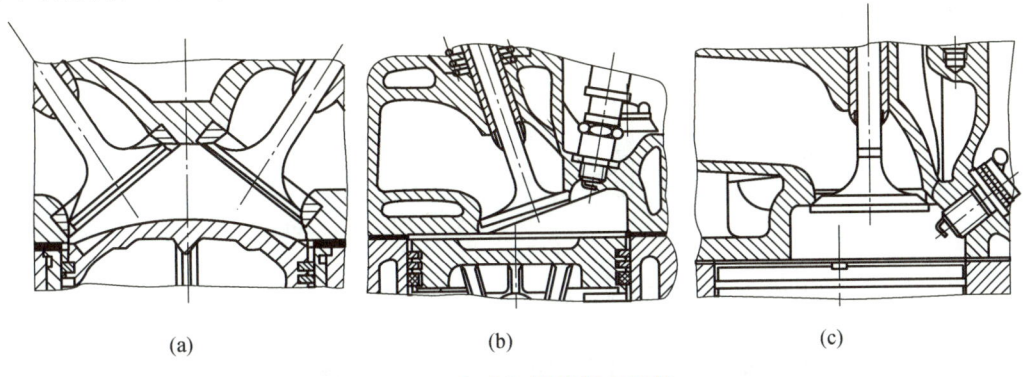

图 2-6　汽油机的燃烧室形状
（a）半球形；（b）楔形；（c）盆形

三、气缸垫

气缸垫安装在气缸盖与气缸体之间，其功用是保证燃烧室的密封，并防止漏气、漏水、漏油，如图2-7所示。对气缸盖衬垫的主要要求有：

①在高温、高压燃气下或有压力的机油和冷却水的作用下，不易损坏。
②具有一定弹性，能补偿接合面的不平度，以保证密封。
③拆装方便，能重复使用，寿命长。

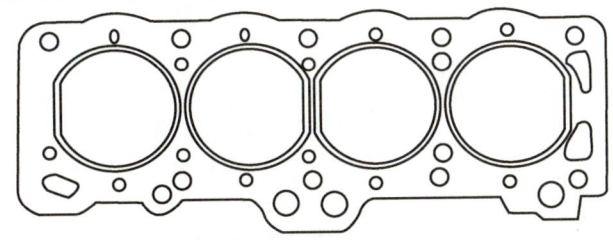

图 2-7　气缸垫

目前应用较多的是金属-石棉气缸垫，石棉之间夹有金属丝或金属屑，外覆铜皮或钢皮。水孔和燃烧室孔周围另用镶边增强，防止被高温燃气烧坏。

四、油底壳

油底壳的功用是储存机油并封闭曲轴箱。油底壳受力很小，一般采用薄钢板冲压而成（图2-8），其形状取决于发动机的总体布置和机油的容量。为保证在发动机纵向倾斜时机油泵能吸到机油，油底壳的后部一般做得较深。油底壳内设有挡油板，防止汽车行驶时油面波动过大。底部装有放油螺塞，通常放油螺塞上装有永久磁铁，以吸附机油中的金属屑，减少运动零件的磨损。

图 2-8 油底壳

五、发动机的悬置

发动机的悬置一般采用气缸体和飞轮壳或变速器壳上的支承支撑在车架上。其方法一般采用三点支承和四点支承两种，如图2-9所示。三点支承可布置成前二后一或前一后二。采用四点支承法时，前、后各有两个支承点。发动机在车架上的支承是弹性的，这是为了消除在汽车行驶中车架的扭转变形对发动机的影响，以及减少传给底盘和乘员的振动和噪声。

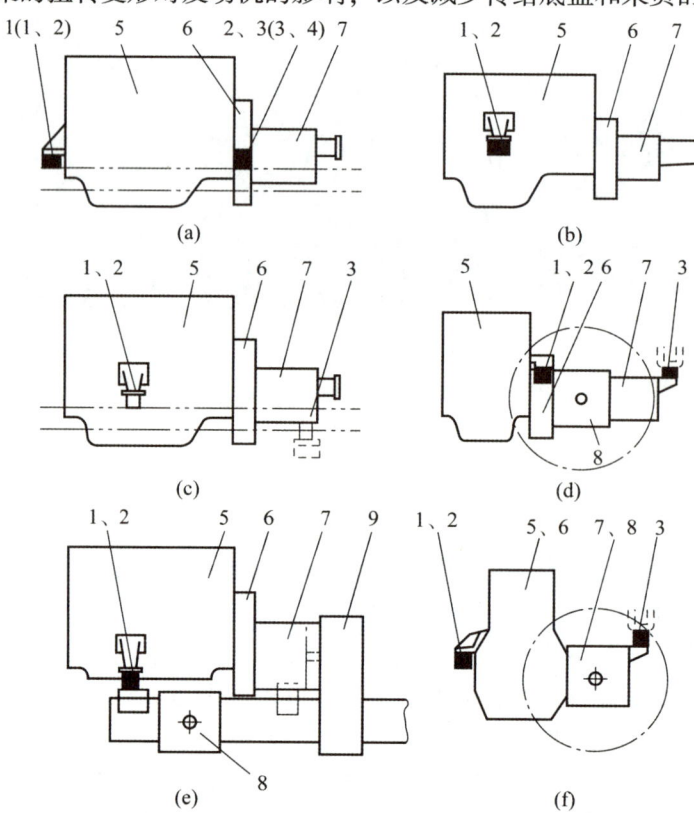

1、2、3、4—支承；5—发动机；6—离合器壳；7—变速器；8—主减速器；9—分动器。

图 2-9 发动机支承示意

（a）四点支承；（b）（c）（d）（f）三点支承；（e）二点支承

第三节 活塞连杆组

活塞连杆组将活塞的往复直线运动变为曲轴的旋转运动，同时，将作用于活塞上的力转变为曲轴对外输出的转矩，主要由活塞、活塞环、活塞销、连杆等组成，如图2-10所示。

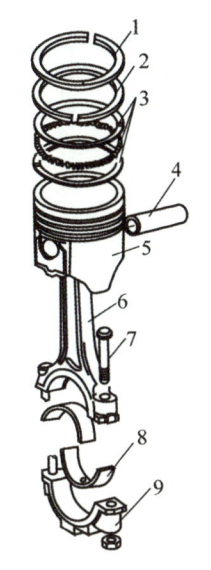

1—第一道气环；2—第二道气环；3—组合油环；4—活塞销；5—活塞；6—连杆；
7—连杆螺栓；8—连杆轴瓦；9—连杆盖。

图2-10　发动机的活塞连杆组

一、活塞

活塞的主要功用是承受气缸中气体的压力，并将此力通过活塞销传给连杆，推动曲轴旋转。活塞顶部与气缸盖、气缸壁共同组成燃烧室，与高温高压气体直接接触，要求活塞有足够的刚度和强度，导热性能好，耐高温、高压，耐磨损，质量小，常采用铝合金材料。

活塞的基本构造可分为顶部、头部和裙部三部分， 如图2-11所示。

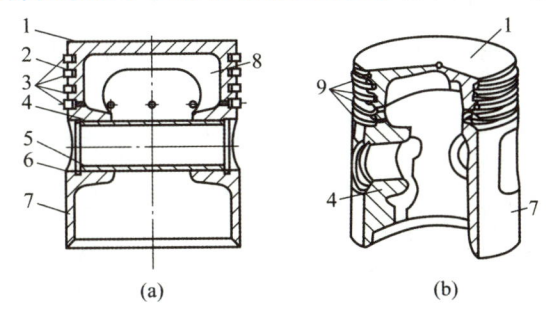

1—活塞顶；2—活塞头；3—活塞环；4—活塞销座；5—活塞销；
6—活塞销锁环；7—活塞裙；8—加强肋；9—环槽。

图2-11　活塞结构剖视图

（a）全剖；（b）部分剖

1. 活塞顶部

活塞顶部的形状主要取决于燃烧室的选择和设计。汽油机活塞顶部大多采用平顶（图2-12（a）），吸热面积小，制造工艺简单，也有用凹坑来调节发动机的压缩比（图2-12（b））。柴油机的活塞顶部常常设有各种各样的凹坑（图2-12（c）（d）），凹坑形状、位置和大小与柴油机混合气的形成或与燃烧要求相适应。活塞顶部加工应力求光洁。

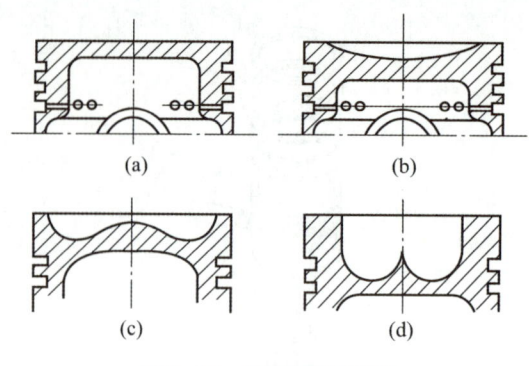

图 2-12 活塞顶部形状

(a) 平顶；(b) (c) (d) 凹坑

2. 活塞头部

活塞头部是活塞环槽以上的部分。主要作用是承受气体压力，并传给连杆；与活塞环一起实现气缸的密封；把活塞顶部所吸收的热量通过活塞环传给气缸壁。

头部切有用来安装活塞环的环槽。汽油机一般有 2~3 道环槽，上面 1~2 道用来安装气环，下面一道安装油环。在油环槽底面上钻有许多径向小孔，被油环从气缸壁上刮下来的多余机油可经过这些小孔流回油底壳。

为使活塞顶部的温度不致过高，更好地散热，主要有如下措施：

①活塞头部一般做得较厚，从活塞顶到环槽区的断面变化要尽可能圆滑，过渡圆角应足够大（图 2-13），以减小热流阻力，便于热量从活塞顶经活塞环传给气缸壁。

②有些活塞在第一道环槽上切出比环槽窄的隔热槽（图 2-14），可使从活塞顶部的热流方向转折，将应由第一道活塞环散走的热量分散给第二、三环。

③在热负荷较高的发动机中，为了保护和加强活塞环槽，可在铝合金活塞环槽部位铸入由耐热合金钢制造的环槽护圈。采用奥氏体铸铁护圈后，环槽的寿命可以提高 3~10 倍。

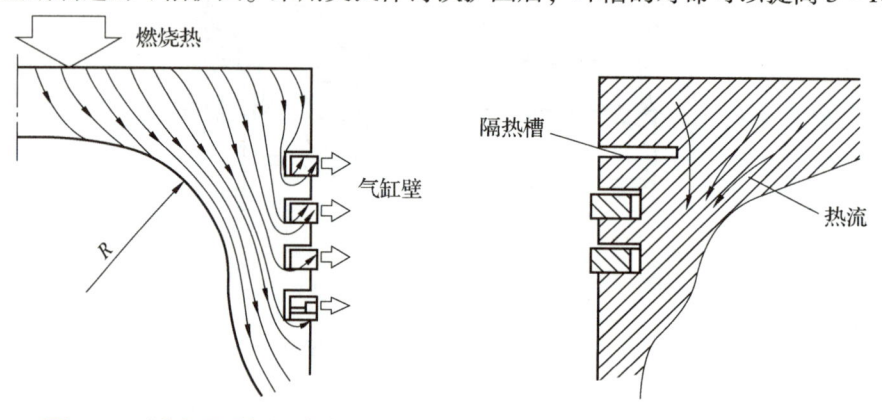

图 2-13 活塞顶到气缸壁的热流　　图 2-14 活塞隔热槽

3. 活塞裙部

活塞裙部是指自油环槽下端面起至活塞底面的部分。裙部的形状应该保证活塞在气缸内得到良好的导向，气缸与活塞之间在任何工况下都应保持均匀、适宜的间隙。裙部应有足够的实际承压面积，以承受侧向力。

燃烧气体压力、侧向力等因素的影响，使裙部直径沿活塞销座轴线方向增大。受热膨胀也会引起裙部变形。为使活塞在正常工作温度下与气缸壁间保持较均匀的间隙，避免在气缸内卡死或引起局部磨损，主要有如下措施：

①预先在冷态下把活塞裙部断面制成椭圆形，长轴垂直于活塞销方向。
②把活塞制成上小下大的圆锥形或桶形。
③裙部开绝热槽、膨胀槽。
④在活塞销座中镶铸上热膨胀系数低的"恒范钢片"，以牵制裙部的热膨胀。

4. 活塞销座

活塞销座的作用是把活塞顶部的气体作用力传给连杆。活塞销座孔的中心线一般位于活塞中心线的平面内。

二、活塞环

活塞环按功能不同，分为包括气环和油环。

1. 气环

气环的主要功用是密封和导热，保证活塞与气缸壁间的密封，防止气缸内的气体漏入曲轴箱，并将活塞顶部的大部分热量传到气缸壁，避免活塞过热。同时，还有辅助刮油和布油的作用。

气环在气缸内做高速运动，处于高温、高压燃气的作用下，润滑条件差，磨损严重。要求其应具有良好的耐磨性、导热性、耐热性等。目前广泛应用的活塞环材料是在优质灰铸铁中加入少量铜、铬、钼等合金元素的合金铸铁。

气环开有切口，具有弹性，在自由状态下不是圆环形，外形尺寸比气缸的内径略大。当气环装入气缸后，在其自身的弹力作用下，环的外圆面与气缸壁贴紧，形成第一密封面。高压气体进入活塞环的侧隙和径向间隙中，进入径向间隙中的高压气体使活塞环的外圆面与气缸壁贴得更紧，加强了其密封。进入侧隙中的高压气体使活塞环的下侧面与环槽的下侧面贴紧，形成第二密封面。这时漏气的唯一通道就是活塞环的开口端隙。如果几道气环的开口相互错开，就形成了迷宫式漏气通道。由于侧隙、径向间隙和端隙很小，气体在通道内的流动阻力很大，致使气体压力迅速下降，最后漏入曲轴箱内的气体很少，如图 2-15 所示。一般汽油机设有 2 道气环，而柴油机由于压缩比高，常设有 3 道气环。一般在保证密封的前提下，要尽可能地减少环数。

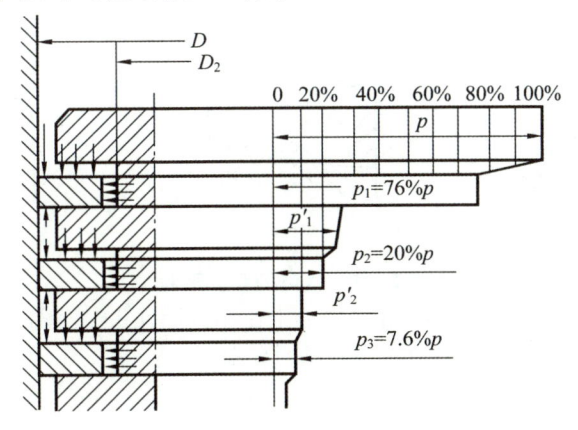

图 2-15 各环间隙处的气体压力递减图

由于气缸内燃气漏入曲轴箱的主要途径是气环的切口,因此,切口的形状和装入气缸后间隙的大小对漏入曲轴箱的燃气量有一定的影响。如果切口间隙过大,则漏气严重,使发动机功率减小;间隙过小时,活塞环受热膨胀后有可能卡死或折断。切口间隙值一般为0.25~0.8 mm。第一道气环温度最高,其切口间隙值最大。气环的切口形状如图2-16所示。直角形切口(图2-16(a))工艺性好;阶梯形切口(图2-16(b))的密封性好,但工艺性较差;斜切口(图2-16(c))的斜角一般为30°或45°,密封作用和工艺性均介于前两种之间,但在套装入活塞时,其锐角部位容易折损。

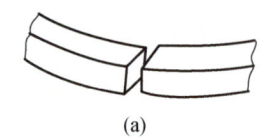

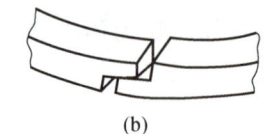

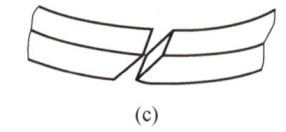

图 2-16 气环的切口形状
(a)直角形切口;(b)阶梯形切口;(c)斜切口

气环的断面形状如图2-17所示,有矩形环、锥面环、扭曲环、梯形环和桶面环。矩形断面(图2-17(a))是常用的,它的工艺性和导热效果较好,但这种断面的气环有"泵油作用",即随活塞做往复运动时,会把气缸壁上的机油不断送入气缸中。泵油原理如图2-18所示,活塞下行时,由于环与缸壁之间的摩擦阻力以及环本身的惯性,环压靠着环槽的上端面,缸壁上的机油被刮入下边隙和背隙内。当活塞上行时,环压靠在环槽的下端面上,经过环背隙里的油就进入气缸中,结果产生油泵效应,将缸壁上的机油压入燃烧室。窜入气缸内的机油会在燃烧室内形成积炭,增加机油消耗,并且还可能在环槽,尤其是温度较高的一道气环槽中形成积炭,使环被卡死在环槽中,失去密封作用,划伤气缸壁,甚至使环折断。由于矩形断面有泵油作用,为改善性能,相继提出了锥面环、扭曲环、梯形环和桶面环等。

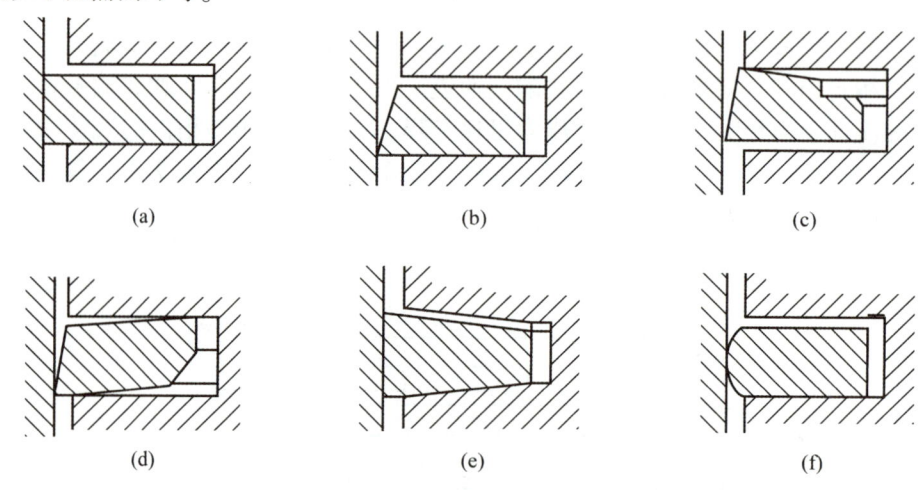

图 2-17 气环的断面形状
(a)矩形环;(b)锥面环;(c)正扭曲内切环;(d)反扭曲锥面环;
(e)梯形环;(f)桶面环

(a)　　　　　　　(b)

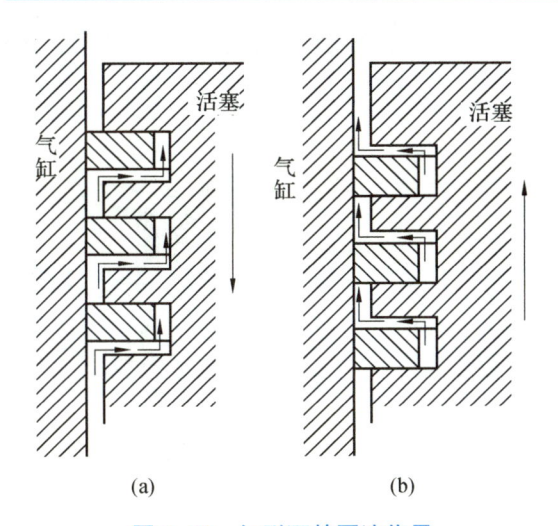

图 2-18　矩形环的泵油作用
(a) 活塞下行；(b) 活塞上行

2. 油环

油环的主要功用是刮除气缸壁上多余的机油，并在气缸壁上涂布一层均匀的油膜，防止机油窜入气缸燃烧的同时，又可以减小活塞、活塞环与缸壁间的摩擦阻力和磨损。此外，油环也起到辅助密封的作用。

油环分为普通油环和组合油环两种，如图 2-19 所示。普通油环一般是用合金铸铁制造，其外圆面的中间切有一道凹槽，在凹槽底部加工出很多排油小孔或狭缝。

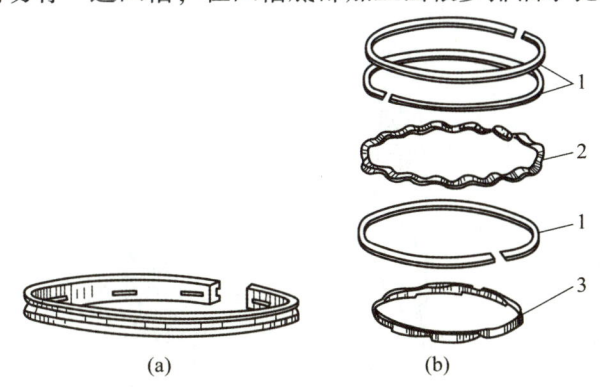

1—刮油钢片；2—轴向衬环；3—径向衬环。

图 2-19　油环图
(a) 普通油环；(b) 组合油环

三、活塞销

活塞销连接活塞和连杆小头，并将活塞承受的气体作用力传给连杆。由于活塞销在高温下承受很大的周期性冲击载荷，润滑条件很差，故要求有足够的刚度和强度，表面耐磨，质量尽可能小。活塞销通常用低碳钢或低碳合金钢制造，活塞销的内孔形状有圆柱形、两端截锥形、两端截锥与一段圆柱的组合形等，如图 2-20 所示。

在汽车发动机中，连杆小头与活塞销的连接方式有两种：全浮式和半浮式。半浮式活塞销是用螺栓将活塞销夹紧在连杆小头孔内，活塞销只在活塞销孔内转动，在小头孔内不转动。全浮式活塞销工作时，在连杆小头孔和活塞销孔中转动，可以保证活塞销沿圆周磨损均匀，如图2-21所示。

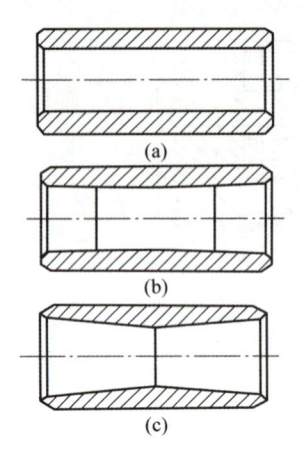

图2-20 活塞销的内孔形状
(a) 直列式；(b) 组合形；(c) 两端截锥形

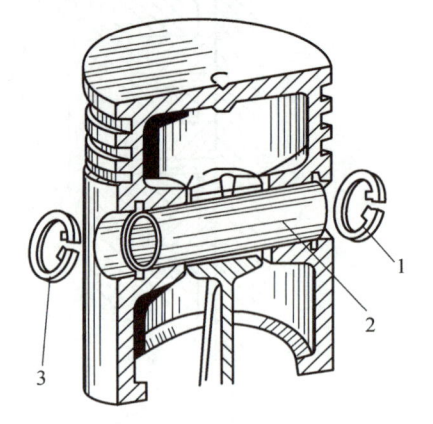

1、3—卡环；2—活塞销
图2-21 全浮式活塞销

四、连杆

连杆的功用是将活塞承受的力传给曲轴，使活塞的往复运动转变为曲轴的旋转运动。连杆（图2-22）由连杆小头、杆身和连杆大头（包括连杆盖）三部分组成。

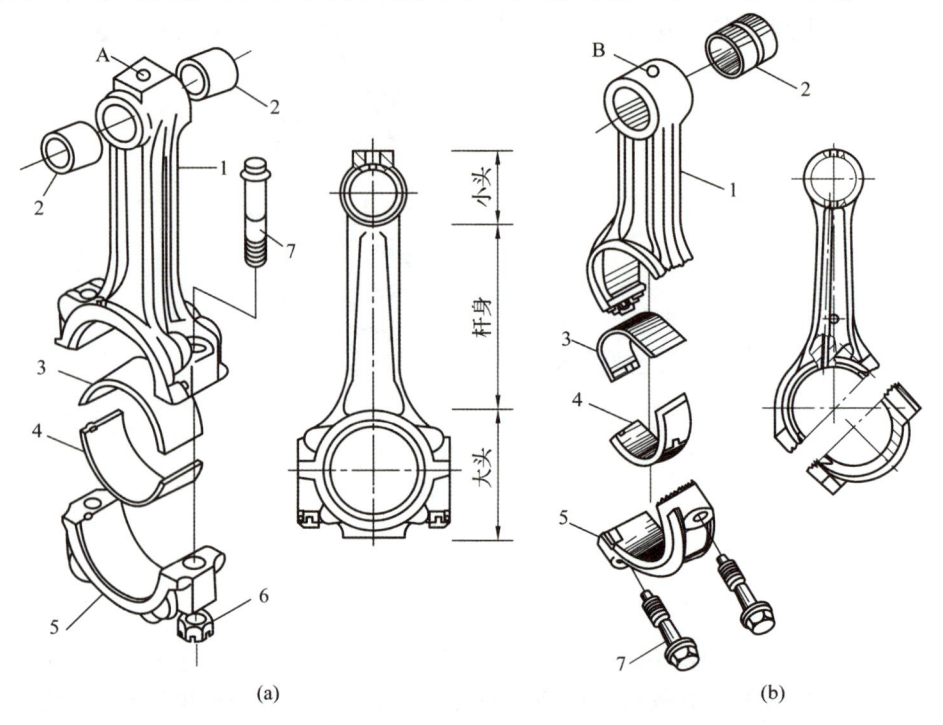

1—连杆体；2—连杆衬套；3—连杆轴承上轴瓦；4—连杆轴承下轴瓦；5—连杆盖；
6—螺母；7—连杆螺栓；A—集油孔；B—喷油孔。

图2-22 连杆组件分解图
(a) 平切口连杆；(b) 斜切口连杆

连杆小头和活塞销相连，工作时，小头与销之间有相对转动，为了减摩，小头孔中一般压入青铜衬套。为了润滑活塞销与衬套，在小头和衬套上钻出集油孔 A 或喷油孔 B。有些发动机在连杆杆身内钻有纵向的压力油通道对连杆小头进行压力润滑。

连杆杆身一般做成"工"字形断面，以保证在减小质量的同时，有足够的强度和刚度。连杆大头与曲轴的曲柄销相连，通常做成剖分式，被分开的部分称为连杆盖，用特制的连杆螺栓紧固在连杆大头上。

连杆大头应具有足够的刚度，外形尺寸小，质量小，拆卸发动机时，能从气缸上端取出。按剖分面方向，分为平切口和斜切口。一般汽油机连杆采用平切口，而柴油机一般采用斜切口连杆。平切口连杆（图 2-22（a））的剖分面垂直于连杆轴线，斜切口连杆（图 2-22（b））的大头剖分面与连杆轴线成 30°~60°夹角。平切口的连杆盖与连杆是利用连杆螺栓来保证定位的。斜切口常用的定位方法有止口定位、套筒定位、锯齿定位，如图 2-23 所示。

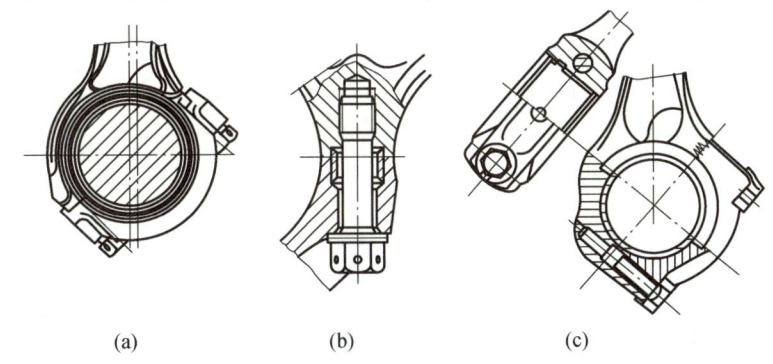

(a)　　(b)　　(c)

图 2-23　斜切口连杆大头的定位方式
（a）止口定位；（b）套筒定位；（c）锯齿定位

安装在连杆大头孔中的连杆轴瓦是剖分成两半的滑动轴承（参看图 2-22），其均匀地紧贴在大头孔壁上，具有很好的承受载荷和导热能力，还有保持油膜、减小摩擦阻力和加速磨合的作用。为了防止连杆轴瓦在工作中发生转动或轴向移动，在两个连杆轴瓦的剖分面上，分别冲压出高于钢背面的两个定位凸键 3（图 2-24）。装配时，凸键分别嵌入连杆大头和连杆盖上的相应凹槽中。连杆轴瓦内表面上还加工有油槽 2，用于储存润滑油，保证可靠润滑。

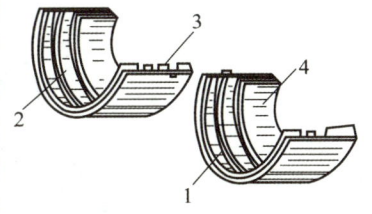

1—钢背；2—油槽；
3—定位凸键；4—减摩合金层。
图 2-24　连杆轴瓦

V 型发动机的连杆左、右两侧对应两个气缸，共同连接在一个曲柄销上。它有三种形式：

（1）并列连杆式（图 2-25（a））

对应左、右两缸的连杆一前一后装在同一个曲柄销上，优点是连杆可以通用，两列气缸活塞连杆组的运动规律相同，缺点是两列气缸轴线沿曲轴轴向错开一段距离，使曲轴长度增加，刚度降低。

（2）主副连杆式（图 2-25（b））

一列气缸的连杆为主连杆，其大头直接安装在曲柄销全长上；另一列气缸的连杆为副连杆，其大头与对应的主连杆大头（或连杆盖）上的两个凸耳以铰链连接。对于此种布置形式，左、右两列对应气缸的主、副连杆与气缸中心线位于同一平面内，不会增加发动机的轴向长度，但主、副连杆不能互换。另外，左、右两列气缸活塞连杆组的运动规律和受力都不一样。

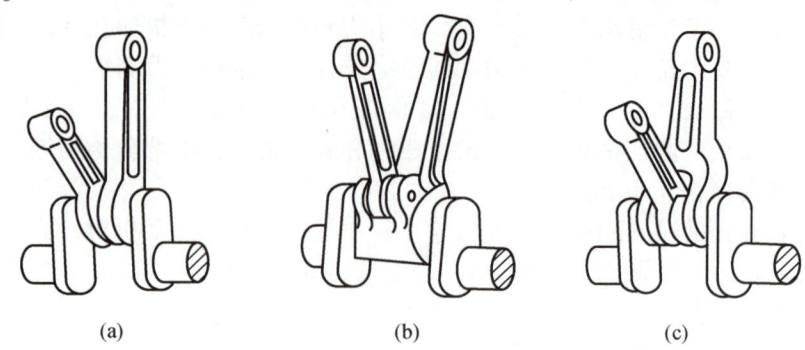

图 2-25　V 型发动机的连杆
(a) 并列连杆；(b) 主副连杆；(c) 叉形连杆

（3）叉形连杆式（图 2-25（c））

左、右两列气缸对应的连杆中，一个连杆大头做成叉形，一个与普通连杆类似，只是大头宽度较小，一般称其为内连杆。优点是两列气缸中活塞的运动规律相同，两列气缸无须错开。缺点是大头结构和制造工艺比较复杂，并且刚度较差。

第四节　曲轴飞轮组

曲轴飞轮组（图 2-26）主要由曲轴、飞轮及其他不同功用的零件和附件组成。零件和附件的种类及数量取决于发动机的结构和性能要求。

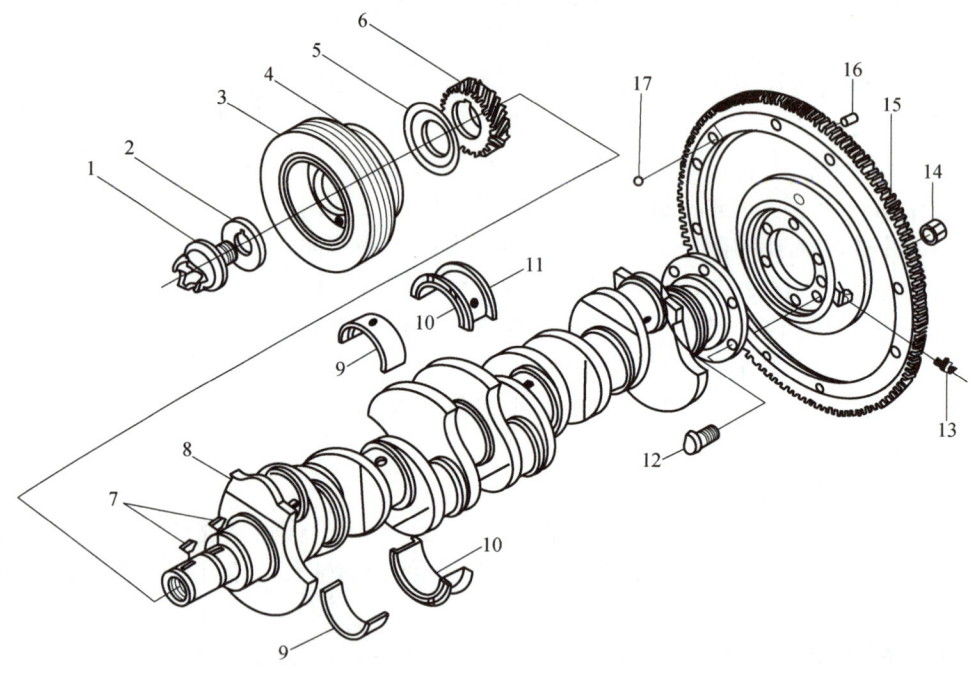

1—启动爪；2—启动爪锁紧垫圈；3—扭转减振器；4—带轮；5—挡油片；6—定时齿轮；7—半圆键；8—曲轴；9—主轴承上下轴瓦；10—中间主轴瓦；11—止推片；12—螺柱；13—润滑脂嘴；14—螺母；15—齿环；16—圆柱销；17—六缸活塞处在上止点时的记号（钢球）。

图 2-26　东风 6100Q-1 型发动机曲轴飞轮组分解图

一、曲轴

曲轴的功用是将活塞、连杆传来的力转变成力矩，并对外输出转矩。 在发动机工作中，曲轴受到旋转质量的离心力、周期性变化的气体压力和往复惯性力的共同作用，使曲轴承受弯曲与扭转载荷。为了保证工作可靠，曲轴要具有足够的刚度和强度，各工作表面要耐磨且润滑良好。一般采用中碳钢或中碳合金钢模锻。

2-4 曲轴飞轮组图示意

1. 曲轴的结构

多缸发动机的曲轴一般做成整体式的。曲轴（图2-27）主要由三部分组成：①曲轴的前端（或称自由端）轴1；②若干曲柄销3和它左、右两端的曲柄4，以及前、后两个主轴颈2组成的曲拐；③曲轴后端（或称功率输出端）凸缘6。

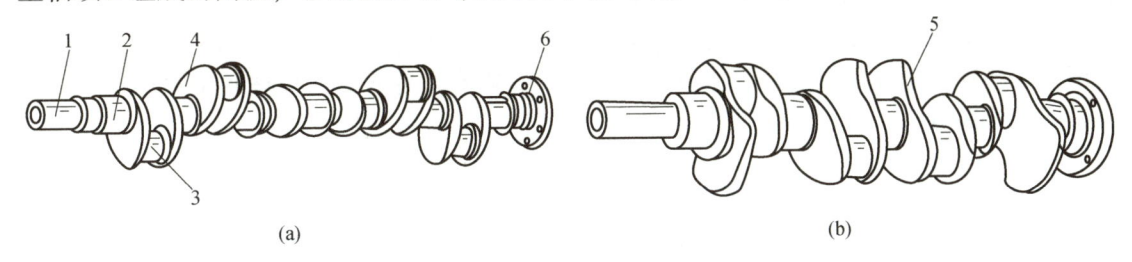

(a) (b)

1—前端轴；2—主轴颈；3—连杆轴颈（曲柄销）；4—曲柄；5—平衡重；6—后端凸缘。

图2-27 曲轴

（a）解放CA6102型发动机曲轴；（b）北京BJ492型发动机曲轴

曲轴按照主轴颈数，可分为全支承曲轴和非全支承曲轴。在相邻的两个曲拐之间，都设置一个主轴颈的曲轴，称为全支承曲轴；否则，称为非全支承曲轴。直列发动机的全支承曲轴，其主轴颈的总数（包括曲轴前端和后端的主轴颈）比气缸数多一个；V型发动机的全支承曲轴，其主轴颈总数比气缸数的一半多一个。全支承曲轴可以提高曲轴的刚度和弯曲强度，减轻主轴承的载荷。但是曲轴的加工表面增多，主轴承增多，使机体加长。这两种形式的曲轴均可用于汽油机，但柴油机由于载荷较大，多采用全支承曲轴。

曲轴的曲拐数取决于气缸的数目和排列方式。直列式发动机曲轴的曲拐数等于气缸数；V型发动机曲轴的曲拐数等于气缸数的一半。

有的曲柄销做成空心的，以减小质量和离心力。从主轴承经曲柄孔道输送来的机油储存在此空腔中，该空腔与轴瓦上钻的径向孔相通。

发动机用平衡重来平衡离心力和离心力矩，还用来平衡一部分往复惯性力。四缸、六缸等多缸发动机，曲柄对称布置，往复惯性力和离心力及其产生的力矩，从整体上看都能相互平衡，但曲轴的局部却受到弯曲作用，如图2-28（a）所示。若曲轴刚度不够，就会产生弯曲变形，引起主轴颈和轴承偏磨。为了减轻主轴承负荷，改善其工作条件，一般在曲柄的相反方向设置如图2-28（b）所示的平衡重，平衡重所造成的弯矩可以同M_{1-2}和M_{3-4}造成的弯矩平衡。有的发动机平衡重与曲柄是一体的，一般四缸发动机设置4块平衡重；六缸发动机可设置4、6、8块平衡重，有的甚至在所有曲柄下均设有平衡重。

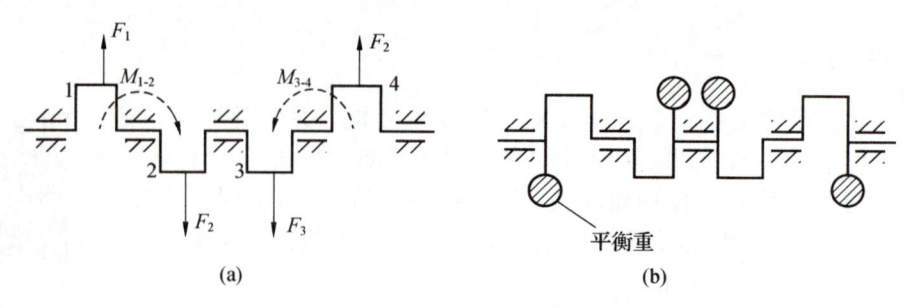

图 2-28 曲轴平衡重作用示意

(a) 受力分析；(b) 设置平衡重

曲轴前端装有驱动配气凸轮轴的定时齿轮，驱动风扇和水泵的带轮等。此外，在中、小型发动机的曲轴前端还装有起动爪，以便必要时用人力转动曲轴，使发动机起动。曲轴后端有安装飞轮用的凸缘。为防止机油从曲轴后端漏出，通常在曲轴后端车出回油螺纹或安装其他封油装置。发动机工作时，曲轴经常受到离合器施加于飞轮的轴向力作用而有轴向窜动的趋势，而在曲轴受热膨胀时，又应允许其能自由伸长，所以曲轴上只能有一处设置轴向定位装置，一般使用止推片定位。

2. 曲拐布置与多缸发动机的工作顺序

曲轴的形状和各曲拐的相对位置取决于缸数、气缸排列方式（直列或 V 型等）和点火次序。在选择发动机工作顺序时，应遵循以下几点原则：

①做功间隔应力求均匀，也就是说，在发动机完成一个工作循环的曲轴转角内，每个气缸都应点火做功一次，而且各缸点火的间隔时间（以曲轴转角表示，称为点火间隔角）应力求均匀。对缸数为 i 的四冲程发动机而言，点火间隔角为 $720°/i$，即曲轴每转 $720°/i$ 时，就应有一缸做功，以保证发动机运转平稳。

②连续做功的两缸相距尽可能远，以减小主轴承的载荷，避免可能发生的进气重叠现象（即相邻两缸进气门同时开启），以免影响充气。

③V 型发动机左、右两列气缸应交替发火。

几种常用的多缸发动机曲拐布置和点火次序如下：

四冲程直列四缸发动机点火次序：点火间隔角应为 $720°/4 = 180°$。其曲拐布置如图 2-29 所示，4 个曲拐布置在同一平面内。点火次序有两种可能的排列法，即 1—2—4—3 或 1—3—4—2，它们的工作循环见表 2-1 和表 2-2。

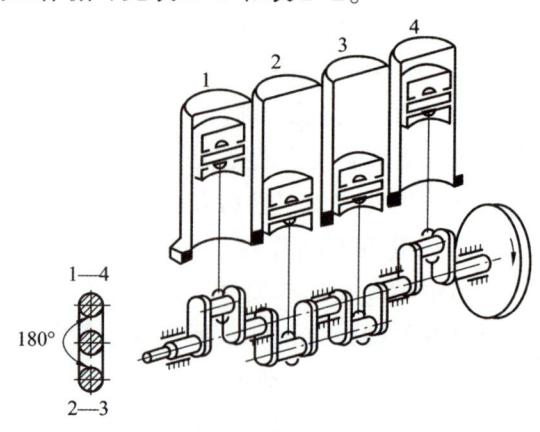

图 2-29 直列四缸发动机的曲拐布置

表 2-1　四缸机工作循环（1）

（点火次序：1—2—4—3）

曲轴转角/(°)	第一缸	第二缸	第三缸	第四缸
0~180	做功	压缩	排气	进气
180~360	排气	做功	进气	压缩
360~540	进气	排气	压缩	做功
540~720	压缩	进气	做功	排气

表 2-2　四缸机工作循环（2）

（点火次序：1—3—4—2）

曲轴转角/(°)	第一缸	第二缸	第三缸	第四缸
0~180	做功	排气	压缩	进气
180~360	排气	进气	做功	压缩
360~540	进气	压缩	排气	做功
540~720	压缩	做功	进气	排气

四冲程直列六缸发动机点火次序：因缸数 $i=6$，所以点火间隔角应为 $720°/6=120°$。这种曲拐布置如图 2-30 所示，6 个曲拐分别布置在 3 个平面内，各平面夹角为 120°。曲拐的具体布置有两种方案：第一种点火次序是 1—5—3—6—2—4，这种方案应用比较普遍，国产汽车的六缸发动机的点火次序都用这种，其工作循环在表 2-3 中列出；另一种点火次序是 1—4—2—6—3—5。

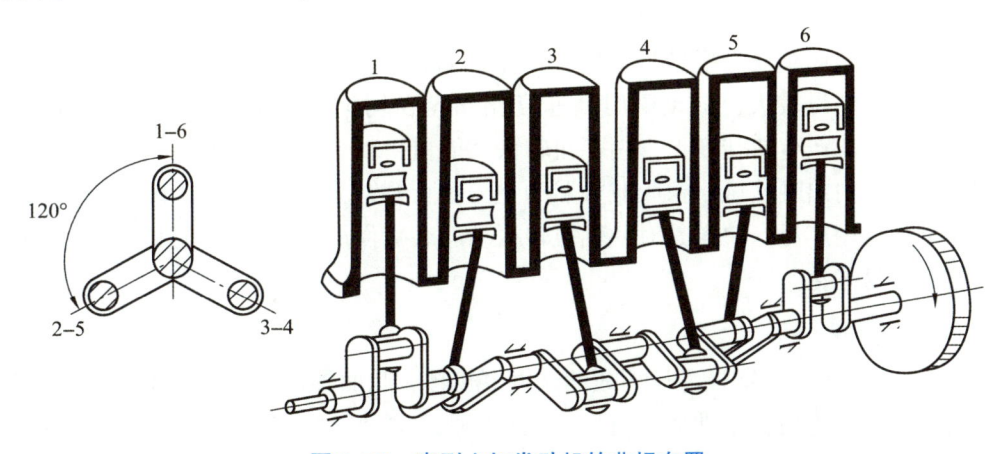

图 2-30　直列六缸发动机的曲拐布置

表2-3　六缸机工作循环

(点火次序：1—5—3—6—2—4)

曲轴转角/(°)		第一缸	第二缸	第三缸	第四缸	第五缸	第六缸
0~180	60	做功	排气	进气	做功	压缩	进气
	120						
	180			压缩	排气		
180~360	240	排气	进气			做功	压缩
	300						
	360			做功	进气		
360~540	420	进气	压缩			排气	做功
	480						
	540			排气	压缩		
540~720	600	压缩	做功			进气	排气
	660			进气	做功		
	720		排气			压缩	

二、扭转减振器

在发动机工作过程中，连杆作用于曲轴上的力呈周期性变化，从而使质量较小的曲拐的转速相对于质量较大的飞轮的转速忽快忽慢，造成曲轴的扭转振动。为了消减曲轴的扭转振动，通常在扭转振幅最大的曲轴前端安装扭转减振器。

1. 摩擦式扭转减振器

汽车发动机常用的曲轴扭转减振器是摩擦式减振器，其工作原理是使曲轴扭转振动的能量逐渐消耗于减振器内的摩擦，使振幅逐渐减小。图2-31所示为发动机曲轴上装的橡胶摩擦式扭转减振器。圆盘3和惯性盘5都同橡胶垫4硫化粘接。圆盘3的毂部用螺栓固装于曲轴前端。当曲轴发生扭转振动时，曲轴前端的角振幅最大，带动圆盘3一起振动。惯性盘5因转动惯量较大，转动瞬时角速度比圆盘3均匀，于是二者之间产生相对角振动，而使橡胶垫4产生扭转变形，消耗扭转振动能量，整个曲轴的扭转振幅减小，从而避免在常用的转速内出现共振。橡胶减振器的主要优点是结构简单、质量小、工作可靠，在汽车发动机上应用广泛。缺点是对曲轴扭转振动的衰减作用不够强，而且橡胶由于内摩擦生热升温而容易老化。

2. 硅油扭转减振器

如图2-32所示，由钢板冲压而成的减振器壳体2与曲轴连接。侧盖3与减振器壳体2组成封闭腔，腔内为扭转振动惯性质量1。惯性质量与封闭腔间留有一定间隙，里面充满高黏度硅油。当发动机工作时，减振器壳体与曲轴一起运动，惯性质量被高黏性的硅油所带动。由于惯性质量相当大，可近似做匀速转动，于是在惯性质量与减振器壳体间产生相对运动，曲轴的振动能量被硅油的内摩擦阻尼吸收，使扭振消除或减轻。

硅油扭转减振器减振效果好，性能稳定，工作可靠，结构简单，维修方便，在汽车发动机上的应用日益普遍。但它需要良好的密封和较大的惯性质量，使减振器尺寸较大。

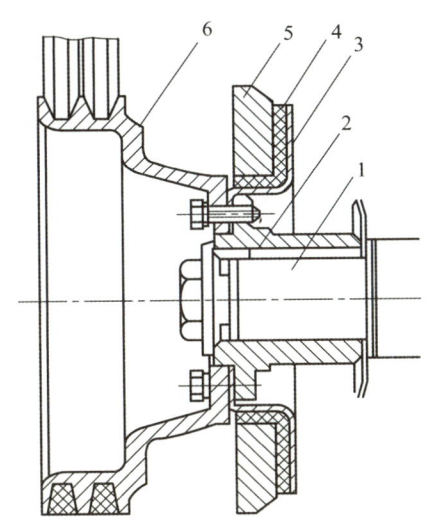

1—曲轴前端；2—带轮轮毂；3—减振器圆盘；
4—橡胶垫；5—惯性盘；6—带轮。

图 2-31　橡胶摩擦式扭转减振器

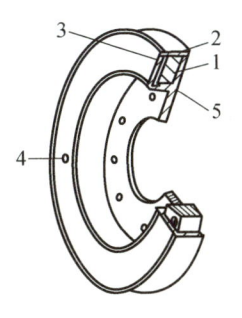

1—扭转振动惯性质量；2—减振器壳体；
3—侧盖；4—注油螺塞；5—衬套。

图 2-32　硅油扭转减振器

三、飞轮

飞轮是一个转动惯量很大的圆盘，其作用如同一个能量存储器。 在做功行程中发动机传输给曲轴的能量，除对外输出外，还有部分能量被飞轮吸收，从而使曲轴的转速不会升高很多。在排气、进气和压缩三个行程中，飞轮将其储存的能量释放出来补偿这三个行程所消耗的功，从而使曲轴转速不致降低太多。此外，飞轮还是摩擦式离合器的主动件。

为了保证有足够的转动惯量，并尽可能减小飞轮的质量，应使飞轮的大部分质量都集中在轮缘上，因而轮缘通常做得宽而厚。飞轮轮缘上镶嵌有供起动发动机用的飞轮齿圈，另外，还刻有上止点记号，用来校准点火定时或喷油定时以及调整气门间隙。

> **补充提示：**
> 　　快速判断发动机点火次序：可先取下分电器盖子，拨转发动机曲轴，看凸轮是顺时针转还是逆时针转，再将发动机上的火花塞全部卸下，用纸团堵住火花塞座孔，慢慢摇转曲轴，看纸团先后被冲出的次序，然后确定气缸点火次序。

练习题

1. 曲柄连杆机构的组成和功用是什么？
2. 气缸体有哪些分类？
3. 什么是干缸套？什么是湿缸套？采用湿缸套时如何防止漏水？
4. 气环有哪些功能？如何实现密封？

5. 油环有哪些功能？安装在哪里？

6. 曲轴上的平衡重起什么作用？为什么有的曲轴上没有平衡重？

7. 已知某四缸四冲程汽油机的工作顺序是1—3—4—2，当四缸处于进气行程时，请分析其余各缸的工作过程。

8. 曲轴扭转减振器起什么作用？

9. 飞轮的主要功用是什么？

第三章 配气机构

学习目标

本章介绍了配气机构的布置形式、配气相位以及配气机构的气门组和气门传动组。要求学生掌握配气机构的功用、基本组成、工作原理，配气相位的概念及作用。了解可变气门控制系统的结构与工作原理、配气机构气门组和气门传动组中各零部件的功用与结构。

重点难点

1. 配气机构的布置形式、基本组成与工作原理。
2. 配气相位的概念及作用。
3. 可变气门控制系统的结构与工作原理。

第一节 概 述

一、配气机构的作用

四冲程汽车发动机采用气门配气机构，其按照发动机工作循环和点火次序的要求，定时开闭进、排气门，向气缸供给新鲜的可燃混合气（汽油机）或空气（柴油机），并及时排出废气。进入气缸内的新鲜可燃混合气或空气越多，发动机可能发出的功率就越大。同时，气缸内的残余废气也影响进气量，故配气机构要保证进气充分，排气彻底。另外，配气机构的运动件应该具有较小的质量和较大的刚度，以使配气机构具有良好的动力特性。

3-1 配气机构三维图片

二、配气机构的总体构成和工作原理

气门式配气机构主要由气门组和气门传动组组成，**现代汽车发动机均采用顶置气门式，即进气门和排气门都倒装在气缸盖上**。图3-1所示为顶置双凸轮轴齿形带传动的配气机构。主要由进、排气门组件9和11，驱动气门组开闭的液压挺柱8，进、排气凸轮轴6和10，凸轮轴传动机构（曲轴正时齿轮1、凸轮轴传动齿轮5、齿形带3、张紧轮4等）组成。

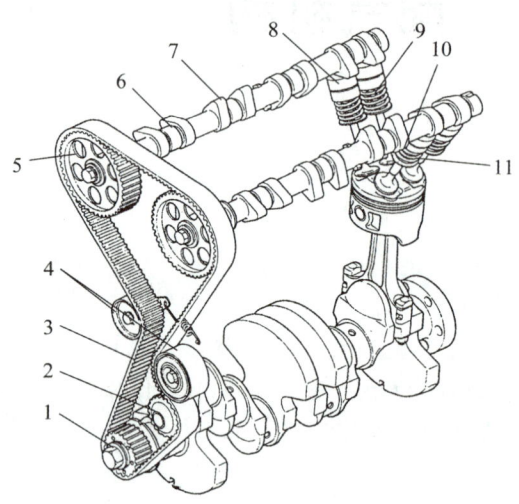

3-2 配气机构组成

1—曲轴正时齿轮；2—中间轴正时齿轮；3—齿形带；4—张紧轮；5—凸轮轴传动带轮；
6—进气凸轮轴；7—凸轮；8—液压挺柱；9—进气门组件；10—排气凸轮轴；11—排气门组件

图3-1 配气机构的总体构成

发动机工作时，通过齿形带3带动进排气凸轮轴旋转。当进气凸轮轴某缸的进气凸轮克服气门弹簧的力压下进气门时，进气门开启开始进气；当进气凸轮轴转到凸轮基圆段时，进气门在气门弹簧作用下回位，关闭气门，停止进气。排气门的开闭与进气门的类似。

各缸进、排气门开闭的时刻取决于各进、排气凸轮的相对位置及进、排气凸轮轴与曲轴的相对位置，前者由设计制造保证，后者则通过正确安装和调整达到。就四缸四冲程发动机而言，每完成一个工作循环，曲轴旋转两周而凸轮轴只旋转一周，在此期间，每个气缸都要进行一次进（或排）气，并且各缸进（或排）气的时间间隔相等，即各缸进（或排）气凸轮彼此间的夹角均为 $360°/4 = 90°$。

三、配气机构的分类

1. 按凸轮轴的布置形式分类

（1）凸轮轴下置式配气机构

凸轮轴位于曲轴箱内的配气机构称为凸轮轴下置式配气机构，由曲轴定时齿轮驱动，如图3-2所示，优点是凸轮轴离曲轴近，可用一对齿轮传动；缺点是零件多，传动链长，整个机构的刚度差。多用于转速较低的发动机。

（2）凸轮轴中置式配气机构

将凸轮轴置于气缸体上部的配气机构称为凸轮轴中置式配气机构，如图3-3所示。凸轮轴经过挺柱直接驱动摇臂，省去推杆或推杆变短。由于减小了传动机构的质量，增大了机构的刚度，适用于较高转速的发动机。

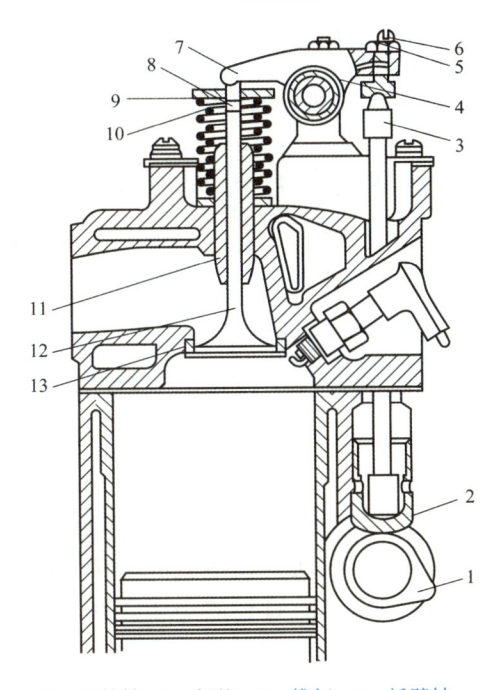

1—凸轮轴；2—挺柱；3—推杆；4—摇臂轴；
5—锁紧螺母；6—调整螺钉；7—摇臂；
8—气门锁夹；9—气门弹簧座；10—气门弹簧；
11—气门导管；12—气门；13—气门座。

图 3-2　凸轮轴下置式配气机构

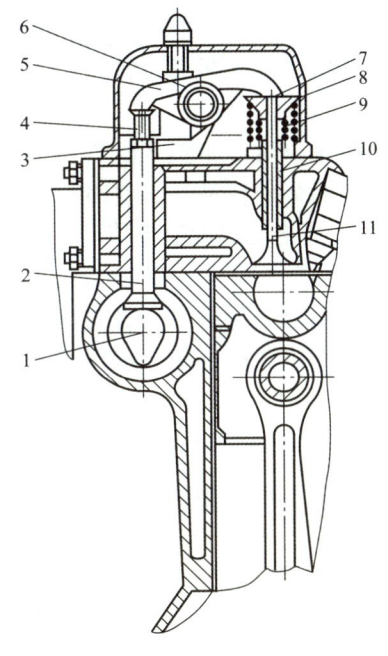

1—凸轮轴；2—挺柱；3—支架；4—调整螺钉；
5—摇臂；6—摇臂轴；7—气门锁夹；
8—气门弹簧座；9—气门弹簧；10—气门导管；
11—气门。

图 3-3　凸轮轴中置式配气机构

（3）凸轮轴上置式配气机构

凸轮轴置于气缸盖上的配气机构称为凸轮轴上置式配气机构。根据驱动形式分为两种：一是凸轮轴通过摇臂或摆臂间接驱动气门，如图3-4所示，凸轮轴5通过摇臂3来驱动气门2和1，省去了挺柱和推杆，使往复运动质量大大减小，非常适合高速发动机；二是凸轮轴直接驱动气门，如图3-5所示，直接驱动式配气机构的刚度最大，驱动气门的能量损失最小。

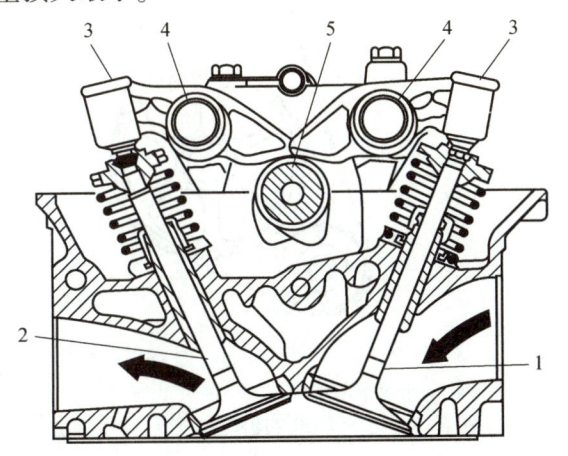

1—进气门；2—排气门；3—摇臂；
4—摇臂轴；5—凸轮轴。

图 3-4　摇臂驱动的凸轮轴上置式配气机构

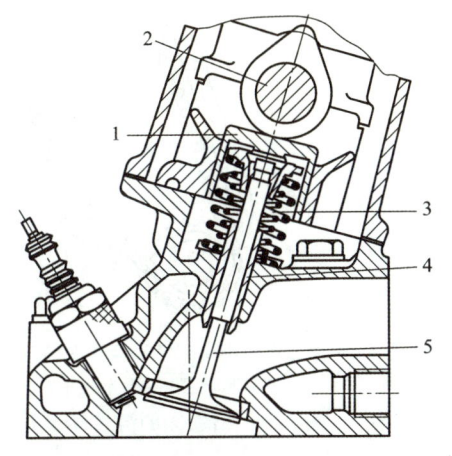

1—机械挺柱；2—凸轮轴；3—气门弹簧；
4—气门导管；5—气门。

图 3-5　直接驱动的凸轮轴上置式配气机构

2. 按凸轮轴的传动方式分类

凸轮轴由曲轴带动旋转，它们之间的传动方式有齿轮传动、链传动和齿形带传动。

（1）齿轮传动

凸轮轴下置、中置式配气机构大多数采用圆柱正时齿轮传动。一般由曲轴到凸轮轴只需一对正时齿轮传动，必要时可增加中间齿轮。

（2）链传动和齿形带传动

链传动多用在凸轮轴上置式配气机构中，如图3-6所示，为使链条在工作时具有一定的张力而不至于脱落，一般装有导链板和张紧轮等，容易布置，但质量和噪声较大，链条的可靠性和耐久性不高。近年来，现代高速汽车发动机上还广泛采用齿形带代替传动链，如图3-7所示。可以降低噪声，减小质量，降低成本。

3. 按气门数目及排列方式分类

按每缸气门的数目分，有2气门、3气门、4气门和5气门等。一般发动机多采用每缸两气门，即一个进气门和一个排气门。为了改善气缸的换气性能，应尽量增大气门的直径，但受燃烧室尺寸的限制，气门直径最大不能超过气缸直径的一半。在进排气门数量相等的情况下，进气门直径比排气门直径大。现代汽车发动机上普遍采用每缸多气门结构，使发动机的进、排气的流通面积大大增加，提高了充气效率，改善了发动机的性能。

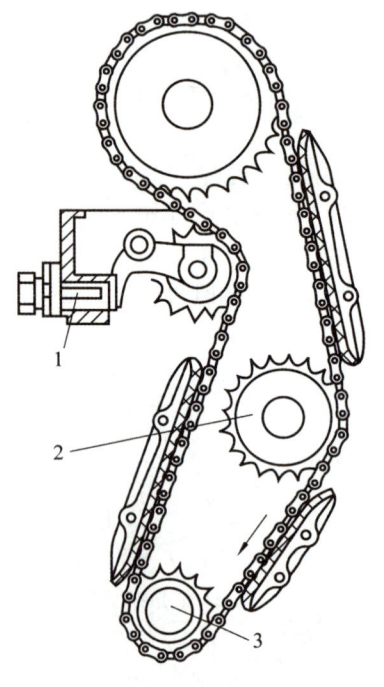

1—液力张紧装置；2—驱动油泵的链轮；
3—曲轴；4—导链板。

图3-6 凸轮轴的链传动装置

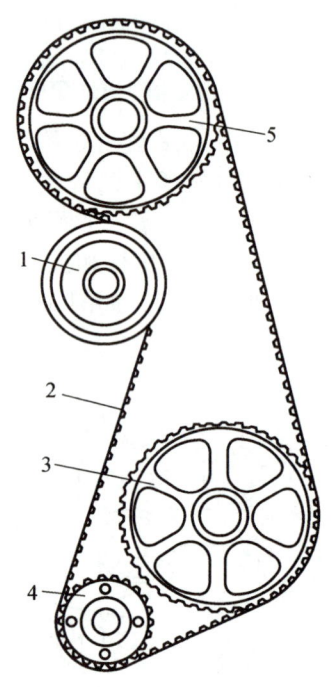

1—张紧轮；2—正时齿形带；3—中间轴正时带轮；
4—曲轴正时带轮；5—凸轮轴正时带轮。

图3-7 一汽奥迪的轿车齿形带传动装置

第二节　配气定时及气门间隙

一、配气定时（配气相位）

以曲轴转角表示的进、排气门实际开闭时刻以及开启的持续时间称作配气定时，也称配气相位。通常用相对于上、下止点曲拐位置的曲轴转角的环形图来表示，这种图形称为配气相位图，如图 3-8 所示。

理论上，进、排气门都是在上、下止点开闭，进气时间和排气时间各占 180° 曲轴转角。但实际上，由于发动机转速很高，每一个行程时间非常短，短时间的进气或排气过程，往往会造成进气不足和排气不净，从而使发动机功率下降。为使进气充分，排气彻底，现代发动机都采取延长进、排气时间的方法，即气门的开启和关闭时刻分别提前和延迟一定的曲轴转角，以改善进排气状况，提高发动机的性能。

1. 进气提前角

为使进气开始时进气门能有较大的开度，以减小进气阻力，增加进气量，进气门一般提前开启。从进气门开启到活塞移到上止点所对应的曲轴转角称为进气提前角，记作 α。进气提前角一般为 0°~30°。该角度过小，进气充量增加少；该角度过大，又会导致废气流入进气管。

2. 进气迟后角

为充分利用气流的惯性和压力差，增加进气量，进气门一般晚关。从进气行程下止点到进气门关闭曲轴所转过的角度称为进气迟后角，记作 β。进气迟后角一般为 30°~80°。该角度过小，进气气流惯性不能得到充分利用，降低进气量；该角度过大，会导致已经进入气缸的新鲜气体又被排出。

整个进气过程持续的时间或进气持续角为 $180°+\alpha+\beta$ 的曲轴转角。

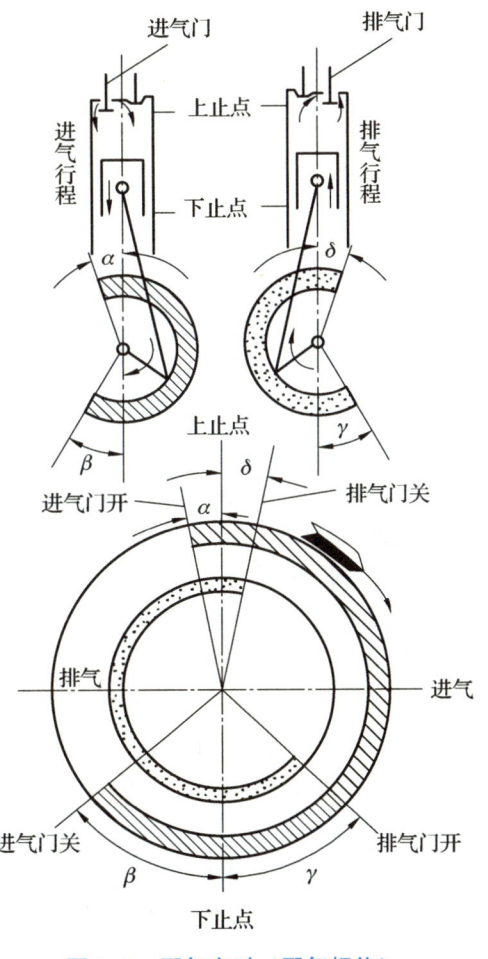

图 3-8　配气定时（配气相位）

3. 排气提前角

做功快结束时，气缸内的废气压力比大气压力高，为充分利用此废气压力，排气门一般早开，使气缸内废气排净。从排气门开启到活塞移到下止点所对应的曲轴转角称为排气提前角，记作 γ。排气提前角一般为 40°~80°，该角度过大会造成做功能力的损失。

4. 排气迟后角

为充分利用排气气流的惯性，使废气排净，排气门一般晚关。从排气行程上止点到排气门关闭曲轴所转过的角度称为排气迟后角，记作 δ。排气迟后角一般为 0°～30°，该角度过大会造成排出的废气又被吸入气缸。

整个排气过程持续的时间或排气持续角为 180°＋γ＋δ 的曲轴转角。

5. 气门重叠

由于进气门早开和排气门晚关，致使活塞在上止点附近出现进、排气门同时开启的现象，该现象称为气门重叠。重叠期间的曲轴转角称为气门重叠角，它等于进气提前角与排气迟后角之和，即 α＋δ。

由于新鲜气流和废气流的流动惯性比较大，在短时间内不会改变流向，因此，只要气门重叠角选择适当，就不会有废气流入进气管和新鲜气体随废气排出的可能性。另外，还可利用新鲜气体将气缸内的废气排除干净。

不同的发动机，由于结构和转速不同，其配气定时也不同。即使是同一台发动机，理想情况下，配气定时也应随转速的变化而变化，转速越高，提前角和迟后角也应越大。但目前大部分发动机采用不变的配气定时，它只适应发动机某一常用的转速。

二、可变配气定时机构

为改善发动机的性能，现代轿车发动机有的采用可变配气定时机构，其能实现配气定时随发动机转速的变化而变化。如果气门升程也能随发动机转速的升高而加大，则将更有利于获得良好的发动机高速性能。

日本本田汽车公司于 1989 年推出了自行研制的"可变气门配气相位和气门升程电子控制系统"（Variable Valve Timing and Valve Life Electronic Control System，VTEC），其是世界上第一个能同时控制气门开闭时间及升程两种不同情况的气门控制系统。VTEC 使配气正时和气门升程根据发动机转速变化做出相应的实时调整，使气缸的充气量同时满足发动机低转速和高转速下的不同需要，从而提高了发动机的动力性和经济性。

本田 VTEC 机构主要由气门、凸轮、摇臂、同步活塞等组成，如图 3-9 所示。与普通发动机相比，其同样有气门（2 进 2 排）、凸轮轴和摇臂等，不同的是凸轮与摇臂的数目及控制方法。

凸轮轴对应于每缸有 5 段凸轮参加工作，如图 3-10 所示，其中排气凸轮 2、6 与普通排气凸轮相同。进气有三个凸轮，除了原有控制两个气门的凸轮（主进气凸轮 3 和辅助进气凸轮 5）外，还增加了一个较高的中间进气凸轮 4。与进气凸轮 3 和 5 相比，其具有最大的进气提前角和最大的气门升程。三个进气凸轮分别驱动三根摇臂，摇臂的结构如图 3-11 所示，与主凸轮、辅助凸轮和中间凸轮相对应的摇臂分别为主摇臂 7、辅助摇臂 5 和中间摇臂 6。三根

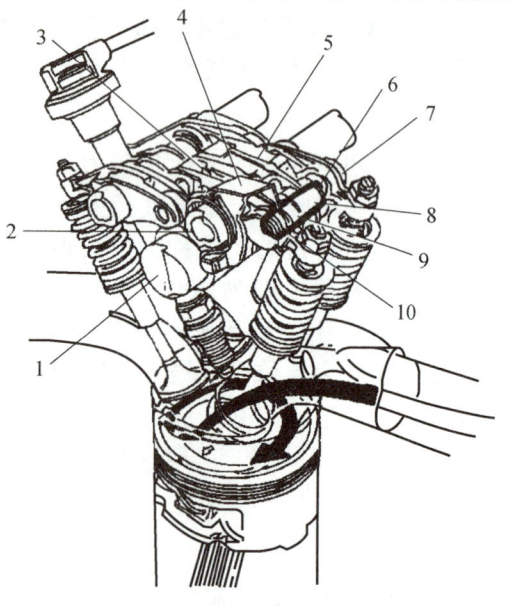

3-4 VTEC 动画

1—凸轮轴；2—摇臂轴；3—主摇臂；
4—正时板；5—中间摇臂；6—止推活塞；
7—辅助摇臂；8—同步活塞 B；9—同步活塞 A；
10—正时活塞。

图 3-9 VTEC 机构

摇臂内部装有由液压控制移动的同步活塞3、4和正时活塞1等。

VTEC机构的工作原理如下：

（1）低转速时

发动机低速时，三根摇臂分离，主进气凸轮和辅助进气凸轮分别推动主摇臂和辅助摇臂，控制两个进气门的开闭，情形好比普通的发动机。虽然中间进气凸轮也推动中间摇臂，但由于摇臂之间已分离，所以不会影响气门开闭工作。

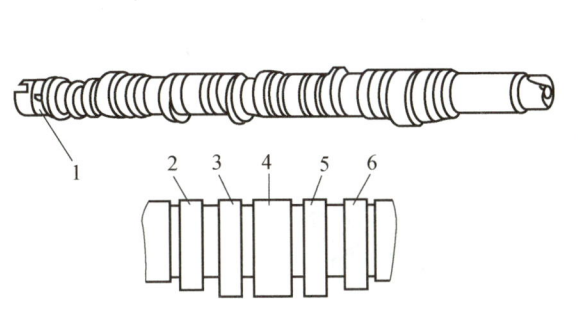

1—凸轮轴；2、6—排气凸轮；3—主进气凸轮；
4—中间进气凸轮；5—辅助进气凸轮。

图3-10 凸轮机构

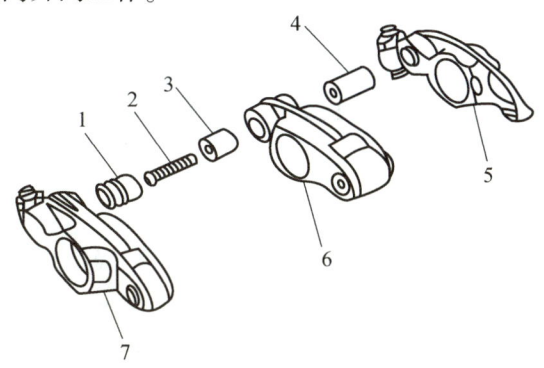

1—正时活塞；2—正时活塞弹簧；3—同步活塞A；
4—同步活塞B；5—辅助摇臂；6—中间摇臂；7—主摇臂。

图3-11 摇臂组件

（2）高转速时

发动机达到预定的高转速时，电控单元ECU即会控制液压系统，使油压作用于正时活塞，使正时活塞和同步活塞移动，同步活塞把三根摇臂锁成一体。三根摇臂一起由中间进气凸轮驱动，进气门开启时间延长，升程加大。

当发动机转速降低时，摇臂内的液压也随之降低，活塞会退回原位，三根摇臂分开。整个VTEC系统都是由发动机控制单元（ECU）控制的，ECU接收发动机传感器（包括转速、进气压力、车速、水温等）的参数并进行处理，输出相应的控制信号，调节摇臂活塞液压系统，使发动机在不同的工况下有不同的输出特性。

三、气门间隙

发动机在冷态下，当气门处于关闭状态时，气门与其传动件之间的间隙称为气门间隙。 发动机工作时，气门将因温度升高而膨胀。如果气门与其传动件之间在冷态时无间隙，则在热态下，气门及其传动件受热膨胀伸长，顶开气门，造成气缸漏气，致使发动机功率下降，严重时甚至不易起动。为消除此现象，装配发动机时，在气门与其传动件之间需预留适当的间隙，即气门间隙，以补偿受热后的膨胀量。

气门间隙的大小由发动机制造厂根据试验确定。一般在冷态时，进气门的间隙为0.25~0.30 mm，排气门的间隙为0.30~0.35 mm。如果间隙过小，发动机在热态下可能发生漏气；如果间隙过大，将影响气门的开启量，同时，在传动件之间及气门和气门座之间会产生撞击和响声。为了能对气门间隙进行调整，在摇臂（或挺柱）上装有调整螺钉及其锁紧螺母。一些中、高级轿车由于装有液力挺柱，故不预留气门间隙。

第三节　配气机构的零件和组件

气门式配气机构由气门组和气门传动组组成。气门传动组主要包括凸轮轴、凸轮轴正时齿轮、挺柱、推杆（气门顶置式配气机构）、摇臂和摇臂轴等。

3-5 气门组图片

一、气门组

气门组的组成如图 3-12 所示。主要包括气门、气门导管、气门座和气门弹簧等零部件。

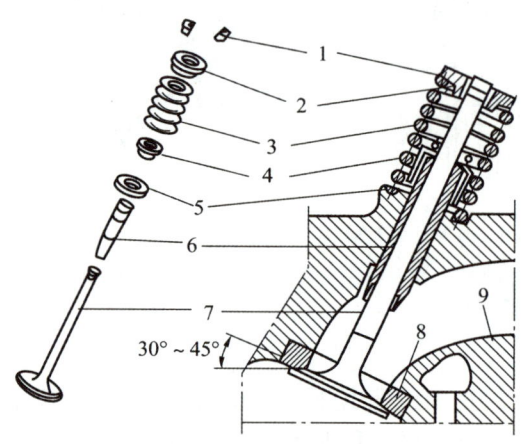

1—气门锁夹；2—气门弹簧座；3—气门弹簧；4—气门油封；5—气门弹簧垫圈；
6—气门导管；7—气门；8—气门座圈；9—气缸盖。

图 3-12　气门组件

1. 气门

气门的作用是与气门座相配合，对气缸进行密封，并按工作循环的要求定时开启和关闭，使新鲜气体进入，废气排出。气门由头部和杆部两部分组成，头部用来封闭气缸的进、排气通道，杆部主要为气门运动导向。

气门头部的工作温度很高，并且要承受高压、气门弹簧力及传动组件惯性力的作用，杆部在气门导管中做高速直线往复运动，其冷却和润滑条件差，因此，要求气门必须具有足够的强度、刚度、耐热和耐磨能力。进气门常采用合金钢，排气门则采用耐热合金钢。

气门有平顶、喇叭形顶和球面顶，如图 3-13 所示。平顶气门结构简单，制造容易，吸热面积较小，质量小，目前使用最多。气门头部与气门座圈接触的工作锥面与气门顶部平面的夹角称为气门锥角，一般为 30°～45°。

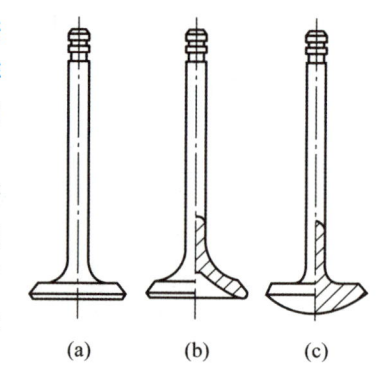

图 3-13　气门头部结构形式
（a）平顶；（b）喇叭形顶；
（c）球面顶

气门杆呈圆柱形，在气门导管中不断进行上、下往复运动。其与气门导管保持较小的配合间隙，以减小磨损，并起到良好的导向和散热作用。气门杆尾部结构取决于气门弹簧座的固定方式，如图 3-14 所示。

2. 气门导管

气门导管的功用是给气门的运动导向，保证气门做直线往复运动，使气门与气门座能正确贴合。气门导管还在气门杆与气缸盖之间起导热作用，其结构如图 3-12 或图 3-15 所示。

3. 气门座

气缸盖的进排气道与气门锥面相贴合的部位称为气门座，与气门锥面紧密贴合以密封气缸，并接收气门传来的热量。气门座可在气缸盖上直接镗出，也可镶嵌到气缸盖上（图 3-15）。

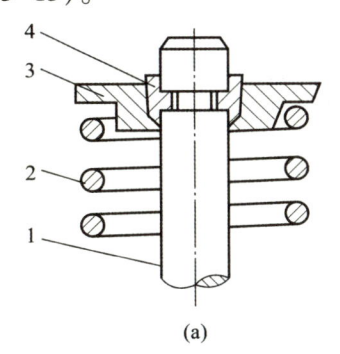

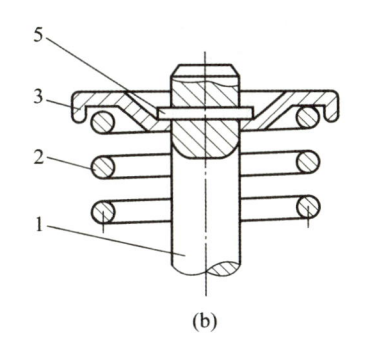

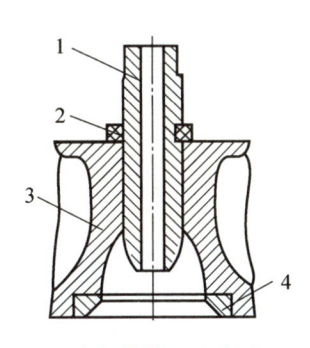

1—气门杆；2—气门弹簧；3—气门弹簧座；
4—锥形锁片；5—锁销。

图 3-14 气门弹簧座的固定方式
（a）气门弹簧座用锁片固定；（b）气门弹簧座用锁销固定

1—气门导管；2—卡环；
3—气缸盖；4—气门座。

图 3-15 气门导管和气门座

4. 气门弹簧

气门弹簧的作用是保证气门复位，在气门关闭时，保证气门及时关闭并紧密贴合；在气门开启时，保证气门不因运动惯性而脱离凸轮。

气门弹簧多为圆柱形螺旋弹簧，如图 3-16（a）所示。发动机装一根气门弹簧时，采用变螺距的圆柱形弹簧（图 3-16（b）），可防止共振。高速发动机多数是一个气门有同心安装的两根气门弹簧（图 3-16（c）），弹簧内、外直径不同，旋向不同，不仅可以提高弹簧的工作可靠性，防止共振的发生，还可降低气门弹簧的高度。

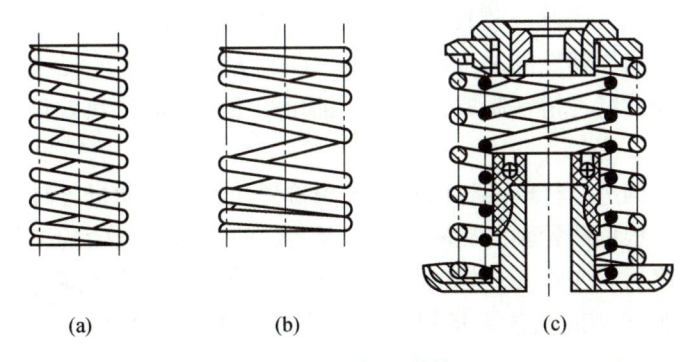

图 3-16 气门弹簧
（a）固定螺距圆柱形弹簧；（b）变螺距圆柱形弹簧；（c）两同心圆柱形弹簧

如果气门在工作中能相对于气门座缓慢地旋转，则二者之间的密合和使用寿命可大为提高。气门旋转时，一方面可使气门头沿圆周温度均匀，减少了气门头部受热变形的可能性；另一方面还可清除密封锥面上的沉积物，使气门与气门座保持良好接触，以便散热和密封。为此，有些发动机加装有气门旋转装置。

二、气门传动组

气门传动组的作用是使进、排气门能按配气相位规定的时刻开闭，并保证有足够的开度。

1. 凸轮轴

凸轮轴（图3-17（a））上加工有各缸进、排气凸轮，用于**使气门按一定的工作次序和配气定时及时开闭，并保证气门有足够的升程。** 凸轮轴主要由凸轮、凸轮轴轴颈等组成，凸轮的形状影响气门的开闭时刻、气门升程和运动规律，凸轮的排列影响气门的工作顺序。

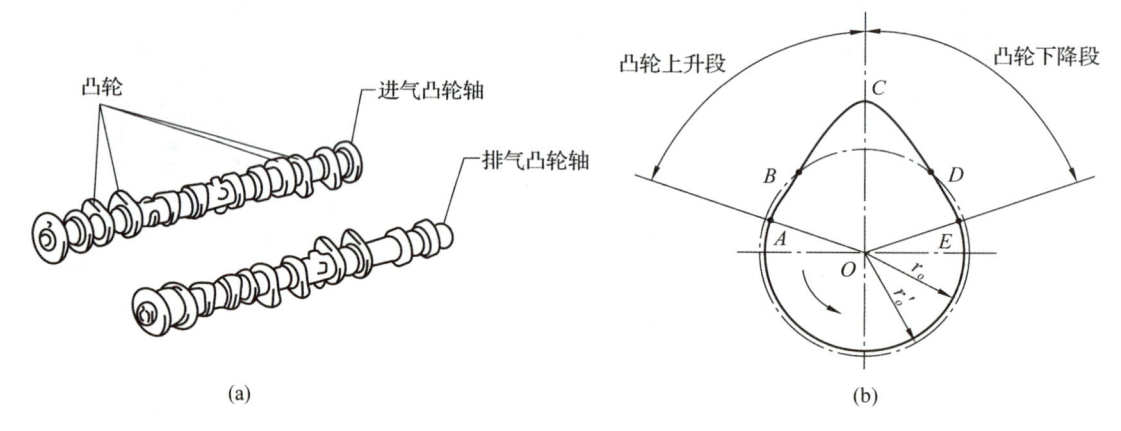

图3-17 凸轮轴和凸轮轮廓
(a) 凸轮轴；(b) 凸轮轮廓图

凸轮轮廓形状如图3-17（b）所示，O点为凸轮轴的轴心，EA为凸轮的基圆。在凸轮按图示方向到达上升段之前，气门处于关闭状态；在凸轮上升段，气门逐渐开启，直到开度最大；在凸轮下降段，气门从开度最大到逐渐关闭。凸轮轮廓BCD弧段为凸轮的工作段，其形状决定了气门的升程及其升降过程的运动规律。

凸轮受到气门开启周期性的冲击载荷，要求凸轮表面耐磨，凸轮轴有足够的韧性和刚度，一般用优质锻钢或特种铸铁制成，凸轮和轴颈的工作表面经热处理后精磨和抛光，以提高其耐磨性。

发动机各个气缸的进、排气凸轮的相对转角位置应符合发动机各缸的点火次序和点火间隔的要求。因此，根据凸轮轴的旋转方向以及各缸进、排气凸轮的工作次序，就可以判定发动机的点火次序。若四缸发动机的凸轮轴各缸的进（排）气凸轮排列如图3-18所示（从凸轮前端看），则可判断出该发动机的点火次序为1—2—4—3。为防止凸轮轴轴向窜动，需要进行轴向定位。

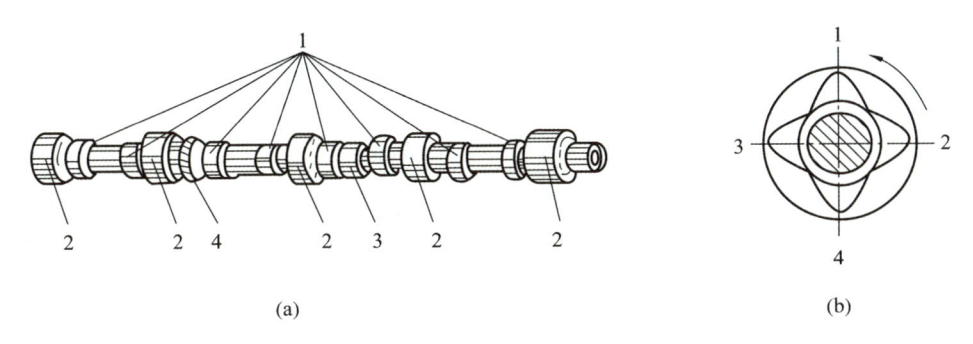

1—凸轮；2—凸轮轴轴颈；3—驱动汽油泵的偏心轮；4—驱动分电器等的螺旋齿轮。

图 3-18 四缸四行程汽油机凸轮轴

(a) 发动机凸轮轴；(b) 进（排）气凸轮投影

2. 挺柱

挺柱的功用是将凸轮的推力传给推杆（或气门杆），并承受凸轮轴旋转时所施加的侧向力。 挺柱可分为普通挺柱和液力挺柱两种。

（1）普通挺柱

常用的普通挺柱如图 3-19 所示。桶形挺柱由于结构简单，质量小，在中、小型发动机中得到广泛应用。

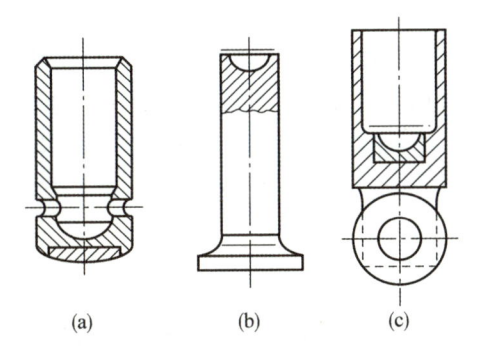

1—挺柱；2—凸轮。

图 3-19 普通挺柱

(a) 桶形挺柱；(b) 平面挺柱；(c) 滚子挺柱

（2）液力挺柱

气门间隙的存在导致发动机工作时产生敲击噪声。为消除这一现象，普遍采用液力挺柱。气门及其传动件因温度升高而膨胀，或因磨损而缩短，都会由液力作用来自行调整或补偿。

下面以平面液力挺柱为例进行说明，其结构如图 3-20 所示。在挺柱体 1 中装有柱塞 2，柱塞上端压入推杆支座 4。柱塞被柱塞弹簧 9 压向上方，其极限位置由卡环 3 限制。柱塞下端的单向阀保持架内装有单向阀弹簧 7 和单向阀 8。发动机润滑系统中的机油经进油孔 11 进入内油腔 5，在机油压力的作用下推开单向阀 8 充满高压腔 10，液力挺柱内始终充满机油。

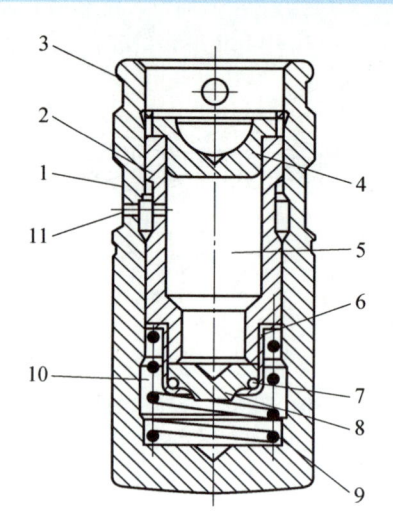

1—挺柱体；2—柱塞；3—卡环；4—推杆支座；
5—内油腔；6—单向阀保持架；7—单向阀弹簧；
8—单向阀；9—柱塞弹簧；10—高压腔；11—进油孔。

图 3-20　液力挺柱

当凸轮顶起挺柱使其上移时，高压腔内的油压迅速增高，使单向阀关闭，机油被封闭在高压腔内。由于液体不可压缩，整个挺柱如同一个刚体一样上升，使气门开启。当气门开始关闭时，柱塞所受压力减小，由于柱塞弹簧的作用，柱塞始终与推杆保持接触，整个配气机构中不存在间隙。当柱塞下部的空腔中产生真空度时，单向阀打开，油液流入再次充满整个挺柱内腔。液压挺柱结构复杂，加工精度要求高，磨损后无法调整，只能更换。

3. 推杆

推杆位于挺柱和摇臂之间，其功用是把挺柱传来的推力传给摇臂。在凸轮轴下置式的配气机构中，推杆为一细长杆，极易弯曲，因此要求推杆有足够的刚度和较好的侧向稳定性。在动载荷大的发动机中，推杆应尽量做得短些。推杆通常采用冷拔无缝钢管制成，对于缸体和缸盖都是铝合金制造的发动机，其推杆最好用硬铝制造，推杆可以是实心的，也可以是空心的。

4. 摇臂

摇臂是一个中间带有圆孔的双臂杠杆，其作用是将推杆传来的力改变方向，传给气门使其开启。同时，利用两边臂的比值（摇臂比）来改变气门升程。

如图 3-21（a）所示，摇臂的短臂端加工有螺孔，用来拧入气门间隙调整螺钉。长臂端加工成圆弧面，是推动气门的工作面。由于摇臂与气门杆一端接触部分的接触应力高，并且有相对滑移，磨损严重，通常圆弧工作面需在淬火后磨光。为减小摇臂质量，同时具有较大的强度和刚度，将摇臂制成"T"或"工"字形断面。图 3-21（b）所示为薄板冲压而成的摇臂，它与液力挺柱联用，故摇臂上不安装气门间隙调整螺钉。

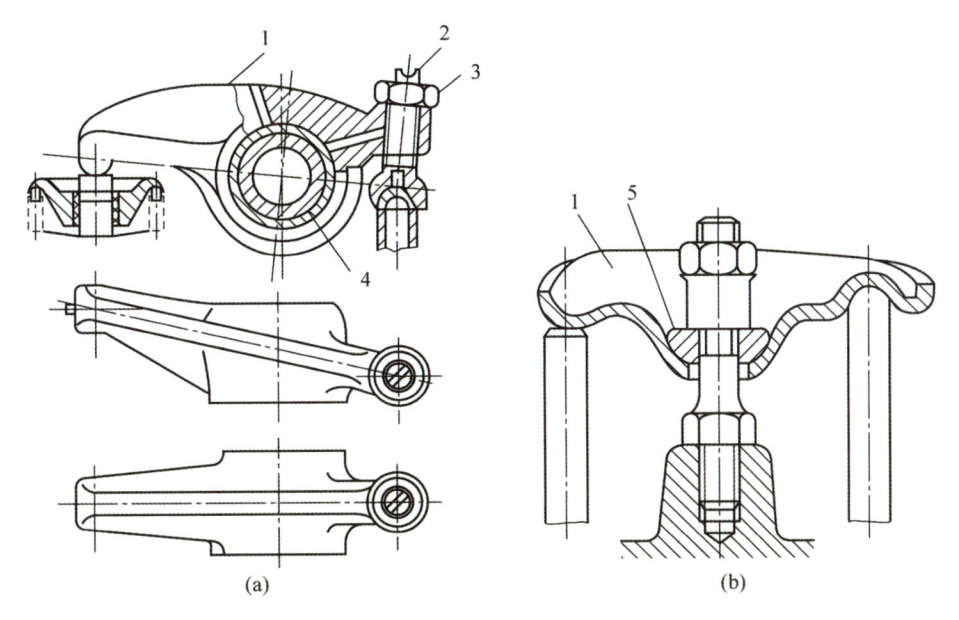

1—摇臂；2—气门间隙调整螺钉；3—锁紧螺母；4—摇臂衬套；5—摇臂支点球座。

图 3-21　摇臂

（a）普通摇臂；（b）与液压挺柱配合的摇臂

摇臂通过摇臂衬套空套在摇臂轴上，摇臂轴支撑在摇臂轴支座上，而支座与气缸盖固定在一起。摇臂在摇臂轴上的位置由限位弹簧或挡圈限定，以防止摇臂窜动。摇臂内一般钻有油道，与摇臂轴中心相通。

> **补充提示：**
> 无凸轮轴发动机取消了凸轮轴，用一套电磁机构直接控制气门。气门的开闭时间和升程可以根据不同的工况及负荷用电子结构进行调节。配合可变压缩比技术可以大大提升发动机的功率，降低油耗。

练习题

1. 配气机构的功用是什么？气门式配气机构的基本组成是什么？
2. 分析凸轮轴下置式、中置式和上置式配气机构的特点及其使用范围。
3. 什么是配气定时？
4. 进、排气门为什么要早开晚关？
5. 已知某型号发动机的进气提前角为 20°，气门重叠角为 39°，进气持续角为 256°，排气持续角为 249°，画出其配气相位图。
6. 为什么一般在发动机的配气机构中要留气门间隙？气门间隙过大或过小有何危害？
7. 如何从一根配气凸轮轴上找出发动机各缸的发火顺序？

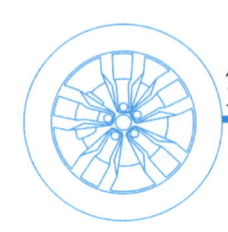

第四章 电控汽油喷射式燃料供给系统

学习目标

本章介绍电喷式汽油机燃料供给系统的结构和工作原理。要求学生掌握汽油机燃料供给系统的功用与基本组成、发动机运转工况对可燃混合气成分的要求、电控汽油喷射系统的基本组成及工作原理、L形汽油喷射系统的组成及工作原理。

重点难点

1. 汽油机燃料供给系统的功用与组成。
2. 发动机运转工况对可燃混合气成分的要求。
3. 电控汽油喷射系统的基本组成及工作原理。

第一节 概 述

一、汽油及其使用性能

汽油是由石油提炼得到的密度小、易挥发的液体燃料,其使用性能对发动机的动力性、经济性、可靠性和使用寿命都有很大的影响。汽油的使用性能指标主要是蒸发性、热值和抗爆性。

1. 汽油的蒸发性

汽油蒸发性的好坏对混合气质量有很大影响。蒸发性良好的汽油能在极短的时间内完全蒸发汽化,并与空气均匀混合形成可燃混合气,保证发动机在各种条件下能迅速起动、加速和正常运转。但如果汽油蒸发性太强,易在油路中蒸发形成"气阻";若蒸发性不好,则汽油不能完全汽化,混合气形成不均匀,致使燃烧不完全,发动机经济性变差。

汽油的蒸发性主要用馏程评定，可通过燃料的蒸馏试验来测定。将汽油加热，分别测定蒸发出 10%、50%、90% 馏分时的温度及终馏温度。

2. 燃料的热值

燃料的热值是指 1 kg 燃料完全燃烧后所产生的热量。汽油的热值约为 44 000 kJ/kg。

3. 汽油的抗爆性

汽油的抗爆性是指汽油在发动机气缸中燃烧时抵抗爆燃的能力。"爆燃"是一种非正常燃烧，会造成发动机过热、排气冒烟，功率下降、油耗增加，并伴有明显的敲缸声，甚至损坏机件。

抗爆性一般用辛烷值表示。辛烷值越高，抗爆性越好。汽油的辛烷值是在规定条件下在标准试验机上测定的，有研究法和马达法。我国用研究法辛烷值 RON 划分车用汽油牌号，如 92 号、95 号。

二、汽油机供给系统功用

汽油机供给系统的功用是根据发动机各种不同工况的要求，配制出一定数量和浓度的可燃混合气，供入气缸，使之在临近压缩终了时点火燃烧而膨胀做功，然后将燃烧废气排入大气中。

电控汽油喷射式燃料供给系统（简称电控汽油喷射系统）是在恒定的压力下，利用喷油器将一定数量的汽油直接喷入进气管道或气缸，能根据发动机工况的变化供给最佳浓度的可燃混合气。

三、电控汽油喷射系统的分类

电控汽油喷射系统有很多种类型，可按不同方法分类，常见的是按燃油喷射位置的不同，可分为缸外喷射和缸内喷射两种。

1. 缸外喷射

缸外喷射系统分为进气管喷射和进气道喷射，进气管喷射系统的喷油器安装在节气门体上，又称节气门体喷射（TBI），也称单点喷射（SPI），如图 4-1（a）所示。

进气道喷射系统是每个气缸设置一个喷油器，各个喷油器分别向各缸进气道喷油，故也称多点喷射（MPI）。由于进气道喷射汽油的喷油压力不高，性能较好，结构简单，成本较低，因此应用广泛，如图 4-1（b）所示。

2. 缸内喷射

缸内喷射是通过安装在气缸盖上的喷油器，将高压汽油直接泵入电磁喷油器，通过电控单元控制喷油器的开启及喷射时间，由于电控单元可实时根据发动机的工作状况控制喷油器保持最佳喷油量，可燃混合气能充分燃烧，大大提高了发动机的经济性和排放指标，如图 4-1（c）所示。但是由于需要高的喷射压力，对供油系统的要求高，成本高。

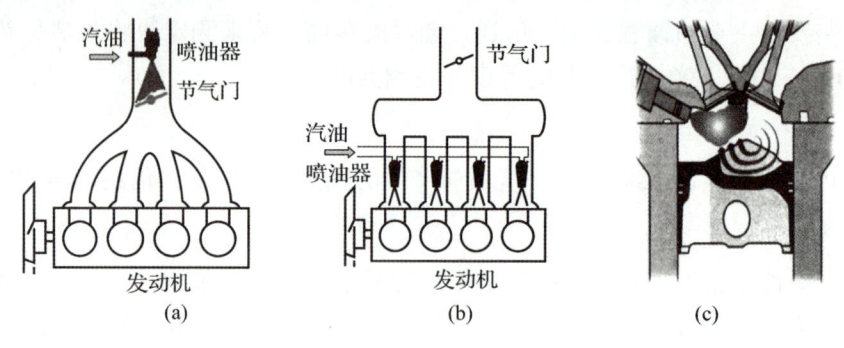

图 4-1 燃油喷射位置不同分类

(a) 节气门体喷射；(b) 进气道喷射系统（c) 缸内直喷

另外，也有按喷射的连续性进行分类，可分为连续喷射式和间歇喷射式。按进气量的检测方式进行分类，可分为流量型喷射系统和压力型喷射系统。

四、电控汽油喷射系统的组成

电控汽油喷射系统的类型较多，但其组成基本相同，即由**燃油供给系统、空气供给系统、电子控制系统组成**，如图 4-2 所示。

4-1 电控汽油喷射系统动画

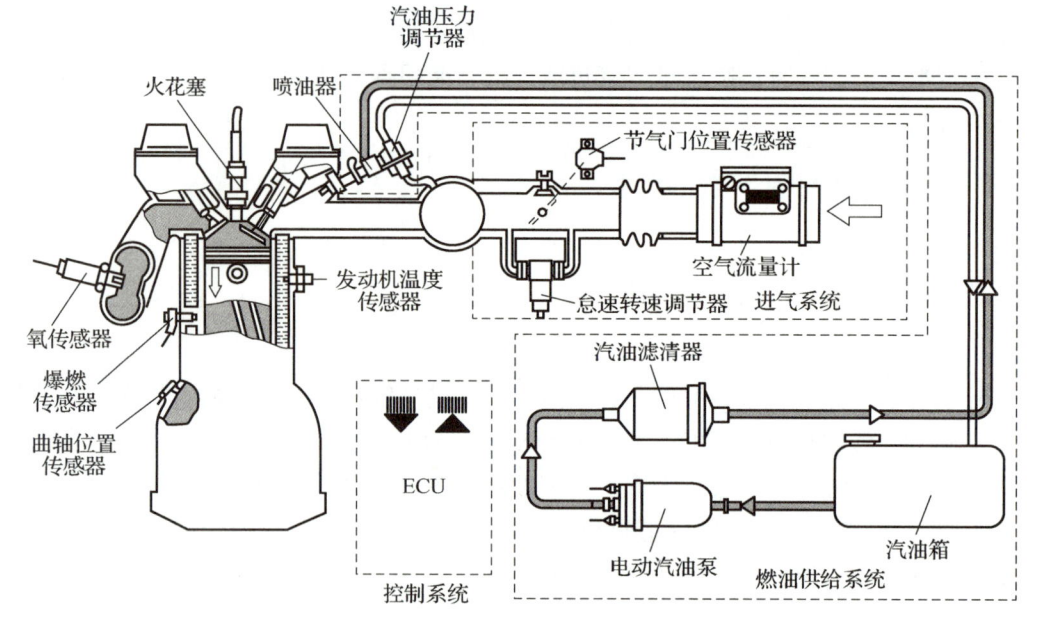

图 4-2 电控燃油喷射系统

1. 燃油供给系统

燃油供给系统是向气缸内供给燃烧时所需的燃油。其主要由燃油箱、电动汽油泵、燃油滤清器、燃油分配管、燃油压力调节器及喷油器等组成，如图 4-3 所示。燃油由燃油泵从燃油箱吸出后，经过燃油滤清器除去杂质和水分，进入燃油分配管，燃油分配管与各缸喷油器相连。在燃油分配管末端装有燃油压力调节器，用来调节分配管的油压。喷油器根据电控单元的喷油指令喷射，喷油量的多少由喷油器通电时间决定。

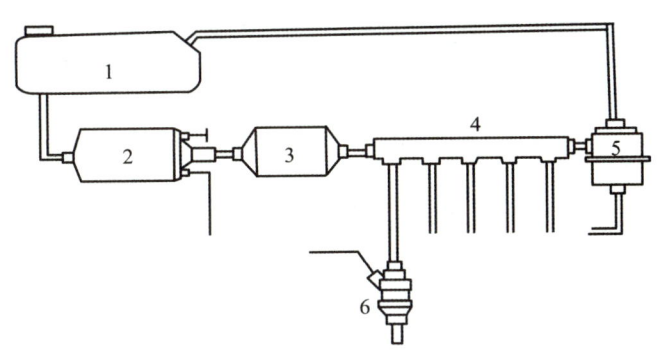

1—汽油箱；2—电动式汽油泵；3—汽油滤清器；4—燃油分配管；
5—燃油压力调节器；6—喷油器。

图4-3　电控发动机燃油供给系统框图

为了改善发动机冷起动性能，有的在进气管处安装一个冷起动喷油器，以便在冷起动时喷入一定量的燃油。

2. 空气供给系统

空气供给系统的功用是为发动机可燃混合气的形成提供必要的空气，并测量和控制进入气缸的空气流量。其组成如图4-4所示，主要包括空气滤清器、空气流量传感器、节气门体、进气总管、进气歧管等。

发动机在进气行程时，空气经空气滤清器、空气流量传感器和节气门体进入各缸进气支管。驾驶员通过操纵节气门的开度来控制每个工作循环的进气量。发动机怠速时，节气门几乎处于关闭状态，空气流量由怠速控制阀来控制，保证冷启动暖车时加大空气量，正常怠速时，恢复怠速空气量。

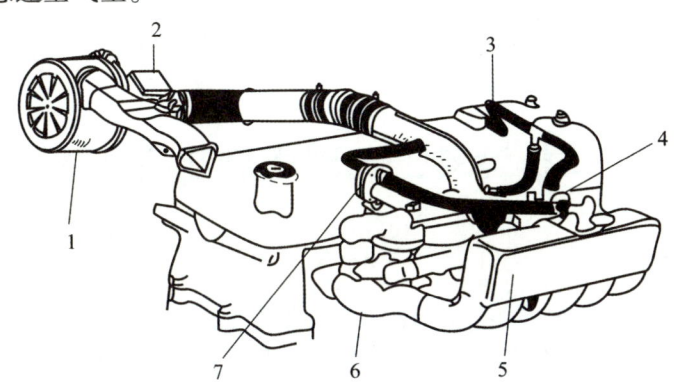

1—空气滤清器；2—空气流量传感器；3—PCV管；4—节气门怠速开关控制传感器；
5—进气总管；6—进气歧管；7—空气阀。

图4-4　空气供给系统组成

3. 电子控制系统

电子控制系统的功用是检测发动机的工作状况，精确控制燃油喷射量、喷油正时和点火时刻。主要由电控单元ECU、各种传感器及执行器三部分组成，如图4-5所示。

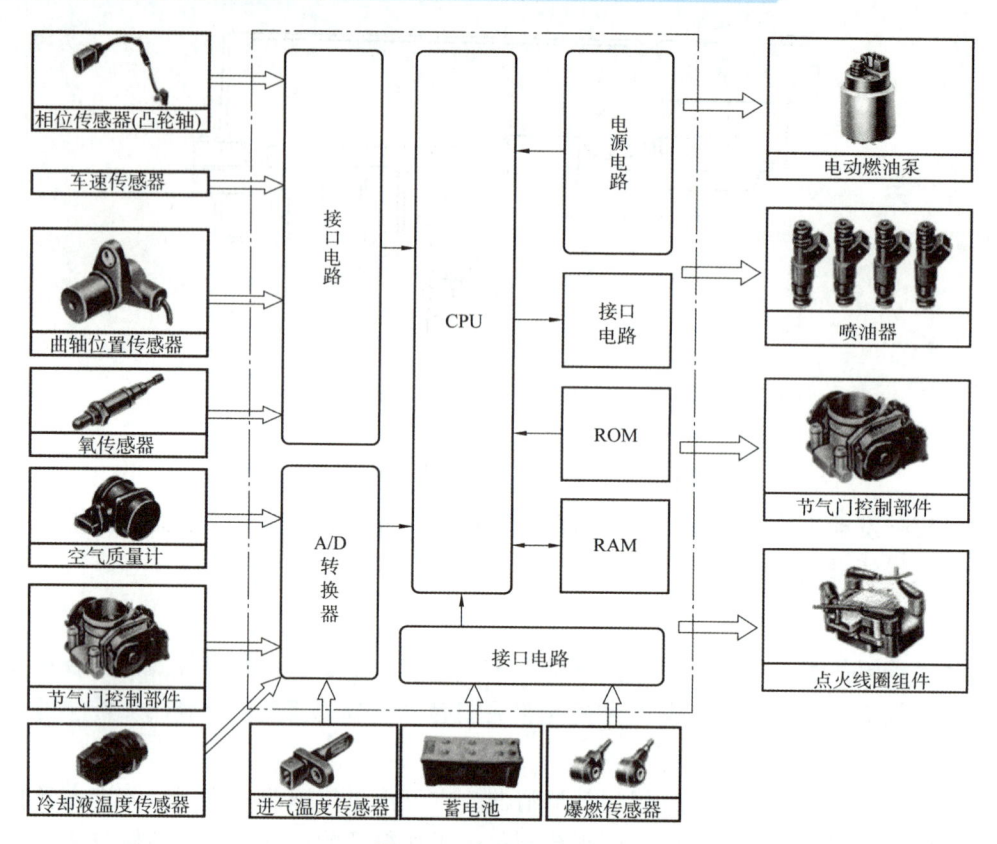

图 4-5　电子控制系统

传感器负责把反映发动机工况和汽车运行状态的参数提供给电控单元，电控单元根据发动机运转工况和汽车运行状态对发动机进行精确控制，通过接收各传感器传来的信号，对其进行处理运算，并发出相应的指令控制执行器的动作。执行器用来完成电控单元发出的各种指令。

第二节　发动机运转工况对可燃混合气成分的要求

一、可燃混合气

可燃混合气是指空气与燃料的混合物，其成分对发动机的动力性、经济性与排放性等都有很大的影响。可燃混合气的浓度通常用空燃比和过量空气系数表示。

1. 空燃比 α

空燃比是指可燃混合气中空气质量与燃料质量的比值，一般用每千克燃料燃烧时所消耗空气的千克数来表示。

$$\alpha = \frac{空气质量}{燃油质量}$$

理论上 1 kg 汽油完全燃烧需 14.7 kg 空气，故 $\alpha = 14.7$ 为理论混合气；$\alpha < 14.7$ 为浓混合气；$\alpha > 14.7$ 为稀混合气。

2. 过量空气系数 ϕ_a

过量空气系数是指燃烧 1 kg 燃油实际供给的空气质量与完全燃烧 1 kg 燃油所需的理

论空气质量之比。即

$$\phi_a = \frac{燃烧1\,kg\,燃油实际供给的空气质量}{完全燃烧1\,kg\,燃油所需的理论空气质量}$$

$\phi_a=1$ 的可燃混合气称为理论混合气；$\phi_a<1$ 的称为浓混合气；$\phi_a>1$ 的则称为稀混合气。

二、可燃混合气成分对发动机性能的影响

以图4-6为例进行说明。

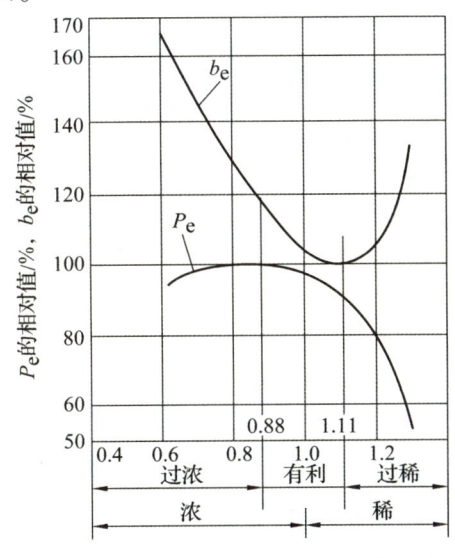

图4-6 混合气成分对发动机性能的影响

理论上，对于 $\phi_a=1$ 的理论混合气，所含空气中的氧正好可以使其中全部燃料完全燃烧。但试验证明，由于气缸中可燃混合气的成分不可能绝对均匀分布，残余废气的存在也影响火焰中心的形成和火焰的传播，故理论混合气不可能得到完全燃烧。要使混合气中的汽油都能完全燃烧，混合气必须是 $\phi_a>1$ 的稀混合气。

当 $\phi_a=1.05\sim1.15$ 时，**所有汽油分子都能获得足够的氧气完全燃烧，燃油消耗率最低，经济性最好，称为经济混合气**；若混合气过稀，则燃烧速度降低，从而造成加速性能变坏，发动机输出功率下降，甚至会出现进气管回火现象。

当 $\phi_a=0.85\sim0.95$ 时，**混合气中汽油较多，燃烧速度最快，热损失最小，发动机的有效功率最大，称为功率混合气**。但因可燃混合气中空气含量不足，致使其燃烧不完全，经济性较差。若可燃混合气过浓，则燃烧不完全，产生大量的一氧化碳，导致燃烧室积炭，发生排气管放炮现象及冒黑烟。

当可燃混合气稀到 $\phi_a\geqslant1.4$ 或浓到 $\phi_a\leqslant0.4$ 时，火焰无法传播，导致发动机运转不稳定，直至熄火。故将前者称为火焰传播下限，将后者称为火焰传播上限。

一般为了兼顾发动机的动力性和经济型，混合气浓度应为 $0.88\sim1.11$。在一定的工况下（负荷和转速），只能供给一定浓度的可燃混合气。过量空气系数是以发动机动力性为主，还是以经济性为主，或是将排放控制放在首位，应根据汽车及发动机各工况的需要而定。

三、汽车发动机各种工况对可燃混合气成分的要求

发动机工况是发动机工作状况的简称，其主要参数是负荷和转速。汽车发动机工作时有以下特点：工况变化范围大，负荷可从0变到100%，转速可从最低稳定转速变化到最

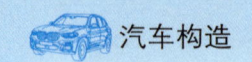

高转速。在汽车行驶的大部分时间内，发动机在中等负荷下工作。轿车发动机负荷经常是40%~60%，而货车则为70%~80%。

车用汽油机在不同工况下对混合气的浓度有不同的要求，分述如下：

1. 冷起动工况

冷起动是指发动机由静止到正常运转的过程，或当熄火时间较长、发动机温度已下降至环境温度时的起动过程。冷起动时，机体温度低，汽油蒸发困难，需供给极浓的混合气（$\phi_a=0.2~0.6$），才能保证进入气缸内的混合气中有足够的汽油蒸气，使发动机得以顺利起动。

2. 怠速工况

怠速是指发动机对外无功率输出，混合气燃烧所做的功只用于克服发动机内部的阻力，使发动机保持最低转速稳定运转。此时，节气门处于关闭位置，进入气缸内的混合气少，残余废气对混合气稀释比较严重，并且发动机转速低，空气流速低，汽油雾化和蒸发不良，混合气不均匀，需供给 $\phi_a=0.6~0.8$ 的浓混合气。

3. 小负荷工况

小负荷工况是指发动机的负荷在25%以下，此时新鲜混合气的品质逐渐改善，废气对混合气的稀释作用逐渐减弱，因而混合气浓度可以减小至 $\phi_a=0.7~0.9$。ϕ_a 的值应随节气门开度的增大而变大。

4. 中等负荷工况

中等负荷工况是指发动机的负荷为25%~85%。车用发动机在大部分工作时间内都处于中等负荷状态，燃油经济性是首要的。节气门开度加大，进入气缸的混合气量增多，残余废气量相对减少，燃烧条件好，此时应供给经济混合气（$\phi_a=1.05~1.15$），功率损失不多，节油效果却很明显。

5. 大负荷和全负荷工况

大负荷指发动机负荷在85%以上，负荷为100%时称为全负荷。此时汽车需要克服较大的外部阻力，要求发动机能发出尽可能大的功率，以动力性为主，经济性则退居次要地位。此时应供给功率混合气（$\phi_a=0.85~0.95$）。

6. 加速工况

加速是指发动机的负荷迅速增加的过程。加速时，驾驶员猛踩加速踏板，使节气门开度突然加大，以期望发动机的功率迅速增大。当节气门突然开大时，由于汽油的惯性比空气的惯性大，汽油流量的增加比空气流量的增加要慢得多，混合气暂时变稀，使发动机动力下降甚至熄火。为防止混合气瞬间变稀，恶化加速性能，需额外供给燃油。

综上所述，对于经常在中等负荷下工作的汽车发动机，为保持其正常运转，从小负荷到中负荷供给由浓到稀的混合气，直至供给经济混合气，以保证工作的经济性。从大负荷到全负荷阶段，要求混合气由稀变浓，最后加浓到功率混合气，以保证发动机发出的最大功率。

第三节　电控汽油喷射系统

一、典型电控汽油喷射系统

目前，各类汽车上所采用的电控汽油喷射系统在结构上往往有较大的差别，在控制原理及工作过程方面也各具特点。本节以博世公司典型的 L 型和 M 型电控汽油喷射系统为例进行说明。

1. 博世 L 型（L-叶特朗尼克）汽油喷射系统

L 型汽油喷射系统是在 20 世纪 70 年代发展起来的多点汽油喷射系统，应用广泛。目前汽车上的 L 型汽油喷射系统大都进行了若干改进，如完善主要组件的结构和性能、扩展电控单元的控制功能等，以期提高发动机的经济性、动力性和排放性。

4-2 L 型图片

L 型汽油喷射系统是以发动机的进气量和发动机转速作为基本控制参数来调节燃油喷射的，其组成如图 4-7 所示。

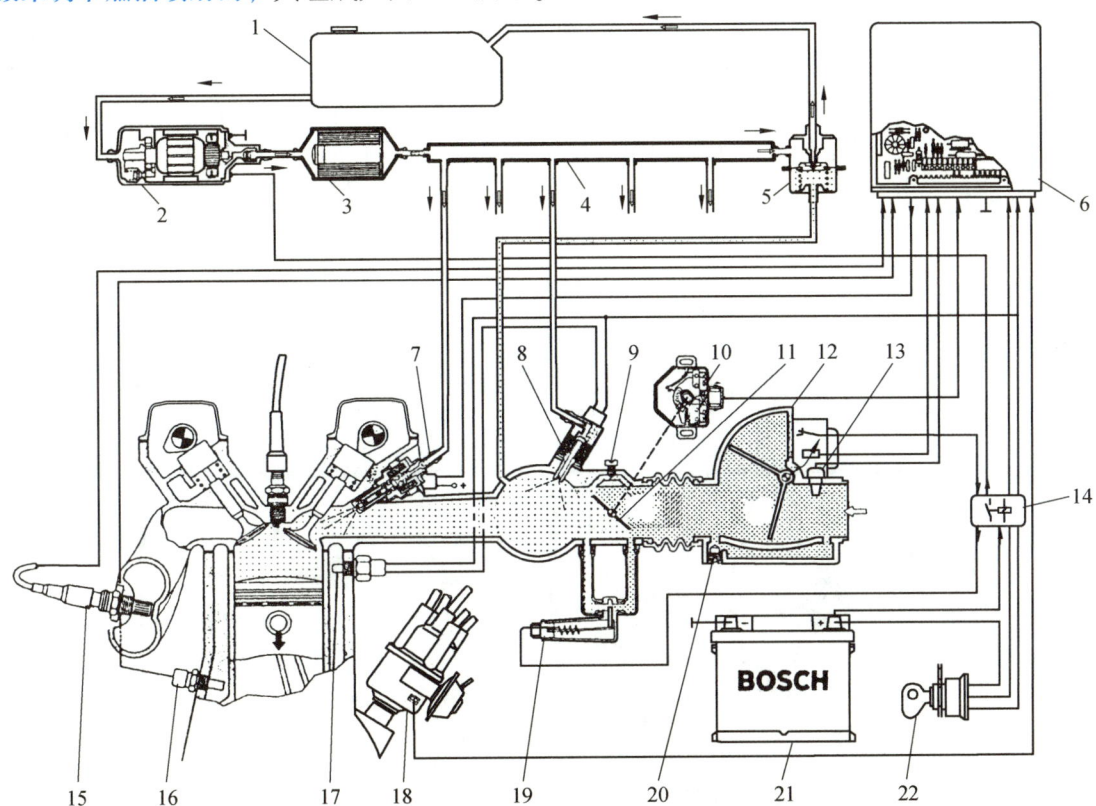

1—汽油箱；2—电动汽油泵；3—汽油滤清器；4—燃油分配泵；5—油压调节器；6—电控单元；7—喷油器；8—冷起动喷嘴；9—怠速调节螺钉；10—节气门位置传感器；11—节气门；12—空气流量传感器；13—进气温度传感器；14—继电器组；15—氧传感器；16—温度传感器；17—热时间开关；18—分电器；19—补充空气阀；20—怠速混合气调节螺钉；21—蓄电池；22—点火开关。

图 4-7 L 型汽油喷射系统

汽油箱 1 内的汽油被电动汽油泵 2 吸出并加压至一定压力（0.25～0.35 MPa），经汽油滤清器 3 滤除杂质后送至燃油分配管。燃油分配管与安装在各缸进气支管上的喷油器 7 相通。在燃油分配管的末端装有油压调节器 5，用来调节油压使之稳定。

发动机的进气量由汽车驾驶员通过加速踏板操纵节气门来控制，安装在进气管上的空气流量传感器 12 将空气流量转变为电信号传输给电控单元 6。

电控系统首先通过翼片式空气流量计、曲轴转角位置、冷却水温度、进气温度、节气门位置、氧传感器等获取发动机的各项运行参数，根据进气量和发动机转速计算出基本喷油量，然后根据发动机温度传感器、进气温度传感器等确定温度修正系数，根据节气门位置传感器确定加速修正等系数，根据氧传感器确定排气修正系数，综合基本喷油量和各种修正参数，确定相应工况的最佳喷油量，进而控制喷油器喷油。

博世 LH 型（LH-叶特朗尼克）汽油喷射系统是 L 型汽油喷射系统的变型产品，两者的结构与工作原理基本相同，不同之处是 LH 型采用热线式空气流量计，电控装置采用大规模数字集成电路，运算速度快，控制范围广，功能更加完善。应用 LH 型的轿车较多，如凌志 LS400、日产 MAXIMA、马自达 626 及奔驰 600SE 等。

2. 博世 M 型（M-莫特朗尼克）汽油喷射系统

将 L 型汽油喷射系统与电子点火系统结合，M 型汽油喷射系统用一个由大规模集成电路组成的数字式微型计算机同时对这两个系统进行控制，实现了汽油喷射与点火的最佳配合。M 型汽油喷射系统的组成如图 4-8 所示。发动机工作时，电控单元根据运行工况以及发动机温度、进气温度、节气门位置等信息确定最佳点火提前角和喷油量，使发动机在最佳性能的状况下运行。它广泛应用于轿车发动机上，如宝马 535i、奥迪 V8 等。

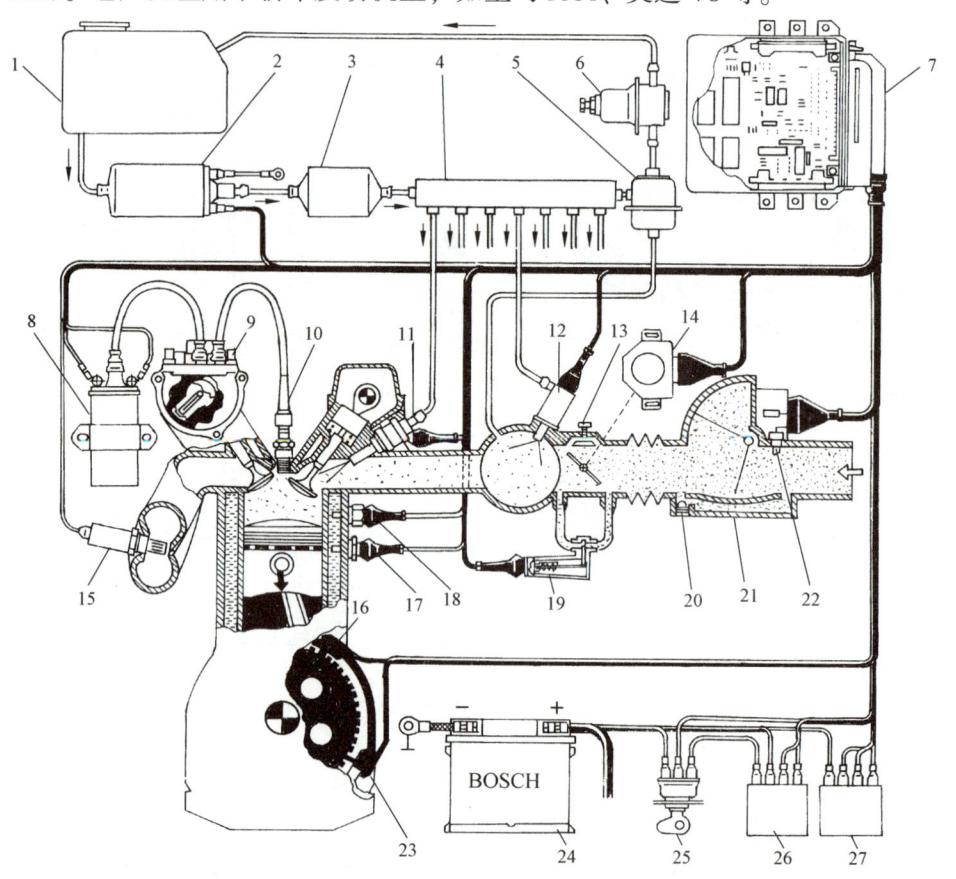

4-3 M 型图片

1—汽油箱；2—电动汽油泵；3—汽油滤清器；4—燃油分配泵；5—油压调节器；6—油压脉动缓冲器；7—电控单元；8—点火线圈；9—分电器；10—火花塞；11—喷油器；12—冷起动喷嘴；13—怠速调节螺钉；14—节气门及节气门位置传感器；15—氧传感器；16—曲轴位置传感器；17—温度传感器；18—热时间开关；19—补充空气阀；20—怠速混合气调节螺钉；21—空气流量计；22—进气温度传感器；23—转速传感器；24—蓄电池；25—点火开关；26—主继电器；27—电动汽油泵继电器。

图 4-8　M 型汽油喷射系统

二、燃油供给系统的主要零部件

1. 汽油箱

汽油箱的功用是储存汽油， 其数目、容量、形状及安装位置均随车型而异，如图4-9所示。普通汽车只有一个汽油箱，越野汽车及长途运输汽车则常有两个汽油箱，汽油箱的容量应使汽车的续驶里程（一次性加满汽油可连续行驶的里程）达 300～600 km。汽油箱由钢板或塑料制造。轿车的油箱通常装在车身的尾部，而货车则装在车身中部外侧。在汽油箱上还装有油面指示表传感器、出油开关和放油螺塞等。汽油箱内通常有挡油板，目的是减轻汽车行驶时汽油的振荡。油箱加油口用带阀门的油箱盖封闭。

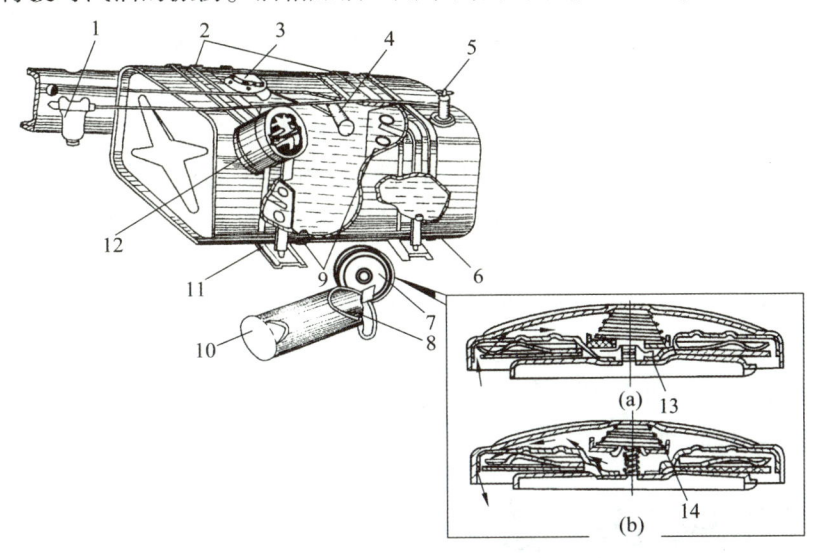

1—汽油滤清器；2—固定箍带；3—油面指示表传感器；4—传感器浮子；5—出油开关；6—放油螺塞；7—加油口盖；
8—加油延伸管；9—挡油板；10—滤网；11—支架；12—加油口；13—空气阀；14—蒸气阀。

图4-9 汽油箱及加油口盖
（a）空气进入汽油箱；（b）汽油蒸气溢出汽油箱

油箱盖用于防止汽油的溅出及减少汽油挥发，由空气阀和蒸气阀组成。空气阀弹簧较蒸汽阀弹簧软，当油箱内燃油减少，压力下降到预定值时，大气推开空气阀进入油箱内；当油箱内油蒸气压力增大到规定值时，蒸气阀打开，油蒸气泄入大气，保持油箱内压力正常。

2. 汽油滤清器

汽油滤清器的作用是将汽油中的杂质滤去， 防止燃油系统堵塞，减少机件的磨损，确保发动机稳定工作，提高可靠性。

汽油滤清器由盖1、滤芯5、进油管接头9、出油管接头2等组成，如图4-10所示。当发动机工作时，在汽油泵的作用下，将汽油从汽油箱内吸入油管中，经汽油箱滤清器过滤，杂质被吸附

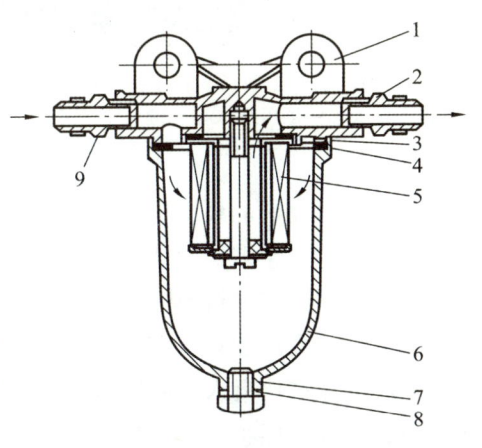

1—盖；2—出油管接头；3—密封圈；
4—密封垫；5—滤芯；6—沉淀杯；
7—放油螺塞；8—密封垫圈；9—进油管接头。

图4-10 汽油滤清器

在滤芯上，过滤后的清洁汽油进入汽油泵。

滤芯除纸质外，还有多孔陶瓷滤芯和金属片缝隙式。陶瓷滤芯结构简单，滤清效能高，但清洗困难。金属片缝隙式工作可靠，但滤清效率低，结构复杂。纸质滤清器的性能良好，制造和使用方便，故目前广泛采用。

3. 电动汽油泵

电动汽油泵的功用是向发动机输送充足的燃油并维持足够的压力，以保证喷油器在所有工况下能够有效喷射。 根据安装位置，分为内置式和外置式两种，内置式是将电动汽油泵安装在汽油箱内，外置式是安装在汽油箱外，目前轿车多采用内置式电动汽油泵。

4-4 电动油泵原理

根据结构，电动汽油泵通常有两种类型，即滚柱式电动汽油泵和叶片式电动汽油泵。

滚柱式电动汽油泵如图 4-11 所示。进油口 1 一侧的滚柱泵由泵壳中间的驱动电动机 4 高速驱动。转子 9 偏心地安装在泵体 7 内，滚柱 8 装在转子的凹槽中。当油泵旋转时，由于离心力的作用，转子槽内的滚子向外移动，紧靠在偏心设计的泵体壁面上。同时，在惯性力的作用下，滚柱总是与转子凹槽的一个侧面贴紧，从而形成若干个工作腔。工作过程中，进油口一侧的工作腔容积增大，成为低压吸油腔，汽油经进油口被吸入工作腔内。在出油口 6 一侧的工作腔容积减小，成为高压油腔，受压的汽油经出油口压出。油泵出油口处有一单向止回阀 5，在油泵不工作时，阻止燃油倒流回燃油箱，以保持发动机停机后的燃油压力，便于再次起动。

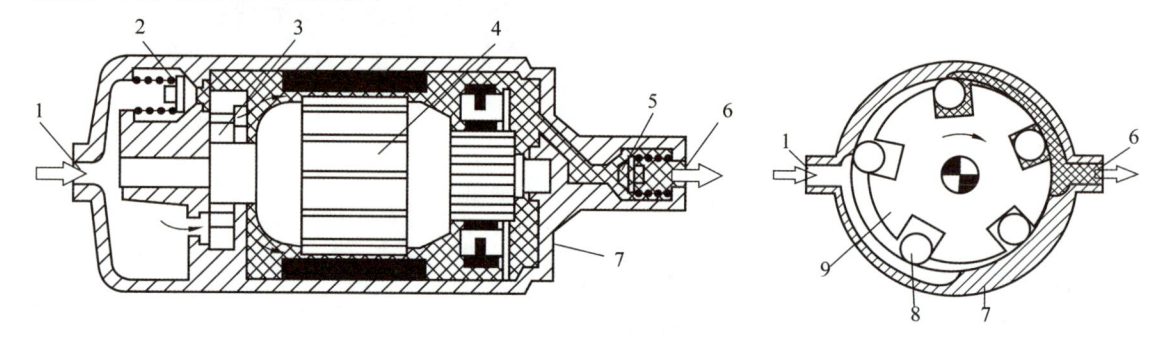

1—进油口；2—限压阀；3—汽油泵体；4—电动机；5—单向止回阀；6—出油口；7—泵体；8—滚柱；9—转子。

图 4-11 滚柱式电动汽油泵

滚柱式电动汽油泵运转时噪声大，油压脉动也较大，而且泵体内表面和转子容易磨损。近年来越来越多的发动机采用叶片式电动汽油泵，其结构如图 4-12 所示。叶轮 3 是一个圆形平板，在平板的圆周上加工有小槽，形成泵油叶片。叶轮旋转时，小槽内的汽油随同叶轮一同高速旋转。由于离心力的作用，使出口处油压增高，而在进口处产生真空，从而使汽油从进口吸入，从出口排出。叶片式电动汽油泵运转噪声小，油压脉动小，泵油压力高，叶片磨损小，使用寿命长。

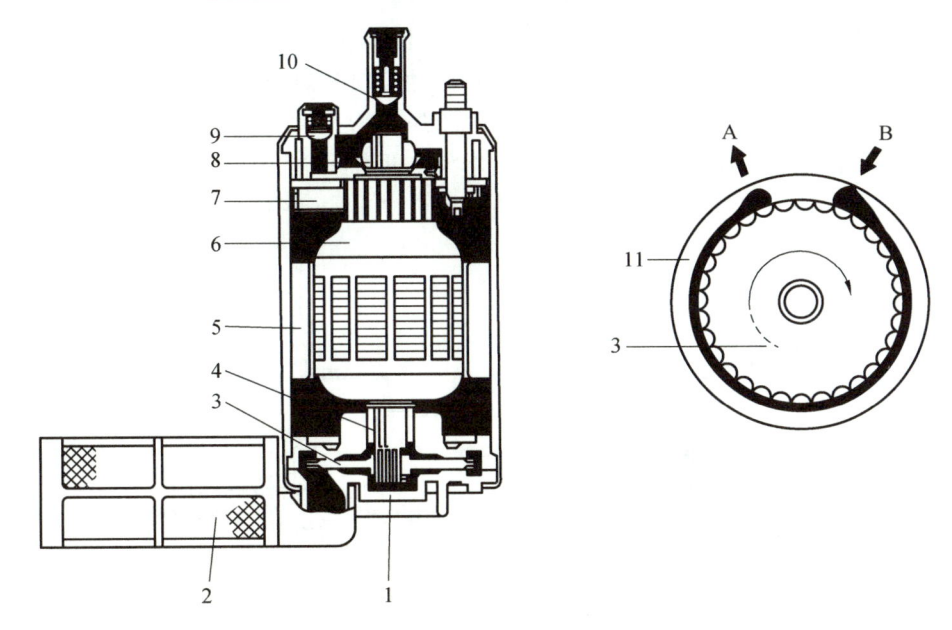

1—橡胶缓冲垫；2—滤网；3—叶轮及叶片；4、8—轴承；5—永久磁铁；6—电枢；
7—碳刷；9—限压阀；10—单向止回阀；11—泵体。

图 4-12 叶片式电动汽油泵

4. 燃油分配管与燃油压力调节器

燃油分配管（图 4-13）的功用是将燃油均匀、等压地输送给各缸喷油器，另外，它还有贮油、蓄压、减缓油压脉动的作用。燃油分配管的截面一般都比较大，可防止燃油压力波动，保证各缸喷油器的喷油量尽可能相等。

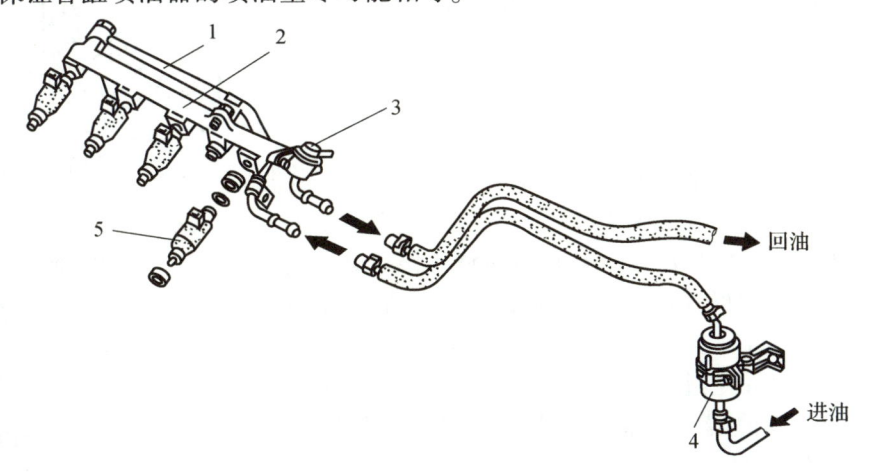

1—进油管；2—燃油分配器；3—油压调节器；4—汽油滤清器；5—喷油器。

图 4-13 燃油分配管

燃油压力调节器的功用是调节至喷油器的燃油压力，使油路中的燃油压力与进气管压力之差保持常数，这样从喷油器喷出的燃油量唯一地取决于喷油器的开启时间。多余的燃油从燃油压力调节器出油口经油管流回燃油箱。

油压调节器的构造如图 4-14 所示。膜片 4 将油压调节器分隔成上、下两个腔。上腔有进油口 1 与燃油分配管相连，回油口 2 与汽油箱连通，下腔通过真空接管 6 与节气门后的进

69

气管相连。当进气管压力减小到与燃油压力之差超过预调的压力值时，膜片上方的燃油就推动膜片克服弹簧5的弹力向下弯曲，平面阀7将回油管口开启，超压的燃油经回油口2流回燃油箱，以保持一定的燃油压力。相反，当进气管压力增大时，膜片向上弯曲，平面阀将回油管口关闭，回油中止，燃油供给系统的压力增大，两者间的压力差保持不变。

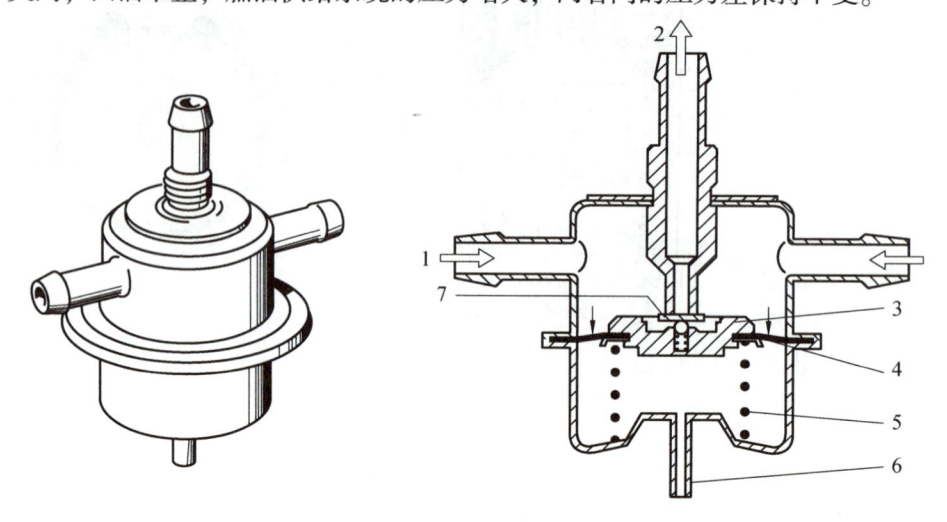

1—进油口；2—回油口；3—阀座；4—膜片；5—弹簧；6—真空接管（接进气管）；7—平面阀。
图4-14 油压调节器

燃油供给系统的压力与进气管压力之差由油压调节器中的弹簧5的弹力限定，调节弹簧预紧力即可改变两者的压力差，也即改变喷油压力。燃油压力调节器装在燃油分配管的一端，可使燃油压力调节在正常范围内。

5. 喷油器

喷油器的功用是按照电控单元的指令将一定数量的汽油适时地喷入进气道或进气管内，并与其中的空气混合形成可燃混合气。它是一个电磁阀，由发动机控制单元控制。

轴针式喷油器的结构如图4-15所示，喷油器体内有一个电磁线圈3，喷油器头部的针阀6与衔铁5结合成一体。电控单元以电脉冲的形式向喷油器输出控制电流。当电控单元送来电流信号时，电磁线圈通电，产生电磁力，吸起衔铁与针阀，将燃油通过精确设计的轴针头部环形间隙喷出，在喷油器头部前端将燃油粉碎雾化，与空气混合，在发动机进气行程中被吸入气缸。

电控单元利用电脉冲的宽度来控制喷油器每次喷油的时间，从而控制喷油量。电脉冲从升起到回落所持续的时间称为脉冲宽度。若电控单元输出的脉冲宽度短，则喷油持续时间短，喷油量少（图4-16（b））；若电控单元输出的脉冲宽度长，则喷油持续时间长，喷油量多（图4-16（c））。一般喷油器针阀升程约0.1 mm，而喷油持续时间在2~10 ms范围内。

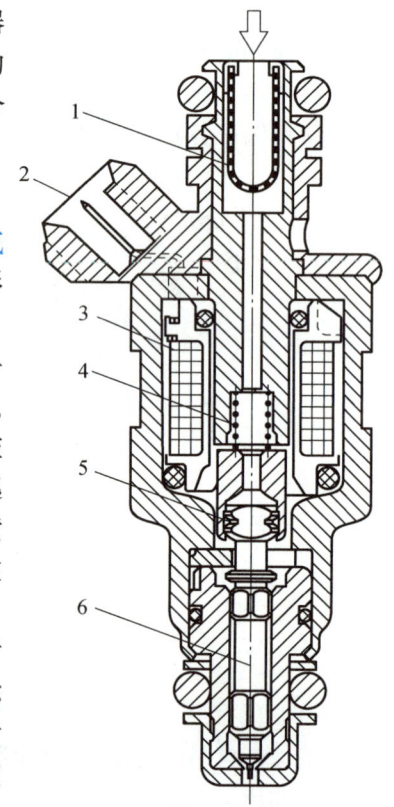

1—滤网；2—电接头；3—电磁线圈；
4—复位弹簧；5—衔铁；6—针阀。
图4-15 轴针式喷油器构造

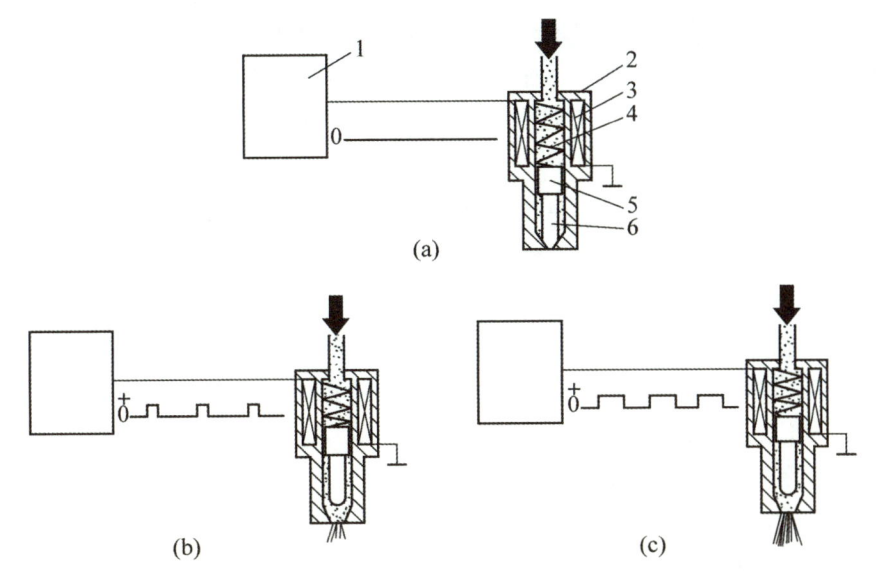

1—电控单元；2—喷油器体；3—电磁线圈；4—复位弹簧；5—衔铁；6—针阀。

图4-16 喷油器工作原理示意图

（a）发动机停机时无电脉冲输出；（b）短脉冲宽度；（c）长脉冲宽度

三、电控单元与各种传感器

1. 电控单元（ECU）

电控单元是电子控制单元的简称，常用ECU（Electronic Control Unit）表示，它是电子控制系统的核心。电控单元一般由中央处理器（CPU）、只读存储器（ROM）、运行数据存储器（RAM）和输入/输出（I/O）接口等组成，ROM用来存储固定数据信息，如燃油基本喷射时间脉谱图、点火控制特性脉谱图等重要特性数据，它们都是通过大量试验获得的。在ROM的基础上增加编程和改写功能便形成了PROM，可用来存储适用于少数汽车类型的信息，如整车或发动机的调整数据等。有了这些存储器，可使同一台微机适用不同车型的发动机成为可能。RAM在微机中起暂时存储信息的作用，切断电源时，存入的全部数据完全消失。

电控单元工作原理如图4-17所示。输入回路对各种输入信号进行预处理，ECU根据需要把各种传感器送来的信号用内存的程序和数据进行运算处理，并把运算结果（如喷油脉冲信号、点火控制信号等）送往输出电路，用来控制执行器工作。

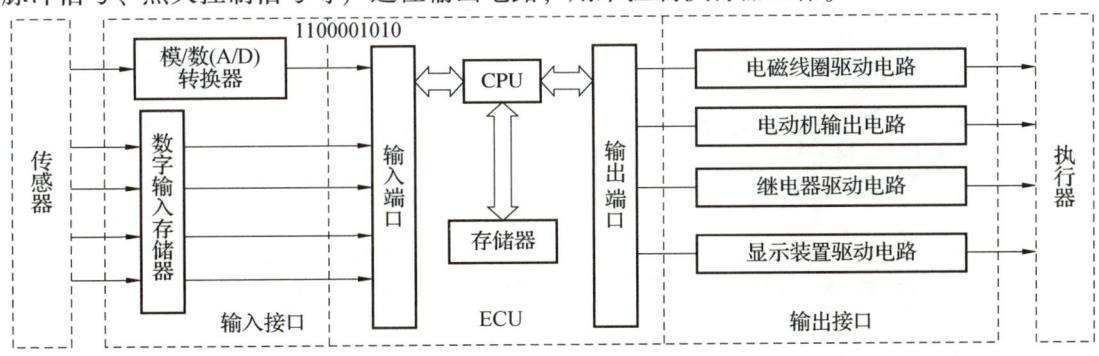

图4-17 电控单元工作原理

近年来，电子控制系统的功能不断扩大，在发动机管理系统中，不但控制喷油器的喷油量，还可控制点火、怠速、废气再循环等。另外，电子控制系统还可控制底盘中的自动变速器、自动防抱死系统、转向稳定系统、悬架控制系统等。

2. 空气流量传感器

空气流量传感器的功用是测量进入发动机的空气流量，并将测量的结果转换为电信号传输给电控单元。在电控燃油喷射系统中，空燃比的调节采用调整喷油量的方式进行，测定空气流量是控制空燃比的基础。

空气流量传感器可分为两种：一种是直接测量空气体积流量的传感器，如叶片式空气流量传感器、卡门涡流式空气流量传感器；另一种是直接测量空气质量流量的传感器，如热线式空气流量传感器、热膜式空气流量传感器，近年来用得较多。

（1）热线式空气流量传感器

热线式空气流量传感器的构造如图4-18所示。在进气道内套有一个测试管2，小管架有一根极细的铂金属丝3，在支承环前端装有温度补偿电阻4，后端黏结有精密电阻，在控制电路板上则装有高阻值电阻。铂热线、温度补偿电阻、精密电阻和高阻值电阻构成惠斯通电桥电路中的4个臂（图4-19）。电路调节供给4个臂的电流使电桥保持平衡。

空气流过时，铂热线得到冷却，电阻值减小，使电桥电路的电压也发生变化，这一信号输入电控单元，用来指示通过空气流量传感器的空气量。这时混合电路将自动增加供给铂热线的电流，以使其恢复原来的温度，直至电桥恢复平衡。流过铂热线的空气流量越大，混合电路供给铂热线的加热电流也越大。把加热电流通过精密电阻产生的电压信号传给电控单元，即可获得空气流量的度量。由于铂热线的冷却效果随着进入空气温度变化而不同，因此需要进行温度补偿，图4-19中的 R_k 就是作温度补偿用的电阻，其阻值也随进气温度发生变化，起到参照的作用，使进气温度的变化不影响测量精度。

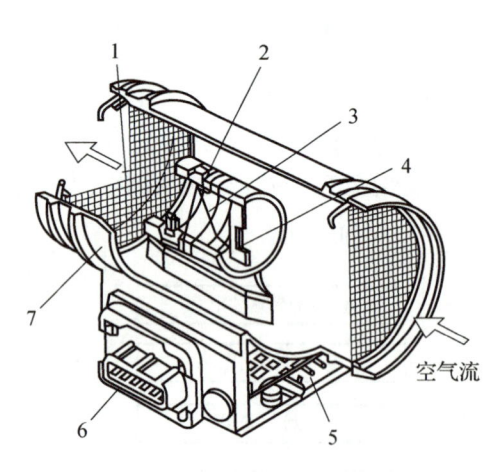

1—金属防护网；2—测试管；3—铂热线；
4—温度补偿电阻；5—控制电路板；
6—电源插座；7—壳体。

图4-18 热线式空气流量传感器结构

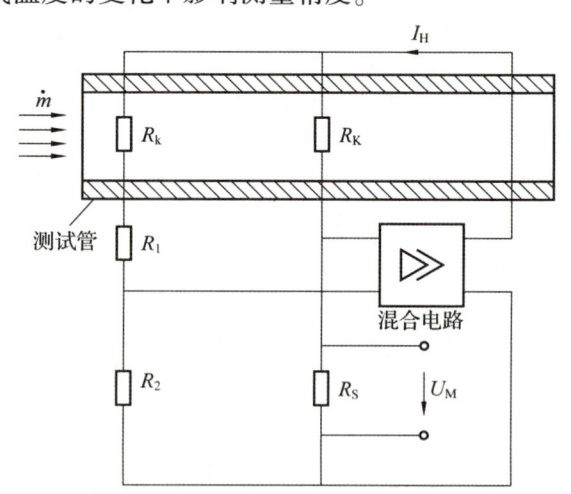

R_H—铂热线；R_K—温度补偿电阻；
R_1、R_2—高阻值电阻；R_S—精密电阻；
U_M—电压输出信号；I_H—加热电流；m—空气流量。

图4-19 热线式空气流量传感器电路

热线式空气流量传感器测量精度高，响应特性较好，进气阻力小。缺点是热线表面的尘埃影响测量精度。为克服上述缺点，可在电控单元中设计自洁电路，在发动机熄火后 4 s 内，控制电路发出电流，使热线通电，约 1 s 内迅速升温高达 1 000 ℃左右，烧掉黏附在热线上的污物。

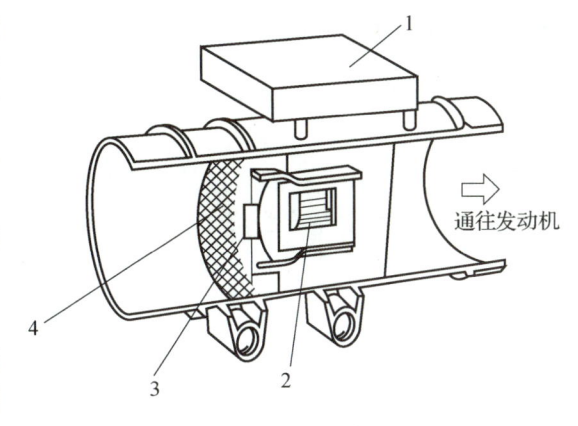

（2）热膜式空气流量传感器

热膜式空气流量传感器与热线式空气流量传感器的结构和工作原理基本相同（图 4-20），它将热线、温度补偿电阻及精密电阻用厚膜工艺镀在一块陶瓷基片上（称为热膜电阻），然后装在测量管内。用热膜代替热线，结构简单，抗污能力强，提高了可靠性和耐用性。

1—控制电路；2—热膜；3—温度传感器；4—金属网。

图 4-20　热膜式空气流量传感器结构

3. 节气门位置传感器

节气门位置传感器安装在节气门体上，与节气门联动，把节气门的位置或开度转换成电压的信号，传输给电控单元，作为电控单元判定发动机运行工况的依据，实现不同节气门开度下的喷油量控制。节气门位置传感器有线性、开关型及综合型（既有开关又有线性可变电阻）等几种。

4. 冷却液温度传感器

冷却液温度传感器安装在发动机机体或气缸盖上，与冷却液接触，用来检测发动机循环冷却液的温度，并将检测结果传输给电控单元，以便修正喷油量和点火正时。其常采用对温度变化非常敏感的热敏电阻制成，热敏电阻经常采用负温度系数电阻，水温越低，热敏电阻阻值越大，电控单元根据这一信号增加喷油量，使可燃混合气浓度增加；反之，减少喷油量。

5. 进气温度传感器

进气温度传感器通常安装在空气流量计上，用来测量进气温度。进气温度传感器与空气流量传感器相配合，测量空气温度的变化，以确定空气密度的变化，进而获得较精确的空气质量流量及空燃比。进气温度的变化是修正喷油量的依据之一。进气温度传感器内部也是一个热敏电阻，与发动机温度传感器相同。

6. 曲轴位置和转角传感器

曲轴位置和转角传感器用来检测各缸压缩上止点位置信号、曲轴转角以及发动机转速，作为控制点火和喷射的信号源。曲轴位置和转角传感器通常安装在分电器内，有时安装在曲轴前端或曲轴后端。曲轴位置传感器有电磁感应式、光电式和霍尔效应式三种。

7. 氧传感器

安装在排气管上，通常和三元催化转化器同时使用，用来检测排气中氧分子的浓度，检测实际可燃混合气的空燃比与理论空燃比偏离的程度，并将其转换成电压信号输入电控单元。电控单元根据氧传感器的反馈信号，不断地修正喷油量，使混合气成分始终保持在最佳范围内，满足最佳排气净化要求。目前应用最多的是氧化锆氧传感器。

> **补充提示：**
>
> 自1967年博世BOSCH公司成功研制开发了K型（机械式）汽油喷射系统以来，汽油喷射系统经历了K（机械式）型系统、K-E（机械与电子混合控制）型系统、EFI（电控燃油喷射系统）的发展过程。目前世界绝大多数汽油机都采用了EFI系统，近年来，高档豪华车型有采用DI（缸内直喷系统）的趋势，其将燃油直接喷入气缸与空气进行混合燃烧，一般EFI喷射系统的喷射压力为250 kPa，而DI系统的喷射压力将达到5 MPa以上。由于压力增大，因而燃烧更充分，效率更高，可以节约燃料20%以上。

练习题

1. 过量空气系数对发动机性能有何影响？
2. 汽车用发动机的各种工况对可燃混合气的浓度有何要求？为什么？
3. 汽油机供给系统的功用是什么？
4. 电控燃油喷射式发动机有何优点？是如何分类的？
5. L型电控汽油喷射系统有何特点？试述L型电控汽油喷射系统的工作原理。
6. 简述燃油压力调节器的基本结构和工作原理。

第五章 柴油机燃料供给系统

学习目标

本章介绍了柴油机燃料供给系统的功用和组成。要求学生掌握柴油机混合气形成特点、柴油机燃料供给系统的功用和组成、喷油器的结构与工作原理、直列柱塞式喷油泵的基本结构与工作原理；了解转子分配式喷油泵的基本结构和工作原理、两极式调速器和全程式调速器的典型结构及工作原理、电控柴油喷射系统的分类与基本结构原理。

重点难点

1. 柴油机燃烧室的结构特点和混合气形成特点。
2. 喷油泵的基本结构和工作原理。
3. 调速器的典型结构及工作原理。

第一节 概述

一、柴油及其使用性能

柴油和汽油一样，都是石油制品。在石油蒸馏过程中，温度在 200～350 ℃ 之间的馏分即为柴油。柴油分为轻柴油和重柴油，轻柴油用于高速柴油机，重柴油用于中、低速柴油机。汽车柴油机均为高速柴油机，使用轻柴油。

1. 轻柴油的牌号和规格

轻柴油按其质量分为优等品、一等品和合格品三个等级，每个等级又按柴油的凝点分为 10、0、-10、-20、-35 和 -50 六种牌号。一般按照当地当月风险率为 10% 的最低气温选用轻柴油牌号。

2. 轻柴油的使用性能

为了保证高速柴油机正常、高效地工作，轻柴油应具有良好的发火性、蒸发性、低温流动性和适当的黏度等诸多使用性能。

（1）发火性

指柴油的自燃能力，用十六烷值评定。柴油的十六烷值大，发火性好，容易自燃。国家标准规定轻柴油的十六烷值不小于45。

（2）蒸发性

指柴油蒸发汽化的能力，主要用馏程（柴油馏出某一百分比的温度范围）评定，50%馏出温度即柴油馏出50%的温度，国家标准规定，此温度不得高于300 ℃。馏程和闪点的温度越低，柴油的蒸发性越好。为控制柴油的蒸发性不致过强，标准中规定了闪点的最低数值。

（3）低温流动性

用柴油的凝点和冷滤点评定低温流动性。凝点是指柴油失去流动性开始凝固时的温度，冷滤点是指在特定的试验条件下，在1 min 内柴油开始不能流过过滤器 20 mL 时的最高温度。一般柴油的冷滤点比其凝点高 4~6 ℃。

（4）黏度

用来评价柴油的稀稠度。黏度随温度变化，温度升高，黏度减小，流动性增强。

二、柴油机混合气形成及燃烧

由于柴油的蒸发性和流动性都比汽油的差，难以在燃烧前彻底雾化蒸发并与空气均匀混合，因此，柴油机不能像汽油机那样在气缸外部形成可燃混合气，只能在气缸内部形成。

柴油机在进气过程中进入燃烧室的是纯空气，在压缩过程接近终了时，通过喷油器把高压柴油喷入气缸内，柴油在炽热的空气中蒸发、扩散，并与空气混合形成可燃混合气，最终自行燃烧。虽然柴油机的平均过量空气系数大于1，但燃烧室各处的混合气成分很不均匀，并且随时间变化。根据气缸中压力和温度的变化，可将混合气的形成与燃烧过程按曲轴转角划分为四个阶段，如图 5-1 所示。

（1）着火落后期

从柴油开始喷入燃烧室内（A 点）起到着火开始点（B 点）为止的这一段时期为着火落后期，该期间进行燃烧前的准备过程。

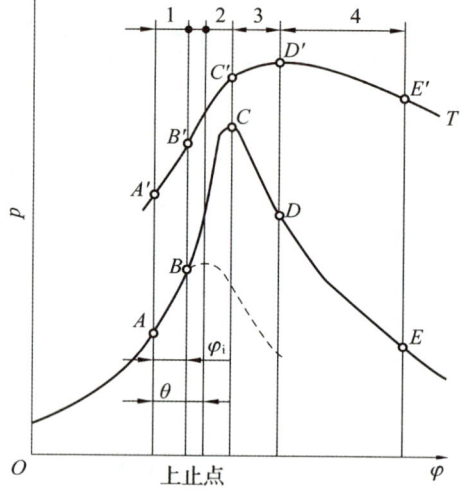

图 5-1 柴油机的燃烧过程

（2）速燃期

从开始着火（即压力偏离压缩线开始急剧上升，也即 B 点）到出现最高压力（C 点）的这段时期，高压柴油随喷随燃，火焰迅速向四周推进，形成多个火焰中心，压力急剧上升，最高点一般在上止点后 6°~15°，这一时期的放热量占每循环放热量的30%左右。

（3）缓燃期

为图中的 CD 段即从最大压力点至最高温度点。在此期间，仍有大量混合气正在燃烧，由于废气增加，活塞下行，压力逐渐下降，但温度继续上升，最高点一般在上止点后20°~35°，这一时期的放热量占每循环放热量的70%左右。

（4）补燃期

从最高温度点 D 到燃油基本燃烧完 E 点的这段时期称为补燃期。在此期间，压力、温度均下降。为防止柴油机过热，尽量缩短补燃期。

综上所述，柴油机从喷油开始到燃烧结束，可燃混合气形成时间短，因此，提高燃料的雾化程度，加强气流扰动，改善可燃混合气的混合质量，是提高柴油机动力性和经济性的有效途径。

三、燃烧室

不同形式的燃烧室对喷油持续角、喷油压力、喷油规律、雾化质量及其在燃烧室内的分布等都有不同的要求。这些喷油参数的变化对柴油机的经济性、动力性、排放性和噪声有直接的影响。柴油机燃烧室按结构形式，分为直喷式燃烧室和分隔式燃烧室。

1. 直喷式燃烧室

直喷式燃烧室由气缸盖底平面和活塞顶内的凹坑及气缸臂组成。凹坑的形状多采用 W 形和球形，如图 5-2 所示。喷油器直接向燃烧室内喷射柴油，借助油束形状与燃烧室形状的合理匹配，以及空气的涡流运动，迅速形成可燃混合气。

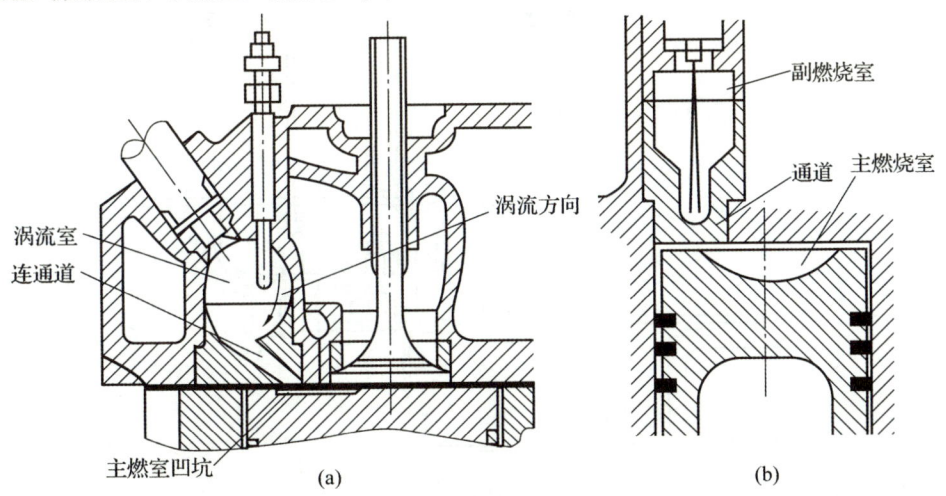

2. 分隔式燃烧室

分隔式燃烧室是除位于活塞顶部的主燃烧室外，还有位于缸盖内的副燃烧室，两者之间有通道相连。燃油不直接喷入主燃烧室内，而是喷入副燃烧室内。典型的分隔式燃烧室有涡流室式燃烧室和预燃室式燃烧室，如图 5-3 所示。

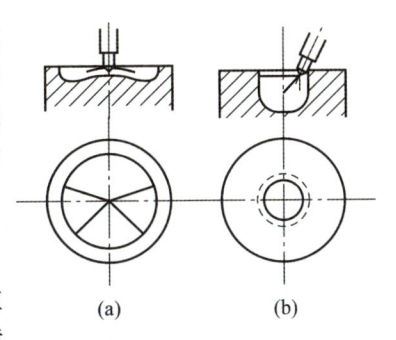

图 5-2　直喷式燃烧室
（a）浅 W 形燃烧室；（b）球形燃烧室

图 5-3　分隔式燃烧室
（a）涡流室式燃烧室；（b）预燃室式燃烧室

四、柴油机燃料供给系统的功用与组成

1. 功用

柴油机燃料供给系统的功用是定时、定量并按一定规律向柴油机的各缸供给高压燃油。
①在适当的时刻,将一定数量的洁净柴油增压后,以适当的规律喷入燃烧室。
②在每一个工作循环内,各气缸均喷油一次,喷油次序与气缸工作顺序一致。
③根据柴油机负荷的变化自动调节循环供油量,以保证柴油机稳定运转,尤其要稳定怠速,限制超速。
④储存一定数量的柴油,保证汽车的最大续驶里程。

2. 组成

由于柴油黏度大,不易挥发,故采用高压喷射的方法,在压缩行程活塞接近上止点时,将柴油以雾状喷入燃烧室,直接在气缸内形成可燃混合气,并借助气缸内的气体的高温自行着火燃烧。柴油机燃料供给系统的组成、构造及工作原理与汽油机燃料供给系统有较大区别。按发动机柴油机的燃料供给系统对供油量控制方式不同,可以分为传统机械式供给系统和电子控制控制系统。下面以传统机械式供给系统的组成为例进行说明,机械式柴油供给系统主要包括喷油泵、喷油器和调速器等主要部件及油箱、输油泵、油水分离器、柴油滤清器和高低压油管等辅助装置。按燃油压力,可分为三部分:**低压供油系统(油箱、输油泵、油水分离器、柴油滤清器),高压喷射系统(喷油泵、喷油器、高压油管),自动调节系统(调速器、喷油提前器)**。

图 5-4 和图 5-5 所示为两种典型的机械式柴油机供给系统。

图 5-4 所示为直列柱塞式喷油泵供油系统,一般由油箱 8、输油泵 5、柴油滤清器 2、直列柱塞式喷油泵 3、喷油器 1 等组成,另外,还包括调速器 6、油水分离器 7 和喷油提前器 4 等。喷油泵 3 一般由曲轴的定时齿轮驱动。固定在喷油泵体上的活塞式输油泵 5 由喷油泵的凸轮轴驱动。

5-2 供给系统总图

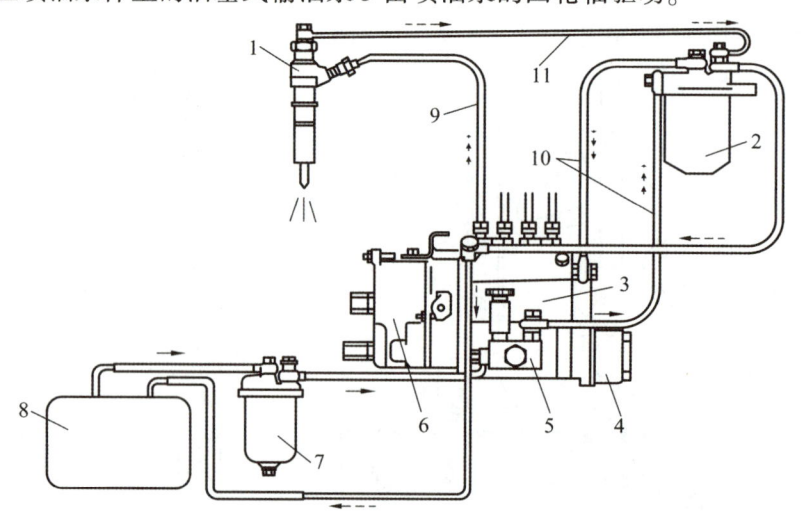

1—喷油器;2—柴油滤清器;3—柱塞式喷油泵;4—喷油提前器;5—输油泵;6—调速器;7—油水分离器;8—柴油箱;9—高压油管;10—低压油管;11—回油管。

图 5-4 直列柱塞式喷油泵柴油机燃油系统示意图

柴油机工作时，输油泵5从柴油箱8吸出柴油，经油水分离器7除去柴油中的水分，再经燃油滤清器2滤除杂质，送入喷油泵3。在喷油泵内，柴油经过加压和计量后，经高压油管进入喷油器，由喷油器将柴油喷入燃烧室。喷油泵前端装有喷油提前器4，后端与调速器6组成一体。输油泵供给的多余柴油及喷油器顶部的回油均经回油管11返回油箱。

图5-5所示为分配式喷油泵供油系统的组成。当柴油机工作时，一级输油泵3将柴油从柴油箱1吸出，经油水分离器2及柴油滤清器5进入二级输油泵4加压后，充入密闭的分配式喷油泵体9内，经分配式喷油泵12增压计量后，进入喷油器10。

一级输油泵3为膜片式泵，由配气机构的凸轮轴驱动。二级输油泵为滑片式泵，装在分配式喷油泵体内，由分配式喷油泵的传动轴驱动。滑片式输油泵出口油压随其转速而增加，为控制喷油泵体内腔油压保持稳定，在二级输油泵出口设有调压阀6。当喷油泵体内腔油压超过规定值时，将有部分柴油经调压阀返回输油泵入口。在分配式喷油泵体内还装有调速器和喷油提前器13。

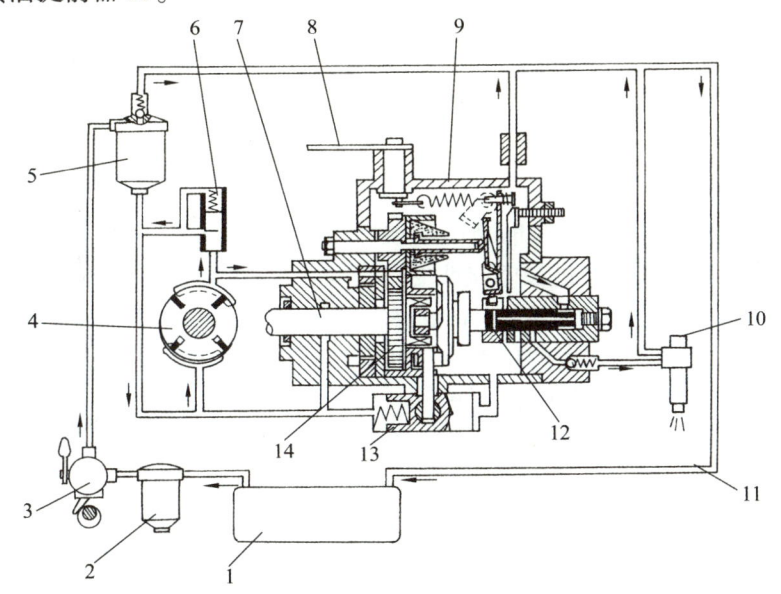

1—柴油箱；2—油水分离器；3——级输油泵；4—二级输油泵；5—柴油滤清器；6—调压阀；
7—分配式喷油泵传动轴；8—调速手柄；9—分配式喷油泵体；10—喷油器；
11—回油管；12—分配式喷油泵；13—喷油提前器；14—调速器传动齿轮。

图5-5　分配式喷油泵柴油机燃油系统示意图

第二节　机械式柴油供给系统的组成

一、喷油器

喷油器的功用是根据柴油机的要求，将从喷油泵喷出的高压柴油雾化，以一定的喷油规律、喷油压力、喷雾锥角喷入燃烧室的特定位置，与空气混合燃烧。喷油器应满足不同类型的燃烧室对喷雾特性的要求。汽车柴油机广泛采用闭式喷油器，主要由喷油器体、调压装置及喷油嘴等部分组成，其中喷油嘴是由针阀和针阀体组成的一对精密偶件，配合间隙仅为

5-3 喷油器视频

0.002～0.004 mm，精加工之后，须再配对研磨，使用中不能互换。若间隙过大，会使喷油压力下降，喷雾质量变差；间隙过小，针阀容易卡死。根据喷油嘴结构的不同，分为孔式喷油器和轴针式喷油器。

1. 孔式喷油器

孔式喷油器用于直喷式燃烧室柴油机，其结构如图5-6所示，由针阀11和针阀体12组成的喷油嘴通过螺母10与喷油器体9紧固在一起。调压弹簧7的预紧力通过顶杆8作用在针阀上，将针阀压在针阀体内的密封锥面上，使喷油嘴关闭。调压弹簧的预紧力由调压螺钉5调节。针阀的上锥面称作承压锥面，用来承受油压产生的推力，使针阀升起。针阀的下锥面称为密封锥面，用来密封喷油器内腔。一般喷油嘴头部加工有1～7个喷孔。喷孔直径不宜过小，否则既不易加工，在使用中又容易被积炭堵塞。

当柴油机工作时，来自喷油泵的高压柴油通过高压油管送到喷油器，经进油管接头16、喷油器滤芯17以及喷油器体9和针阀体12内的油道（图5-6）进入喷油嘴内的压力室。油压作用在针阀的承压锥面上，产生向上的推力。当推力超过调压弹簧的预紧力时，针阀升起，将喷孔打开，高压柴油经喷孔喷入燃烧室。当喷油泵停止供油时，喷油嘴压力室内的油压迅速下降，针阀在调压弹簧作用下迅速落座，终止喷油。

孔式喷油器的喷油嘴头细长，喷孔小，加工精度高，喷孔的位置和方向要与燃烧室的形状相适应，喷射压力较高。

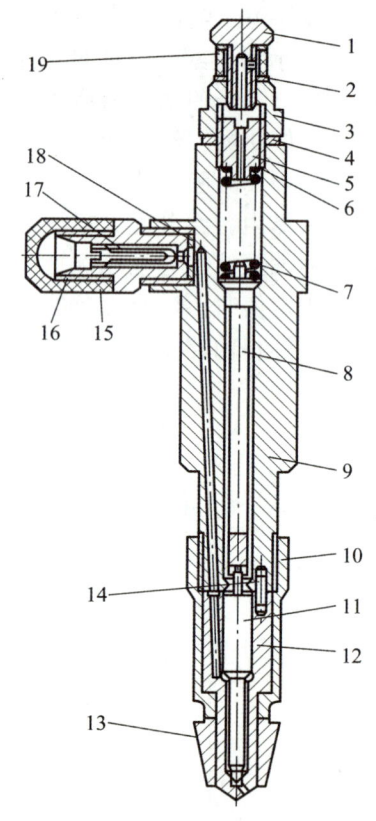

1—回油管接头；2、18—衬垫；3—调压螺钉保护螺母；4、6—垫圈；5—调压螺钉；7—调压弹簧；8—顶杆；9—喷油器体；10—喷油嘴锁紧螺母；11—针阀；12—针阀体；13—垫块；14—定位销；15—进油管接头保护螺母；16—进油管接头；17—喷油器滤芯；19—保护套。

图5-6 孔式喷油器结构

2. 轴针式喷油器

轴针式喷油器主要用于分隔式燃烧室，与孔式喷油器的工作原理相同、结构相似，不同之处在于其将针阀头部的轴针伸入针阀体的喷油孔内。针阀升起后，燃油从喷油孔和轴针之间的环状间隙中喷出，呈中空圆锥形喷雾。轴针可以制成不同形状，如圆柱形或截锥形，可得到不同的喷雾锥角，以适应不同形状燃烧室的需要。

轴针式喷油器的总体结构如图5-7所示，工作时，轴针在喷孔内往复运动，能清除喷孔中的积炭，喷孔不易堵塞，喷油器工作可靠；由于喷孔较大，因此加工方便。目前柴油机电控化以后，轴针式喷油器基本不再使用。

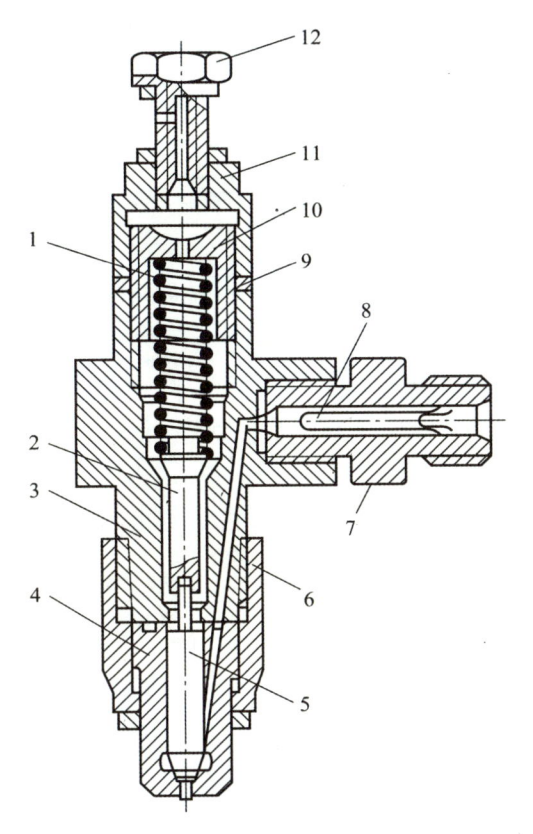

1—调压弹簧；2—顶杆；3—喷油器体；4—针阀体；5—针阀；6—喷油嘴锁紧螺母；
7—进油管接头；8—滤芯；9—垫圈；10—调压螺钉；11—保护螺母；12—回油管接头。

图 5-7 轴针式喷油器的总体结构

二、喷油泵

喷油泵的功用是根据柴油机的运行工况和气缸工作顺序，将一定量的燃油增高到一定的压力，定时向喷油器输送高压燃油，并保证供油迅速，停油干脆。对于多缸柴油机的喷油泵，应保证各缸的供油量均匀，在标定工况下各缸供油量相差不超过 3%～4%；保证各缸的供油时刻及供油持续时间一致，各缸供油提前角误差不大于 0.5°曲轴转角。

喷油泵种类很多，在汽车柴油机上得到广泛应用的有直列柱塞式喷油泵和转子分配式喷油泵。此外，还有泵-喷嘴等。

1. 直列柱塞式喷油泵

直列柱塞式喷油泵结构简单、工作可靠，为目前大多数车用柴油机所采用。由于柴油机的单缸功率变化范围大，将喷油泵划分成为数不多的几个系列或型号，然后再配以不同尺寸的柱塞偶件，构成若干种循环供油量不等的喷油泵，以满足不同功率柴油机的需要。目前国产系列柱塞式喷油泵主要有 A、B、P 等系列。

（1）A 型柱塞式喷油泵结构

柱塞式喷油泵由泵油机构、供油量调节机构、驱动机构和喷油泵体等部分组成，如图 5-8 所示。

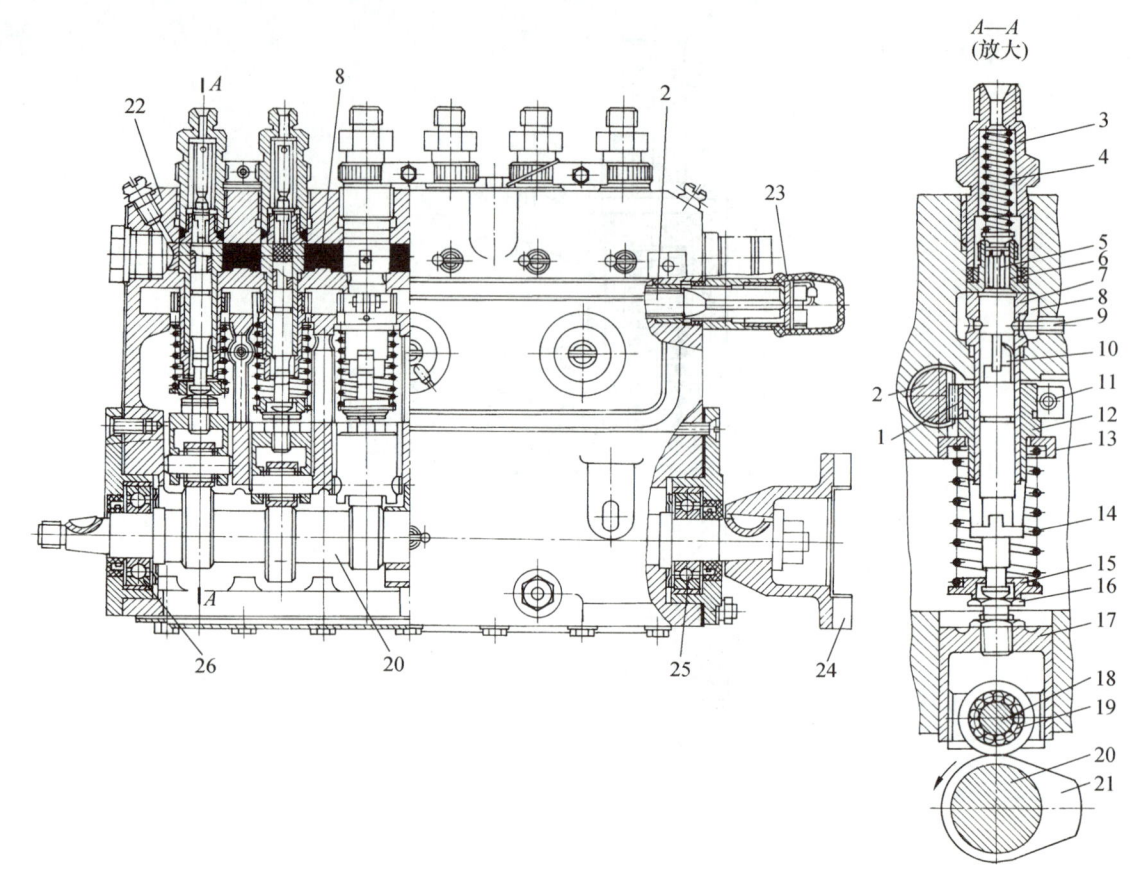

1—齿圈；2—供油量调节齿杆；3—出油阀紧座；4—出油阀弹簧；5—出油阀；6—出油阀座；7—柱塞套；8—低压油腔；9—定位螺钉；10—柱塞；11—齿圈夹紧螺钉；12—油量调节套筒；13、15—上、下柱塞弹簧座；14—柱塞弹簧；16—供油定时调节螺钉；17—挺柱；18—滚轮销；19—滚轮；20—喷油泵凸轮轴；21—凸轮；22—喷油泵体；23—供油量调节齿杆保护螺母；24—联轴节从动盘。

图 5-8 柱塞式喷油泵结构

① 泵油机构。泵油机构包括柱塞套 7，柱塞 10，柱塞弹簧 14，上、下柱塞弹簧座 13 和 15，出油阀 5，出油阀座 6，出油阀弹簧 4 和出油阀紧座 3 等零件。

柱塞和柱塞套构成喷油泵中最精密的偶件，称作柱塞偶件（图 5-9）。一般柱塞偶件用优质合金钢制造，经精细加工和配对研磨，使其配合间隙在 0.001 5～0.002 5 mm 范围内。间隙过大，容易漏油，导致油压下降；间隙过小，对偶件润滑不利，并且容易卡死。柱塞偶件在使用中不能互换。正是由于柱塞偶件的精密配合及柱塞的高速运动，才能实现对燃油的增压。

5-5 泵油机构图片

柱塞在柱塞套内既可上下运动，也可在一定角度范围内转动。柱塞头部加工有螺旋槽 3 和直槽 4，下部加工有榫舌。在喷油泵整体图 5-8 中，柱塞套安装在喷油泵体 22 的座孔中，用定位螺钉 9 固定，防止转动。柱塞套上的油孔与喷油泵内的低压油腔 8 相通。柱塞弹簧 14 的上端通过上柱塞弹簧座 13 支承在喷油泵体上，下端通过下柱塞弹簧座 15 支承于柱塞尾端。借助柱塞弹簧的预紧力使柱塞始终压紧在挺柱 17 上，并使挺柱的滚轮 19 始终与喷油泵凸轮 21 保持接触。

出油阀与出油阀座是另一对精密偶件，称为出油阀偶件（图5-10）。出油阀偶件位于柱塞偶件的上方，出油阀座的下端面与柱塞套的上端面接触，通过拧紧出油阀紧座10使两者的接触面保持密合。同时，出油阀弹簧9将出油阀压紧在出油阀座上。出油阀的密封锥面与出油阀座的接触表面经过精细研磨。出油阀中部的圆柱面与出油阀座孔紧密配合，称为减压环带。减压环带以下的导向部分有四个油槽，其横截面为十字形。在有些出油阀紧座中设有减容器，用于减小高压管路系统的容积，改善燃油的喷射过程。此外，减容器体还能限制出油阀最大升程。

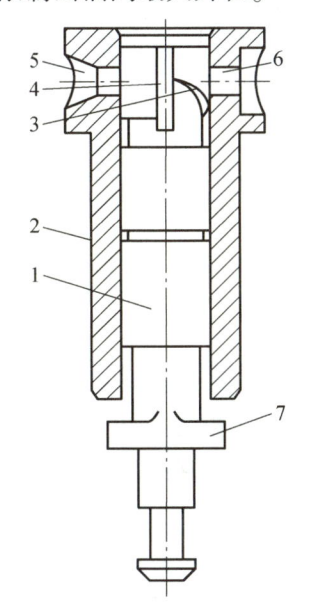

1—柱塞；2—柱塞套；3—螺旋槽；
4—直槽；5、6—径向油孔；
7—榫舌。

图5-9 柱塞偶件

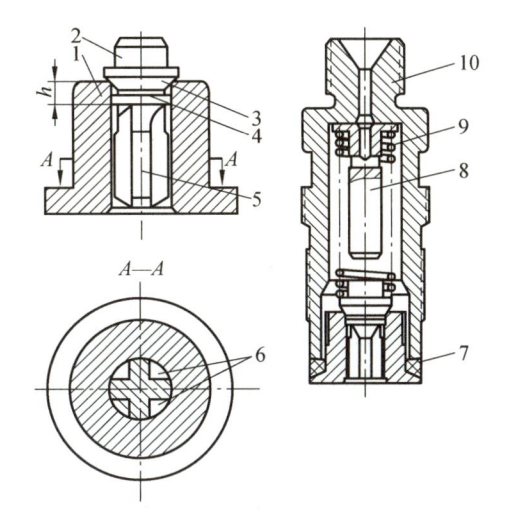

1—出油阀座；2—出油阀；3—密封锥面；4—减压环带；
5—导向面；6—十字槽；7—密封垫；8—减容器；
9—出油阀弹簧；10—出油阀紧座。

图5-10 出油阀偶件

②供油量调节机构。喷油泵供油量调节机构的功用是根据柴油机负荷的变化，通过转动柱塞来改变循环供油量。供油量调节机构或由驾驶员直接操纵，或由调速器自动控制，其主要结构形式有齿圈齿杆式和拨叉拉杆式。

齿圈齿杆式油量调节机构如图5-11（a）所示，由控制套筒2、调节齿圈3、调节齿杆4等组成。喷油泵柱塞下端有榫舌嵌入控制套筒2的凹槽中，控制套筒松套在柱塞套上，其上部装有与调节齿杆4相啮合的调节齿圈3。移动齿杆时，齿圈连同控制套筒带动柱塞相对于柱塞套转动，从而改变柱塞的有效行程。

拨叉拉杆式油量调节机构如图5-11（b）所示，由油量调节拉杆6、调节叉7、调节臂9等组成。调节臂9固装在柱塞的下端，并插在调节叉7的凹槽内，调节叉用螺钉固定在油量调节拉杆6上。当拉杆移动时，通过调节叉带动调节臂，使柱塞相对于柱塞套转动，从而调节供油量。

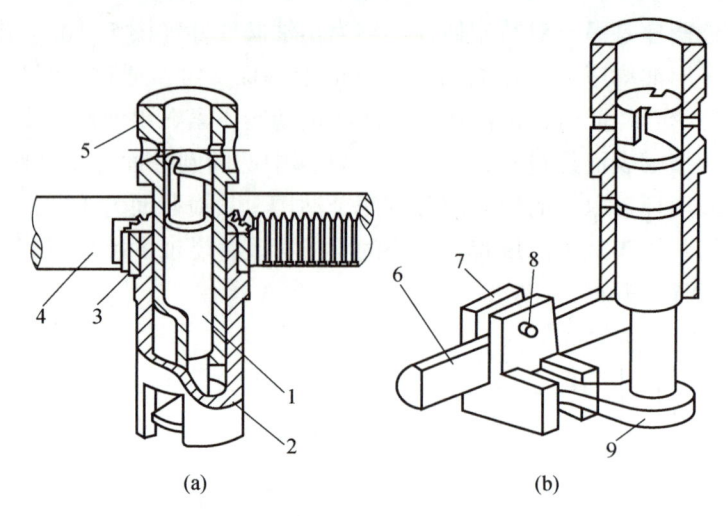

1—柱塞；2—控制套筒；3—调节齿圈；4—调节齿杆；5—柱塞套；
6—油量调节拉杆；7—调节叉；8—固定螺钉；9—调节臂。

图 5-11　油量调节机构

(a) 齿圈齿杆式；(b) 拨叉拉杆式

③驱动机构。喷油泵驱动机构的作用是推动柱塞往复运动，完成进油、压油和回油过程，并保证供油正时。主要包括喷油泵凸轮轴 20 和挺柱 17 组件（图 5-8）。凸轮轴的前、后端通过滚动轴承支承在喷油泵体上。挺柱体部件安装在喷油泵体上的挺柱孔内。

凸轮轴上凸轮 21 的数目与喷油泵的柱塞偶件数相同，各凸轮间的夹角与配套柴油机的气缸数有关，并与气缸工作顺序相适应。凸轮轴一般由曲轴定时齿轮驱动，四冲程柴油机喷油泵凸轮轴的转速是曲轴转速的一半，以实现一个工作循环向各气缸供油一次。

滚轮挺柱作为中间传动件将凸轮的旋转运动转变为柱塞的往复运动，避免柱塞承受侧向力，减少磨损。常用的滚轮挺柱有两种，即垫块调整式和螺钉调整式，如图 5-12 所示。两者在调整挺柱有效高度的方式上有所不同。

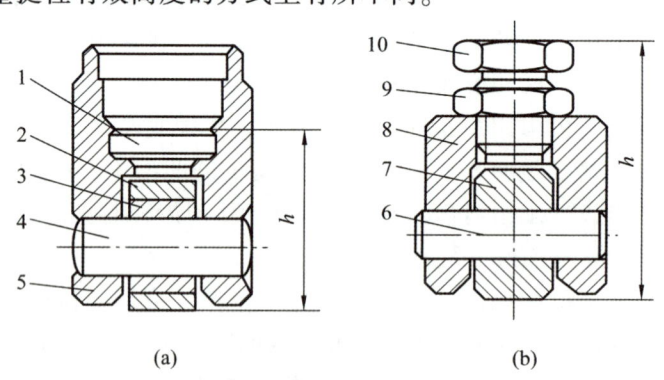

1—调整垫块；2、7—滚轮；3—衬套；4、6—滚轮轴；5、8—滚轮架；
9—锁紧螺母；10—调整螺钉。

图 5-12　滚轮及挺杆部件

(a) 垫块调整式；(b) 螺钉调整式

④喷油泵体。泵体为整体式，由铝合金硬模铸造而成，结构紧凑、体积小、质量小。其结构如图 5-13 所示，泵体侧面开有窗口，底部用盖板封闭，侧盖和底盖均用螺栓固定，使喷油泵的拆装、调整和维修极为方便。喷油泵体是泵油机构、供油量调节机构和驱动机构等的安装基体，在工作中承受较大的作用力。因此，泵体应有足够的强度、刚度和良好的密封性。

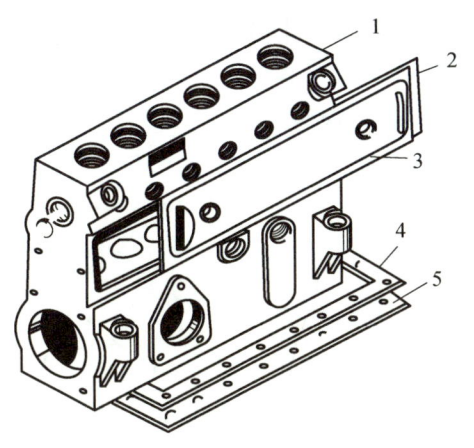

1—油泵泵体；2、4—衬垫；3—侧盖；5—底盖。

图 5-13 喷油泵泵体

（2）柱塞式喷油泵工作原理

①泵油过程。柱塞式喷油泵的工作原理如图 5-14 所示（并参照图 5-8）。喷油泵工作时，随着凸轮轴的转动，凸轮推动挺柱使柱塞在上、下止点之间做往复运动。

当柱塞顶面下移至柱塞套油孔 4 以下直至下止点位置时，柴油从低压油腔经柱塞套油孔 4 进入柱塞顶部的空腔（也称柱塞腔）（图 5-14（a））。

当柱塞从下止点上移的过程中，有部分柴油从柱塞腔经油孔 4 被挤回低压油腔，直至柱塞顶面将油孔的上边缘封闭为止（图 5-14（b））。

随着柱塞继续上移，柱塞腔内的油压骤然增高，克服出油阀弹簧 7 的预紧力，将出油阀 6 顶起。当出油阀的密封锥面离开出油阀座，但减压环带尚在出油阀座孔内时，喷油泵仍不供油，仅当减压环带全部离开出油阀座后，高压柴油才经出油阀上的十字槽供入高压油管，经喷油器喷入燃烧室（图 5-14（c））。

当柱塞上移至图 5-14（d）所示位置时，柱塞上的螺旋槽 3 将油孔 4 的下边缘打开，柱塞腔内的高压油经柱塞的直槽、螺旋槽 3 和油孔 4 流回低压油腔。由于柱塞腔的油压急剧下降，出油阀在出油阀弹簧和高压油的作用下迅速回落。当减压环带的下边缘进入出油阀座孔时，高压油管与柱塞腔的通路被切断，燃油不能从高压油管流回柱塞腔。当出油阀完全落座后，高压系统的容积因为空出减压环带的体积而增大，致使高压系统的油压迅速降低，喷油器立即停止喷油，避免喷油器滴漏现象的发生。

柱塞由下止点移动到上止点所经过的距离称为柱塞行程，也就是喷油泵凸轮的最大升程。由以上可知，喷油泵并不是在整个柱塞行程内都供油，只是在柱塞顶面封闭油孔到柱塞螺旋槽打开油孔的这段柱塞行程内供油，称这段行程为柱塞的有效行程。柱塞的有效行程越大，供油的持续时间越长，喷油泵每次的泵油量越多。通过转动柱塞，就可以改变柱塞的有效行程。

5-6 喷油泵工作原理视频

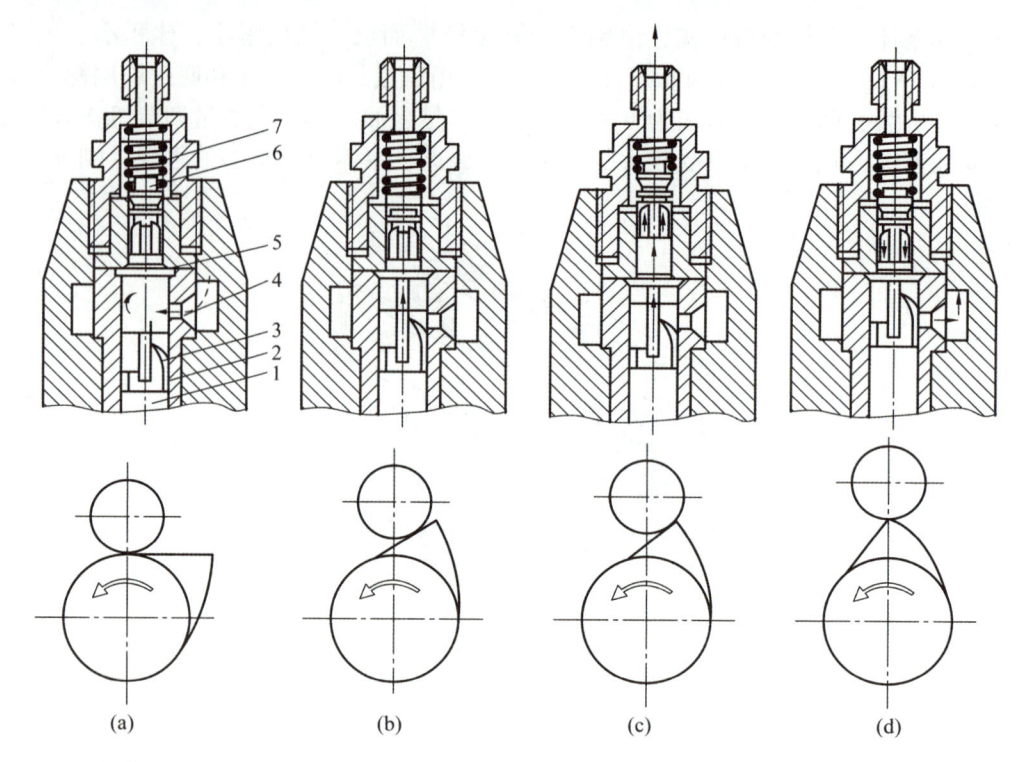

1—柱塞；2—柱塞套；3—螺旋槽；4—柱塞套油孔；5—出油阀座；6—出油阀；7—出油阀弹簧。

图 5-14　柱塞式喷油泵泵油原理示意图

（a）进油；（b）封闭回油口；（c）泵油；（d）回油

②**供油量的调节**。通过供油量调节机构使柱塞转动，使柱塞上的螺旋槽与柱塞套油孔之间的相对位置发生变化，进而改变柱塞的有效行程（图 5-15）。

当柱塞上的直槽正对着油孔时，柱塞有效行程为零，喷油泵不供油（图 5-15（a））。按图示方向拉动调节齿杆，导致柱塞的有效行程增加，供油量增加（图 5-15（b）、图 5-15（c））。如果朝反方向拉动，则情况相反。

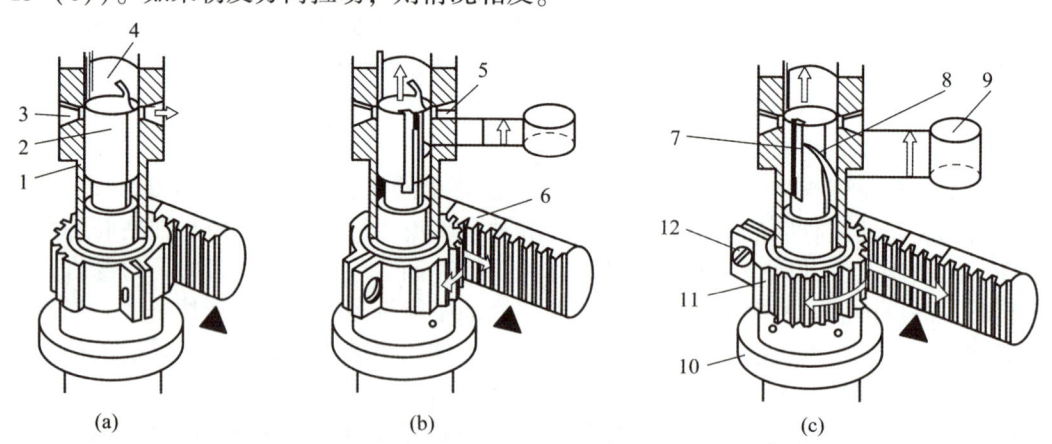

1—柱塞套；2—柱塞；3、5—柱塞套油孔；4—柱塞腔；6—调节齿杆；7—直槽；8—螺旋槽；9—循环供油量容积；10—控制套筒；11—调节齿圈；12—调节齿圈紧固螺钉。

图 5-15　循环供油量的调节

（a）零供油量；（b）供油量中等；（c）供油量最大

2. 分配式喷油泵

柱塞式喷油泵上有与柴油机缸数相同的柱塞偶件和喷油泵，而分配式喷油泵是只有一个分配转子（分配柱塞）和多个出油口的喷油泵。与柱塞式喷油泵相比，分配泵结构简单，零件少，体积小，质量小，容易维修；精密偶件加工精度高，供油均匀性好，不需要进行各缸供油量和供油定时的调节；分配泵凸轮的升程小，有利于提高柴油机转速。但分配泵的运动件靠喷油泵体内的柴油进行润滑和冷却，对柴油的清洁度要求很高。分配式喷油泵简称分配泵，有转子式（径向压缩式）和单柱塞式（轴向压缩式）两大类。下面以应用比较广泛的单柱塞式分配泵（简称 VE 型分配泵）为例介绍。

（1）VE 型分配泵结构

VE 型分配泵由驱动机构、滑片式输油泵、泵油机构和电磁式断油阀等组成。此外，机械式调速器和液压式喷油提前器也安装在分配泵体内（图 5-16）。

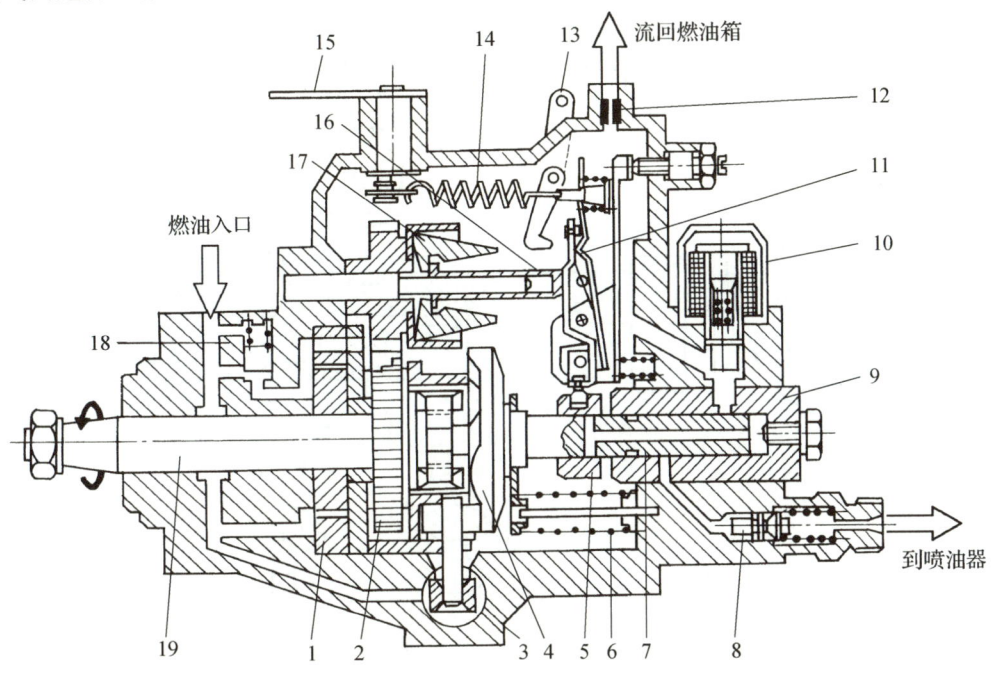

1—二级滑片式输油泵；2—调速器驱动齿轮；3—液压式喷油提前器；4—平面凸轮盘；5—油量调节套筒；6—柱塞弹簧；7—分配柱塞；8—出油阀；9—柱塞套；10—断油阀；11—调速器张力杠杆；12—溢流节流孔；13—停车手柄；14—调速弹簧；15—调速手柄；16—调速套筒；17—飞锤；18—调压阀；19—驱动轴。

图 5-16　VE 型分配泵

驱动轴 19 由柴油机曲轴定时齿轮驱动，其带动二级滑片式输油泵 1 工作，通过调速器驱动齿轮 2 带动调速器轴旋转。驱动轴的右端通过联轴器 21（图 5-17）与平面凸轮盘 4 连接，利用平面凸轮盘上的传动销带动分配柱塞 7。柱塞弹簧 6 将分配柱塞压紧在平面凸轮盘上，并使平面凸轮盘压紧滚轮 22。滚轮轴嵌入静止不动的滚轮架 20 上。当驱动轴旋转时，平面凸轮盘与分配柱塞同步旋转，在滚轮、平面凸轮和柱塞弹簧的共同作用下，凸轮盘带动分配柱塞在柱塞套内往复运动使柴油增压，旋转运动进行柴油分配。

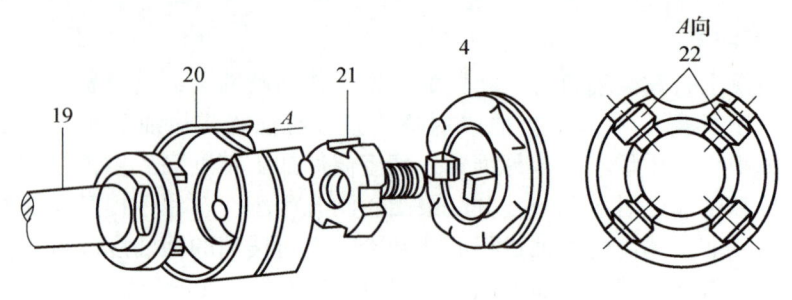

20—滚轮架；21—联轴器；22—滚轮。（其余图注同图 5-16）

图 5-17　滚轮、联轴器及平面凸轮

凸轮盘上平面凸轮的数目与柴油机气缸数相同。分配柱塞的结构如图 5-18 所示。在分配柱塞 1 的中心有中心油孔 3，其右端与柱塞腔相通，左端与泄油孔 2 相通。分配柱塞上还加工有燃油分配孔 5、压力平衡槽 4 和数目与气缸数相同的进油槽 6。柱塞套 9（图 5-16）上有一个进油孔和数目与气缸数相同的分配油道，每个分配油道都与出油阀及喷油器连接。

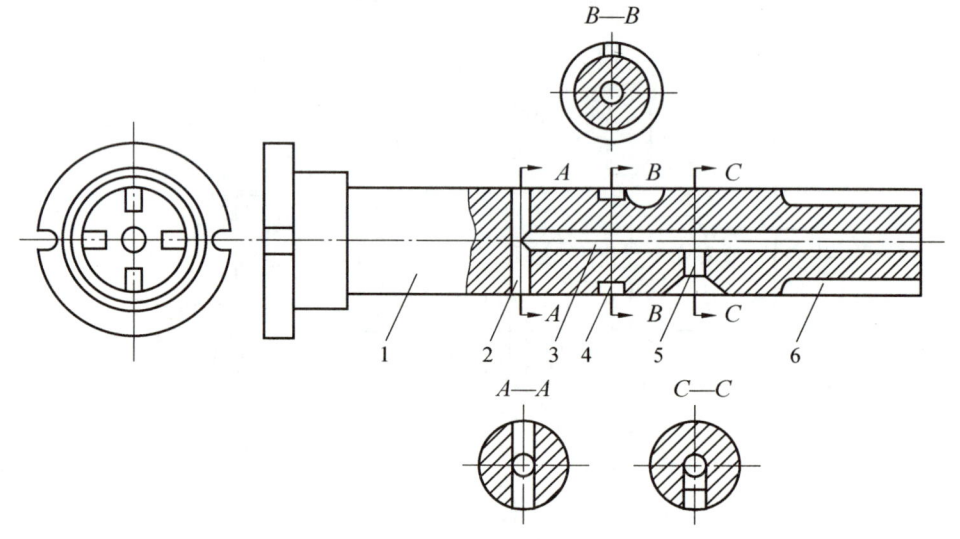

1—分配柱塞；2—泄油孔；3—中心油孔；4—压力平衡槽；5—燃油分配孔；6—进油槽。

图 5-18　分配柱塞

（2）VE 型分配泵工作过程

VE 型分配泵的工作过程如图 5-19 所示。

①**进油过程**。如图 5-19（a）所示，当平面凸轮盘 12 的凹下部分转至与滚轮 13 接触时，柱塞弹簧将分配柱塞 14 由右向左推移至柱塞下止点位置，分配柱塞上的进油槽 3 与柱塞套 20 上的进油孔 2 连通，柴油自喷油泵体 19 的内腔经进油道 17 进入柱塞腔 4 和中心油孔 10 内。

②**泵油过程**。如图 5-19（b）所示，分配柱塞在凸轮盘的推动下由左向右移动。当分配柱塞将进油孔封闭时，柱塞腔 4 内的油压急剧升高，当分配柱塞上的燃油分配孔 18 转至与柱塞套上的一个出油孔 8 相通时，高压柴油便经燃油分配孔、出油孔、出油阀和高压油管送至相应缸的喷油器中。

③**停油过程**。如图 5-19（c）所示，分配柱塞在平面凸轮盘的推动下继续右移，当柱塞上的泄油孔 11 移出油量控制套筒 15 并与喷油泵体内腔相通时，高压柴油从柱塞腔经中

心油道和泄油孔流进喷油泵体内腔，柴油压力立即下降，供油停止。

平面凸轮盘每转一周，分配柱塞上的燃油分配孔依次与各缸分配油道接通一次，即向柴油机各缸喷油器供油一次。

从分配柱塞上的燃油分配孔 18 与柱塞套上的出油孔 8 相通的时刻起，至泄油孔 11 移出油量控制套筒 15 时止，分配柱塞所移动的距离为柱塞有效供油行程。有效供油行程越大，供油量越多。移动油量调节套筒即可改变有效供油行程，油量调节套筒的移动由调速器操纵。

④压力平衡过程。如图 5-19（d）所示，分配柱塞上有压力平衡槽 16，其始终与喷油泵体内腔相通。在某一气缸供油停止后，压力平衡槽转至与相应气缸的分配油孔连通时，分配油孔和出油孔与喷油泵体内腔相通，两处的油压趋于平衡。在柱塞旋转过程中，压力平衡槽与各缸分配油道逐个相通，致使各出油道内的压力一致，从而保证各缸供油的均匀性。

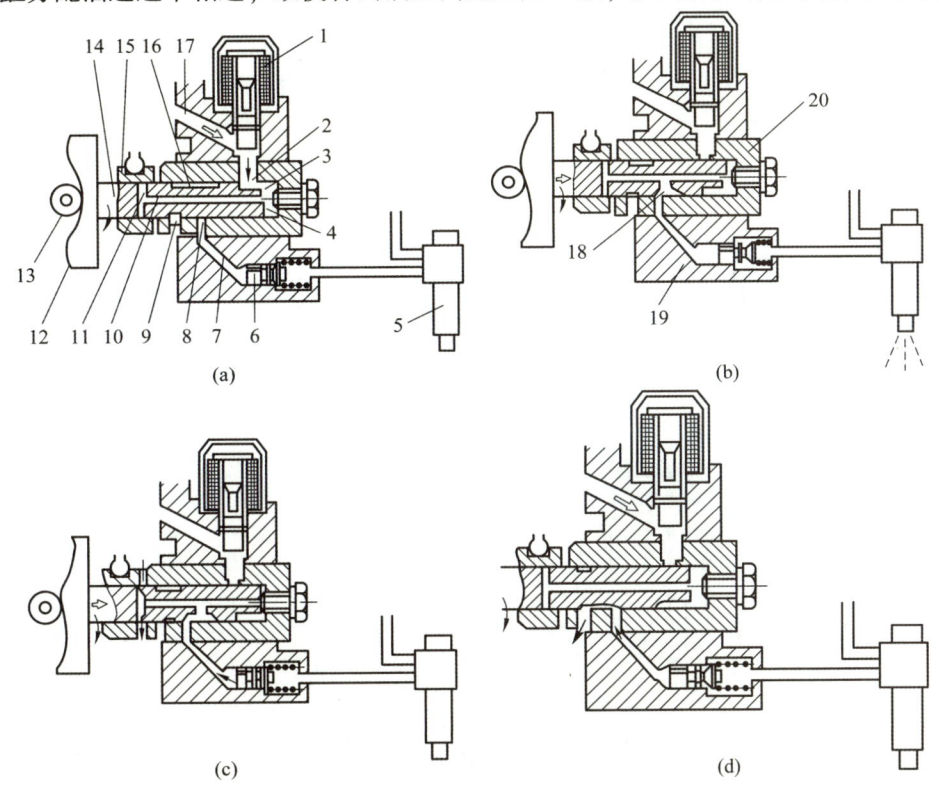

1—断油阀；2—进油孔；3—进油槽；4—柱塞腔；5—喷油器；6—出油阀；7—分配油道；8—出油孔；9—压力平衡孔；10—中心油孔；11—泄油孔；12—平面凸轮盘；13—滚轮；14—分配柱塞；15—油量控制套筒；16—压力平衡槽；17—进油道；18—燃油分配孔；19—喷油泵体；20—柱塞套。

图 5-19　VE 型分配泵的工作过程

（a）进油过程；（b）泵油过程；（c）停油过程；（d）压力平衡过程

三、调速器

由于汽车柴油机的负荷经常变化，当负荷突然减小时，若不及时减少喷油泵的供油量，则柴油机的转速将迅速增高，甚至超出柴油机设计所允许的最高转速，这种现象称"超速"或"飞车"；相反，当负荷骤然增大时，若不及时增加喷油泵的供油量，柴油机的转速将急速下降直至熄火。柴油机超速或急速不稳，往往出于偶然的原因，驾驶员难以做出响应。只有借助调速器，及时调节喷油泵的供油量，才能保持柴油机稳定运行。

调速器是一种自动调节装置，它根据柴油机负荷的变化，自动增减喷油泵的供油量，使柴油机能够以稳定的转速运行。汽车柴油机调速器按其工作原理不同，分为机械式、液压式、机械气动复合式、机械液压复合式和电子式等多种形式。由于结构简单，工作可靠，性能良好，目前机械式调速器是应用最广的。按调速器起作用的转速范围不同，又分为两极式调速器和全程式调速器。中小型汽车多采用两极式，重型汽车多采用全程式。

1. 两极式调速器

两极式调速器只在柴油机的最高转速和怠速时起自动调节作用，对于二者之间的其他转速，调速器不起调节作用，由驾驶员控制。德国 BOSCH 公司生产的 RQ 型调速器是典型的两极式调速器，与 A、B、P 型等直列柱塞式喷油泵配套。型号中的 R 表示机械离心式，Q 表示可变杠杆比。

（1）RQ 型调速器结构

RQ 型调速器由感应元件、传动部件和附加装置三部分构成。感应元件用来感知柴油机转速的变化，传动部件用来进行供油量的调节，附加装置保证工作更加稳定。RQ 型两极调速器的结构如图 5-20 所示。感应部件由飞锤 26 等组成，传动部件则包括角形杠杆 24、调速套筒 27、调速杠杆 15 和油量调节齿杆 7 等，附加装置有安装在调速器盖上的怠速稳定弹簧 9、在滑动销 22 内的转矩平稳器 14，还可根据需要在飞锤内安装转矩校正装置等。

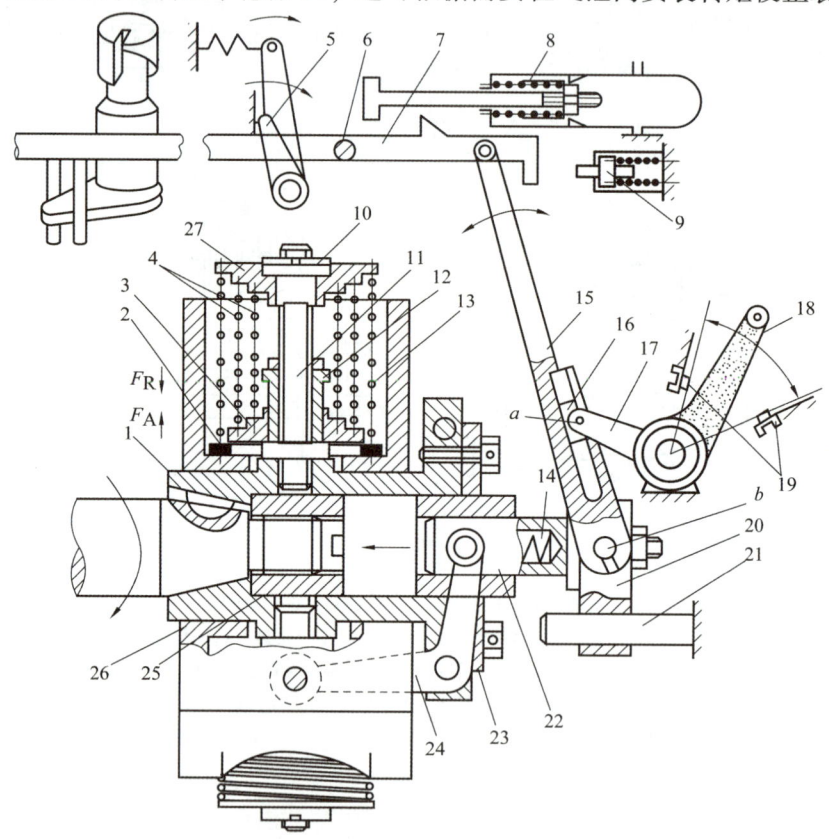

1—怠速弹簧调整垫片；2—内弹簧座；3—高速弹簧；4—外弹簧座；5—停油臂；6—停油销；7—油量调节齿杆；8—防冒烟限位器；9—怠速稳定弹簧；10—调整螺母；11—支承杆；12—限位螺母；13—怠速弹簧；14—转矩平稳器；15—调速杠杆；16—滑块；17—摇杆；18—调速手柄；19—高低速限位螺钉；20—滑动块；21—导向销；22—滑动销；23—盖套；24—角形杠杆；25—固定螺母；26—飞锤；27—调速套筒。

图 5-20　RQ 型两极调速器结构

调速器壳体用螺栓固定在喷油泵泵体的后端面上。喷油泵凸轮轴通过半圆键连接轴套，轴套上固定两个双头螺柱，每个螺柱上套装一个飞锤 26。飞锤通过角形杠杆 24、调速套筒 27、调速杠杆 15 与喷油泵的供油量调节齿杆 7 连接。飞锤内装有三个弹簧，其外端均支承在外弹簧座 4 上。摇杆 17 的一端与调速手柄 18 连接，一端与圆柱形的滑块 16 铰接，滑块在调速杠杆 15 的长孔中滑动。为保证滑动块 20 能灵活地移动，设有导向销 21 为滑动销 22 导向。在调速器壳体的侧面装有停油臂 5，转动停油臂，拨动停油销 6，使其向左拉动油量调节齿杆直至停油。

RQ 两极调速器飞锤中的三组弹簧如图 5-21 所示，外弹簧的内端支承在飞锤的内端面上，称为怠速弹簧 7；中间弹簧和内弹簧的内端支承在内弹簧座上，称为高速弹簧 8，其安装在弹簧座上有一定的预紧力，预紧力大小可由调节螺母 6 调节。由于高速弹簧的压缩量与预紧力比怠速弹簧大很多，致使飞锤 4 在怠速与标定转速之间的转速范围内不起作用。

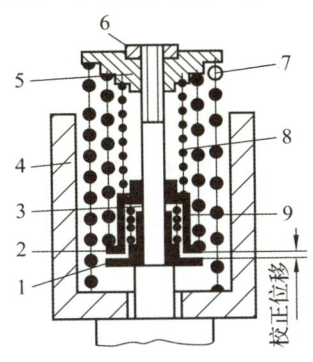

1—校正弹簧座；2—内弹簧座；3—调节垫片；4—飞锤；5—外弹簧座；6—调节螺母；
7—怠速弹簧；8—高速弹簧；9—校正弹簧。

图 5-21　RQ 系列调速器的调节弹簧示意图

（2）RQ 型调速器基本工作原理

①起动（图 5-22（b））。将调速手柄 2 从停车挡块 1 移至最高速挡块 4 上，带动摇杆 3、滑块 5，使调速杠杆 6 以其下端的铰接点 17 为支点向右摆动，推动供油量调节齿杆 7 克服供油量限制弹性挡块 9 的阻力，向右移到起动油量的位置。起动油量多于全负荷油量，旨在加浓混合气，以利于柴油机低温起动。

②怠速（图 5-22（c））。柴油机起动之后，将调速手柄 2 置于怠速位置，通过摇杆 3、滑块 5 使调速杠杆 6 仍以其下端的铰接点 17 为支点向左摆动，拉动供油量调节齿杆 7 左移至怠速油量的位置。怠速时柴油机转速很低，飞锤 11 的离心力较小，只能与怠速弹簧力相平衡，飞锤处于内弹簧座与安装飞锤轴套间的某一位置。

若此时柴油机转速降低，飞锤离心力减小，在怠速弹簧的作用下，飞锤移向回转中心，带动角形杠杆和调速套筒，使调速杠杆下端的铰接点 17 以滑块 5 为支点向左移动，调速杠杆推动供油量调节齿杆右移，增加供油量，转速回升。当转速增高时，飞锤离心力增大，压缩怠速弹簧远离回转中心，通过角形杠杆等使调速杠杆下端的铰接点以滑块为支点向右移动，供油量调节齿杆左移，减小供油量，转速降低。可见，调速器可以保持怠速转速稳定。

③中速（图 5-22（d））。将调速手柄 2 从怠速位置移至中速位置，供油量调节齿杆 7 处于部分负荷供油位置，柴油机转速较高，飞锤进一步外移直到飞锤底部与内弹簧座接触为止。由于飞锤的离心力不足以克服怠速弹簧和高速弹簧的共同作用力，始终紧靠在内弹簧座上，调速器在中等转速范围内不起调节供油量的作用。

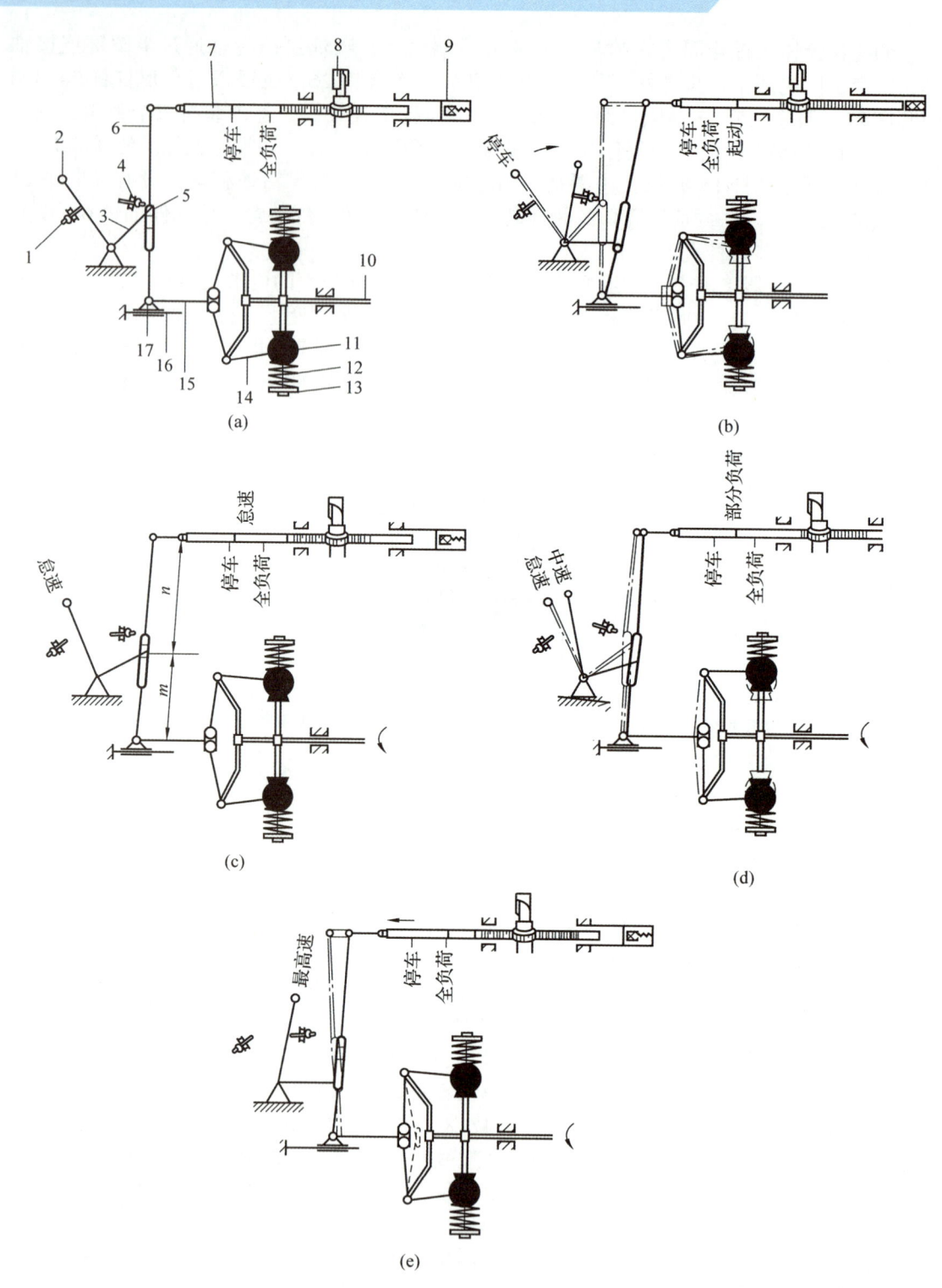

1—停车挡块；2—调速手柄；3—摇杆；4—最高速挡块；5—滑块；6—调速杠杆；7—供油量调节齿杆；8—喷油泵柱塞；9—供油量限制弹性挡块；10—喷油泵凸轮轴；11—飞锤；12—调速弹簧；13—调节螺母；14—角形杠杆；15—调速套筒；16—导向销；17—铰接点。

图 5-22　RQ 型调速器工作原理示意图

（a）起动；（b）怠速；（c）中速；（d）最高转速；（e）停车

④最高转速（图5-22（e））。将调速手柄置于最高速挡块4上，供油量调节齿杆7移至全负荷供油位置，柴油机转速由中速升高到最高速。此时飞锤的离心力增大，其克服全部调速弹簧的作用力，使飞锤连同内弹簧座一起向外移到一个新的位置。在该位置，飞锤离心力与弹簧作用力达到新的平衡。若柴油机转速超过规定的最高转速，则飞锤的离心力便超过调速弹簧的作用力，供油量调节齿杆向减油方向移动，从而防止柴油机超速。

⑤停车（图5-22（a））。将调速手柄置于停车挡块1上，调速杠杆以其下端的铰接点为支点向左摆动，带动供油量调节齿杆向左移到停油位置，柴油机停车，调速器飞锤在调速弹簧的作用下抵靠在安装飞锤的轴套上。

2. 全程式调速器

全程式调速器不仅能控制柴油机的最高和最低转速，而且在柴油机的所有工作转速下都能起作用，也即能控制柴油机在允许转速范围内的任何转速下稳定地工作。它与两速调速器的主要区别在于，调速弹簧的弹力不是固定的，而是根据需要可由驾驶人改变操纵杆的位置使其改变，进而获取所需的稳定转速。

四、低压供油系统

1. 输油泵

输油泵的功用是保证柴油在低压油路内循环，并供应足够数量的燃油给喷油泵，其输油量一般为柴油机全负荷需要量的3～4倍。输油泵有活塞式、膜片式、滑片式及齿轮式等几种。活塞式输油泵与柱塞式喷油泵配套使用，膜片式和滑片式输油泵分别作为分配式喷油泵的一级和二级输油泵。

（1）活塞式输油泵

活塞式输油泵安装在柱塞式喷油泵的侧面，并由喷油泵凸轮轴上的偏心轮驱动。图5-23

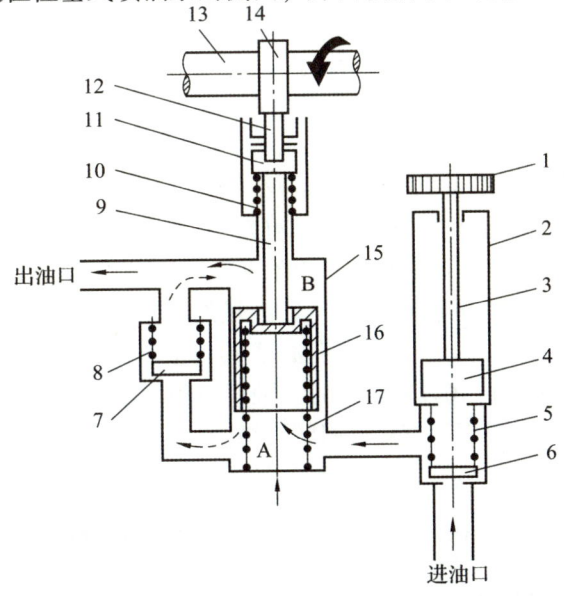

1—手压泵拉扭；2—手压泵体；3—手压泵杆；4—手压泵活塞；5—进油单向阀弹簧；6—进油单向阀；7—出油单向阀；8—出油单向阀弹簧；9—推杆；10—推杆弹簧；11—挺柱；12—滚轮；13—喷油泵凸轮轴；14—偏心轮；15—输油泵体；16—输油泵活塞；17—活塞弹簧。

图5-23　活塞式输油泵工作原理示意图

所示为其工作原理图。当喷油泵凸轮轴 13 转动时，在偏心轮 14 和活塞弹簧 17 的共同作用下，输油泵活塞 16 在输油泵体 15 内做往复运动。当输油泵活塞在活塞弹簧的作用下向上运动时，A 腔容积增大，产生真空，进油单向阀 6 开启，柴油经进油口被吸入 A 腔。同时，B 腔容积缩小，压力增高，出油单向阀 7 关闭，B 腔中的柴油经出油口被压出，送往燃油滤清器。当输油泵活塞向下运动时，A 腔油压增高，进油单向阀关闭，出油单向阀开启，柴油从 A 腔流入 B 腔。

若喷油泵供油量减少，或燃油滤清器阻力过大，则 B 腔油压增高。当活塞弹簧的弹力恰好与 B 腔的油压平衡时，活塞便滞留在某一位置而不能回到其行程的止点处。此时活塞行程减小，输油泵的输油量自然减少，限制了油压的继续增高，实现了输油量与供油压力的自动调节。

（2）滑片式输油泵

由于分配泵每次进油的时间短，进油节流阻力大，为保证进油充分，分配式喷油泵的柴油机燃油系统中有两个输油泵：一级膜片式输油泵和二级滑片式输油泵，前者与汽油机燃油系统中的膜片式输油泵完全相同。滑片式输油泵由输油泵体、输油泵盖、转子和滑片等零件构成。输油泵转子由分配泵驱动轴传动，四个滑片分别安装在转子的四个滑片槽内，转子偏心安装在泵体内的孔中，转子和输油泵体之间形成弯月形工作腔，被四个滑片分隔成四个工作室。当转子旋转时，工作室的容积不断地由小变大或由大变小，从而产生吸油或压油的作用。出口油压随转速的增高而增大。为了保持油压稳定，在输油泵出口安装调压阀。

2. 柴油滤清器

柴油滤清器的功用是滤除柴油中的任何杂质。对滤清器的基本要求是阻力小，寿命长，过滤效率高。柴油的清洁度对机喷油泵、喷油器中精密偶件的可靠性及寿命有重大影响。重型汽车柴油机经常装置粗、精两级滤清器。

纸质滤芯具有质量小、体积小、成本低、滤清效果好等优点，因此纸质滤芯柴油滤清器得到广泛应用。其结构如图 5-24 所示。来自输油泵的柴油从进油口 5 进入滤清器壳体 6 与纸质滤芯 7 之间的空隙，然后经过滤芯过滤之后，由中心杆 8 经出油口 3 流出。在滤清器盖上设限压阀 2，当油压超过 0.1~0.15 MPa 时，限压阀开启，多余的柴油自进油口经限压阀直接返回柴油箱。

3. 油水分离器

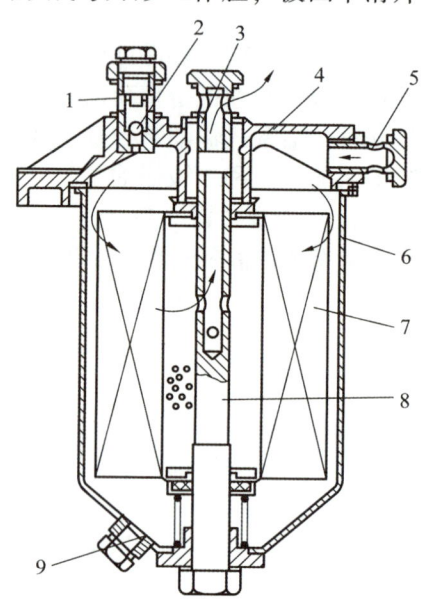

1—旁通孔；2—限压阀；3—出油口；
4—滤清器盖；5—进油口；6—滤清器壳体；
7—滤芯；8—中心杆；9—放油塞。

图 5-24　柴油滤清器

为了除去柴油中的水分，在一些柴油机上，在柴油箱和输油泵之间设有油水分离器。

第三节　电控柴油喷射系统

与传统的机械控制柴油喷射系统相比，电控柴油喷射系统对喷油量、喷油定时控制精度高，反应速度快，并且控制灵活，大大提高了柴油机的动力性、经济性和排放性。

一、柴油机电控喷油系统分类

柴油机电控喷油系统可分为两类：位置控制系统和时间控制系统。

第一代柴油机电控喷射系统采用位置控制系统。它不改变传统喷油系统的基本结构和工作原理，只是采用电控组件代替调速器和供油提前器来控制喷油量和喷油定时。优点是柴油机结构改动不大；缺点是控制系统响应仍然较慢，控制精度不够稳定。

第二代电控喷射系统采用时间控制方式，其特点是在高压油路中利用电磁阀直接控制喷油时间，以改变喷油量和喷油定时，具有直接控制、响应快等特点。时间控制系统分为电控泵喷油器系统和共轨式电控燃油喷射系统两类。由于电控泵喷油器系统仍保持传统的柱塞往复运动脉动供油方式，无法实现喷油压力的灵活调节。共轨式电控燃油喷射系统不再采用柱塞泵脉动供油原理，而是由共轨或蓄压室向各喷油器提供所需的高压燃油，由喷油器上的电磁阀控制喷射的开始和终止。电磁阀起作用的时刻决定喷油定时，持续时间和共轨压力决定喷油量。由于系统采用压力时间式燃油计量原理，因此又称为压力时间控制式电控喷射系统。

二、柴油机电控喷油系统的实例

高压共轨电控柴油喷射系统由于其喷油压力、时间、油量等柔性可调，性能优越，广泛应用于现代电控柴油汽车，故以此为例进行说明。柴油机和汽油机的电控技术类似，都由传感器、电控单元ECU和执行机构组成。传感器采集柴油机转速、加速踏板位置、车速、进气温度、冷却液温度、进气压力等信号，并将其送入ECU。ECU是电控系统的"指挥中心"，对传感器的信息同储存的参数值进行比较、运算，确定最佳运行参数。执行机构按照最佳参数对喷油压力、喷油量、喷油时间等进行控制，使柴油机工作状态达到最佳。所不同的是，由于柴油机喷油压力较高，燃油分配管需承受较高的燃油压力。

图5-25所示为轿车柴油机的ECDU2（P）型共轨式电控柴油喷射系统，主要由电控单元、供油泵、调压控制阀、燃油分配管、电控喷油器、传感器等组成。

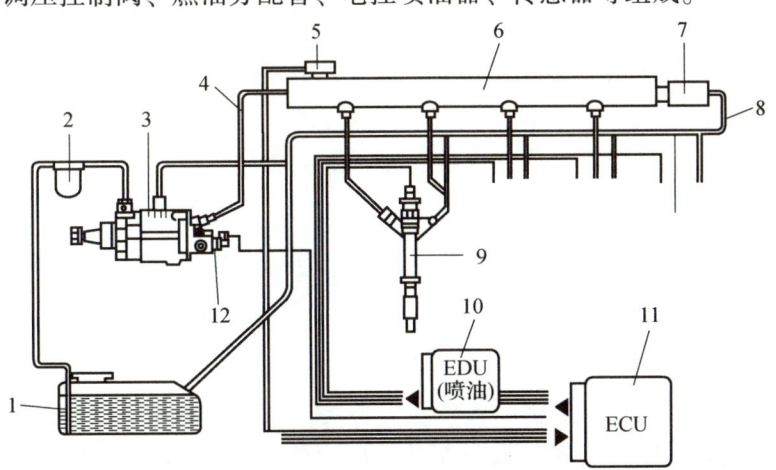

1—柴油箱；2—柴油滤清器；3—供油泵；4—高压油管；5—燃油压力传感器；6—共轨管；7—调压控制阀；
8—回油管；9—电控喷油器；10—EDU；11—电控单元（ECU）；12—供油量调节机构。

图5-25 ECDU2（P）型电控柴油喷射系统

1. 供油泵

供油泵的作用是产生高压燃油，在共轨管式电控柴油喷射系统中多为柱塞泵（直列柱塞和径向柱塞）。图 5-26 所示为径向柱塞的供油泵，它采用三个径向布置的柱塞泵油元件 9，由偏心凸轮 8 驱动，出油量大，受载均匀。柴油机工作时，来自输油泵的柴油流过安全阀，一部分经节流小孔流向偏心凸轮室供润滑冷却用，另一部分经低压油路 6 进入柱塞室。当偏心凸轮转动导致柱塞下行时，进油阀 11 打开，柴油被吸入柱塞室；当偏心凸轮上行时，进油阀关闭，柴油被压缩，压力剧增，达到共轨压力时，顶开出油阀，高压油被送去共轨管。

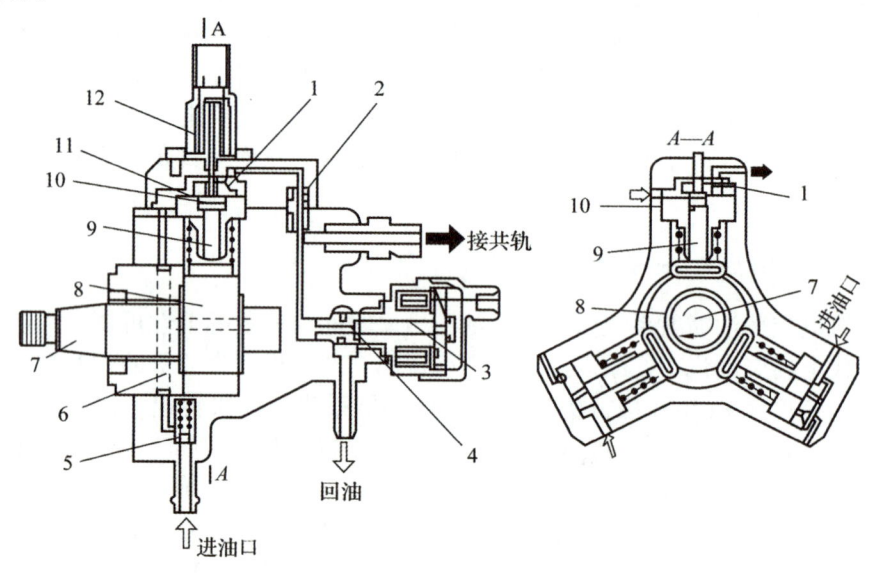

1—出油阀；2—密封件；3—调压阀；4—球阀；5—安全阀；6—低压油路；7—驱动轴；
8—偏心凸轮；9—柱塞泵油元件；10—柱塞室；11—进油阀；12—柱塞单向阀。

图 5-26　三缸径向柱塞型高压油泵

由于供油泵是按最大供油量设计的，在怠速或小负荷时，输出油量有剩余，可经调压阀流回油箱，以保持共轨管的燃油压力不变。还可通过控制电路使柱塞单向阀 12 通电，使电枢上的销子下移，切断某缸柱塞供油，以减少供油量和功率损耗。

2. 调压控制阀

调压控制阀安装在高压泵旁或共轨管上，根据发动机负荷状况调整和保持共轨管中的压力。

3. 共轨管

共轨管的作用是存储高压燃油、保持压力恒定，其结构如图 5-27 所示。高压共轨管上安装了压力传感器、限压阀和流量限制器。压力传感器向 ECU 提供高压油轨的压力信号；限压阀限制共轨管中的压力；流量限制器是防止喷油器出现持续喷油。

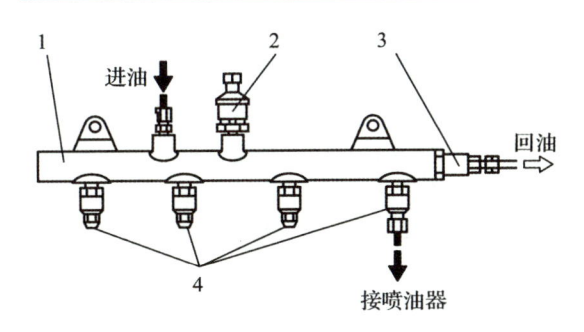

1—共轨管；2—燃油压力传感器；3—限压阀；4—流量限制器。

图 5-27 高压共轨管

4. 电控喷油器

电控喷油器是共轨柴油喷射系统的核心部件，其作用是根据 ECU 发出的控制信号，通过控制电磁阀的开启和关闭，将高压油轨中的燃油以最佳的喷油定时、喷油量和喷油规律喷入燃烧室。

电控喷油器品种很多，但结构相似，基本原理相同，如图 5-28 所示。每个喷油器总成的上方有一个电控三通阀，三通阀包括内阀和外阀，外阀和电磁线圈的衔铁做成一体，由线圈的通电来指令外阀的运动，阀体则用来支承外阀，内阀不动。三个元件精密地配合在一起，分别形成密封内阀座 A 和外阀座 B，随着外阀的运动，A、B 阀座交替关闭，三个油道（共轨管、回油管和液压活塞上腔）两两交替接通，三通阀仅起压力开关阀的作用，本身并不控制喷油量。

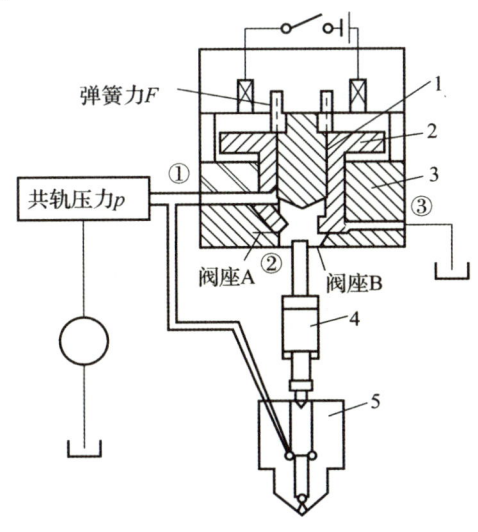

1—内阀；2—外阀；3—阀体；4—液压活塞；5—喷嘴。

图 5-28 电控喷油器的工作原理图

当线圈没有通电时，外阀在弹簧力作用下落座，内阀在油道①的油压作用下上升，高压油从①进入液压活塞上腔②中。此时密封内锥座 A 开启，油道①、②相通。当线圈通电时，外阀在电磁力的吸引下向上运动，关闭密封内锥座 A，此时内阀仍停留在上方，外锥座 B 开启，油道②、③相通，活塞上腔向回油室放油，这时喷油器喷油。线圈的通电时间决定喷油量。

> **补充提示：**
> 中国一汽无锡油泵油嘴研究所是一所从事内燃机燃油喷射系统、燃烧系统、进气系统、配气机构、增压技术等方面研究开发的专业研究所，该所长期在自主创新路上探索，通过国家重大科技专项"电控高压共轨柴油喷射系统"制造技术与关键装备的研发及应用项目，攻克电控高压共轨喷油技术难题，具备了国际一流的汽车发动机关键技术的自主创新能力，打破了德国、美国、日本等国家垄断汽车发动机核心技术的局面。

练习题

1. 简述柴油的特性及评价指标。
2. 简述柴油机燃烧室的特点。影响柴油机混合气形成的主要因素有哪些？
3. 简述柱塞式、分配式喷油泵燃油供给系统组成。
4. 说明喷油器的组成、分类及工作原理。
5. 简述柱塞式喷油泵的组成。
6. 简述柱塞式喷油泵的工作原理，并说明其喷油的计量和调节方式。
7. RQ 型两极调速器是如何实现两级调速的？

第六章 进排气系统及排气净化装置

学习目标

本章介绍了进排气系统及排气净化装置的组成与工作原理。要求学生了解进排气系统的结构与工作原理、发动机的增压和发动机排气净化装置的基本结构和工作原理。

重点难点

1. 发动机进、排气系统的结构。
2. 增压系统的作用与分类。
3. 排气净化装置的基本结构和工作原理。

第一节 发动机进排气系统

发动机进、排气系统的作用是供给发动机新鲜的空气，将燃烧后的废气排至大气，由进气系统和排气系统构成。进、排气系统的结构如图6-1所示。

6-1 进排气系统

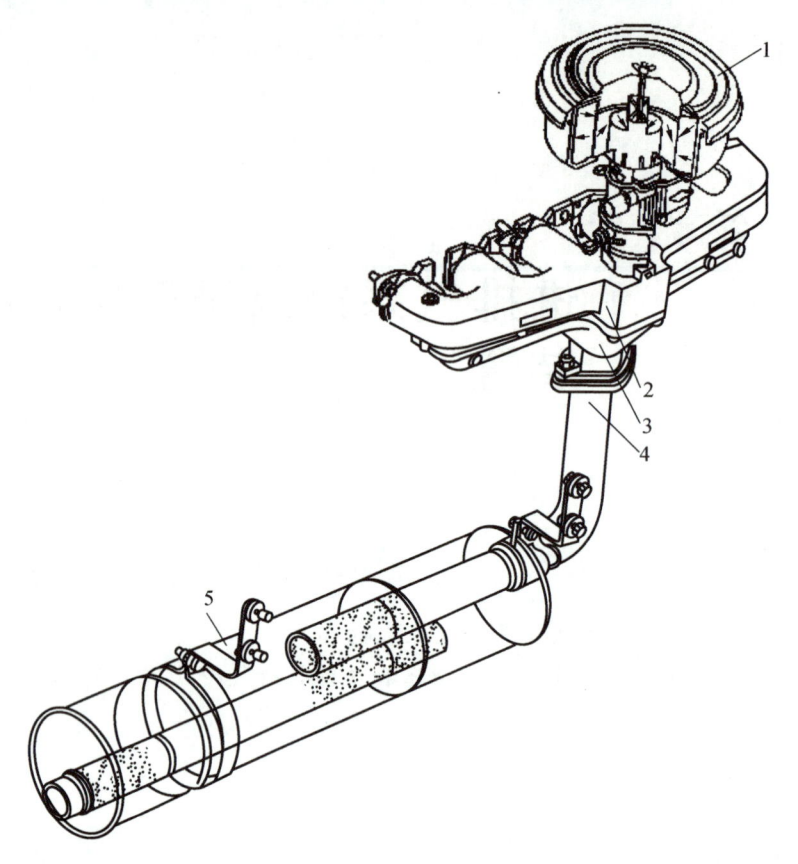

1—空气滤清器；2—进气支管；3—排气支管；4—消声器进气管；5—消声器。

图 6-1　空气滤清器及进、排气装置

一、进气系统

进气系统的功用是尽可能多且均匀地向各气缸供给新鲜气体或纯净的空气。一般进气系统主要包括空气滤清器和进气支管，有的还装有谐振进气管或增压装置。

1. 空气滤清器

空气滤清器的功用是滤除空气中的杂质或灰尘。一般由进气导流管、空气滤清器盖、空气滤清器外壳和滤芯等组成。其结构形式有油浴式（主要用于多尘条件下）、离心式（多用于大型货车上）和纸滤芯式。由于纸滤芯空气滤清器质量小、成本低和滤清效果好，故广泛用于汽车发动机上。纸滤芯有干式和湿式两种。干式纸滤芯可以反复使用，纸滤芯经过浸油处理后即为湿式纸滤芯，需定期更换。干式纸滤芯空气滤清器的结构如图 6-2 所示。发动机工作时，空气从滤芯的四周穿过滤纸进入滤芯中心，随后流入进气管，杂质被滤芯阻留在滤芯外面。

为了增强发动机的谐振进气效果，空气滤清器进气导流管需要有较大的容积。但是导流管不能太粗，以保证空气在导流管内有一定的流速，导流管只能做得很长（图 6-3），以利于实现从车外吸气。

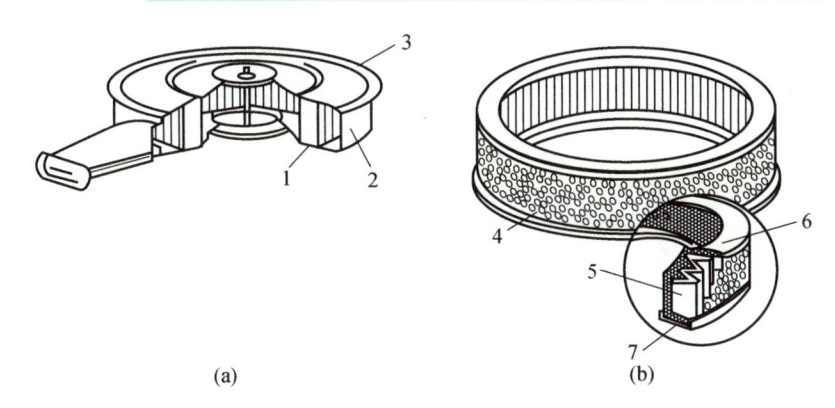

1—滤芯；2—滤清器外壳；3—滤清器盖；4—金属网；
5—打褶滤纸；6—滤芯上盖；7—滤芯下盖。

图 6-2　干式纸滤芯空气滤清器

（a）滤清器总成；（b）纸滤芯

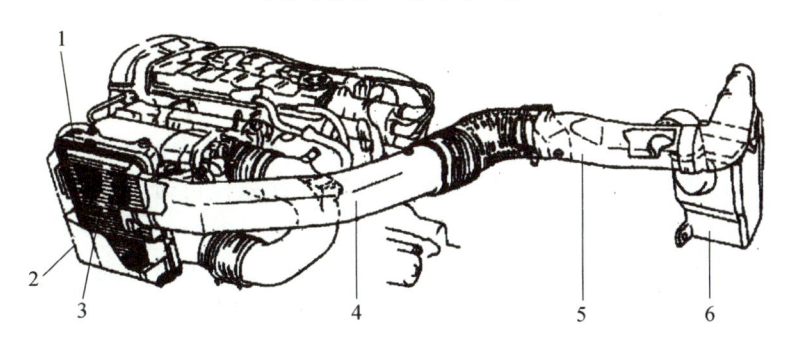

1—空气滤清器外壳；2—空气滤清器盖；3—滤芯；4—后进气导流管；5—前进气导流管；6—谐振室。

图 6-3　空气滤清器进气导流管

2. 进气支管

进气支管的功用是将新鲜气体分配到各缸进气道。 进气支管必须将气体尽可能均匀地分配到各个气缸，为此，进气支管内气体流道的长度应尽可能相等。为减小气体流动阻力，进气支管的内壁应该光滑。

（1）谐振进气系统

由于进气过程具有间歇性和周期性，致使进气支管内产生一定幅度的压力波，利用一定长度和直径的进气支管与一定容积的谐振室组成谐振进气系统，使其固有频率与气门的进气周期调谐，在特定的转速下，进气支管内产生大幅度的压力波，压力增高，从而增加进气量。这种效应称作进气波动效应。谐振进气系统的优点是没有运动件，工作可靠，成本低，但其只能增加特定转速下的进气量。

（2）可变进气支管

为充分利用进气波动效应和尽量缩小发动机在高、低速运转时进气速度的差别，要求发动机在高转速、大负荷时装备粗短的进气支管；在中低转速和中小负荷时配用细长的进气支管。可变进气支管就是为适应这种要求而设计的。

图 6-4 所示为一种能根据发动机转速和负荷的变化而自动改变有效长度的进气支管。当发动机低速运转时，发动机电子控制装置 5 指令转换阀控制机构 4 关闭转换阀 3，空气经空气滤清器 1 和节气门 2 沿着弯曲而又细长的进气支管流进气缸。细长的进气支管提高

了进气速度，增强了气流的惯性，使进气量增多。当发动机高速运转时，转换阀开启，空气经空气滤清器和节气门直接进入粗短的进气支管。粗短的进气支管进气阻力小，同样时间内进气量增多。

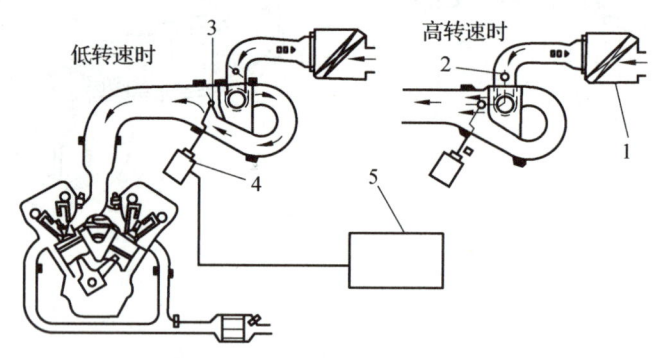

1—空气滤清器；2—节气门；3—转换阀；4—转换阀控制机构；5—发动机电子控制装置。

图6-4 可变长度进气管

二、排气系统

排气系统的功用是以尽可能小的排气阻力和噪声，将气缸内的废气排到大气中。主要由排气管、排气支管和消声器组成。根据发动机排气管数，可分为单排气系统及双排气系统。

直列型发动机常采用单排气系统（图6-5），排气时，气缸中的废气经排气门进入排气支管，然后进入排气管、催化转换器和消声器，最后由排气尾管排到大气中。

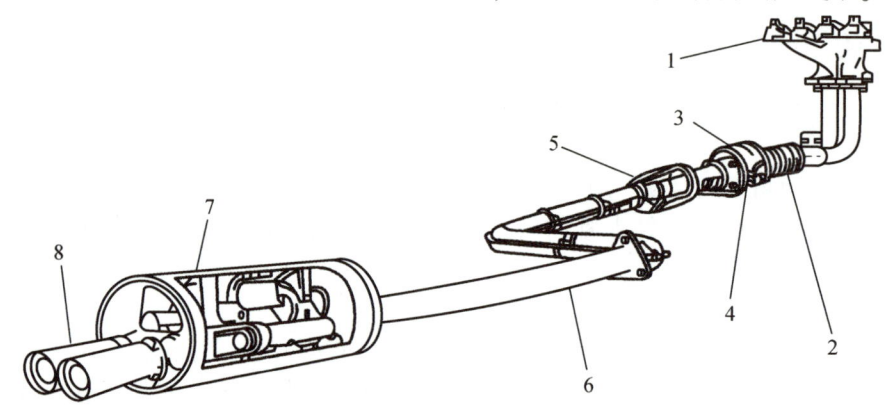

1—排气支管；2—前排气管；3—催化转换器；4—废气温度传感器；5—副消声器；
6—后排气管；7—主消声器；8—排气尾管。

图6-5 单排气系统的组成

V型发动机有两个排气支管，大多仍采用单排气系统（图6-6（a）），通过一个叉形管3将两个排气支管2连接到一个排气管5上。来自两个排气支管的废气经同一个排气管5、消声器6和排气尾管7排出。有些V型发动机采用双排气系统（图6-6（b）），每个排气支管2分别连接排气管5、催化转换器4、消声器6和排气尾管7。双排气系统降低了排气系统内的压力，使发动机排气更为顺畅，气缸中残余的废气较少，可充入更多的混合气或洁净的空气，提高发动机的功率和转矩。

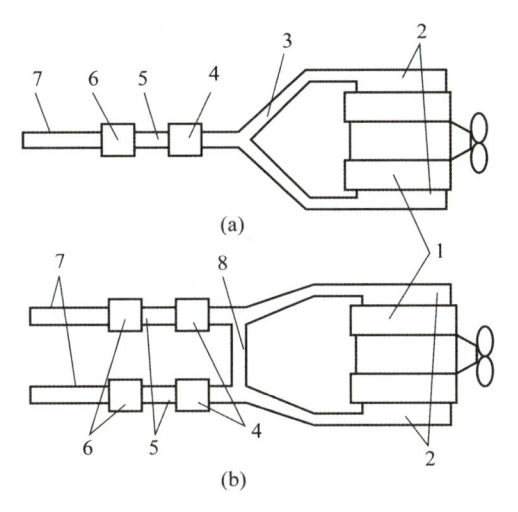

1—发动机；2—排气支管；3—叉形管；4—催化转换器；
5—排气管；6—消声器；7—排气尾管；8—连通管。

图 6-6　V 型发动机排气系统示意图
(a) 单排气系统；(b) 双排气系统

1. 排气支管

排气支管一般用铸铁、球墨铸铁、不锈钢等材料制成。其形状十分重要，为避免各缸排气干扰及排气倒流现象，尽可能利用惯性排气，将排气支管做得尽可能长，各缸支管应相互独立、长度相等。

2. 消声器

发动机排气压力为 0.3~0.5 MPa，温度为 500~700 ℃，表明排气有一定的能量。同时，由于排气的间歇性，在排气管内引起排气压力的脉动。若将废气直接排放到大气中，将产生强烈的噪声。排气消声器通过逐渐降低排气压力和衰减排气压力的脉动来消减排气噪声。

典型的消声器结构如图 6-7 所示，外壳用薄钢板制造，有的外壳内填充耐热的吸声材料。中间通过隔板分隔成多个消声室，各消声室间用多孔管连接。排气经多孔管流入消声室，在此过程中，排气不断改变流动方向，逐渐衰减其压力及脉动，消耗能量，最终使排气噪声得到消减。

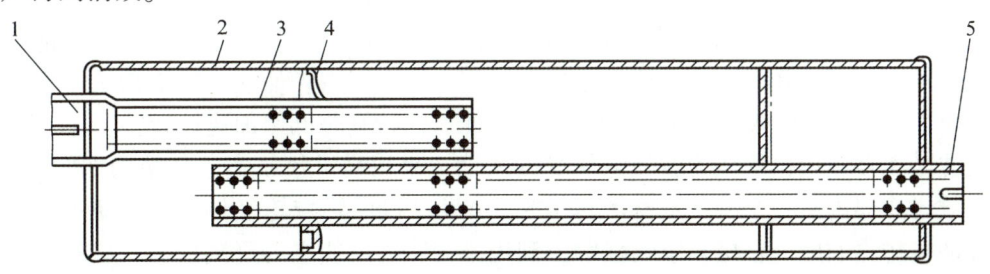

1—进气入口；2—外壳；3—多孔管；4—隔板；5—排气出口。
图 6-7　消声器

第二节　增压系统

增压就是将空气预先压缩后再供入气缸，以期提高空气密度、增加进气量的一项技术。由于进气量增加，可相应地增加循环供油量，从而增加发动机的功率。同时，增压还可改善燃油经济性、排放性。**增压有涡轮增压、机械增压和气波增压三种基本类型**。实现空气增压的装置称为增压器，各种增压类型所用的增压器分别称为机械增压器、涡轮增压器和气波增压器。

如图 6-8 所示，机械增压器可使进气管进入更多气体，由发动机曲轴、齿轮驱动。机械增压能有效地提高发动机功率，与涡轮增压相比，其低速增压效果更好。机械增压器与发动机容易匹配，结构也比较紧凑。但是由于驱动增压器需消耗发动机功率，因此燃油消耗率比非增压发动机略高。

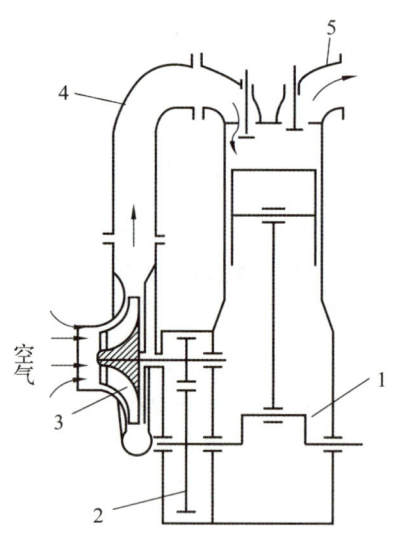

1—发动机曲轴；2—排气管；3—进气管；4—机械增压器；5—齿轮。

图 6-8　机械增压示意图

废气涡轮增压（图 6-9）是车用发动机广泛采用的一种增压方式，主要由涡轮机和压气机构成。将发动机排出的废气引入涡轮机，利用废气能量推动涡轮机旋转，带动同轴的**压气机工作实现增压**。废气涡轮增压器与发动机无机械联系，其有效利用了排气能量进行增压，并可大幅度地降低有害气体的排放和噪声水平。缺点是低速时转矩增加不多，在发动机工况发生变化时，瞬态响应差，致使汽车加速性特别是低速加速性较差。

气波增压器利用排气压力波使空气受到压缩，来提高进气压力。其结构如图 6-10 所示。气波增压器内有一个特殊形状的转子 3，由发动机曲轴带轮经传动带 4 驱动。在转子中，发动机排出的废气直接与空气接触，利用排气压力波使空气受到压缩，以提高进气压力。气波增压器结构简单，加工方便，工作温度不高。与涡轮增压相比，低速转矩特性好，但体积大，噪声高，安装位置受到限制。目前只能在低速范围内使用，多用于柴油机上。

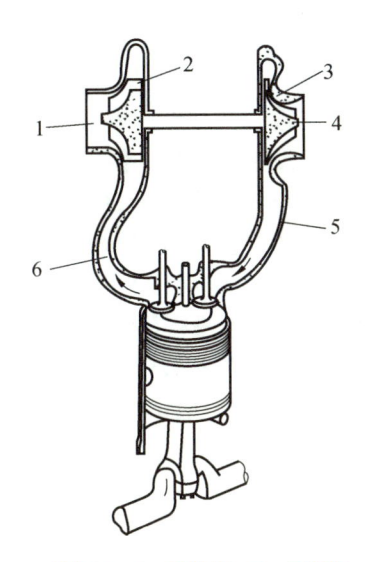

1—排气口；2—涡轮机；3—压气机；
4—进气口；5—进气管；6—排气管。

图 6-9　废气涡轮增压示意

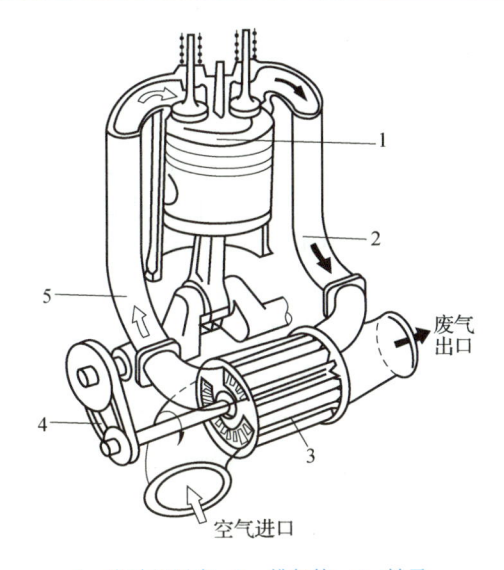

1—发动机活塞；2—排气管；3—转子；
4—传动带；5—进气管。

图 6-10　气波增压示意图

第三节　排气净化装置

　　汽车排放的污染物主要有一氧化碳（CO）、碳氢化合物（HC）、氮氧化合物（NO_x）和微粒。CO 是燃油的不完全燃烧产物，它与血液中血红素的亲和力是氧气的 300 倍。当人吸入 CO 后，血液吸收和运送氧的能力降低，导致头晕、头痛等中毒症状。HC 包括未燃和未完全燃烧的燃油与机油蒸气。HC 化合物在阳光照射下引起光化学反应，产生臭氧、PAH 等具有强氧化特性的物质，形成光化学烟雾，降低大气能见度，使植物受害，刺激人的眼睛和咽喉，并且 PAH 是致癌物质，是导致碳烟的副产物。NO_x 主要是指 NO 和 NO_2，产生于燃烧室内高温富氧的环境中。NO_x 对大气环境、植物生长乃至人类健康有极大危害。微粒主要是指柴油机排气中的碳烟。

　　为满足排放标准，必须对发动机排气进行净化。本节介绍安装在发动机外部的排气净化装置：催化转换器、废气再循环系统、强制式曲轴箱通风系统、二次空气喷射系统等。

一、催化转换器

　　催化转换器是利用催化剂将排气中的 CO、HC 和 NO_x 转换为对人体无害气体的一种排气净化装置，也称为催化净化转换器。金属铂、钯或铑均可作催化剂。

　　催化转换器有氧化催化转换器、三元催化转换器等，目前常用的是三元催化转化器。氧化催化转换器只将排气中的 CO 和 HC 氧化为 CO_2 和 H_2O，也称二元催化转换器。三元催化转换器可同时减少 CO、HC 和 NO_x 的排放，它以排气中的 CO 和 HC 作为还原剂，把 NO_x 还原为氮气和氧气，CO 和 HC 在还原反应中被氧化为 CO_2 和 H_2O。当同时采用两种转换器时，通常把两者放在同一转换器外壳内，三元催化转换器置于氧化催化转换器前面。废气经过三元催化转换器之后，部分未被氧化的 CO 和 HC 继续在氧化催化转换器中与供入的二次空气进行氧化反应。

二、废气再循环系统

废气再循环系统是把发动机排出的部分气体送回进气支管，并与新鲜混合气一起再次进入气缸。由于废气中含有大量的 CO_2，CO_2 不能燃烧，却吸收大量的热，使气缸中混合气的燃烧温度降低，从而减少了 NO_x 的生成量，排气再循环是净化排气中 NO_x 的主要方法。

在新鲜的混合气中掺入废气之后，混合气的热值降低，致使发动机的有效功率下降。在暖机期间或急速时，NO_x 生成量不多，为了保持发动机运转的稳定性，不进行排气再循环。在全负荷或高转速下工作时，为了使发动机有足够的动力性，也不进行排气再循环。

为了做到既能减少 NO_x 的排放，又能保持发动机的动力性，根据发动机运转的工况由排气再循环（EGR）阀自动控制再循环的排气量。EGR 阀安装在废气再循环通道上，废气再循环通道一端通排气门，另一端连接进气支管。当 EGR 阀开启时，部分废气从排气门经废气再循环通道进入进气支管，进行废气再循环。EGR 阀一旦关闭，废气再循环随即终止，如图 6-11 所示。

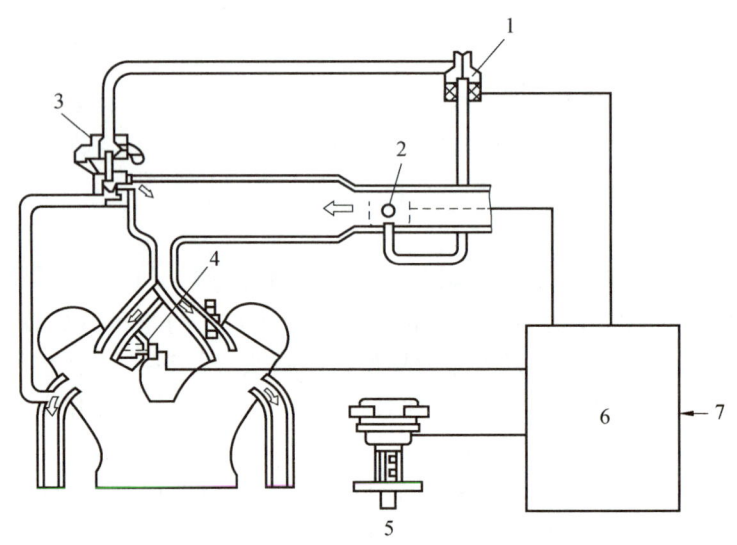

1—EGR 电磁阀；2—节气门；3—EGR 阀；4—冷却液温度传感器；5—曲轴位置传感器；6—ECU；7—起动信号。

图 6-11 电子控制 EGR 系统

三、强制式曲轴箱通风系统

强制式曲轴箱通风系统又称 PCV 系统。发动机工作时，会有部分可燃混合气和燃烧产物经活塞环窜入曲轴箱内。当发动机在低温下运行时，还可能有液态燃油漏入曲轴箱。这些物质如不及时清除，将加速机油变质并使机件受到腐蚀。又因为窜入曲轴箱内的气体中含有 HC 及其他污染物，所以不允许排放到大气中。现代汽车发动机采用的强制式曲轴箱通风系统就是防止曲轴箱气体排放到大气中的净化装置。

PCV 系统的组成如图 6-12 所示。其中 PCV 阀连接进气支管与曲轴箱，阀体内有弹簧，PCV 阀的开度由进气管内的真空度与弹簧预紧力决定。当发动机工作时，进气管真空度作用到 PCV 阀 6，此真空度吸引新鲜空气经空气滤清器 1、空气软管 2 进入气缸盖罩 5 内，再由气缸盖和机体上的孔道进入曲轴箱。新鲜空气与曲轴箱气体混合后经气缸盖罩 5、PCV 阀 6 和曲轴箱进气软管 7 进入进气管，最后经进气门进入燃烧室烧掉。

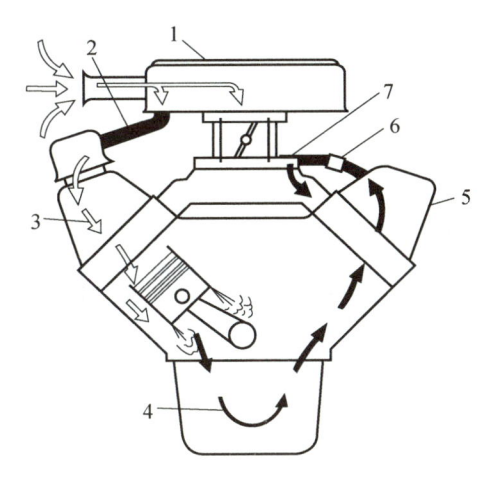

1—空气滤清器；2—空气软管；3—新鲜空气；4—曲轴箱气体；
5—气缸盖罩；6—PCV阀；7—曲轴箱进气软管。

图6-12 强制式曲轴箱通风系统示意图（福特）

四、二次空气喷射系统

很多汽车发动机装有二次空气喷射系统。虽然二次空气喷射系统有各种各样的结构，但其功用基本相同，即利用空气泵将新鲜空气经空气喷管喷入排气道或催化转换器，使排气中的CO和HC进一步氧化或燃烧成二氧化碳和水。

五、柴油机微粒过滤器

微粒是柴油机排放的突出问题。对车用柴油机排气微粒的处理，主要采用过滤法。微粒过滤器的滤芯由多孔陶瓷制造，过滤效率较高。排气穿过多孔陶瓷滤芯进入排气管，微粒滞留在滤芯上。过滤器工作一段时间后，需及时清除积存在滤芯上的微粒，以恢复过滤器的工作能力和减小排气阻力。

> **补充提示：**
> 内燃机利用石油资源带动了汽车的快速发展，但排出的废气也对环境造成了一定的破坏。排气净化装置对废气的转化和循环利用，符合坚持节约资源和保护环境的基本国策。我们必须树立和践行绿水青山就是金山银山的理念，坚持人与自然和谐共生。

练习题

1. 空气滤清器的作用是什么？常用的有哪几种类型？
2. 什么时候使用粗短的进气支管？什么时候使用细长的进气支管？
3. 排气消声器的作用是什么？简述其工作原理。
4. 增压系统的作用是什么？试述废气涡轮增压器的工作原理。
5. 何为二次空气喷射？有何作用？
6. 使用催化转换器是如何进行排气净化的？

第七章 发动机冷却系统

> **学习目标**
>
> 本章主要介绍了发动机冷却系统的功用与组成。要求学生掌握冷却系统的分类、基本组成和冷却水的工作循环；了解水冷系统主要部件的结构以及冷却强度调节装置。

> **重点难点**
>
> 1. 冷却系统的分类、基本组成和冷却水的工作循环。
> 2. 节温器。

第一节 概 述

一、冷却系统的功用

发动机冷却系统的功用是使发动机在所有工况下都保持在适当的温度范围内。过热或过冷都会给发动机带来危害。

发动机工作时，最高燃烧温度高达 2 500 ℃，因此与高温燃气接触的零部件被强烈地加热，若不适当冷却，发动机将会过热，工作恶化，零部件强度降低，机油变质，零部件磨损加剧，最终导致发动机动力性、经济性、排放性等性能恶化。但如果冷却过度，导致发动机长时间在低温下工作，散热损失和摩擦损失增加，零部件磨损加剧、排放恶化、工作粗暴，发动机功率下降，燃油消耗率增加。

二、冷却系统的分类

冷却系统按照冷却介质不同，可分为水冷式和风冷式。以空气为冷却介质的冷却系统称风冷系统；以冷却液为冷却介质的为水冷系统。由于水冷系统冷却均匀，效果好，并且发动机运转噪声小，在汽车发动机上广泛应用。只有少数汽车发动机采用风冷系统。

三、水冷却系统的组成及水路

目前在汽车发动机上应用最普遍的是强制循环式水冷系统，利用水泵提高冷却液的压力，强制冷却液在系统中循环流动。强制循环式水冷系统主要由散热器、水泵、风扇、冷却水套和节温器等组成，如图7-1所示。

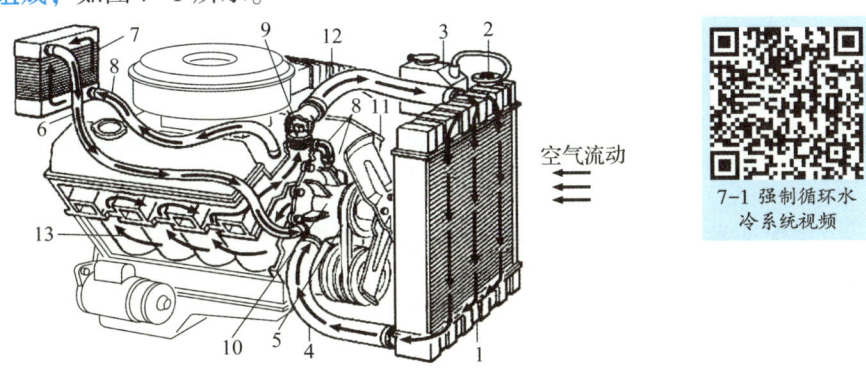

1—散热器；2—散热器盖；3—补偿水桶；4—散热器出水软管；5—风扇传动带；6—暖风机出水软管；7—暖风机芯；8—暖风机进水软管；9—节温器；10—水泵；11—冷却风扇；12—散热器进水软管；13—冷却水套。

图7-1 汽车发动机水冷系统组成

冷却液在水冷系统中的循环路径如图7-2所示。水泵5将冷却液吸入并加压，使之经分水管10流入机体水套9。冷却液从气缸壁吸收热量，温度升高，继而流到气缸盖水套7，从气缸盖水套壁吸热之后，经节温器6及散热器进水软管流入散热器2。在散热器中，冷却液向流过散热器周围的空气散热而降温，最后冷却液经散热器出水软管返回水泵，在水泵的作用下，经水管再流入水套，如此不断地循环，使在高温条件下工作的零件得到冷却。以上循环称为大循环，是指水温高时，冷却液全部经过散热器而进行的循环流动；另外，冷却液在系统内还有一条小循环，是指水温低时，冷却液不经过散热器，从气缸盖水套经节温器直接返回水泵再循环，如图7-3所示。

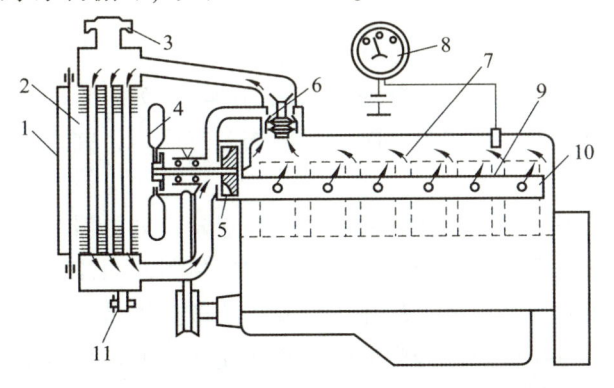

1—百叶窗；2—散热器；3—散热器盖；4—风扇；5—水泵；6—节温器；7—气缸盖水套；8—水温表；9—机体水套；10—分水管；11—放水阀。

图7-2 冷却液在强制循环水冷系统中的流动

109

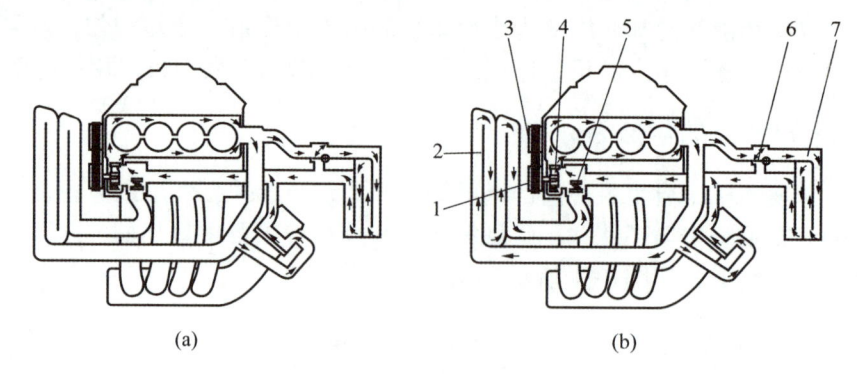

1—水泵齿形带轮；2—散热器；3—曲轴齿形带轮；4—水泵；5—节温器；6—控制阀；7—暖风机

图7-3 冷却液的大、小循环（桑塔纳2000GSi）

（a）小循环工作状态；（b）大循环工作状态

为保证发动机在不同的负荷和转速条件下，经常处于最适宜的温度范围内工作，冷却系统中设有温度调节装置，如百叶窗1和节温器6等。冷却液是进行大循环还是小循环，由节温器6来控制。

大多数汽车装有暖风系统。在装有暖风机的水冷系中，热的冷却液从气缸盖或机体水套经暖风机进水软管流入暖风机芯，然后经暖风机出水软管流回水泵。吹过暖风机芯的空气被冷却液加热之后，一部分送到挡风玻璃除霜器，一部分送入驾驶室或车厢。

四、冷却液

冷却液在发动机冷却系统中循环流动，将发动机工作中产生的多余热能带走。汽车常用的冷却液由水、防冻剂和各种添加剂组成。冷却液最好用软水，常用的防冻剂是乙二醇，防冻剂中通常含有防锈剂和泡沫抑制剂。

第二节 水冷系统的主要部件

一、散热器

散热器的功用是增大散热面积，加速冷却液的冷却。为了将散热器传出的热量尽快带走，在散热器后面装有风扇。散热器必须有足够的散热面积，并且材料导热性能要好，一般用铜或铝制成。

如图7-4所示，散热器主要由上水室2、下水室8及散热器芯4等部分构成。散热器芯的常见结构有管片式、管带式、板式，冷却液在散热器芯内流动，热的冷却液向空气散热而降温，冷空气则吸收冷却液散出的热量升温，故散热器是一个热交换器。按照散热器中冷却液流动的方向，可将散热器分为纵流式和横流式。大多数新型轿车采用横流式散热器，可使发动机罩外廓较低，有利于改善车身前端的空气动力性。

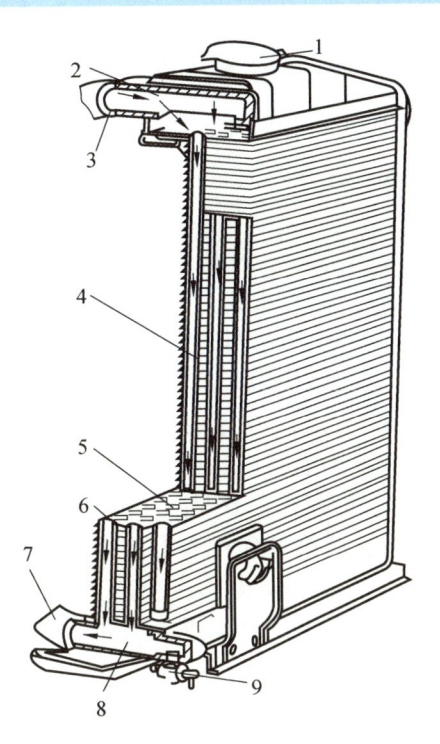

1—散热器盖；2—上水室；3—进水管；4—散热器芯；5—冷却管；6—散热片；7—出水管；
8—下水室；9—放水开关。

图 7-4 散热器

散热器盖的作用是密封水冷系统并调节系统的工作压力，其结构如图 7-5 所示，散热器盖 4 上安装有空气阀 2 和蒸汽阀 3。当发动机热状态正常时，两阀在弹簧力作用下处于关闭状态，将冷却系统与大气隔开，防止水蒸气逸出，使冷却系内的压力稍高于大气压力，可提高冷却液的沸点，扩大散热器与大气的温差，以增强散热能力。当冷却系统内蒸汽压力稍大时，蒸汽阀开启，从蒸汽排出管 1 中放出一部分冷却液流到补偿水桶（图 7-1），散热器内的压力下降。当冷却系统内蒸汽压力稍低时，空气阀开启，空气从蒸汽排出管进入散热器，散热器内的压力增加。

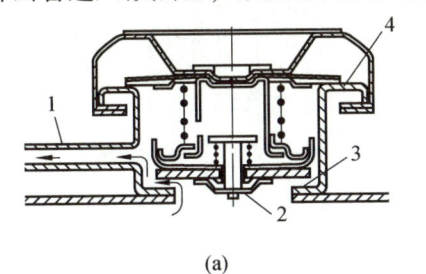

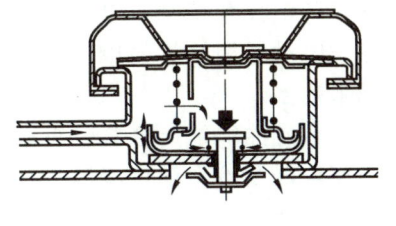

1—蒸汽排出管；2—空气阀；3—蒸汽阀；4—散热器盖。

图 7-5 带空气阀-蒸汽阀的散热器盖
（a）蒸汽阀开启；（b）空气阀开启

补偿水桶的作用是减少冷却系统冷却液的溢失。补偿水桶为塑料制品，并用软管与散热器冷却液加注口上的蒸汽排出管相连接。当冷却液受热膨胀后，部分冷却液流入补偿水桶；当冷却液温度下降时，散热器内产生一定的真空度，部分冷却液又被吸回散热器。

111

二、节温器

节温器一般安装在气缸盖的出水口处，控制冷却液的流动路径。其作用是根据发动机冷却液温度自动改变冷却液的循环路线及流量，使发动机始终在最适宜的温度下工作。目前多数发动机采用蜡式节温器。

蜡式节温器有单阀型和双阀型之分，双阀蜡式节温器的结构如图7-6所示。推杆3的一端固定在支架1上，而另一端插入胶管5内。胶管与节温器外壳间装有精制石蜡4，当冷却液温度低于规定值时，石蜡呈固态，在弹簧8的作用下关闭冷却液流向散热器的通道，冷却液经旁通孔、水泵返回发动机进行小循环。当冷却液温度达到规定值后，石蜡开始熔化，逐渐变成液体，体积随之增大，并压迫胶管使其收缩。在胶管收缩的同时，对推杆作用向上的推力。由于推杆上端固定，因此推杆对胶管和感温体产生向下的反推力，使阀门开启。这时冷却液经节温器阀进入散热器，并由散热器经水泵流回发动机，进行大循环。

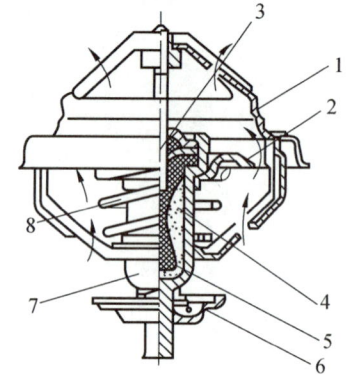

1—支架；2—主阀门；3—推杆；
4—石蜡；5—胶管；6—副阀门；
7—节温器外壳；8—弹簧。

图7-6 双阀蜡式节温器结构图

三、风扇

风扇一般安装在散热器后面，并与水泵同轴。**风扇的作用是对空气产生抽吸作用，提高流经散热器的空气流速和流量，以增强散热器的散热能力，加速冷却液的冷却**。风扇的扇风量主要与风扇的直径、转速、叶片形状、叶片安装角及叶片数目有关。

汽车在行驶过程中，由于环境条件和运行工况的变化，发动机的热状况也在改变，必须随时调节发动机冷却液的温度，常采用电动风扇和风扇离合器来自动调节温度。

电动风扇一般有高速和低速两个挡位，转速通过温控热敏电阻开关控制，当温度较低时，采用低速挡；温度较高时，采用高速挡，保证发动机冷却液的温度在合适的范围内。在有些电控系统中，电动风扇由电脑控制，灵活性更高。电动风扇结构简单，布置方便，在轿车上的应用越来越多。

常见的风扇离合器形式有硅油风扇离合器、机械式风扇离合器、电磁风扇离合器及液力耦合器等。其中硅油风扇离合器应用比较广泛。

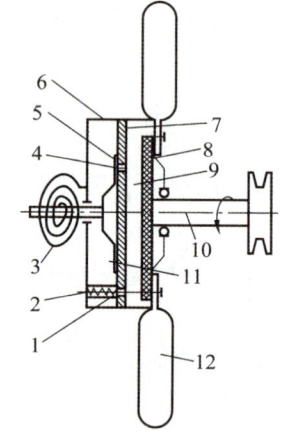

硅油风扇离合器是一种以硅油为转矩传递介质，利用散热器后面的气流温度来控制的液力传动离合器，主要由主动板、从动板、双金属感温器及壳体等构成，如图7-7所示。风扇12装于壳体上。从动板7与壳体之间的空间为工作腔9，从动板7与前盖之间为贮油腔，硅油存于其中。从动板上有进油孔，由感温阀片和双金属感温器控制。从动板外缘有一个由球阀控制的回油孔。冷却水温较低时，通过散热器的空气温度不高，感温阀片将进油孔

1—回油孔；2—钢球弹簧阀；3—双金属感温器；
4—进油孔；5—阀片；6—离合器壳体；
7—从动板；8—主动板；9—工作腔；
10—主动轴；11—贮油腔；12—风扇。

图7-7 硅油风扇离合器结构图

关闭，贮油腔的硅油不能进入工作腔，主动板的旋转运动不能传给从动板，离合器分离。冷却水温较高时，通过散热器的空气温度也随之升高，双金属感温器受热变形，从而带动阀片轴和阀片转过一定角度，将进油孔打开，硅油进入工作腔，由于硅油黏度大，主动板通过硅油带动壳体和风扇一起转动，使风扇转速迅速升高，离合器处于接合状态。

四、水泵

水泵的作用是对冷却液加压，保证其在冷却系统中循环流动。 由于结构简单、尺寸小、排量大且工作可靠，汽车发动机广泛采用离心式水泵。如图7-8所示，离心式水泵主要由水泵壳体2、叶轮5、水泵轴4及进水管1、出水管3等组成，轮叶一般是径向或向后弯曲的，其数目一般为6~9片。

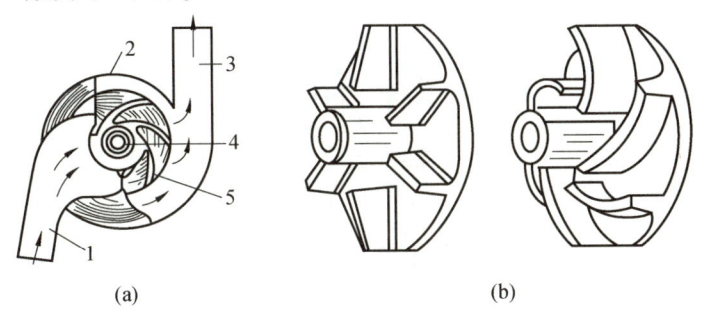

1—进水管；2—水泵壳体；3—出水管；4—水泵轴；5—叶轮。

图7-8 离心式水泵

(a) 离心式水泵示意图；(b) 叶轮的叶片

当叶轮旋转时，水泵中的水被叶轮带动一起旋转，在离心力作用下，水被甩向叶轮边缘，然后经外壳上与叶轮成切线方向的出水管压送到发动机水套内。与此同时，叶轮中心处的压力降低，散热器中的水便经进水管被吸进叶轮中心部分。如此连续的作用，使冷却液在水路中不断地循环。

五、冷却强度调节装置

冷却强度调节装置是根据发动机不同工况和不同使用条件，改变冷却系统的散热能力，以保证发动机在最有利的温度状态下工作。**改变冷却强度的方式通常有两种：一种是改变通过散热器的空气流量；另一种是改变冷却液的循环流量和循环范围。**

1. 改变通过散热器的空气流量

通常利用百叶窗和各种自动风扇离合器来实现改变通过散热器的空气流量。

百叶窗一般装在散热器前面。当冷却液温度较低时，可将百叶窗部分或完全地关闭，以减少经过散热器的空气流量，使冷却液温度回升。百叶窗可由驾驶员通过装在驾驶室内的手柄来操纵，有的发动机则通过感温器实现自动控制。

风扇离合器是置于风扇传动机构中的离合机构。根据发动机的温度采用风扇离合器来自动控制风扇的转速，调节扇风量，以达到改变通过散热器的空气流量，不仅能减少发动机的功率损失，节省燃油，还可提高发动机的使用寿命，降低噪声。

2. 改变通过散热器的冷却水的流量

通常利用节温器来控制通过散热器的冷却液流量。节温器装在冷却液循环的通路中

(一般装在气缸盖的出水口处),根据发动机负荷的大小和冷却液温度的高低来自动改变冷却液的循环流动路线,以调节冷却系统的冷却强度。

第三节 风冷系统

风冷系统是利用空气流过气缸盖和气缸体的外表面,将热量直接散发到大气中去,以保证发动机在最有利的温度范围内工作,如图7-9所示。发动机气缸和气缸盖采用传热性能较好的铝合金等铸成。为增大散热面积,各缸一般分开制造。在气缸和气缸盖表面分布许多均匀排列的散热片来增大散热面积。散热片利用车辆行驶时的高速空气流,把热量吹散到大气中去。

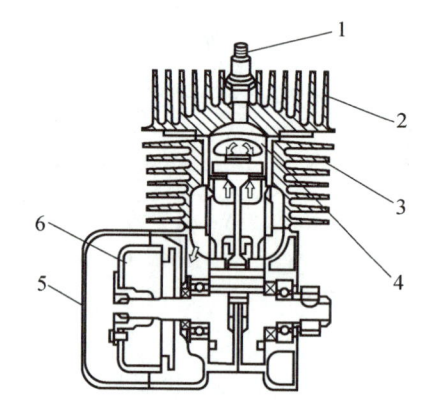

1—火花塞;2—气缸盖散热片;3—缸体散热片;
4—活塞;5—气缸导流罩;6—风扇及带轮。

图7-9 发动机风冷系统

虽然风冷系统与水冷系统相比,具有结构简单、质量小、故障少,无须特殊保养等优点,但是由于材料质量要求高、冷却不够均匀、工作噪声大等缺点,目前在汽车上很少使用。

> **补充提示:**
> 过冷或过热都会给发动机带来危害,而冷却系统的功用是使发动机在适当的温度范围内工作。马克思主义认为,质和量的统一为度。度是事物保持自己质的数量界限,即事物的范围、幅度和限度。一旦超过某一限度,事物就形成了新的质量统一。认识度才能确切地把握事物的质,才能为实践活动提供正确的准则即适度原则,要做到防止"过"或"不及"。

练习题

1. 冷却系统的功用是什么?发动机的冷却强度为什么要调节?
2. 典型水冷系统由哪些主要部件组成?各起什么作用?
3. 水冷却系统中为什么要装节温器?什么叫大循环?什么叫小循环?
4. 为什么要采用风扇离合器?试简述硅油风扇离合器的基本工作原理。

第八章 发动机润滑系统

学习目标

本章介绍了发动机润滑系统的功用和要求、润滑方式；压力润滑系的组成及各组成部件的构造和工作。要求学生掌握润滑系统的功用和组成；掌握润滑系统主要部件的结构特点。

重点难点

1. 润滑系统的功用、组成及润滑方式。
2. 润滑系统主要部件的结构特点。

第一节 概 述

一、润滑系统的功用

润滑系统的功用是在发动机工作时，连续不断地将数量足够、温度适当的洁净润滑油输送到运动零件的摩擦表面，在摩擦表面之间形成油膜，使摩擦阻力减小、降低功率消耗、减轻机件磨损，以提高发动机工作的可靠性和耐久性。流动的机油不仅可以清除摩擦表面的杂质，还可以冷却摩擦表面。气缸壁和活塞环上的油膜还能提高气缸的密封性。此外，机油还可防止零件生锈。

二、润滑系统的润滑方式

由于发动机各运动零件的工作条件不同，对润滑强度的要求也不同，因而要相应地采取不同的润滑方式。

1. 压力润滑

在机油泵的作用下，以一定的压力将润滑油不断输送到摩擦表面的润滑方式。该方式主要用于曲轴主轴承、连杆轴承及凸轮轴轴承等负荷较大的摩擦表面。

2. 飞溅润滑

利用发动机工作时运动零件飞溅起来的油滴或油雾来润滑摩擦表面的润滑方式，称为飞溅润滑。该方式主要用来润滑负荷较轻的气缸壁面和配气机构的凸轮表面、挺柱、气门杆及摇臂等零件的工作表面。

3. 润滑脂润滑

通过定期加注润滑脂（黄油）进行润滑零件工作表面的润滑方式。如水泵、发电机轴承等。

三、润滑系统的组成

发动机润滑系统主要由下列零部件组成。

①**机油泵**。提供足够高的压力，保证润滑油在润滑系统内能循环流动，并在发动机任何转速下都能对润滑部位供给足够数量的润滑油。

②**机油滤清器**。用来滤除润滑油中的金属磨屑、机械杂质和润滑油氧化物。

③**机油冷却器**。用来降低润滑油的温度。润滑油在循环过程中由于吸热而温度升高，若润滑油温度过高，黏度下降，不利于在摩擦表面形成油膜。此外，还会加速润滑油老化变质，缩短润滑油的使用期限。

④**油底壳**。用来存储润滑油的容器。

⑤**集滤器**。用来滤除润滑油中粗大的杂质，防止杂质进入机油泵。

此外，润滑系统还有起限压、安全、回油等作用的各种压力阀，以及润滑油压力表、温度表和润滑油管道等。

四、润滑系统油路

现代汽车发动机润滑系统的组成及油路布置方案大致相同，只是由于润滑系统的工作条件和具体结构的不同而稍有差别。图 8-1 所示为桑塔纳轿车发动机润滑系统的示意图。在此系统中，曲轴的主轴颈、连杆轴颈、凸轮轴轴颈及中间轴等采用压力润滑，活塞、活塞环、活塞销、气缸壁、气门、挺柱、推杆等采用飞溅润滑。

当发动机工作时，润滑油从油底壳 4 经集滤器 3 过滤后被机油泵 2 吸出供入机油滤清器 7。如果油压太高或流量过大，则润滑油经机油泵上的溢流阀 6 返回机油泵入口。压力和流量正常的润滑油经滤清器滤清之后进入发动机主油道 8。机油滤清器盖上设有旁通阀 1，若机油滤清器堵塞，油压升高，则润滑油不经过滤清器，而由旁通阀直接进入主油道。主油道的润滑油通过分油道 9 润滑曲轴主轴颈。然后，润滑油经曲轴上的斜油道，从主轴颈流向连杆轴颈润滑曲柄销。主油道的另一条分油道直通凸轮轴轴承，润滑凸轮轴轴颈。

8-1 润滑系统油路工作原理

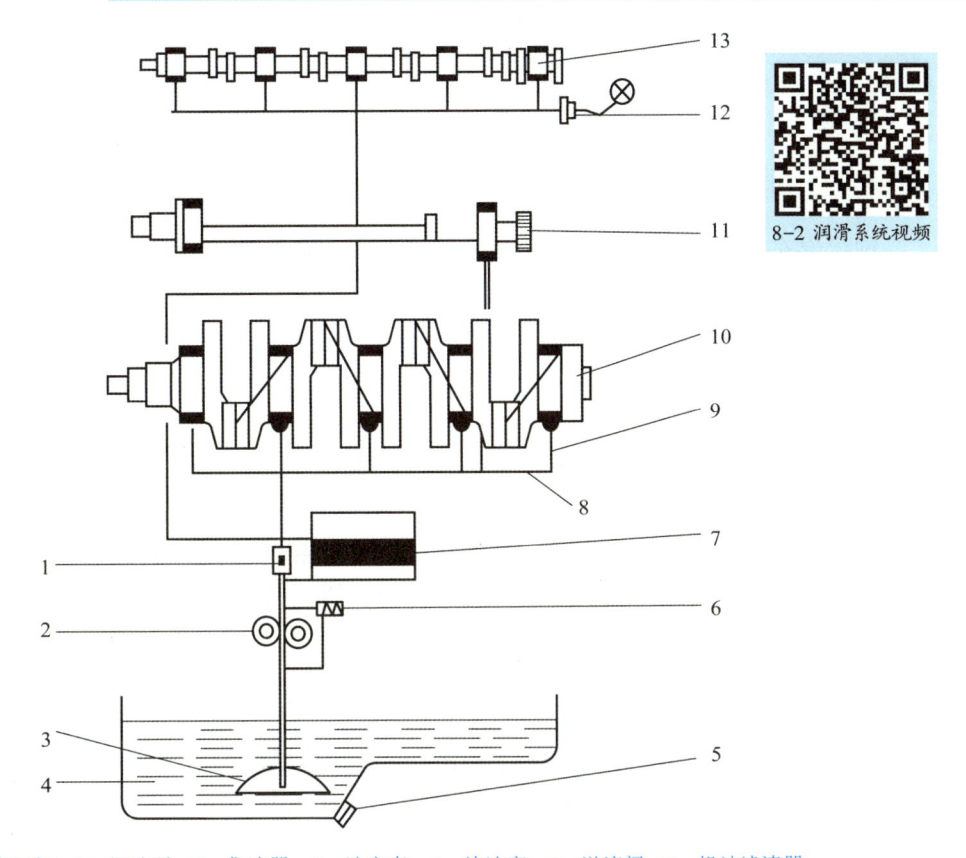

1—旁通阀；2—机油泵；3—集滤器；4—油底壳；5—放油塞；6—溢流阀；7—机油滤清器；
8—主油道；9—分油道；10—曲轴；11—中间轴；12—限压阀；13—凸轮轴。

图 8-1　发动机润滑系统示意图（上海桑塔纳轿车）

五、润滑剂

发动机的润滑剂有润滑油和润滑脂。润滑油习惯上称为机油，其功用可以概括为润滑、冷却、清洁、密封、防锈。机油的黏度随温度变化而变化，温度高则黏度小，温度低则黏度大，因此，要根据季节来选用不同牌号的润滑油。

国际上通用的润滑油分类方法有两种：一种是按照润滑油的黏度等级分类，即 SAE（美国汽车工程师协会）分类法；另一种是按照润滑油性能（品质）分类，即 API（美国石油学会）分类法。它们已被国际标准化组织（ISO）确认。

我国的润滑油分类法参照 ISO 分类方法。GB/T 7631.3—1995 规定，按润滑油的性能和使用场合分为：

①汽油机油：SC、SD、SE、SF、SG、SH 共 6 个级别。

②柴油机油：CC、CD、CD—Ⅱ、CE、CF—4 共 5 个级别。

由于锂钙基润滑脂具有良好的高低温适应性，具有良好的抗水性和防锈性能等，目前被许多车辆采用。

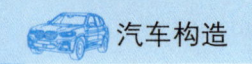

第二节　润滑系统的主要部件

一、机油泵

现代汽车发动机润滑系统所使用的机油泵可分为齿轮式和转子式两类。

1. 齿轮式机油泵

齿轮式机油泵的工作原理如图 8-2 所示。它主要由主动轴、主动齿轮、从动轴、从动齿轮、轮壳等组成。在壳体内装有一对外啮合齿轮 2 和 5，齿轮与壳体的径向和端面间隙都很小。当齿轮按图示方向旋转时，进油腔 1 的容积由于轮齿逐渐脱开啮合而增大，腔内形成一定的真空，润滑油从油底壳中被吸入进油腔，随后又被轮齿带到出油腔 3，而在出油腔一侧，由于齿轮进入啮合和润滑油被不断带入而产生挤压作用，润滑油便经出油口以一定的压力被泵出。在发动机工作时，机油泵齿轮不停地旋转，润滑油便连续不断地流入润滑油道，经过滤清之后被送到各润滑部位。

当轮齿进入啮合时，封闭在轮齿径向间隙内的润滑油，由于容积减小，压力急剧升高，使齿轮受到很大的推力，并使机油泵轴衬套的磨损加剧。为此，在泵盖上加工一道卸压槽 4，使轮齿径向间隙内被挤压的润滑油通过卸压槽流入出油腔。

齿轮式机油泵结构简单，机械加工方便，工作可靠，使用寿命长，应用较广泛。

2. 转子式机油泵

转子式机油泵的结构如图 8-3 所示。它主要由内、外转子及机油泵体、机油泵盖等组成。

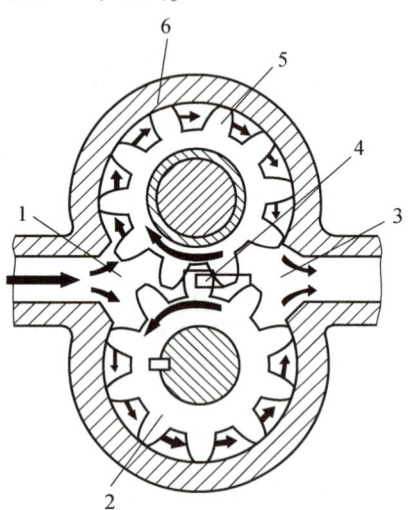

1—进油腔；2—机油泵主动齿轮；3—出油腔；
4—卸压槽；5—机油泵从动齿轮；
6—机油泵体。

图 8-2　齿轮式机油泵工作原理

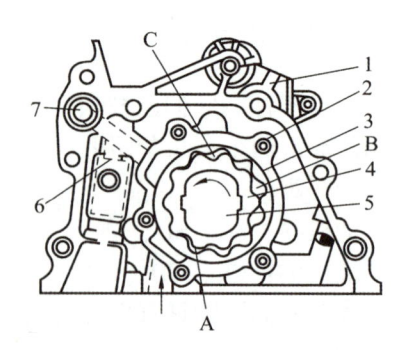

1—发动机体；2—机油泵体；3—外转子；4—内转子；
5—驱动轴；6—安全阀；7—出油孔；A—进油腔；
B—过渡油腔；C—出油腔。

图 8-3　转子式机油泵

内转子固定在主动轴上，外转子松套在泵体内，内、外转子之间存在一定的偏心距。通常内转子有4个或4个以上的凸齿，外转子的凹齿数比内转子的凸齿数多1个，这样内、外转子可同向不同步地旋转。转子式机油泵工作原理如图8-4所示。当机油泵工作时，主动轴带动内转子3旋转，内转子带动外转子4向同一方向转动。内、外转子工作面的轮廓是一对共轭曲线，保证在任何角度时总有一点相接触，从而内、外转子间形成4个工作腔。4个工作腔是不断变化的。当某一工作腔转过进油口2时，容积逐渐增大，产生真空，机油被吸入；转子继续旋转，当该工作腔转过出油口5时，容积减小，油压升高，机油从齿间挤出并经出油道压送出去。

转子式机油泵的优点是结构紧凑，外形尺寸小，质量小，噪声小，泵油量大，供油均匀度好，成本低。在中、小型发动机上应用广泛。

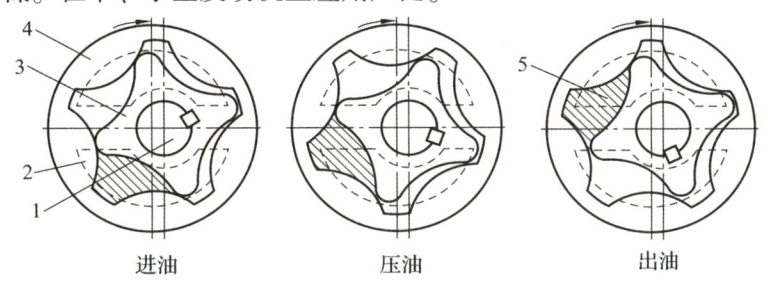

进油　　　压油　　　出油

1—机油泵传动轴；2—进油口；3—内转子；4—外转子；5—出油口。

图8-4　转子式机油泵工作原理

二、机油滤清器

机油滤清器用来滤除润滑油中的金属屑、机械杂质和润滑油氧化物，使循环流动的机油在送往运动零件表面之前得到净化处理，以保证摩擦表面的良好润滑，延长其使用寿命。

机油滤清器若串联安装在机油泵与主油道之间，所有机油都经过滤清器，称该滤清器为全流式滤清器；若滤清器与主油道并联安装，只有部分机油经过，称该滤清器为分流式滤清器。有的发动机两种滤清器都有（如重型货车发动机），全流式滤清器作为粗滤器，滤除机油中直径为0.05 mm以上的较大杂质后，再进入主油道，润滑各运动零件表面；分流式滤清器作为细滤清器，能滤除机油中直径为0.001 mm以上的细小杂质。

全流式滤清器的滤芯材料有纸质、锯末和金属等。纸质滤芯结构简单、质量小、体积小、滤清效果好、成本低、保养方便，得到广泛应用。现代汽车发动机普遍采用纸质式全流式滤清器。如图8-5所示，全流式滤清器外壳内安装有纸滤芯总成，机油泵来的机油从滤芯3外围进入滤清器中心，过滤后的干净机油经出油口进入主油道。

滤清器使用一定时间后，滤芯外留下较多杂质，

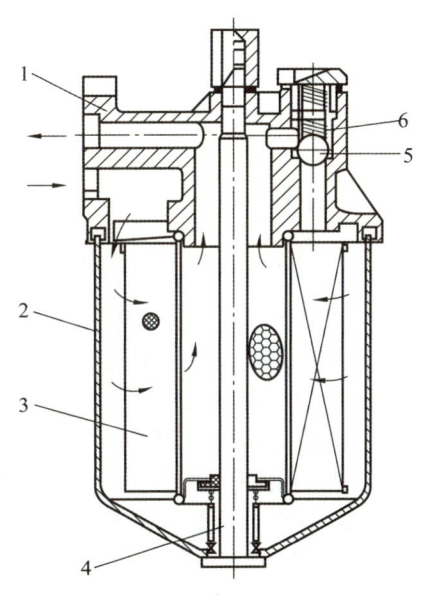

1—上盖；2—外壳；3—滤芯；
4—拉杆；5—旁通阀；6—弹簧。

图8-5　全流式滤清器

应该按照说明书要求及时更换新滤清器。为了防止由于用户未及时更换新滤清器，造成滤芯堵塞，发生发动机缺机油的严重后果，在滤清器中设置有旁通阀5。当滤芯堵塞，机油压力升高时，机油能克服弹簧的压力，顶开旁通阀，直接进入主油道。

分流式滤清器有过滤式和离心式两种类型。过滤式机油滤清器存在着滤清能力与通过能力之间的矛盾，而离心式具有滤清能力高、通过能力大且不受沉淀物影响等优点，因此多数发动机采用离心式滤清器。

三、集滤器

集滤器一般是滤网式的，安装在机油泵进油管上，防止较大的机械杂质进入机油泵。通常分为浮筒式和固定式两种。浮筒式集滤器（图8-6）飘浮于机油表面吸油，能吸入油面上较清洁的机油，但油面上的泡沫易被吸入，使机油压力降低，润滑欠可靠，目前应用不多。固定式集滤器固装在油面下面，吸入的机油清洁度稍逊于浮筒式，但可以防止泡沫吸入，润滑可靠、结构简单，已逐步取代浮筒式集滤器。

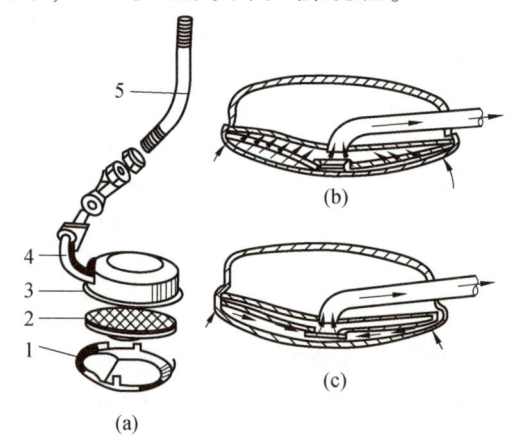

1—浮筒罩；2—滤网；3—浮筒；4—吸油管；5—固定管。
图8-6　浮筒式机油集滤器结构及工作情况
（a）结构；（b）环口压紧；（c）环口上升

四、阀门

在润滑系中都设有几个限压阀和旁通阀，以确保润滑系正常工作。

1. 限压阀

供油压力随发动机转速的增加而增高，当润滑系中油路淤塞、轴承间隙过小或使用的机油黏度过大时，也将使供油压力增高。因此，在润滑系机油泵和主油道中设有限压阀，限制机油最高压力，以确保安全。

当机油泵和主油道上机油压力超过预定的压力时，克服限压阀弹簧的作用力，顶开阀门，一部分机油从侧面通道流入油底壳内，使油道内的油压下降至设定的正常值后，阀门关闭。

2. 旁通阀

旁通阀用于保证润滑系内油路畅通。当机油滤清器堵塞时，机油通过并联在其上的旁通阀直接进入润滑系的主油道，防止主油道断油。

五、油尺和机油压力表

油尺是用来检查油底壳内油量和油面高低的，机油油面必须处于油尺的上下刻线之间。

机油压力表用于指示发动机工作时润滑系中机油压力的大小，一般都采用电热式机油压力表，由油压表和传感器组成。油压表装在驾驶室内仪表板上，显示机油压力值的大小。

六、机油冷却器

发动机运转时，由于润滑油黏度随温度的升高而变稀，降低了润滑能力。因此，有些发动机装用了机油冷却器。其作用是降低润滑油温度，以保持润滑油一定的黏度。

发动机机油冷却器分为风冷式和水冷式两类。风冷式机油冷却器安放在发动机前部，其结构与冷却系统的散热器相似，靠汽车行驶时的迎面风对润滑油进行冷却。由于风冷式机油冷却器在发动机起动后需要很长的暖机时间才能使润滑油达到正常的工作温度，所以普通轿车上很少采用。水冷式机油冷却器外形尺寸小，布置方便，并且不会使润滑油冷却过度，润滑油温度稳定，因此在轿车上应用广泛。

> **补充提示：**
> 由于发动机各运动零件的工作条件不同，对润滑强度的要求也不同，因而润滑系统要根据不同零件的需求采取相应的润滑方式来保证运动零件的正常工作。在日常学习和生活中遇到问题，也不能生搬硬套，而要从不同角度多思考，具体问题具体分析，学会灵活变通，综合运用，才能取得更好的效果。

练习题

1. 润滑系统的功用是什么？由哪些部件组成？
2. 试述齿轮式机油泵和转子式机油泵的构造和工作原理。
3. 发动机通常采用哪几种机油滤清器？
4. 润滑油路中，限压阀和旁通阀各有什么作用？

第九章 发动机点火系统

学习目标

本章介绍了发动机点火系统的功用、类型、组成与工作原理。要求学生掌握传统点火系统和电子点火系的组成、结构、工作原理；了解微机控制点火系统的组成，以及各种点火提前调节装置的工作原理。

重点难点

点火系统的功用、组成与工作原理。

第一节 概 述

一、点火系统的功用

点火系统的功用是在发动机各种工况和使用条件下，按照气缸的工作顺序定时地在火花塞两电极间产生足够能量的电火花，以点燃可燃混合气，使汽油发动机实现做功。

二、点火系统的类型

发动机点火系统由蓄电池或发电机提供低压直流电，通过点火线圈等结构，把低压电变为高压电，再经过分电器分配到各缸火花塞，使火花塞两电极之间产生电火花，点燃可燃混合气。按其组成和产生高压电方式的不同，主要分为传统点火系统、电子点火系统、微机控制点火系统。目前，点火系统同汽车上的其他电器设备一样，几乎都采用单线制和负极搭铁。

1. 传统点火系统

由蓄电池或发电机提供低压直流电，通过点火线圈和断电器将低压电转变为高压电。

2. 电子点火系统

由蓄电池或发电机提供低压直流电，利用晶体三极管的开关作用，通过点火线圈和三极管等构成的点火控制器将电源的低压电转变为高压电。

3. 微机控制点火系统

微机控制的点火系统根据工作方式不同，可分为有分电器的点火系统和无分电器的点火系统。由蓄电池或发电机提供低压直流电，借助点火线圈和微机控制装置产生的点火信号，将电源的低压电转变为高压电。

三、点火系统的基本要求

点火系统应在发动机各种工况和使用条件下保证准确、可靠地点火。为此，点火系统应满足以下基本要求：

①能产生足以击穿火花塞两电极间隙的高电压。
②电火花应具有足够的点火能量。
③在发动机任何工况下，均可获得最佳点火提前角，以保证点火时刻与发动机的工作状况相适应。

第二节　传统点火系统的组成与工作原理

一、传统点火系统的组成

传统点火系统的组成如图9-1所示，主要由电源（蓄电池和发电机）、点火开关1、点火线圈2、断电器4、配电器5、电容器3、火花塞6、阻尼电阻7和高压导线8等组成。

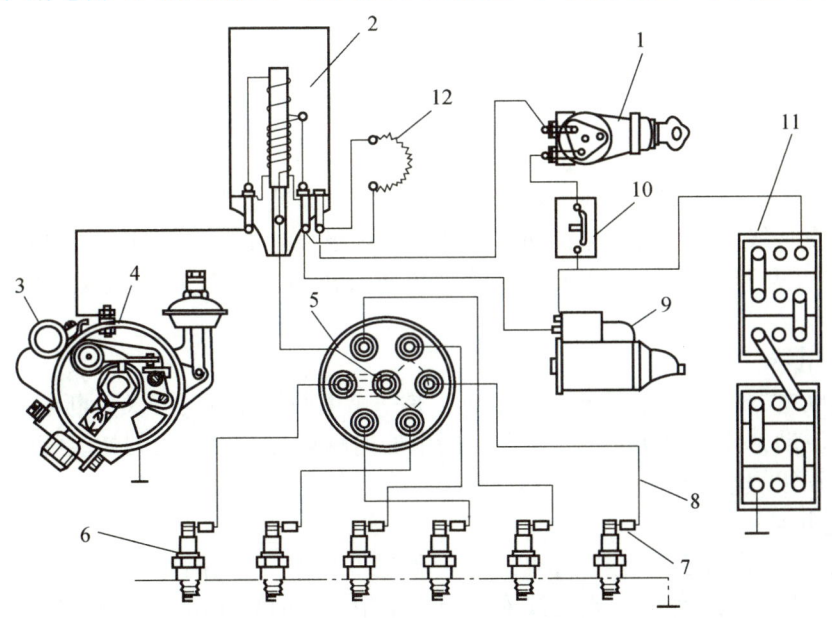

1—点火开关；2—点火线圈；3—电容器；4—断电器；5—配电器；6—火花塞；7—阻尼电阻；
8—高压导线；9—起动机；10—电流表；11—蓄电池；12—附加电阻。

图9-1　传统点火系统的组成

1. 电源

提供点火系统工作时所需的能量，由蓄电池和发电机等组成。其电压为 12 V（汽油机）或 24 V（柴油机）。随着汽车用电量的增加，36 V 标称电压电源正逐渐取代 12/24 V 标称电压电源。

2. 点火开关

用来控制仪表电路、点火系统初级电路及起动机继电器电路的通断等。

3. 点火线圈

点火线圈实际上是一个变压器，点火线圈的作用是将电源的低压电转变为高压电。主要由初级绕组（或称为初级绕组）6、次级绕组（或称为次级绕组）5 和铁芯 7 组成（图 9-2）。

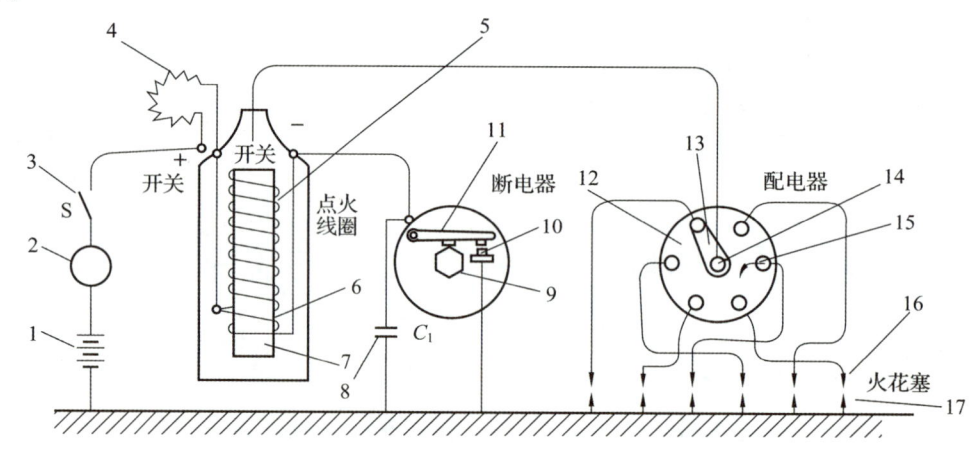

1—蓄电池；2—电流表；3—点火开关；4—点火线圈附加电阻；5—点火线圈的次级绕组；6—点火线圈的初级绕组；7—铁芯；8—电容器；9—断电器凸轮；10—断电器触点；11—断电器活动触点臂；12—分电器盖；13—分火头；14—分电器盖中心电极；15—旁电极；16—火花塞中心电极；17—火花塞侧电极。

图 9-2 点火系统电路图

4. 分电器

分电器由断电器、配电器、电容器和点火提前调节装置等组成，用来在发动机工作时接通与切断点火线圈的初级电路，使点火线圈的次级绕组中产生高压电，并按发动要求的点火时刻与点火顺序将点火线圈产生的高压电分配到相应气缸的火花塞上，如图 9-2 所示。

（1）断电器

主要由断电器触点 10、凸轮 9 等组成，是一个由凸轮控制的开关。断电器凸轮由发动机配气凸轮驱动，并以同样的转速旋转。断电器的触点与点火线圈的初级绕组串联，用来切断或接通初级绕组的电路。

（2）配电器

由分电器盖 12 和分火头 13 组成，用来将点火线圈产生的高压电按点火顺序分配到各缸的火花塞。发动机工作时，点火线圈次级绕组中产生的高压电，经分电器盖上的中心电极、分火头、旁电极、高压导线分送到各缸火花塞。

（3）电容器

安装在分电器壳上，与断电器触点并联，减小断电器触点断开时所产生的电火花，以免触点烧蚀，延长触点的使用寿命。

（4）点火提前调节装置

一般由离心式和真空式两套点火提前调节装置组成，分别安装在断电器底板的下方和分电器的外壳上，用于在发动机工作时随发动机工况的变化自动调节点火提前角。

5. 火花塞

安装在发动机燃烧室中，用来将点火线圈产生的高压电引入发动机燃烧室，在电极间形成火花，以点燃可燃混合气。

二、传统点火系统工作原理

图9-3所示是传统点火系统的工作示意图。点火线圈初级绕组5的一端经点火开关6与蓄电池相连，另一端经分电器壳上的接线柱11接断电器的活动触点臂，固定触点7通过分电器壳体接地。电容器10并联在断电器触点之间。点火线圈次级绕组4的一端在点火线圈内与初级绕组相连，另一端经高压导线接分电器盖的中心电极。接通点火开关，发动机开始运转。在发动机运转的过程中，断电器凸轮9不断旋转，使断电器触点不断开闭。

当触点闭合时，电流从蓄电池的正极经点火开关、点火线圈的初级绕组、断电器触点臂、触点，搭铁流回蓄电池的负极，如图9-3（a）所示。由于回路中流过的是低压电流，因此称这条电路为低压电路或初级电路。在初级绕组通电时，其周围产生磁场，并由于铁芯的作用而加强。

当断电器凸轮顶开触点时，如图9-3（b）所示，初级电路被切断，初级电流迅速下降到零，铁芯中的磁通随之迅速衰减以至消失，因而在匝数多、导线细的次级绕组中感应出很高的电压，使火花塞两极之间的间隙被击穿，产生火花。初级绕组中电流下降的速度越大，铁芯中磁通的变化就越大，次级绕组中的感应电压也就越高。次级绕组中感应出的电压称为次级电压，其中通过的电流称为次级电流，次级电流流过的电路称为次级电路，次级电路为高压电路。

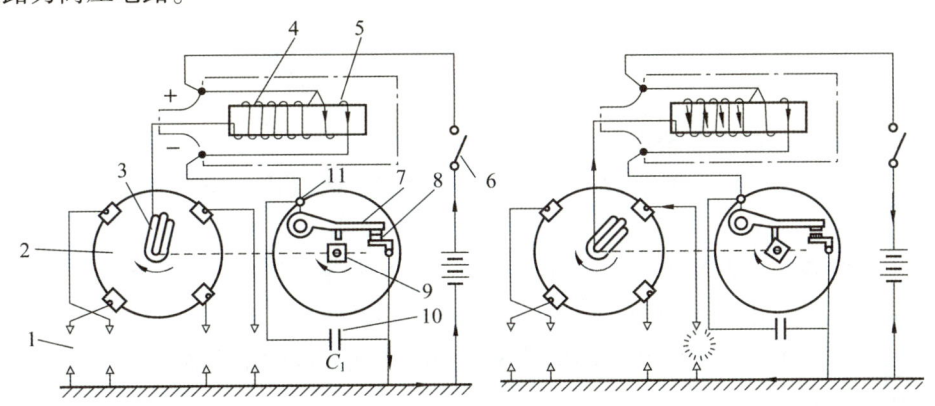

1—火花塞；2—配电器；3—分火头；4—点火线圈次级绕组；5—点火线圈初级绕组；6—点火开关；7—断电器固定触点；8—断电器活动触点；9—断电器凸轮；10—电容器；11—分电器接线柱。

图9-3 传统点火系统的工作示意图

（a）触点闭合；（b）触点断开

在断电器触点分开瞬间，次级电路中分火头恰好与侧电极对准，次级电流从点火线圈的次级绕组，经蓄电池正极、蓄电池、搭铁、火花塞侧电极、火花塞中心电极、高压导线、配电器流回次级绕组。

三、点火时刻

点火时刻对发动机工作性能影响很大，从火花塞跳火到气缸内大部分混合气燃烧，并产生很高的爆发力需要一定的时间，若恰好在压缩上止点点火，则混合气开始燃烧时，活塞已经开始下移，使气缸容积增大，导致燃烧压力低，发动机功率也随之减小，因此，应提前点火。

从点火时刻起到活塞到达压缩上止点，这段时间内曲轴所转过的角度称为点火提前角，即点火时曲轴的曲拐位置与活塞位于压缩上止点时曲拐位置之间的夹角。能使发动机获得最佳动力性、经济性和最佳排放时的点火提前角，称为最佳点火提前角。

发动机工作时最佳的点火提前角不是固定值，和许多因素有关，最主要的因素是发动机转速和混合气的燃烧速度。混合气的燃烧速度又和混合气的成分、发动机的结构（燃烧室的形状、压缩比等）及其他一些因素有关。

当发动机转速一定时，随着负荷加大，节气门开度增大，进入气缸的可燃混合气量增多，压缩终了时的压力和温度增高，同时，残余废气在气缸内所占的比例减小，混合气燃烧速度加快，这时点火提前角应适当减小。反之，当发动机负荷减小时，点火提前角则应适当增大。当发动机节气门开度一定时，随着转速增高，燃烧过程所占曲轴转角增大，这时应适当加大点火提前角。

在汽车发动机点火系统中，一般设有两套自动点火提前角调节装置。一套是离心式点火提前调节装置，它能随发动机转速的变化自动调节点火提前角；另一套是真空式点火提前调节装置，它能随发动机负荷的变化自动调节点火提前角。

另外，最佳点火提前角还和汽油的抗爆性有关，使用辛烷值高、抗爆性能好的汽油，点火提前角应较大。

第三节　电子点火系统

传统点火系统存在以下缺点：

①断电器触点分开时，触点间产生火花，使触点逐渐氧化、烧蚀，因而断电器触点的使用寿命短。

②由于受触点允许电流强度的限制，次级电压及火花能量的提高受到限制。

③次级电压上升速率比较慢，受火花塞积炭影响敏感。

④点火线圈产生的高压电随发动机转速的升高和气缸数的增多而下降，使多缸发动机高速时点火不可靠。

近年来，汽车向着多缸、高转速、高性能方向发展，要求点火装置能够提供足够的次级电压、火花能量和最佳的点火时刻，传统点火装置已不能适应这一要求。电子点火系统可以改善发动机的高速性能，在火花塞积炭时仍有较强的跳火能力，可以减小触点火花，延长触点使用寿命，还可取消触点，进一步改善点火性能。采用电子点火系统可提高发动机的动力性、经济性，并减少排放污染。

目前使用的电子点火系统分为有触点式电子点火系和无触点电子点火系两种类型。无论哪一类电子点火系统，都是利用电子元件（晶体三极管）作为开关来接通或断开初级电路，通过点火线圈来产生高压电。

一、有触点式电子点火系统

有触点式电子点火装置利用晶体三极管的开关作用，代替断电器的触点控制点火线圈初级电路的通、断，减小触点火花，改善点火性能，它是一种半导体辅助点火装置，点火信号仍由分电器的凸轮和断电器的触点产生。但这种点火系统还是利用触点开闭产生点火信号，因此克服不了触点式点火装置的固有缺点，如高速时触点臂振动；触点分开后不能及时闭合；触点污染时不能可靠地点火等，目前已很少使用。

二、无触点式电子点火系统

无触点式电子点火系统利用传感器代替断电器触点，产生点火信号，控制点火线圈的通断和点火系统的工作。由于系统取消了断电器触点，可克服与触点有关的缺点，在国内外汽车上的应用广泛。无触点式电子点火系统一般由传感器（也称为点火信号发生器）、点火控制器、点火线圈、分电器、火花塞等组成。其中，分电器主要包括配电器和机械式点火提前装置，它们的作用、结构和工作原理与传统点火系统对应部分相同。

第四节　微机控制点火系统

上述电子点火系统在提高次级电压和点火能量，延长触点使用寿命等方面卓有成效。但它们对点火时间的调节与传统点火系统一样，基本上仍由离心提前和真空提前两套机械式点火提前调节装置来完成。由于机械滞后、磨损以及装置本身的局限性等许多因素的影响，不能保证发动机的点火时刻总为最佳值，控制不精确。同时，点火线圈初级电路的导通时间受凸轮形状的限制，发动机低速时触点闭合时间长，初级电流大、点火线圈容易发热；发动机高速时，触点闭合时间缩短，初级电流减小，次级电压降低，点火不可靠。

20世纪70年代后期，随着计算机技术的飞速发展，微机开始在汽车上获得应用——用微机控制点火正时，形成微机控制点火系统。该系统不受机械调节装置的限制，在发动机的任何工况下均可保证最佳点火时刻。它还能自动地调节初级电路的导通时间，使高速时初级电路的导通时间延长，增大初级电流，提高次级电压；低速时初级电路导通时间适当缩短，限制初级电流的幅度，以防止点火线圈发热。微机控制点火系统使汽车点火系统的发展更趋完善，发动机的性能得到进一步的改善和更加充分的发挥。

微机控制点火系统一般由传感器、微机控制器、点火器、点火线圈、火花塞等组成，微机控制点火系统组成框图如图9-4所示。用于不同车型的微机控制点火系各组成部分结构不同，但其工作原理是类似的。

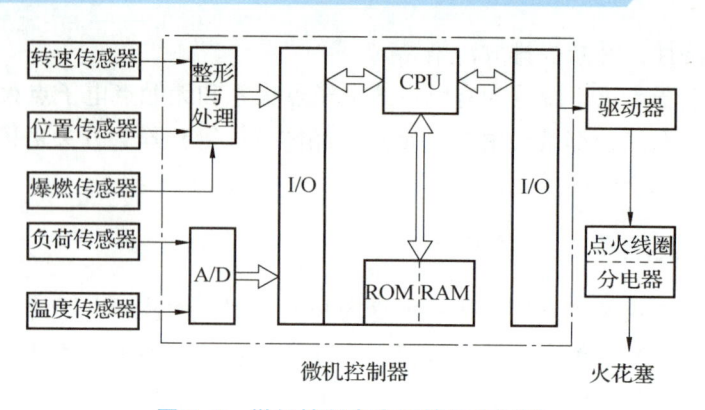

图 9-4　微机控制点火系统组成框图

　　传感器是监测发动机工况信息的装置。传感器的结构形式和装配数量依车而异，主要有曲轴位置传感器、空气流量传感器、节气门位置传感器、爆燃传感器、冷却水温度传感器、进气温度传感器、氧传感器、车速传感器、空挡起动开关、点火开关、空调开关等。

　　微机控制器，或称电子控制单元（ECU），是点火系统的核心。它根据发动机各种传感器信号计算出最佳点火提前角和初级电路导通时间，并在适当时刻向点火器发出点火信号，控制点火系统工作。

　　点火执行器是发动机控制系统的执行器，作用是根据微机发出的指令信号，通过内部大功率三极管的导通与截止来控制点火线圈初级电路的通断，使点火线圈产生高压电。

　　微机控制点火系统按是否配有分电器，分为有分电器微机控制点火系统和无分电器微机控制点火系统两种。有分电器微机控制点火系统中点火线圈产生的高压电由配电器按发动机做功顺序分配给各缸火花塞跳火，仍要产生较多电火花，浪费能量，而且还会产生电磁干扰信号。无分电器点火系统，又称直接点火系统，没有配电器，点火线圈次级绕组的两端直接与火花塞相连，发动机运转时，微机根据传感器信号，直接控制各个点火线圈产生高压电，使相应火花塞跳火。无分电器点火系统完全是电子器件而无机械运动部件，彻底解决了凸轮和轴承磨损以及触点烧蚀、间隙失调而引起的一系列故障。无分电器点火系统是技术很先进的点火系统。

第五节　汽车电源

　　汽车上的点火系统及全车电器设备的电源，由蓄电池、发电机及其调节器组成。

　　发动机正常工作的情况下，发电机向点火系统及其他用电设备供电，并同时向蓄电池充电。当汽车上的用电设备耗电量过大，所需功率超过发电机的额定功率时，蓄电池和发电机同时向点火系统等全部用电设备供电。当发动机低速运转时，发电机不发电或发出的电压很低，此时点火系统及其他用电设备所需的电能完全由蓄电池供给。在发动机起动时，起动机、点火系统、仪表等主要用电设备所需电能也是由蓄电池来供给的。

一、蓄电池

　　蓄电池是一个化学电源。在充电时，靠内部的化学反应将电源的电能转变为化学能存储起来；用电时，再通过化学反应将储存的化学能转变为电能，输出给用电设备。车用蓄电池按电解液的成分和电极材料的不同,分为酸性蓄电池和碱性蓄电池。汽车上广泛采用酸性蓄电池,其电极的主要成分是铅,即铅酸蓄电池,简称铅蓄电池。主要特点是内阻小、能在短时间内输出大电流,起动性能好,故车用铅蓄电池也被称为起动蓄电池。

蓄电池是汽车电器系统的"心脏",在一定情况下(例如在发动机未运转时),蓄电池供给用电设备所需的全部电能。发动机工作时,用电设备所需电能主要是由发电机供给。而蓄电池的主要用途有:

①在汽车发动机起动时,蓄电池向起动机和点火装置供电。

②在发动机不发电或电压较低,发动机处于低速时,蓄电池向点火系统及其他用电设备供电。

③当用电设备同时接入较多,发电机超载时,蓄电池协同发电机一起向用电设备供电。

④当蓄电池存电不足,而发电机负荷又较少时,可将发电机的电能转变为化学能存储起来。

⑤蓄电池具有稳定电压的作用。当发动机运转时,交流发电机向整个系统供电。蓄电池相当于一个较大的电容器,可吸收发电机的瞬时过电压,保护电子元件不被损坏,延长其使用寿命。

二、发电机

汽车上的发电机是在发动机的驱动下,将机械能转变为电能的装置。它作为汽车的主要电源,主要用来向用电设备供电,并向蓄电池充电。

为了满足蓄电池充电的要求,车用发电机的输出电压必须是直流电压。目前,国内外汽车上使用的发电机几乎都是交流发电机,由于整流二极管是硅材料的,也称为硅整流交流发电机。硅整流交流发电机由一台三相同步交流发电机和硅二极管整流器组成。发电机产生的三相交流电通过整流器进行三相桥式全波整流后,转变为直流电。硅整流交流发电机由转子、定子、整流器、端盖、风扇叶轮等组成。此外,为了向蓄电池充电和向用电设备供电,在汽车运行中,发电机的端电压必须保持恒定。为此,车用发电机还必须配有电压调节器。

三、发电机的电压调节器

在发电机工作时,电压调节器在发电机电压超过一定值以后,通过调节经过励磁绕组的电流强度来调节磁场磁通,在发电机转速变化时,保持其端电压为规定值。

常用的电压调节器有触点振荡式电压调节器、晶体管电压调节器和集成电路电压调节器等多种形式。触点振荡式电压调节器存在体积大、触点易烧蚀、机械惯性大、被调电压起伏幅度大等缺点,逐步被淘汰。

晶体管电压调节器利用晶体管的开关作用,控制发电机励磁电路的通断,调节励磁电流和磁极磁通,在发电机转速超过一定值以后,维持发电机电压恒定。

集成电路调节器的组成和工作原理与晶体管电压调节器的相似,但集成电路调节器中的所有元件都制作在同一个半导体基片上,形成一个独立的、相互不可分割的电子电路。集成电路调节器体积小,外部结构简单。它可以安装在发电机的内部或安装在发电机的壳体上,与发电机组成一个完整的充电系统,简化充电系统的结构。安装在发电机内部的调节器，称为内装式调节器。具有内装式调节器的发电机和调节器装在发电机壳体上的发电机，都称为整体式交流发电机。集成电路调节器具有体积小、工作可靠、不需要维护等特点，在现代汽车上广泛应用。

> **补充提示：**
> 　　随着碳中和、碳达峰目标的提出，提高传统汽油机热效率是燃油车节能减排的关键一环。激光点火和微波点火是未来汽油机点火系统发展的重要方向，使用激光和微波击穿燃烧室内大范围的混合气，实现燃烧室内整体燃烧、促使油气混合物更完全地燃烧及减少尾气的排放。

练习题

1. 点火系统的功用和基本要求有哪些？
2. 试述传统点火系统的组成和各组成部分的作用。
3. 什么是点火提前角？影响点火提前角的因素有哪些？
4. 为什么点火系统必须设置离心式点火提前或真空式点火提前调节装置？
5. 电子点火系统与传统点火系统相比，有哪些优点？

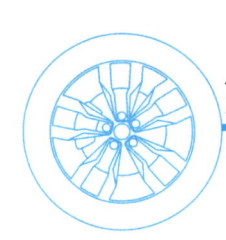

第十章 发动机起动系统

学习目标

本章介绍了发动机起动系统组成及结构。要求学生掌握起动机三大组成部分；了解起动机离合机构的形式、减速起动机的结构。

重点难点

起动系统的组成、结构。

第一节 概 述

一、起动系统的功用

为了使静止的发动机进入工作状态，需要先用外力转动发动机的曲轴，使发动机自动进入工作循环。发动机曲轴在外力的作用下开始转动，到发动机自动怠速运转的全过程，是发动机的起动过程。

起动系统的作用就是在正常使用条件下，通过起动机将蓄电池储存的电能转变为机械能带动发动机以足够高的转速运转，以顺利起动发动机。

二、起动方式

发动机常用的起动方式有人力起动、辅助汽油机起动和电力起动机起动等多种形式。

人力起动，即手棍起动或绳拉起动，结构十分简单。目前主要用于大功率柴油机的辅助汽油机的起动。在一些装有中、小功率汽油机的汽车上，还备有起动摇柄和起动爪，作为后备起动装置，或用于检修、调整发动机或起动电路故障时转动曲轴。

辅助汽油机起动，其起动装置体积大、结构复杂，只用于大功率柴油机的起动。

电力起动机起动，以电动机作为动力源，当电动机轴上的驱动齿轮与发动机飞轮周缘上的环齿啮合时，电动机旋转所产生的转矩，通过飞轮使曲轴旋转、发动机起动。电力起动机，以蓄电池为电源，结构简单、操作方便、起动迅速而可靠。目前，几乎所有的汽车发动机都采用电力起动机起动。

三、起动系统的基本结构与原理

电力起动系统（简称起动系）由提供动力的蓄电池、起动机、起动控制机构和起动传动机构四部分组成，如图10-1所示。

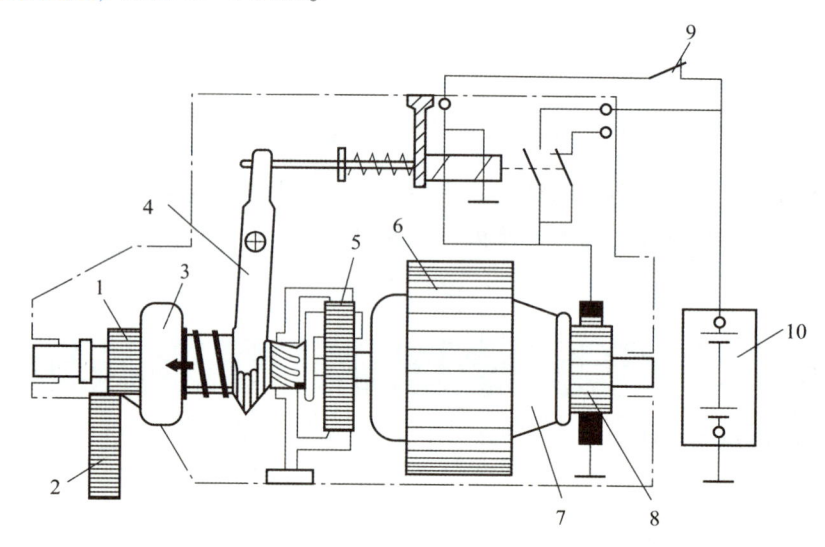

1—驱动小齿轮；2—发动机飞轮环齿；3—单向离合器；4—驱动叉；5—行星齿轮减速器；6—永久磁铁；7—电枢；8—电磁开关；9—开关；10—蓄电池。

图10-1 起动系统结构示意图

起动机的作用是产生驱动力矩，控制机构用来接通和切断起动机与蓄电池之间的电路及控制起动机驱动齿轮与飞轮的啮合和分离。传动机构在发动机起动时，使起动机驱动齿轮与飞轮齿圈啮合，将发动机转矩传给发动机曲轴；而在发动机起动后，使驱动齿轮与飞轮齿圈自动脱开，断开发动机向起动机的逆向动力传递。

起动机在点火开关或起动按钮控制下，将蓄电池的电能转化为机械能，通过飞轮齿圈带动发动机曲轴转动。

第二节 起动机

起动机是起动系统的主要组成部分，如图10-2所示，一般由直流电动机1、传动机构2、控制机构3等组成。

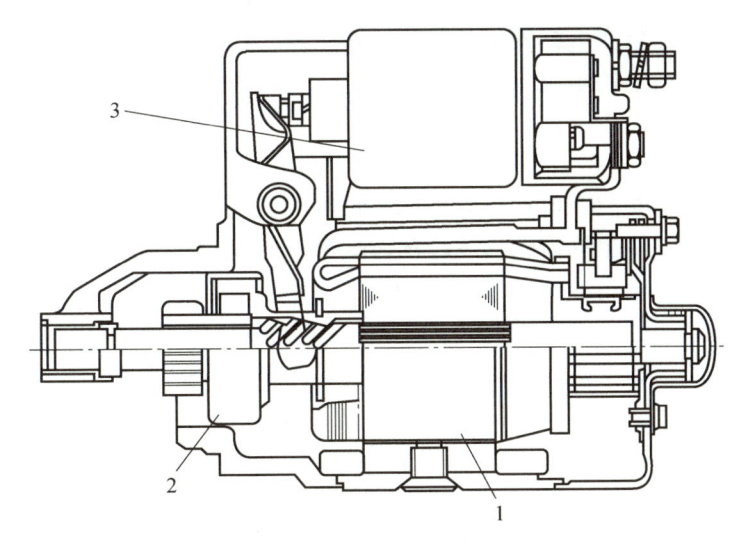

1—直流电动机；2—传动机构；3—控制机构。

图 10-2　起动机的组成

一、直流电动机

直流电动机在直流电压的作用下产生旋转力矩，接通起动开关起动发动机时，电动机轴旋转，通过驱动齿轮、飞轮的环齿驱动发动机的曲轴旋转，使发动机起动。如图 10-3 所示，直流电动机由磁极、电枢 7、换向器、机壳 5 及端盖 1 和 8 等组成。

磁极用来在起动机工作时建立磁场。它由磁极铁芯 4 和固定在铁芯上的励磁绕组 3 组成。

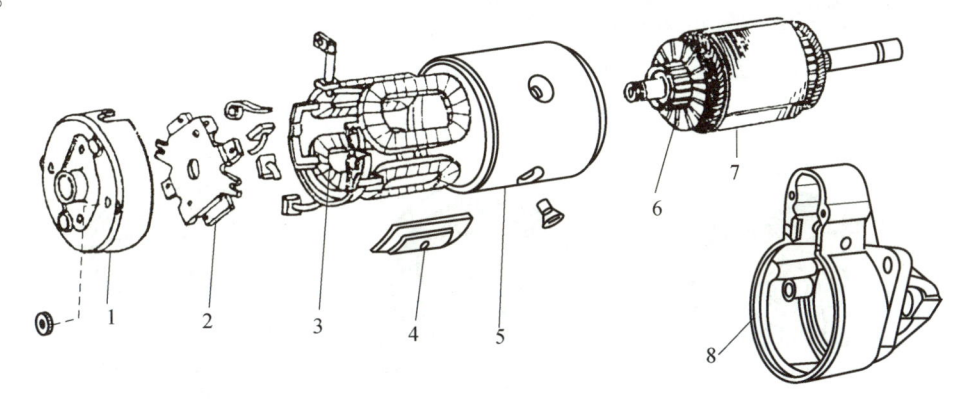

1—前端盖；2—电刷和电刷架；3—励磁绕组；4—磁极铁芯；5—机壳；6—整流子；7—电枢；8—后端盖。

图 10-3　直流电动机的组成

电枢是直流电动机的转子部分，用来在起动机通电时与磁场相互作用而产生电磁转矩。它由外圆带槽的硅钢片叠成的铁芯和绕在铁芯上的电枢绕组组成。

起动机的电枢绕组与励磁绕组的连接方式一般采用串联，称为串励式直流电动机。串励式直流电动机工作时，励磁电流与电枢电流相等，可产生强大的电磁转矩，有利于发动机起动，它还具有低转速时产生的电磁转矩大、电磁转矩随着转速的升高而逐渐减小的特性，使起动发动机时安全、可靠。

换向器由电刷 2 和装在电枢轴上的整流子 6 组成，用来连接励磁绕组与电枢绕组的电路，并使处于同一磁极下的电枢导体中流过的电流保持固定的方向。

二、传动机构

起动机的传动机构安装在电动机电枢的延长轴上，用来在起动发动机时，将驱动齿轮与电枢轴连成一体，并使驱动齿轮与飞轮环齿啮合，使发动机起动。发动机起动后，飞轮转速提高，带着驱动齿轮高速旋转，会导致电枢轴因超速旋转而损坏，因此，在发动机起动后，驱动齿轮转速超过电枢轴转速时，传动机构应使驱动齿轮与电枢轴自动脱开，以防止电动机超速。为此，起动机的传动机构中必须具有超速保护装置。

超速保护装置是起动机的离合机构，也称为单向离合器，其安装在驱动齿轮与电枢轴之间。在接通起动开关起动发动机时，它将驱动齿轮与电枢轴连成一体，使起动机的电磁转矩通过驱动齿轮和飞轮传递到发动机的曲轴，发动机起动。发动机起动后，它立即将驱动齿轮与电枢轴脱开，防止发动机高速旋转的转矩通过飞轮传递给电枢轴，起到超速保护的作用。

起动机常用的单向离合器有滚柱式、弹簧式、摩擦片式等多种形式。图 10-4 所示为滚柱式单向离合器的组成和工作示意图。如图 10-4（a）所示，由开有楔形缺口的外座圈 2、内座圈 3、滚柱 4 以及连同弹簧 7 一起装在外座圈孔中的柱塞 5 组成。作为内座圈毂的套筒和起动机轴用花键连接。固定在内座圈上的齿轮 1 随电枢轴一起转动，驱动飞轮齿圈使曲轴旋转。

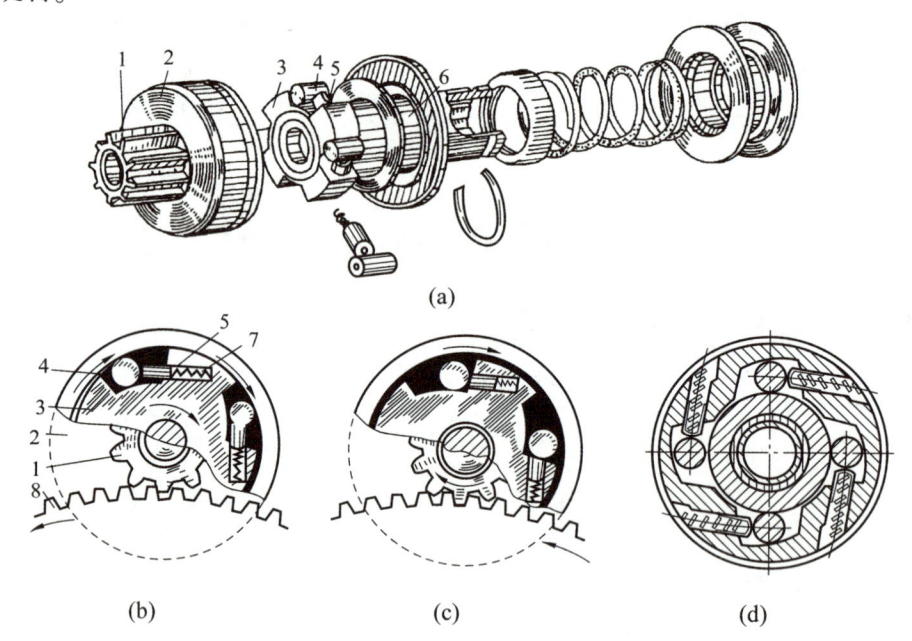

1—驱动齿轮；2—外座圈；3—内座圈；4—滚柱；5—柱塞；6—花键套筒；7—弹簧；8—飞轮齿圈。

图 10-4 滚柱式单向离合器的组成和工作示意图

(a) 零件分解图；(b) 起动时；(c) 起动后；(d) 楔形缺口开在外座圈上的单向离合器

当电枢连同内座圈按图 10-4（b）箭头方向旋转时，滚柱 4 借助摩擦力及弹簧张力作用而锲紧在内、外座圈之间的锲形槽的窄端。因此，固定在外座圈上的齿轮 1 随电枢轴一同旋转，驱动飞轮齿圈而使曲轴旋转。

当发动机开始工作，曲轴转速升高后，即有飞轮齿圈带动起动机齿轮高速旋转的趋势。此时虽然齿轮的旋转方向不变，但已由主动轮变成了从动轮。于是，滚柱在摩擦力的作用下克服弹簧张力而向楔形槽较宽的一端滚动（图10-4（c）），从而高速旋转的小齿轮与电枢轴脱开，防止电动机超速。

图10-4（d）所示的滚柱式单向离合器，其楔形缺口开在外座圈上，工作原理和上述单向离合器相同。

三、控制机构

起动机的控制机构（或称为操纵机构）的作用是控制起动机主电路的通、断和驱动齿轮的移出与退回。由驾驶员通过起动开关操纵起动机的电磁开关，或通过起动继电器操纵起动机的电磁开关，接通起动机的主电路，并将驱动齿轮推出与飞轮啮合。

第三节　其他形式的起动机

一、减速起动机

在驱动齿轮与电枢轴之间装有齿轮减速器的起动机，称为减速起动机。减速起动机具有体积小、质量小、起动转矩大等特点，已广泛应用于国内外汽车上。图10-5所示为日本皇冠轿车的减速起动机。

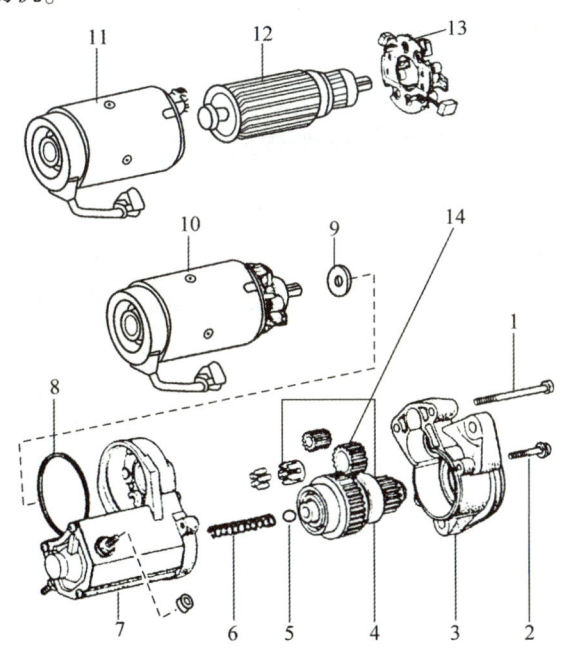

1、2—连接螺栓；3—驱动端盖；4—单向离合器及齿轮减速器；5—钢球；6—复位弹簧；7—电磁开关；8—O形橡胶圈；9—毡垫圈；10—直流电动机；11—电动机外壳；12—电枢；13—电刷及电刷架；14—惰轮。

图 10-5　减速起动机

减速起动机齿轮减速器的传动方式，有外啮合式、内啮合式和行星齿轮式三种，如图10-6所示。外啮合式减速机构的传动中心矩较大，减速比一般不大于3，多用于小功率的起动机上。内啮合式减速机构的传动中心矩小，可有较大的减速比，故适用于功率较大的起动机。但内啮合式减速机构噪声较大。行星齿轮式减速起动机减速机构结构紧凑、传动比大、效率高、噪声小、配件可通用，因此，行星齿轮式减速起动机的应用越来越广泛。

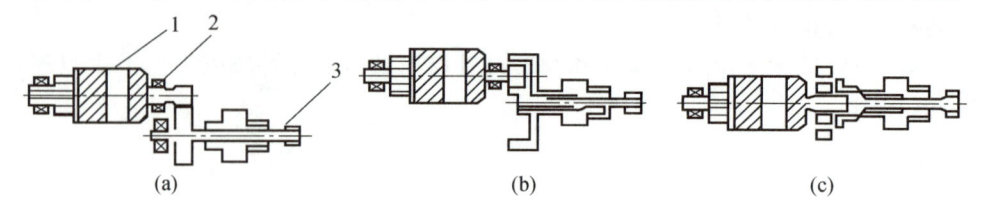

图 10-6 减速起动机齿轮减速器的传动方式
（a）外啮合式；（b）内啮合式；（c）行星齿轮式

二、永磁起动机

以永磁材料作为磁极的起动机，称为永磁起动机。它取消了传统起动机中的励磁绕组和磁极铁芯，而以永磁材料制成磁极（其他结构与普通起动机相同），使得起动机的结构简化、体积和质量减小，并节省了金属材料。图 10-7 所示为奥迪 100 轿车使用的永磁起动机结构示意图。

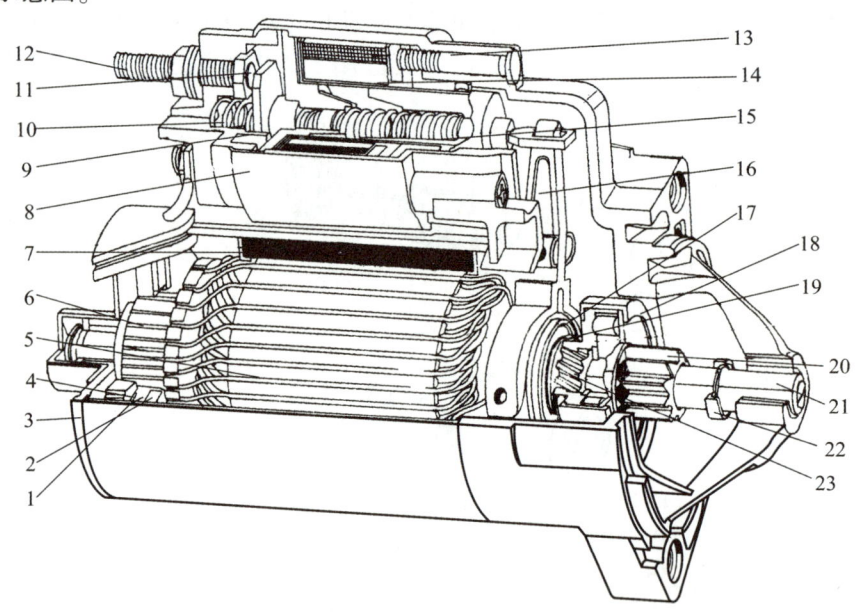

1—起动机外壳；2—电刷；3—后端盖；4—电刷架；5—电枢；6—整流子；7—磁极；8—电磁开关外壳；9—电磁开关接触盘；10、15—复位弹簧；11—触点；12—接线螺栓；13—保持线圈；14—吸引线圈；16—传动叉；17—导环；18—滚柱式单向离合器；19—啮合弹簧；20—驱动齿轮；21—电枢轴；22—止推垫圈；23—螺旋花键

图 10-7 奥迪 100 轿车永磁起动机结构示意图

三、永磁减速起动机

采用高速、低转矩的永磁电动机，并在驱动齿轮与电枢轴之间装有齿轮减速器的起动机，称为永磁减速起动机。永磁减速起动机的体积及质量得到进一步减小，目前已广泛应用。

> **补充提示：**
>
> 　　起动机-发电机一体化技术（ISG），融合了电机、现代电力电子、数字信号处理、现代控制等技术，集传统汽车的起动和发电功能于一体，具有突出的起/停控制快、能量再生利用好、动力辅助性强等优点，尤其在降低排气污染、节约燃油方面效果明显，被广泛应用于传统燃油车和轻混车辆中，梅赛德斯-奔驰第六代的 C 级轿车就全部搭载了 48V ISG 电机微混系统。

练习题

1. 发动机起动系统的作用是什么？
2. 简述发动机起动系统的组成和工作原理。
3. 简述起动机的结构组成。

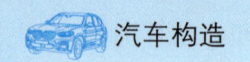

第十一章 汽车传动系统

学习目标

本章介绍了汽车传动系统的组成和功能、传动系统的布置方案。要求学生重点掌握传动系统的组成、功能；理解机械式传动系统布置方案及特点。

重点难点

1. 传动系统的组成与功能。
2. 机械式传动系统的布置方案。

一、汽车传动系统的组成与功能

汽车传动系统是指汽车发动机与驱动轮之间的动力传递装置，其功用是与发动机协同工作，将发动机发出的动力传给驱动轮，保证汽车能在不同使用条件下正常行驶，并使汽车具有良好的动力性和燃油经济性。

1. 汽车传动系统的组成

图 11-1 所示为应用于普通双轴货车上的机械式传动系统，发动机纵向布置在汽车前部，后轮驱动，其发出的动力依次经过离合器 1、变速器 2、由万向节 3 和传动轴 8 组成的万向传动装置、安装在驱动桥 4 中的主减速器 7、差速器 5 和半轴 6 传到驱动车轮。

11-1 传动系统组成三维图

2. 汽车传动系统的功能

（1）减速增矩

只有当作用在驱动轮上的驱动力足以克服外界对汽车的阻力时，汽车才能起步和正常行驶。以东风 EQ1090E 型汽车为例，该车满载质量为 9 290 kg，车轮半径为 0.48 m，所采用发动机能产生的最大转矩为 353 N·m（此时发动机转速为 1 200 ~ 1 400 r/min），最大转速为 3 000 r/min。如果将发动机转矩直接传给驱动轮,驱动轮可能得到的驱动力仅为 784 N,而该车在良好沥青路面上的滚动阻力约为 1 366 N(滚动阻力系数与重力的乘积)。如果从转速的角度分析,发动机转速 3 000 r/min 对应的汽车速度可达 542 km/h。这样高的车速既不可能实现,又不实用,因为驱动力太小,汽车根本无法起步。

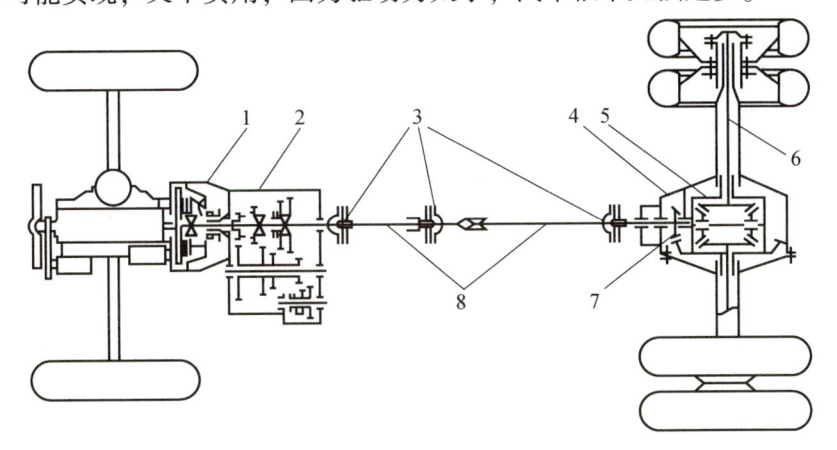

1—离合器;2—变速器;3—万向节;4—驱动桥;5—差速器;6—半轴;7—主减速器;8—传动轴。

图 11-1　机械式传动系统的组成及布置示意图

为解决上述问题,必须使驱动轮的转速降低、转矩增大。该功能主要由主减速器来实现。

(2) 实现汽车变速

汽车行驶过程中,驱动力和速度在比较大的范围内变化。然而发动机的有利转速范围(发动机功率较大而燃油消耗较低的变化范围)是比较窄的。为使发动机能保持在有利转速范围内工作,而汽车驱动力和速度又能在足够大的范围内变化,应使传动系传动比在最大值与最小值之间变化,即传动系应起变速作用,此项功能由变速器来实现。因为变速器与主减速器串联,如图 11-1 所示,整个传动系统的传动比等于变速器传动比 i_g 与主减速器传动比 i_o 的乘积。

一般汽车变速器的直接挡为变速器传动比的最小值($i_g=1$),则整个传动系统的最小传动比 i_{min} 等于主减速器的传动比 i_o。i_{min} 应保证汽车能在平直良好的路面上克服滚动阻力和空气阻力,并以相应的最高速度行驶。轿车和轻型货车的 i_{min} 一般为 3~6,中、重型货车的 i_{min} 一般为 6~15。当要求牵引力足以克服最大的行驶阻力,或要求汽车具有某一最低稳定速度时,传动系传动比就应取最大值 i_{max}。i_{max} 等于变速器一挡传动比 i_{g1} 与主减速器传动比 i_o 的乘积。轿车上的 i_{max} 为 12~18,轻、中型货车上的 i_{max} 为 35~50。

一般轿车和轻、中型货车的传动比有 3~5 挡,越野汽车和重型汽车的传动比可多达 8~10 挡。若传动比在一定范围内的变化是连续的和渐进的,则称为无级变速。

(3) 实现汽车倒驶

汽车在进入车库、调头等情况下,需要倒向行驶。然而发动机的旋转方向是不变的,一般是在变速器内加设倒挡(具有中间齿轮的减速齿轮副)。

(4) 必要时中断动力传递

发动机只能在无负荷情况下起动,起动后的转速必须保持在最低稳定转速上,否则可能熄火。所以，在汽车起步之前，必须将发动机与驱动轮之间的传动路线切断，以便起动发动机。另外，变换传动比挡位（换挡）以及汽车制动时，也有必要暂时中断动力传递。为此，在发动机和变速器之间设有离合器。除此之外，还需在变速器中设有空挡，以满足发动机运转时，传动系统能较长时间保持在中断动力传动的状态，如怠速暖车、驻车制动时。

（5）应使车轮具有差速功能

当汽车转弯行驶时，左右两侧车轮在相同的时间内滚过的距离是不同的，如果两者角速度相同，必然产生车轮相对于路面的滑动现象。这将造成转向困难，轮胎磨损加速。为此，驱动桥内装有差速器，使左右两驱动轮以不同的角速度旋转。动力由主减速器先传到差速器，再由差速器分配给左右两半轴，最后传到两侧的驱动轮。

（6）消除变速器与驱动桥之间因相对运动而产生的不利影响

在前置后驱的汽车中，由于发动机、离合器和变速器固定在车架上，而驱动桥和驱动轮一般是通过弹性悬架与车架相联系的。汽车在行驶过程中，变速器与驱动桥之间经常有相对运动，因此二者之间不能用简单的整体传动轴传动，应采用由万向节和传动轴组成的万向传动装置，消除因相对运动而产生的不利影响。

二、传统汽车传动系统布置方案

传统汽车传动系统主要有机械式和液力式；电动汽车传动系统布置方案在新能源汽车部分讲述。

1. 机械式传动系统的布置方案

典型的机械式汽车传动系布置方案有 FR（发动机前置后轮驱动）、FF（发动机前置前轮驱动）、RR（发动机后置后轮驱动）、MR（发动机中置后轮驱动）、nWD（全轮驱动方案）等。其中第 1 个字母代表发动机的位置，第 2 个字母代表驱动轮的位置（除 nWD 外）。

（1）前置后驱（FR）式

前置后驱是一种传统的布置形式（图 11-1），主要用于货车、客车和部分轿车。这种布置形式是前轮转向后轮驱动，发动机输出动力通过离合器-变速器-传动轴输送到驱动桥，经减速增矩后传给左、右半轴，驱动后轮使汽车运行。前后轮各司其职，转向与驱动分开，负荷分布比较均匀。但是需要较长的传动轴，增加了整车重量；使用多个万向节，影响了传动系统的效率。

（2）前置前驱（FF）式

前置前驱是将发动机、离合器、变速器、驱动桥等置于汽车前部，如图 11-2 所示。优点是发动机和动力传动系统布置紧凑；省掉传动轴，可使地板低而平，增加乘坐空间；前轴负荷大，有不足转向特性，整车操纵稳定性好。但发动机室内布置的部件过多，影响散热和维修；上坡时驱动轮附着力减小，易打滑；前轮驱动兼转向，结构和运动关系复杂；轮胎易磨损。

11-2 前置前驱图片

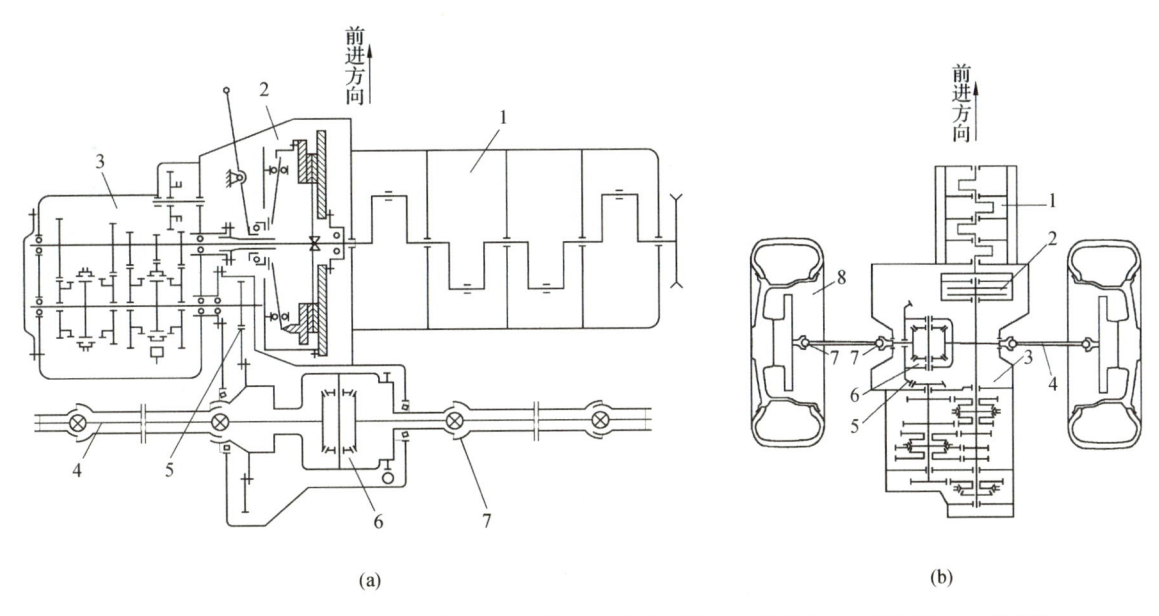

1—发动机；2—离合器；3—变速器；4—传动轴；5—主减速器；6—差速器；7—万向节；8—驱动轮。

图 11-2　发动机前置前轮驱动的轿车传动系统示意图
（a）发动机横置；（b）发动机纵置

(3) 后置后驱（RR）式

后置后驱是将发动机、离合器和变速器都横向布置在驱动桥之后，如图 11-3 所示。在大、中型客车上多采用，少量微型、轻型轿车也有采用这种形式的。发动机后置，容易做到前后轴荷的分配合理，并使得空间利用高，也有利于降低车厢内的噪声。缺点是发动机散热条件差，行驶中的故障不易被驾驶员察觉。操纵机构复杂，维修调整不便。

(4) 中置后驱（MR）式

中置后驱是将发动机布置于驾驶室后面的汽车中部，由后轮驱动，如图 11-4 所示。该布置方案便于对前后轮进行较为理想的轴荷分配，发动机和变速器等很重的部件集中于车身的重心部位。主要用于跑车、赛车和部分大、中型客车。

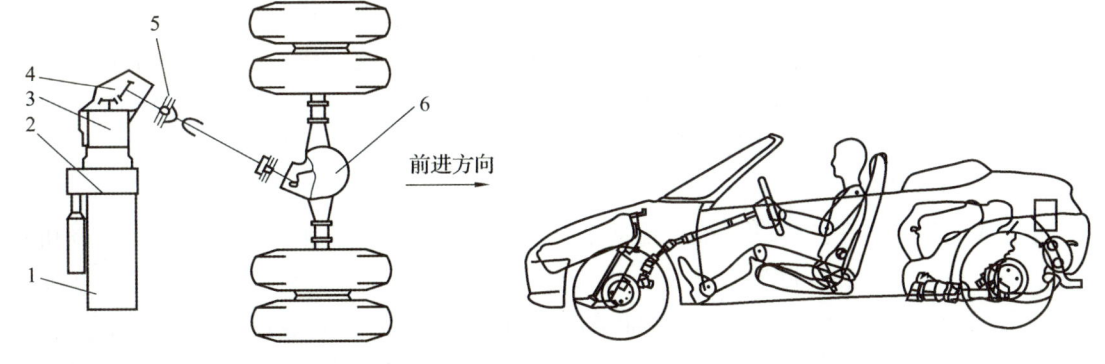

1—发动机；2—离合器；3—变速器；4—角传动装置；
5—万向传动装置；6—驱动桥。

图 11-3　发动机后置后轮驱动的传动系统示意图　　图 11-4　发动机中置后轮驱动的传动系统示意图

(5) 全轮驱动（nWD）

nWD 是英文 n Wheel Drive 的缩写（n 指驱动轮数），表示传动系统是全轮驱动方案。主要用于越野车，通过充分利用所有车轮与地面之间的附着条件，以获得尽可能大的驱动力来提高通过性。为了将发动机传给变速器的动力分配给前、后两驱动桥，在变速器后增设了分动器，并相应地增设变速器通向分动器及从分动器通向前、后两驱动桥之间的万向传动装置，如图 11-5 所示。

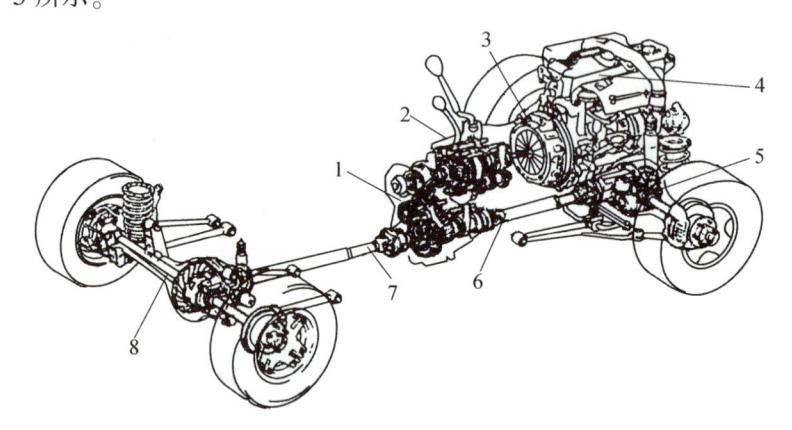

11-3 四轮驱动图片

1—分动器；2—变速器；3—离合器；4—发动机；5—前驱动桥；6—前万向传动装置；
7—后万向传动装置；8—后驱动桥。

图 11-5　四轮驱动汽车传动系统示意图

2. 液力式传动系统的布置方案

液力式传动系统可分为动液式传动系统和静液式传动系统。

（1）动液式传动系统

动液式传动系统也称为液力机械式传动系统，以液体为传动介质，利用液体在主动元件和从动元件之间流动过程中动能的变化来传递动力。液力耦合器与液力变矩器是动液传动的基本装置。液力耦合器只传递转矩，不改变转矩大小，可代替离合器的部分功能。液力变矩器不仅可以传递转矩，还可改变转矩的大小，实现无级变速。但液力变矩器的输出转矩和输入转矩比值的变化范围不足以满足汽车各种行驶工况要求，故一般在后面串联一个有级式机械变速器，组成液力机械变速器，取代机械式传动系统中的离合器和变速器，该部分将在自动变速器一章中详细阐述。

（2）静液式传动系统

静液式又称为容积式传动系统，传动系统的主要部件均为液压传动部件，由发动机驱动的油泵、液压马达和控制装置组成，以液体传动介质静压力能的变化来传递或变换能量，如图 11-6 所示。利用发动机带动油泵产生静压力，通过控制装置控制液压马达转速，直接驱动驱动轮。优点是工作平稳、噪声低、通过性好、制动轻便；缺点是机械效率低、造价高、使用寿命短，一般用在军事车辆上。

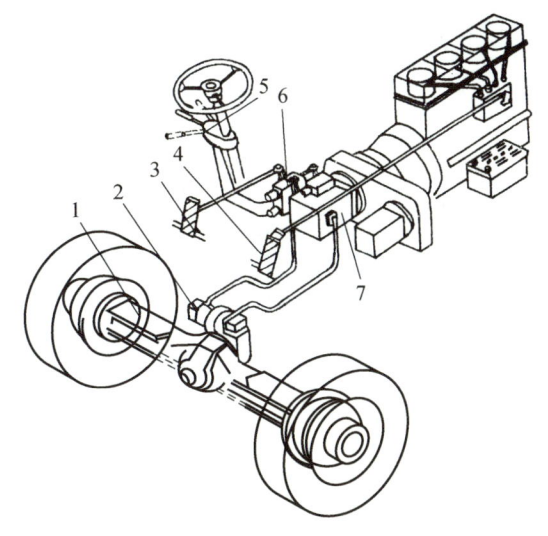

1—驱动桥；2—液压马达；3—制动踏板；4—加速踏板；5—变速操纵杆；6—液压自动控制器；7—液压油泵。

图11-6 静液式传动系统示意图

> **补充提示：**
>
> 19世纪末20世纪初，由于汽车行业在法国很受重视，创新环境和氛围良好，涌现了许多创新设计，如帕纳尔-勒瓦索公司创新性地将发动机装在汽车前部，通过离合器、变速装置和齿轮传动装置把驱动力传到后轮，这种前置后驱的布置方案也称为帕纳尔系统。随后雪铁龙推出发动机前置前轮驱动的布置方案。同样的道理，为什么会有大疆、腾讯、华为等国内外影响很大的知名品牌的高科技公司落户深圳？这显然同深圳改革创新的良好环境和浓厚氛围分不开，是深圳改革创新、体制机制创新的必然结果。

练习题

1. 汽车传动系统的组成和基本功用是什么？
2. 机械式传动系统的布置方案有哪些？各有什么特点？
3. 越野汽车4×4传动系统与普通汽车4×2传动系统相比，在结构上有哪些不同？

第十二章 离合器

学习目标

本章介绍了离合器的功用、结构和工作原理。要求学生掌握离合器的功用与基本工作原理；掌握膜片弹簧离合器的构造与工作原理；了解周布弹簧离合器、从动盘、扭转减振器、操纵机构的结构和工作原理。

重点难点

1. 离合器的功用、组成和工作原理。
2. 膜片弹簧离合器的构造与特性曲线

第一节 概述

一、离合器的功用

离合器处于传动系统的前端，安装于发动机和变速器之间，是汽车传动系统中直接与发动机相连的部件，用来切断和实现发动机与传动系统的动力传递，主要功用如下：

1. 保证汽车平稳起步

汽车起步时，如果发动机和变速器之间没有离合器，而是刚性连接，则起步时一旦变速器挂上挡，汽车将因突然接受动力而猛烈向前冲，发动机随之熄火，不能实现起步。若装设了离合器，汽车起步时，离合器逐渐接合，其所传递的转矩逐渐增大，与此同时，逐渐踩下加速踏板，增大驱动力矩，使发动机的转速始终保持在最低稳定转速以上而不致熄火。当驱动力足以克服起步阻力时，汽车开始运动并逐步加速，实现平稳起步。

2. 保证变速器换挡时工作平顺

在汽车行驶过程中，为适应不断变化的行驶条件，需经常换用不同挡位工作。在换挡前，先踩下离合器踏板，中断动力传递，再进行换挡操作，以便使原挡位的啮合副脱开，使新挡位啮合副啮合部位的速度逐渐趋于同步，这样可避免出现"打齿"现象，保证换挡平顺。

3. 防止传动系统过载

当汽车紧急制动时，车轮速度将急剧下降，而与发动机相连的传动系统由于惯性作用将产生很大的惯性力矩，该力矩将会造成传动系统过载而使其机件损坏。装设离合器后，可依靠离合器主动部分和从动部分的自动打滑来消除这一危险，从而起到过载保护作用。

二、离合器的分类

由离合器的功用可知，离合器的主动部分和从动部分可以暂时分离，又可逐渐接合，并且在传动过程中可能产生相对转动，因此离合器的主动部件与从动部件之间不可采用刚性连接，应借助两者接触面之间的摩擦作用来传递转矩（摩擦离合器），或利用液体作为传动介质（液力耦合器），或利用磁力传递转矩（电磁离合器）。摩擦离合器因其结构简单，工作性能可靠，维修方便，目前被绝大多数汽车采用。

三、简单摩擦离合器的结构及工作原理

1. 离合器结构

摩擦离合器主要由四部分组成，结构如图12-1所示。

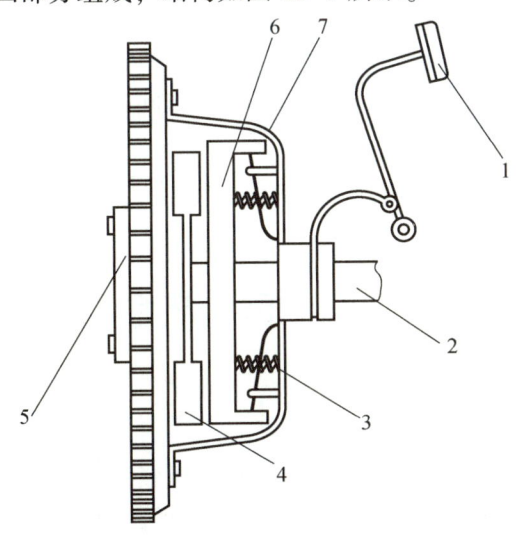

1—离合器踏板；2—变速器输入轴；3—压紧弹簧；4—从动盘；5—飞轮；6—压盘；7—离合器盖。

图12-1 简单摩擦离合器的结构

（1）主动部分

离合器的主动部分包括飞轮5、离合器盖7（压盘6与其装在一起），它们与发动机曲轴连在一起，与曲轴一起转动。

（2）从动部分

从动部分即从动盘4，离合器接合时，发动机输出的转矩经过飞轮和压盘传到从动盘，继而带动变速器输入轴转动。

(3) 压紧机构

压紧机构主要是压紧弹簧3，它以离合器盖为依托，将压盘压向飞轮，从而将从动盘压紧。

(4) 操纵机构

操纵机构是驾驶员借以使离合器分离与接合的机构，主要由离合器踏板1及传动机构等组成。按传动方式划分，离合器操纵机构有机械、液压和气压三种。

2. 离合器工作原理

离合器盖7通过螺钉固定在飞轮5的后端面上，离合器内从动盘4的摩擦片在压紧弹簧3的作用力下被压盘6压紧在飞轮端面上，而从动盘是与变速器输入轴2相连的。通过飞轮及压盘与从动盘接触面的摩擦作用，将发动机发出的转矩传递给变速器，即离合器处于接合状态。

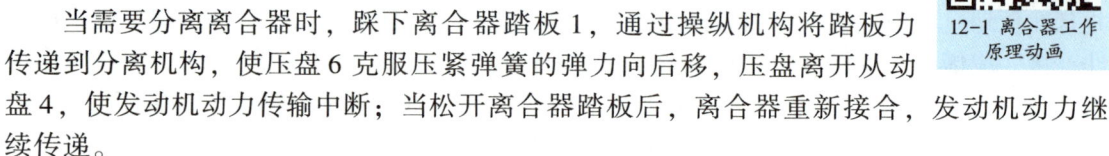

当需要分离离合器时，踩下离合器踏板1，通过操纵机构将踏板力传递到分离机构，使压盘6克服压紧弹簧的弹力向后移，压盘离开从动盘4，使发动机动力传输中断；当松开离合器踏板后，离合器重新接合，发动机动力继续传递。

12-1 离合器工作原理动画

由上述工作原理可以看出，主动部分、从动部分、压紧机构的作用是保证离合器处于压紧状态并传递动力，长时间结合，而操纵机构主要是使离合器短时分离。

四、对摩擦离合器的基本要求

①保证能可靠地传递发动机的最大转矩，并防止传动系统过载。
②分离迅速彻底，接合柔和平顺，便于汽车平稳起步和平顺换挡。
③具有良好的散热能力和热稳定性，将摩擦面间产生的热量及时散发，保证工作可靠。
④离合器从动部分的转动惯量应尽可能小，减轻换挡时齿轮的冲击。
⑤操纵轻便，减轻驾驶员的劳动强度。

第二节　摩擦离合器

一、摩擦离合器的类型

对于摩擦离合器，根据其采用从动盘的数目、压紧弹簧的形式及其安装方式的不同，其总体构造也各不相同。对于轿车和轻、中型货车而言，发动机的最大转矩一般不是很大，离合器通常只设有一片从动盘，其前后两面都装有摩擦片，具有两个摩擦表面，所以称这种离合器为单盘离合器。有些吨位较大的中型和重型汽车，传递的扭矩较大，可选用摩擦系数较大的摩擦材料，或适当加大压紧弹簧的压紧力，或加大摩擦面的尺寸。若仍达不到要求，可将摩擦面数目增加一倍，即增加一片从动盘，称为双盘离合器。

根据所用压紧弹簧布置位置的不同，可分为周布弹簧离合器、中央弹簧离合器和周布斜置弹簧离合器；根据所用压紧弹簧形式不同，可以分为螺旋弹簧离合器和膜片弹簧离合器。

二、膜片弹簧离合器

1. 膜片弹簧离合器的结构与工作原理

轿车普遍装有膜片弹簧离合器，其主要结构组成如图12-2所示。其突出的特点是采用膜片弹簧作为压紧机构，膜片弹簧5是一个用薄弹簧钢板制成的带有锥度的碟形弹簧，小端在锥面上均匀开有许多径向切槽，起分离杠杆的作用，未切槽的大端起压紧弹簧的作用。弹簧中部两侧有钢丝支撑圈1，用支承铆钉将其安装在离合器盖6上。

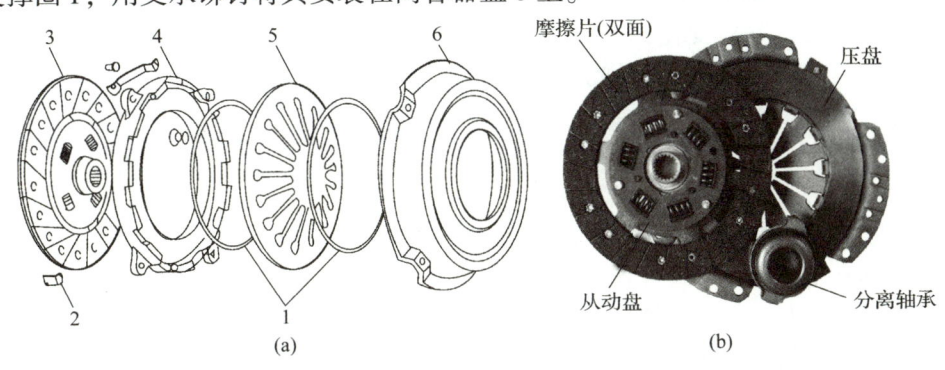

1—钢丝支撑圈；2—传动片；3—从动盘；4—压盘；5—膜片弹簧；6—离合器盖。

图 12-2 膜片弹簧离合器
(a) 结构示意图；(b) 实物图

在离合器盖1（图12-3(a)）未固定到飞轮8上时，膜片弹簧3处于自由状态，并且离合器盖与飞轮8接合面间有一段距离L。用螺栓将离合器盖固定到飞轮上时，离合器盖通过后钢丝支撑圈5使膜片弹簧中部向前移动了一段距离。由于膜片弹簧外端位置没有变化，所以膜片弹簧被压缩变形，其外缘通过压盘2将从动盘压靠在飞轮后端面上，这时离合器为接合状态（图12-3(b)）。在分离离合器时，分离轴承6前移（图12-3(c)），膜片弹簧将以前钢丝支撑圈4为支点，其外缘向后移动，在分离钩7的作用下，压盘离开从动盘向后移，离合器处于分离状态。

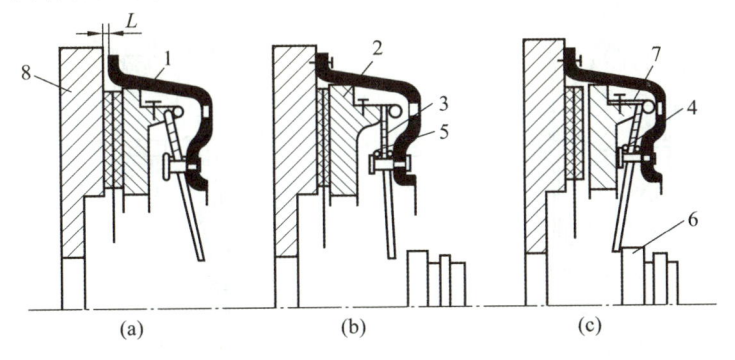

1—离合器盖；2—压盘；3—膜片弹簧；4—前钢丝支撑圈；5—后钢丝支撑圈；6—分离轴承；7—分离钩；8—飞轮。

图 12-3 膜片弹簧离合器的工作原理
(a) 自由状态；(b) 压紧状态；(c) 分离状态

膜片弹簧既起压紧弹簧的作用，又起分离杠杆的作用，故使离合器结构得以简化，轴向尺寸缩短，质量减小。

2. 膜片弹簧的弹性特性

图12-4所示为离合器压紧弹簧的弹性特性曲线。曲线1为呈线性的螺旋弹簧特性曲线。曲线2为呈非线性的膜片弹簧特性曲线。假设两种离合器的压紧力均为F_b，轴向变形量为λ_b。当摩擦片磨损量达到$\Delta\lambda'$时，弹簧变形量减小为λ_a，此时螺旋弹簧的压紧力下降到F_a'，显然$F_a'<F_b$，两者相差较大，将使离合器因压紧力不足而打滑。而膜片弹簧的压紧力变化到F_a，与F_b相差不大，仍能可靠地工作。因此，膜片弹簧传递转矩的能力比螺旋弹簧强。

离合器分离时，如两种弹簧的进一步压缩量均为$\Delta\lambda''$，膜片弹簧所需作用力为F_c，比螺旋弹簧所需作用力F_c'减小约为20%。另外，膜片弹簧离合器一般采用传动片装置，具有轴向弹性，在分离时，其弹性恢复力与分离力方向一致，并且膜片弹簧离合器取消了分离杠杆，减少了该部分的摩擦损失，所以具有操纵轻便的特点。

膜片弹簧与压盘整个圆周接触，压力分布均匀，转矩容量大且较稳定；散热通风好，摩擦片的使用寿命长；此外，还具有高速性能好、平衡性好、操作运转时冲击和噪声小等优点。膜片弹簧离合器的主要缺点是制造工艺和尺寸精度等要求严格。

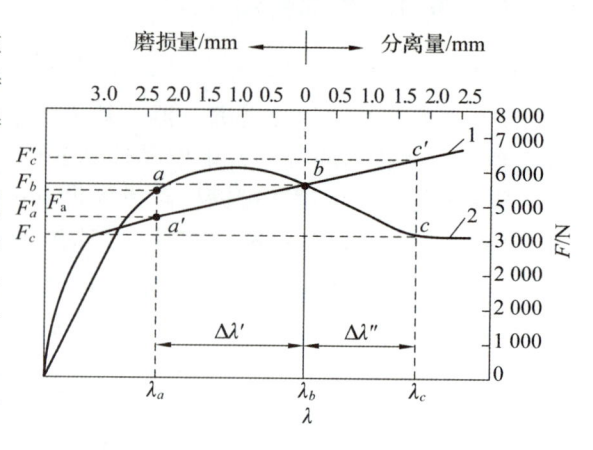

1—螺旋弹簧；2—膜片弹簧。

图12-4 离合器压紧弹簧的弹性特性曲线

3. 膜片弹簧离合器的结构形式

当分离离合器时，按膜片弹簧离合器分离是指内端受推力还是拉力，可分为推式膜片弹簧离合器和拉式膜片弹簧离合器，如图12-5所示。

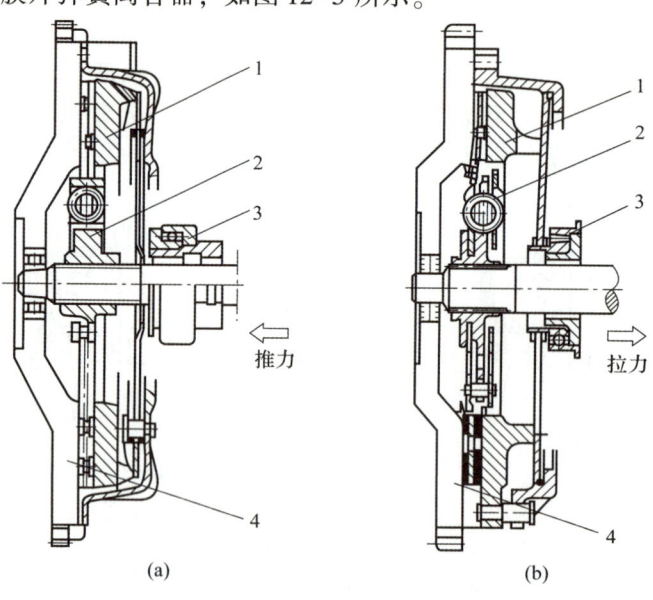

1—压盘；2—从动盘；3—分离轴承；4—飞轮。

图12-5 推式膜片弹簧离合器和拉式膜片弹簧离合器

(a) 推式；(b) 拉式

与推式膜片弹簧离合器相比，拉式膜片弹簧离合器在同样的压盘直径下具有高的压紧力和转矩容量，在要求相同的传递转矩时，结构紧凑、简单，质量小，从动盘转动惯量小，工作平稳、冲击小；缺点是分离轴承制造难度大，装配精度要求高，不便于维护。

三、周布弹簧离合器

采用若干个螺旋弹簧作压紧弹簧，并沿摩擦盘圆周分布的离合器称为周布弹簧离合器。东风EQ1090E型汽车单盘离合器结构如图12-6所示。

1. 离合器结构

（1）主动部分

发动机的飞轮2和压盘16是离合器的主动部分。离合器盖19和压盘之间是通过四组传动片33来传递转矩的。离合器盖用螺钉固定在发动机飞轮上，并用离合器盖定位销17定位。

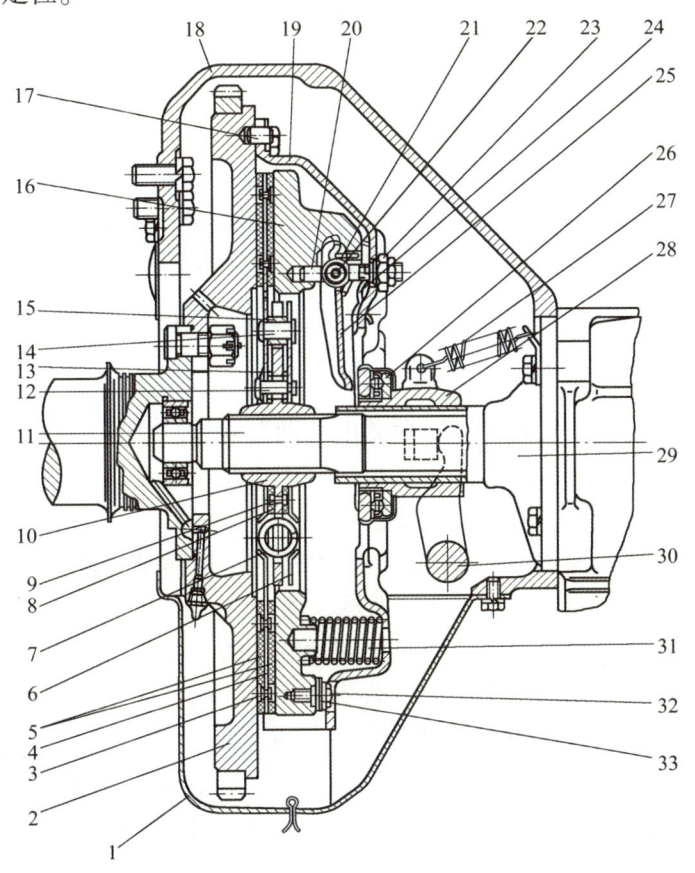

1—飞轮壳底板；2—飞轮；3—摩擦片铆钉；4—从动盘本体；5—摩擦片；6—减振器盘；7—减振器弹簧；8—减振器阻尼片；9—阻尼片铆钉；10—从动盘毂；11—变速器第一轴；12—阻尼弹簧铆钉；13—减振器阻尼弹簧；14—从动盘铆钉；15—从动盘铆钉隔套；16—压盘；17—定位销；18—飞轮盖；19—离合器盖；20—分离杠杆支承柱；21—摆动支片；22—浮动销；23—分离杠杆调整螺母；24—分离杠杆弹簧；25—分离杠杆；26—分离轴承；27—分离套筒复位弹簧；28—分离套筒；29—变速器第一轴承盖；30—分离叉；31—压紧弹簧；32—传动片铆钉；33—传动片。

图12-6 周布弹簧离合器

(2) 从动部分

在飞轮和压盘之间装有从动盘组件。铆装在从动盘毂 10 上的从动盘本体由薄钢片制成，其转动惯量较小。从动盘本体的两面铆有用石棉合成物制成的摩擦片。从动盘毂的花键孔套在变速器第一轴 11 前端的花键上，可在花键上做轴向移动。

(3) 压紧机构

沿圆周分布的压紧弹簧 31 将压盘压向飞轮，将从动盘夹紧在中间，使离合器处于接合状态。

(4) 操纵机构

位于离合器内部的分离操纵机构主要有分离杠杆 25、带分离轴承的分离套筒和分离叉。驾驶员操纵分离叉的操纵机构装在离合器壳的外部。

2. 离合器工作原理

在发动机工作时，发动机转矩一部分由飞轮、摩擦片直接传给从动盘本体；另一部分则由飞轮通过八个固定螺钉传到离合器盖，并由此经传动片传到压盘，最后也通过摩擦片传给从动盘本体。从动盘本体再将转矩通过从动盘毂的花键传给变速器第一轴，由此输入变速器。

踩下离合踏板，通过操纵机构使分离套筒向飞轮方面移动，对分离杠杆内端施加推力，分离杠杆将绕支点转动，其外端通过摆动支片 21 推动压盘克服压紧弹簧的力而后移，从而撤除对从动盘的压紧力，于是摩擦作用消失，离合器不再传递任何转矩，即离合器转入了分离状态。

四、从动盘和扭转减振器

从动盘总成是离合器的从动部分，主要由从动盘本体、摩擦片和从动盘毂三部分组成。摩擦片与从动盘本体是用铆钉铆接在一起的，从动盘毂内有内花键，套在变速器第一轴前端的花键轴上。离合器接合时，发动机输出的转矩经过飞轮和压盘传到从动盘两侧的摩擦片，继而带动从动盘本体转动，通过从动盘毂把动力传给了变速器输入轴。

12-5 从动盘

由于发动机传到传动系统中的转矩是周期性变化的，使得传动系统中产生扭转振动。为了避免共振，缓和传动系统所受的冲击载荷，大多数汽车在从动盘中安装扭转减振器。图 12-7 (a) 所示为东风 EQ1090E 型汽车离合器从动盘的零件分解图，装配好的从动盘如图 12-7 (b) 所示。从动片 5、从动盘毂 11 和减振器盘 12 都开有六个矩形窗孔，在每个窗孔各装有一个减振器弹簧 6。减振器盘与从动片用铆钉铆成整体，将从动盘毂及两侧的阻尼片 10 夹在中间。

从动盘工作时，两侧摩擦片所受摩擦力矩首先传到从动盘本体和减振器盘上，再经若干个减振器弹簧传给从动盘毂。因为减振器弹簧的缓冲作用，传动系统所受的冲击大大减小。传动系统中的扭转振动会使从动盘毂相对于从动盘本体和减振器盘往复摆动，借助夹在它们之间的阻尼片的摩擦来消耗扭转振动的能量，使扭转振动迅速衰减，减小传动系统所受的交变应力。

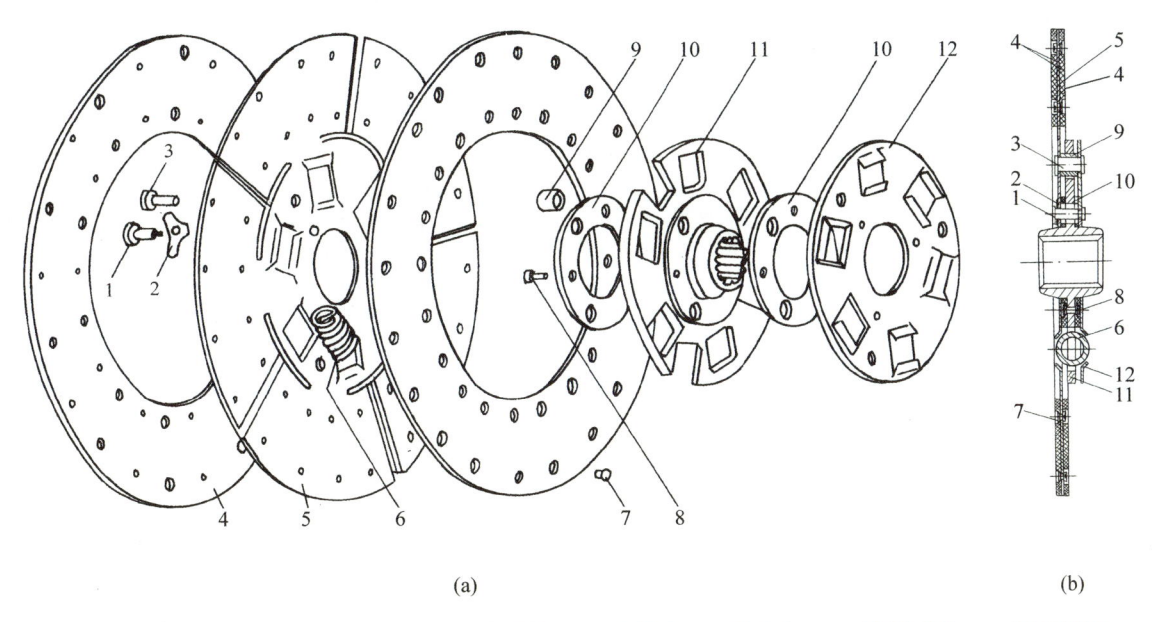

1—阻尼弹簧铆钉；2—减振器阻尼弹簧；3—从动盘铆钉；4—摩擦片；5—从动片；6—减振器弹簧；7—摩擦片铆钉；8—阻尼片铆钉；9—从动盘铆钉隔套；10—减振器阻尼片；11—从动盘毂；12—减振器盘。

图 12-7　EQ1090E 型汽车离合器从动盘
（a）零件分解图；（b）装配图

第三节　离合器的操纵机构

离合器的操纵机构是指驾驶员借以使离合器分离，或使之柔和接合的一套机构。它起始于离合器踏板，终止于飞轮壳内的分离轴承。本节所讨论的主要是位于飞轮壳外面的操纵部分。按所用传动装置的形式不同，主要有机械式和液压式两种。

一、机械式操纵机构

机械式操纵机构中有杆系传动装置和绳索传动装置两种形式。

杆系传动操纵装置的结构特点是从离合器踏板到分离叉都由杆件组成，杆与杆之间用球销或铰链连接。关节点多，摩擦损失大，车身和车架的变形会影响其正常工作，离合器远距离操纵时，布置比较困难。

绳索式传动操纵装置的结构特点是离合器踏板和分离叉之间用钢丝绳连接，如图 12-8 所示。绳索式传动操纵机构结构简单，成本低，布置方便，不受车身和车架变形的影响，适用于吊挂式踏板，但绳索的寿命短，拉伸刚度小，拉伸变形导致踏板行程增加，传递的力小，只适用于轻型及微型汽车，如夏利、桑塔纳、捷达等。

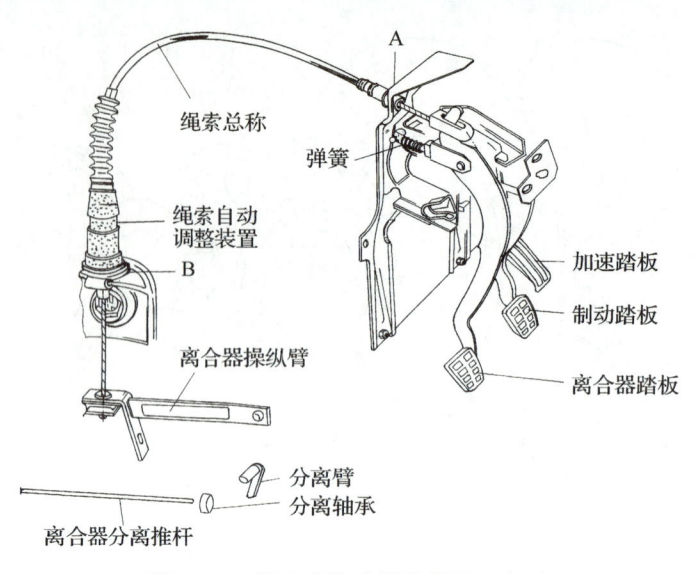

图 12-8 绳索式传动操纵装置示意图

二、液压式操纵机构

液压式操纵机构是以油液作为介质，利用液压元件传动的操纵机构，主要由踏板、主缸、工作缸及管路系统等组成。具有摩擦阻力小、质量小、布置方便、接合柔和、不受车身或车架变形影响等优点，应用日益广泛。

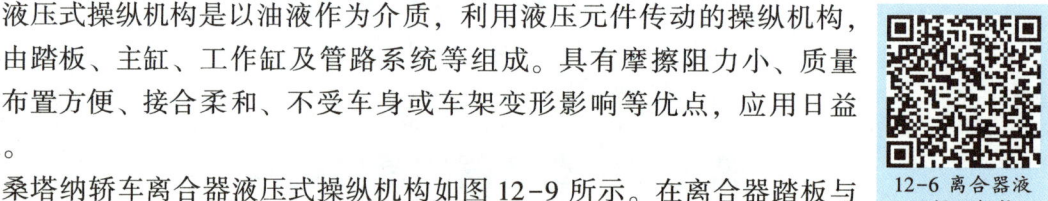

桑塔纳轿车离合器液压式操纵机构如图 12-9 所示。在离合器踏板与分离叉之间有主缸 10 和工作缸 3，主缸和工作缸用油管总成 9 连接，主缸推杆 7 与离合器踏板 8 相连。储液罐有两个出油孔，用来把制动液分别供给制动总泵和离合器液压操纵系统。

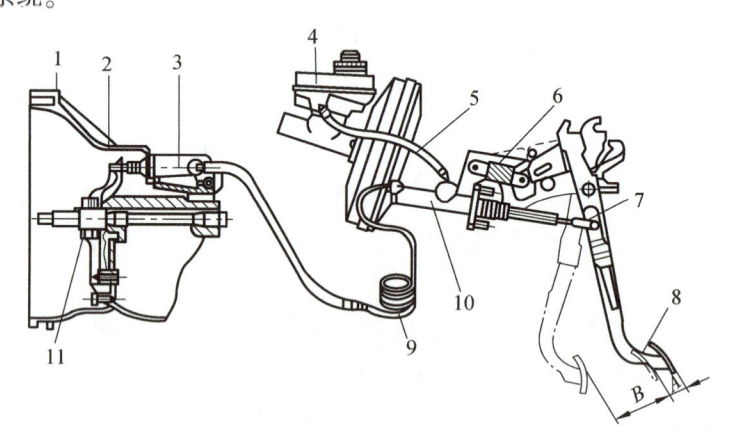

12-6 离合器液压操纵机构

1—变速箱壳体；2—分离叉；3—工作缸；4—储液罐；5—进油软管；6—复位弹簧；7—主缸推杆；8—离合器踏板；9—油管总成；10—主缸；11—分离轴承；A—踏板自由行程；B—踏板有效行程。

图 12-9 离合器液压操纵系统

离合器主缸结构如图 12-10 所示。主缸借助补偿孔 A、进油孔 B 与储液室相通。主缸体内装有活塞，活塞中部较细，并且为十字形断面，使活塞右方的主缸内腔形成环形油室。活塞两端装有密封圈与皮碗 3。活塞左端中部装有止回阀，经小孔与活塞右方主缸内腔的油室相通。当离合器处于初始位置时，活塞左端皮碗位于补偿孔 A 与进油孔 B 之间，两孔均开放。

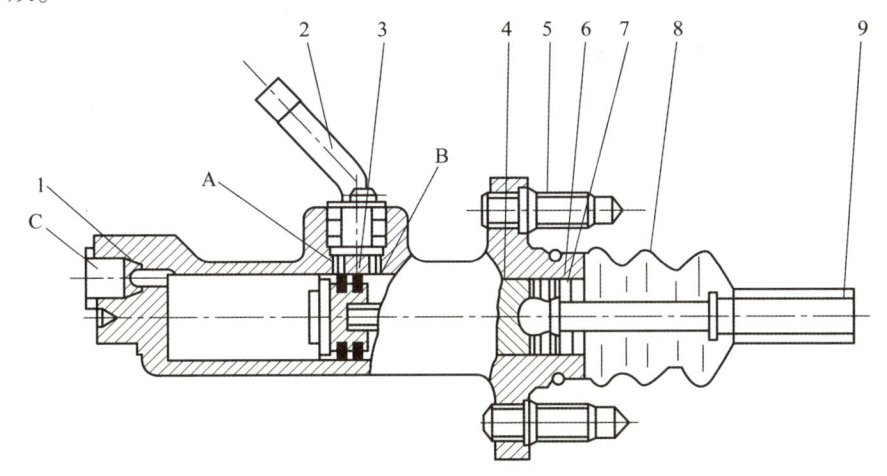

1—壳体；2—管接头；3—皮碗；4—阀芯；5—固定螺栓；6—卡簧；7—挡圈；8—护套；9—推杆；
A—补偿孔；B—进油孔；C—出油孔。

图 12-10　离合器主缸

离合器工作缸结构如图 12-11 所示。工作缸内装有活塞 2、皮碗 4 和推杆 7 等。缸体上还设有放气螺钉，当管路内有空气存在影响到离合器操纵时，可拧出放气螺钉进行放气。

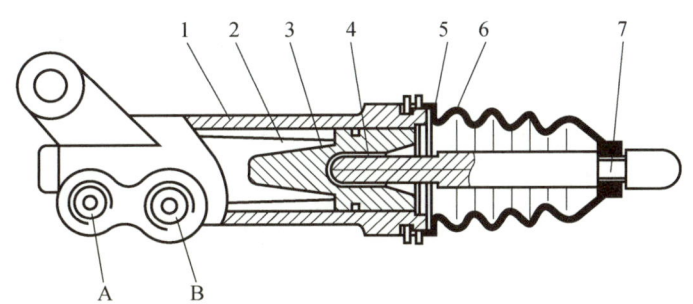

1—壳体；2—活塞；3—管接头；4—皮碗；5—挡圈；6—护套；7—推杆；A—放气孔；B—进油孔。

图 12-11　离合器工作缸

当踩下离合器踏板时，通过主缸推杆使活塞向左移动，止回阀关闭。当皮碗将补偿孔 A 关闭后，管路中油液受压，压力升高。在油压作用下，工作缸活塞右移，推动分离推杆，从而带动分离轴承，使离合器分离。

当迅速放松离合器踏板时，踏板回位弹簧通过主缸推杆使主缸活塞较快右移，油液由于阻力流动较慢，使活塞左右两边产生压力差，少量油液通过进油孔经主缸活塞的止回阀流到左边弥补真空。已由主缸压到工作缸去的油液又重新流回到主缸，由于已有少量补偿油液的流入，总油量过多，多余的油液从补偿孔流回储液罐。当系统因漏油或温度变化引起油液容积变化时，通过补偿孔调整来保证系统正常油压。

> **补充提示：**
>
> 　　自动离合器由电动机、离合器操纵机构、电控单元、电动机驱动器、传感器等部件组成。电控单元依据采集的节气门位置、发动机转速、车速、制动开关、点火开关、变速器挡位等传感器数据进行计算分析，离合器操纵机构根据指令驱动离合器分离、结合，替代驾驶员对离合器进行操纵。电控自动离合器会保证汽车起步平稳、换挡顺畅、制动不熄火。

练习题

1. 汽车传动系统为什么要安装离合器？
2. 简述离合器的构造和工作原理。
3. 简述离合器接合时，发动机到变速器的动力传递路线。
4. 膜片弹簧离合器有哪些优点？
5. 简述离合器液压操纵机构的工作原理。

第十三章 手动变速器

> **学习目标**
>
> 本章介绍了变速器的功用、类型和组成。要求学生掌握典型固定轴线式齿轮变速器的结构和换挡原理；了解组合式变速器的工作原理、惯性式同步器的构造及工作原理；了解变速器操纵机构、操纵机构的安全装置等。

> **重点难点**
>
> 1. 典型固定轴线式齿轮变速器的结构和换挡原理。
> 2. 惯性式同步器的构造及工作原理。
> 3. 操纵机构的安全装置。

第一节 概 述

一、变速器的功用

现代汽车活塞式内燃机的转矩和转速变化范围较小，而具体使用条件要求汽车的牵引力和车速能在相当大的范围内变化，为解决这一矛盾，在传动系统中设置变速器，其主要功用如下：

①改变传动比，从而改变传递给驱动轮的转矩和转速的变化范围，以适应经常变化的行驶条件，如起步、加速、上坡等，同时使发动机在有利的工况下工作。

②在发动机旋转方向不变的前提下，使汽车能倒退行驶。

③在汽车起动、怠速、换挡、滑行或进行动力输出时，中断动力的传递。

二、手动变速器的组成

手动变速器一般采用普通齿轮式变速器，也称为轴线固定式变速器。普通齿轮式变速器按工作轴的数量（不包括倒挡轴），可分为三轴式变速器和两轴式变速器。

手动变速器主要由变速器壳体、变速传动机构、变速操纵机构和换挡装置等组成。根据需要，还可加装动力输出器。

变速器壳体是变速器其他部件的安装基础；变速传动机构用来改变传动比、转矩和旋转方向；变速操纵机构和换挡装置用来实现换挡。

三、变速器的类型

1. 按传动比变化方式的不同分类

按传动比变化方式，变速器可分为有级式、无级式和综合式三种。

（1）有级式变速器

有级式变速器也称为齿轮式变速器，具有结构简单、易于制造、工作可靠和传动效率高等优点。它采用齿轮传动，具有若干个定值传动比。轿车和轻、中型货车变速器多采用 3～5 个前进挡和 1 个倒挡；重型货车用的变速器挡位较多，有的还装有副变速器。所谓变速器挡数，均指前进挡位数。按变速器所用齿轮轮系形式不同，有轴线固定式变速器（普通齿轮变速器）和轴线旋转式变速器（行星齿轮变速器）两种。前者将若干对圆柱齿轮安装在固定的平行轴上组成变速传动机构。后者采用行星齿轮机构组成变速传动机构，常在自动变速器中应用。

（2）无级式变速器 CVT（Continuously Variable Transmission）

无级式变速器的传动比在一定范围内连续变化，常见的有电力式和液力式（动液式）两种。其变速传动部分分别为直流串励电动机和液力变矩器。

（3）综合式变速器

综合式变速器是指由液力变矩器和齿轮式有级变速器组成的液力机械式变速器，其传动比可在最大值和最小值之间的几个间断范围内做无级变化，应用广泛。

2. 按换挡操纵方式的不同分类

按换挡操纵方式，变速器可分为手动式、自动式和半自动式三种。

（1）手动式变速器

手动式变速器由驾驶员直接操纵变速杆换挡。

（2）自动式变速器

自动式变速器在某一传动范围内（一般是在前进挡），由变速器的自动控制系统根据发动机的负荷和车速的变化自动变换挡位。驾驶员只需操纵加速踏板，即可控制车速。

（3）半自动式变速器

半自动式变速器有两种形式：一种是常见的几个挡位自动操纵，其余挡位则由驾驶员操纵；另一种是预选式，即驾驶员预先用按钮选定挡位，在踩下离合器踏板或松开加速踏板时，接通电磁装置或液压装置自动换挡。

第二节　变速传动机构

变速传动机构是变速器的主体，按工作轴的数量（不包括倒挡轴），可分为两轴式变速器和三轴式变速器。

一、两轴式变速器

两轴式变速器的变速传动机构主要由第一轴（即动力输入轴）、第二轴（即动力输出轴）、倒挡轴、各挡齿轮及变速器壳体组成。

特点是第一轴与第二轴平行。动力从第一轴输入，经一对齿轮传动后，直接由第二轴输出。每一个挡位采用一对齿轮传动，第二轴的转动方向与第一轴的转动方向相反。没有直接挡，因此高速挡的效率比三轴式变速器的低。在传动线路中只有一对齿轮啮合。其结构简单、紧凑、容易布置。在 FF 或 RR 布置的汽车上广泛采用，一般将主减速器和差速器也集成在变速箱内。

13-1 两轴式变速器结构视频动画

1. 结构组成

图 13-1 所示为一汽奥迪 100 型轿车采用的两轴式五挡变速器。变速器的第一轴 2 通过离合器与纵向布置的发动机曲轴相连。第一轴和第二轴 19 上的各挡齿轮均为常啮合齿轮，在第二轴 19 的一、二挡齿轮 23、21 和五挡齿轮 16、倒挡齿轮 14 以及第一轴的三、四挡齿轮 8、10 之间分别装有锁环式惯性同步器，五个前进挡都通过这三个同步器进行换挡。主减速器主动锥齿轮 24 与第二轴制成一体，由变速器输出的动力直接经齿轮 24 传给主减速器和差速器。

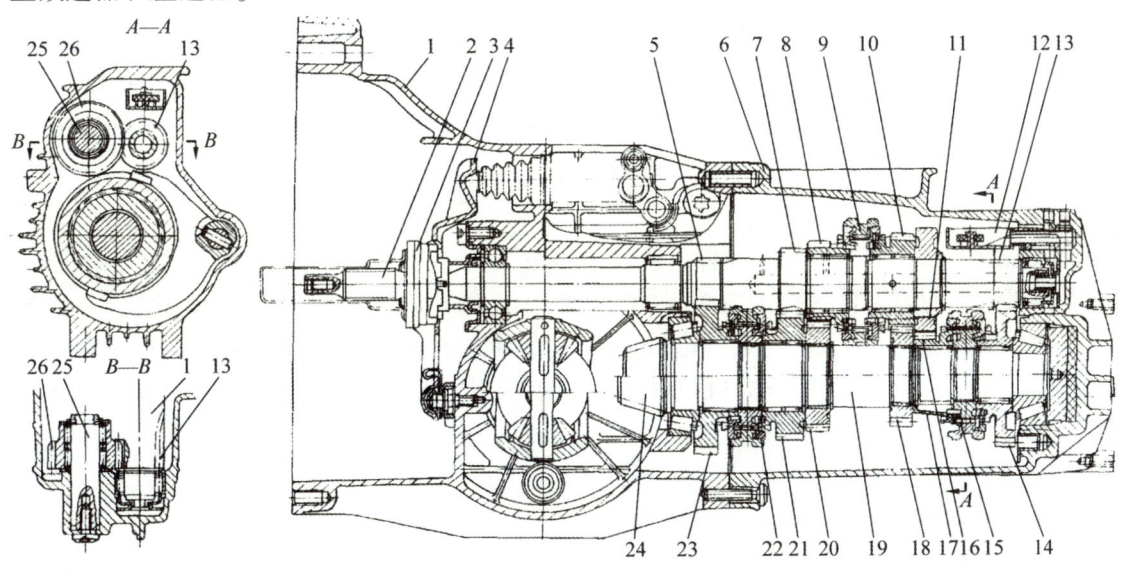

1—变速器前壳；2—第一轴；3—分离轴承；4—分离杠杆；5—第一轴一挡齿轮；6—变速器后壳；7—第一轴二挡齿轮；8—第一轴三挡齿轮；9、15、22—接合套；10—第一轴四挡齿轮；11—第一轴五挡齿轮；12—集油器；13—第一轴倒挡齿轮；14—第二轴倒挡齿轮；16—第二轴五挡齿轮；17—隔离套；18—第二轴四挡齿轮；19—第二轴；20—第二轴三挡齿轮；21—第二轴二挡齿轮；23—第二轴一挡齿轮；24—主减速器主动锥齿轮；25—倒挡轴；26—倒挡中间齿轮。

图 13-1　一汽奥迪 100 型轿车两轴式五挡变速器

2. 工作原理

图 13-2 所示是该变速器空挡位置的结构示意图，图中各部分名称与图 13-1 的相同。

(1) 空挡

当输入轴 2 旋转时，一、二、五挡及倒挡的主动齿轮（5、7、11、13）与之同步旋转。三、四挡的主动齿轮（8、10）处于自由状态。一、二、五挡和倒挡的从动齿轮（23、21、16、14）随输入轴的旋转而在输出轴上空转，输出轴 19 不被驱动，汽车处于静止或空挡滑行状态。

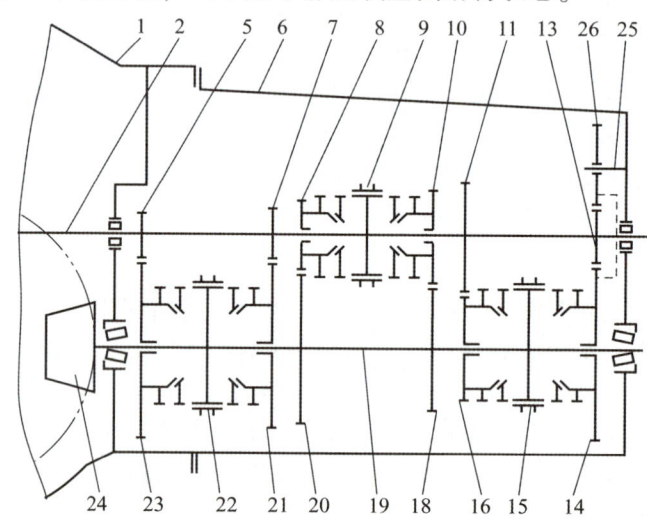

13-2 两轴式变速器工作原理动画

图 13-2 一汽奥迪 100 型轿车两轴式五挡变速器传动示意图（标注同上图）

变速器工作时，动力从输入轴 2 输入，从输出轴 19 输出，具体以哪对齿轮传递动力，由驾驶员操纵的挡位决定，具体动力路线为：输入轴→输入轴上的固定齿轮或同步器中的花键毂、齿圈→输出轴上同步器中的齿圈、花键毂或固定齿轮→输出轴。

(2) 一挡

欲挂上一挡，需要操作变速杆，通过换挡拨叉使一二挡接合套 22 左移，在一二挡同步器作用下，使第二轴一挡齿轮 23 与第二轴 19 连接并同步旋转。此时动力经第一轴 2、第一轴一挡齿轮 5、第二轴一挡齿轮 23、一二挡接合套 22 传到第二轴 19，直至主减速器。传动比为 $i_1 = Z_{23}/Z_5 = 39/11 = 3.545$。式中，$Z$ 表示齿轮齿数；下标数字表示各齿轮在图中的标号。

欲脱开一挡，可通过拨叉使接合套 22 右移，与一挡齿轮 23 的接合齿圈脱离啮合，变速器退回空挡位置。

(3) 二挡

在一挡基础上，操作变速杆，通过换挡拨叉使一二挡接合套 22 右移，退出啮合进入空挡并继续右移，在一二挡同步器作用下，使第二轴二挡齿轮 21 与第二轴 19 连接并同步旋转。此时动力经第一轴 2、第一轴二挡齿轮 7、第二轴二挡齿轮 21、一二挡接合套 22 传到第二轴 19，直至主减速器。传动比为 $i_2 = Z_{21}/Z_7 = 40/19 = 2.105$。

欲脱开二挡，可通过拨叉使接合套 22 左移，与二挡齿轮 21 的接合齿圈脱离啮合，变速器退回空挡位置。

（4）三挡

操作变速杆，通过换挡拨叉使三四挡同步器 9 左移，在三四挡接合套作用下，使第一轴三挡齿轮 8 与第一轴 2 连接并同步旋转。此时动力经第一轴 2、三四挡接合套 9、第一轴三挡齿轮 8、第二轴三挡齿轮 20 传到第二轴 19，直至主减速器。传动比为 $i_3 = Z_{20}/Z_8 = 40/28 = 1.429$。

欲脱开三挡，可通过拨叉使接合套 9 右移，与三挡齿轮 8 的接合齿圈脱离啮合，变速器退回空挡位置。

（5）四挡

在三挡基础上，操作变速杆，通过换挡拨叉使三四挡接合套 9 右移。退出啮合进入空挡并继续右移，在三四挡同步器作用下，使第一轴四挡齿轮 10 与第一轴 2 连接并同步旋转。此时动力经第一轴 2、三四挡同步器的接合套 9、第一轴四挡齿轮 10、第二轴四挡齿轮 18 传到第二轴 19，直至主减速器。传动比为 $i_4 = Z_{18}/Z_{10} = 35/34 = 1.029$。

欲脱开四挡，可通过拨叉使接合套 9 左移，与四挡齿轮 10 的接合齿圈脱离啮合，变速器退回空挡位置。

（6）五挡

操作变速杆，通过换挡拨叉使接合套 15 左移。在接合套作用下，使第二轴五挡齿轮 16 与第二轴 19 连接并同步旋转。此时动力经第一轴 2、第一轴五挡齿轮 11、第二轴五挡齿轮 16、接合套 15 传到第二轴 19，直至主减速器。传动比为 $i_5 = Z_{16}/Z_{11} = 31/37 = 0.838$。

欲脱开五挡，可通过拨叉使接合套 15 右移，与五挡齿轮 16 的接合齿圈脱离啮合，变速器退回空挡位置。

（7）倒挡

为实现倒挡时第二轴的反转，变速器需要在输入轴 2 与输出轴 19 之间增加一个倒挡齿轮轴 25 和一个倒挡中间齿轮 26。操作变速杆，通过换挡拨叉使接合套 15 右移，使第二轴倒挡齿轮 14 与第二轴 19 连接并同步旋转。此时动力经第一轴 2、第一轴倒挡齿轮 13、倒挡中间齿轮 26、第二轴倒挡齿轮 14、接合套 15 传至第二轴 19，直至主减速器。倒挡时的传动比为 $i_R = (Z_{26}/Z_{13}) \times (Z_{14}/Z_{26}) = 3.5$。

欲脱开倒挡，可通过拨叉使接合套 15 左移，与倒挡齿轮 14 的接合齿圈脱离啮合，变速器退回空挡位置。

二、三轴式变速器

三轴式变速器有三根轴：第一轴（即动力输入轴）、第二轴（即动力输出轴）、中间轴。第一轴与第二轴的轴线在同一条直线上，中间轴的轴线与第一轴轴线平行。第一轴主动齿轮与中间轴从动齿轮为常啮合传动齿轮，中间轴主动齿轮与第二轴从动齿轮啮合。除直接挡外，每一个挡位采用两对齿轮传动，与两轴式变速器相比，机械效率低，噪声大。三轴式变速器主要应用于发动机前置后轮驱动的汽车上。

13-3 三轴式变速器结构视频

以解放 CA1040 系列轻型载货汽车采用的三轴五挡变速器（图 13-3）为例进行说明。CA1040 系列轻型载货汽车的三轴五挡变速器具有五个前进挡、一个倒挡。

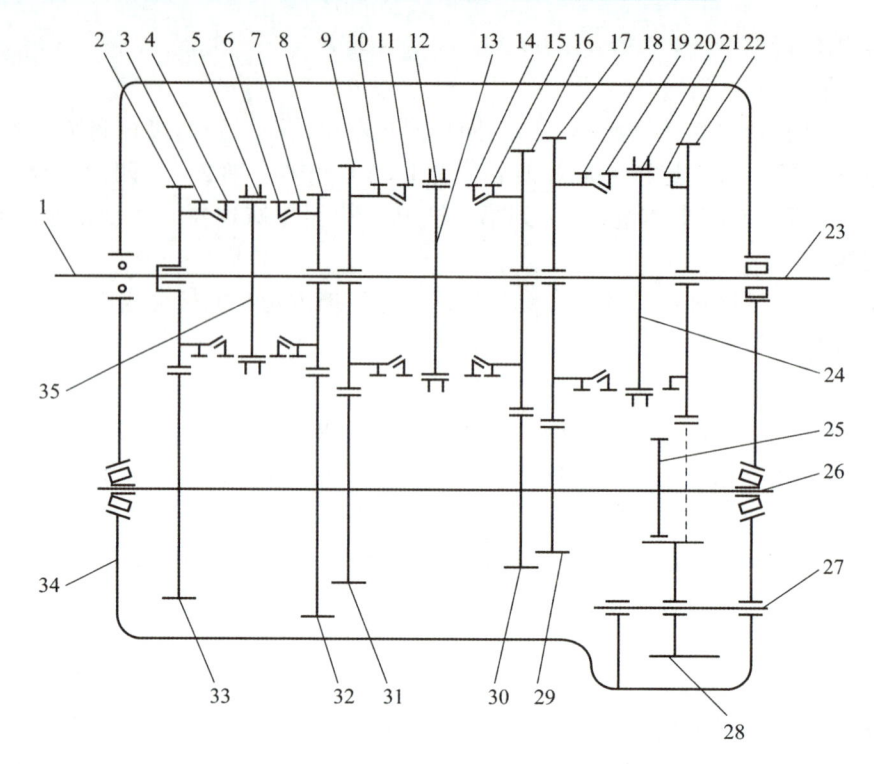

1—第一轴；2—第一轴常啮合齿轮；3—第一轴齿轮接合齿圈；4—四挡同步器锁环；5、12、20—接合套；6—五挡同步器锁环；7—五挡齿轮接合齿圈；8—第二轴五挡齿轮；9—第二轴三挡齿轮；10—三挡齿轮接合齿圈；11—三挡同步器锁环；13、24、35—花键毂；14—二挡同步器锁环；15—二挡齿轮接合齿圈；16—第二轴二挡齿轮；17—第二轴一挡齿轮；18——挡齿轮接合齿圈；19——挡同步器锁环；21—倒挡齿轮接合齿圈；22—第二轴倒挡齿轮；23—第二轴；25—中间轴倒挡齿轮；26—中间轴；27—倒挡轴；28—倒挡中间齿轮；29—中间轴一挡齿轮；30—中间轴二挡齿轮；31—中间轴三挡齿轮；32—中间轴五挡齿轮；33—中间轴常啮合传动齿轮；34—变速器壳体。

图 13-3　解放 CA1040 轻型载货汽车变速器的传动示意图

变速器工作时，除直接挡外，动力从输入轴 1 输入，经一对常啮合齿轮 2/22，把动力传递到中间轴，使中间轴的所有齿轮转动，进而驱动输出轴（第二轴）上空套的齿轮转动，具体以哪两对齿轮传递动力，由驾驶员操纵，具体动力路线为 输入轴→常啮合齿轮→中间轴齿轮→输出轴空套齿轮→同步器→花键毂→输出轴。

（1）一挡

第一挡指的是传动比最大的前进挡，若想挂上一挡，可操纵变速杆通过拨叉使接合套 20 左移，与一挡同步器锁环 19 的接合齿圈和一挡齿轮接合齿圈 18 接合后，动力便从第一轴依次经齿轮 2、齿轮 33、中间轴 26、齿轮 29、齿轮 17、接合齿圈 18、接合套 20 以及花键毂 24，传至第二轴 23 输出。一挡传动比为：

$$i_1 = \frac{z_{33}}{z_2} \times \frac{z_{17}}{z_{29}} = \frac{38}{21} \times \frac{40}{13} = 5.568$$

13-4 三轴式变速器工作原理动画

（2）二、三挡

欲挂上二挡，可通过拨叉使接合套 12 右移，使之与二挡同步器锁环 14 的接合齿圈和二挡齿轮接合齿圈 15 接合后，变速器便从一挡换入了二挡。动力从第一轴依次经齿轮 2、

齿轮 33、中间轴、齿轮 30、齿轮 16、接合齿圈 15、接合套 12 及花键毂 13，最后传至第二轴。其传动比为

$$i_2 = \frac{z_{33}}{z_2} \times \frac{z_{16}}{z_{30}} = \frac{38}{21} \times \frac{36}{23} = 2.832$$

同理，使接合套 12 右移到与第一轴齿轮接合齿圈接合，则可得到三挡。其传动比为 $i_3 = 1.634$。

（3）四挡

若使接合套 5 左移到与第一轴齿轮接合齿圈接合，便换上四挡，此时动力从第一轴经第一轴常啮合齿轮 2、第一轴齿轮接合齿圈 3、接合套 5 和花键毂 35 直接传给第二轴，不再经过中间轴齿轮传动，故称为**直接挡**，其传动比为 $i_4 = 1$。

（4）五挡

欲挂上五挡，使接合套 5 右移，使之穿过同步器锁环 6 与五挡齿轮接合齿圈 7 接合，动力从第一轴经齿轮 2、齿轮 33、中间轴 26、齿轮 32、齿轮 8、接合齿圈 7、接合套 5 及花键毂 35，最后传至第二轴。其传动比为 $i_5 = 0.794$。由于 $i_5 < 1$，该挡位称为超速挡。超速挡主要用于在良好路面上轻载或空车驾驶的场合，以提高汽车的经济性。若发动机功率不高，则超速挡使用率很低，节油效果不明显，甚至影响汽车的动力性。超速挡传动比一般为 0.7~0.85。

（5）倒挡

为实现汽车倒向行驶，在中间轴的一侧还设置了一根较短的倒挡轴 27，其上空套着倒挡中间齿轮 28，它与第二轴倒挡齿轮 22 为常啮合斜齿轮。使接合套 20 右移与倒挡齿轮接合齿圈 21 接合，即挂上倒挡。动力从第一轴经齿轮 2、齿轮 33、中间轴 26、齿轮 25、齿轮 28、齿轮 22、倒挡齿轮接合齿圈 21、接合套 20、花键毂 24 传到第二轴。由于增加了一个中间齿轮，故第二轴的旋转方向与第一轴相反，汽车便倒向行驶。倒挡传动比为 $i_R = 5.011$。

三、组合式变速器

重型货车的装载质量大，使用条件复杂。要保证重型车有良好的动力性、经济性和加速性，就必须扩大传动比范围并增加挡数。为避免变速器结构过于复杂且便于系列化生产，多采用组合式变速器。常采用两个变速器串联的方式构成组合式变速器，在两个串联的变速器中，其中一个为挡数较多且有倒挡的主变速器，另一个为只有一个直接挡和一个低速挡的副变速器。当组合式变速器的副变速器传动比较大时，副变速器多串联安装在主变速器的后面，以利于减小主变速器的质量和尺寸；当副变速器传动比较小时，也可布置在主变速器之前。组合式变速器的传动比为 $i = i_主 \times i_副$。

图 13-4 所示是一种常见的组合式变速器传动机构示意图。由四挡主变速器后面串联安装一个两挡（高速挡和低速挡）副变速器组成（副变速器输入轴 21 同时也是主变速器输出轴），这样可得到 8 个前进挡。

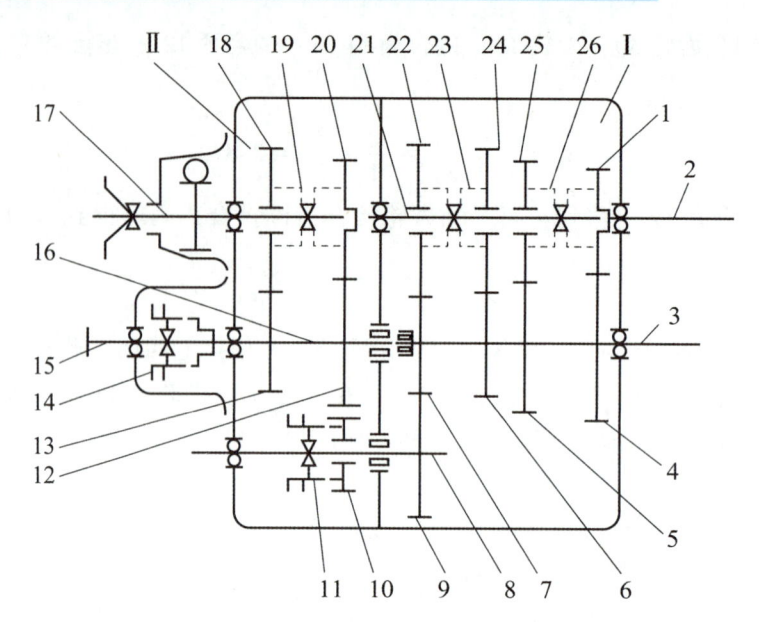

1—主变速器输入轴常啮合齿轮；2—输入轴；3—主变速器中间轴；4—主变速器中间轴常啮合齿轮；5—主变速器中间轴三挡齿轮；6—主变速器中间轴二挡齿轮；7—主变速器中间轴一挡齿轮；8—倒挡轴；9—倒挡传动齿轮；10—倒挡空套齿轮；11、19、23、26—接合套；12—副变速器中间轴常啮合齿轮；13—副变速器中间轴低速挡齿轮；14—动力输出接合套；15—动力输出轴；16—副变速器中间轴；17—副变速器输出轴；18—副变速器输出轴低挡齿轮；20—副变速器输入轴常啮合齿轮；21—主变速器输出轴（副变速器输入轴）；22—主变速器输入轴一挡齿轮；24—主变速器输入轴二挡齿轮；25—主变速器输入轴三挡齿轮。

图 13-4 组合式变速器传动机构示意图

四、防止自动跳挡的结构措施

利用接合套换挡的变速器，由于接合套与齿圈的接合长度较短，同时，汽车行驶时需要经常换挡，频繁拨动接合套将会使齿端发生磨损。汽车行驶中可能会因振动等原因造成接合套与齿圈脱离啮合，即发生自动跳挡。为防止自动跳挡，常用的结构措施有以下几种：

1. 接合套和接合齿圈的齿端制成倒斜面

解放 CA1091 型汽车六挡变速器采用如图 13-5（a）所示的齿端倒斜面的结构。接合齿圈 1 与接合套 2 齿端部为斜面接触，齿圈对接合套便产生了垂直于斜面的正压力 F_N，其分力分别为 F_F 和 F_Q，向左的分力 F_Q 即为防止跳挡的轴向力。

2. 花键毂齿端的齿厚切薄

东风 EQ1090E 型汽车的五挡变速器中，采用了如图 13-5（b）所示的减薄齿的结构来防止自动跳挡。花键毂 3 的两端，齿厚各减薄 0.3~0.4 mm，使齿中部形成一凸台。当同步器的接合套左移与接合套齿圈接合时（图示位置），接合齿圈 1 将转矩传到接合套 2 的一侧，再由接合套的另一侧传给花键毂。由于接合套齿的后端被凸台挡住，在接触面上作用有正压力 F_N，其轴向分力 F_Q 即为防止跳挡的阻力。

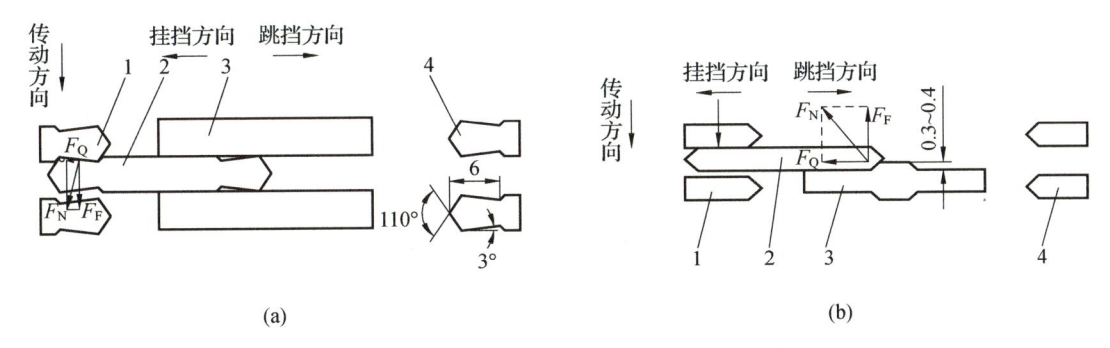

1、4—接合齿圈；2—接合套齿；3—花键毂；F_F—圆周力；F_N—齿面上正压力；F_Q—防止跳挡的轴向力。

图 13-5 齿轮的防自动跳挡结构

(a) 齿端倒斜面结构；(b) 减薄齿结构

3. 接合套齿端形成凸肩

接合套齿与接合齿圈齿超越接合（图 13-6（a））或两接合齿的接合位置互相错开（图 13-6（b）），这样在接合时，使接合套齿端部超过接合齿圈齿端部 2～3 mm。使用中因接触部分挤压和磨损，会在接合套齿端部形成凸肩，以阻止接合套自动退出接合，从而防止了自动跳挡。

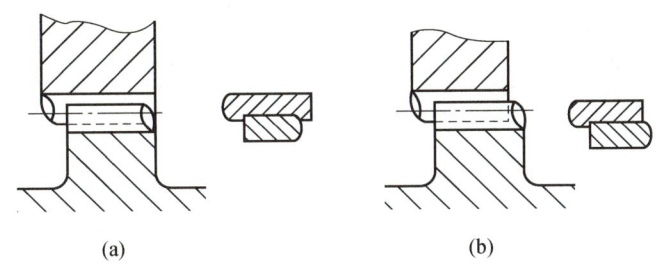

图 13-6 齿端形成凸肩的结构形式示意图

(a) 超越接合；(b) 错开接合

第三节　同步器

在普通变速箱上采用同步器，可以使接合套与待啮合的齿圈迅速同步，阻止二者在同步前进入啮合，从而消除换挡时的冲击，缩短换挡时间，简化换挡过程，使换挡操作简捷轻便，并可延长变速器的使用寿命。

现代汽车广泛使用的是惯性式同步器。惯性式同步器又有锁环式和锁销式之分。惯性式同步器是依靠摩擦作用实现同步的，它可以从结构上保证接合套与对应齿圈在达到同步之前不发生接触，以避免齿间冲击和产生噪声。

13-5 锁环式惯性同步器拆装动画

一、锁环式惯性同步器

轿车和轻、中型货车广泛采用锁环式惯性同步器。其结构和工作原理可以解放 CA1091 中型载货汽车六挡变速器中的五、六挡同步器为例说明。

锁环式惯性同步器构造如图 13-7 所示。同步器作用的部件从左到右依次为左接合齿圈 3、锁环 4、接合套 7、滑块 5、定位销 6、花键毂 15、锁环 8、右接合齿圈 9。

图 13-7 锁环式同步器

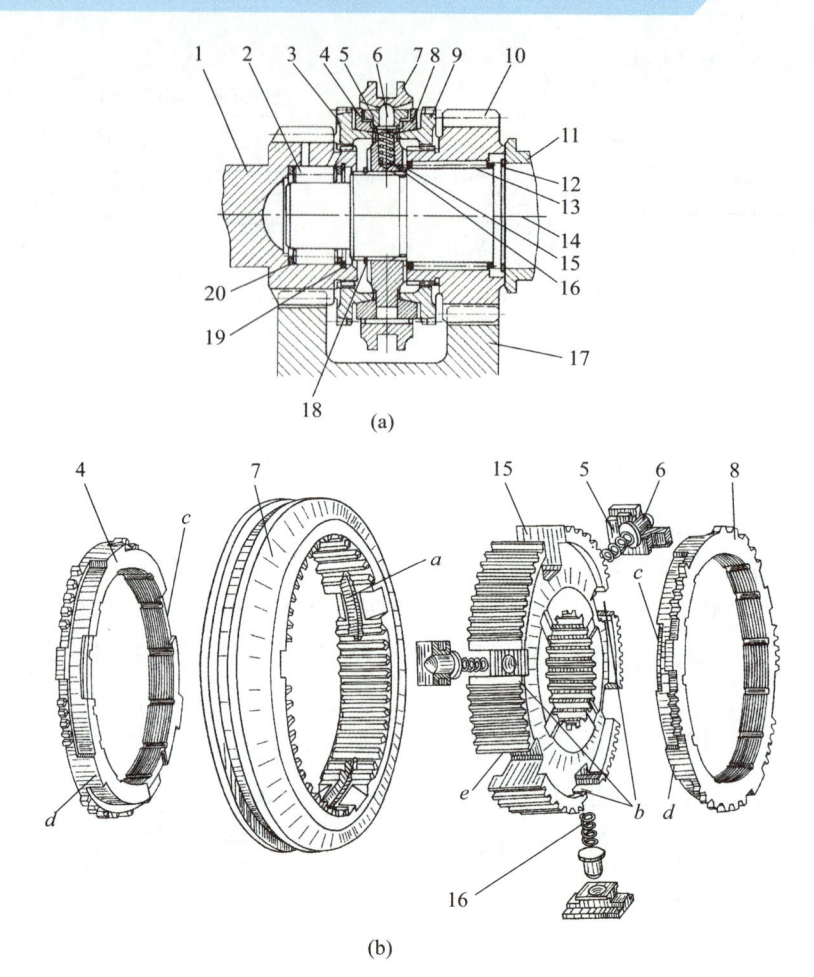

1—第一轴；2、13—滚针轴承；3—六挡接合齿圈；4、8—锁环（同步环）；5—滑块；6—定位销；7—接合套；9—五挡接合齿圈；10—第二轴五挡齿轮；11—衬套；12、18、19—卡环；14—第二轴；15—花键毂；16—弹簧；17—中间轴五挡齿轮；20—挡圈。

同步器花键毂 15 的内花键与轴上的外花键配合，用卡环 18 轴向固定。在花键毂两端与齿圈 3、9 之间，各有一个青铜制成的锁环（也称同步环）4、8。锁环上有断续的短花键齿圈，花键齿的断面轮廓尺寸与齿圈 3、9 及花键毂 15 的外花键齿均相同。两个锁环上的花键齿在对着接合套的一端都有倒角（称为锁止角），并且与接合套齿端的倒角相同。锁环具有与齿圈 3、9 上的锥形摩擦面锥度相同的内锥面，锥面上制出细牙的螺旋槽，以便两锥面接触后，破坏油膜，增加锥面间的摩擦。三个滑块分别嵌合在花键毂的三个轴向槽 b 内，并可沿槽轴向滑动。三个定位销分别插入三个滑块的通孔中，在弹簧的作用下，定位销压向接合套，使定位销端部的球面正好嵌在接合套中部的凹槽中，起到空挡定位作用。滑块的两端伸入锁环 4、8 的三个缺口 c 中。锁环的三个凸起部分 d 分别伸入花键毂的三个通槽 e 中，只有当凸起部位 d 位于缺口 e 的中央时，接合套与锁环的齿才可能接合。总结如下：

① **接合套**：轴向移动，内齿与花键毂啮合，同步时还与锁环、接合齿圈啮合，两边有倒角。

② **花键毂**：轴向固定，具有外齿，与接合套啮合，中间有凹槽，用于定位。

③**接合齿圈**：具有外齿，外锥面（有螺纹）。
④**锁环**：具有外齿，内锥面（有螺纹）。
⑤**滑块**：轴向移动，安装于花键毂的轴向槽中，内有定位销，两端伸入锁环的缺口中。
⑥**定位销**：插入滑块的通孔中，端部嵌在接合套的凹槽中。

图13-8所示为变速器由五挡挂入六挡（由低速挡换入高速挡）时，该同步器的工作过程。

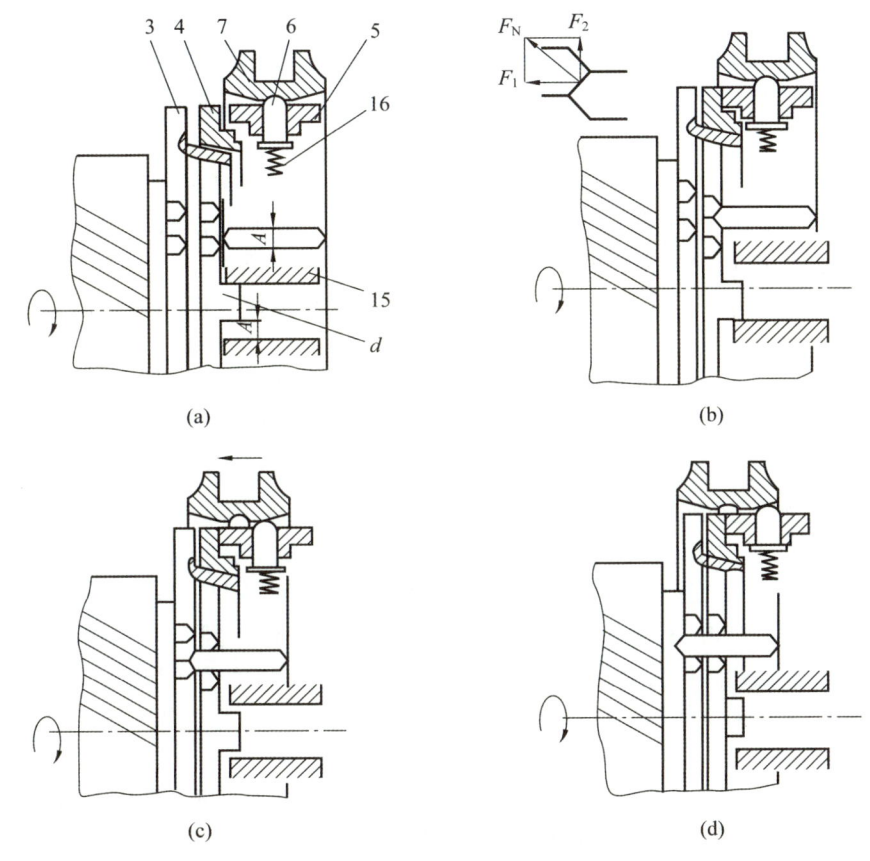

图13-8 惯性式同步器工作过程示意图（标注同上）
(a) 空挡；(b) 挂挡；(c) 锁止；(d) 同步啮合

（1）空挡

变速器由五挡换入六挡（直接挡）(图13-8（a）)，当接合套7刚从五挡退到空挡时，齿圈3和接合套7（连同锁环4）都在其本身及其所联系的一系列运动件的惯性作用下，继续沿原方向（如图中箭头所示）旋转。设它们的转速分别为n_3、n_7和n_4，则此时$n_4 = n_7$，$n_3 > n_7$，即$n_3 > n_4$。锁环4在轴向是自由的，其内锥面与齿圈3的外锥面并不接触。

（2）挂挡

若要挂入六挡，可用拨叉拨动接合套7，并通过定位销带动滑块一起向左移动，当滑块左端面与锁环4的缺口c的端面接触时（图13-8（b）），便推动锁环移向齿圈3，使具有转速差（$n_3 > n_4$）的两锥面一经接触便产生摩擦作用。齿圈3即通过摩擦作用带动锁环相对于接合套超前转过一个角度，直到锁环的凸起部d与花键毂通槽e的另一侧面接触时，锁环便与接合套同步转动。接合套的齿与锁环的齿较锁环的凸起部d位于花键毂的通槽中央时错开了约半个齿厚（花键毂通槽宽度为锁环凸起部 d 加上接合套的一个齿厚 A），从而使得接合套的齿端倒角与锁环相应的齿端倒角正好互相抵触而不能进入啮合。

(3) 锁止

驾驶员始终对接合套施加一个轴向力，使接合套齿端倒角压紧锁环齿端倒角，于是在锁环的锁止角斜面上作用有法向压力 F_N（图 13-8（b）左上角局部放大图）。力 F_N 可分解为轴向力 F_1 和切向力 F_2，二者的比值取决于花键齿锁止角的大小，形成的力矩分别为惯性力矩 M_1 和拨环力矩 M_2。惯性力矩 M_1 与轴向力 F_1 的垂直于摩擦锥面的分力成正比，而 M_2 则与切向力 F_2 成正比。

惯性力矩： 轴向力 F_1 使锁环与齿圈二者的锥面产生摩擦力矩，使二者转速 n_3 与 n_4 迅速接近。由于锁环连同接合套通过花键毂与整个汽车相联系，转动惯量大，转速下降很慢。而齿圈仅与离合器从动部分相联系，转动惯量很小，速度降低较前者快得多。因为齿圈是减速旋转，根据惯性原理，即产生惯性力矩 M_1，其方向与旋转方向相同。此惯性力矩通过摩擦锥面作用到锁环上，阻止锁环相对接合套向后退转。

拨环力矩： 切向力 F_2 所形成的力矩试图使锁环相对于接合套向后退转，称为拨环力矩 M_2。

因此，在锁环上作用着两个方向相反的力矩：惯性力矩 M_1 与拨环力矩 M_2，在 n_3 尚未等于 n_4 之前，两个锥面间摩擦力矩的数值与齿圈惯性力矩相等。如果 $M_2 > M_1$，则锁环即可相对于接合套向后退转一个角度，以便二者进入接合；若 $M_2 < M_1$，则二者不可能进入接合。惯性力矩 M_1 与轴向力 F_1 的垂直于摩擦锥面的分力成正比，而 M_2 则与切向力 F_2 成正比。F_1 和 F_2 都是法向力的分力，二者的比值取决于花键齿锁止角的大小

故在设计同步器时，适当地选择锁止角，便能保证在达到同步（$n_3 = n_4$）之前，齿圈施加在锁环上的惯性力矩 M_1 总是大于切向力形成的拨环力矩 M_2，因而，不论驾驶员通过操纵机构加在接合套上的轴向推力有多大，接合套齿端与锁环齿端总是互相抵触而不能接合。这说明锁环对接合套的锁止作用是齿圈的惯性力矩造成的，"惯性式"名称即由此而来。

(4) 同步啮合

驾驶员继续加力于接合套上，摩擦作用迅速使齿圈转速降到与锁环转速相同，而后二者保持同步旋转，于是惯性力矩消失。但由于轴向力 F_1 的作用，两个摩擦锥面仍紧密接合着，此时切向力 F_2 形成的拨环力矩 M_2 使锁环连同齿圈及与之相连的所有零件一起相对于接合套向后退转一个角度，使锁环凸起部 d 又移到花键毂的通槽中央，两个花键齿圈不再抵触，此时接合套压下定位销继续左移，与锁环的花键齿圈进入接合（图 13-8（c）），锁环的锁止作用即行消失。如果此时接合套花键齿与齿圈的花键齿发生抵触，则与上述相似，作用在齿圈花键齿端斜面上的切向分力使齿圈及其相连零件相对于锁环及接合套转过一个角度，使接合套与齿圈进入接合（图 13-8（d）），而最后完成了换入六挡（由低速挡换入高速挡）的全过程。

如果是由六挡（直接挡）换入五挡（由高速挡换入低速挡），上述过程也适用。但应注意，此时五挡接合齿圈和第二轴五挡齿轮被加速到与锁环8同步，从而使接合套先后与锁环及五挡齿圈啮合完成换挡。

上述换挡过程可简要归纳为：

操纵： 驾驶员操纵换挡机构，使接合套移动，进而通过定位销带动滑块移动，推动锁环移动。

13-6 同步器工作原理动画

过程：锁环与接合齿圈接触产生**摩擦力矩**，使接合套与啮合齿轮迅速同步，具体路线为：摩擦工作面产生摩擦力矩→锁环转动一个角度→锁止→摩擦力矩增长至同步→惯性力矩消失→接合套进入同步啮合。

结果：使**花键毂、接合齿圈同步运转**，顺利换挡。

锁环式惯性同步器主要有如下特点：

① 结构紧凑、径向尺寸较小，摩擦锥面产生摩擦力不大。

② 接合齿端面作为锁止面，容易磨损失效。

③ 适用于转矩不大的轿车和轻型车辆，如一汽奥迪 100、红旗 CA7220、高尔夫等。

二、锁销式惯性同步器

在中型和重型汽车上多用锁销式惯性同步器。在结构上允许采用直径较大的摩擦锥面，摩擦锥面间可产生较大的摩擦力矩，缩短了同步时间。

图 13-9 所示是东风 EQ1090E 汽车五挡变速器中采用的锁销式惯性同步器四、五挡。两个有内锥面的摩擦锥盘 2 分别固定在带有外花键齿圈的齿轮 1 和 6 上，随齿轮一起旋转。与之相配合的两个有外锥面的摩擦锥环 3，通过三个锁销 8 和三个定位销 4 与接合套 5 连接。销锁 8 与定位销 4 在同一圆周上相互间隔地均匀布置。锁销 8 的两端固定于摩擦锥环 3 的孔中，两端的工作表面直径与接合套上孔的内径相等，而中部直径则小于孔径。锁销 8 中部和接合套 5 上相应的销孔两端有角度相同的倒角（锁止角）。只有当锁销与接合套孔对中时，接合套才能沿锁销轴向移动。在接合套上定位销孔中部有斜孔，内装弹簧 11，把钢球 10 顶向定位销中部的环槽（如 A—A 剖面图所示），以保证同步器处于正确的空挡位置。定位销 4 两端伸入锥环内侧面，有周向间隙，定位销可随接合套轴向移动。

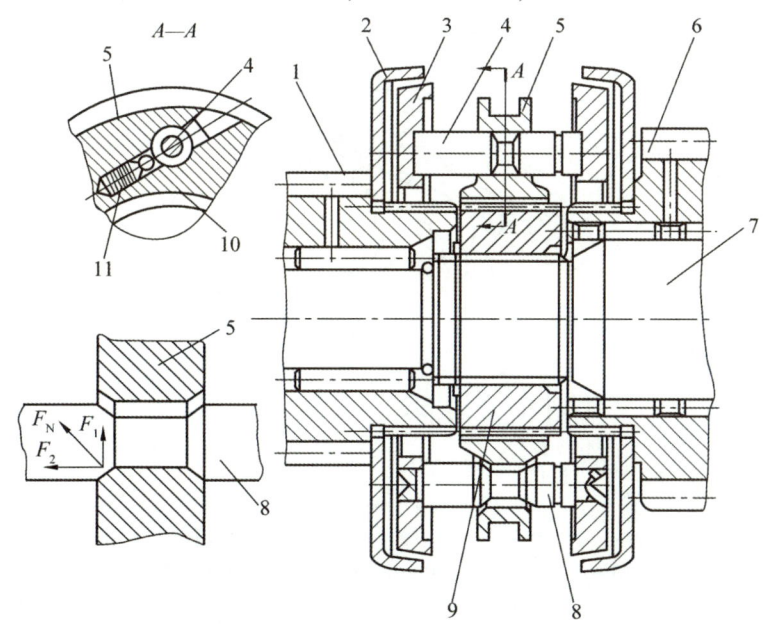

13-7 锁销式工作原理动画

1—第一轴齿轮；2—摩擦锥盘；3—摩擦锥环；4—定位销；5—接合套；
6—第二轴五挡齿轮；7—第二轴；8—锁销；9—花键毂；10—钢球；11—弹簧。

图 13-9 锁销式惯性同步器

锁销式同步器的工作原理与上述锁环式惯性同步器基本相同。由四挡换入五挡时，接合套 5 受到拨叉的轴向推力作用，通过钢球 10 和定位销 4 带动摩擦锥环 3 左移，使之与对应的摩擦锥盘接触。因摩擦锥环与锥盘有转速差，接触后的摩擦作用使锥环和锁销相对于接合套转过一个角度，锁销 8 轴线与接合套上相应孔的轴线偏移，于是锁销中部倒角与销孔端的倒角互相抵触，以阻止接合套继续前移。此时锁止面上的法向压紧力 F_N 的轴向分力 F_1 作用在摩擦锥环上并使之与锥盘压紧，使接合套与待啮合的齿圈迅速达到同步。在达到同步时，起锁止作用的齿轮 1 的惯性力矩消失，作用在锁销上的切向分力 F_2 产生的拨销力矩通过锁销使摩擦锥环 3、摩擦锥盘 2 和齿轮 1 相对接合套转过一个角度，锁销与接合套的相应孔对中，接合套克服弹簧 11 的弹力压下钢球而沿锁销移动，直到与齿轮 1 的接合齿圈接合，顺利挂上五挡。

第四节 变速器操纵机构

变速器操纵机构的功用是进行挡位变换，应保证驾驶员能准确、可靠地使变速器挂入所需要的任一挡位工作，并可随时退到空挡。图 13-10 所示为解放 CA1091 型汽车六挡变速器操纵机构的组成与布置示意图。倒挡拨叉轴，一、二挡拨叉轴，三、四挡拨叉轴和五、六挡拨叉轴的两端均支承于变速器盖的相应孔中，可以轴向滑动。所有的拨叉和拨块都用弹性销固定于相应的拨叉轴上。

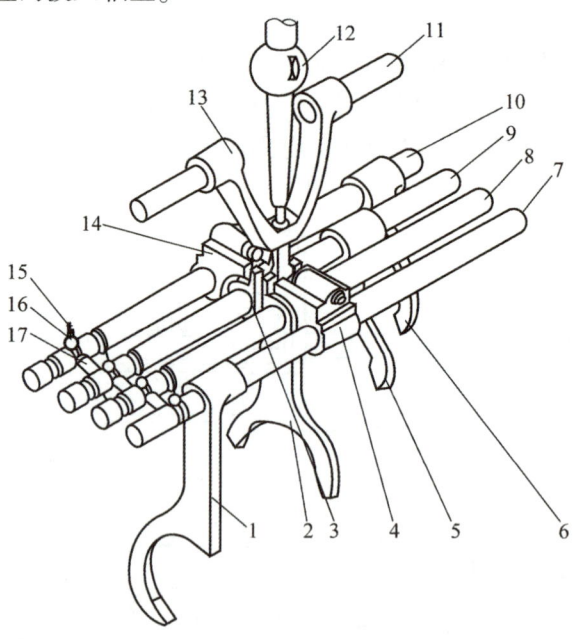

1—倒挡拨叉；2—三、四挡拨叉；3—一、二挡拨块；4—倒挡拨块；5—一、二挡拨叉；6—五、六挡拨叉；7—倒挡拨叉轴；8—三、四挡拨叉轴；9—一、二挡拨叉轴；10—五、六挡拨叉轴；11—换挡轴；12—变速杆；13—叉形拨杆；14—五、六挡拨块；15—自锁弹簧；16—自锁钢球；17—互锁柱销。

图 13-10 解放 CA1091 型汽车六挡变速器直接操纵机构

在有些汽车上，由于变速器与驾驶员座位距离较远，则需在变速杆与拨叉之间加装一些辅助杆或一套传动机构，构成远距离操纵机构。这种操纵机构称为间接操纵式变速器操纵机构。要求整套系统有足够的刚性，并且各连接件间隙不能过大，否则，换挡时手感不明显。

为保证变速器在任何情况下都能准确、安全、可靠地工作，对变速器操纵机构提出如下要求：

①保证变速器不自行脱挡或挂挡，在操纵机构中应设有自锁装置。
②保证变速器不同时挂入两个挡位，在操纵机构内设互锁装置。
③防止误挂倒挡。在变速器操纵机构中应设有倒挡锁。

1. 自锁装置

挂挡过程中，若操纵变速杆推动拨叉前移或后移的距离不足，齿轮将不能在全齿宽上啮合而影响齿轮的寿命。即使达到全齿宽啮合，也可能由于汽车振动等原因，齿轮产生轴向移动而减少了齿的啮合长度，甚至完全脱离啮合。为防止自动脱挡，并保证轮齿以全齿宽啮合，应设置自锁装置。

图13-11所示为东风EQ1090E型汽车变速器的自锁和互锁装置。自锁装置由自锁钢球1和自锁弹簧2组成。每根拨叉轴的上表面沿轴向分布有三个凹槽。当任一根拨叉轴连同拨叉沿轴向移到空挡或某一工作挡位的位置时，必有一个凹槽正好对准自锁钢球。于是钢球在弹簧压力下嵌入该凹槽内，拨叉轴的轴向位置即被固定，从而拨叉连同滑动齿轮（或接合套）也被固定在空挡或某一工作挡位置，不能自行脱出，在需要换挡时，驾驶员必须通过变速杆对拨叉和拨叉轴施加一定的轴向力，克服弹簧的压力将钢球由拨叉轴的凹槽中挤出推回孔中，拨叉轴和拨叉才能再进行轴向移动。

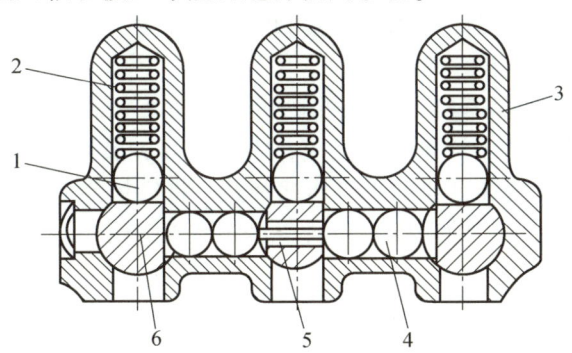

1—自锁钢球；2—自锁弹簧；3—变速器盖；4—互锁钢球；5—互锁销；6—拨叉轴。
图13-11 变速器自锁装置和互锁装置

2. 互锁装置

如果变速杆能同时推动两个拨叉，即同时挂入两个挡位，则必将造成齿轮间的机械干涉，变速器无法工作甚至损坏。为此，应设置互锁装置。

图13-11所示的互锁装置由互锁钢球4和互锁销5组成。每根拨叉轴朝向互锁钢球的侧表面上均制出一个深度相等的凹槽。任一拨叉轴处于空挡位置时，其侧面凹槽都正好对准互锁钢球。两个互锁钢球的直径之和刚好等于相邻两轴表面之间的距离加上一个凹槽的深度。中间拨叉轴上两个侧面凹槽之间有孔相通，孔中有一根可以滑移的互锁销，销的长度等于拨叉轴的直径减去一个凹槽的深度。

互锁装置的工作情况如图13-12所示。当变速器处于空挡时，所有拨叉轴的侧面凹槽同钢球、互锁销都在一条直线上。当移动中间拨叉轴3时（图13-12（a）），轴3两侧的内钢球从其侧凹槽中被挤出，而两外钢球2、4则分别嵌入拨叉轴1、5的侧面凹槽中，因

169

而将轴 1、5 刚性地锁止在其空挡位置（图 13-12（b））。若欲移动拨叉轴 5，则应先将拨叉轴 3 退回到空挡位置。于是，在移动拨叉轴 5 时，钢球便从轴的凹槽中被挤出，同时，通过互锁销和其他钢球将拨叉轴 3 和 1 均锁止在空挡位置。同理，当移动拨叉轴 1 时，则拨叉轴 3 和 5 锁止在空挡位置（图 13-12（c））。由此可知，互锁装置的作用是当驾驶员用变速杆推动某一拨叉轴时，自动锁止其他所有拨叉轴。

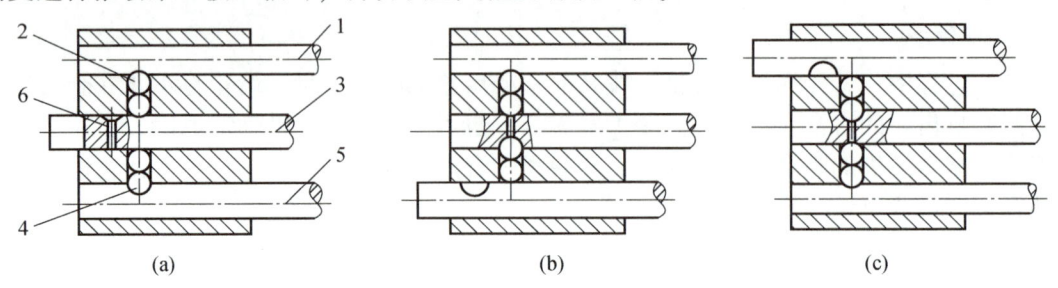

1、3、5—拨叉轴；2、4—互锁钢球；6—互锁销。

图 13-12 互锁装置工作情况

（a）拨叉轴 1、5 锁止；（b）拨叉轴 1、3 锁止；（c）拨叉轴 3、5 锁止

3. 倒挡锁

汽车行进中，若误挂倒挡，变速器轮齿间将发生极大冲击，导致零件损坏。汽车起步时，若误挂倒挡，则容易出现安全事故。为防止误挂倒挡，操纵机构中应设有倒挡锁。

图 13-13 所示为五挡变速器中常用的倒挡锁装置。倒挡锁装置是由一、倒挡拨块中的倒挡锁销 1 及弹簧 2 组成，因此，驾驶员要挂一挡或倒挡时，必须用较大的力使变速杆 4 的下端压缩弹簧，将锁销推向右方，使变速杆下端进入拨块 3 的凹槽内，以拨动一、倒挡拨叉轴而挂入一挡或倒挡。

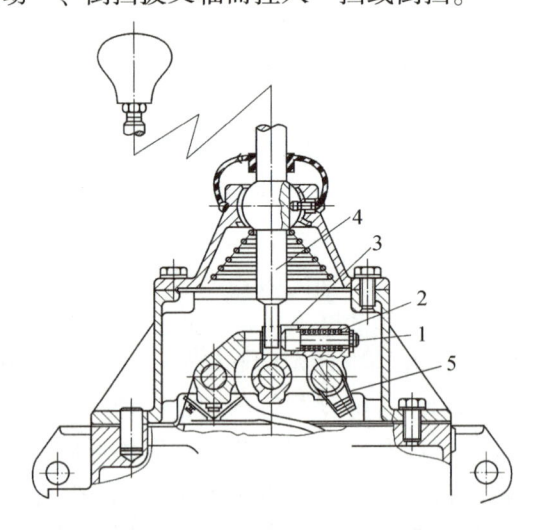

13-9 倒挡锁动画

1—倒挡锁销；2—倒挡锁弹簧；3—倒挡拨块；4—变速杆；5——挡、倒挡轴。

图 13-13 弹簧锁销式倒挡锁

由此可见，倒挡锁的作用是使驾驶员必须对变速杆施加更大的力，才能挂入倒挡，起到提醒注意的作用，以防止误挂倒挡。

第五节　分动器

在多轴汽车上采用分动器，将变速器的输出动力分配到各驱动桥。因此分动器一般具有一个输入轴、多个输出轴。分动器的输入轴与变速器的第二轴相连，输出轴有两个或两个以上，通过万向传动装置分别与各驱动桥相连。在一些汽车上装有两挡分动器，兼起到副变速器的作用。

图 13-14 所示为东风 EQ2080 型三轴越野汽车的两挡分动器。分动器单独安装在车架上，输入轴 1 通过万向传动装置与变速器第二轴连接。输出轴共有三根，即通往后驱动桥的输出轴 7、通往中驱动桥的输出轴 11 和通往前驱动桥的输出轴 15。

越野汽车在坏路或无路情况下行驶时，为了使汽车有足够的牵引力，需要前桥参加驱动；而在好路上行驶时，前桥应作为从动桥，以免增加功率消耗和轮胎及传动系零件的磨损。因此，分动器中通往前桥的输出轴 15 与通往中桥的轴出轴 11 之间装有前桥接合套 14。只有将接合套 14 右移，使轴 15 与轴 11 刚性连接时，前桥才参加驱动。

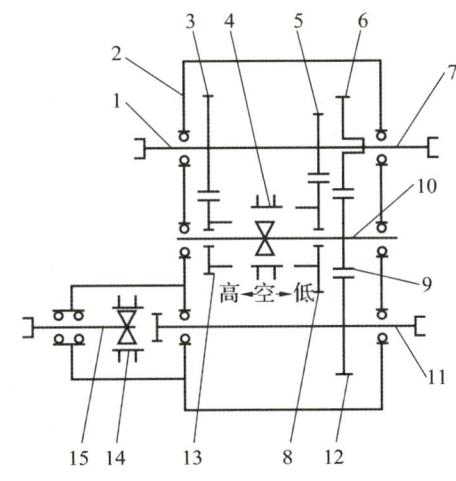

1—输入轴；2—分动器壳；3、5、6、8、9、12、13—齿轮；
4—换挡接合套；7—后桥输出轴；10—中间轴；
11—中桥输出轴；14—前桥接合套；15—前桥输出轴。

图 13-14　东风 EQ2080 型三轴越野汽车的两挡分动器
结构示意图

图中表示的是分动器的空挡位置。将换挡接合套 4 左移，与齿轮 13 的接合齿圈接合后，从输入轴 1 传来的动力，经齿轮 3、13 和中间轴 10 传到齿轮 9，由此再分别经齿轮 6 和 12 传到输出轴 7 和 11。若接合套 14 已与轴 10 接合，则动力还可以从轴 10 传给通往前桥的输出轴 15。分动器的这一挡位为最高挡，其传动比为 1.08。

将接合套 4 右移，与齿轮 8 的接合齿圈接合时，动力从输入轴经齿轮 5 和 8 传到中间轴 10 和齿轮 9，然后再分别传到输出轴 7、11、15。这一挡位为低速挡，传动比为 2.05。

当分动器挂入低速挡工作时，其输出转矩较大。为避免中、后桥超载荷、此时前桥必须参加驱动，以分担一部分载荷。因此，分动器的工作要求先接前桥，后挂低速挡；先退出低速挡，再摘下前桥。可通过操纵机构保证上述要求。一种简单的越野汽车分动器的操纵机构如图13-15所示。

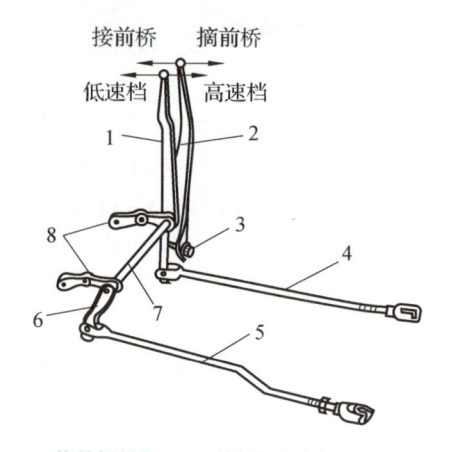

1—换挡操纵杆；2—前桥操纵杆；3—螺钉；
4、5—传动杆；6—摇臂；7—轴；8—支承臂。

图13-15 分动器操纵机构

> **补充提示：**
> 19世纪30年代，凯迪拉克发明无碰撞同步变速器，采用惯性同步器，依靠摩擦作用实现同步。它主要由接合套、同步锁环等组成，它的特点是依靠摩擦作用实现同步。接合套、同步锁环和待接合齿轮的齿圈上均有倒角（锁止角），同步锁环的内锥面与待接合齿轮齿圈外锥面接触产生摩擦。锁止角与锥面在设计时已做了适当选择，锥面摩擦使得待啮合的齿套与齿圈迅速同步，同时又会产生锁止作用，防止齿轮在同步前进行啮合。当同步锁环内锥面与待接合齿轮齿圈外锥面接触后，在摩擦力矩的作用下，齿轮转速迅速降低（或升高）到与同步锁环转速相等，两者同步旋转，齿轮相对于同步锁环的转速为零，因而惯性力矩也同时消失，这时在作用力的推动下，接合套不受阻碍地与同步锁环齿圈接合，并进一步与待接合齿轮的齿圈接合而完成换挡过程。"无碰撞"同步变速器在降低摩擦噪声和换挡杆摩擦力方面有很大进步，为全自动变速器的问世奠定了基础。

练习题

1. 变速器的功用和类型有哪些？
2. 请说明两轴式变速器各挡的动力传递路线，怎样计算各挡传动比？
3. 请说明三轴式变速器各挡的动力传递路线，怎样计算各挡传动比？
4. 简述三轴式变速器与两轴式变速器的区别。
5. 防止自动脱挡的结构有哪些？
6. 简述锁环式同步器的结构组成和工作原理。
7. 简述变速器操纵机构中的安全装置及其功能。
8. 分动器的作用、操纵要求是什么？

第十四章 自动变速器

> **学习目标**
>
> 本章介绍了自动变速器的功用、结构和工作原理。要求学生掌握液力变矩器的构造及工作原理；掌握液力自动变速器的结构与变速原理、典型实例；了解自动变速器的操纵系统、其他自动变速器的结构和工作原理。

> **重点难点**
>
> 1. 液力变矩器的构造及工作原理。
> 2. 典型液力自动变速器（AT）的组成和工作原理。

第一节 概 述

一、自动变速器的功用

自动变速器是指汽车行驶过程中，变速器的操纵和换挡全部或者部分实现自动化控制，能够根据汽车行驶速度、发动机转速、负荷、路面状况和驾驶员的意愿，自动改变传动系统的传动比，使汽车获得良好的动力性和经济性。它能够克服机械变速器的动载荷大、易使零件磨损及频繁地操纵离合器等缺点，从而减轻驾驶员的劳动强度，提高行车安全性。不足之处是结构复杂、造价高、传动效率低。

二、自动变速器的类型

自动变速器的分类有多种，按齿轮变速机构，可分为平行轴式和行星齿轮式两种，按控制方式，可分为液控液力自动变速器和电控液力自动变速器等，但是目前常见分类主要有如下类型：液力自动变速器（AT）、电控机械式变速器（AMT）、机械式无级变速器（CVT）、双离合器式自动变速器（DSG）等。其中，液力自动变速器（AT）应用最广泛。各自特点如下：

①液力自动变速器（Automatic Transmission，AT），以液体为中介传递动力，外加行星齿轮改变速度，不用离合器换挡，具有技术成熟、操作简单、加速平顺、故障率低等特点。

②电控机械式自动变速器（Automatic Manual Transmission，AMT），简单地说，就是手动变速器加上电控单元 ECU，以齿轮啮合来传递动力改变速度，保留手动式传动效率高、成本低的特点，存在动力中断、加速平顺性差的不足。

③机械式无级变速器（Continuously Variable Transmission，CVT），以链带和锥形轮来传递动力，可以无级变速，平顺性佳，没有变挡的感觉，缺点是油门响应较慢。

④双离合器式自动变速器（Double Clutch Transmission，DCT），德国大众汽车公司称之为 DSG（Direct Shift Gearbox，直接换挡离合器），简单地说，就是手动变速器、两个离合器、电控单元 ECU 的结合，也是以齿轮啮合来传递动力，改变速度的，具有传动效率高、换挡速度快、反应迅速等特点。

第二节　液力自动变速器 AT

一、概述

1. 液力自动变速器 AT 的组成

液力自动变速器 AT 主要由液力变矩器、齿轮变速器、自动换挡控制系统等部分组成。

（1）液力变矩器

液力变矩器位于自动变速器的最前端，它通过螺栓与发动机的飞轮相连。它利用液力传动的原理，将发动机的动力传给自动变速器的输入轴。

（2）齿轮变速器

齿轮变速器是自动变速器的主要组成部分，可以使变速器实现不同的传功比，使之处于不同的挡位，一般有 3~4 个前进挡和 1 个倒挡。与液力变矩器配合，可获得由起步至最高车速的整个范围内的自动变速。

（3）自动换挡控制系统

自动换挡控制系统是在汽车行驶时，其根据车速和发动机负荷的变化，使变速器自动换入不同挡位的一套系统，由动力源、执行机构和控制机构等组成，主要零部件有离合器、制动器、油泵、调压阀、换挡阀、减振器等。随着自动变速器的发展，由液控液力自动变速器逐渐过渡到电控液力自动变速器。

2. 液力自动变速器的分类

液力自动变速器按控制方式，可分为液控液力自动变速器和电控液力自动变速器。

（1）液控液力自动变速器

在手动控制阀选定位置后，由反映节气门开度的节气门阀和反映车速的调速器阀把节气门开度和车速转换为液力信号，在换挡点，这些液力信号直接控制换挡阀，使换挡执行机构（换挡离合器、换挡制动器和单向离合器）进行换挡。液力控制系统控制自动换挡的信息有换挡手柄位置、节气门开度（表征发动机负荷）和车速。当驾驶员选定换挡手柄的位置之后，控制系统将根据节气门的开度和车速实现自动换挡变速，如图 14-1 所示。

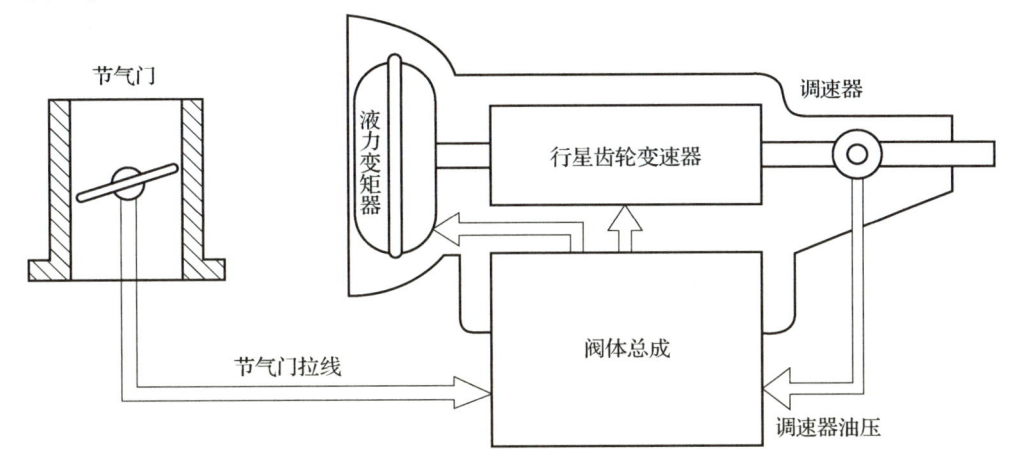

图 14-1　液控液力自动变速器工作示意图

（2）电控液力自动变速器

在手控制阀选定位置后，由反映节气门开度的节气门位置传感器和反映车速的车速传感器把节气门开度和车速（还有发动机转速、冷却液温度、液力油温度等参数）转变为电信号，这些电信号输入电子控制单元（ECU）。在换挡点，ECU 向换挡电磁阀、油压电磁阀、锁止电磁阀发出电信号，电磁阀再将电信号转变成液力控制信号，控制各换挡阀，使换挡执行机构换挡，如图 14-2 所示。

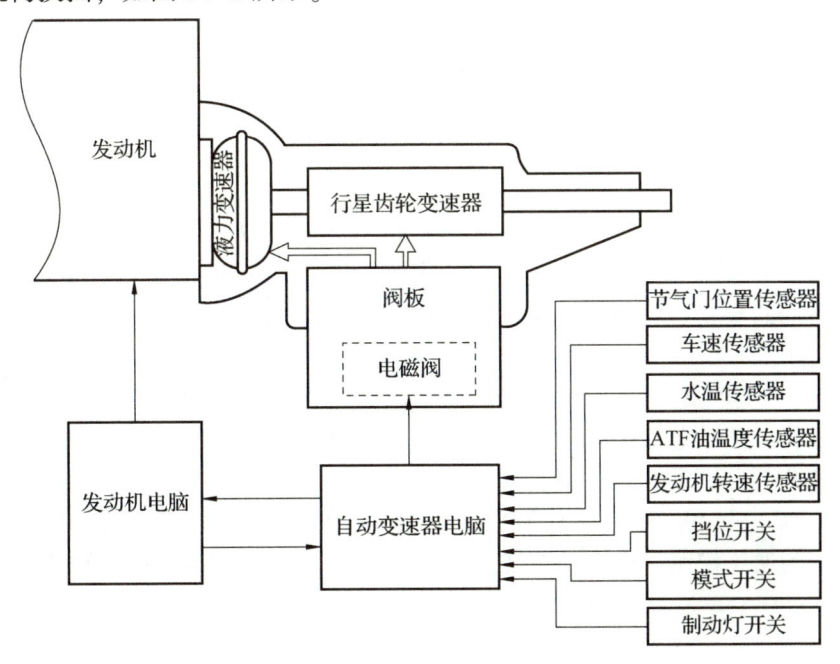

图 14-2　电控液力自动变速器工作示意图

二、液力变矩器

1. 液力变矩器的结构

液力变矩器主要由**泵轮 4、涡轮 3 及固定不动的导轮 5** 三个元件组成（图 14-3 和图 14-4）。

如图 14-4 所示，泵轮与变矩器壳连成一体，用螺栓固定在发动机曲轴后端的凸缘上，与发动机曲轴同步转动，为变矩器的主动元件。壳体做成两半，装配后焊成一体（有的用螺栓连接），壳体外面有起动齿圈。涡轮通过轴承安装在变矩器内，通过输出轴与汽车传动系统的其他部件相连，为变矩器的从动元件。导轮安装在泵轮与涡轮之间，固定套在变速器外壳上。变矩器正常工作时，储于环形内腔中的工作液，除绕变矩器轴的圆周运动外，还有循环圆中的循环流动，故能将转矩从泵轮传到涡轮上。

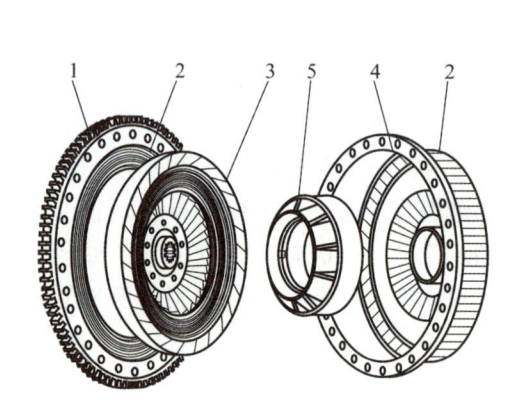

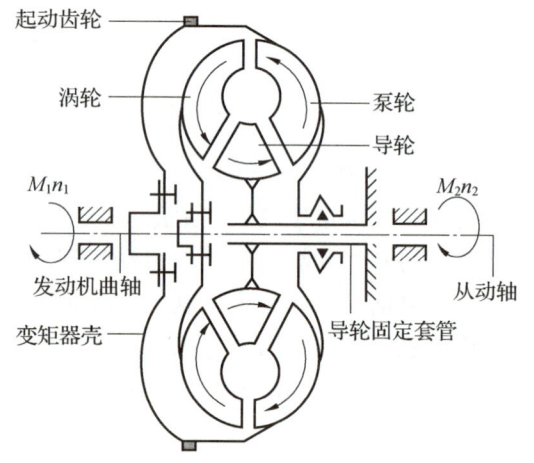

1—起动齿圈；2—变矩器壳；3—涡轮；4—泵轮；5—导轮。

图 14-3 液力变矩器的主要零件

图 14-4 液力变矩器的结构与原理

2. 液力变矩器的工作原理

变矩器不仅能传递转矩，而且能在泵轮转矩不变的情况下，随着涡轮的转速不同而改变涡轮输出转矩的数值。这是因为在工作液循环流动的过程中，固定不动的导轮给涡轮一个反作用力矩，使涡轮输出的转矩不同于泵轮输入的转矩。

图 14-5 所示是变矩器工作轮的展开图，由此来说明变矩器的工作原理。展开图是将循环圆上的中间流线（此流线将液流通道断面分割成面积相等的内、外两部分）展开成一条直线，各循环圆中间流线均在同一个平面上展开。在展开图上，泵轮 B、涡轮 W 和导轮 D 便成为三个环形平面，并且工作轮的叶片角度也清楚地显示出来。为便于说明，设发动机转速及负荷不变，即变矩器泵轮的转速 n_b 及转矩 M_b 为常数。

第十四章　自动变速器

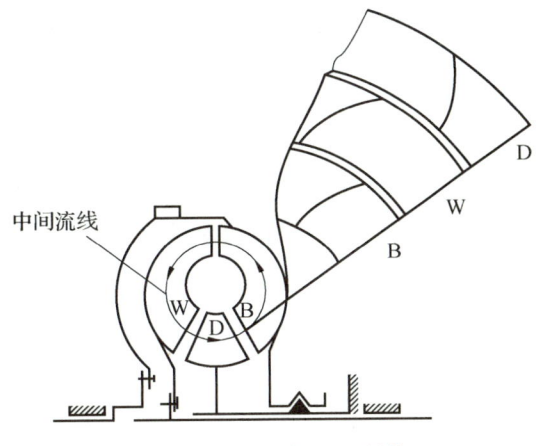

B—泵轮；W—涡轮；D—导轮。
图 14-5　液力变矩器工作展开示意图

①汽车起步时，开始时涡轮转速 n_w 为 0，如图 14-6（a）所示。工作液在泵轮叶片带动下，以一定的绝对速度沿图中箭头 1 的方向冲向涡轮叶片。因涡轮静止不动，液流将沿着叶片流出涡轮并冲向导轮，液流方向如图中箭头 2 所示。然后液流再从固定不动的导轮叶片沿箭头 3 方向流入泵轮中。当液体流过叶片时，受到叶片的作用力，其方向发生变化。设泵轮、涡轮和导轮对液流的作用转矩分别为 M_b、M_w、M_d。由于液流对涡轮的作用转矩方向相反、大小相等，因而在数值上，涡轮转矩 M_w 等于泵轮转矩 M_b 与导轮转矩 M_d 之和。显然，此时涡轮转矩 M_w 大于泵轮转矩 M_b，即液力变矩器起了增大转矩的作用。当变矩器输出的转矩经传动系统传到驱动轮上所产生的牵引力足以克服汽车起步阻力时，汽车起步。

②起步后，汽车开始加速，与之相联系的涡轮转速 n_w 也逐渐增加。这时液流在涡轮出口处不仅有沿叶片方向的相对速度 w，还有沿圆周方向的牵连速度 u，冲向导轮叶片液流的绝对速度 v 为二者的合成速度，如图 14-6（b）所示。因原设泵轮转速不变，起变化的只是涡轮转速，故涡轮出口处相对速度 w 不变，只是牵连速度 u 起变化。

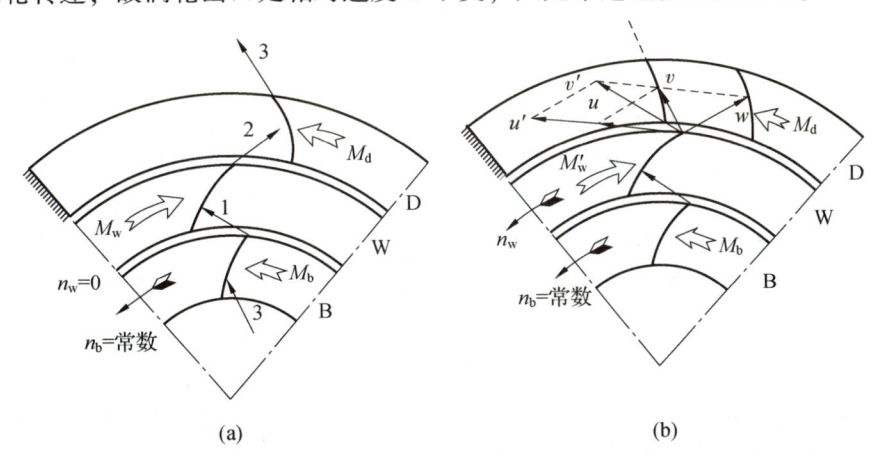

图 14-6　液力变矩器工作原理图
（a）n_b=常数，n_w=0；（b）n_b=常数，n_w 逐渐增加

由图可见，冲向导轮叶片的液流的绝对速度 v 将随着牵连速度 u 的增加（即涡轮转速 n_w

的增加）而逐渐向左倾斜，使导轮上所受转矩值逐渐减小，当涡轮转速增大到某一数值 n_{w1}，由涡轮流出的液流（如图 14-6（b）中 u 所示方向）正好沿导轮出口方向冲向导轮时，由于液体流经导轮时方向不改变，故导轮转矩 M_d 为 0，于是涡轮转矩与泵轮转矩相等，即 $M_w = M_b$。若涡轮转速 n_w 继续增大，液流绝对速度 v 方向继续向左倾，如图 14-6（b）中 v' 方向所示，导轮转矩方向与泵轮转矩方向相反，则涡轮转矩为前二者转矩之差（$M_w = M_b - M_d$），即变矩器输出转矩反而比输入转矩小。当涡轮转速 n_w 增大到与泵轮转速 n_b 相等时，工作液在循环圆中的循环流动停止，将不能传递动力。

上述变矩器在泵轮转速 n_b 和转矩 M_b 不变的条件下，涡轮转矩 M_w 随其转速 n_w 变化的规律，即液力变矩器的特性，可用图 14-7 表示。从变矩器特性曲线可以看出，液力变矩器的输出转矩随转速的改变而连续变化，在发动机转速和转矩不变时，涡轮的输出转矩和转速随汽车行驶阻力的大小而变化。如当汽车起步、上坡或遇到较大阻力时，车速自动降低，涡轮转矩增大，使驱动轮获得较大的转矩，保证汽车能克服增大的阻力而继续行驶。所以液力变矩器是一种能随汽车行驶阻力的不同而自动调整转矩的无级变速器。

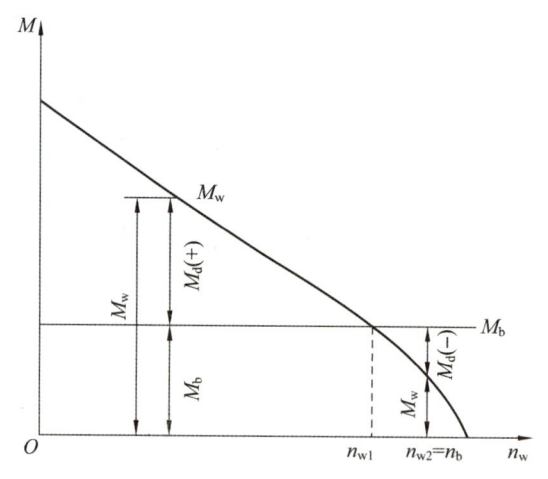

图 14-7 液力变矩器特性（n_b 为常数）

3. 综合式液力变矩器

由于在转速高时，液力变矩器输出扭矩小于输入扭矩，为改善此不足，当液力变矩器输出扭矩小于输入扭矩时，增加单向离合器，使导轮不起作用，液力变矩器变为液力耦合器。此时液力变矩器也称为三元件综合式液力变矩器，如图 14-8 所示。

14-3 三元件综合式液力变矩器

单向离合器的作用是控制导轮的运动，当涡轮转速低时，导轮固定，当转速达到某一数值（输入转矩与输出转矩相等）时，使导轮自由转动，不起作用，液力变矩器变为耦合器。目前常见的有滚柱式单向离合器和楔块式单向离合器。

滚柱式单向离合器的构造可用图 14-9 来说明。它由外座圈 2、内座圈 1、滚柱 5 及不锈钢叠片弹簧 6 组成。导轮 3 用铆钉 4 铆在外座圈上（也可用花键连接）。内座圈与导轮固定套管（在图 14-8 中标号为 14）用花键连接，因而内座圈是固定不动的。外座圈的内表面有若干个偏心的圆弧面。滚柱经常被叠片弹簧压向内、外座圈之间滚道比较狭窄的一端，而将内、外两座圈楔紧。

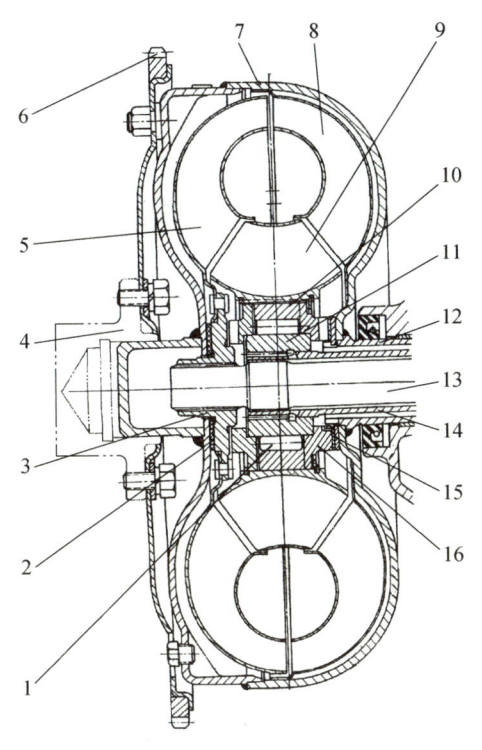

1—滚柱；2—塑料垫片；3—涡轮轮毂；4—曲轴凸缘；5—涡轮；6—起动齿圈；7—变矩器壳；8—泵轮；9—导轮；10—单向离合器外座圈；11—单向离合器内座圈；12—泵轮轮毂；13—变矩器输出轴（齿轮变速器第一轴）；14—导轮固定套管；15—推力垫片；16—单向离合器盖。

图14-8　三元件综合式液力变矩器

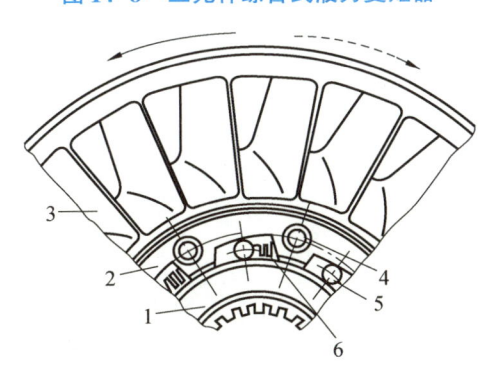

1—内座圈；2—外座圈；3—导轮；4—铆钉；5—滚柱；6—叠片弹簧。

图14-9　滚柱式单向离合器的结构

当涡轮转速较低、与泵轮转速差较大时，从涡轮流出的液流冲击导轮叶片，力图使导轮顺时针方向（虚线箭头所示）旋转。由于滚柱楔紧在滚道的窄端，导轮便同自由轮外座圈一起被卡紧在内座圈上而固定不动，此时液力变矩器起增大转矩的作用。当涡轮转速升高到一定程度时，液流对导轮的冲击力反向，于是导轮自由地相对于内座圈按实线箭头方向与涡轮同向转动，导轮不起作用，变矩器转为耦合器的工作状况。滚柱式单向离合器的工作原理示意图如图14-10所示。

(a)　　　　　　　　　(b)

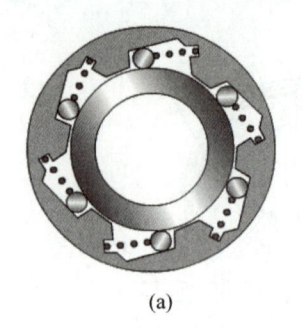

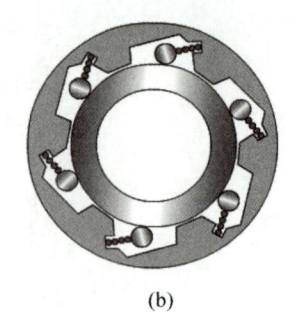

图 14-10　滚柱式单向离合器的工作原理
(a) 锁止；(b) 自由

上述三元件综合式液力变矩器结构简单，工作可靠，性能稳定，最高效率达 92%。在转为耦合器工作时，高传动比区的效率可达 96%。因此，它在高级轿车上应用极广，在大型客车、自卸车及工程车辆上的应用也逐渐增多。

三、齿轮变速器

液力变矩器虽能传递和增大发动机转矩，但变矩比不大，变速范围不宽，远不能满足汽车使用工况。为进一步增大转矩，扩大其变速范围，提高汽车的适应能力，在液力变矩器后面再装一个机械变速器——有级式齿轮变速器。该变速器一般采用多个行星齿轮结构。

1. 单排行星齿轮机构的工作原理

单排行星齿轮机构的受力分析如图 14-11 所示。

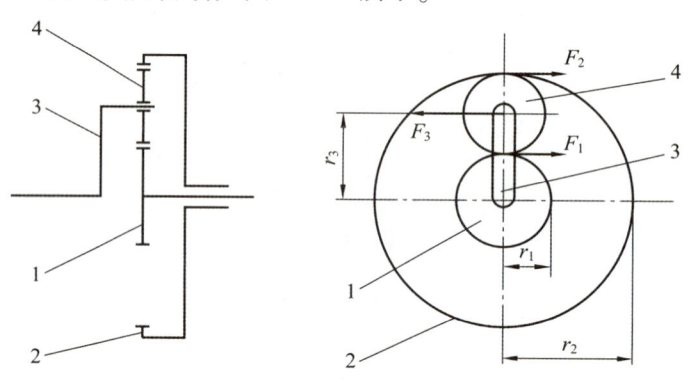

1—太阳轮；2—齿圈；3—行星架；4—行星齿轮。

图 14-11　单排行星齿轮机构及作用力

作用在太阳轮 1 上的力矩为 $M_1 = F_1 r_1$，作用在齿圈 2 上的力矩为 $M_2 = F_2 r_2$，作用在行星架 3 上的力矩为 $M_3 = F_3 r_3$，令齿圈与太阳轮的齿数比为 α，则 $\alpha = z_2/z_1 = r_2/r_1$，式中，$r_1$、$r_2$ 分别为太阳轮和齿圈的节圆半径；r_3 为行星轮与太阳轮的中心距。

由力平衡条件和能量守恒定律得行星机构的动力学和运动学特性方程式如下：

$$M_1\omega_1 + M_2\omega_2 + M_3\omega_3 = 0 \tag{14-1}$$

$$n_1 + \alpha n_2 - (1+\alpha)n_3 = 0 \tag{14-2}$$

式中，ω_1、ω_2、ω_3 分别为太阳轮、齿圈和行星架的角速度；n_1、n_2、n_3 分别为太阳轮、齿

圈和行星架的转速。

由式（14-2）可看出，在太阳轮、齿圈和行星架这三个元件中，可任选两个分别作为主动件和从动件，而使另一个元件固定不动（即转速为零）或使其运动受一定的约束（即转速为一定值），则整个轮系即以一定的传动比传递动力。

①太阳轮 1 为主动件，行星架 3 为从动件，齿圈 2 固定，传动比为 $i_{13} = n_1/n_3 = 1 + \alpha = 1 + z_2/z_1$。

②齿圈 2 为主动件，行星架 3 为从动件，太阳轮 1 固定，传动比为 $i_{23} = n_2/n_3 = (1 + \alpha)/\alpha = 1 + z_1/z_2$。

③太阳轮 1 为主动件，齿圈 2 为从动件，行星架 3 固定，传动比为 $i_{12} = n_1/n_2 = -\alpha = -z_2/z_1$，相当于倒挡。

④如果太阳轮和齿圈连为一体，即 $n_1 = n_2$，则 $n_1 = n_2 = n_3$，传动比为 1，相当于直接挡。

⑤如果所有元件都不受约束，则行星齿轮机构不传递动力，相当于空挡。

由上可见，单排行星齿轮机构可以获得 4 种不同的传动比。

2. 多排行星齿轮机构的结构与工作原理

单排行星齿轮机构所提供的传动比是有限的，为了获得较多的挡数及合适的传动比，可以采用两排或三排行星齿轮机构。其中典型的多排行星齿轮机构主要有辛普森式行星齿轮机构和拉威挪式行星齿轮机构。

（1）辛普森式行星齿轮机构

如图 14-12 所示，其主要由结构参数相同的两个单级行星排组成，结构特点如下：
①前、后两个行星排的太阳轮连为一个整体，即共用太阳轮，称为前后太阳轮组件。
②前行星排的行星架与后行星排的内齿圈相连，作为自动变速器的输出轴。
③前行星排的内齿圈和太阳轮组件通常作为自动变速器的输入轴。

辛普森式行星齿轮机构结构简单、尺寸小，传动效率高、换挡平稳，与不同数量的换挡执行元件组合，可构成三挡或四挡行星齿轮变速系统。

（2）拉威挪式行星齿轮机构

拉威挪式行星齿轮机构（图 14-13）由一个单排单级行星齿轮机构和一个单排双级行星齿轮机构组合而成，结构特点如下：
①前排为单级行星齿轮机构，后排为双级行星齿轮机构，前、后排共用行星架和内齿圈。
②前排太阳轮称为大太阳轮，与后排长行星齿轮啮合；后排太阳轮称为小太阳轮，与短行星齿轮啮合；长、短行星齿轮互相啮合，共用行星架。
③通常以前后太阳轮作为输入轴，内齿圈作为输出轴。

拉威挪式行星齿轮机构结构紧凑，构件少，相互啮合的齿数多，可传递较大转矩，但结构复杂，传动效率较低。

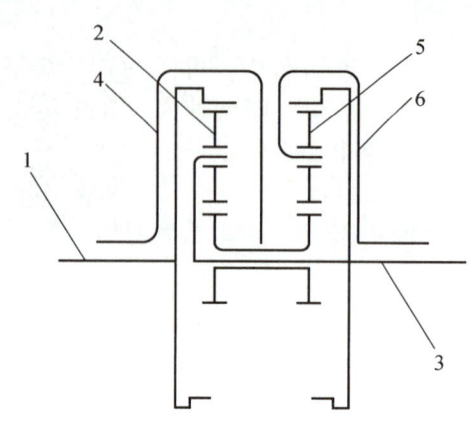

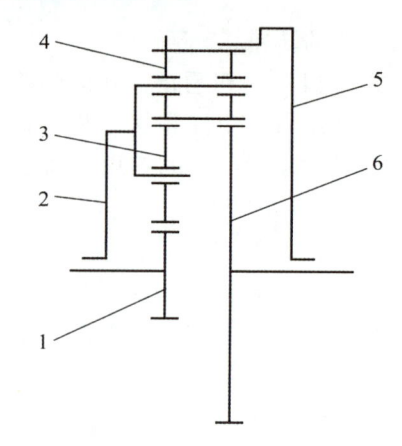

1—前内齿圈；2—前行星齿轮；3—前行星架和后内齿圈组件；
4—前后太阳轮组件；5—后行星齿轮；6—后行星架。

图 14-12　辛普森式行星齿轮机构示意图

1—小（前）太阳轮；2—行星齿轮架；3—短行星齿轮；
4—长行星齿轮；5—齿圈；6—大（后）太阳轮。

图 14-13　拉威挪式行星齿轮机构示意图

（3）典型辛普森式行星齿轮机构变速器的工作原理

图 14-14 所示为典型辛普森式行星齿轮传动机构，换挡执行元件有两个离合器 C_1、C_2，两个制动器 B_1、B_2 和单向离合器 F_w，每接一个挡位需要操纵两个执行元件。各挡传动比如下：

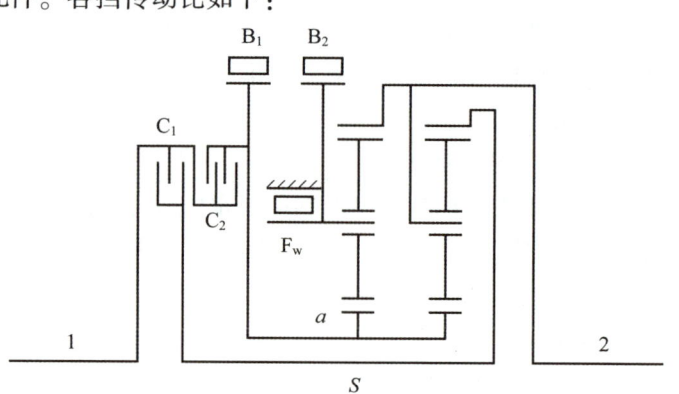

14-5 辛普森工作原理动画

图 14-14　辛普森式行星齿轮机构变速器示意图

一挡：离合器 C_1 接合，单向离合器 F_w 卡住，相当于制动器 B_1 起作用。当在其他挡位时，第一排行星架的旋转方向与一挡时相反，这时单向离合器被脱开。当 $n_{C1}=0$ 时，$n_1=n_S$，单向离合器被卡住，因此 $n_{Fw}=n_{B2}$，通过上述方程组可求得一挡传动比 $i_1=n_1/n_2=(1+2\alpha)\alpha$。

二挡：接合离合器 C_1 和制动器 B_1。此时齿圈为主动件，星架为从动件，太阳轮被固定。二挡传动比为 $i_2=(1+\alpha)/\alpha$。

三挡：接合离合器 C_1 和 C_2，则辛普森行星齿轮机构被连成一体，为直接传动，其传动比为 $i_3=1$。

倒挡：接合离合器 C_2 和制动器 B_2，则第二排行星齿轮起作用，此时，太阳轮为主动件，齿圈为从动件，行星架固定，其传动比为 $i_R=-\alpha$。

辛普森式行星齿轮机构与一个单排行星齿轮机构（超速挡行星齿轮机构）串联可组合成 4 个前进挡和 1 个倒挡的行星齿轮变速器。例如，通用汽车公司的 4T60E 型、丰田汽车公司的 A140E 型变速器。

图 14-15 所示为丰田 A340E 型辛普森式三行星排四挡行星齿轮变速器结构示意图。超速行星排被安装在行星齿轮变速器的前端，行星架 11 是主动件，与输入轴 1 相连。超速行星排的工作由超速挡离合器 C_0、超速挡单向离合器 F_0 和超速挡制动器 B_0 控制，C_0 和 F_0 都连接超速行星排行星架与太阳轮 2；F_0 的外圈与行星架啮合，内圈固定在太阳轮上，在发动机动力传到输入轴时，太阳轮与行星架结合。B_0 连接壳体与太阳轮，用于制动太阳轮。齿圈 3 为被动件，与中间轴 4 相连。在行星齿轮变速器传动过程中，B_0 放松 C_0 接合时，超速行星排直接传动，传动比为 1；而当 B_0 制动、C_0 分离时，超速行星排则由行星架输入，齿圈输出处于增加转动状态，因而传动比小于 1（超速挡）。

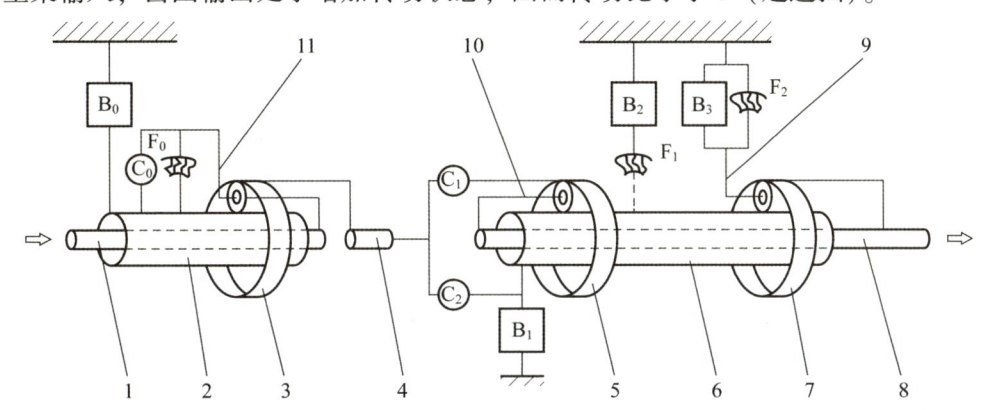

1—输入轴；2—超速挡太阳轮；3—超速挡齿圈；4—中间轴；5—前行星齿圈；6—太阳轮；7—后行星齿圈；8—输出轴；9—后行星架；10—前行星架；11—超速挡行星架；C_0—超速挡离合器；C_1—前进挡离合器；C_2—高挡及倒挡离合器；B_0—超速挡制动器；B_1—Ⅱ挡滑行制动器；B_2—Ⅱ挡制动器；B_3—低挡及倒挡制动器；F_0—超速挡单向离合器；F_1—Ⅱ挡单向离合器；F_2—低挡单向离合器。

图 14-15　辛普森式三行星排四挡行星齿轮变速器结构示意图

前进挡离合器 C_1 连接中间轴 4 和前齿圈 5，倒挡及高挡离合器 C_2 连接中间轴和太阳轮 6，Ⅱ挡滑行制动器 B_1（为带式结构，其余制动器均为多片摩擦式结构）连接变速器壳体与太阳轮，用来制动太阳轮。输出轴 8 与前行星架 10、后齿圈 7 连接。Ⅱ挡制动器 B_2 用于固定Ⅱ挡单向离合器 F_1 的外圈，防止太阳轮逆时针转动（从变速器输入端看，以下类同），即太阳轮逆时针旋转时，F_1 的内、外圈接合。低挡及倒挡制动器 B_3 连接外壳与后行星架 9，用于制动后行星架。低挡单向离合器 F_2 连接后行星架与外壳（逆时针旋转时，F_2 的内、外圈接合），防止后行星架逆时针转动。

丰田 A340E 型自动变速器换挡手柄有六个位置：P、R、N、D、2、L，见表 14-1。换挡手柄在 D 位时，可在Ⅰ~Ⅳ挡变换，Ⅰ~Ⅳ挡均无发动机制动；换挡手柄在 2 位时，可在Ⅰ~Ⅲ挡变换，而且Ⅱ挡会产生发动机制动作用；换挡手柄在 L 位时，可在Ⅰ~Ⅱ挡变换，并且Ⅰ、Ⅱ挡均有发动机制动作用。在城市繁华路段，车速不高且加减速频繁，或在山区下坡路段，需要经常利用发动机制动时，可把换挡手柄置于 2 或 L 位置。

表 14-1　A340E 换挡工作元件执行表

手柄位置	传动挡位	工作元件							
		C_0	C_1	C_2	B_0	B_1	B_2	B_3	F_0	F_1	F_2
P	停车挡	●	○	○	○	○	○	○	○	○	○
R	倒挡	●	○	●	○	○	○	●	●	○	○
N	空挡	●	○	○	○	○	○	○	○	○	○
D	一挡	●	●	○	○	○	○	○	●	○	●
	二挡	●	●	○	○	○	●	○	●	●	○
	三挡	●	●	●	○	○	○	○	●	●	○
	超速挡	○	●	●	●	○	○	○	○	●	○
2	一挡	●	●	○	○	○	○	○	●	○	●
	二挡	●	●	○	○	●	●	○	●	●	○
	三挡	●	●	●	○	○	○	○	●	●	○
L	一挡	●	●	○	○	○	○	●	●	○	●
	二挡	●	●	○	●	○	○	○	○	●	○

四、自动换挡控制系统

自动换挡控制系统包括动力源、执行机构（离合器和制动器）和控制机构（系统）三部分。

1. 动力源

动力源是液压泵，用来提供所需液压油液的油量和油压。

2. 执行机构

执行机构主要包括离合器和制动器，其功用是通过控制油压实现离合器的分离和结合、制动器的制动和松开，实现换挡的目的。离合器主要为片式离合器（图 14-16），制动器主要有片式制动器和带式制动器，如图 14-17 所示。片式离合器和制动器的工作原理

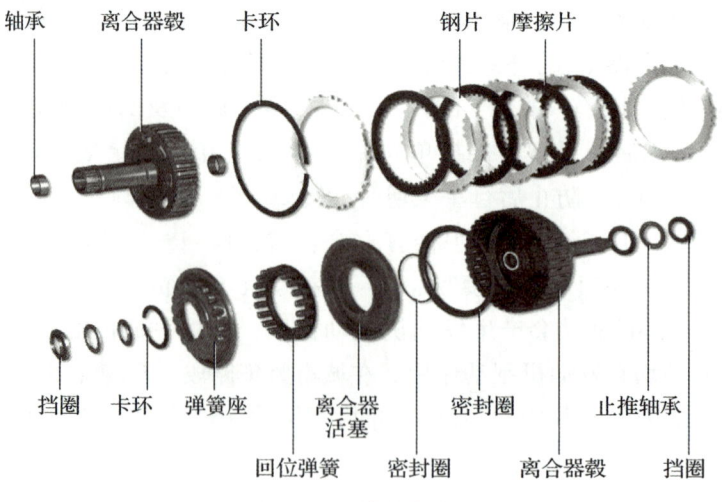

图 14-16　片式离合器

与离合器原理一致，靠接合两方的摩擦使之同步。带式制动器的工作原理与制动器的一致，在制动系统部分会讲述。

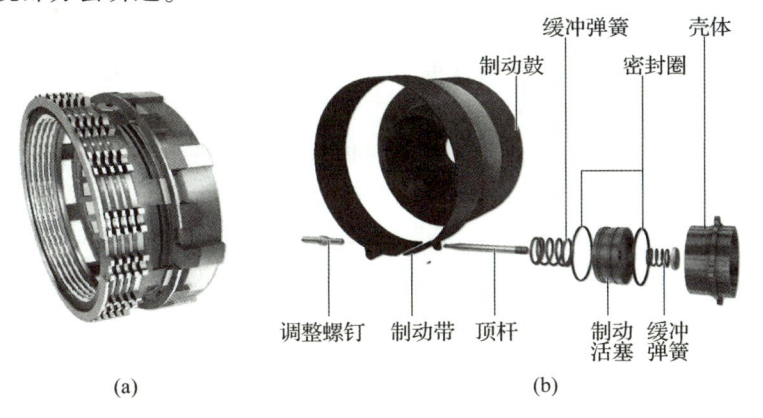

图 14-17 制动器
（a）片式制动器结构；（b）带式制动器结构

3. 执行机构（系统）

按控制系统的控制形式，分为液控液力式和电控液力式两种。控制机构有阀体和各种阀门（调压阀、手动阀、换挡阀等）。

电控液力式系统由电子控制单元（ECU）、传感器和执行器三部分组成（图 14-18）。传感器将信号传给电子控制单元，电子控制单元经过分析计算，向执行器发出指令，操纵

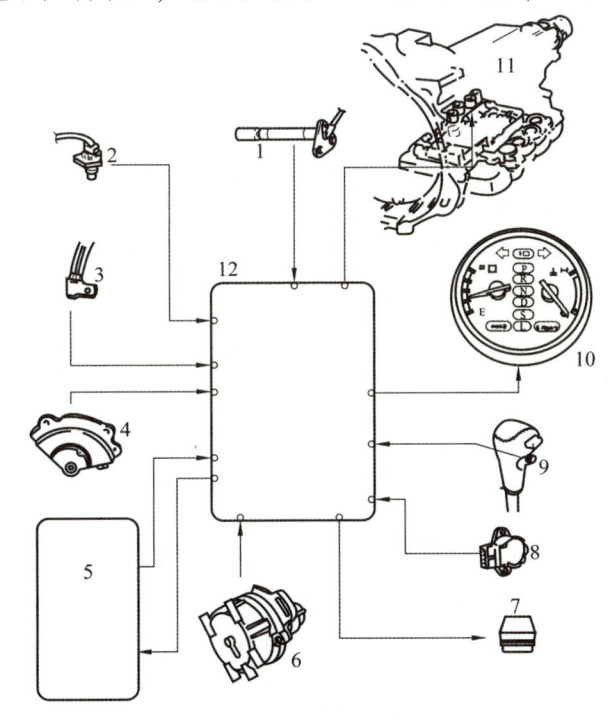

1—输入轴转速传感器；2—车速传感器；3—液压油温度传感器；4—挡位开关；5—发动机电控单元；
6—发动机转速传感器；7—故障检测插座；8—节气门位置传感器；9—模式开关；10—挡位指示灯；
11—电磁阀；12—电子控制单元（ECU）。

图 14-18 自动变速器电子控制系统组成

液压控制系统中各种控制阀的动作，改变换挡阀液压油路的压力，控制离合器和制动器，实现挡位的自动变换、压力控制和变速器的锁止。

电子控制单元（ECU）是整个电子控制系统的中心，接收各种相关传感器和控制开关传送来的发动机转速、车速、节气门开度、汽车运行模式等电信号，对其进行计算处理，与设定的换挡程序比较之后，向执行器发出指令。

传感器由发动机转速传感器、节气门位置传感器及温度传感器、变速器油温传感器、车速传感器、输入轴转速传感器、行驶模式选择开关及空挡起动开关等组成。

电子控制系统的执行器是电磁阀，根据用途的不同，它可分为开关式电磁阀和脉冲式电磁阀。开关式电磁阀主要用于换挡控制和锁止控制；脉冲式电磁阀用于油压控制和锁止控制。

第三节　其他类型自动变速器

一、金属带式无级自动变速器

机械式无级变速器简称 CVT（Continuously Variable Transmission），20 世纪 70 年代，荷兰的 VDT（VAN Doorne's Transmission）公司研制成功了新型的金属带式无级自动变速器，简称 VDT-CVT，故也称为金属带式无级自动变速器。主要有以下特点：

①结构紧凑、质量小、成本低，适用于微型和普通轿车。
②传动比在一定的范围内实现连续变化。
③传动比一般在0.4~7之间变化，由液压控制系统根据行驶路况来调节，使汽车具有良好的性能。
④结构上需要离合器，换挡无冲击，舒适性较好。

金属带式无级自动变速器的组成如下。

CVT 是由金属带、主动轮（可动与不可动部分）、从动轮（可动与不可动部分）、液压泵、控制系统等组成。图 14-19 所示为金属带式无级变速器（CVT）的组成和工作原理示意图。主动轮和从动轮的直径在一定范围内连续变化，实现传动比的连续变化。传动比由液压控制系统根据行驶路况来调节。动力传递路线：发动机发出的动力经飞轮 1、离合器 2、主动工作轮（图中 4、4a）、金属带 10、从动工作轮（图中 7、7a）后，传给中间减速器 8，再经主减速器与差速器 9，最后传给驱动车轮。主要零部件如下：

（1）金属带

由多片（280~400 片）金属片和两组金属环组成（图 14-20）。金属片是用厚为 1.5~1.7 mm 的工具钢片制成的。金属环由数片（10~12 片）厚度约为 0.18 mm 的带环叠合而成，对金属片起导向作用。金属带是在两侧工作轮挤压力的作用下实现动力传递的。

（2）工作轮

包含主、从动工作轮，其构造如图 14-21 所示。主、从动工作轮是由固定部分 4a、7a 和可动部分 4、7 组成。工作轮的固定部分和可动部分之间形成 V 形槽，金属带在槽内与工作轮相啮合。工作轮的可动部分是在液力控制系统的作用下，当轴向移动时，即可连续地改变传动带（金属带）的工作半径，以实现无级变速传动。

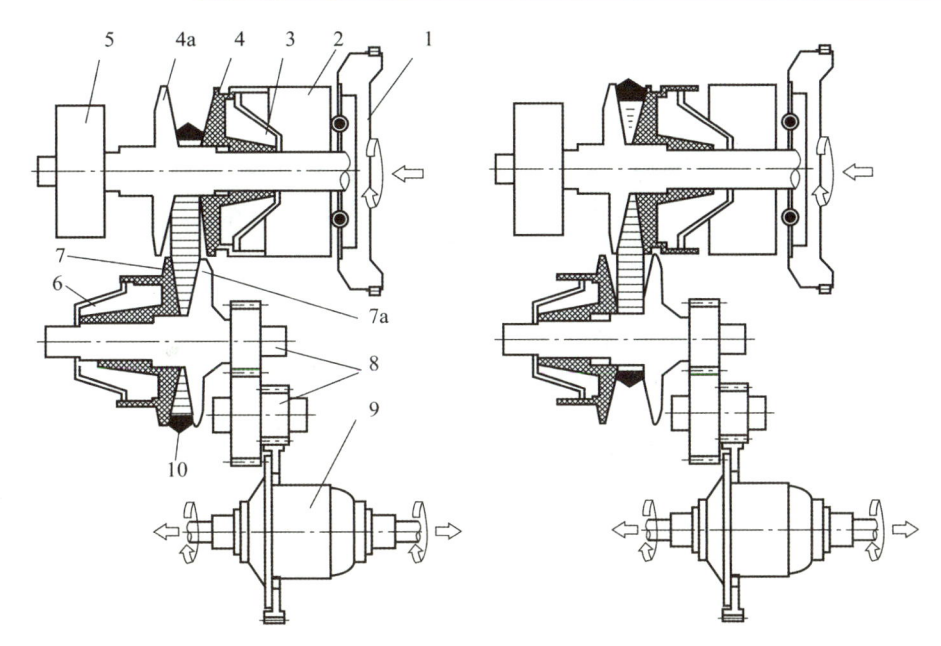

1—发动机飞轮；2—离合器；3—主动工作轮液压控制缸；4—主动工作轮可动部分；4a—主动工作轮固定部分；
5—液压泵；6—从动工作轮液压控制缸；7—从动工作轮可动部分；7a—从动工作轮固定部分；8—中间减速器；
9—主减速器与差速器；10—金属带。

图 14-19　无级变速器的组成和工作原理示意图

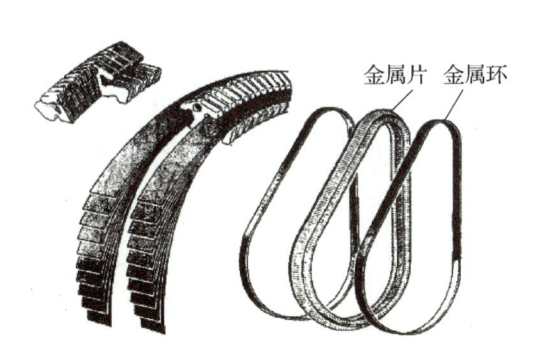

图 14-20　金属带的组成

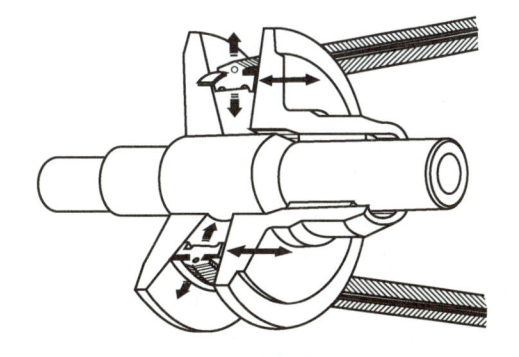

图 14-21　工作轮的工作原理

（3）液力泵（油泵）

液力泵是液力控制系统的液力源，其常用的结构形式有齿轮泵和叶片泵，但近年来流量可控、效率较高的柱塞泵应用最多。

（4）控制系统

CVT 的控制系统一般是采用机械液力控制和电子液力控制两种。由于电子液力控制系统结构简单，工作可靠而得到广泛应用。图 14-22 所示为 CVT 的电子液力控制系统的工作原理示意图。电子控制单元（ECU）根据发动机的转速、车速、节气门开度和换挡控制信号等，向液力控制单元发出指令，控制主、从动工作轮液力油缸中的油液压力，使主、从动工作轮的可动部分轴向移动，进而改变金属带与工作轮间的工作半径，从而实现无级自动变速。

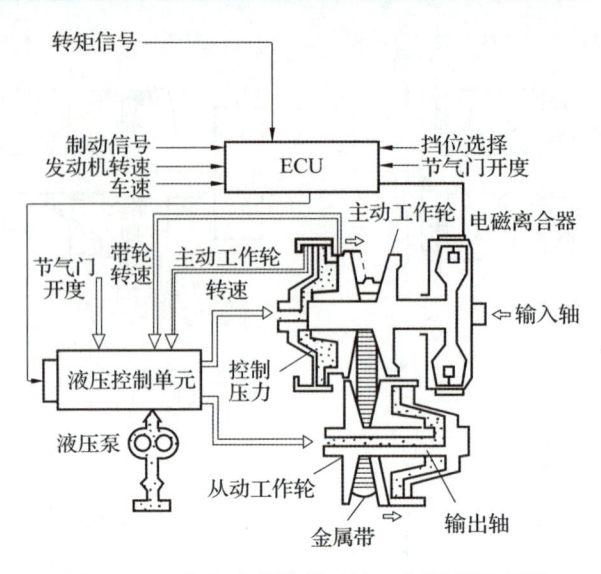

图 14-22 电子液力控制系统工作原理示意图

二、双离合器式自动变速器

双离合器式自动变速器（Double Clutch Transmission，DCT），德国大众汽车公司称之为 DSG（Direct Shift Gearbox，直接换挡离合器），是基于手动变速器发展而来的，有两个离合器，一个离合器控制奇数挡位齿轮，另一个控制偶数挡位齿轮。通过切换两个离合器的工作状态，使之交替工作，不切断动力的情况下改变传动比，完成换挡动作。优点是换挡时间短，换挡品质高，起步性能好，在满足车辆平顺性的同时，又保证了燃油经济性。

下面以二轴式 DCT 为例说明一下其工作原理，其结构如图 14-23 所示。

发动机的动力经两个离合器所连输入轴分别输入，输入轴通过 C_1 与变速器第一轴相连，进而与 1、3、5 挡相连；输入轴通过 C_2 与套在第一轴上的空心轴（其上有 2、4、6 挡啮合齿轮）相连，接合动力后，把动力传递给 2、4、6 挡齿轮，进而通过输出轴输出动力。

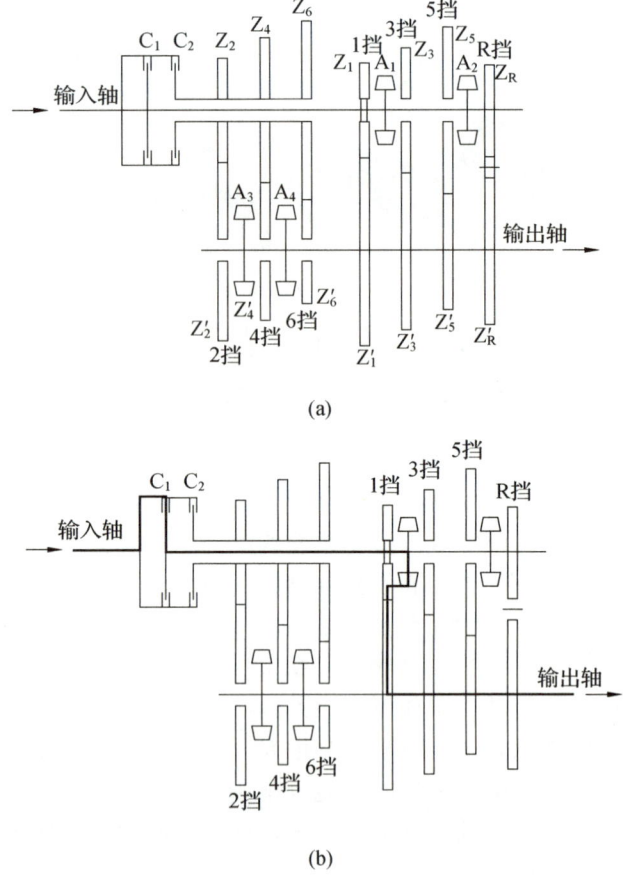

图 14-23 双离合器式自动变速器结构示意图
(a) 结构示意图；(b) 一挡动力传递路线

下面以一挡为例进行说明，在换挡前自动换挡机构将挡位切换为 1 挡，然后离合器 C_1 接合，动力传递路线为输入轴→离合器 C_1→第一轴→同步器→输入轴 1 挡齿轮→输出轴 1 挡齿轮→输出轴，从而输出动力。

三、电控机械式变速器（AMT）

电控机械式自动变速器（Automatic Manual Transmission，AMT）是在平行轴式手动变速器的基础上加装自动操纵机构实现自动换挡的，也是以齿轮啮合来传递动力改变速度，既有手动变速器成本低、机械效率高的特点，又具备液力自动变速器的功能。

电控机械式变速器主要由电控单元、传感器、执行机构组成。传感器实时监测车辆运行状态等信息。执行机构包括离合器的分离与接合执行机构、变速器换挡执行机构和节气门执行机构。

电控单元接收各传感器发来的反映车辆状态的信号（如发动机转速、离合器从动盘转速、车速等）以及驾驶员意愿状态的信号（如加速踏板开度、制动踏板开度等），并按换挡规律实时地做出控制决策及发出控制指令，使执行机构自动地完成节气门开度的调整、离合器的分离与结合、变速器的自动换挡过程。由于在电控机械式变速器上采用电控单元控制，故取消了离合器踏板和手动变速杆，只保留了加速踏板。

> **补充提示：**
> 2021 年 9 月，上汽乘用车重磅推出完全自主开发的首个混合动力变速箱 E-CVT 在烟台正式下线，其集成无级传动系统、动力电动机、逆变器及控制器，自主开发整套混合动力控制系统，实现无级式的混合动力传输，可应用于混动的整车架构，相比传统车型节油 27%，填补了国内 CVT 自动变速器在研发和产业化能力的空白。

练习题

1. 汽车自动变速器有什么优点？
2. 自动变速器的类型有哪些？
3. 简述液力变矩器的工作原理和变矩特性。
4. 在液力变矩器中为什么要安装单向离合器？
5. 简述单排行星齿轮机构固定不同元件时的传动比。
6. 简述辛普森式变速器与拉威挪式变速器的特点。
7. 简述 CVT 的工作原理。

第十五章 万向传动装置

学习目标

本章主要介绍了万向节、传动轴和中间支承等内容。要求学生掌握万向传动装置在汽车上的应用、各类万向节的结构与工作原理；了解传动轴和中间支承的基本结构。

重点难点

1. 万向传动装置在汽车上的应用。
2. 十字轴式万向节的不等速原理。
3. 等速万向节的原理。

第一节 概 述

万向传动装置的功用是在轴线相交且相对位置经常发生变化的两轴之间传递动力，一般由万向节和传动轴组成。对于传动距离较远的分段式传动轴，为提高传动轴的刚度，还设有中间支承。万向传动装置在汽车上的应用如下：

1. 变速器与驱动桥之间

对于发动机前置后轮驱动的汽车，变速器、离合器与发动机三者合为一体装在车架上，驱动桥通过悬架与车架相连。如图 15-1 所示，变速器输出轴和驱动桥的输入轴不在同一轴线上，在汽车行驶过程中，由于负荷变化、路面不平等因素引起的弹性悬架系统的振动，使两轴线的相对位置经常发生变化，故两轴间不可能刚性连接，必须设置万向传动装置。如果变速器与驱动桥距离较远，应将传动轴分成两段或多段，如图 15-2（a）所示。为避免因传动轴过长而产生高转速下的共振，同时，为提高传动轴的可靠性，在传动轴上设置了中间支承。

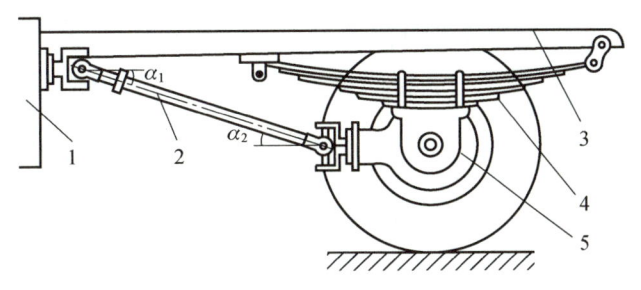

1—变速器；2—万向传动装置；3—车架；4—后悬架；5—驱动桥。

图 15-1 变速器与驱动桥之间的万向传动装置

2. 变速器与分动器之间、分动器与驱动桥之间

在多轴驱动的汽车上，分动器与各驱动桥之间或驱动桥与驱动桥之间也需用万向传动装置传递动力。当变速器与分动器分开布置时，虽然都支承在车架上，轴线也可设计成重合，但为了消除车架变形及制造、装配误差等引起的轴线同轴度误差，也常设置万向传动装置（图15-2（b）、（c））。

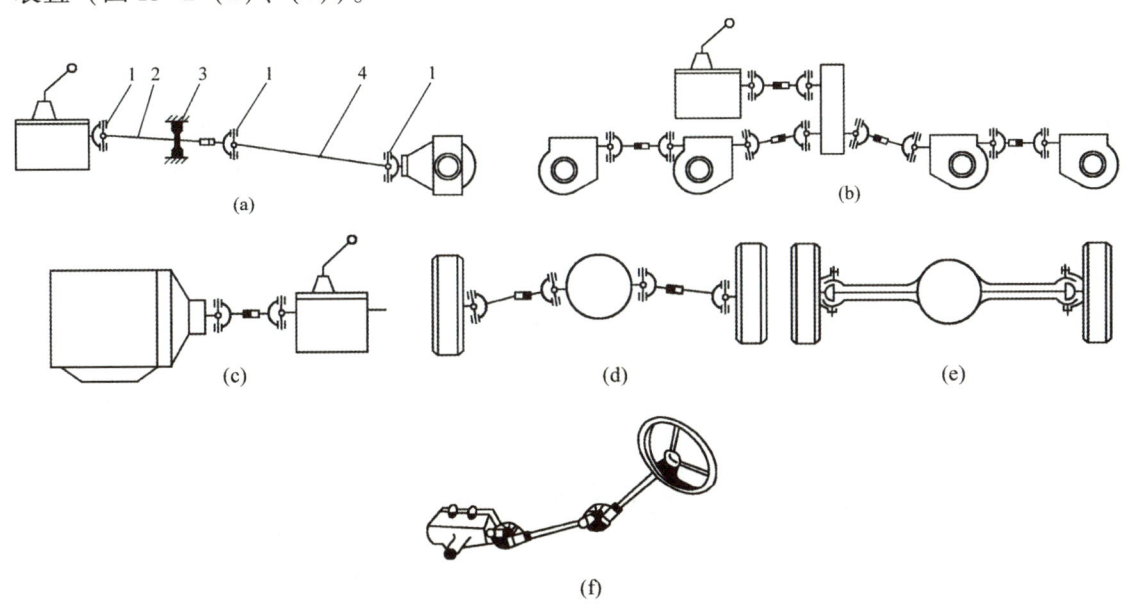

1—万向节；2—中间传动轴；3—中间支承；4—传动轴。

图 15-2 万向传动装置在汽车上的应用

（a）变速器与驱动桥之间；（b）变速器与分动器之间；（c）分动器与驱动桥之间；
（d）差速器与车轮之间；（e）转向轮与车桥之间；（f）转向盘与转向器之间

3. 转向驱动桥的驱动桥与转向轮之间

与转向驱动桥相连的前轮既是转向轮，又是驱动轮，由于前轮在偏转的过程中还要传递动力，故转向驱动桥的半轴要分段，用万向节连接，以适应汽车行驶时半轴各段交角不断变化的需要。若采用独立悬架，差速器与车轮之间的万向传动装置如图15-2（d）所示。若采用非独立悬架，只需在转向轮附近安装一个万向节（图15-2（e））。

4. 转向操纵机构中转向盘与转向器之间

受整体布置的限制，有些汽车的转向操纵机构中转向盘轴线与转向器输入轴线不重合，也常设置万向传动装置（图15-2（f））。

第二节　万向节

万向节是实现转轴之间变角度传递动力的部件。按其在扭转方向上是否有弹性，可分为刚性万向节和挠性万向节。汽车上应用较多的是刚性万向节，其又分为不等速万向节（如十字轴式万向节）和等速万向节（如球叉式、球笼式等）。

一、十字轴式刚性万向节

十字轴式刚性万向节结构简单，工作可靠，传动效率高，并且允许两个传动轴之间有较大交角（15°~20°），在汽车上应用最为普遍。

1. 十字轴式刚性万向节的构造

图15-3所示为十字轴式刚性万向节的构造，其由万向节叉2和6、十字轴4及滚针轴承（滚针8和套筒9）等组成。两万向节叉2和6上的孔分别活套在十字轴4的两对轴颈上。当主动轴转动时，从动轴也随之转动，并且可绕十字轴中心在任意方向摆动。

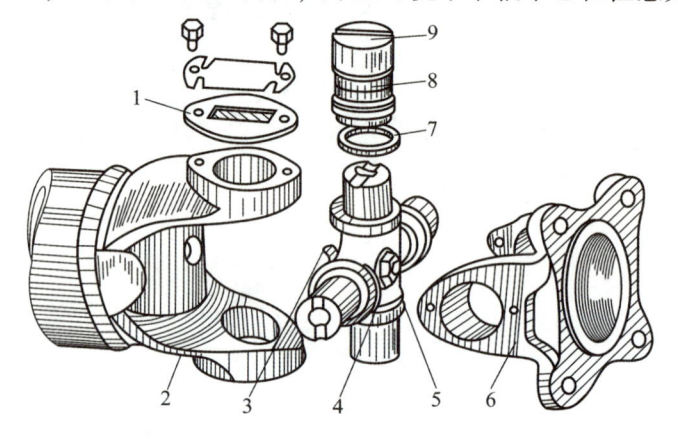

1—轴承盖；2、6—万向节叉；3—注油嘴；4—十字轴；5—安全阀；7—油封；8—滚针；9—套筒。

图15-3　十字轴式刚性万向节

为减少摩擦损失，提高传动效率，在十字轴轴颈和万向节叉孔间装有由滚针8和套筒9组成的滚针轴承。为润滑轴承，润滑油从注油嘴3注入十字轴内腔，十字轴为中空的，内有油路通向轴颈。在十字轴的中部还装有安全阀5，若十字轴内腔的润滑油压力过大，安全阀被顶开，润滑油外溢，防止油封因油压过高而损坏。

2. 十字轴式刚性万向节传动的不等速特性

单个十字轴式刚性万向节在输入轴和输出轴之间有夹角的情况下，其两轴的角速度是不相等的。下面就单十字轴式万向节传动过程中的两个特殊位置进行运动分析，说明它传动的不等速性。如图15-4所示，设主动叉轴1以 ω_1 等角速度旋转，从动叉轴2与主动叉轴1有夹角α，其角速度为ω_2，十字轴旋转半径$OA=OB=r$。

①当万向节转到如图15-4（a）所示位置，即主动叉平面在垂直位置，并且十字轴平面与主动轴轴线垂直时，十字轴上A点的线速度v_A为：

- 十字轴随主动叉轴1一起转动：$v_{A1}=r\omega_1$；
- 十字轴随主动叉轴2一起转动：$v_{A2}=r\omega_2\cos\alpha$。

由于$v_{A1}=v_{A2}$，故有$\omega_1=\omega_2\cos\alpha$，所以$\omega_1<\omega_2$。

②当万向节转动90°到图15-4（b）所示位置，即主动叉平面在水平位置，并且十字轴平面与从动轴轴线垂直时，十字轴上B点的线速度v_B也可视转轴的不同分别求出：$v_{B1}=r\omega_1\cos\alpha$，$v_{B2}=r\omega_2$。由于$v_{B1}=v_{B2}$，故有$\omega_2=\omega_1\cos\alpha$，所以$\omega_1>\omega_2$。

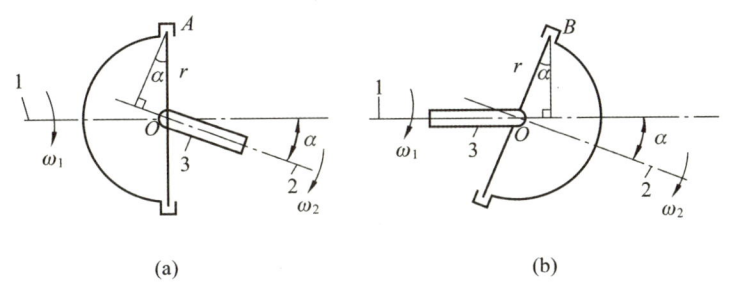

1—主动叉轴；2—从动叉轴；3—十字轴。

图15-4 十字轴式刚性万向节传动的不等速性

（a）主动叉平面在垂直位置；（b）主动叉平面在水平位置

由上述对两个特殊位置的分析可以看出，十字轴式万向节在传动过程中，如果主动轴以等角速转动，则从动轴的转速时快时慢，即单个十字轴万向节在有夹角时传动有不等速性。万向节从图15-4（a）位置转90°到图15-4（b）位置，从动轴的转速由最大值变为最小值，再转90°，又回到了图15-4（a）位置，从动轴的角速度又从最小值变为最大值。由此可见，从动轴角速度以180°为一个周期交替变化，在180°内时快时慢。但两轴的平均速度相等，即主动轴转动一周，从动轴也转动一周。

由分析可知，两轴交角越大，万向节传动的不等速性越严重，传动效率也越低。不等速特性将使从动轴及与其相连的传动部件产生扭转振动，产生附加的交变载荷，影响传动部件的寿命。

3. 十字轴式万向节传动的等速条件

从前面的分析可以想到，在两轴之间若采用双十字轴式万向节传动，如图15-5所示，则第一万向节的不等速效应就有可能被第二万向节的不等速效应所抵消，从而<u>实现两轴间的等角速传动</u>。根据运动学分析得知，要达到这一目的，必须满足以下两个条件（图15-5）：

①第一万向节两轴间夹角α_1与第二万向节两轴间夹角α_2相等。

②第一万向节的从动叉与第二万向节的主动叉处于

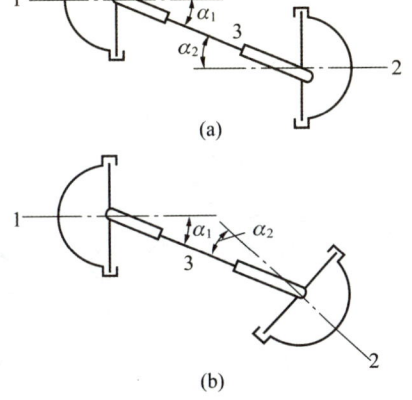

1—主动叉；2—被动叉；3—传动轴。

图15-5 双万向节等速传动布置

（a）平等排列；（b）等腰式排列

同一平面内。

二、等速万向节

等速万向节的基本原理是从结构上保证万向节在工作过程中的传力点永远位于两轴交点的平分面上。其原理可由图15-6所示的一对大小相同的锥齿轮传动来说明。两齿轮的接触点 P 位于两齿轮轴线交角 α 的平分面上，P 到两轴的垂直距离都等于 r。在 P 点处两齿轮的圆周速度是相等的，因而两个齿轮旋转的角速度也相等。与此相似，若万向节的传力点在其交角变化时始终位于角平分面内，可使两万向节叉保持等角速的关系。目前汽车上广泛采用的等速万向节有球叉式万向节和球笼式万向节。

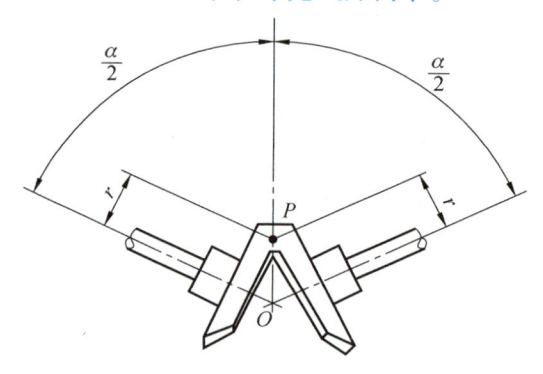

图15-6 等速万向节的工作原理

1. 球叉式万向节

球叉式万向节的结构如图15-7所示。主动叉5与从动叉1分别与内、外半轴制成一体。在主、从动叉上各有四个曲面凹槽，装合后形成两个相交的环形槽作为钢球4的滚道。四个传动钢球4放在槽中，定心钢球6放在两叉中心的凹槽内，以确定万向节的摆动中心。这种结构的等角速传动原理可用图15-8来说明：主、从动叉曲面凹槽的中心线分别是以 O_1、O_2 为圆心的两个半径相等的圆，而圆心 O_1、O_2 与万向节中心 O 的距离相等。因此，在主动轴和从动轴以任何角度相交的情况下，传动钢球中心都位于两圆的交点上，也即所有传动钢球都位于角平分面上，因而保证了等角速的传动。

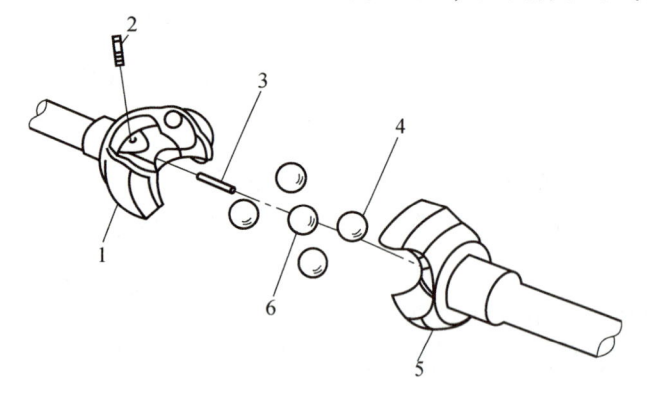

1—从动叉；2—锁止销；3—定位销；
4—传动钢球；5—主动叉；6—定心钢球。

图15-7 球叉式万向节

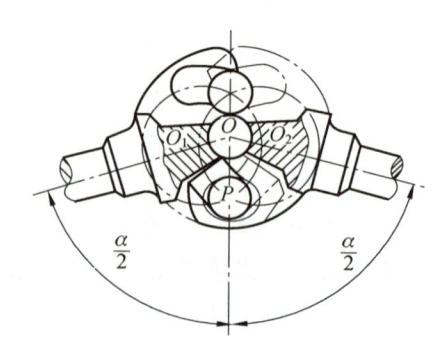

图15-8 球叉式万向节等角速传动原理

球叉式万向节结构简单，允许最大交角为 32°～33°，但由于工作时只有两个钢球传力，反转时则由另两个钢球传力，因此钢球与曲面凹槽之间的压力较大，磨损较快，影响使用寿命。一般用于中小型越野汽车的转向驱动桥中。

2. 球笼式万向节

根据万向节轴向能否运动，球笼式万向节分为固定型（RF 节）和伸缩型（VL 节）。

固定型球笼式万向节（RF 节）的结构如图 15-9 所示。星形套 7 以内花键与主动轴 1 相连，其外表面有 6 条凹槽，形成内滚道。球形壳 8 的内表面有相应的 6 条凹槽形成外滚道。六个钢球 6 分别装在各条凹槽中，并由保持架 4 使之保持在一个平面内。动力由主动轴 1 经钢球 6、球形壳 8 输出。

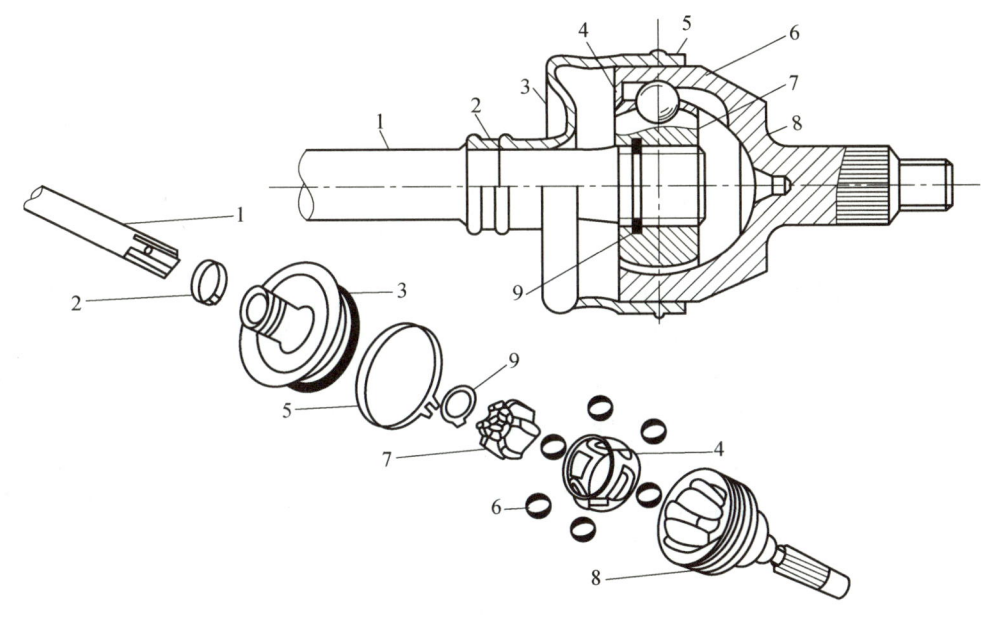

1—主动轴；2、5—钢速箍；3—外罩；4—保持架（球笼）；6—钢球；7—星形套（内滚道）；
8—球形壳（外滚道）；9—卡环。

图 15-9 球笼式等速万向节

图 15-10 为球笼式万向节的等速传动原理示意图。外滚道的中心 A 与内滚道的中心 B 分别位于万向节中心 O 的两边，且与 O 点等距。钢球中心 C 到 A、B 两点的距离相等。保持架的内外球面、星形套的外球面和球形壳的内球面均以万向节中心 O 为球心。因此，当两轴交角变化时，保持架可沿内、外球面滑动，以保持钢球在一定位置。由于 $OA = OB$，$CA = CB$，CO 是共边，$\triangle COA$ 与 $\triangle COB$ 全等，$\angle COA = \angle COB$。即两轴相交成任意角 α 时，传力钢球 C 都位于交角的平分面上，且钢球到主动轴和从动轴的距离 a 和 b 相等，保证了从动轴与主动轴以相等的角速度旋转。

球笼式等角速万向节在两轴最大交角达 47° 的情况下，仍可传递转矩，并且在工作时，无论传动方向如何，6 个钢球全部传力。与球叉式万向节相比，其承载能力强，结构紧凑，拆装方便，因此应用越来越广泛。

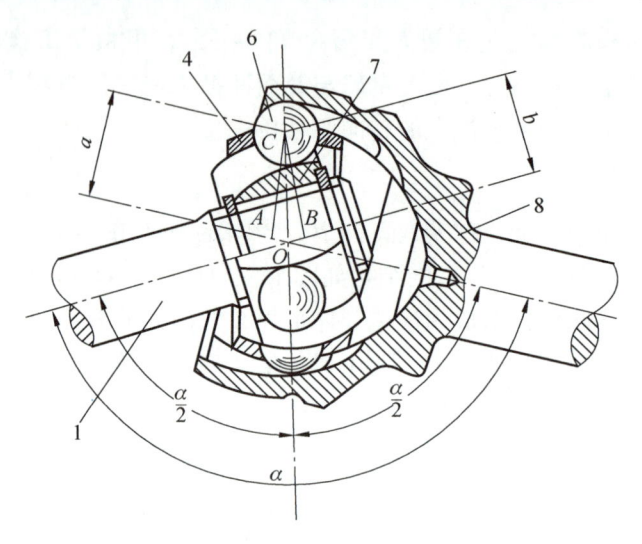

O—万向节中心；A—外滚道中心；B—内滚道中心；C—钢球中心；α—两轴交角（指钝角）。
（其余图注同图15-9）

图15-10　球笼式万向节等角速传动原理

伸缩型球笼式万向节（VL节）结构如图15-11所示。该结构的内、外滚道是圆筒形的，在传递转矩过程中，星形套2与筒形壳4可沿轴向相对移动，故可省去其他万向传动装置中必须有的滑动花键，使结构简化，且由于星形套2与筒形壳4之间的轴向相对移动是通过钢球5沿内、外滚道滚动来实现的，与滑动花键相比，滑动阻力小，最适用于断开式驱动桥。这种万向节保持架的内球面中心 B 与外球面中心 A 位于万向节中心 O 的两边，并且与 O 点等距。钢球中心 C 到 A、B 距离相等，以保证万向节的主、从动轴做等速转动。

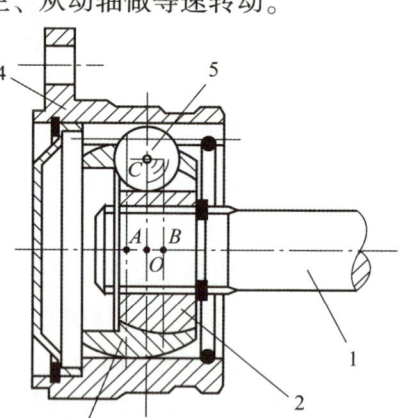

15-1 球笼式等角速万向节的位置：转向驱动桥

1—主动轴；2—星形套（内滚道）；3—保持架（球笼）；4—筒形壳（外滚道）；5—钢球；O—万向节中心；A—外滚道中心；B—内滚道中心；C—钢球中心。

图15-11　伸缩型球笼式万向节（VL节）

伸缩型球笼式万向节（VL节）两轴交角范围为20°~25°，较十字轴式万向节相邻两轴的交角范围大，但小于球叉式和RF型。在转向驱动桥中，伸缩型球笼式万向节（VL节）均布置在靠差速器一侧（内侧），而轴向不能伸缩的球笼式万向节（RF节）则布置在转向节处（外侧），如图15-12所示。

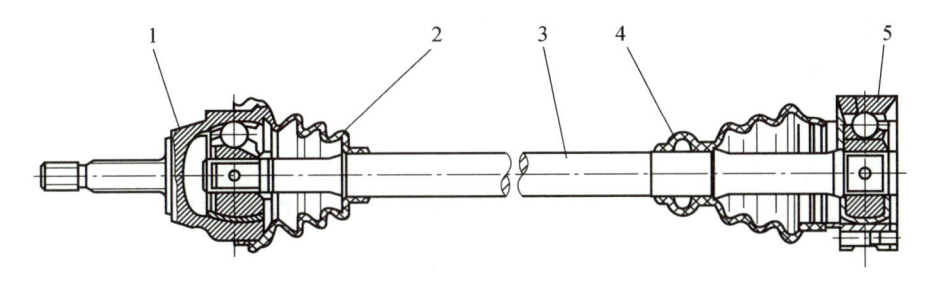

1—球笼式万向节（RF 节）；2、4—防尘罩；3—传动轴（半轴）；5—伸缩型球笼式万向节（VL 节）。

图 15-12　RF 节与 VL 节在转向驱动桥中的布置

第三节　传动轴和中间支承

一、传动轴

传动轴是万向传动装置中的主要传力部件。通常用来连接变速器（或分动器）和驱动桥，在转向驱动桥和断开式驱动桥中，用来连接差速器和驱动轮。其结构如图 15-13 所示，有如下特点：

①汽车行驶过程中，变速器和驱动桥的相对位置经常发生变化，为避免运动干涉，传动轴用由滑动叉和花键轴组成的滑动花键连接，以实现传动轴长度的变化。为减小摩擦和磨损，还装有用于加注滑脂的油嘴、油封、堵盖和防尘套。有些汽车在花键槽内还设置了滚动元件。

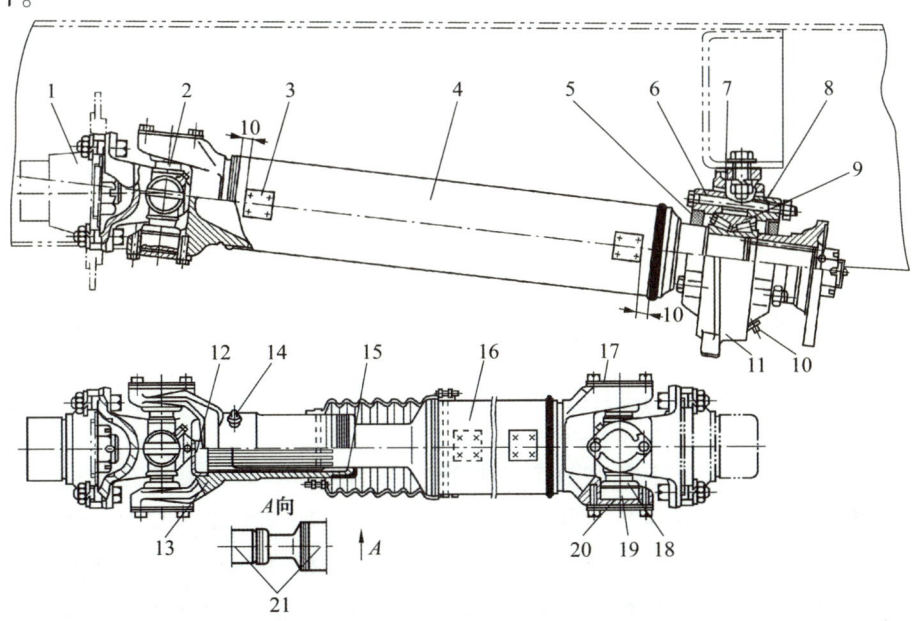

1—凸缘叉；2—万向节十字轴；3—平衡片；4—中间传动轴；5、15—油封；6—中间支承前盖；7—橡胶垫环；
8—中间支承后盖；9—双列圆锥滚子轴承；10、14—注油嘴；11—支架；12—堵盖；13—万向节滑动叉；
16—主传动轴；17—锁片；18—滚针轴承油封；19—万向节滚针轴承；20—滚针轴承盖；21—装配位置标记。

图 15-13　解放 CA1091 型汽车的传动轴与中间支承

②传动轴是高速转动件，质量不均衡引起的离心力将使传动轴发生剧烈振动，故传动轴的质量要求沿圆周均匀分布。此外，传动轴与万向节装配后必须进行动平衡，用平衡片修补平衡量。图15-13中的3即为平衡用的平衡片。传动轴过长时，易产生共振，常将其分成两段并加中间支承。

③为得到较高的强度和刚度，传动轴多做成空心的。在转向驱动桥、断开式驱动桥或微型汽车的万向传动装置中，传动轴通常是实心的。

二、传动轴的中间支承

如果万向传动装置传递的动力较远，传动轴中间会分段，并加中间支承。中间支承通常装在车架横梁上，能补偿传动轴轴向和角度方向的安装误差，以及汽车行驶过程中因发动机窜动或车架变形等引起的位移，常用弹性元件来满足上述要求。

图15-14所示为蜂窝软垫式中间支承。轴承3可在轴承座2内轴向滑动。轴承座装在蜂窝形橡胶垫5内，通过U形支架6固定在车架横梁上。用蜂窝形橡胶垫支承，传动轴可在一定范围内任意摆动，并能随轴承一起做适当的轴向移动，有效地补偿了安装误差和运动中的位移，还可减振降噪。由于其结构简单，因此应用较广泛。

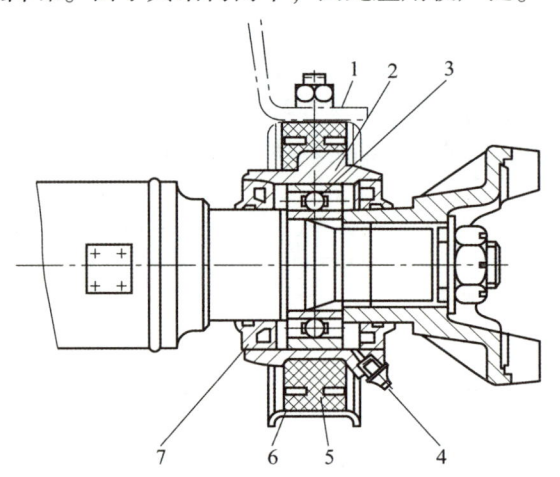

1—车架横梁；2—轴承座；3—轴承；4—注油嘴；5—蜂窝形橡胶垫；6—U形支架；7—油封。

图15-14 东风EQ1090E型汽车传动轴中间支承

> **补充提示：**
> 传动轴作为汽车的一个重要的运动部件，在不同轴心的两轴间传递动力，工作环境比较恶劣。传统的汽车传动轴是金属件，在使用过程中容易磨损，使用寿命缩短。而碳纤维复合材料传动轴具有很高的比强度、比模量，在实现汽车轻量化的同时，可以达到节能省油的目的，其强度也比金属材料的高，因此碳纤维复合材料是制造传动轴的理想材料。目前碳纤维复合材料传动轴已在宝马、奥迪、丰田等车型上得到了应用。

练习题

1. 汽车万向传动装置主要用在什么地方？
2. 请分析十字轴式刚性万向节传动的不等速性。
3. 两个十字轴万向节如何配合才能实现等角速传动？
4. 球叉式与球笼式等速万向节在应用上有何差别？
5. 转向驱动桥中，靠传动器一侧布置的伸缩型球笼式万向节（VL 节）能否去掉？VL 节与 RF 节的位置能否对调？为什么？

第十六章 驱动桥

学习目标

本章主要介绍了驱动桥的组成、功用及类型，重点介绍了主减速器、差速器的类型及结构特点。要求学生掌握驱动桥的功用、组成、动力传动路线；主减速器、差速器等零部件的结构及工作原理。

重点难点

1. 主减速器的类型及结构特点。
2. 差速器的差速不差扭原理。

第一节 概 述

一、组成与功用

驱动桥是传动系统的最后一个单元，主要由主减速器、差速器、半轴和驱动桥壳等组成。其功用是：①将万向传动装置传来的转矩通过主减速器、差速器、半轴等传到驱动车轮，实现降速增矩；②通过主减速器圆锥齿轮副改变转矩的传递方向；③通过差速器实现两侧车轮以不同转速转动的需要。

二、分类

驱动桥有断开式和非断开式两种。图16-1所示为非断开式驱动桥，由驱动桥壳1、主减速器2、差速器3、半轴4和轮毂5组成。动力从变速器或分动器经万向传动装置传到主减速器2，减速增矩后，经差速器3分配到左、右半轴4，最后传至驱动车轮。由于半轴套管与主减速器壳刚性连成一体，两侧的半轴和驱动轮不可能在横向平面内相对运动,故称这种驱动桥为非断开式驱动桥,也称整体式驱动桥。

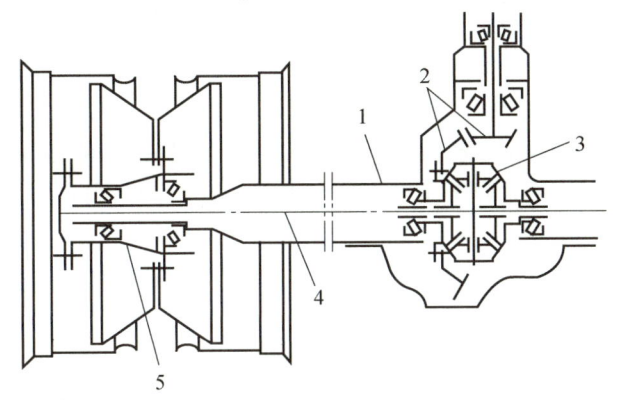

1—驱动桥壳;2—主减速器;3—差速器;4—半轴;5—轮毂。
图 16-1　非断开式驱动桥

为提高汽车的行驶平顺性和通过性,有些轿车和越野车的驱动轮采用独立悬架,即将两侧的驱动轮分别用弹性悬架与车架相连,两轮可彼此独立地相对于车架上下跳动。与独立悬架配合使用的驱动桥为断开式驱动桥,如图 16-2 所示。主减速器 1 固定在车架或车身上,差速器、半轴 2 与轮毂之间分别用万向节连接。两侧车轮 5 则通过各自的弹性元件 3、减振器 4 和摆臂 6 组成的弹性悬架与车架相连。

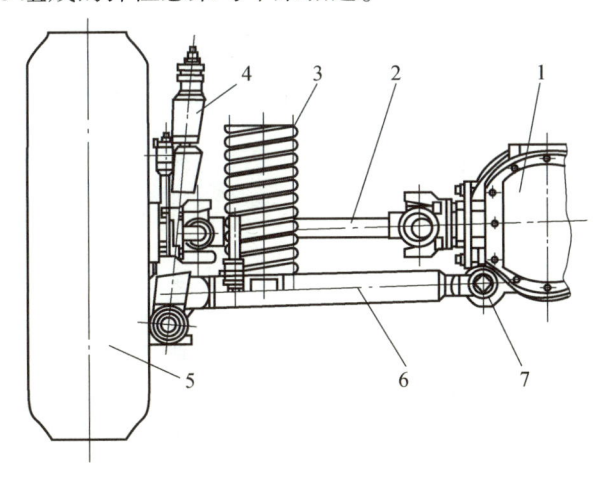

1—主减速器;2—半轴;3—弹性元件;4—减振器;5—车轮;6—摆臂;7—摆臂轴。
图 16-2　断开式驱动桥

第二节　主减速器

主减速器的功用是增大输入转矩并降低转速,当发动机纵置时,改变转矩的旋转方向。按参与减速传动的齿轮副数目分,有单级式主减速器和双级式主减速器。在双级式主减速器中,若第二级减速器齿轮置于两侧车轮附近成为独立部件,则称为轮边减速器。按主减速器传动比挡数分,有单速式和双速式。前者的传动比是固定的,后者有两个传动比供驾驶员选择,以适应不同行驶条件的需要。按齿轮副的结构形式分,有圆柱齿轮式、圆锥齿轮式和准双曲面齿轮式。

一、单级主减速器

单级主减速器由一对齿轮参与减速传动，结构简单、体积小、质量小、传动效率高，如图 16-3 所示。一般应用在轿车和轻、中型货车上。

图 16-3 所示为东风 EQ1090E 型汽车主减速器及差速器总成剖面图。主减速器的减速传动机构为一对准双曲面锥齿轮 9 和 4，主传动比 i_0 = 6.33。万向传动装置传来的动力经叉形凸缘 5 传给主减速器主动锥齿轮 9，经主减速器从动锥齿轮 4 减速改变方向后，由螺栓传给差速器壳体 3，最后由半轴齿轮 12、半轴传到两侧驱动轮，使驱动轮旋转。

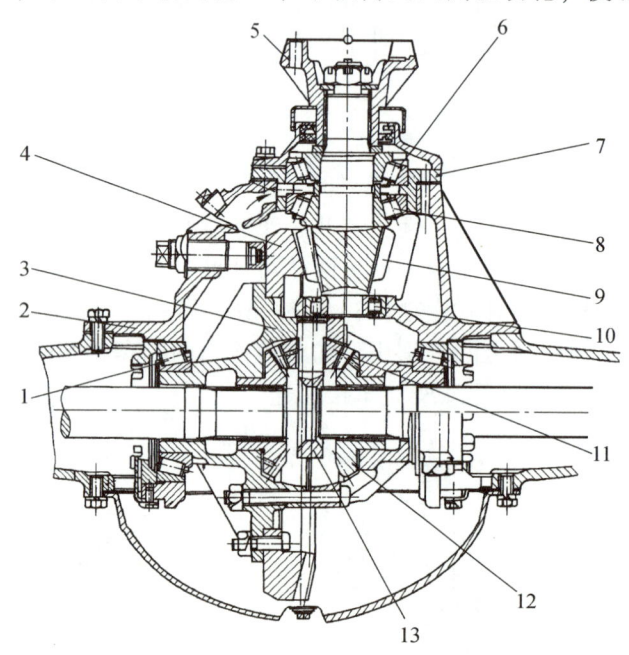

1、6、8—圆锥滚子轴承；2—主减速器壳体；3—差速器壳体；4—主减速器从动锥齿轮；5—叉形凸缘；7—轴承座；9—主减速器主动锥齿轮；10—圆柱滚子轴承；11—行星齿轮；12—半轴齿轮；13—行星齿轮轴（十字轴）。

图 16-3　东风 EQ1090E 型汽车主减速器和差速器

主减速器的主动和从动锥齿轮之间必须有正确的相对位置，才能使齿轮啮合传动时冲击噪声较小，轮齿沿其长度方向磨损较均匀。为此，在结构上，一方面，要使主动和从动锥齿轮有足够的支承刚度，使其在传动过程中不至于发生较大变形而影响正常啮合；另一方面，应有必要的啮合调整装置。

1. 主动和从动锥齿轮的支承结构

为保证主动锥齿轮有足够的支承刚度，主动锥齿轮 9 与轴制成一体，前端支承在互相贴近而小端相向的两个圆锥滚子轴承 6 和 8 上，后端支承在圆柱滚子轴承 10 上，形成跨置式支承。

环状的从动锥齿轮 4 与差速器壳体 3 相连，而差速器壳用两个圆锥滚子轴承 1 支承在主减速器壳体 2 的座孔中。在从动锥齿轮背面，用支承螺栓限制从动锥齿轮过度变形。

为了减小在锥齿轮传动过程中产生的轴向力所引起的齿轮轴的轴向位移，装配主减速器时，圆锥滚子轴承应有一定的装配预紧度，以提高轴的支承刚度，保证锥齿轮的正常啮合。通过改变调整垫片的厚度，可调整轴承 6 和 8 的预紧度。

2. 啮合调整装置

锥齿轮啮合的调整指齿面啮合印迹和啮合间隙的调整。若从动齿轮轮齿正转和逆转工作面上的印迹位于齿高的中间偏于小端,并占齿面宽度的 60% 以上,则为正确啮合(图 16-4)。

正确啮合的印迹位置可通过改变主减速器壳与主动锥齿轮轴承座 7(图 16-3)间的调整垫片的总厚度(即移动主动锥齿轮的位置)来实现。也有车型采用调整螺母来改变从动锥齿轮的位置,若间隙过大,应使从动锥齿轮靠近主动锥齿轮。

3. 准双曲面齿轮

与螺旋锥齿轮相比,准双曲面齿轮不仅工作平稳性好,轮齿的弯曲强度和接触强度高,而且主动齿轮的轴线可相对从动齿轮轴线偏移。当主动锥齿轮轴线向下偏移时(图 16-5(b)),在保证一定的离地间隙的情况下,可降低主动锥齿轮和传动轴的位置,使整车重心降低,提高汽车行驶的稳定性。近年来,准双曲面齿轮的应用较为广泛。

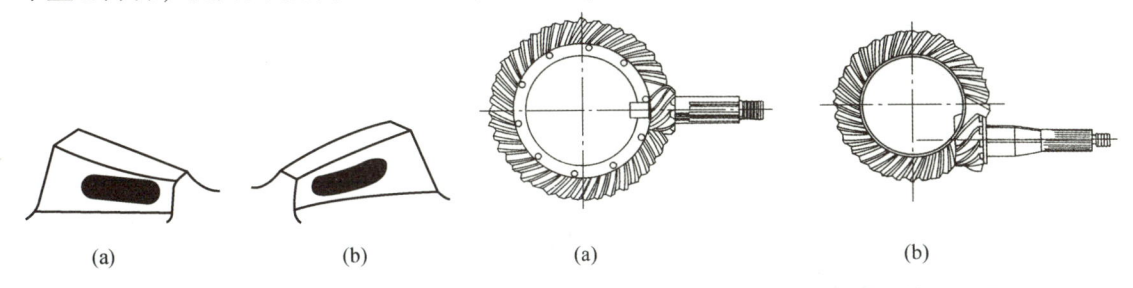

图 16-4 从动锥齿轮的啮合印迹
(a)正传工作时;(b)逆转工作时

图 16-5 主动和从动锥齿轮轴线位置
(a)螺旋锥齿轮传动,轴线相交;(b)准双曲面齿轮传动,轴线偏移

准双曲面齿轮工作时,齿面间有较大的相对滑动,并且齿面间压力很大,齿面油膜易被破坏。为减小摩擦,提高效率,必须用含防刮伤添加剂的双曲面齿轮油,绝不允许用普通齿轮油代替,否则,将使齿面迅速擦伤和磨损,大大降低使用寿命。

二、双级主减速器

根据发动机特性和汽车使用条件,当要求主减速器有较大主传动比时,由一对锥齿轮传动构成的单级主减速器不能保证足够的最小离地间隙,这时需要采用两对齿轮实现降速的双级主减速器。如图 16-6 所示,第一级齿轮传动副为锥齿轮 1 和 2,第二级齿轮传动副为斜齿圆柱齿轮 3 和 4。第一级在完成减速的同时,还改变了旋转方向。

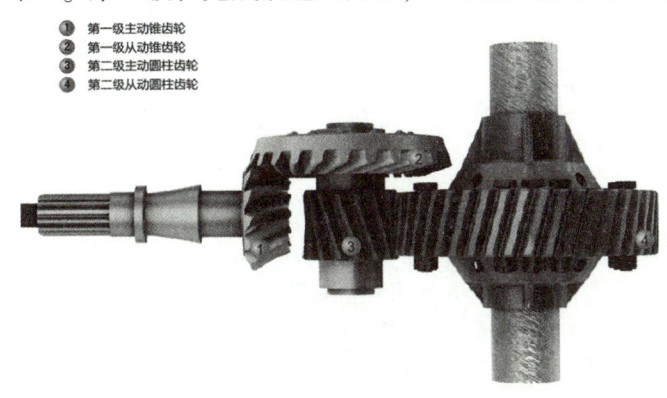

① 第一级主动锥齿轮
② 第一级从动锥齿轮
③ 第二级主动圆柱齿轮
④ 第二级从动圆柱齿轮

图 16-6 双级主减速器

三、轮边减速器

在重型载货车、越野汽车或大型客车上，当要求传动系的传动比值较大，离地间隙较大时，往往在两侧驱动轮附近再增加一级减速传动，称为轮边减速器，通常为行星齿轮机构。轮边减速也可看作主减速器的第二级传动。

斯太尔汽车的前后驱动桥均为带轮边减速器的主减速器。其结构示意图如图16-7所示。齿圈5与半轴套管固定在一起，半轴4传来的动力经太阳轮7、行星轮6、行星齿轮轴和行星架传给车轮。由于齿圈5与不旋转的车轮底板相连，动力从太阳轮输入、行星架输出，可获得较大的主减速比，使驱动桥主减速器尺寸减小，相应增大了离地间隙。由于半轴在轮边减速器之前所承受的载荷大大减小，半轴和差速器尺寸可进一步减小。

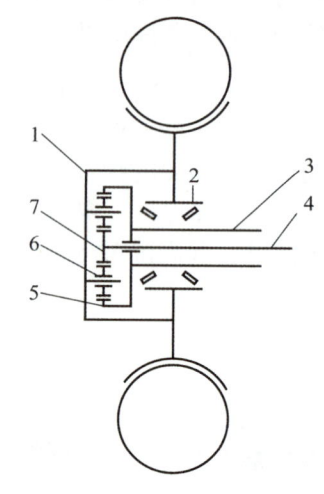

1—行星架；2—轮毂；3—半轴套；4—半轴；
5—齿圈；6—行星轮；7—太阳轮。

图16-7 轮边减速器的结构示意图

四、双速减速器

为充分提高汽车的动力性和经济性，有些汽车装有两挡传动比的主减速器。图16-8所示为常见行星齿轮式双速主减速器的示意图。其主要由一对锥齿轮和一个行星齿轮机构组成，齿圈8和从动锥齿轮7联为一体，行星架9与差速器壳刚性连接，动力由锥齿轮经行星齿轮机构传给差速器壳。左半轴上滑套一个接合套，其上有短齿圈（能与主减速器壳体啮合的接合套）和长齿圈（能与差速器壳啮合的接合套）。

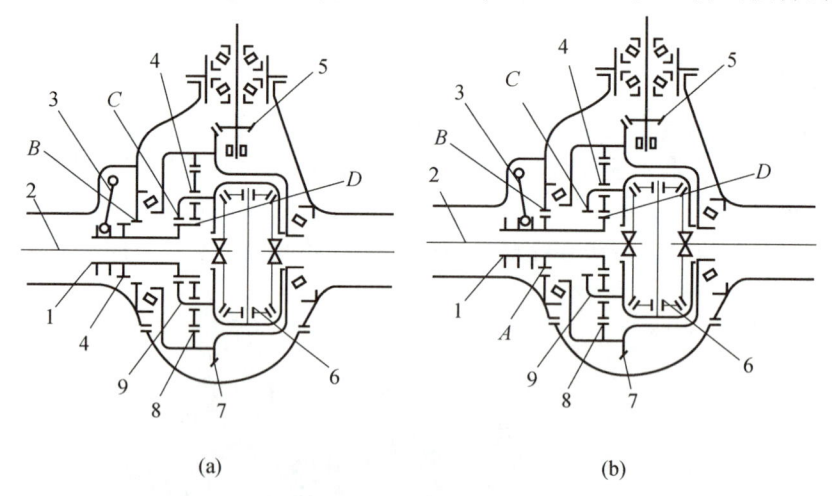

(a)　　　　　　　　(b)

1—接合套；2—半轴；3—拨叉；4—行星齿轮；5—主动锥齿轮；6—差速器；
7—从动锥齿轮；8—齿圈；9—行星架。

图16-8 双速主减速器结构示意图
(a) 高速挡单级传动；(b) 低速挡双级传动

一般行驶条件下用高挡传动，驾驶员控制拨动拨叉 3，将接合套 1 置于左边（图 16-8（a）），接合套上的短齿圈 A 与主减速器壳上的接合齿圈 B 分离，长齿圈 D 与行星齿轮 4 及行星架 9 的内齿圈 C 同时啮合，行星齿轮结构不起减速作用，差速器壳与从动锥齿轮 7 以相同转速旋转。显然，高速挡主传动比即为主从动锥齿轮齿数之比。

当行驶条件要求有较大驱动力时，通过拨叉 3 将接合套 1 移向右边（图 16-8（b）），使短齿圈 A 与主减速器壳上的接合齿圈 B 接合，长齿圈 D 与行星架的内齿圈 C 分离，只与行星齿轮啮合，此时行星齿轮机构的中心轮被固定。与从动锥齿轮 7 连为一体的齿圈成为主动件，与差速器壳连在一起的行星架成为从动件，行星齿轮机构起减速作用。此时主减速器的总减速比为主从动锥齿轮的传动比与行星齿轮机构传动比的乘积。

五、贯通式减速器

有些多轴越野汽车，为使结构简化，部件通用性好，便于形成系列产品，常采用贯通式驱动桥，如图 16-9 所示。在贯通式驱动桥中，各桥的传动轴布置在同一个纵向铅垂平面内，各驱动桥不是用自己的传动轴与分动器直接相连，而是用相互串联的相邻桥的传动轴，也即贯通轴。

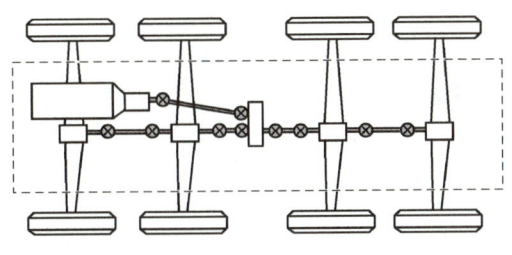

图 16-9　贯通式驱动桥示意图

第三节　差速器

一、差速器的功用与种类

当汽车转弯行驶时，外侧车轮移过的路程长，内侧车轮移过的路程短，如图 16-10 所示。若两侧车轮固定在一根刚性转轴上，两轮角速度相等，外轮必然是边滚动边滑移，内轮必然是边滚动边滑转，加速轮胎磨损，增加汽车的动力消耗。多轴驱动汽车的各驱动桥由传动轴相连。若各桥驱动轮以相同的角速度旋转，也会发生上述轮间无差速器时的类似现象。

能使同一桥两侧车轮以不同角速度转动的装置，称为差速器。**差速器的功用是当汽车转弯行驶时，使左右驱动车轮以不同角速度滚动，以保证两侧驱动车轮与地面间的纯滚动，这种差速器**

图 16-10　汽车转向时驱动轮运动示意图

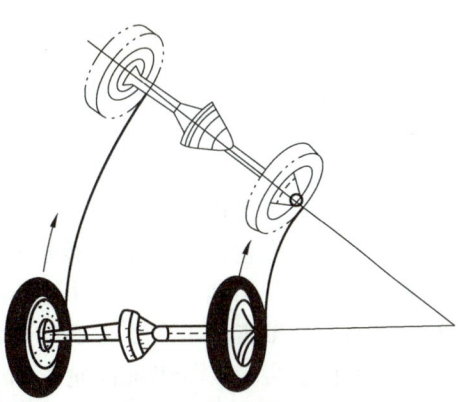

称为轮间差速器。为使各驱动桥具有不同的输入角速度，可在各驱动桥之间装设的差速器为轴间差速器。

差速器按传动齿轮的形状，分为圆锥齿轮式和圆柱齿轮式。按两侧输出转矩是否相等，分为对称式和不对称式。目前汽车上广泛应用的是对称式锥齿轮差速器。

二、对称式锥齿轮差速器

1. 结构

对称式锥齿轮差速器的结构如图 16-11 所示。主要由行星齿轮、半轴齿轮、行星齿轮轴、差速器壳体等组成。

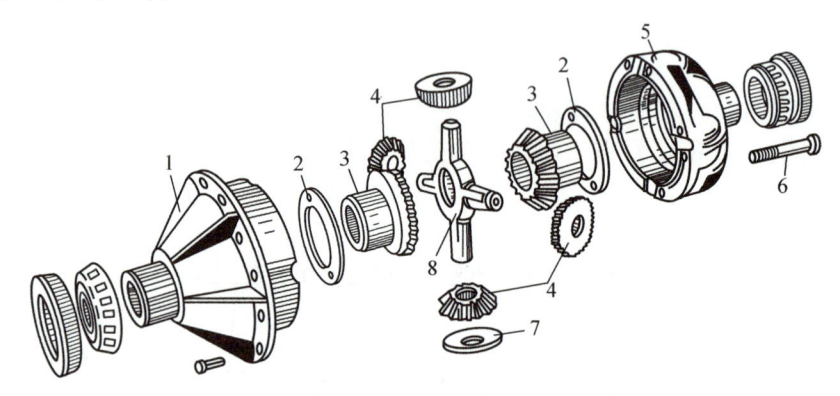

1—差速器左壳；2—半轴齿轮推力垫片；3—半轴齿轮；4—行星齿轮；5—差速器右壳；
6—螺栓；7—行星齿轮球面垫片；8—行星齿轮轴（十字轴）。

图 16-11　对称式锥齿轮差速器零件分解图

差速器壳由用螺栓固紧的左壳 1 和右壳 5 组成。主减速器的从动齿轮用铆钉或螺栓 6 固定在差速器左壳 1 的凸缘上。装合时，十字形的行星齿轮轴 8 的四个轴颈上分别套着一个直齿圆锥行星齿轮 4，它们均与两个直齿圆锥半轴齿轮 3 啮合。而半轴齿轮的轴颈分别支承在差速器壳相应的左右座孔中，并借花键与半轴相连。

动力自主减速器从动齿轮依次经差速器壳、十字轴、行星齿轮、半轴齿轮及半轴输出给驱动车轮。当两侧车轮以相同的转速转动时，行星齿轮绕半轴轴线转动——公转。若两侧车轮阻力不同，则行星齿轮在做上述公转运动的同时，还绕自身轴线转动——自转，此时半轴齿轮带动两侧车轮以不同转速转动。

2. 差速原理

差速器中各元件的运动关系可用图 16-12 来说明。对称式锥齿轮差速器是一种行星齿轮机构。差速器壳 3 与主减速器的从动齿轮 6 固连在一起，为主动件，设其角速度为 ω_0；行星齿轮轴 5 与差速器壳 3 固连成一体，形成行星架；半轴齿轮 1 和 2 为从动件，其角速度分别为 ω_1 和 ω_2。A、B 两点分别为行星齿轮 4 与半轴齿轮 1 和 2 的啮合点。行星齿轮的中心点为 C，A、B、C 三点到差速器旋转轴线的距离均为 r。

16-1 差速器原理

当行星齿轮只随行星架绕差速器旋转轴线公转时，处在同一半径上的 A、B、C 三点的圆周速度都相等（图 16-12（b）），其值为 $\omega_0 r$。于是 $\omega_1 = \omega_2 = \omega_0$，即差速器不起差速作用，半轴角速度等于差速器壳的角速度。

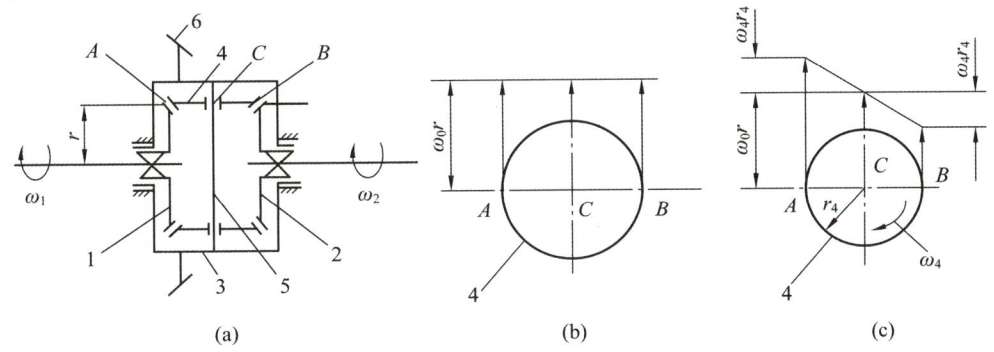

1、2—半轴齿轮；3—差速器壳；4—行星齿轮；5—行星齿轮轴；6—主减速器从动齿轮。

图 16-12　差速器差速原理

(a) 对称式锥齿轮差速器结构；(b) 等速状态；(c) 差速状态

当行星齿轮 4 除公转外，还绕行星齿轮轴以角速度 ω_4 自转时（图 16-12（c）），啮合点 A 的圆周速度为 $\omega_1 r = \omega_0 r + \omega_4 r_4$，啮合点 B 的圆周速度为 $\omega_2 r = \omega_0 r - \omega_4 r_4$。于是：

$$\omega_1 r + \omega_2 r = (\omega_0 r + \omega_4 r_4) + (\omega_0 r - \omega_4 r_4)$$

即

$$\omega_1 + \omega_2 = 2\omega_0$$

若角速度以每分钟转数 n 表示，则

$$n_1 + n_2 = 2n_0$$

该式为两半轴齿轮直径相等的对称式锥齿轮差速器的运动特性方程式，它表明左、右两侧半轴齿轮的转速之和为差速器壳转速的 2 倍，而与行星齿轮转速无关。

①任何一侧半轴齿轮的转速为零时，另一侧半轴齿轮的转速为差速器壳转速的 2 倍。

②当差速器壳转速为零（例如用中央制动器制动传动轴时）时，若一侧半轴齿轮转动，则另一侧半轴齿轮即以相同转速反向转动。

差速器工作情况如下：

①汽车直线行驶时，两侧驱动轮转速相等，行星齿轮与差速器壳一起旋转（公转），没有自转。半轴车轮、差速器壳、主减速器从动齿轮的转速相同。

②当汽车转弯时，行星齿轮除随差速器壳公转外，还绕行星齿轮轴自转，致使两侧驱动轮转速不同，实现差速。

3. 对称式锥齿轮差速器中的转矩分配

由主减速器传来的转矩 M_0，经差速器壳、行星齿轮轴和行星齿轮传给半轴齿轮。行星齿轮相当于一个等臂杠杆，两半轴齿轮半径也相等。因此，当行星齿轮没有自转时，总是将转矩 M_0 平均分配给左、右两半轴齿轮，即 $M_1 = M_2 = M_0/2$。

当两半轴齿轮以不同转速同向转动时，设左半轴转速 n_1 大于右半轴转速 n_2，则行星齿轮将按图 16-13 上 n_4 的方向绕行星齿轮轴自转，行星齿轮孔与行星齿轮轴轴颈间以及齿轮背部与差速器壳之间都产生摩擦。行星齿轮所受的摩擦力矩 M_r 的方向与转速 n_4 方向相反，此摩擦力矩使转得快的左半轴上的转矩 M_1 减小，使转得慢的右半轴上的转矩 M_2 增加。因此，当左、右驱动车轮存在转速差时，$M_1 = (M_0 - M_r)/2$，$M_2 = (M_0 + M_1)/2$。左、右轮上的转矩之差为差速器的内摩擦力矩 M_r。

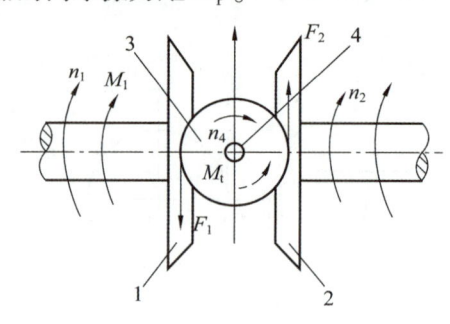

1、2—半轴齿轮；3—行星齿轮；4—行星齿轮轴。
图 16-13 差速器转矩分配

由于对称式锥齿轮差速器的内摩擦力矩比较小，可以认为无论左、右驱动轮转速是否相等，转矩基本上是平均分配的，这样的转矩分配特性对于汽车在良好路面上行驶是完全可行的。

但当汽车在坏路面上行驶时，却严重影响了通过能力。例如，当汽车的一个驱动车轮接触到泥泞或冰雪路面时，其原地滑转，而在好路面上的车轮静止不动。这是因为打滑的车轮与路面之间附着力很小，虽然另一车轮与好路面间的附着力较大，但因差速器的转矩平均分配特性，使好路面上的车轮分配到的转矩也很小，致使总的牵引力不能克服行驶阻力，汽车不能前进，只有使用防滑差速器才能解决这个问题。

三、防滑差速器

当遇到左、右或前、后驱动轮与路面间的附着条件相差较大时，简单齿轮式差速器不能保证汽车得到足够的牵引力，附着条件较差的驱动轮将高速滑转而汽车却不能前进。故应当采用防（限）滑差速器，其共同出发点都是在一个驱动轮滑转时，设法使大部分转矩甚至全部转矩传给不滑转的驱动轮，以充分利用这侧驱动轮的附着力而产生足够的牵引力，使汽车能继续行驶。

常见的防滑差速器有强制锁止式齿轮差速器、高摩擦自锁式差速器（包括摩擦片式、滑块凸轮式等）、托森差速器等。

1. 强制锁止式差速器

为实现上述要求，最简单的办法是在对称式锥齿轮差速器上设置差速锁，当一侧驱动轮滑转时，可利用差速锁使差速器不起差速作用。

图 16-14 所示为瑞典斯堪尼亚 LT110 型汽车上所用的强制锁止式差速器，主要由内外接合器和操纵装置组成，外接合器与半轴通过花键相连，内接合器与差速器壳体通过花键相连。

差速锁采用电控气动方式操纵，当汽车的一侧车轮处于附着力较小的路面上时，可按下仪表板上的电钮，使电磁阀接通压缩空气管路，压缩空气便从管接头 3 进入工作缸 4，推动活塞 1 克服弹簧 7 的弹簧力，带动外接合器 9 右移，使之与内接合器 10 接合。结果，左半轴 6 与差速器壳 11 成为刚性连接，差速器不起差速作用，即左、右两半轴被联锁成一体一同旋转。这样当一侧驱动轮滑转而无牵引力时，从主减器传来的转矩全部分配到另一侧驱动轮上，使汽车得以正常行驶。

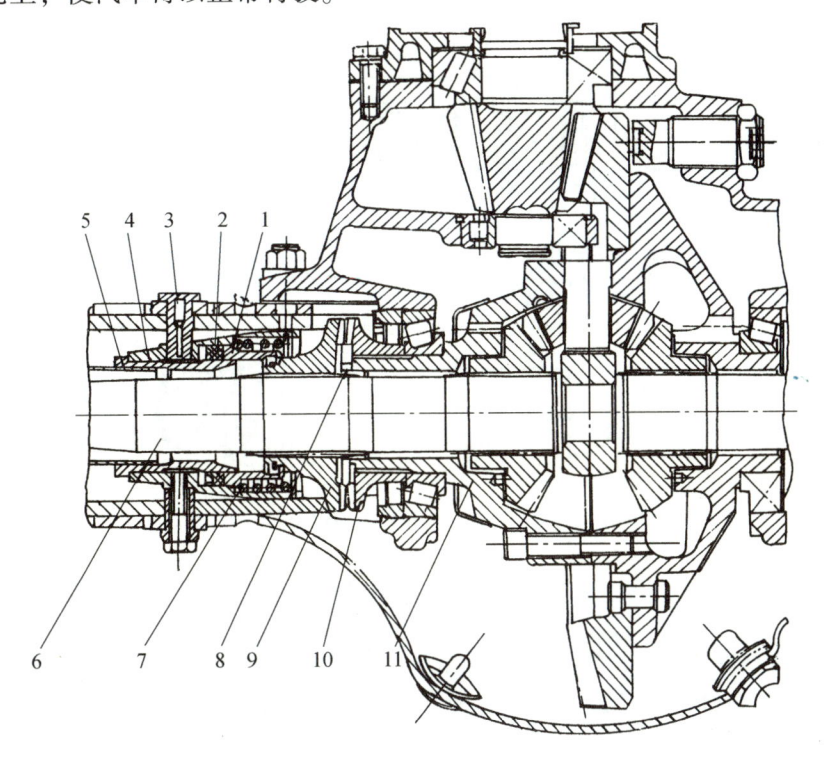

1—活塞；2—活塞皮碗；3—气路管接头；4—工作缸；5—套管；6—半轴；7—压力弹簧；
8—锁圈；9—外接合器；10—内接合器；11—差速器壳。

图 16-14 斯堪尼亚 LT110 型汽车的强制锁止式差速器

当汽车通过坏路后驶上好路时，驾驶员通过电钮使电磁阀切断高压气路，并使工作缸连通大气，缸内压缩空气即经电磁阀排出。于是弹簧 7 复位，推动活塞使外接合器左移回到分离位置。

强制锁止式差速锁结构简单，易于制造。但操纵不便，一般要在停车时进行。如果过早接上或过晚摘下差速锁，将产生前述的无差速器时出现的一系列问题。因此，有些越野汽车采用了在行驶过程中，能根据路面情况自动改变驱动轮间转矩分配的高摩擦自锁式差速器。

2. 高摩擦自锁式差速器

高摩擦自锁式差速器是在对称式锥齿轮差速器基础上发展而来的，由于结构简单、工作平稳，常用在轿车和轻型载货汽车上。

如图 16-15 所示，为增加差速器内的摩擦力矩，在半轴齿轮 3 和差速器壳 4 之间安装摩擦片组，每个半轴齿轮的背面有推力压盘 5 和主、从动摩擦片组 6、7。推力压盘 5 以内花键与半轴相连，在其轴颈处用外花键与从动摩擦片相连。主动摩擦片 6 靠花键与差速器壳相连。推力压盘和主、从动摩擦片均可沿轴向做微小的滑移。十字轴由两根相互垂直的行星齿轮轴组成，轴的端部均切有凸 V 形斜面，相应地，在差速器壳孔上有凹 V 形斜面，两根行星齿轮轴的V形面呈反向安装。

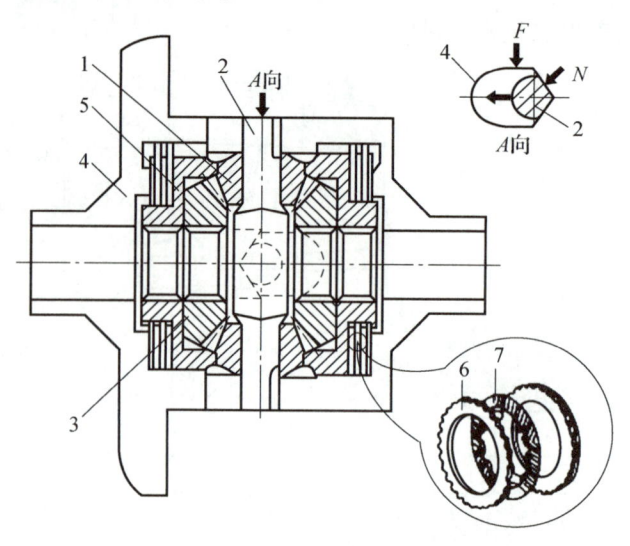

1—差速器行星齿轮；2—行星齿轮轴；3—半轴齿轮；4—差速器壳；5—推力压盘；
6—主动摩擦片；7—从动摩擦片。

图 16-15　摩擦片自锁式差速器

当汽车直线行驶时，由于差速器壳通过斜面作用在行星齿轮轴两端，斜面上产生的轴向力迫使两行星齿轮轴向外移动，通过行星齿轮使推力压盘压紧摩擦片。转矩经两条路径传给半轴：一条沿行星齿轮轴、行星齿轮和半轴齿轮将大部分转矩传给半轴，另一条路径则由差速器壳经主、从动摩擦片和推力盘传给半轴。由于两半轴无转速差，转矩平均分配给两半轴。

当汽车转弯或一侧车轮在路面上滑转时，左、右半轴齿轮转速不同，转速的不同和轴向力的作用，使主、从动摩擦片间产生摩擦力矩，其数值大小与差速器传递的转矩及摩擦片数量成正比。摩擦力矩使转速较高的半轴变慢，使转速较慢的半轴变快。高摩擦力矩作用的结果是使低转速半轴传递的转矩大大增加。

第四节　半轴与桥壳

一、半轴

半轴是差速器与驱动轮之间传递动力的实心轴，其内端与差速器的半轴齿轮相连，外端与驱动轮轮毂相接。半轴与驱动轮的轮毂在桥壳上的支承形式决定了半轴的受力状态。根据半轴外端受力状况的不同，半轴分为全浮式半轴和半浮式半轴，如图 16-16 所示。

1. 全浮式半轴

图 16-16（a）所示为全浮式半轴，半轴 5 外端锻出的凸缘 6 借助螺栓与轮毂 1 相连。轮毂通过两个跨距较大的圆锥滚子轴承 2 支承在半轴套管上。半轴套管与空心梁压配在一起形成桥壳 4，半轴内端通过花键与差速器的半轴齿轮相连。半轴和桥壳没有直接联系。

作用在车轮上的力通过轮毂、轴承传给驱动桥壳，半轴只承受传动系统的转矩，不受弯矩，故称为全浮式半轴支撑。全浮式半轴支撑便于拆装，只需拧下凸缘上的螺栓，便可将半轴抽出，而车轮与桥壳仍能支承住汽车。由于其工作可靠，广泛用于轻型、中型、重型货车、越野汽车和客车上。但其外端的结构比较复杂，一般采用形状复杂、质量与尺寸较大的轮毂，制造成本高，故小型汽车、轿车一般不采用。

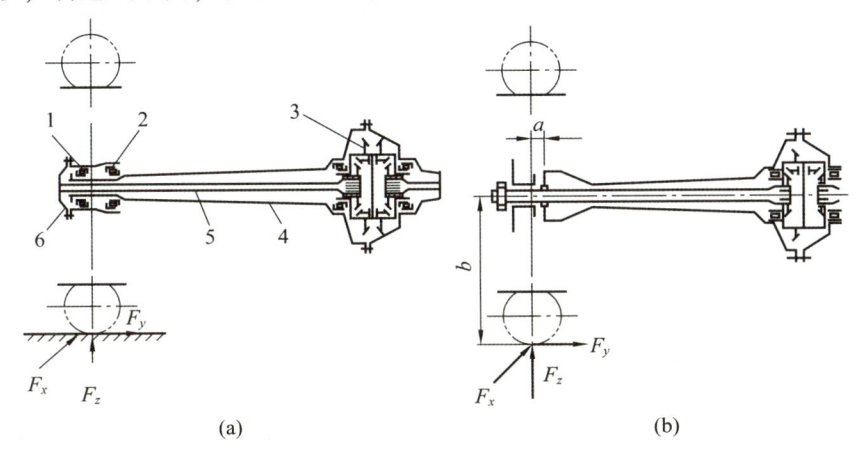

1—轮毂；2—轴承；3—主减速器从动锥齿轮；4—桥壳；5—半轴；6—半轴凸缘。

图 16-16　半轴的支承形式

（a）全浮式半轴；（b）半浮式半轴

2. 半浮式半轴

图 16-16（b）所示为半浮式半轴，半轴内端的支承方式与全浮式的相同，半轴外端通过花键和螺母与轮毂连接。靠近轮毂内侧，半轴用圆锥滚子轴承直接支承在桥壳凸缘的座孔内。车轮与桥壳之间无直接联系，作用在车轮上的力都直接传给半轴，再通过轴承传给驱动桥壳体。半轴既受转矩，又受弯矩。

半浮式支承结构简单，但半轴受力复杂且拆装不便，被广泛应用于反力弯矩较小的轿车、微型客车和微型货车上。

二、桥壳

桥壳的功用是支承并保护主减速器、差速器等，使左、右驱动车轮的轴向相对位置固定；与从动桥一起支承车架及其上的各总成；汽车行驶时，承受由车轮传来的路面反作用力和力矩，经悬架传给车架。桥壳应有足够的强度和刚度，质量要小，便于主减速器的拆装和调整。由于桥壳的尺寸和质量一般都比较大，制造较困难，故在满足使用要求的前提下尽可能便于制造。

桥壳分为整体式桥壳和分段式桥壳两种。整体式桥壳（图 16-17）采用铸造或钢板冲压焊接等而成一整体，具有较大的强度和刚度，便于主减速器的装配、调整和维修。因此普遍应用于各类汽车上。而分段式桥壳一般分为两段，由螺栓将两段连成一体，易于铸造，加工简便，但维修不便，现在已很少应用。

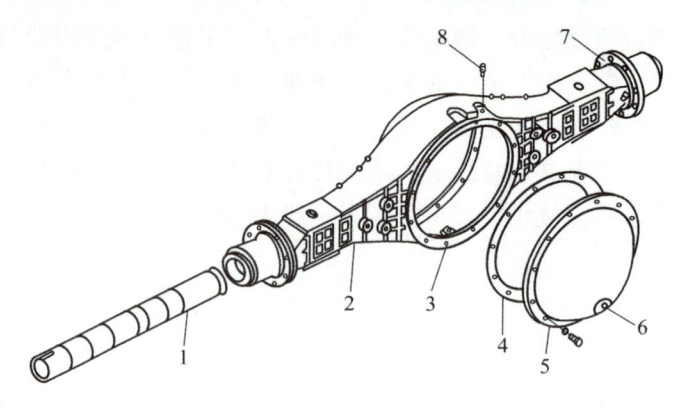

1—半轴套管；2—后桥壳；3—放油孔；4—后桥壳垫片；5—后盖；6—油面孔；7—凸缘盘；8—通气塞。

图 16-17　东风 EQ1090E 型汽车驱动桥壳

> **补充提示：**
> 　　全时四驱是指车辆在整个行驶过程中一直保持四轮驱动的形式，发动机输出扭矩以固定的比例分配到前后轮，这种驱动模式能随时拥有较好的越野和操控性能，但不能够根据路面情况做出扭矩分配的调整，并且油耗较高。而适时四驱则可根据路面情况控制两驱与四驱的切换，在正常路面，车辆以两轮驱动模式行驶，遇到越野路面或者车轮打滑时，自动将动力分配到另外两轮。对于适时四驱模式而言，控制程序的优劣会影响驱动形式切换的智能化。

练习题

1. 驱动桥有哪些功能？每项功能主要由哪些零部件实现？
2. 准双曲面齿轮有什么特点？
3. 主减速器有哪几种类型？
4. 在装配主减速器时，要进行哪些调整？怎样调整？
5. 差速器有什么作用？请分析对称式行星齿轮差速器的转速与转矩的分配关系。
6. 如何区分全浮式半轴和半浮式半轴？

第十七章 汽车行驶系统

学习目标

本章主要介绍了车架、车桥的类型、组成和工作原理。要求学生熟练地掌握转向桥的功用、组成和工作原理；掌握转向轮定位；了解转向驱动桥的结构与原理；了解车架、车轮的基本构造与轮胎的类型。

重点难点

1. 转向桥的结构和工作原理。
2. 转向轮定位的功用和原理。

第一节 概 述

一、功用

汽车行驶系统的主要功用是：

①接受传动系统传来的转矩，通过驱动轮与地面的附着作用产生驱动力，保证汽车正常行驶。

②承受汽车的总重量，传递并承受路面作用于车轮的各个方向的反力及转矩。

③缓和不平路面对车身造成的冲击和振动，保证汽车行驶的平顺性。

④与转向系统协调配合工作，实现汽车行驶方向的正确控制，保证汽车的操纵稳定性。

⑤与制动系统配合，通过车轮与地面的附着，产生制动力，保证汽车正常制动。

二、组成

汽车行驶系统的基本类型主要有轮式、全履带式、半履带式、车轮-履带式。目前绝大部分汽车都采用轮式行驶系统。**轮式汽车行驶系统由车架、车桥、车轮和悬架组成**，如图17-1所示。车轮4和5分别支承在车桥3和6上，车架1通过弹性悬架2和7与车桥3和6相连，车架1是整个汽车的装配基体，它将汽车各相关总成连接成一个整体。

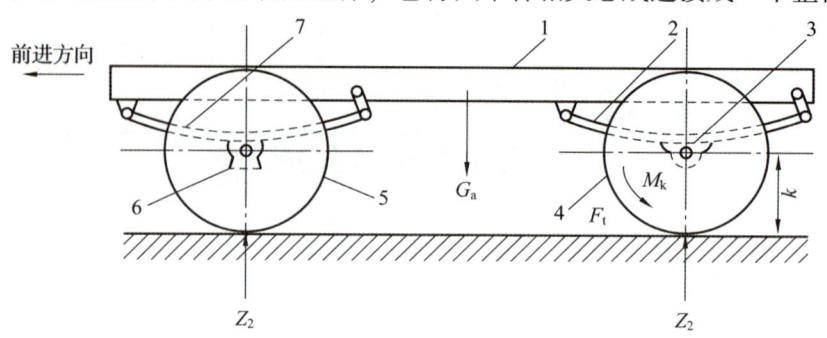

1—车架；2—后悬架；3—驱动桥；4—后轮；5—前轮；6—从动桥；7—前悬架。

图 17-1　行驶系统的组成及受力简图

第二节　车架和承载式车身

车架的功用是支承连接汽车的各零部件，并承受来自车内外的各种载荷。车架通过悬架装置坐落在车轮上。

目前汽车车架的结构形式基本有边梁式车架、中梁式车架（或称脊骨式车架）、综合式车架。边梁式车架广泛应用于各种类型的载货、载客汽车和少量轿车上；中梁式车架主要应用于越野汽车和少量轿车上；轿车车架多采用综合式车架。许多轿车和客车上没有车架，车架的功能由轿车车身或大客车车身骨架承担，称其为承载式车身。

一、边梁式车架

边梁式车架由两根位于两边的纵梁和若干根横梁组成，用铆接或焊接将纵横梁连成坚固的刚性构架。由于边梁式车架便于安装车身和布置总成，有利于改装变型车和发展多品种汽车，所以被广泛采用。

边梁式车架的纵梁通常用低合金钢板冲压而成，一般为Q345，其断面形状有槽形断面、箱形断面、Z字形断面和工字形断面等几种。根据汽车形式和结构布置的要求，纵梁可以在水平面内或纵向平面内做成弯曲的、等截面或非等截面的。

边梁式车架的横梁不仅用来保证车架的扭转刚度和承受纵向载荷，而且还用来支承汽车上的主要部件。通常载货汽车有5～8根横梁，分别布置在安装散热器、发动机、驾驶室、传动轴中间支承、备胎架和钢板弹簧的前后支点处。

图17-2所示为东风EQ1090E型汽车车架，它由两根纵梁和八根横梁铆接而成。前横梁3上装冷却水散热器，横梁4作为发动机的前悬置支座。为降低发动机高度，改善驾驶员的视野，横梁4和5均制成下凹形。在横梁7的上面装置驾驶室的后悬置，在其下面装置传动轴中间支承。由于传动轴安装位置的需要，横梁7制成拱形，其余横梁都做成简单的直槽形。后横梁12中部装有拖带挂车用的拖钩部件13。

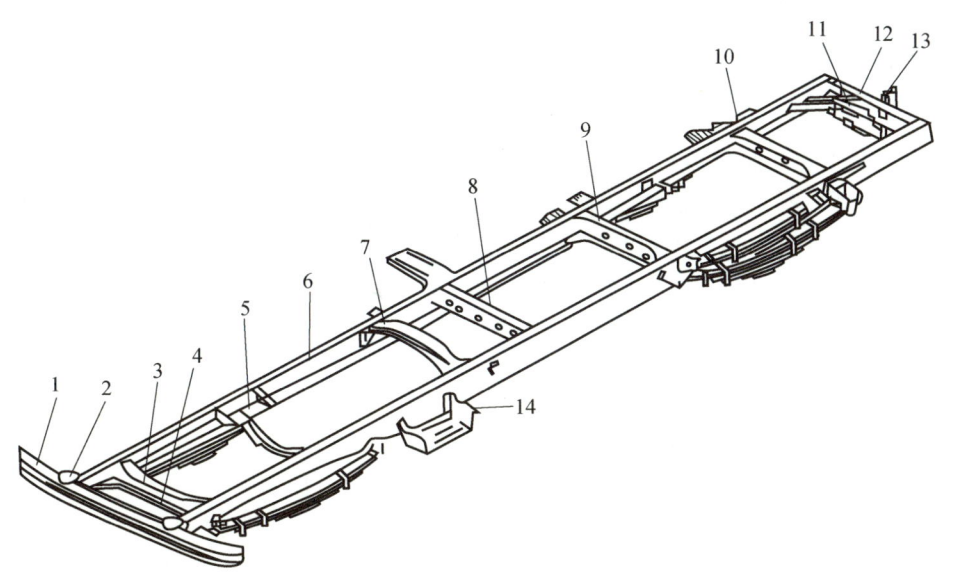

1—保险杠；2—挂钩；3—前横梁；4—发动机前悬置横梁；5—发动机后悬置支架和横梁；6—纵梁；
7—驾驶室后悬置横梁；8—第四横梁；9—后钢板弹簧前支架横梁；10—后钢板弹簧后支架横梁；
11—角撑横梁组件；12—后横梁；13—拖钩部件。

图 17-2　东风 EQ1090E 型汽车车架总成

有些汽车车架的横梁采用 X 形高断面，如图 17-3 所示。采用 X 形高断面可提高车架的扭转刚度，对于短而宽的汽车车架，效果尤为显著，一般只用于轿车车架。各种不同类型汽车车架的结构形式如图 17-4 所示，轿车和大型客车的车架在前、后车桥上面有较大弯曲度，保证汽车重心和底板都较低，既方便了乘客的上下车，又提高了行驶稳定性。

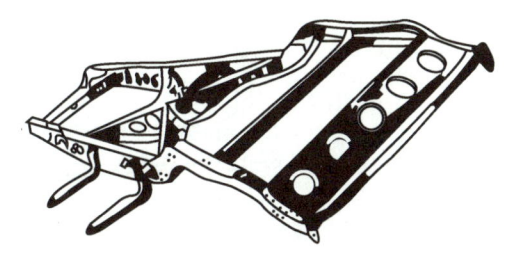

图 17-3　轿车（X 形高断面横梁）车架

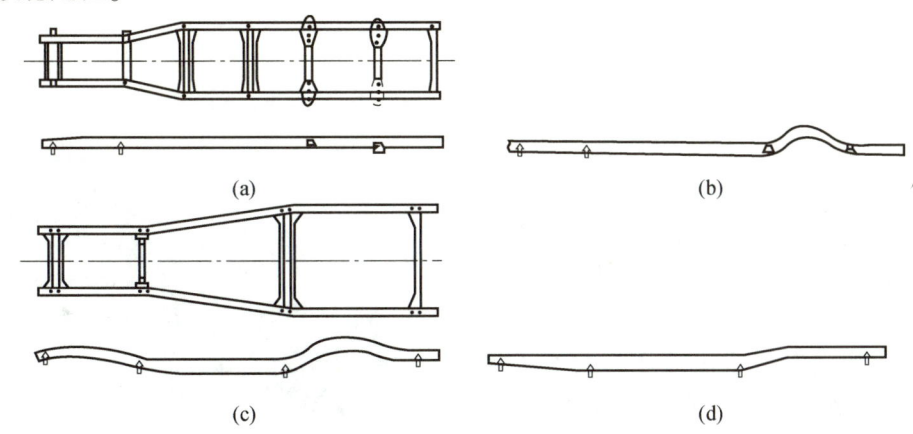

图 17-4　车架的结构类型
（a）中型货车车架；（b）中、大型客车车架；（c）轿车车架；（d）轻型货车车架

二、中梁式车架

中梁式车架只有一根位于中央而贯穿汽车全长的纵梁，也称为脊梁式车架，如图17-5所示。中梁的断面可做成管形、槽形或箱形。中梁的前端做成伸出支架，用于固定发动机，而主减速器壳通常固定在中梁的尾端，形成断开式后驱动桥。中梁上悬伸的托架用于支承汽车车身和安装其他机件。图17-6所示为具有中梁式车架的轿车底盘。中梁式车架适于装配独立悬架的越野汽车，但是制造工艺复杂，总成安装困难，维护修理不方便，故应用不多。

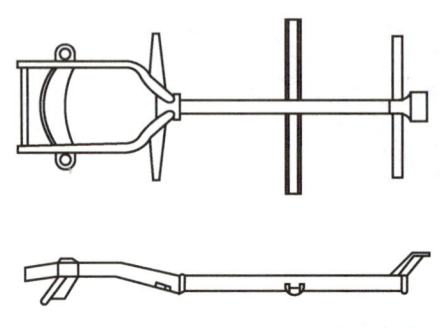

图17-5　中梁式（脊骨式）车架结构

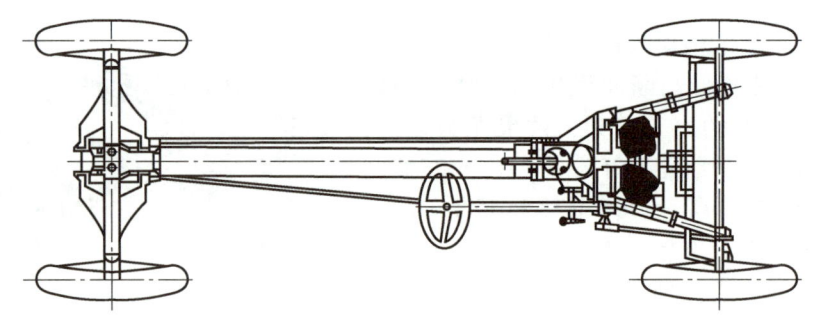

图17-6　具有中梁式车架的轿车底盘

三、综合式车架

图17-7所示的车架是由边梁式和中梁式车架组合构成的，称为综合式车架。车架的前段或后段是边梁式结构，用于安装发动机或后驱动桥，而车架的另一段是中梁式结构，其悬伸出来的支架可以固定车身。随着汽车工业的发展，此类型的车架也出现了多样化和复杂化，如桁架式车架、平台式车架等。

图17-7　综合式车架

四、承载式车身

大多数轿车和部分大型客车取消了车架，而以车身兼代车架的作用，即将所有部件固定在车身上，所有的力也由车身来承受，这种车身称为承载式车身。如上海桑塔纳、一汽奥迪 100、捷达、高尔夫型轿车均为承载式车身。承载式车身由于无车架，可以减小整车质量；可以使地板高度降低，使上、下车方便。但传动系统和悬架的振动和噪声会直接传入车内，为此，应取隔声和防振措施。

第三节　车　桥

车桥（也称车轴）通过悬架与车架（或承载式车身）相连，两端安装车轮。车桥的作用是传递车架与车轮间各方向的作用力及其所产生的弯矩和转矩。

根据悬架的结构型式，车桥分为整体式和断开式两种。整体式车桥的中部是一个整体的刚性实心或空心梁（轴），多与非独立悬架配用；断开式车桥为活动关节式结构，与独立悬架配合使用。现代轿车大部分左、右车轮之间实际上没有车桥，而是通过各自的悬架与车架相连接，然而习惯上仍将它们称为断开式车桥。

按照车桥上车轮的运动方式和作用，车桥可分为转向桥、驱动桥、转向驱动桥和支持桥四种类型。其中转向桥和支持桥都属于从动桥。一般汽车的前桥多为转向桥，后桥或中、后两桥多为驱动桥。越野汽车和一些轿车的前桥既是转向桥，又是驱动桥，故称为转向驱动桥。某些单桥驱动的三轴汽车（6×2 汽车）的中桥或后桥为支持桥。挂车上的车桥都是支持桥。支持桥除不能转向外，其他功能和结构与转向桥的相同。

一、转向桥

转向桥是利用转向节使车轮偏转一定的角度以实现汽车的转向，同时，它还承受和传递车轮与车架之间各方向的力和力矩。转向桥通常位于汽车的前部，因此也称前桥。

1. 整体式转向桥

各种车型的整体式转向桥结构基本相同，主要由前梁（前轴）、转向节、主销和轮毂四部分组成，其示意图如图 17-8 所示。

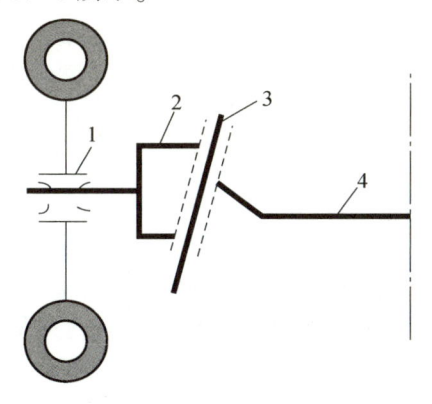

1—轮毂；2—转向节；3—主销；4—前梁。
图 17-8　汽车转向桥组成示意图

下面以图 17-9 所示的东风 EQ1090E 型汽车前桥为例加以说明。

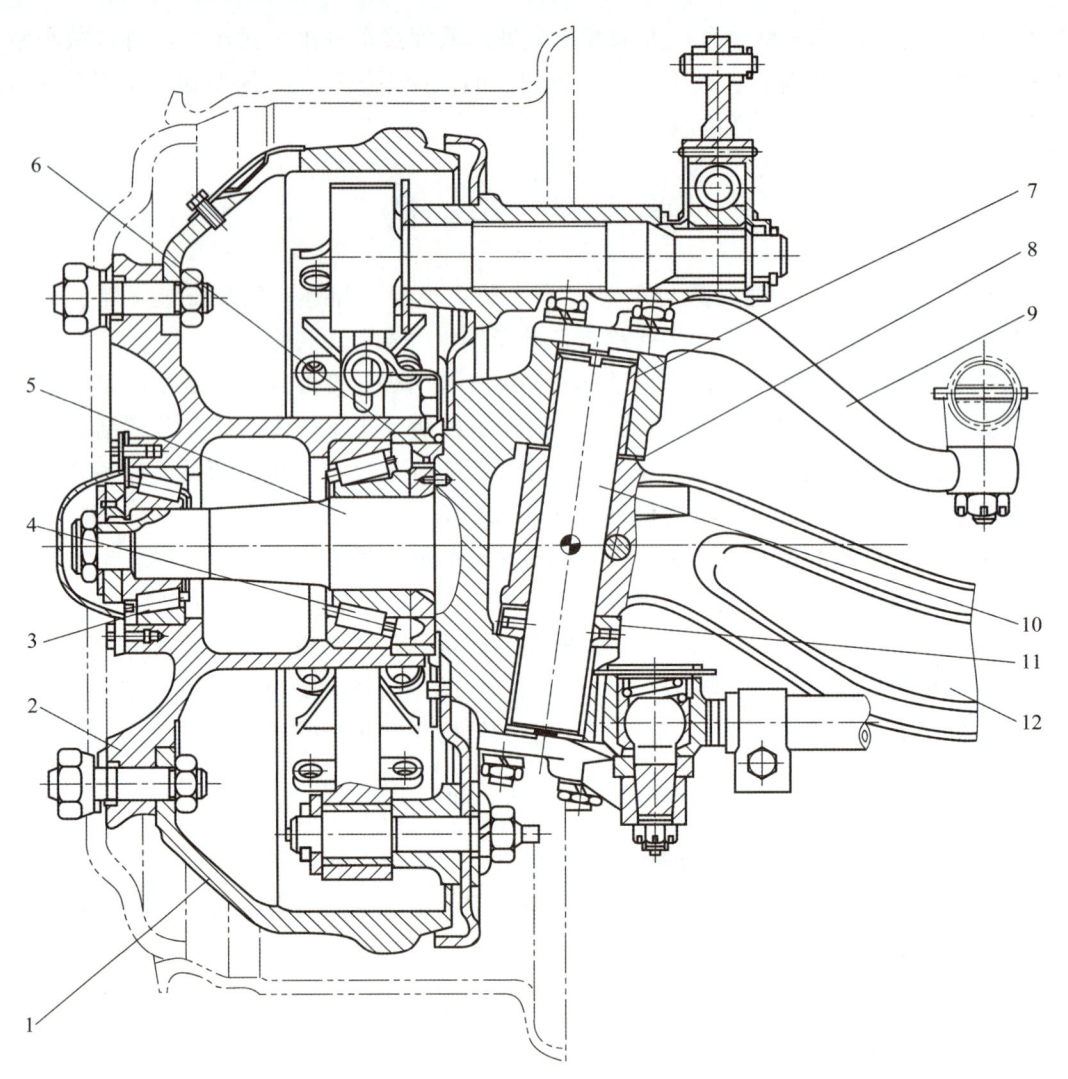

1—制动鼓；2—轮毂；3、4—圆锥滚子轴承；5—转向节；6—油封；7—衬套；
8—调整垫片；9—转向节臂；10—主销；11—推力滚子轴承；12—前梁。

图 17-9　东风 EQ1090E 型汽车转向桥

（1）前梁

前梁的断面形状一般采用工字形和管形两种。图 17-9 中的前梁 12 是用钢材锻造的，断面是工字形，以提高抗弯强度。为提高抗扭强度，接近两端各有一个加粗部分成拳形，其中有通孔，主销 10 即插入此孔内。中部向下弯曲成凹形，使发动机位置降低，降低重心，扩展驾驶员视野，减小传动轴与变速器输出轴之间的夹角。

（2）转向节

转向节 5 轴颈用来安装车轮，转向节的上、下耳上有安装主销的两个同轴孔，转向节销孔的两耳通过主销与前梁两端的拳部相连，使前轮可以绕主销偏转一定角度而使汽车转向。为减小磨损，转向节销孔内压入青铜衬套 7。为使转向灵活，在转向节下耳与前梁拳形部分之间装有推力滚子轴承 11。在转向节上耳与拳形部分之间还装有调整垫片 8，以调整其间的间隙。

(3) 主销

主销的作用是铰接前梁及转向节，使转向节绕着主销摆动，以实现车轮的转向。安装时，主销由带有螺纹的楔形锁销固定在前梁的拳形孔中，不能转动。主销与转向节上的销孔是动配合，以便实现转向。

(4) 轮毂

车轮轮毂2通过两个圆锥滚子轴承3和4支承在转向节5外端的轴颈上。轴承的松紧度可用调整螺母（装于轴承外端）加以调整。轮毂外端用冲压的金属罩盖住，内端装有油封6。制动底板与防尘罩一起都固定在转向节上。

2. 断开式转向桥

断开式转向桥与独立悬架匹配。图17-10所示为某车的断开式转向桥的结构图，其转向桥为活动关节式结构，主要由车轮1、减振器2、上支点总成3、缓冲弹簧4、转向节5、横向稳定杆总成7、左/右梯形臂13和8、主转向臂11、左/右横拉杆12和10等组成。断开式转向桥与转向器配合，通过纵拉杆16、主转向臂11、中臂15、左/右横拉杆12和10，以及左/右梯形臂13和8，使车轮偏转，以实现汽车转向。

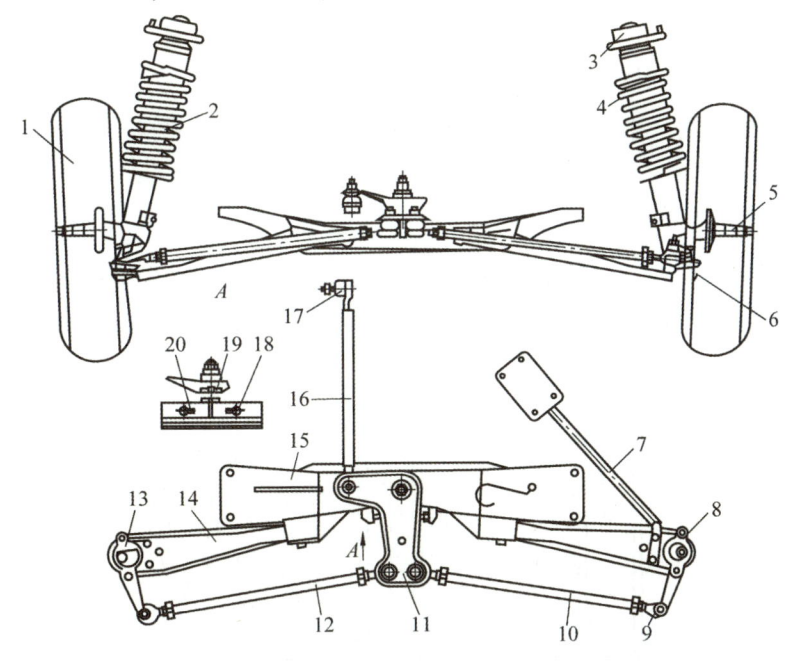

1—车轮；2—减振器；3—上支点总成；4—缓冲弹簧；5—转向节；6—大头销总成；7—横向稳定杆总成；
8—右梯形臂；9—小球头销总成；10—右横拉杆；11—主转向臂；12—左横拉杆；13—左梯形臂；
14—悬臂总成；15—中臂；16—纵拉杆；17—纵拉杆球头；18—转向限位螺钉座；
19—转向限位杆；20—转向限位螺钉。

图17-10 无车轴的断开式转向桥

二、转向轮定位

转向桥在保证汽车转向功能的同时，应使转向轮具有自动回正的功能，以保证汽车稳定行驶。也即当转向轮在偶遇外力发生偏转时，一旦外力消失，应能立即自动回到原来直线行驶的位置。这种自动回正作用由转向轮、主销和前梁之间的相对位置决定，也即由转向轮定位参数来保证。**转向轮定位参数有主销后倾、主销内倾、前轮外倾和前轮前束，其作用是保证汽车稳定直线行驶、转向轻便和减少轮胎磨损**。由于转向轮一般是前轮，也称前轮定位。

1. 主销后倾

在汽车的纵向平面内，主销上部向后倾斜，主销轴线与垂线之间的夹角称为主销后倾角，如图 17-11 所示。正如自行车、摩托车的前轮叉梁向后倾斜一样，主销后倾角能形成回正的稳定力矩，使车轮自动回正。

由于主销后倾角的存在，主销延长线与地面的交点 a 偏移了一段距离。若汽车转弯时（图中所示向右转弯），则汽车产生的离心力将引起路面对车轮的侧向反作用力 F，F 通过 b 点作用于轮胎上，形成了绕主销的回正力矩，其方向正好与车轮偏转方向相反，使车轮回正。主销后倾角越大，车速越高，前轮的稳定性越强。但主销后倾角过大会造成转向沉重，一般不超过 2°～3°。现代高速汽车由于轮胎气压降低、弹性增加，而引起稳定力矩增加，故后倾角可以减小到接近于零，甚至为负值。

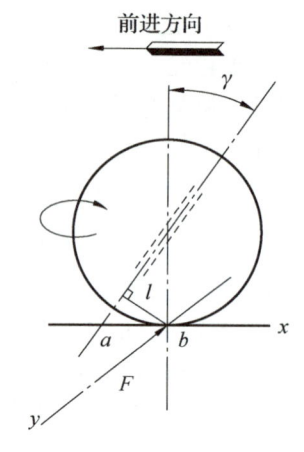

主销后倾角的获得一般是由前梁、钢板弹簧和车架三者装配在一起时，使前梁断面向后倾斜而形成的。

图 17-11 主销后倾示意图

2. 主销内倾

在汽车的横向平面内，主销上端略向内倾斜，主销轴线与地面垂线之间的夹角叫主销内倾角，如图 17-12 所示。**主销内倾的作用是使转向轮自动回正，转向轻便**。

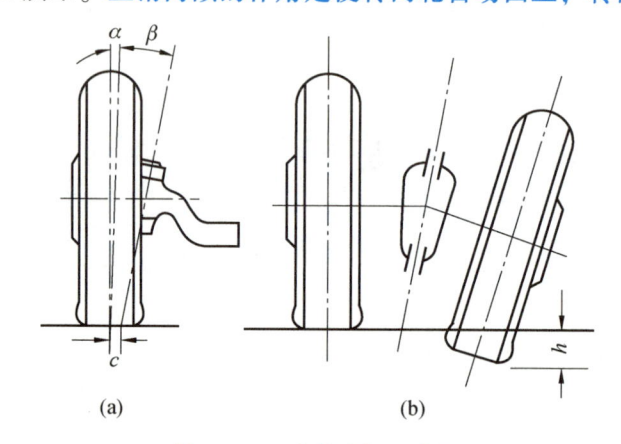

图 17-12 主销内倾示意图
(a) 直行；(b) 转向

当车轮转向或偏转时，为解释方便，图中画出转动 180°的位置，此时车轮向下陷入地平面（图 17-12 (b)），但事实上这是不可能的，而只能使转向轮连同整个汽车前部向上抬起一个相应的高度，这样在汽车本身重力的作用下，迫使车轮自动回到原来的中间位置。

主销内倾后，主销轴线与地面的交点到车轮中心平面与地面交线的距离 c 减小（图 17-12 (a)），从而可减小转向时驾驶员加在转向盘上的力，使转向操纵轻便，也可减小从转向轮传到转向盘上的冲击力。但 c 值不宜过小，即内倾角不宜过大。主销内倾角越大，则汽车前部抬起就越高，自动回正作用就越明显，但轮胎与路面间将产生较大的滑动，增加了轮胎与路面的摩擦阻力，不仅使转向沉重，而且也加速了轮胎的磨损。一般主销内倾角不大于 8°。

主销内倾角是由前梁设计来保证的，加工时使主销孔轴线的上端向内倾斜而获得。主销内倾角的变化趋势是朝着增大的方向发展。

主销后倾和主销内倾都能使转向自动回正，保持直线行驶。主销后倾的回正作用与车速有关，主销内倾的回正作用与车速无关。高速时，主销后倾的回正作用起主导地位；低速时，则主要靠主销内倾起回正作用。此外，直行时，前轮偶尔遇到冲击而偏转时，也主要依靠主销内倾起回正作用。

3. 前轮外倾

在汽车的横向平面内，前轮中心平面上方略向外倾斜，前轮中心平面与纵向垂直平面之间的夹角称为前轮外倾角，如图 17-12（a）所示。

假设空车时车轮垂直于地面，满载后车桥将因承载变形，可能会出现车轮内倾，这样会加速汽车轮胎的磨损。另外，路面对车轮的垂直反作用力沿轮毂的轴向分力将使轮毂压向轮毂外端的小轴承，加重了外端小轴承及轮毂紧固螺母的负荷，严重时使车轮脱出。因此，为了使轮胎磨损均匀和减轻轮毂外轴承的负荷，安装车轮时，预先使车轮有一定的外倾角，以防止车轮出现内倾。同时，车轮有了外倾角，也可以与拱形路面相适应。但外倾角也不宜过大，否则会使轮胎横向偏磨增加，油耗增多。一般前轮外倾角为 1°左右。

前轮外倾角是由转向节的结构确定的。当转向节安装到前梁上后，其转向节轴颈相对于水平面向下倾斜，从而使前轮安装后出现前轮外倾。

4. 前轮前束

前轮前束的作用是消除由前轮外倾而引起的前轮"滚锥效应"。车辆有了外倾角后，滚动时类似于滚锥，从而导致两侧车辆向外滚开，由于横拉杆和车桥的约束，车轮将在地面上边滚边滑，增加了轮胎磨损。

为解决此问题，安装车轮时使两前轮的中心面不平行，前边缘距离 B 小于后边缘距离 A，A−B 的值称为前轮前束值，如图 17-13 所示。这样可使车轮在每一瞬时滚动方向接近于正前方，消除由于外倾角产生的不良后果。前轮前束可通过改变横拉杆的长度来调整。一般前束值为 0~12 mm。

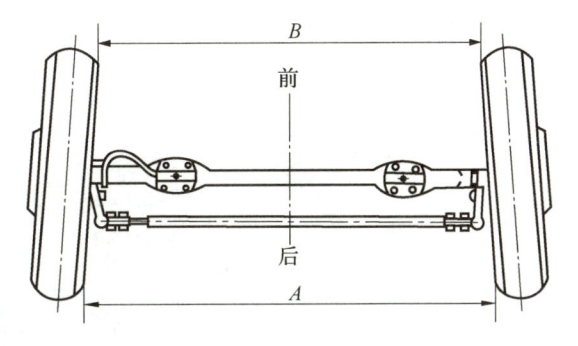

图 17-13 前轮前束（俯视图）

三、转向驱动桥

能实现车轮转向和驱动的车桥称为转向驱动桥，前轮驱动和四轮驱动汽车的前桥均为转向驱动桥。

某整体式转向驱动桥如图 17-14 所示。它既具有一般驱动桥所具有的主减速器、差速器及半轴，也具有一般转向桥所具有的转向节壳体 11、主销 12。由于转向的需要，半轴被分为内半轴 4（与差速器相连接）和外半轴 8（与轮毂连接），二者用等角速万向节 6 连接。同时，主销也分成上、下两段，分别固定在万向节的球形支座 14 上。转向节轴颈 7 做成空心的，以便外半轴从中穿过。转向驱动桥广泛地应用到全轮驱动的越野汽车上。

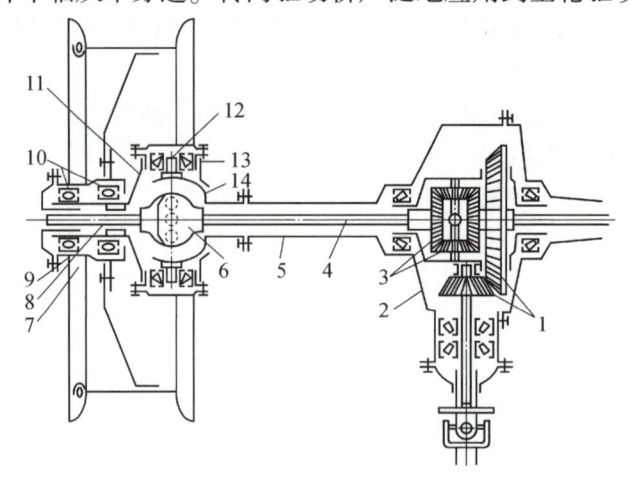

1—主减速器；2—主减速器壳；3—差速器；4—内半轴；5—半轴套管；6—等角速万向节；7—转向节轴颈；8—外半轴；9—轮毂；10—轮毂轴承；11—转向节壳体；12—主销；13—主销轴承；14—球形支座。

图 17-14　转向驱动桥示意图

目前许多现代轿车采用发动机前置前驱的布置形式，前桥既是转向桥，又是驱动桥，其多与麦弗逊式独立悬架配合使用，前轮内侧空间较大，便于布置。

上海桑塔纳轿车的断开式转向驱动桥总成（图中未画出中间主减速器和差速器）如图 17-15 所示。动力经主减速器和差速器传至左右内等速万向节、左右半轴，经左右外等速万向节和左右外半轴凸缘传到轮毂，驱动车轮旋转。当转动转向盘时，通过齿轮齿条式转向器 14 和横拉杆 16 使前轮偏转，实现转向。捷达、宝来、奥迪等轿车的前桥都是转向驱动桥，其构造与上述结构类似。

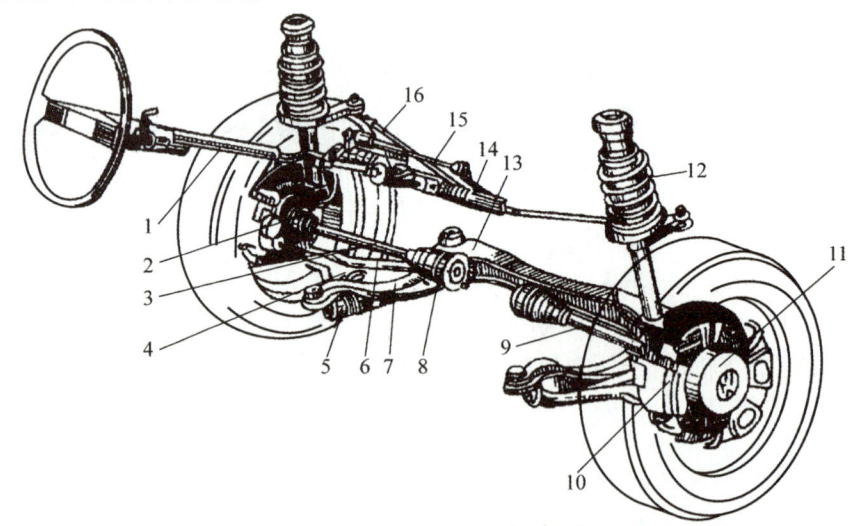

1—转向柱；2—外等速万向节；3—左半轴（传动轴）；4—悬臂摆臂；5—悬架臂后端的橡胶金属轴；6—横向稳定杆；7—发动机悬架；8—内等角速万向节；9—右半轴（传动轴）；10—制动钳；11—外半轴凸缘；12—减振器支柱；13—橡胶金属支架；14—齿轮齿条式转向器；15—转向减振器；16—横拉杆。

图 17-15　上海桑塔纳轿车的断开式转向驱动桥

第四节　车轮与轮胎

车轮与轮胎是汽车行驶系统中的重要部件，其主要功用有：支承整车；缓和由于路面不平等引起的冲击和振动；通过轮胎同路面间存在的附着作用来产生驱动力、制动力以及转向行驶时的侧抗力；提高车辆的通过性等。

一、车轮

车轮是介于轮胎和车轴之间承受负荷的旋转组件，一般由轮毂、轮辐和轮辋组成。轮毂通过圆锥滚柱轴承套装在轴管或转向节轴颈上，轮辋是在车轮上安装和支承轮胎的部件，轮辐将轮辋与轮毂连接起来。轮辋与轮辐可以是整体的（不可拆式），也可以是可拆式的。

1. 车轮的类型

按轮辐的构造，车轮可分为辐板式和辐条式两种。目前，普通级轿车和轻、中型载货汽车多采用辐板式车轮，高级轿车、竞赛汽车多采用辐条式车轮。

辐板式车轮中，连接轮辋与轮毂的轮辐为圆盘状辐板，如图 17-16 所示。轮辐 2 和轮辋 3 焊接或铆接固定成一整体，辐板通常使用螺栓 5 安装在轮毂上。

辐条式车轮的轮辐是钢丝辐条或与轮毂铸成一体的铸造辐条（辐条 4 与轮毂 5 铸成一体），与轮辋 1 用衬块 2 及螺栓 3 固定在一起，如图 17-17 所示。这种车轮质量小，但价格高，维修安装不便，故常在某些高级轿车及竞赛汽车上使用。

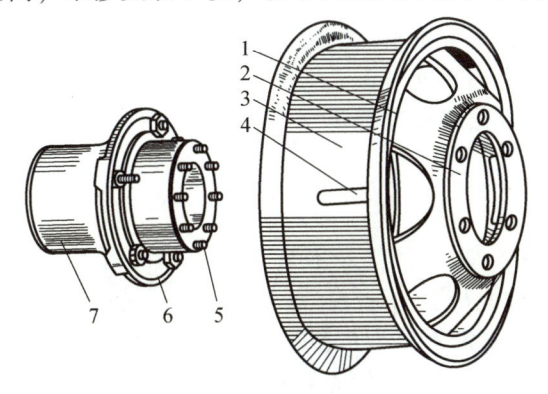

1—挡圈；2—轮辐；3—轮辋；4—气门嘴伸出孔；
5—螺栓；6—凸缘；7—轮毂。

图 17-16　载货汽车辐板式车轮

1—轮辋；2—衬块；3—螺栓；
4—辐条；5—轮毂；6—配合锥面。

图 17-17　辐条式车轮

2. 轮辋类型

轮辋是轮胎的装配和固定基础。轮辋按其断面结构形式，分为深槽轮辋、平底轮辋和对开式（可拆式）轮辋三种形式，如图 17-18 所示。

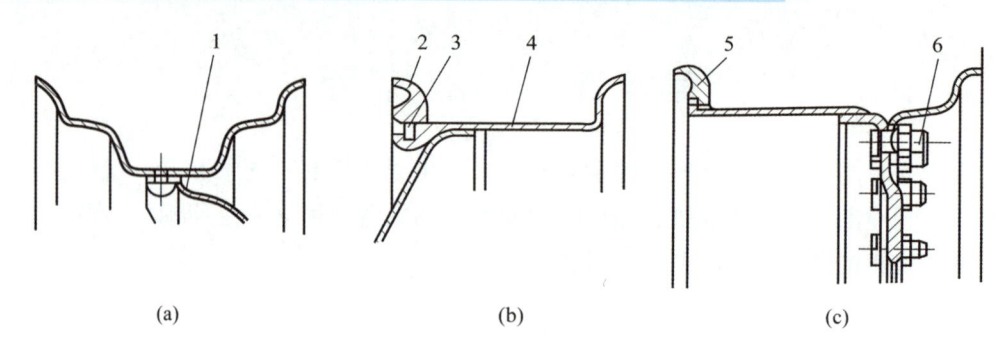

1—轮辐；2、5—挡圈；3—锁圈；4—轮辋；6—螺栓。

图 17-18　轮辋断面形式

(a) 深槽轮辋；(b) 平底轮辋；(c) 对开式轮辋

深槽轮辋是整体轮辋，其断面中部有一深凹槽，有带肩的凸缘用于安放外胎的胎圈，轮胎拆装方便。其结构简单、刚度大、质量小，对于尺寸小而弹性大的轮胎最适宜，故适用于轿车或轻型、微型汽车的车轮上。

平底轮辋的轮辋断面中部为平直的，一侧有凸缘，另一侧以可拆的挡圈2做凸缘。主要用于中、重型载货汽车及自卸车、大客车等，安装大而硬的轮胎。

对开式轮辋由内、外两部分组成，用螺栓6将两部分连成一体。拆装轮胎时，只需拆下螺栓6，比较方便，多用在重型汽车上。

二、轮胎

轮胎安装在轮辋上，直接与路面接触。其作用是：支承整车，缓和行驶时路面的冲击和振动，产生驱动力、制动力和侧向力。

汽车轮胎按其用途，可分为载货汽车轮胎和轿车轮胎；按组成结构不同，分为有内胎轮胎和无内胎轮胎；按胎体中帘线排列的方向不同，分为普通斜交胎、带束斜交胎和子午线胎；按胎面花纹的不同，分为普通花纹、混合花纹和越野花纹等轮胎；按胎内的充气压力大小，可分为高压、低压和超低压轮胎。

1. 有内胎的充气轮胎

这种轮胎由外胎1、内胎2和垫带3组成，如图17-19所示。外胎是用耐磨橡胶制成强度较高而又有弹性的外壳，直接与地面接触，保护着内胎使其不受损伤。内胎是一个环形橡胶管，内充满压缩空气，垫带放在内胎下面，防止内胎与轮辋硬性接触受损伤。

2. 无内胎轮胎

无内胎轮胎（图17-20）在外观上与有内胎轮胎相似，不同的是没有内胎和垫带，空气直接压入外胎中，密封性由外胎和轮辋来保证的。无内胎轮胎的内壁上附加了一层厚2~3 mm的橡胶密封层1，称为气密层。有的在该层下面贴着一层特殊混合物制成的自粘层2。当轮胎穿孔时，自粘层能自行将刺穿的孔黏合，故这种轮胎也称为有自黏层的无内胎轮胎。在胎圈外侧也有一层胎圈橡胶密封层，用于增加胎圈与轮辋结合的气密性。轮辋底部是倾斜的，并涂有均匀的漆层。气门嘴3直接固定在轮辋6的一

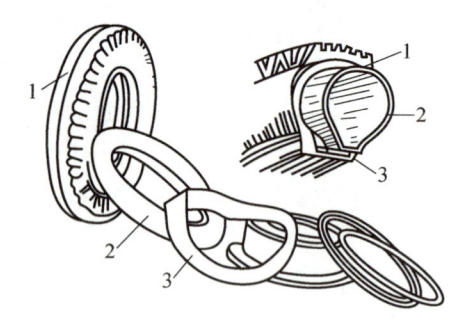

1—外胎；2—内胎；3—垫带。

图 17-19　有内胎的充气轮胎组成

侧，其间垫以密封用的橡胶密封垫，并用螺母旋紧密封。

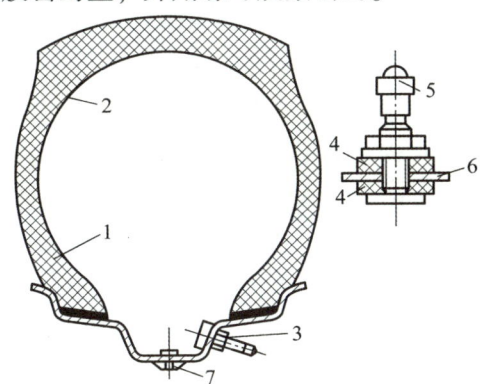

1—橡胶密封层；2—自粘层；3—气门嘴；4—橡胶密封垫；5—气门嘴帽；6—轮辋；7—铆钉。
图 17-20　无内胎轮胎

无内胎轮胎的优点是：轮胎穿孔时压力不会急剧下降，仍可以安全行驶；不存在内外胎卡住而损坏的现象；气密较好，可直接靠轮辋散热，使用寿命长；结构简单，质量小等。缺点是密封层和自粘层易漏气，途中修理较为困难。目前在轿车上应用较多。

3. 普通斜交轮胎

普通斜交轮胎的特点是：帘布层和缓冲层各相邻层帘线交叉且与轮胎中心线呈小于90°的交角。图 17-21 所示为有内胎的普通斜交轮胎的构造。外胎由胎冠 3、帘布层 1、缓冲层 5 及胎圈 8 组成。帘布层是外胎的骨架，用于保持外胎的形状和尺寸。帘布的帘线与轮胎子午断面的交角大约为 50°，相邻层帘线相交排列。帘布层数越多，强度越大，但弹性降低。

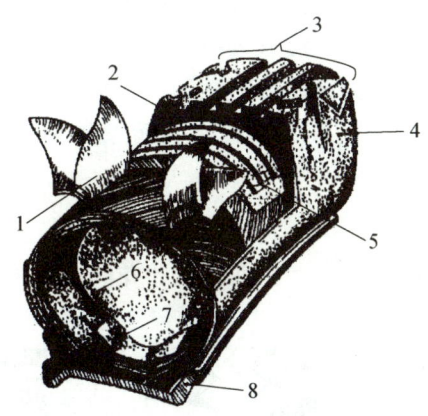

1—帘布层；2—胎肩；3—胎冠；4—胎侧；
5—缓冲层；6—内胎；7—垫带；8—胎圈。
图 17-21　有内胎的普通斜交轮胎的构造

斜交轮胎的优点是：轮胎噪声小，外胎面柔软，价格比子午线轮胎低。缺点是转向行驶时，接地面积小，胎冠滑移大，抗侧向力较差，滚动阻力较大，油耗偏高，高速行驶时稳定性和承载能力不如子午线轮胎。

4. 子午线轮胎

目前国内外轿车及一些中型载货汽车广泛装用子午线轮胎。

子午线轮胎（图 17-22）由帘布层 2、带束层 3、胎冠 4、胎肩和胎圈 1 组成，与斜交轮胎相比，其结构特点如下：

①帘布层帘线与轮胎子午断面一致，其强度被充分利用，故它的帘布层数比普通斜交轮胎可减少将近一半，所以胎体柔软。

②由于帘线在圆周方向上只靠橡胶来联系，无法承受太大的切向力，故使用与子午断面呈大角度（交角 70°～75°）的带束层来承受行驶时产生的切向力。带束层常采用强度高、伸缩率小的帘线材料制成，故带束层像一条刚性环带似地箍在胎体上，极大地提高了胎面的刚度和强度。

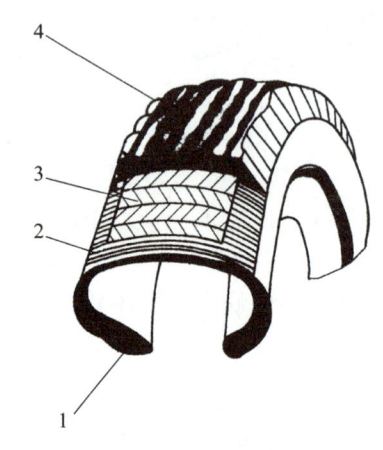

1—胎圈；2—帘布层；3—带束层；4—胎冠。

图 17-22　子午线轮胎

子午线轮胎的使用特性有以下优点： 与斜交轮胎相比，接地面积大，附着性能好，对地面单位压力小，磨损少，寿命长；胎冠较厚且有坚硬的带束层，不易刺穿，行驶时变形小，可降低油耗；帘布层少，胎侧薄，散热性好；径向弹性大，缓冲性好，负荷能力大。

缺点是胎侧较薄，胎冠较厚，在二者过渡区容易产生裂纹；吸振能力差，胎面噪声大；制造技术要求高，成本高。

5. 轮胎花纹

轮胎花纹对轮胎的性能影响很大。目前，轮胎花纹主要有普通花纹、混合花纹和越野花纹等，如图 17-23 所示。

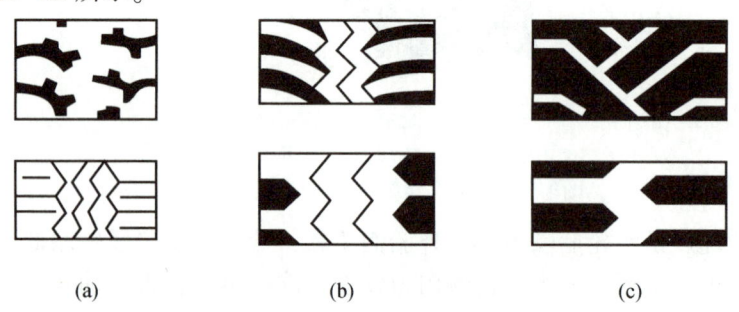

图 17-23　轮胎的花纹
(a) 普通花纹；(b) 混合花纹；(c) 越野花纹

普通花纹细而浅，接地面积大，耐磨性和附着性较好，适用于较好的硬路面。其中，轿车、货车均可选用纵向花纹，横向花纹仅用于货车。越野花纹凹部深而宽，在软路面上与地面的附着性好，越野能力强。当安装人字形越野花纹轮胎时，轮胎花纹的尖端与旋转方向一致，以免花纹间被泥土填塞。越野花纹轮胎不宜在较好的硬路面上使用，否则行驶阻力加大，加速花纹的磨损。混合花纹的特点介于普通花纹和越野花纹之间，中部为菱形，纵向为锯齿形或烟斗形花纹，适合在城乡间的路面上行驶，现代货车驱动轮胎多采用这种花纹。拱形胎花纹和低压特种花纹有更宽的端面、更低的接地比压，附着性好，主要为软地面行驶的特种车辆采用。

6. 轮胎规格标记方法

轮胎的尺寸标注如图 17-24 所示。轮胎断面高度 H 与宽度 B 之比以百分比表示，称为轮胎的扁平率。通常有 80、75、60、55 等。轮胎的高宽比越小，说明轮胎断面越宽，其优点是断面宽，接地面积大，磨损小，抗侧向稳定性强。

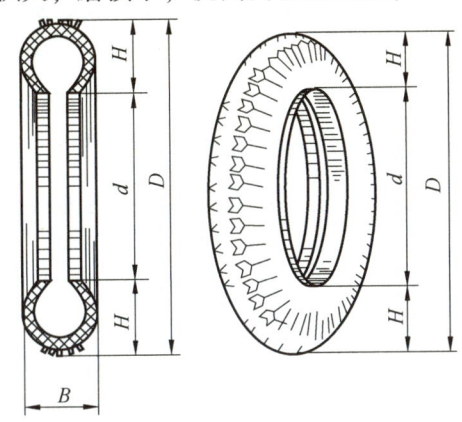

D—轮胎外径；d—内直径（即轮辋直径）；B—断面宽度；H—断面高度。

图 17-24　充气轮胎的尺寸标注

目前充气轮胎一般习惯用英制表示，但欧洲国家常用公制表示。一般高压胎用两个数字之间加乘号来表示，低压胎用两个数字和中间一对开线分开，如图 17-25 所示。高压胎在汽车上应用较少，汽车上广泛应用的是低压胎。

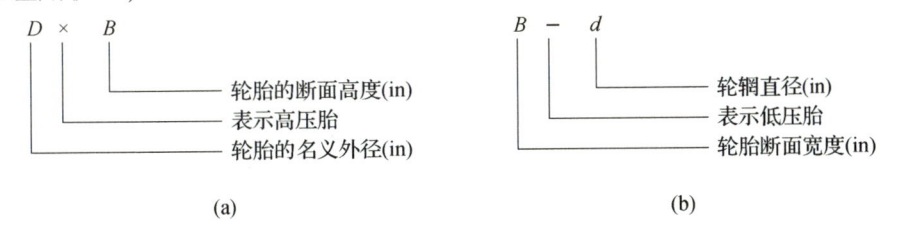

图 17-25　充气轮胎表示方法
（a）高压胎；（b）低压胎

国际化标准组织 ISO 规定汽车轮胎的规格标志由以下内容组成：轮胎断面宽度（mm）、轮胎高宽比、轮胎结构标志、轮辋名义直径（in）、负荷指数、速度级别，如图 17-26 所示。

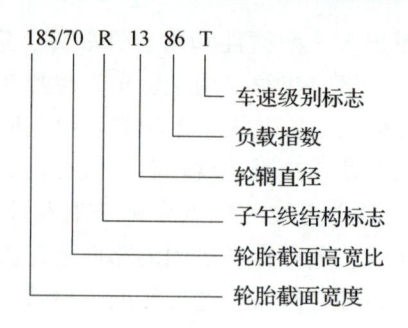

```
185/70  R  13  86 T
                    └─ 车速级别标志
                 └─ 负载指数
             └─ 轮辋直径
         └─ 子午线结构标志
      └─ 轮胎截面高宽比
   └─ 轮胎截面宽度
```

图 17-26　轮胎规格代号

> **补充提示：**
> 　　德国马牌的 ContiSeal 轮胎采用自修补技术，其与普通轮胎的区别是内部有一层黏性密封层，当直径不超过 5 mm 的异物（如铁钉）刺穿胎面时，这一独特技术可立即将刺穿处密封，防止漏气。在这一技术加持下，即使异物脱离或被人为拔除，轮胎上刺穿的小洞仍可被密封。这样可确保车辆扎钉后继续行驶，无须被迫停下或停至路边更换轮胎，起到与传统防爆轮胎相似的作用。与泄气保用轮胎相比，ContiSeal 自修补技术性价比更高，重量与传统轮胎相当，不会影响到舒适性。这对电动车来说更加友好。

练习题

1. 简述整体式转向桥的结构，它们是如何配合实现转向的？
2. 转向轮定位参数有哪些？各有什么作用？
3. 车轮前束如何测量和调整？
4. 转向驱动桥在结构上有什么特点？
5. 子午线轮胎和普通斜交胎相比，各有什么特点？为什么子午线轮胎得到越来越广泛的使用？

第十八章 悬　架

学习目标

本章介绍了悬架的功用、组成与工作原理。要求学生掌握悬架的作用、组成以及分类；掌握减振器的功用与工作原理；熟悉弹性元件、非独立悬架和独立悬架的各种类型；了解电子控制悬架系统的类型及工作原理。

重点难点

1. 减振器的结构与工作原理。
2. 非独立悬架的种类与结构。
3. 独立悬架的种类与结构。

第一节　概　述

一、悬架的功用与组成

悬架是车架（或承载式车身）与车桥（或车轮）之间一切传力装置的总称，其主要功用是把路面作用于车轮上的垂直反力（支承力）、纵向反力（驱动力和制动力）和侧向反力以及这些反力所形成的力矩传递到车架（或承载式车身）上，与轮胎一起缓和不平路面对车辆的冲击，提高乘员的舒适性，避免货物损伤，延长汽车的使用寿命。

如图 18-1 所示，汽车悬架一般由三部分组成：弹性元件 1、减振器 3 和导向装置 2、5。为提高稳定性，有的汽车还加装横向稳定器 4。

弹性元件使车架（或车身）与车桥（或车轮）之间形成弹性连接，承受和传递垂直载荷，缓和不平路面引起的冲击；减振器用来加快振动的衰减，限制车身和车轮的振动；导向装置用来传递车架（或车身）与车桥（或车轮）间的力和力矩，同时保持车轮按一

229

定的运动轨迹相对于车架和车身跳动。

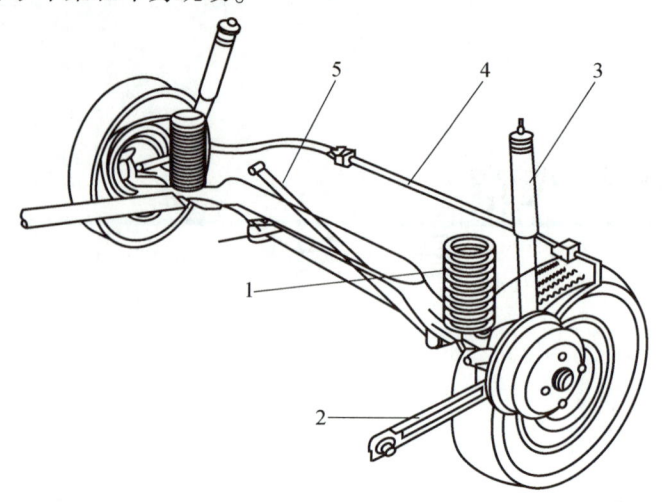

1—弹性元件；2、5—导向装置；3—减振器；4—横向稳定器。

图 18-1 悬架组成示意图

由此可见，上述三个组成部分分别起缓冲、减振和导向作用，三者联合起到共同传力的作用。另外，除了以上三种元件外，在大多数轿车和客车的悬架系统中还设有横向稳定器，其作用是增强汽车的横向刚度，防止车身在转向等情况下发生过大的倾斜。

需要指出的是，任何悬架只要具备上述功用，在结构上并非需要有以上全套装置。如**货车上广泛采用的钢板弹簧悬架，既能缓冲减振，又能传力和导向，故不需要安装导向机构，甚至不需要减振器。**

二、悬架的类型

1. 按左、右车轮的关联程度分类

根据汽车左、右车轮运动是否关联，**悬架可分为非独立悬架和独立悬架两种形式**，如图 18-2 所示。

非独立悬架的结构特点是两侧车轮由一根整体式车桥相连，车轮与车桥通过弹性悬架与车架（或车身）连接。当一侧车轮跳动时，必然会引起另一侧车轮的运动，故称为非独立悬架（图 18-2（a））。

独立悬架的结构特点是车桥做成断开的，每侧车轮可单独通过弹性悬架与车架（或车身）连接，两侧车轮可单独跳动，互不影响，故称为独立悬架（图 18-2（b））。

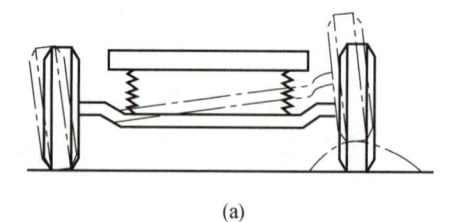

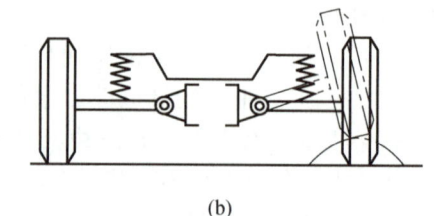

18-1 主动悬架与非主动悬架动画

(a)   (b)

图 18-2 非独立悬架与独立悬架示意图

（a）非独立悬架；（b）独立悬架

2. 按控制形式分

根据对悬架性能控制的状况，**悬架分为被动式悬架和主动式悬架**。被动式悬架是指悬架的刚度和阻尼是事先确定好的，其无法根据路面和汽车行驶工况进行调节。而主动式悬架可以根据路面和行驶工况自适应调节悬架的性能，使悬架保持在最佳工作状态。按其系统中是否包含动力源，可分为有源主动悬架（全主动悬架）和无源主动悬架（半主动悬架）。

第二节 弹性元件

汽车悬架所用的弹性元件有钢板弹簧、螺旋弹簧、扭杆弹簧、气体弹簧和橡胶弹簧等。一般载货汽车的非独立悬架广泛采用钢板弹簧，大多数轿车的独立悬架则采用螺旋弹簧和扭杆弹簧，而在重型载货汽车上气体弹簧得到广泛应用。

一、钢板弹簧

钢板弹簧是由若干片等宽但不等长的合金弹簧片组合而成的一根近似等强度的弹性梁，其构造如图 18-3 所示。

钢板弹簧 3 的第一片（最长的一片）称为主片，其两端弯成卷耳 1，内装衬套，以便用弹簧销与固定在车架上的支架或吊耳作铰链连接，中部一般由 U 形螺栓固定在车桥上。中心

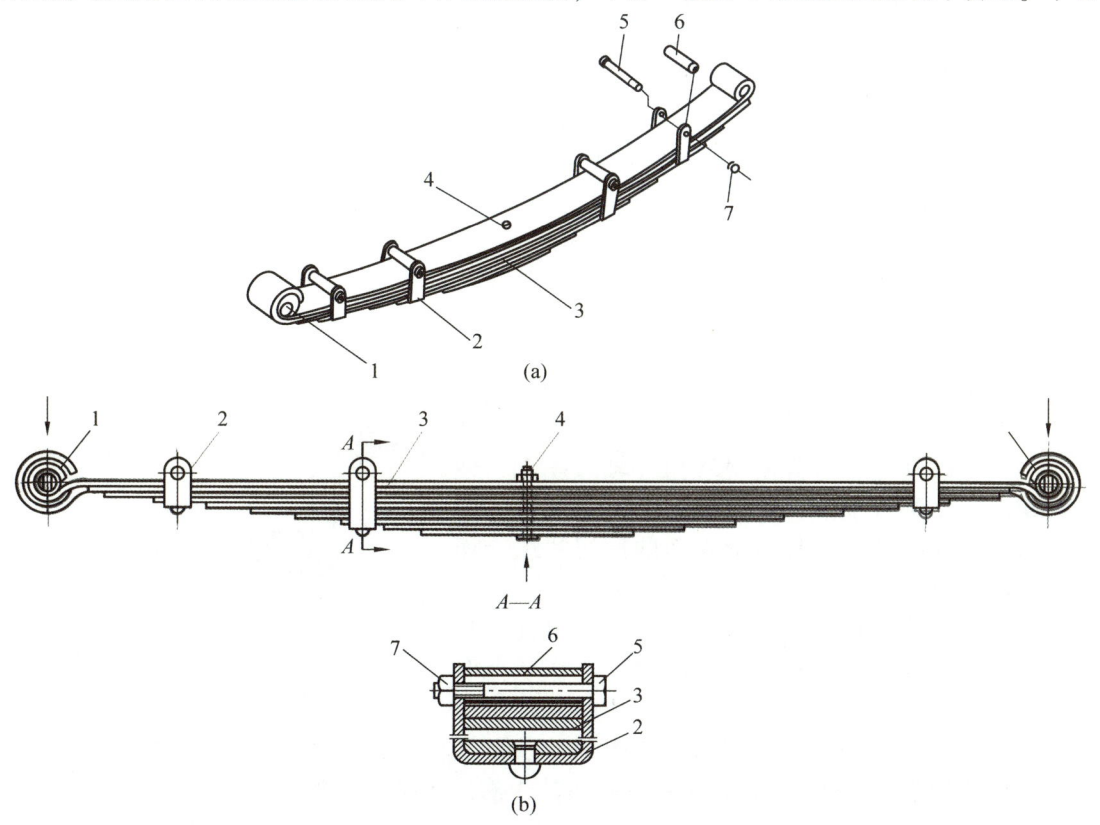

1—卷耳；2—弹簧夹；3—钢板弹簧；4—中心螺栓；5—螺栓；6—套管；7—螺母。

图 18-3 钢板弹簧

(a) 对称式钢板弹簧；(b) 非对称式钢板弹簧

螺栓用于连接各弹簧片，并保证装配时各片的相对位置。除中心螺栓以外，还有若干个弹簧夹将各片弹簧连接在一起，以保证当钢板弹簧反向变形（反跳）时，各片不致分开，以免主片单独承载。此外，还可防止各片横向错动。中心螺栓距两端卷耳中心的距离相等时，称为对称式钢板弹簧（图18-3（a））；不相等时，称为非对称式钢板弹簧（图18-3（b））。

主片卷耳受力严重，为改善其受力情况，常将第二片末端也弯成卷耳，包在主片卷耳外面，称为包耳。在第一片与第二片卷耳之间留有较大的空隙，以防止弹簧变形时二者之间有相对滑动。有些悬架中的钢板弹簧两端不做成卷耳，而是采用滑板式等支承连接方式（详见钢板弹簧非独立悬架）。

钢板弹簧本身还兼起导向机构的作用，并且在弹簧变形时，钢板弹簧各片之间因相对滑动产生摩擦，可衰减车身的振动。因而在对舒适性要求不高的钢板弹簧悬架中不安装减振器，以简化结构。安装钢板弹簧时，应在各片之间涂上适量的润滑剂。如果钢板弹簧各片之间为干摩擦，不但会造成钢板弹簧各片磨损，而且会使轮胎所受到的冲击直接传给车架，影响平顺性能。

近年来，越来越多的汽车上采用了变截面钢板弹簧，其由单片或2~3片变厚度断面的弹簧片构成，弹簧片的断面尺寸沿长度方向变化，片宽保持不变，可以实现汽车的轻量化。

二、螺旋弹簧

螺旋弹簧广泛应用于前独立悬架。与钢板弹簧相比，其具有无须润滑、不忌泥污、所占纵向空间不大、弹簧质量小等优点。螺旋弹簧常用弹簧钢棒料卷制而成，可做成等螺距或变螺距的，前者刚度不变，后者刚度是可变的。

螺旋弹簧本身没有减振作用，因此，在螺旋弹簧悬架中必须另装减振器。此外，螺旋弹簧只能承受垂直载荷，故必须装设导向机构，以传递垂直力以外的各种力和力矩。

三、扭杆弹簧

扭杆弹簧本身是一根由合金弹簧钢制成的具有扭转弹性的杆，如图18-4所示。扭杆断面一般为圆形，少数为矩形或管形。它的两端可以做成花键、方形、六角形等，以便一端固定在车架上，另一端通过摆臂与车轮相连。

当车轮跳动时，摆臂便绕着扭杆轴线摆动，使扭杆扭转产生弹性变形，借以保证车轮与车架的弹性联系。有的扭杆由一些矩形断面的薄扭片组合而成，这样弹簧更为柔软。

扭杆具有预扭应力，安装时，左、右扭杆预加扭转的方向都与扭杆安装在车上后承受工作载荷时扭转的方向相同，二者不能互换，其目的是减小工作时的实际应力，延长扭杆弹簧的使用寿命。为此，在左、右扭杆上刻有不同的标记。

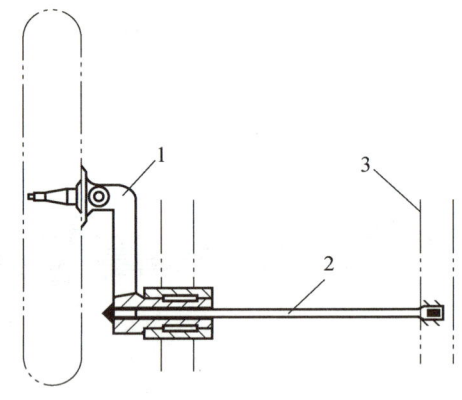

1—摆臂；2—扭杆；3—车架。
图18-4 扭杆弹簧

扭杆弹簧单位质量的蓄能量是钢板弹簧的3倍，比螺旋弹簧也高，具有质量小、结构简单、布置方便、无须润滑等优点。

四、气体弹簧

气体弹簧是在一个密闭的容器中充入压缩气体，利用气体的可压缩性实现其弹簧作用的。该弹簧的刚度是可变的，因为如果作用在弹簧上的载荷增加，容器内的定量气体受压，气压升高，则弹簧的刚度增大。反之，若载荷减小，弹簧内的气压下降，刚度减小，故其具有较理想的变刚度特性。**气体弹簧有空气弹簧和油气弹簧两种。**

1. 空气弹簧

空气弹簧可分为囊式和膜式两种（图18-5）。囊式空气弹簧由夹有帘线的橡胶气囊和密闭在其中的压缩空气所组成。气囊的内层用气密性好的橡胶制成，外层用耐油橡胶制成。气囊一般做成图18-5（a）所示的两节，节与节之间围有钢质的腰环，使中间部分不会径向扩张，并防止两节之间相互摩擦。节数越多，弹性越好，但密封性差。膜式空气弹簧的密闭气囊由橡胶膜片和金属压制件组成。与囊式相比，其弹性特性曲线比较理想，刚度小，车身自然振动频率较低，尺寸小，便于布置，多用在轿车上。

空气弹簧的质量比任何弹簧都小，并且寿命较长。缺点是高度尺寸较大。近年来，其在大型客车上尤其是高档豪华大客车上得到广泛应用。

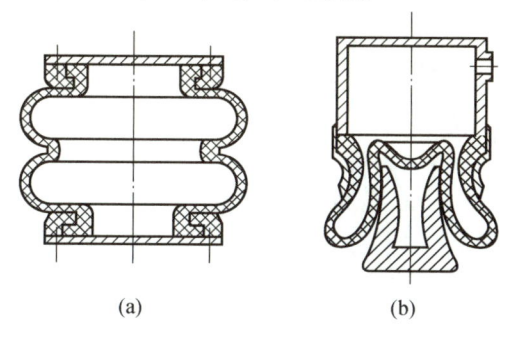

图18-5　空气弹簧
（a）囊式；（b）膜式

2. 油气弹簧

油气弹簧以惰性气体（氮气）作为弹性介质，用油液作为传力介质，一般由气体弹簧和相当于液力减振器的液压缸所组成。

根据结构的不同，油气弹簧分为单气室、双气室以及两级压力式等三种形式。单气室油气弹簧又分为油气分隔式和油气不分隔式两种（图18-6），二者的区别在于气体和液体之间是否有油气隔膜。油气分隔式中的油气隔膜把作为弹性介质的高压氮气和工作液分开，避免工作液乳化，同时也便于充气和保养，在轿车和轻型汽车上应用较多。

图18-7所示为单气室油气分隔式油气弹簧。球形气室固定在工作缸10上，内腔用橡胶油气隔膜5隔开。上半球室6充入高压氮气，构成气体弹簧；下半球室8与工作缸10的内腔相通，并充满了工作油液。工作缸10、活塞3和阻尼阀9等构成了减振器。在球形气室上装有充气阀。油气弹簧上端的球形气室和下端的活塞分别通过上、下球座固定在车架和车桥上。当汽车的载荷发生变化时，车架和车桥之间产生相对运动，气体弹簧变形，导致活塞和活塞导向缸在工作缸内上下滑动，工作油液通过减振器阻尼阀9来回运动，起到减振的作用。

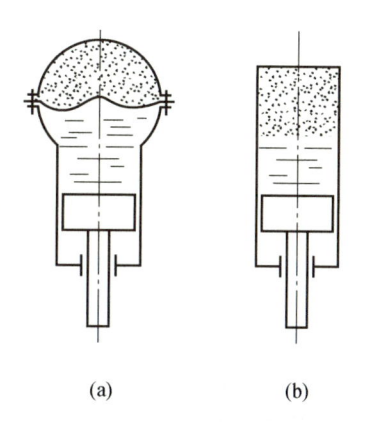

图18-6　单气室油气弹簧
（a）油气分隔式；（b）油气不分隔式

汽车在行驶过程中载荷的变化，使活塞相应地在工作缸中处于不同的位置。由于氮气储存在密闭的球形气室内，其压力随外载荷的大小而变化，故油气弹簧具有变刚度的特性。空气弹簧和油气弹簧都同螺旋弹簧一样，只能承受轴向载荷，因此气体弹簧悬架中必须设置纵向和横向推力杆等导向机构。另外，气体弹簧可以通过专门的高度控制阀自动调节气室中的原始充气压力，以调节车身与地面的高度。

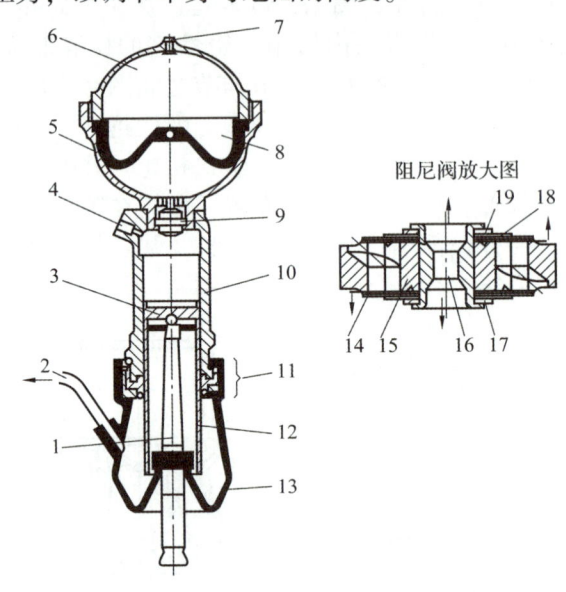

1—悬架活塞杆；2—油溢流口；3—活塞；4—加油口；5—橡胶油气隔膜；6—上半球室；7—充气螺塞；8—下半球室；9—减振器阻尼阀；10—工作缸；11—密封装置；12—活塞导向缸；13—防护罩；14—伸张阀；15—阀体；16—油液节流孔；17—伸张阀限位挡片；18—压缩阀；19—压缩阀限位挡片。

图 18-7　单气室油气分隔式油气弹簧

五、橡胶弹簧

橡胶弹簧利用橡胶本身的弹性来缓冲减振，可以承受压缩载荷与扭转载荷。其优点是单位质量的储能较金属弹簧多，隔声性能好，不需要润滑，工作无噪声，多用作悬架的副簧和缓冲块。

第三节　减振器

减振器的作用是加速车架与车身振动的衰减，使其迅速恢复到稳定状态，以改善汽车行驶的平顺性。减振器与弹性元件并联安装，如图 18-8 所示。汽车减振器有液力式、充气式和阻力可调式等几种，其中液力式被广泛采用。

液力减振器的工作原理是：当车架与车桥做相对运动时，减振器中的活塞就在缸筒内上下运动，于是减振器壳体内的油液便反复地从一个内腔通过一些窄小的孔隙流入另一内腔。孔壁与油液间的摩擦及液体分子内的摩擦形成对振动的阻尼力，使车身和车架的振动能量转化为热能，被油液和减振器壳体所吸收，散发到大气中。减振器的阻

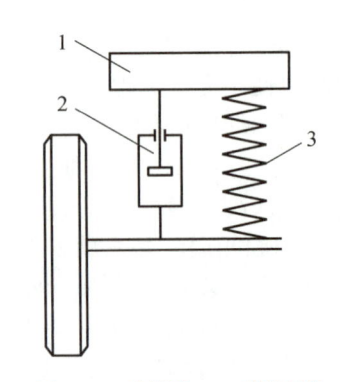

1—车架；2—减振器；3—弹性元件。
图 18-8　减振器和弹性元件

尼力大小随车架与车桥的相对运动速度的增减而增减，并且与油液的黏度有关。

减振器的阻尼力越大，振动消除得越快，但却使弹性元件的作用不能充分发挥，乘坐也不舒适，因此，弹性元件的刚度与减振器的阻尼力要合理搭配，才能保证乘坐舒适性和操纵稳定性的要求。

在压缩和伸张两行程内均能起减振作用的减振器，称为双向作用式减振器；仅在伸张行程内起作用的称为单向作用式减振器。目前汽车上广泛采用的是双向作用筒式减振器。

一、双向作用筒式减振器

图 18-9 为双向作用筒式减振器的结构示意图，其由储油缸筒 5、工作缸筒 2、活塞杆 1、阀门、导向座 9、防尘罩 10 等组成。阀门一般有四个：伸张阀 4、压缩阀 6、补偿阀 7、流通阀 8。**伸张阀和压缩阀分别是拉伸和压缩行程的卸载阀，其弹簧较强，预紧力较大，** 只有当油压增加到一定程度时阀门才能开启，当油压降低到一定程度时，阀门自动关闭。补偿阀和流通阀是单向阀，其弹簧较弱，分别在拉伸和压缩行程中补偿油液。其工作原理如下：

18-2 减振器原理

1. 压缩行程

当车轮移近车架（或车身）时，减振器受压缩，活塞 3 下移，工作缸下腔的容积减小，油压升高，油液经流通阀 8 进入上腔。由于上腔的活塞杆 1 占了上腔的部分容积，上腔内增加的容积小于下腔减小的容积，故还有一部分油液推开压缩阀 6 流回储油缸筒 5。这些阀对油液的节流作用便造成对悬架压缩运动的阻尼力。

2. 伸张行程

当车轮远离车架（或车身）时，减振器受拉伸，活塞上移，使上腔的容积减小，油压升高，流通阀 8 关闭。上腔内的油液推开伸张阀 4 流入下腔。同样，由于活塞杆的存在，自上腔流来的油液还不足以充满下腔增加的容积，下腔产生一定的真空度，储油缸筒内的油液在真空作用下打开补偿阀 7 流入下腔进行补充。这些阀的节流作用同样造成了对悬架伸张运动的阻尼力。

由于伸张阀弹簧的刚度和预紧力比压缩阀的大，在同样油压作用下，伸张阀及相应常通缝隙的通道截面积总和小于压缩阀及相应常通缝隙的通道截面积总和，这样就保证了减振器在伸张行程产生的阻尼力远大于压缩行程的阻尼力。

二、充气式减振器

充气式减振器结构如图 18-10 所示。在减振器缸筒的下部装有浮动活塞 2，其与缸筒下端形成的密封气室 1 中充有高压氮气。浮动活塞的上面是减振器油液，为把油和气完全隔开，浮动活塞（也称封气活塞）上装有大断面的 O 形密封圈 3。工作活塞 8 上装有随其运动速度大

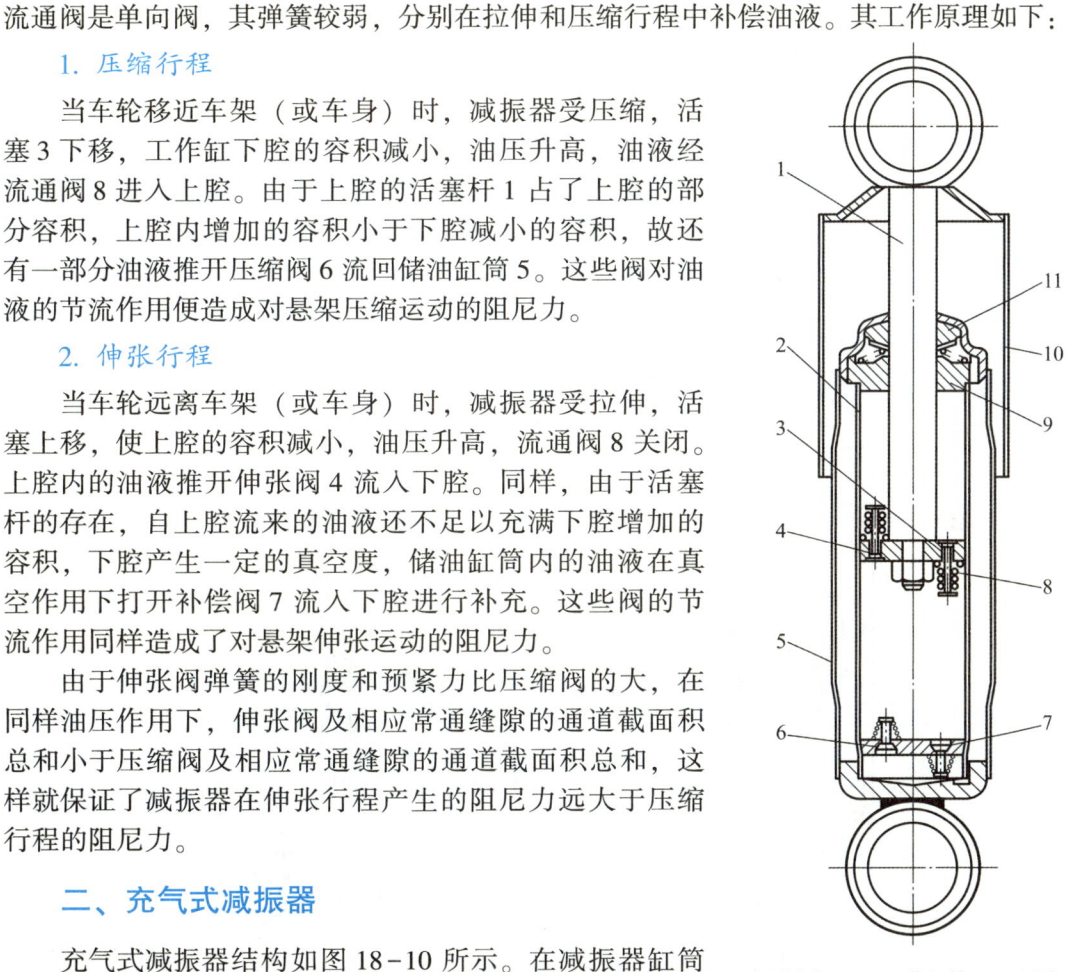

1—活塞杆；2—工作缸筒；3—活塞；
4—伸张阀；5—储油缸筒；6—压缩阀；
7—补偿阀；8—流通阀；9—导向座；
10—防尘罩；11—油封。

图 18-9 双向作用筒式减振器

小而改变通道截面积的压缩阀4和伸张阀7，此两阀均由一组厚度相同，直径不等，由大到小排列的弹簧钢片组成。

当车轮跳动时，工作活塞在油液中往复运动，使其上腔与下腔之间产生油压差，压力油便推开压缩阀或伸张阀来回流动。由于阀对压力油产生较大的阻尼力而使振动衰减。

活塞杆的进出会引起缸筒容积的变化，该部分由浮动活塞上下运动来补偿。因此不需要储油缸，所以这种减振器也称为单筒式减振器。而前述的双向作用筒式减振器既有工作缸筒，又有储油缸筒，故也称双筒式减振器。与双向作用筒式减振器相比，充气式减振器具有以下优点：

①由于采用浮动活塞，不需要储油缸筒，阀门少，结构简单。
②减振器中的高压氮气能有效衰减高频振动，有助于消除噪声。

充气式减振器的缺点是对油封要求高；充气工艺复杂，修理困难；当缸筒受到冲击而变形时，减振器不能工作。

三、阻力可调式减振器

阻力可调式减振器的阻力特性可随汽车使用参数（如道路条件、载荷等）和悬架参数的变化而改变，使车辆性能更理想。阻力可调式减振器结构示意图如图18-11所示，悬架系统采用了刚度可变的空气弹簧。

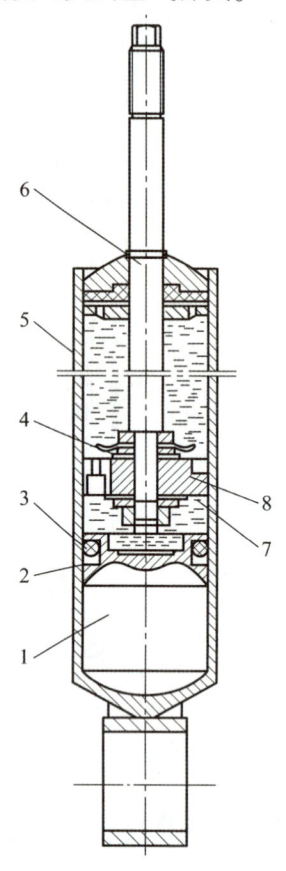

1—密封气室；2—浮动活塞；3—O形密封圈；4—压缩阀；
5—工作缸；6—活塞杆；7—伸张阀；8—工作活塞。
图 18-10　双向作用充气式减振器

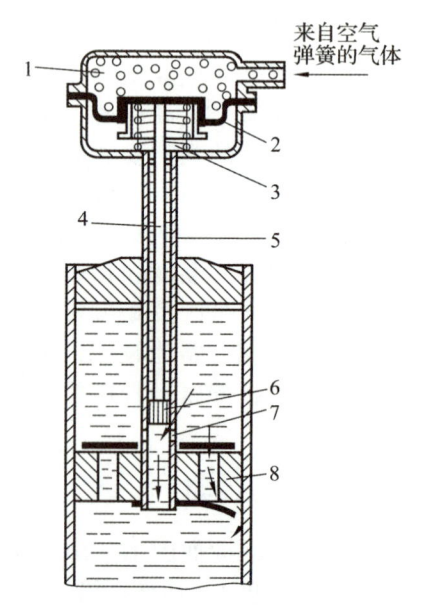

1—气室；2—膜片；3—弹簧；4—柱塞杆；
5—空心连杆；6—柱塞；7—节流孔；8—活塞。
图 18-11　阻力可调式减振器

阻力可调式减振器的工作原理如下：当汽车载荷增加时，空气囊中的气压升高，与之相通的气室 1 内的气压也随之升高，促使膜片 2 向下移动与弹簧 3 产生的压力相平衡。膜片带动相连的柱塞杆 4 和柱塞 6 下移，使得柱塞相对空心连杆 5 上的节流孔 7 的位置发生变化，减小了节流孔的通道截面面积，也即减小了油液流经节流孔的流量，增加了油液的流动阻力。当汽车载荷减小时，柱塞上移，增大了节流孔的通道截面面积，减小了油液的流动阻力。从工作原理可知，减振器的阻力随汽车载荷的变化而变化，保证了悬架系统具有良好的特性。

第四节　非独立悬架

非独立悬架由于结构简单、工作可靠等优点而受到青睐。由于钢板弹簧既能缓冲减振，又能传力导向，使悬架结构大为简化，故在货车的前后悬架中广泛应用。对于轿车，非独立悬架一般只用在后桥中。非独立悬架结构所采用的弹性元件除钢板弹簧外，还可采用螺旋弹簧和气体弹簧，但是需要有较复杂的导向机构。

一、纵置钢板弹簧非独立悬架

钢板弹簧通常是纵向布置的，图 18-12 所示为解放 CA1091 型汽车的前悬架，主要由钢板弹簧和减振器组成。前钢板弹簧 2 的中部用两个 U 形螺栓固定在前桥上。弹簧前端卷耳用钢板弹簧销 15 与前支架 1 相连，形成固定的铰链支点；后端卷耳则通过钢板弹簧吊

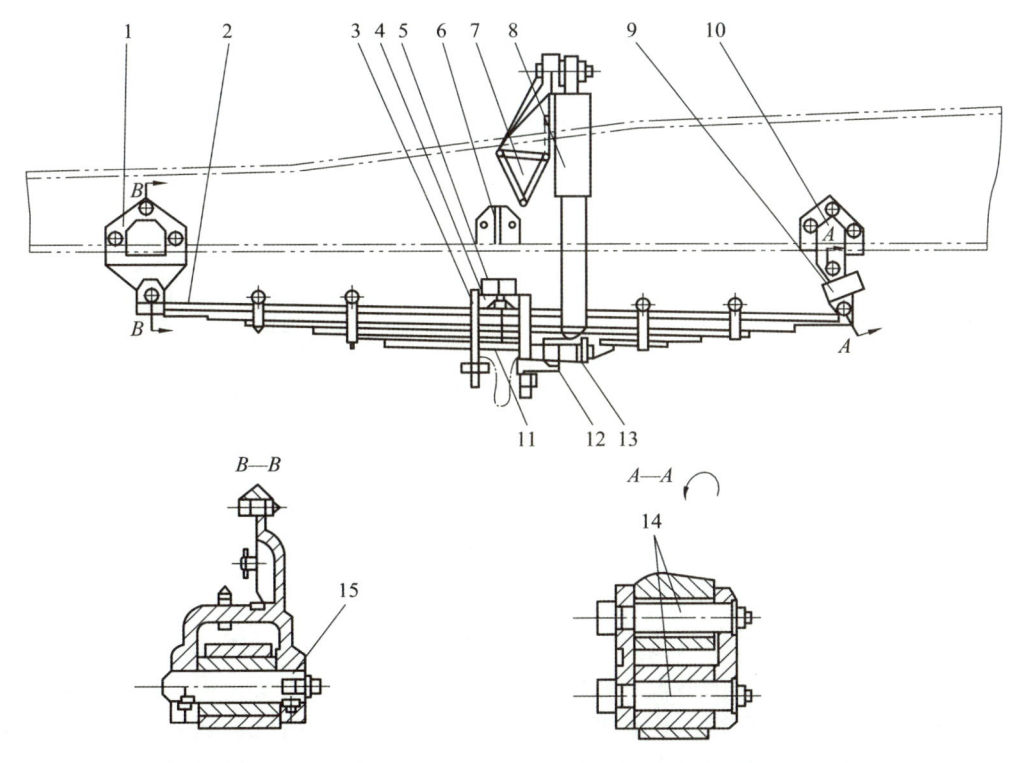

1—钢板弹簧前支架；2—前钢板弹簧；3—U 形螺栓；4—钢板弹簧盖板；5—缓冲块；6—限位块；
7—减振器上支架；8—减振器；9—吊耳；10—吊耳支架；11—中心螺栓；12—减振器下支架；
13—减振器连接销；14—钢板弹簧吊耳销；15—钢板弹簧销。

图 18-12　钢板弹簧式悬架

耳销 14 与吊耳 9 相连。由于吊耳可以前后摆动，保证了弹簧变形时两卷耳中心线间的距离可以改变。钢板弹簧销内有油道，使用时应定期加润滑脂，以免磨损加剧。

为加速振动的衰减，改善驾驶员的乘坐舒适性，在货车的前悬架中一般都装有减振器。CA1091 型汽车的前悬架装设的是双向作用筒式减振器 8，其分别与固定在车架和车桥上的上、下支架 7、12 相连接。另外，在钢板弹簧盖板 4 上装有橡胶缓冲块 5，以限制弹簧的最大变形，防止弹簧直接撞击车架。

东风 EQ1108G 系列汽车前悬架钢板弹簧的后端采用滑板式支承代替吊耳式结构，如图 18-13 所示。前端为固定铰链连接。钢板弹簧变形时，主片与弧形滑块 7 的接触点是变动的，由于弹簧工作长度发生变化，刚度略有变化。第二片弹簧后端带有直角弯边，防止弹簧中部下落时钢板弹簧从支架中脱出。滑板式支承结构简单，拆装方便，并且不需要润滑，也较广泛地应用于货车。也有的钢板弹簧采用橡胶块支承，其靠橡胶的变形来保证弹簧变形时两端的相对移动。

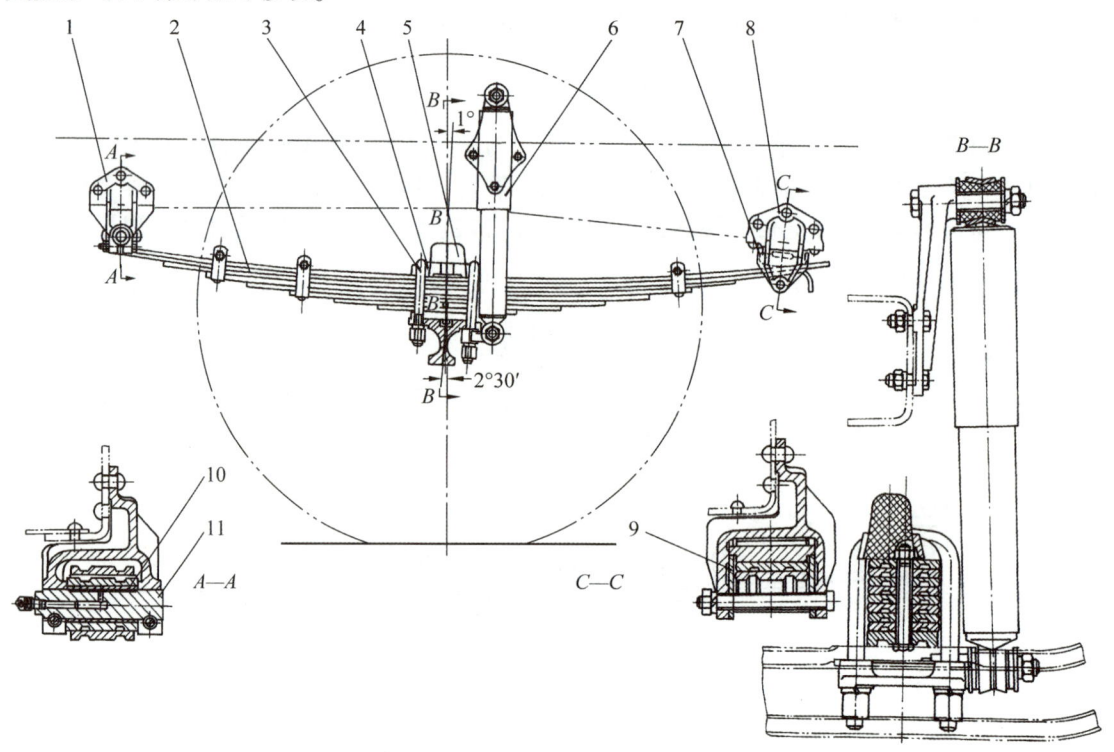

1—前支架；2—钢板弹簧；3—U 形螺栓；4—盖板；5—缓冲块；6—减振器；7—滑块；8—后支架；9—垫板；10—塑料衬套；11—钢板弹簧销。

图 18-13　东风 EQ1108G 系列汽车的前悬架

由于货车后悬架所承受的载荷因汽车行驶时实际装载质量不同而在很大范围内变化，为保持悬架的频率不变或变化不大，悬架刚度应当是可变的，且变化幅度比前悬架大。一般措施是在后悬架中加装副簧。载荷小时，主簧起作用，当载荷增加到一定值时，副簧开始与主簧接触，主、副簧共同起作用，悬架刚度随之相应提高。如果副簧在主簧上方，则弹簧的刚度在主、副簧共同起作用时会有突变，对汽车行驶平顺性不利。为提高平顺性，将副簧置于主簧之下（图 18-14），副簧随载荷的增加逐渐参加工作，悬架刚度变化平稳，改善了汽车行驶平顺性。

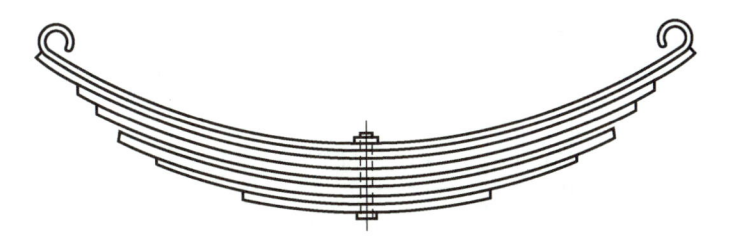

图 18-14　渐变刚度钢板弹簧后悬架

二、螺旋弹簧非独立悬架

螺旋弹簧非独立悬架由螺旋弹簧、减振器、纵向推力杆和横向推力杆组成，常用于轿车的后悬架。图 18-15 所示为一汽奥迪 100 型汽车的后悬架。螺旋弹簧套在减振器外面，上端与车身相连，下端与车桥相连。左、右车轮用一根整体轴 3 相连，纵向推力杆 1 的一端与车轴焊接在一起，另一端通过连接螺栓、橡胶衬套与车身铰接。横向推力杆 5 和加强杆 4 也是下连车桥，上连车身。横向推力杆用来传递车桥和车身之间的横向作用力及其力矩，加强杆用来加强横向推力杆的安装强度，并可减轻车重，使车身受力均匀。

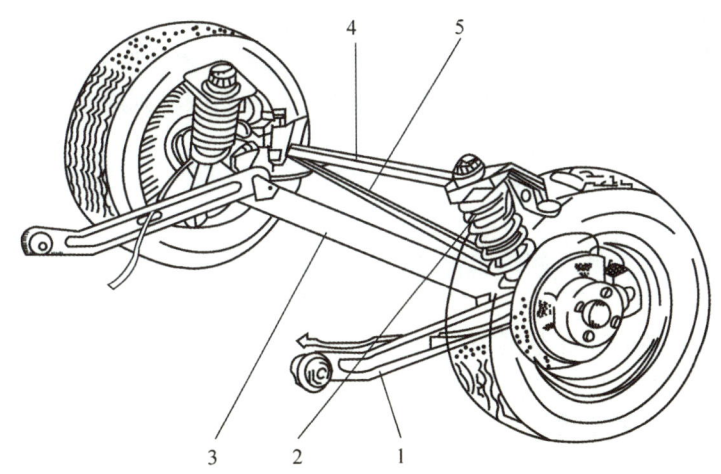

1—纵向推力杆；2—螺旋弹簧和减振器总成；3—后轴；4—加强杆；5—横向推力杆。
图 18-15　一汽奥迪 100 型轿车后悬架

三、空气弹簧非独立悬架

图 18-16 所示为空气弹簧非独立悬架示意图，其主要由囊式空气弹簧 5、压气机 1、车身高度调节阀 3、控制杆 4 等组成。囊式空气弹簧 5 的上、下端分别固定在车架和车桥上。从压气机 1 产生的压缩空气经油水分离器 10 和压力调节器 9 进入储气筒 8。压力调节器使储气筒中的压缩空气保持一定的压力。储气罐 6 通过管路与两个空气弹簧相通，其内的空气压力由车身高度调节阀 3 控制。空气弹簧和螺旋弹簧一样，只能传递垂直力；纵向力、横向力及其力矩也是由纵向推力杆和横向推力杆（图中未画出）来传递的，这种悬架也要装有减振器（图中未画出）。

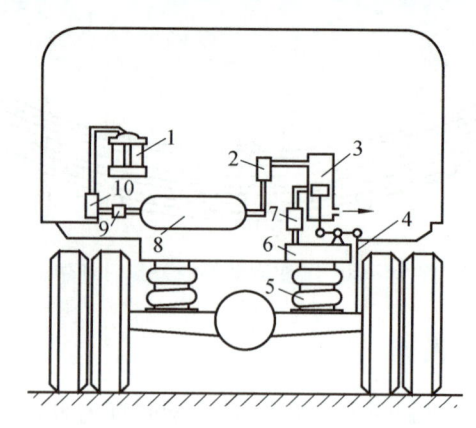

1—压气机；2、7—空气滤清器；3—车身高度调节阀；4—控制杆；5—囊式空气弹簧；
6—储气罐；8—储气筒；9—压力调节器；10—油水分离器。

图 18-16　空气弹簧非独立悬架

采用空气弹簧悬架时，可以通过车身高度控制阀来改变空气弹簧内的空气压力，从而自动调节车身高度，以保证车身高度不因载荷变化而变化。车身高度控制阀内有两个阀门：充气阀和放气阀，这两个阀均由控制杆操纵。当汽车载荷增加时，车桥移近车架，控制杆上升，打开充气阀，压缩空气便进入空气弹簧，使车架和车身升高，直到恢复车身和车桥的原定位置为止。相反，当载荷减小时，车桥远离车架，控制杆下移，打开放气阀，空气弹簧内的空气排入大气，车身和车架随即降低，直到恢复到原定位置。

第五节　独立悬架

独立悬架的结构特点是两侧的车轮各自独立地与车架或车身弹性连接，因而具有以下优点：

①在悬架弹性元件的变形范围内，两侧车轮可单独运动而互不影响，可减少车架和车身在不平道路上行驶时的振动，并且有助于消除转向轮摆振的不良现象。

②减小了汽车的非簧载质量，从而减小了悬架所受到的冲击载荷，可提高汽车的平均行驶速度。

③由于采用断开式车桥，发动机位置可降低，使汽车的高度和重心下降，有利于提高汽车行驶的稳定性。悬架刚度可设计得较小，使车身振动频率降低，以改善行驶平顺性。

④可保证汽车在不平道路上行驶时，车轮与路面有良好的接触。

以上优点使独立悬架被广泛应用在现代汽车上，特别是轿车的转向轮普遍采用独立悬架。但是，独立悬架结构复杂，制造成本高，需定期维修保养。一般情况下，车轮跳动时，由于车轮外倾角与轮距变化较大，轮胎磨损较严重。

独立悬架多采用螺旋弹簧，扭杆弹簧等作为弹性元件，其结构形式很多，按车轮的运动形式可分为四类（图 18-17）：

①车轮在汽车横向平面内摆动的悬架（横臂式独立悬架，图 18-17（a））。

②车轮在汽车纵向平面内摆动的悬架（纵臂式独立悬架，图 18-17（b））。

③车轮沿主销移动的悬架（烛式悬架，图 18-17（c）和麦弗逊式悬架，图 18-17（d））。

④车轮在汽车的斜向平面内摆动的悬架（单斜臂式独立悬架，图 18-17（e））。

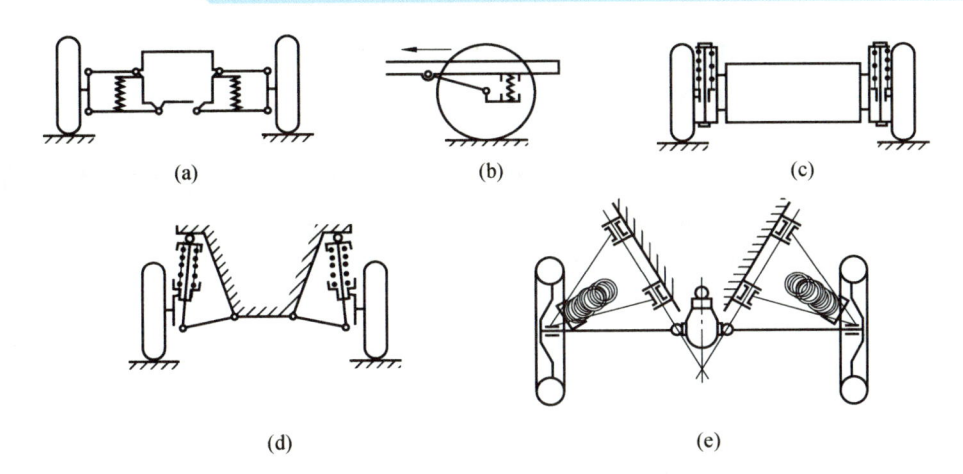

图 18-17 不同类型的独立悬架示意图

(a) 横臂式独立悬架；(b) 纵臂式独立悬架；(c) 烛式悬架；(d) 麦弗逊式悬架；(e) 单斜臂式独立悬架

一、横臂式独立悬架

横臂式独立悬架分为单横臂式独立悬架和双横臂式独立悬架两种。

1. 单横臂式独立悬架

图 18-18 所示为德国戴姆勒-奔驰轿车采用的单横臂式独立悬架示意图。在该结构中，后桥半轴套管 8 是断开的，主减速器壳 5 的旁边有一个单铰链 4，半轴可绕其摆动。在主减速器上面安装着可调节车身水平位置的油气弹性元件 2，它和螺旋弹簧 7 一起承受并传递垂直力。作用在车轮上的纵向力主要由纵向推力杆 6 承受。中间支承 3 不仅可以承受侧向力，而且可以部分地承受纵向力。当车轮上下跳动时，为避免干涉，其纵向推力杆的前端用球铰链与车身连接。

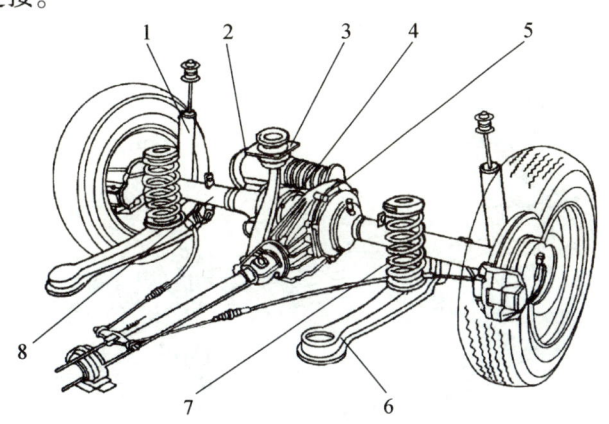

1—减振器；2—油气弹性元件；3—中间支承；4—单铰链；5—主减速器壳；
6—纵向推力杆；7—螺旋弹簧；8—半轴套管。

图 18-18 单横臂式独立悬架

采用单横臂式独立悬架的车轮上下运动时，车轮平面将产生倾斜，使轮距、主销内倾角及车轮外倾角均发生较大变化。轮距变化使轮胎产生横向滑移，破坏轮胎与地面的附着。而主销内倾角和车轮外倾角的变化对转向操纵有一定影响，故这种悬架很少在转向轮中采用。

2. 双横臂式独立悬架

这种悬架的两个横臂长度可以相等，也可以不等。等臂长的双横臂式独立悬架在车轮上下跳动时，虽然车轮平面不发生倾斜，但却会使轮距发生较大的变化（图18-19（a）），这将使车轮产生横向滑移。不等臂长的双横臂式独立悬架若两臂长度选择合适，则可以使主销角度与轮距的变化均不过大（图18-19（b））。因此，**不等长的双横臂式独立悬架在轿车的前轮上应用较为广泛。**

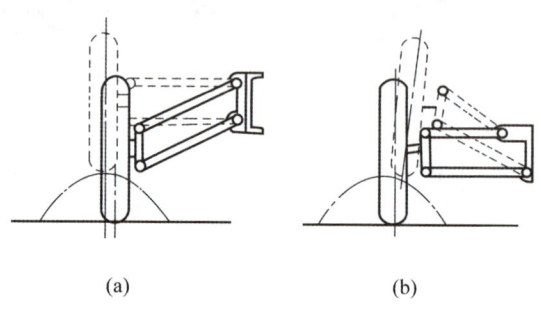

18-3（a）双横臂独立悬架（等长）

图 18-19 双横臂式独立悬架示意图
（a）两摆臂等长的悬架；（b）两摆臂不等长的悬架

图18-20所示为马自达M6轿车的不等长双横臂式独立悬架，上摆臂1和下摆臂8的内端分别通过摆臂轴与车身作铰链连接，外端通过铰链与转向节相连。弹簧上座4固定在车身上，下座与转向节及下摆臂的外端相连。为了可靠地传递力与力矩，使悬架具有足够的纵向和侧向刚度，上摆臂制成叉形（也称V形或A形）。当车轮上下跳动时，弹簧与减振器沿本身的轴线做轴向伸缩，起到缓冲减振的作用。车轮所受到的纵向力、侧向力及其力矩主要通过上、下横臂传递到车身。

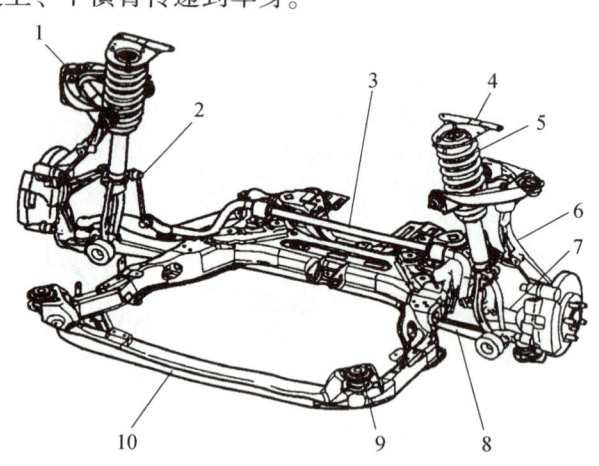

18-3（b）双横臂独立悬架（不等长）

1—上摆臂；2—球铰链；3—横向稳定杆；4—弹簧上座；5—减振器和螺旋弹簧；6—转向节；7—转向节下臂；8—下摆臂；9—前横梁支座衬套；10—前横梁。

图 18-20 马自达M6轿车前悬架

南京依维柯轻型货车的前悬架是不等长双横臂式扭杆弹簧独立悬架，其结构如图18-21所示。扭杆弹簧3纵向布置在车架纵梁的外侧，其前端通过花键与上横臂6相连，后端通过花键与支架 1 相连。减振器的上端与焊接在车架上的减振器上支架 5 相连，下端与固定在转向节 10 上的支架相连。当车轮上下跳动时，作用在车轮上的垂直载荷经转向节、上横臂 6 传给扭杆弹簧，使扭杆产生扭转变形，缓和了由不平路面产生的冲击。车轮所受到的纵向力、侧向力及其力矩由上、下横臂和上、下支撑杆承受并传递给车架。

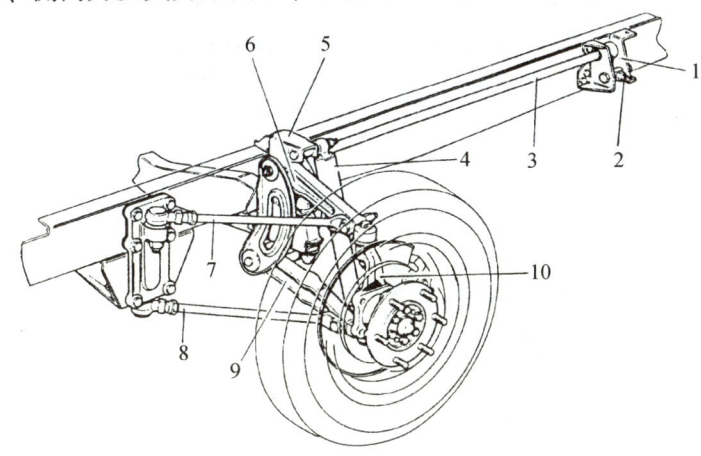

1—扭杆弹簧固定支架；2—扭杆弹簧预加载荷调整螺栓；3—扭杆弹簧；4—减振器；5—减振器上支架；6—上横臂；7—上支撑杆；8—下支撑杆；9—下横臂；10—转向节。

图 18-21　南京依维柯轻型货车的前悬架

二、纵臂式独立悬架

纵臂式独立悬架有单纵臂和双纵臂两种，如图 18-22 所示。

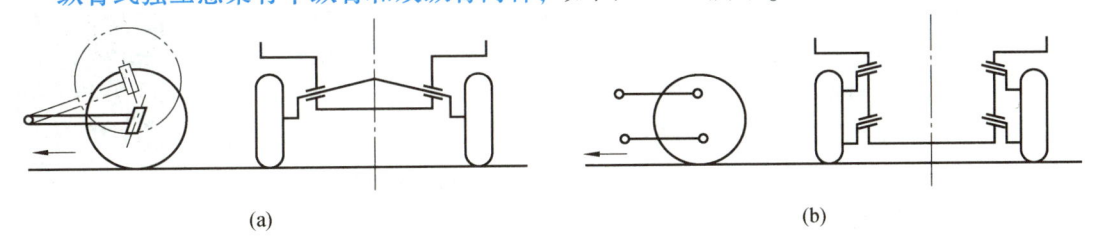

图 18-22　纵臂式独立悬架示意图
（a）单纵臂式；（b）双纵臂式

1. 单纵臂式独立悬架

单纵臂式独立悬架（图 18-22（a））在车轮上下运动时，主销后倾角会产生很大变化，一般不用在前悬架中。

图 18-23 所示为法国雷诺-5 型轿车用的单纵臂式扭杆弹簧后独立悬架的结构图。悬架的纵臂 4 是一个箱形构件，一端用花键与车轮的心轴 5 连接，而另一端与套管 1 固装成一体。扭杆弹簧 2 装在套管内，其外端用花键固定在套管内的花键套中，扭杆的另一端借花键与车架的另一侧纵梁连接。套管 1 的两端用宽橡胶衬套 3 支承在车架纵梁上套筒中，并以此为活动铰链。当车轮上下跳动时，纵臂以套管和扭杆的轴线为中心摆动，使扭杆弹簧产生扭转变形，以缓和不平路面产生的冲击。

18-4 单纵臂独立悬架

243

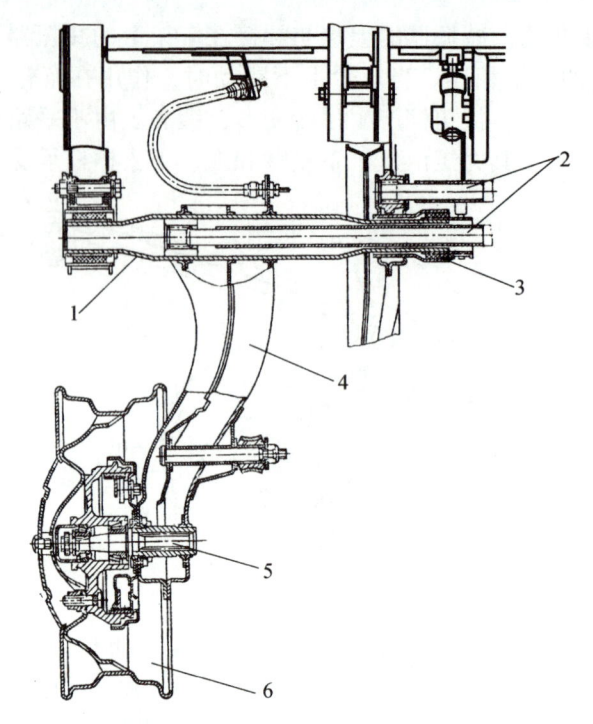

1—套管；2—扭杆弹簧；3—橡胶衬套；4—纵臂；5—心轴；6—车轮。

图 18-23　法国雷诺—5 型轿车的后悬架

2. 双纵臂式独立悬架

双纵臂式独立悬架的两个纵臂长度一般做成相等，形成平行四连杆结构。车轮上下跳动时，主销的后倾角保持不变，这种形式的悬架适用于转向轮。但由于占用空间较大，应用较少。

图 18-24 所示为双纵臂式扭杆弹簧前独立悬架。转向节和两个等长的纵臂 1 通过铰链连接，在车架的两根管式横梁 5 内部装有扭杆弹簧 4（由若干片矩形断面的薄弹簧钢片叠加而成），扭杆弹簧的一端用螺钉 6 固定在横梁的中部，另一端插入摆臂轴 2 的矩形孔内。摆臂轴一端用衬套 3 支承在横梁内，另一端与纵臂刚性连接。

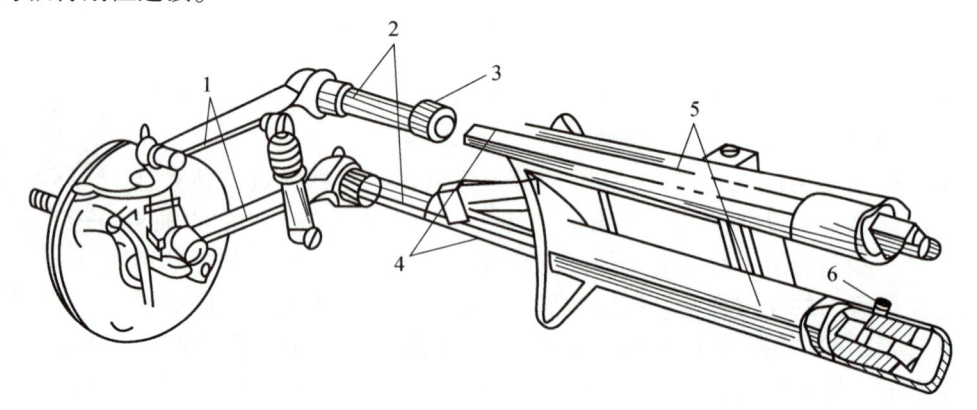

18-5 双纵臂独立悬架

1—纵臂；2—摆臂轴；3—衬套；4—扭杆弹簧；5—横梁；6—螺钉。

图 18-24　双纵臂式扭杆弹簧前独立悬架

三、车轮沿主销移动的悬架

车轮沿主销移动的悬架有两种：一种是车轮沿固定不动的主销轴线移动的烛式悬架；另一种是车轮沿摆动的主销轴线移动的麦弗逊式悬架。

1. 烛式悬架

烛式独立悬架的结构如图 18-25 所示，主销 1 刚性地固定在车架上，转向节与套筒 6 连接在一起。该悬架对转向轮来说，当悬架变形时，主销的定位角不会发生变化，仅轮距、轴距稍有改变，有利于汽车的转向操纵性和行驶稳定性。缺点是侧向力全部由套筒和主销承受，二者间的摩擦阻力大，磨损严重。故该结构形式目前很少采用。

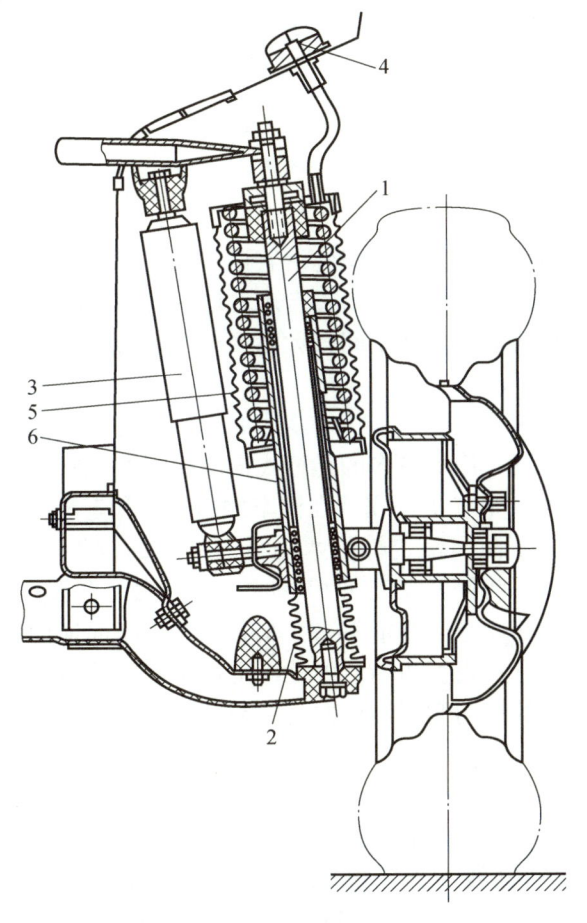

1—主销；2、5—防尘罩；3—减振器；4—通气管；6—套筒。

图 18-25 烛式悬架

2. 麦弗逊式悬架

麦弗逊式悬架也称滑柱连杆式悬架，由筒式减振器（也称滑动立柱）和下摆臂组成。图 18-26 所示为富康轿车的麦弗逊式悬架。筒式减振器 2 的上端用螺栓和橡胶垫圈与车身连接，下端固定在转向节 3 上。下摆臂 6 的内端通过铰链与车身相连，外端通过球铰链与转向节相连。车轮所受的侧向力通过转向节大部分由下摆臂承受，其余部分由减振器承受。螺旋弹簧1套在筒式减振器2的外面。

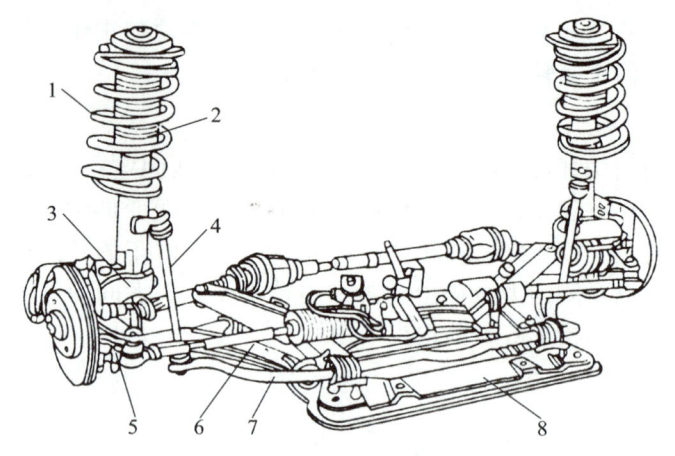

1—螺旋弹簧；2—筒式减振器；3—转向节；4—连接杆；5—球头销；6—下摆臂；7—横向稳定杆；8—前托架。

图18-26　麦弗逊式悬架

主销的轴线为上、下铰链中心的连线。当车轮上下跳动时，因减振器的下支点随下摆臂摆动，故主销轴线的角度是变化的，车轮沿着摆动的主销轴线运动。因此，当悬架变形时，主销的定位角和轮距都有些变化。通过合理地调整杆系的布置，可使车轮的定位参数变化极小。其突出优点是两前轮内侧空间较大，便于发动机等机件的布置，多用在前置前驱的轿车和微型汽车上。

现代轿车的悬架一般刚性较小，为提高高速时的稳定性，减小车身的倾斜和振动，往往在悬架中加设横向稳定器，用得最多的是杆式横向稳定杆。富康轿车中的由弹簧钢制成的横向稳定杆7呈扁平的U形，横向安装在汽车的前端。稳定杆中部自由地支承在两个固定在桥壳上的橡胶套筒内。横向稳定杆的两侧纵向部分的末端与下摆臂上的弹簧支座相连。当车身只做垂直移动而两侧悬架变形相等时，横向稳定杆在支座的套筒内自由转动，横向稳定杆不起作用。当两侧悬架变形不等而车身相对于路面横向倾斜时，稳定杆一端向上运动，另一端向下运动，从而被扭转。弹性稳定杆所产生的扭转内力矩妨碍了悬架弹簧的变形，从而减小了车身的横向倾斜和横向角振动。

四、单斜臂式独立悬架

单斜臂式独立悬架的结构介于单横臂和单纵臂之间，如图18-17（e）所示。其摆动轴线与汽车纵轴线成一定夹角（小于90°）。适当选择夹角，可调整轮距、车轮倾角、前束等，使其变化最小，从而获得良好的操纵稳定性。单斜臂式独立悬架兼有单横臂式和单纵臂式独立悬架的优点，多用于后轮驱动汽车的后悬架上。

五、多连杆式独立悬架

一些轿车为减轻车重和简化结构，利用螺旋弹簧承受垂直载荷，采用多个不同方向的杆件承受和传递侧向力及纵向力，决定车轮的运动，组成多连杆式独立悬架（图18-27）。目前常见的是

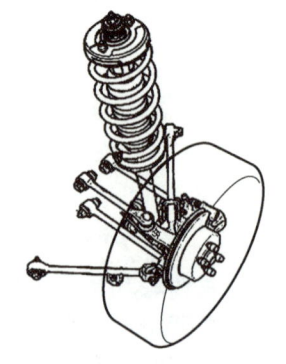

图18-27　多连杆式独立悬架示意图

四连杆式悬架和五连杆式悬架。多杆悬架系统具有良好的操纵稳定性，可有效地减少轮胎磨损，延长其使用寿命。

第六节　主动悬架与半主动悬架

上面讲述的非独立悬架与独立悬架是传统的悬架系统，其刚度和阻尼是按经验或优化设计的方法确定的。在汽车行驶过程中，其性能是不变的，无法根据汽车的运动状态和路面情况进行调节。这种悬架刚度和阻尼系数不能改变的悬架称为被动悬架。显然，在汽车行驶过程中，被动悬架的平顺性和操纵稳定性不能兼而有之。为了同时满足汽车平顺性和操纵稳定性的要求，克服被动悬架的刚度和阻尼系数不能调节的弱点，出现了汽车主动悬架。

主动悬架系统可根据汽车的运动状态、路面状况以及载荷等参数的变化，对悬架的刚度和阻尼进行动态的自适应调节，使悬架系统始终处于最佳工作状况。主动悬架系统按其是否包含动力源，可分为全主动悬架（有源主动悬架）和半主动悬架（无源主动悬架）两大类。

一、全主动悬架

全主动悬架是在被动悬架系统（弹性元件、减振器、导向装置）中附加一个可控制作用力的装置，其通常由执行机构、检测系统、控制系统和能源系统四部分组成。

执行机构的作用是执行控制系统的指令，一般为力发生器或转矩发生器（液压缸、气缸、伺服电动机、电磁阀等）。检测系统的作用是检测系统的各种状态，为控制系统提供依据，主要为车身加速度、车身高度、车速、转向盘转角等传感器。控制系统的作用是处理数据和发出各种控制指令，其核心部件是电子计算机。能源系统的作用是为以上各部分提供能量。

目前全主动悬架系统主要有主动油气悬架、主动空气悬架和主动液力悬架三种类型，应用较多的是主动空气悬架中的电控空气悬架。其工作原理如下：系统工作时，控制模块根据车身高度、转向盘转角、车速、加速或制动等传感器信号，经运算分析后输出控制信号，控制各种电磁阀和步进电动机，及时改变悬架刚度、阻尼系数和车身高度，以适应各种复杂行驶工况对悬架特性的不同要求，保证汽车行驶过程中的乘坐舒适性和操纵稳定性。

二、半主动悬架

半主动悬架与主动悬架的区别是：半主动悬架用可控阻尼的减振器取代了执行器，只能改变悬架的阻尼，不能改变悬架的刚度。由于半主动悬架无动力源，主要由可控的阻尼元件（减振器）和弹性元件组成。半主动悬架的性能比主动悬架的稍差，但其结构简单，制造成本低，应用广泛。

半主动悬架按阻尼级别，又可分成有级式和无级式两种。有级式半主动悬架将悬架系统中的阻尼分成两级、三级或更多级，可由驾驶员选择或根据传感器信号自动选择所需的阻尼级别。无级式半主动悬架可根据汽车行驶的路面条件和行驶状态，对悬架系统的阻尼在几毫秒内由最小变到最大进行无级调节。

补充提示：

扭力梁式悬架是一种汽车后悬架，通过一个扭力梁来平衡左右车轮的上下跳动，以减轻车辆的摇晃，保持车辆的平稳，结构上属于非独立悬架的一种。其工作原理是将非独立悬架的车轮装在一个扭力梁的两端，当一侧车轮上下跳动时，也会带动另一侧车轮相应地跳动，在这个过程中，扭力梁发生扭转，减小整个车身的倾斜或摇晃。由于其自身具有一定的扭转刚度，可以起到与横向稳定杆相同的作用，增加车辆的侧倾刚度，提高车辆的侧倾稳定性。

练习题

1. 汽车悬架总成一般由哪几部分组成？各部分的作用是什么？
2. 汽车悬架中的减振器与弹性元件为什么要并联安装？
3. 双向作用筒式减振器的压缩阀、伸张阀、流通阀和补偿阀各起什么作用？
4. 常用的弹性元件有哪几种？试比较它们的优缺点。
5. 何为独立悬架、非独立悬架？各有哪几种类型？
6. 何为全主动悬架、半主动悬架？其区别是什么？

第十九章 汽车转向系统

学习目标

本章介绍了汽车转向系统的功用、组成和工作原理。要求学生熟悉汽车转向的基本特性，以及转向系统的类型、组成及工作原理；掌握机械转向器（齿轮齿条式、循环球式）的结构与工作原理；理解液压式助力转向系统的结构与工作原理；了解电动助力转向系统和四轮转向系统的基本知识。

重点难点

1. 机械转向器（齿轮齿条式、循环球式）的结构与工作原理。
2. 液压式助力转向系统的结构与工作原理。

第一节 概　述

用来改变或恢复汽车行驶方向的一套专设机构称为汽车转向系统，它的功用是保证汽车能按驾驶员的操作进行转向行驶。

一、汽车转向系统的类型和组成

汽车转向系统按转向能源的不同，分为**机械转向系统和动力转向系统**两大类。完全靠驾驶员手力操纵的转向系统称为机械转向系统，借助动力来操纵的转向系统称为动力转向系统。

1. 机械转向系统

图19-1所示为与非独立悬架配合的一种机械转向系统，转向时，驾驶员对转向盘1施加转向力矩，该力矩通过转向轴2输入机械转向器5。经减速增矩后，由转向摇臂6传到转向直拉杆7，再传给转向节臂8，使左转向节9和它所支承的转向车轮偏转，同时，

经梯形转向机构带动另一侧的转向车轮偏转，实现汽车的转向。

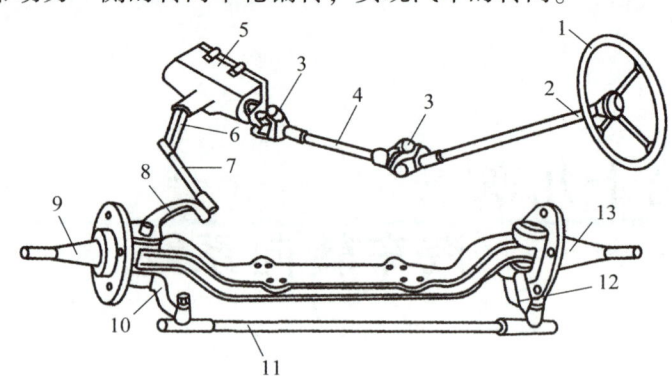

1—转向盘；2—转向轴；3—转向万向节；4—转向传动轴；5—转向器；6—转向摇臂；7—转向直拉杆；
8—转向节臂；9—左转向节；10、12—梯形臂；11—转向横拉杆；13—右转向节。

图 19-1　非独立悬架机械转向系统

当前轮为独立悬架时，机械转向系统的组成及布置与图 19-2 所示的红旗 CA7220 型轿车相似。驾驶员转动转向盘，通过转向轴输入机械转向器 6，然后经左、右转向横拉杆 11 和 9 传到左、右转向节臂，驱动左、右车轮偏转。

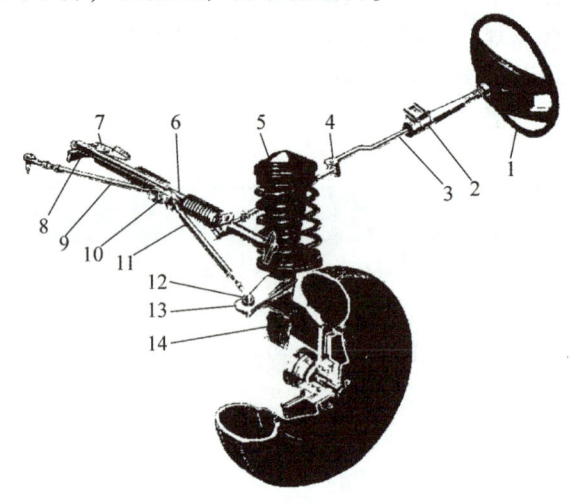

1—转向盘；2—转向柱管；3—转向轴；4—柔性联轴节；5—悬架总成；6—转向器；7—支架；
8—转向减振器；9—右横拉杆；10—托架；11—左横拉杆；12—球铰链；13—转向节臂；14—转向节。

图 19-2　红旗 CA7220 型轿车

2. 动力转向系统

使用机械转向装置可以实现汽车转向，但当转向轴负荷较大时，仅靠驾驶员的体力难以顺利转向。**动力转向系统就是在机械转向系统的基础上加设一套转向加力装置而形成的，目的是减小驾驶员操纵转向盘的作用力。** 转向能源来自驾驶员的体力和发动机（或电动机），其中发动机（或电动机）占主要部分。正常情况下，驾驶员能轻松地控制转向，但在转向加力装置失效时，就回到机械转向系统状态，由驾驶员独立承担汽车转向任务。

图 19-3 所示为一种液压式动力转向系统的示意图。其中，转向加力装置包括转向液压泵 8、位于整体式转向器内部的转向控制阀 4、动力转向缸 9 以及转向油罐 7、油管 6 等。当驾驶员转动转向盘 1 时，通过机械转向器使转向横拉杆 5 移动，并带动转向节臂，

使转向轮偏转。与此同时，转向器输入轴还带动转向器内部的转向控制阀转动，使转向动力缸产生液压作用力，帮助驾驶员转向。由于有转向加力装置的作用，驾驶员只需施加较小的转向力矩，就能使转向轮偏转。

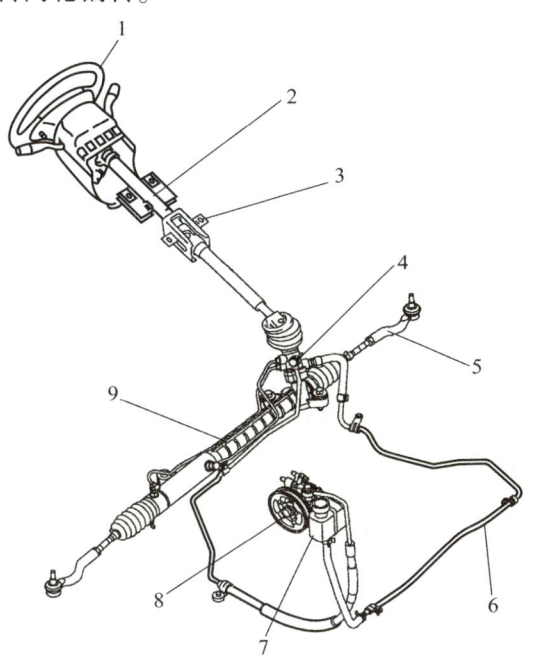

1—转向盘；2—转向轴及柱管；3—万向传动装置；4—转向控制阀；5—转向横拉杆；
6—油管；7—转向油罐；8—转向液压泵；9—动力转向缸。

图 19-3　液压式动力转向系统示意图

二、汽车对转向系的要求及影响转向性能的参数

1. 两侧转向轮偏转角之间的理想关系式

汽车转向行驶时，为避免车轮相对地面滑动而产生附加阻力，减轻轮胎磨损，要求转向系统保证所有车轮均做纯滚动，即所有车轮轴线的延长线都要相交于一点。此交点 O 称为车轮的转向中心，如图 19-4 所示。此时内侧车轮偏转角 β 比外侧车轮偏转角 α 大。在车轮为刚体的假设条件下，**内、外侧转向车轮偏转角的理想关系式为：**

$$\cot\alpha = \cot\beta + \frac{B}{L}$$

式中，B 为两侧主销轴线与地面交点之间的距离；L 为汽车轴距。

图 19-4　双轴汽车转向时理想的两侧转向轮偏转角的关系

该理想关系式由梯形转向机构来实现，为此，必须精心确定转向梯形的几何参数，但实际上所有汽车的转向梯形都只能设计在一定的车辆偏转范围内，使两侧车轮偏转角的关系大体接近于理想关系。

由转向中心 O 到外转向轮与地面接触点的距离称为汽车的转弯半径 R。转弯半径越

251

小，则汽车转向所需的场地越小，机动性越好。当前外转向轮偏转角达到最大值 α_{max} 时，转弯半径 R 有最小值。在图示理想情况下，最小转弯半径 R_{min} 与外转向轮最大偏转角 α_{max} 的关系为：

$$R_{min} = \frac{L}{\sin\alpha_{max}}$$

2. 转向系统角传动比

驾驶员操纵转向盘的手力大小取决于转向系统角传动比的大小。**角传动比用转向盘转角增量与同侧转向节相应转角增量之比来表示**，其数值是转向器角传动比和转向传动机构角传动比的乘积。对于图 19-1 所示的转向系统，转向器角传动比是转向盘转角增量与相应的转向摇臂转角增量之比，转向传动机构角传动比是转向摇臂转角增量与转向盘所在一侧的转向节相应转角增量之比。

对于一般汽车而言，转向盘转动总圈数（从一侧极限位置到另一侧极限位置）为 3~6 圈，转向传动机构角传动比大约为 1。货车的转向器角传动比为 16~32，轿车的为 12~20。由此可见，转向系统角传动比主要取决于转向器角传动比。角传动比越大，转向时加在转向盘上的力矩就越小，转向越轻便，但角传动比过大会导致转向操纵不灵敏。所以，确定转向系统角传动比的大小时，要协调好"转向轻便"与"转向灵敏"之间的矛盾。

3. 自由行程

转向时，转向盘需转过一定的角度，以消除转向系统中所有传动副间的间隙，此角度称为转向盘的自由行程。转向盘自由行程对缓和路面冲击、避免驾驶员过度紧张有利，但不宜过大，以免影响转向灵敏性。一般认为转向盘从相当于汽车直线行驶的中间位置向任一方向的自由行程最好不超过 10°~15°。由于各传动件间的装配间隙随零件的磨损而增大，当转向盘自由行程超过 25°，必须进行调整。

第二节 机械转向系统

机械转向系统主要由转向操纵机构、转向器和转向传动机构三大部分组成。转向器是把从转向盘传来的转矩按一定传动比放大并输出的增力装置。位于转向器之前的机构为转向操纵机构，主要包括转向盘、转向轴、传动轴等零件。位于转向器之后的机构为转向传动机构，其把转向器输出的力和运动传给转向车轮，主要包括转向摇臂、转向直拉杆、转向横拉杆、梯形臂等零件。

一、机械转向器

1. 转向器的传动效率

汽车行驶时，驾驶员操纵转向盘的转向力通过转向器传到转向轮，同时，路面的冲击力也能够通过转向器反传到转向盘。转向器的传动效率为转向器的输出功率与输入功率之比。

由转向轴输入，转向摇臂输出得到的传动效率为正效率；由转向摇臂输入，转向轴输出得到的传动效率为逆效率。正效率越高，转向操纵越轻便灵活；逆效率越高，越易将路面反力传到转向盘，有利于转向结束后转向轮和转向盘的自动回正，但也能将坏路面对车轮的冲击力传到转向盘，发生"打手"情况。经常行驶在良好路面上的汽车，逆效率高。

2. 齿轮齿条式转向器

齿轮齿条式转向器以齿轮和齿条传动作为传动机构，适合与麦弗逊式独立悬架配合，常用于轿车、微型货车和轻型货车。

图 19-5 所示为两端输出的齿轮齿条式转向器，主要由转向齿轮、转向齿条 4、壳体和预紧力调整装置等组成。转向齿轮轴通过轴承支承在壳体内，一端通过万向节与转向轴连接，将驾驶员的转向操纵力输入。弹簧通过压块 10 将齿条压靠在齿轮轴的齿轮上，通过调整螺母 13 可调节弹簧的预紧力。当转动转向盘时，通过转向轴使转向齿轮轴转动，与转向齿轮啮合的转向齿条沿轴向移动，从而使横拉杆带动转向节转动，使转向轮偏转，实现汽车转向。齿轮齿条转向器也有中间输出和一端输出的结构。

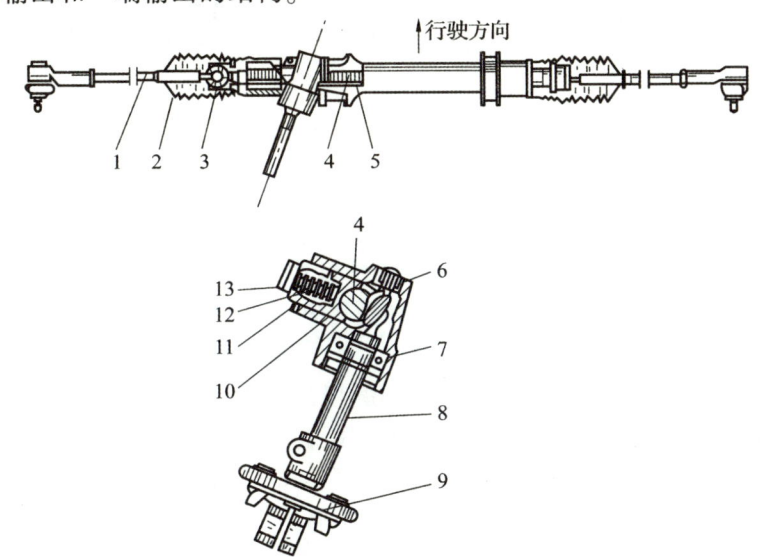

19-1 齿轮齿条式转向器动画

1—转向横拉杆；2—防尘套；3—球座；4—转向齿条；5—转向器壳体；6—滚针轴承；7—向心球轴承；8—转向齿轮轴；9—万向节叉；10—压块；11—锁紧螺母；12—压紧弹簧；13—调整螺母。

图 19-5 两端输出的齿轮齿条式转向器

采用齿轮齿条式转向器不需要转向摇臂和转向直拉杆等，结构较简单，加工方便，工作可靠，使用寿命长。另外，齿轮齿条式转向器属于可逆式转向器，其正效率与逆效率都很高，自动回正能力很强，特别适合与麦弗逊式悬架配合使用，在轿车和微型、轻型货车上得到了广泛的应用。

有的汽车上采用可变传动比的齿轮齿条式转向器，可变传动比通过改变啮合齿条的齿数来实现，一般两端齿数多，中间齿数少。这样转向齿轮处于中间位置时传动比小，在两端位置时传动比大，以满足汽车低速行驶时转向轻便、高速行驶时转向灵敏的需要。

3. 循环球式转向器

循环球式转向器是目前国内外汽车上较为流行的一种结构形式，主要由两级传动副、壳体、钢球和间隙调整装置等组成。第一级传动副是螺杆螺母传动副，第二级是齿条齿扇传动副。

图 19-6 所示为一种循环球式转向器的整体结构。第一级传动副是转向螺杆和转向螺母，转向螺杆 3 与转向轴 12 连接；另一级是齿条和齿扇，在转向螺母 4 下平面上加工成齿条，齿扇与齿扇轴形成一体。**转向螺母既是第一级传动副的从动件，又是第二级传动副的主动件**。转动转向盘，通过转向轴带动螺杆转动，螺母沿轴线移动，驱动齿扇轴转动，从而带动摇臂轴转动。

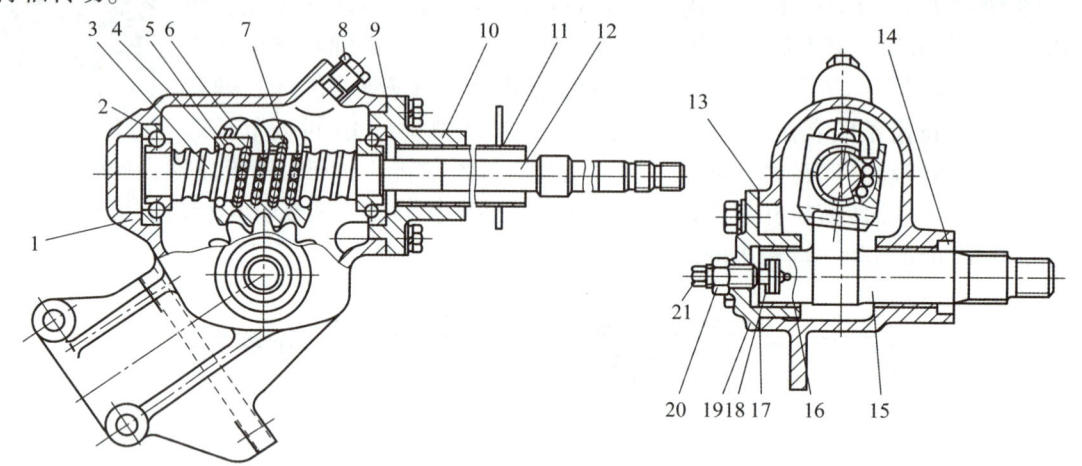

19-2 循环球式转向器动画

1—转向器壳体；2—推力角接触球轴承；3—转向螺杆；4—转向螺母；5—钢球；6—钢球导向卡；7—钢球导管；8—六角头锥形螺塞；9—调整垫片；10—上盖；11—转向柱管；12—转向轴；13—转向器侧盖衬垫；14—油封；15—齿扇轴；16—摇臂轴衬套；17—垫片；18—孔用弹性挡圈；19—侧盖；20—螺母；21—调整螺钉。

图 19-6 循环球式转向器

为减少转向螺杆与转向螺母之间的摩擦与磨损，在螺杆和螺母的内外圆面上，制出断面近似为半圆形的螺旋槽，配合构成圆形截面的螺旋形通道。螺母侧面有两对通孔，可将钢球从此孔塞入螺旋形通道内。转向螺母外有两个钢球导管，每个导管的两端分别插入螺母侧面的一对通孔内，组成两条管状的封闭循环通道。螺杆转动，通过钢球将力传给螺母，螺母将沿轴线移动。由于摩擦力的作用，所有钢球在螺母与螺杆之间的通道内滚动，形成"球流"，把滑动摩擦变为滚动摩擦。

齿扇上的齿是变厚度的，沿轴向移动齿扇轴 15，即可调节齿条齿扇的啮合间隙。调整螺钉 21 旋装在侧盖 19 上，齿扇轴 15 内侧端部有切槽，调整螺钉的圆柱形端头嵌入此切槽中，螺钉旋入，则啮合间隙减小，反之，则啮合间隙变大。

循环球式转向器的正效率很高（最高可达 90%～95%），操纵轻便，使用寿命长，工作平稳可靠。同时，逆效率也很高，随着道路行驶条件的改善，"打手"的现象明显减少，因此得到广泛应用。

二、转向操纵机构

转向操纵机构的功用是将驾驶员转动转向盘的操纵力矩传给转向器，主要由转向盘 1、转向轴及转向柱管 2 和万向传动装置 3 等组成（图 19-7）。为方便不同驾驶员的操纵及保护驾驶员的安全，现代汽车转向操纵机构还带有各种调整机构及安全保护装置。

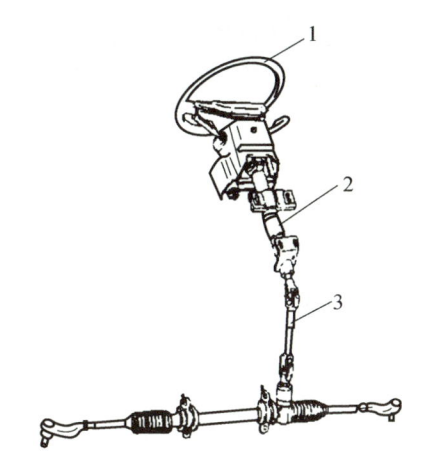

1—转向盘；2—转向轴及转向柱管；3—万向传动装置。

图 19-7　转向操纵机构示意图

1. 转向盘

转向盘主要由轮圈1、轮辐2和轮毂3组成，其结构如图19-8所示。轮辐的形式有三根辐条式、四根辐条式。轮辐和轮圈的心部有钢或铝合金等金属制骨架，外层以合成树脂或合成橡胶包覆，下侧形成波浪状，以利于驾驶员把持。转向盘与转向轴通常通过带锥度的细花键连接，端部通过螺母轴向压紧固定。转向盘上还安装有安全气囊、汽车喇叭开关及控制转向灯开关等，以方便驾驶员操作。

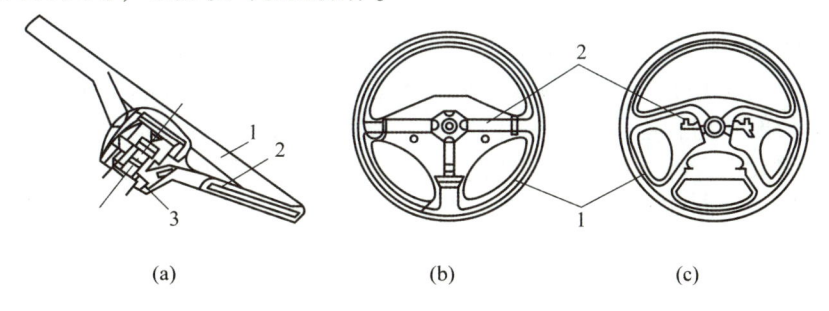

（a）　　　　　（b）　　　　　（c）

1—轮圈；2—轮辐；3—轮毂。

图 19-8　转向盘结构

（a）装配示意图；（b）三根辐条；（c）四根辐条

2. 转向轴、转向柱管及其吸能装置

转向柱管安装在车身上，支承着转向盘。转向轴从转向柱管中穿过，支承在柱管内的轴承和衬套上，连接转向盘和转向器，传递二者之间的转矩。转向轴分为普通式和能量吸收式。现代汽车多采用能量吸收式转向轴结构。

能量吸收式转向轴除了具有转向轴常规的功能外，在汽车发生正面碰撞时，能有效地吸收碰撞能量，缓和转向盘对驾驶员的冲击，减轻驾驶员受到伤害的程度。其基本工作原理是：当转向轴受到巨大冲击而产生轴向位移时，通过转向柱管或支架产生塑性变形、转向轴错位等方式，吸收冲击能量。

图19-9所示为转向轴错位缓冲方式。转向轴分为上、下两段，当发生撞车时，上、下两段互相分离或滑动，从而避免在第一次冲击时转向盘随车身后移对驾驶员造成的伤害。

图 19-10 所示为网格状管轴式转向柱吸能装置,转向管柱的部分管壁制成网格状。当汽车发生正面碰撞时,网格部分或波纹管部分被压缩,产生塑性变形,吸收能量。

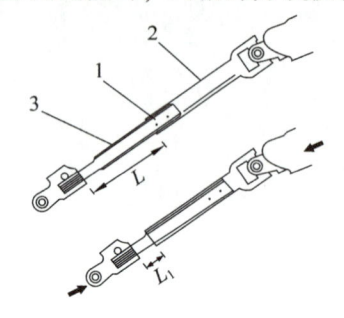

1—销子;2—中间轴套筒;3—中间轴;
L—碰撞前的长度;L_1—碰撞后的长度。

图 19-9　转向轴错位缓冲方式

图 19-10　网格状管轴式转向柱吸能装置示意图

三、转向传动机构

1. 转向传动机构的组成与布置形式

转向传动机构将转向器输出的力和运动传给转向桥两侧的转向节,使两侧转向轮按一定转角关系偏转。转向传动机构的组成与布置形式因转向器的位置和转向桥悬架类型的不同而异。

（1）与非独立悬架配用的转向传动机构

如图 19-11 所示,与非独立悬架配用的转向传动机构主要由转向摇臂 2、转向直拉杆 3、转向节臂 4、转向横拉杆 6 和两个梯形臂 5 组成。这种转向传动结构的布置形式有三种:一是转向梯形结构后置（图 19-11（a））,适用于前桥仅为转向桥的情况,国内中型载重汽车上大多采用这种结构;二是转向梯形结构前置（图 19-11（b））,可避免运动干涉,适用于前桥为转向驱动桥的情况;三是转向梯形结构前置且转向直拉杆横置（图 19-11（c））,有的越野汽车上采用这种结构。

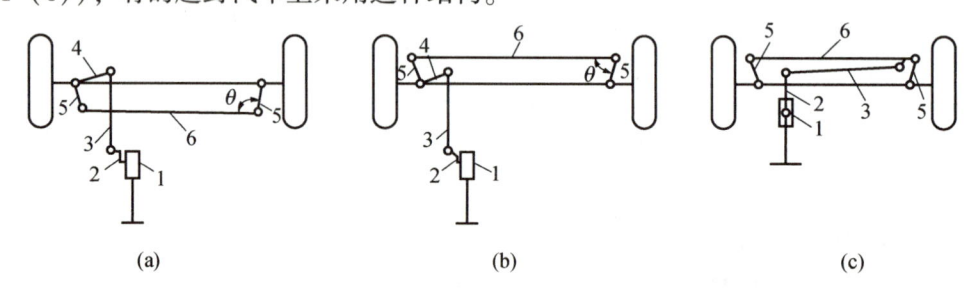

1—转向器;2—转向摇臂;3—转向直拉杆;4—转向节臂;5—梯形臂;6—转向横拉杆。

图 19-11　与非独立悬架配用的转向传动机构示意图
(a) 转向梯形结构后置；(b) 转向梯形结构前置；(c) 转向梯形结构前置且转向直拉杆横置

（2）与独立悬架配用的转向传动机构

与独立悬架配用的转向桥是断开式转向桥,因而转向传动机构中的转向梯形也必须是断开式的,分成几段（图 19-12）。

图 19-12（a）所示为与循环球式转向器配用的转向传动机构的布置形式,图 19-12（b）所示为与齿轮齿条式转向器配用的转向传动机构的布置形式。

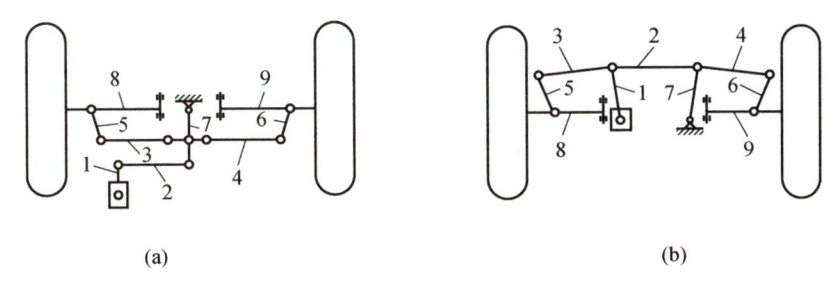

(a)　　　　　　　　　　　　　(b)

1—转向摇臂；2—转向直拉杆；3—左转向横拉杆；4—右转向横拉杆；5—左梯形臂；
6—右梯形臂；7—摇杆；8—悬架左摆臂；9—悬架右摆臂。

图 19-12　与独立悬架配用的转向传动机构示意图
（a）与循环球式转向器配用的转向传动机构；（b）与齿轮齿条式转向器配用的转向传动机构

2. 转向传动机构主要零部件

转向传动机构的主要零部件包括转向摇臂、转向直拉杆和转向横拉杆。这些杆件都是传动件并做空间运动，因此杆件之间的连接都采用球头销做空间铰链连接。杆件连接部分易磨损，需要定期加注润滑脂润滑。

（1）转向摇臂

转向摇臂是把转向器输出的力和运动传给转向直拉杆或转向横拉杆的传动件，其结构如图 19-13 所示。转向摇臂 3 的大端用锥形三角细花键与转向器中摇臂轴的外端相连，其小端带有球头销，以便与转向直拉杆做空间铰链连接。

（2）转向直拉杆

转向直拉杆把转向摇臂传来的力和运动传给转向梯形臂或转向节臂，其结构如图 19-14 所示。直拉杆体 9 是一段两端扩大的钢管，两端各有一个球头销，其前端（图中左端）球头销 2 与转向节臂相连，后端球头销 10 与转向摇臂连接。每端的两个球头座 5 在压缩弹簧 6 的作用下，将球头销的球头夹住。压缩弹簧 6 随时补偿球头与座的磨损，保证两者间无间隙，并缓和经车轮和转向节传来的路面冲击，弹簧预紧力可用端部螺塞 4 调节。弹簧变形增量受弹簧座 7 自由端的限制，可防止弹簧超载，并保证在弹簧折断的情况下球头销不会从管腔中脱出。

1—摇臂轴；2—带锥度的齿花键；
3—转向摇臂；4—球头销。

图 19-13　转向摇臂和摇臂轴

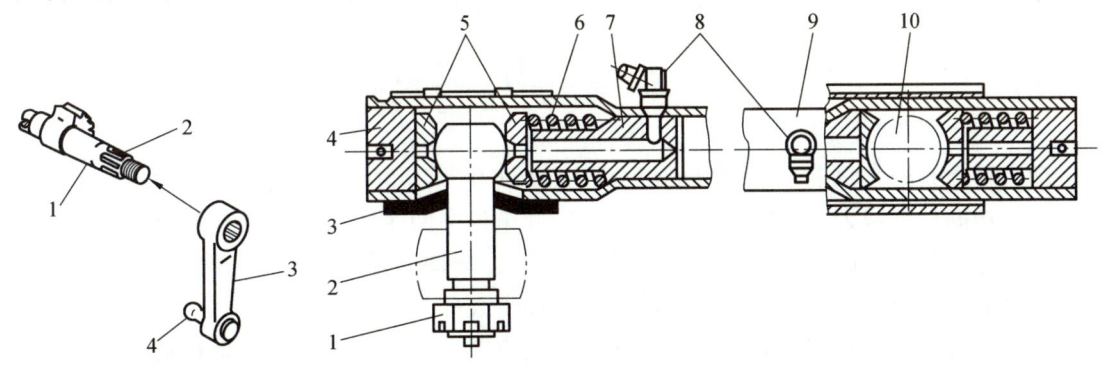

1—螺母；2、10—球头销；3—橡胶防尘垫；4—端部螺塞；5—球头座；
6—压缩弹簧；7—弹簧座；8—油嘴；9—直拉杆体。

图 19-14　转向直拉杆

（3）转向横拉杆

转向横拉杆是连接左、右梯形臂的传动件，其结构如图 19-15 所示。转向横拉杆由横拉杆体 2 和两端的横拉杆接头 1 组成。球头销 14 的球头置于横拉杆接头的两个球头座 9 内。球头销的尾部与梯形臂或转向节臂相连。

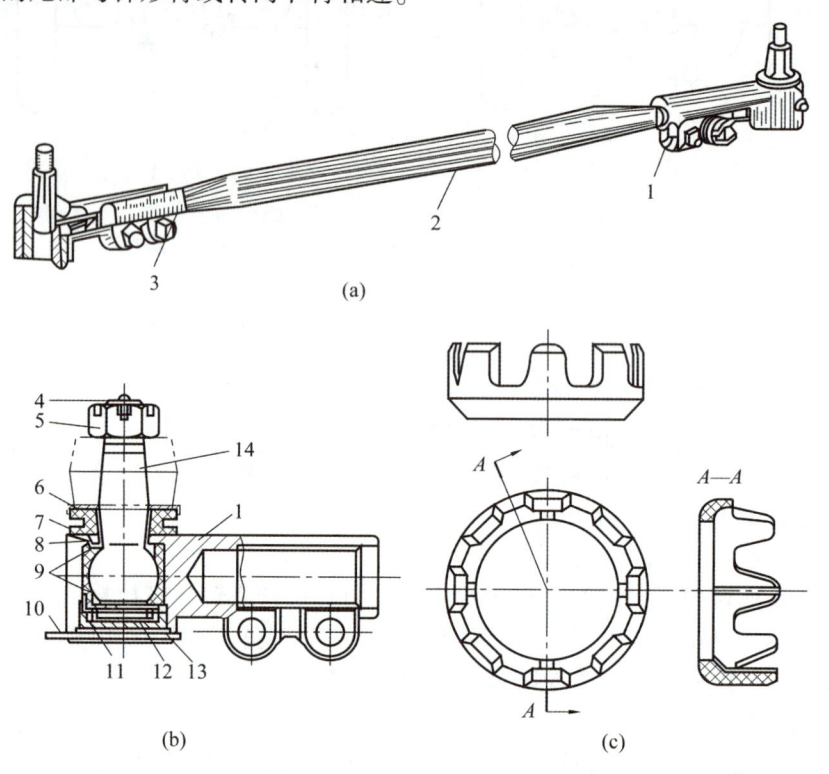

1—横拉杆接头；2—横拉杆体；3—夹紧螺栓；4—开口销；5—槽形螺母；6—防尘垫座；7—防尘垫；8—防尘套；9—球头座；10—限位销；11—螺塞；12—弹簧；13—弹簧座；14—球头销。

图 19-15　转向横拉杆
（a）转向横拉杆；（b）接头；（c）球头座

横拉杆接头靠螺纹与转向横拉杆体连接。横拉杆接头旋装到横拉杆体上后，用夹紧螺母夹紧。转向横拉杆体用钢管或钢杆制成，两端有正、反旋向螺纹。松开夹紧螺母，转动转向横拉杆体，可调整其长度，即调整转向轮的前束值。

第三节　动力转向系统

动力转向系统是将发动机输出的部分机械能转化为压力能（或电能），并在驾驶员控制下，对转向传动装置或者转向器中某一传动件施加辅助作用力，以减轻驾驶员转向操纵力的一套零部件，因此，动力转向系统常称为助力转向系统。在正常情况下，汽车转向时，驾驶员提供小部分的能量，动力转向系统提供大部分能量。

根据助力能源的不同，动力转向系统分为气压助力、液压助力和电动机助力。气压助力系统工作压力较低（一般不高于 0.7 MPa），尺寸庞大，主要用于前轴最大载质量为 3~7 t 并采用气压制动系统的载货汽车。液压助力转向的工作压力可超过 10 MPa，其部件尺寸不大，无噪声，工作滞后时间短，而且能吸收来自不平路面的冲击，因此，液压助力转向系统已在汽车上得到广泛应用。电动机助力转向系统相对于前两者能获得更理想的转向操纵特性，是目前动力转向系统的发展方向。

一、液压助力转向系统

1. 概述

液压助力转向系统是在机械式转向系统的基础上加装一套转向加力装置而成的。以齿轮齿条式转向器为基础的液压动力转向系统为例，来说明其工作原理。如图19-16所示，该系统由转向盘1、转向轴2、齿轮齿条式整体动力转向器3、转向液压泵8和转向油罐7等组成。

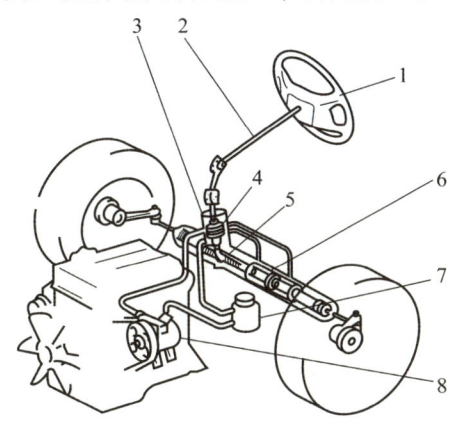

1—转向盘；2—转向轴；3—齿轮齿条式整体动力转向器；4—转向控制阀；
5—齿轮齿条式转向器；6—转向动力缸；7—转向油罐；8—转向液压泵。

图 19-16　液压助力转向系统示意图

汽车直线行驶时，转向控制阀4内的阀体处于中立位置并将转向动力缸6的左、右两个工作腔导通，转向液压泵8与转向油罐7的油路也导通，从转向液压泵8泵出来的工作液可直接流回转向油罐7，转向液压泵8处于卸荷状态，动力转向器不起助力作用。汽车需要右转弯时，驾驶员向右转动转向盘1，转向控制阀4将转向液压泵8泵出来的工作液与转向动力缸6的右腔接通，将左腔与转向油罐7接通，在油压的作用下，转向动力缸中的活塞向左移动，通过转向传动机构使左、右轮向右偏转，从而实现向右转向；而左转弯时，情况与上述相反。

2. 转向控制阀

转向控制阀是液压助力转向系统中的控制元件，其能根据转向盘的转动方向控制流向动力缸的液压油的流向。转向控制阀又分为转阀式和滑阀式。

滑阀式转向控制阀是滑阀相对于阀体做直线运动的转向控制阀，靠阀体的移动控制油液流量。图19-17所示为液压助力转向系统中滑阀的结构和工作原理，其中，图19-17（a）为常流式滑阀，图19-17（b）为常压式滑阀。当直线行驶时，动力缸左、右两腔相通，不起助力作用。转向时，阀体向一个方向移动，使控制阀的左、右两腔压力发生变化，在压力差的作用下，动力缸内的活塞运动，起助力作用。该转向阀需要较大的运动空间。

转阀式转向控制阀是转阀相对于阀体转动的转向控制阀，靠阀体转动控制油液流量，如图19-18所示。转阀具有4个互相连通的进油通道 A，出油通道 B、C 分别与动力缸的左、右腔连通。当转向盘处于中间位置时，油路相通，动力缸左、右两腔中的压力相同，不起助力作用。当阀体1顺时针转过一个小角度后，从液压泵来的高压油经 C 通道进入动力缸的一腔，而 B 通道由于不能进油，与其相连的动力缸的另一腔为低压。在压力差的作用下，动

19-3 转阀动画

力缸内的活塞向左或向右运动，起助力作用。该转向阀体积小，加工要求精度高。

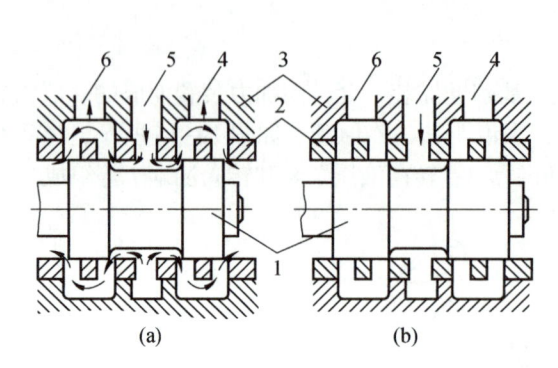

1—阀体；2—阀套；3—壳体；
4、6—通动力缸左、右腔的通道；
5—通油泵输出管路的通道。

图19-17 滑阀的结构和工作原理
（a）长流式；（b）常压式

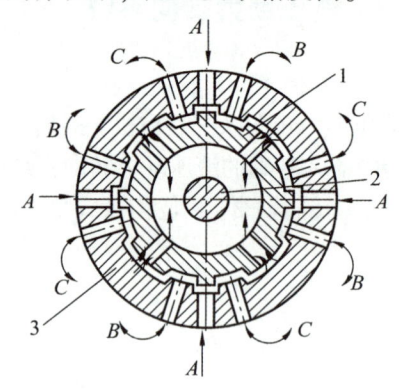

1—阀体；2—扭杆；3—壳体；
A—通液压泵输出管路的通道；
B、C—通动力缸左、右腔的通道。

图19-18 转阀的结构和工作原理

3. 液压助力转向系统的分类

按照系统内部的压力状态不同，液压助力转向系统可分为常压式和常流式两种。其不同之处在于：当转向盘处于中立位置时，常压式液压助力转向系统中的工作液压油一直处于高压状态，只要汽车转向，系统就提供压力，反应迅速；而常流式液压助力转向系统在转向盘处于中立位置时，系统内的液压油处于低压状态，只在转向时提供高压。由于常流式液压动力转向器具有结构简单、泄漏较少、消耗功率较少等优点，故广泛应用于各种汽车。

常流式液压助力转向系统根据机械转向器、转向动力缸和转向控制阀三者的位置不同，分为整体式动力转向器、半整体式动力转向器和转向加力器三种结构布置方案。机械式转向器、转向控制阀、转向动力缸三者组合成一体的，称为整体式动力转向器；只将机械转向器和转向控制阀组合成一体的，称为半整体式动力转向器；转向控制阀和转向动力缸组合成一体的，称为转向加力器，如图19-19所示。

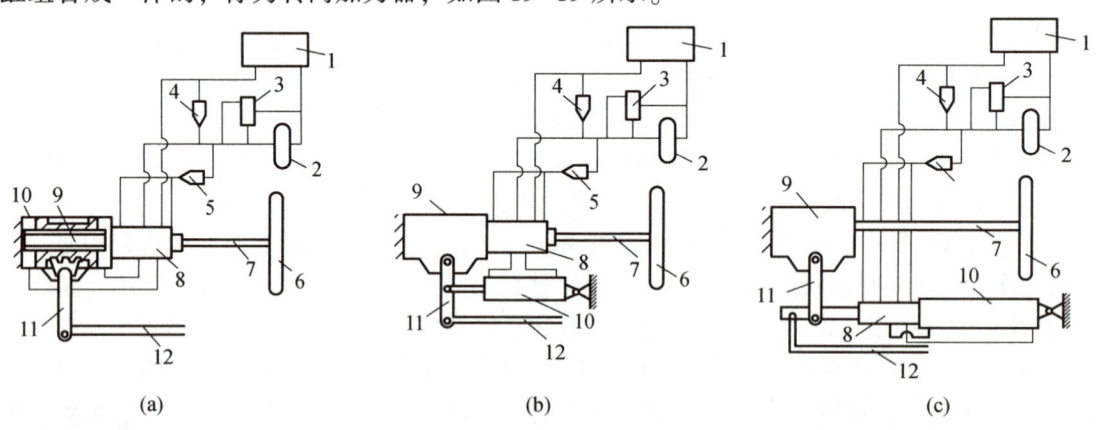

1—转向油罐；2—转向油泵；3—流量控制阀；4—安全阀；5—单向阀；6—转向盘；7—转向轴；
8—转向控制阀；9—机械转向器；10—转向动力缸；11—转向摇臂；12—转向直拉杆。

图19-19 常流式液压助力转向系统结构布置方案示意图
（a）整体式动力转向器；（b）半整体式动力转向器；（c）转向加力器

4. 整体式动力转向器

整体式动力转向器因结构紧凑、管路简单而得到广泛应用。目前国产轿车高级配置的车型上基本都采用了液压助力转向，并且大多采用了转阀式整体动力转向器，如一汽生产的红旗CA7220型，一汽大众生产的奥迪、捷达等。

图19-20所示为捷达轿车整体式动力转向器示意图。图中将转阀的剖面图放大，并表示出油路的连接关系。齿轮齿条式转向器、转向控制阀、转向动力缸设计成一体，组成整体式动力转向器。转向动力缸活塞2与转向齿条4制成一体，将动力转向缸1分成左、右两腔。

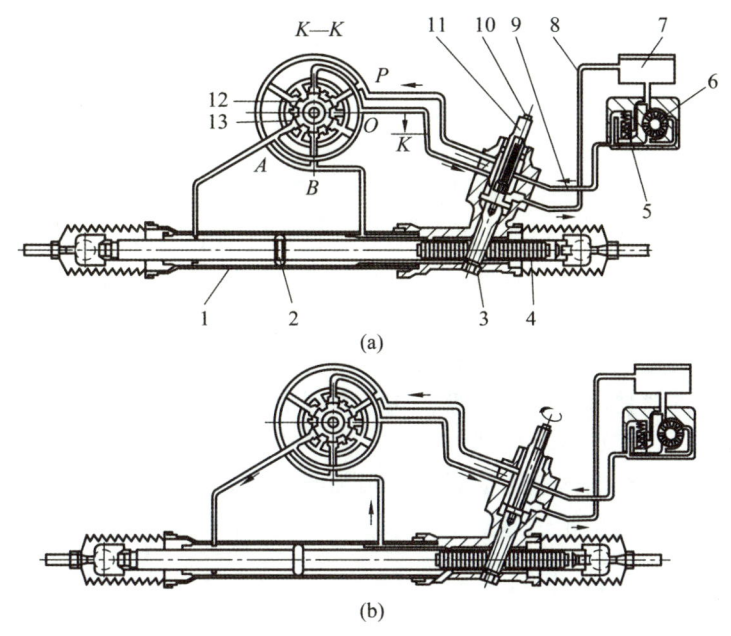

1—动力转向缸；2—动力缸活塞；3—转向齿轮；4—转向齿条；5—流量控制阀；6—转向油泵；7—转向油罐；8—回油管路；9—进油管路；10—扭杆；11—转向轴；12—阀芯；13—阀套。

图19-20　捷达轿车整体式动力转向器示意图
（a）汽车直线行驶时；（b）汽车转弯行驶时

转阀构造如图19-21所示，扭杆6的前端用销2与转向齿轮1连接，后端用销7与转阀的阀芯5连接，而阀芯又与转向轴的末端固定在一起，因而转向轴可通过扭杆带动转向齿轮转动。转阀的阀芯与阀体配合构成控制阀，置于转向器壳体内。由转向油罐、转向油泵、流量控制阀组成的供能装置输出的油液经转阀进油口P进入阀腔，由转向阀控制油液的流向。

当汽车直线行驶时，转向阀处于中间位置，动力缸两腔相通，不产生助力作用，为常流式助力转向系统。

当汽车右转弯时，转动转向盘使转向轴顺时针转动，并带动阀芯同步转动。受到转向节臂传来的路面转向阻力作用，动力缸活塞和转向齿条暂时不能运动，所以转向齿轮暂时也不能随转向轴向右转动。这样扭杆受转矩作用，前、后端产生扭转变形，转向阀芯和阀体之间转过一个角度，转阀开始工作，使动力缸的左腔成为高压进油腔，右腔成为低压回油腔，动力缸中的活塞帮助转向齿轮使转向齿条右移，转向轮开始向右偏转；同时，转向齿轮也得以与转向轴同向转向。

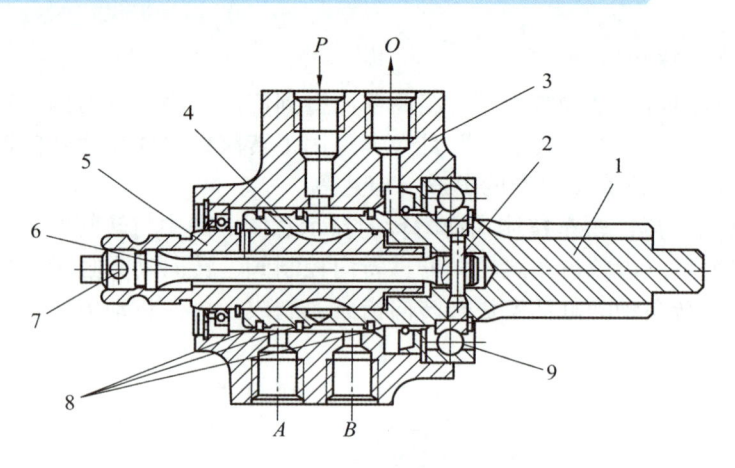

1—转向齿轮；2、7—销；3—阀体；4—阀套；5—阀芯；6—扭杆；8—密封圈；P—转阀进油口；
O—转阀出油口；A—通动力缸左腔出油口；B—通动力缸右腔出油口；

图 19-21　转阀构造

只要转向盘继续转动，扭杆的扭转变形便一直保持不变，转向控制阀的右转向位置不变。一旦转向盘停止转动，动力缸暂时还继续工作，导致转向轮继续转动，使扭杆的扭转变形减少，转向助力减小，当转向助力与车轮的回正力矩平衡时，齿条齿轮停止运动。此时转向阀停在某一位置不动，转向轮转角保持不变。

转向后回正时，驾驶员放松转向盘，阀芯回到中间位置，失去助力作用，车轮在回正力矩的作用下回位。若汽车行驶偶遇外界阻力使车轮发生偏转，则阻力矩通过转向传动机构、转向齿条齿轮作用在阀体上，使阀体、阀芯产生相对角位移，动力缸产生与车轮偏转方向相反的助力作用，使车轮迅速回正，保证汽车直线行驶的稳定性。

二、电动助力转向系统

电动助力转向（Electric Power-assistant Steering，EPS）系统在汽车低速行驶时可使转向轻便、灵活；当汽车在中高速区域转向时，又能保证提供最优的动力放大倍率和稳定的转向手感，从而提高了高速行驶的操纵稳定性。因此，电动助力转向系统在现代汽车中得到了广泛的应用。根据助力机构的不同，可分为电动液压式（Electric Power-assistant Hydraulic Steering）和直接助力式两种。

1. 电动液压助力转向系统

液压式电子控制助力转向系统是在传统液压助力转向系统的基础上，增加了一套电子控制装置，使汽车在低速行驶时转向系统助力作用大，驾驶员操纵轻便、灵活；高速行驶时转向系统的助力作用减弱，驾驶员的操纵力增大，具有明显的"路感"，既保证了转向操纵的舒适性和灵活性，又提高了高速行驶中转向的稳定性和安全感。由于工作压力和工作灵敏度较高，外廓尺寸较小，因而获得了广泛的应用。

上海大众生产的 POLO 轿车，其装备的电动液压助力转向系统是典型的可变助力系统，虽然靠液压帮助驾驶员转向，但其液压泵是通过电动机驱动的，与发动机在机械上毫无关系，助力效果只与转向盘速度及行驶速度有关。其结构如图 19-22 所示。主要由电动液压泵总成和各种传感器组成。电动液压泵总成由动力转向器 1、电动液压泵 8（电动机和液压泵）、储油罐 10 和限压阀 9 等集成在一起。

汽车工作时，动力转向 ECU 接收各传感器传来的信号（如转向盘的转角变化、车速、发动机转速），根据信号控制电动机的转速，从而改变液压泵的供油量，调整动力转向器中的油压，改变辅助转向力的大小。转向盘转角增量越大或车速越低，电动机的转速越高，液压泵供油量也越大。

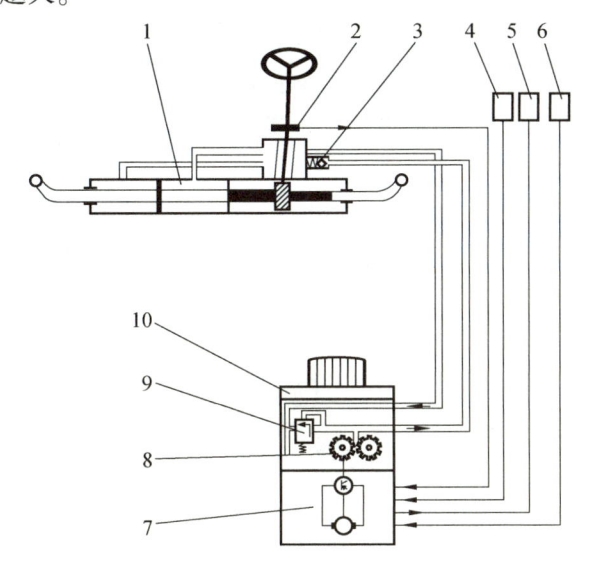

1—动力转向器；2—转向助力传感器；3—单向阀；4—车速传感器；5—转向控制灯；
6—发动机传感器；7—动力转向 ECU；8—电动液压泵；9—限压阀；10—储油罐。

图 19-22　POLO 轿车电动液压助力转向系统示意图

2. 直接助力式电动转向系统

液压助力转向系统的缺点是结构复杂、消耗功率大、容易产生泄漏、转向力不易有效控制等。直接助力式电动转向系统是一种直接依靠电动机提供辅助转矩的动力转向系统，它没有动力缸、液压油泵、转阀、液压管道等液压元件，并且只在转向时供能，能源消耗率低。

图 19-23 所示为直接助力式电动转向系统的示意图。它是在传统机械式转向系统的基础上，增加了转矩传感器 1、减速机构 3、离合器 5、电动机 6、电子控制单元（ECU）7和车速传感器等。其利用电动机作为助力源，根据车速和转向参数等，由电子控制单元完

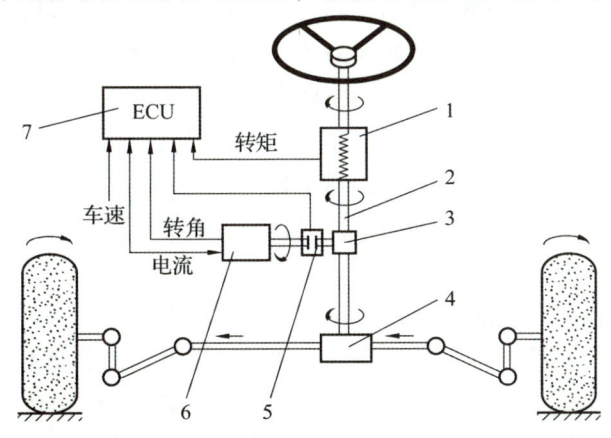

1—转矩传感器；2—转向轴；3—减速机构；4—齿轮齿条式转向器；5—离合器；
6—电动机；7—电子控制单元（ECU）。

图 19-23　直接助力式电动转向系统示意图

成助力控制，其原理如下：当操纵转向盘转动时，装在转向轴2上的转矩传感器1不断地测出转向轴上的转矩信号，该信号与车速信号同时输入电子控制单元（ECU）7。ECU根据信号决定电动机的旋转方向和助力电流的大小，并将指令传递给电动机6，电动机的扭矩由电磁离合器通过减速机构减速增矩后，加在汽车的转向机构上，使其得到一个与汽车工况相适应的转向作用力，从而完成实时控制的助力转向。

按照电动机安装位置不同，直接助力式电动转向系统可分为转向轴助力式、齿轮助力式和齿条助力式，如图19-24所示。

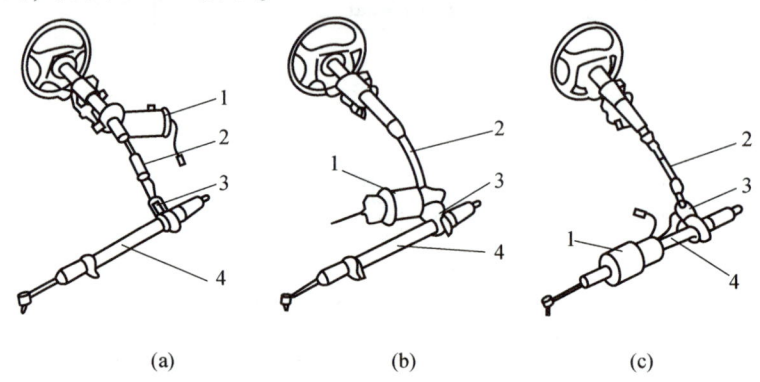

1—电动机；2—转向轴；3—转向齿轮；4—转向齿条。

图 19-24 直接助力式电动转向系统的类型
（a）转向轴助力式；（b）齿轮助力式；（c）齿条助力式

直接助力式电动转向系统结构紧凑，质量小，无油渗漏等现象，工作可靠，系统易于布置。由于采用电子控制，改善了液压助力增减的滞后性、反应敏感性较差、随动性不够等不足，优化助力控制特性好。

三、其他转向系统

1. 四轮转向系统

所谓四轮转向系统（Four-Wheel Steering，4WS）是指汽车在转向过程中，4个车轮可根据前轮转角或车速等信号同时相对车身偏转。偏转的一般规律为汽车在低速行驶时，前后轮反向转向，以减小汽车的转弯半径，提高汽车的机动灵活性；中高速时，前后轮同向转向，使车身姿态变化小，提高汽车的行驶稳定性。与传统的前轮转向车辆（2WS）相比，4WS汽车转向快，最小转弯半径小，稳定性高。4WS与2WS的比较如图19-25所示。按照后轮转向机构控制和驱动方式的不同，四轮转向可分为机械式、液压式、电控机械式、电控液压式和电控电动式等几种类型。

电控电动式四轮转向系统前、后轮转向器均为电动助力，两个转向器之间无任何机械连接装置及液压管道等部件，直接对前、后轮的转向进行控制，具有前后轮转向角关系控制精确、控制自由度高、机构简单等优点。典型的电动4WS系统主要由电子控制单元（ECU）、前后轮转向机构、电动机、减速机构、车速传感器等组成，如图19-26所示。

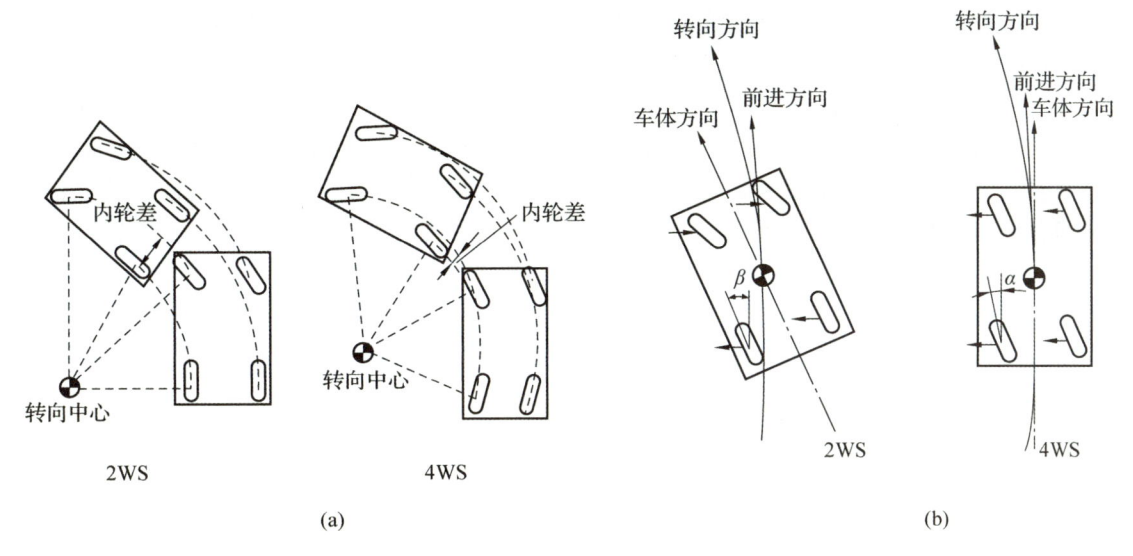

图 19-25 四轮转向（4WS）与二轮转向（2WS）比较
（a）逆相控制模式；（b）同相控制模式

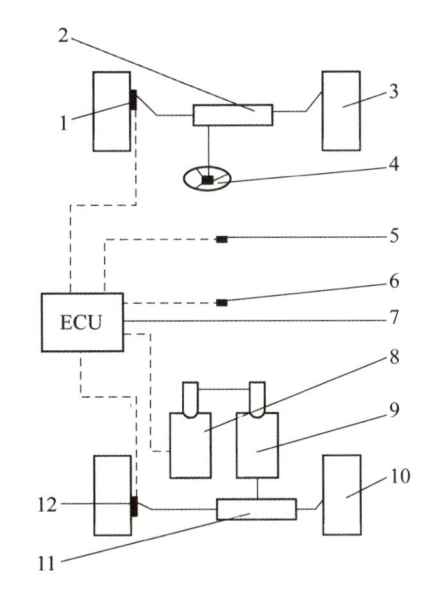

1—前轮转角传感器；2—前轮转向机构；3—前车轮；4—转向盘；5—车速传感器；
6—横摆角速度传感器；7—电子控制单元（ECU）；8—步进电动机；9—减速机构；
10—后车轮；11—后轮转向机构；12—后轮转角传感器。

图 19-26 电动四轮转向系统布置示意图

汽车转向时，ECU 接收传感器（前轮转角、车速、横摆角速度）传来的信号，并进行分析计算，通过内部预设的控制模式确定后轮转角，并向步进电动机输出驱动信号，电动机通过后轮转向驱动后轮偏转，实现汽车的四轮转向。同时，ECU 计算后轮目标转角与实际转角之差并进行调整，从而实现汽车行驶状况的实时监控。

2. 主动转向系统

传统的转向系统不论车速快慢，都采用固定传动比，而主动式转向系统的传动比可以在一定的范围内变化，既可兼顾低速时的灵活性，也能兼顾高速时的安全性，使得驾驶更轻松。

主动转向系统是在转向盘系统中装置了一套根据车速调整转向传动的机构。例如，有的结构包含一个拳头般大小的行星齿轮，以及两根输入轴。其中，一根输入轴连接到转向盘，另一根则通过螺旋齿轮，由电动机进行控制。当车速较低时，控制电动机与转向管柱呈同方向转动，以增加转向角度；而当高速行驶时，控制电动机呈反方向转动，从而减小转向角度。也就是说，在车速低的时候，转向助力作用明显，比如倒库的时候，可以很轻松地转动转向盘；而在高速行驶的时候，为避免转向过度而导致车身发飘，所以转动角度会变小，助力作用减弱。

3. 线控转向系统

线控转向（Steer-by-Wire，SBW）系统如图 19-27 所示，它主要由转向盘模块 2、转向模块 9、电控单元和传感器等组成。转向盘模块 2 包括转向盘、转向盘转矩传感器 4、转向盘转向角传感器 3、转矩反馈电动机 5 和机械传动装置。转向模块 9 包括角位移传感器 6、转向电动机 7、转向器 8 等。

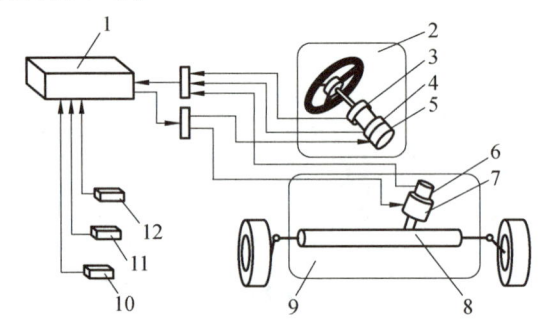

1—控制器；2—转向盘模块；3—转向盘转向角传感器；4—转向盘转矩传感器；5—转矩反馈电动机；6—角位移传感器；7—转向电动机；8—转向器；9—转向模块；10—车速传感器；11—横摆角速度传感器；12—侧向加速度传感器。

图 19-27 SBW 系统示意图

当转向盘转动时，电控单元根据转向盘转向角和转矩、车轮转角、车速、横摆角速度、侧向加速度等信号，判断驾驶员的转向意图和汽车的运动状态，及时调整车轮转角，以提高汽车行驶的稳定性。

SBW 系统最大的特点是去掉了转向盘和转向轮之间的机械连接，减轻了大约 5 kg，消除了路面的冲击，具有降低噪声和隔振等一系列优点。

> **补充提示：**
> 理想的转向系统既要保证低速时转向灵活轻便，又要保证高速时车辆转向的稳定性，这需要在转向系统的设计过程中着重把握主要矛盾，要抓重点、抓中心、抓关键，又不忽视次要矛盾的解决，统筹兼顾，有针对性地根据不同工况来设计转向系统，并积极考虑新技术的应用，如上述的四轮转向、主动转向等技术。

练习题

1. 汽车转向系统的功用是什么？分为哪几类？各由哪几部分组成？
2. 汽车转向时，若使四轮都做纯滚动，应满足什么条件？

3. 何为转向器的角传动比、转向传动机构的角传动比和转向系统角传动比？为同时满足转向省力和转向灵敏的要求，应采取哪些措施？
4. 为什么目前在轻型、微型轿车和货车上大多采用齿轮齿条式转向器？
5. 简述齿轮齿条式转向器的基本结构和工作原理。
6. 简述循环球式转向器的基本结构和工作原理。
7. 简述转向控制阀的工作原理。
8. 与电动液压式相比较，电动机直接助力式有哪些优点？

第二十章 汽车制动系统

学习目标

本章介绍了汽车制动系统的功用、组成和工作原理。要求学生掌握制动系统的功用和工作原理；了解制动系统的类型、组成；掌握鼓式制动器和盘式制动器的结构及工作原理；了解制动传动装置（机械、液压、气压）的组成及工作原理。

重点难点

1. 制动系统的组成与工作原理。
2. 鼓式制动器与盘式制动器的类型、结构及特点。
3. 液压制动系统的组成与工作原理。

第一节 概 述

一、制动系统的功用

汽车制动系统的功用是使行驶中的汽车减速甚至停车，使下坡行驶的汽车速度保持稳定，以及使已停驶的汽车保持不动。驾驶员利用汽车上的专门装置进行控制，致使在汽车车轮上产生与汽车行驶方向相反的外力，对汽车进行一定程度的强制制动。这种可控制的对汽车进行制动的外力称为制动力，用于产生制动力的一系列专门装置称为制动系统。

一般汽车应包含两套独立的制动系统：行车制动系和驻车制动系。行车制动器是由驾驶人用脚来操纵的，俗称脚刹，它的功用是使正在行驶中的汽车减速或停车。驻车制动系是由驾驶人用手来操纵的，俗称手刹，它的功用是使已经停止了的汽车保持不动。

二、制动系统的类型

制动系统的分类方法有很多，具体见表20-1。

表 20-1　汽车制动系分类

分类方法	类型	特点
按功能分	行车制动系	使行驶中的汽车减速或停车
	驻车制动系	使汽车停在各种路面，并驻留原地不动
	应急制动系	在行车制动系失效后使用的制动系
	辅助制动系	增设的制动装置，以适应山区行驶及特殊用途汽车需要
按制动能源分	人力制动系	以人力为唯一能源
	动力制动系	以发动机动力转化为液压或气压制动
	伺服制动系	兼用人力和发动机动力制动
按制动能量传输方式分	机械系	机械系
	液压系	液压系
	气压系	气压系
	电磁系	电磁系
	组合系	组合系
按制动回路分	单回路	单回路
	双回路	双回路

三、制动系统的组成

汽车的制动系统主要由以下四部分组成：
①制动器：产生制动力矩，阻止车轮转动的装置。
②制动操纵机构：控制制动器工作的机构，如操纵手柄、制动踏板等。
③制动传动机构：将操纵力传到制动器的机构，如制动主缸、制动轮缸、推杆等。
④制动力调节机构：用来调节车轮制动力的分配。
较为完善的制动系统应具有报警装置、压力保护装置等附加装置。

四、制动系统的工作原理

不同类型的制动系统，其工作原理基本相似，图 20-1 所示为一个简单的液压制动系统，该制动系统由鼓式制动器、液压传动机构、操纵机构组成。

鼓式制动器由制动鼓 8、制动蹄 10、制动底板 11 等组成。制动鼓 8 固定在轮毂上，随车轮一同旋转，其工作面为内圆柱面。固定不动的制动底板用螺栓与转向节凸缘（前轮）或桥壳凸缘（后轮）固定在一起。在制动底板上有两个支承销 12，支承着两个弧形制动蹄的下端。制动蹄的外圆面上装有摩擦片 9，上端用回位弹簧 13 拉紧压靠在轮缸活塞 7 上，下端松套在支承销上。

操纵机构为制动踏板 1，液压传动机构主要由推杆 2、制动主缸 4、制动轮缸 6 和油管 5 等组成。制动主缸活塞可由驾驶员通过制动踏板机构来操纵。制动轮缸装在制动底板上，用油管与液压制动主缸相连。制动主缸、油管和制动轮缸里充满了制动液。

不制动时，制动鼓的内圆柱面和制动蹄摩擦片之间留有一定的间隙（简称制动器间隙），使制动鼓可以随车轮自由旋转，制动系统不起作用。

20-1 制动系统组成

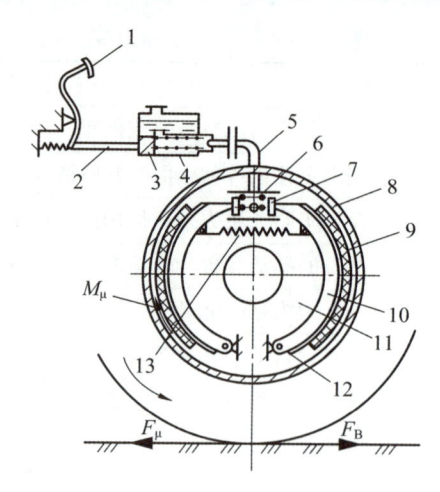

1—制动踏板；2—推杆；3—主缸活塞；4—制动主缸；5—油管；6—制动轮缸；7—轮缸活塞；
8—制动鼓；9—摩擦片；10—制动蹄；11—制动底板；12—支承销；13—制动蹄回位弹簧。

图20-1　制动系统工作原理示意图

制动时，驾驶员踏下制动踏板，推杆便推动制动主缸活塞，使制动主缸的制动液以一定的压力经油管流入制动轮缸，通过轮缸活塞使两制动蹄的上端向外张开，从而使摩擦片压紧在制动鼓的内圆柱面上。此时，不旋转的制动蹄对旋转的制动鼓产生一个摩擦力矩 M_μ，其方向与车轮旋转方向相反。制动鼓将该力矩传到车轮后，由于车轮与路面间的附着作用，车轮对路面作用一个向前的力 F_μ。与此同时，路面会给车轮一个向后的反作用力，也即车轮的制动力 F_B。各车轮上制动力的总和就是汽车受到的总制动力。制动力由车轮经车桥和悬架传给车架及车身，迫使整个汽车产生一定的减速度。制动力越大，减速度也越大。

放松制动踏板时，制动蹄在回位弹簧13的作用下回到原位，制动鼓和制动蹄的间隙恢复，制动力矩和制动力消失，制动作用解除。

20-2 盘式制动器的工作原理

第二节　制动器

制动器是制动系统中用于产生阻碍车辆运动或运动趋势的力的部件，几乎都是利用固定元件与旋转元件工作表面的摩擦作用产生制动力矩的摩擦制动器。

根据旋转元件的不同，可分为鼓式制动器和盘式制动器。其中，鼓式制动器中的旋转元件为制动鼓，以圆柱面为工作表面；盘式制动器的旋转元件为制动盘，以端面为工作表面。

制动器根据安装位置的不同，可分为车轮制动器和中央制动器。旋转元件固定在车轮或半轴上的制动器称为车轮制动器；旋转元件固定在传动系统传动轴上的制动器则称为中央制动器。车轮制动器一般用于行车制动，也有兼用于应急制动和驻车制动的；中央制动器一般只用于驻车制动。

一、鼓式制动器

鼓式制动器制动时，制动蹄在促动装置作用下向外旋转，外表面的摩擦片压靠到制动鼓的内圆柱面上，产生摩擦力矩，阻碍车轮的旋转。

凡对制动蹄一端加力使其张开的装置，都称为制动蹄的促动装置。根据促动装置的不同，鼓式制动器可分为轮缸式、凸轮式和楔块式。**目前轮缸式制动器应用非常广泛，按制动蹄的受力情况不同，可分为领从蹄式、双领蹄式、双向双领蹄式、双从蹄式、单向自增力式、双向自增力式等类型，下面对其分别介绍。**

1. 领从蹄式制动器

图 20-2 所示为领从蹄式制动器。制动底板 5 固定装在后桥壳或前桥转向节的凸缘上，其下部装有两个偏心调整螺钉 1，两个制动蹄 11、12 的下端有孔，套装在偏心调整螺钉上，并用锁止螺母 3 锁止。旋动偏心调整螺钉，可调整制动蹄下端的间隙。在制动底板的中上部装有两个偏心轮 7，用来调整制动蹄上部的间隙。中部装有两个托架 4，以限制制动蹄的轴向位置。制动蹄上端用回位弹簧 10 拉靠在制动轮缸 9 的顶块上。制动蹄的外圆面上，用埋头铆钉铆接着由石棉纤维和其他物质混合压制而成的摩擦衬片 8。作为制动蹄促动装置的制动轮缸也用螺钉固装在制动底板上。制动鼓（图中未画出）固定装在车轮轮毂的凸缘上，随车轮一起转动。

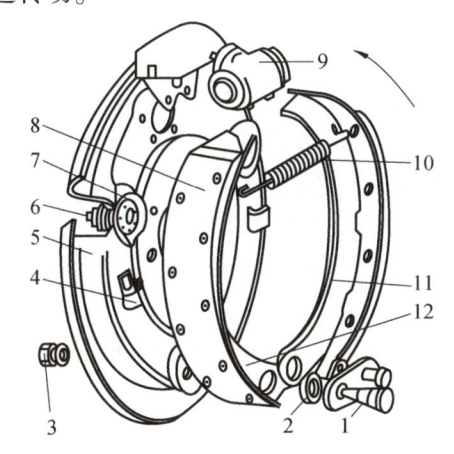

20-3 领从蹄组成示意图

1—偏心调整螺钉；2—垫圈；3—锁止螺母；4—托架；5—制动底板；6—偏心轮调整螺钉；
7—偏心轮；8—摩擦衬片；9—制动轮缸；10—回位弹簧；11、12—制动蹄。

图 20-2 领从蹄式制动器

图 20-3 所示为其制动蹄的受力示意图。设制动鼓的旋转方向如图所示，制动时，制动器左面的制动蹄 1 在促动力 F_s 的作用下向外张开，**蹄片张开的旋转方向与制动鼓的旋转方向一致，称为领蹄**。此时制动蹄与制动鼓间产生摩擦力 T_1，此摩擦力对支点 3 的力矩与促动力 F_s 产生的力矩是同向的，可使制动蹄与制动鼓压得更紧，即法向力 N_1 变得更大，从而摩擦力 T_1 也进一步增大，故**领蹄具有"增势"作用**。与此相反，制动蹄 2 在促动力 F_s 的作用下向外张开，**蹄片张开的旋转方向与制动鼓旋转方向相反，称为从蹄**。此时制动蹄与制动鼓间产生摩擦力 T_2，该摩擦力使制动蹄有脱离制动鼓的趋势，使法向力 N_2 和摩擦力 T_2 减小，故**从蹄具有"减势"作用**。当汽车倒驶时，制动鼓反转，原领蹄变成从蹄，而原从蹄则变成领蹄，整个制动器的制动效能同前进制动时一样。

20-4 领从蹄动画

由图分析可知，虽然领蹄和从蹄所受的促动力相等，但制动鼓的法向反力 N_1 和 N_2 却

271

不相等，且 $N_1>N_2$，故两蹄上的法向反力不能平衡，只能由轮毂轴承的反力来平衡，对轮毂轴承造成了附加的径向载荷，使其寿命缩短。凡制动鼓所受的来自两蹄的法向反力不能互相平衡的制动器，称为非平衡式制动器。由于 $N_1>N_2$，故 $T_1>T_2$，为使领蹄和从蹄的摩擦片寿命相近，有些制动器上的领蹄摩擦片的尺寸做得较大。

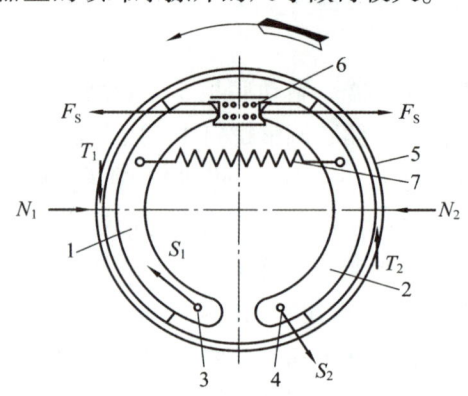

1—领蹄；2—从蹄；3、4—支点；5—制动鼓；
6—制动轮缸；7—回位弹簧。
图 20-3　领从蹄式制动器受力示意图

在制动器不工作时，其摩擦片和制动鼓之间有适当间隙，一般为 0.25～0.50 mm。间隙过小，不能保证彻底解除制动；间隙过大，会推迟制动器起作用的时间，制动不灵敏。鼓式制动器间隙可通过调整转动偏心轮 7 和偏心调整螺钉 1 来调整。另外，制动间隙的调整还可通过调整凸轮、调整螺母以及调整推杆等方式实现，也可采用摩擦限位式间隙调整，一次完全制动即可自动调整到设定值，与盘式制动器的活塞密封圈间隙调整类似。

领从蹄式制动器制动效能比较稳定，结构简单可靠，便于安装，广泛用作货车的前、后轮制动器和轿车的后轮制动器。

2. 双领蹄式与双从蹄式制动器

汽车前进制动时，两个制动蹄均为领蹄的制动器称为双领蹄式制动器，其结构示意图如图 20-4 所示，制动原理与领从蹄式制动器的原理类似。双领蹄式制动器的特点是每一个制动蹄都用一个单活塞式制动轮缸 1 促动，在前进时，两个制动蹄均为领蹄；倒车制动时，均为从蹄。该结构在汽车制动时制动效果好，倒车时制动效果差，适用于前轮制动器。

若将装有双领蹄式制动器的汽车左、右两侧车轮制动器对调安装，如图 20-5 所示，这样在汽车前进制动时，两制动蹄均为从蹄，称为双从蹄式制动器。显然，双从蹄式制动器的前进制动效能比较低，但制动效能对摩擦因数变化的敏感程度较小，即具有良好的制动效能稳定性，其在少数保证制动可靠性的高级轿车上采用。随着盘式制动器的发展和应用，已没有专门应用双从蹄制动器的实例。

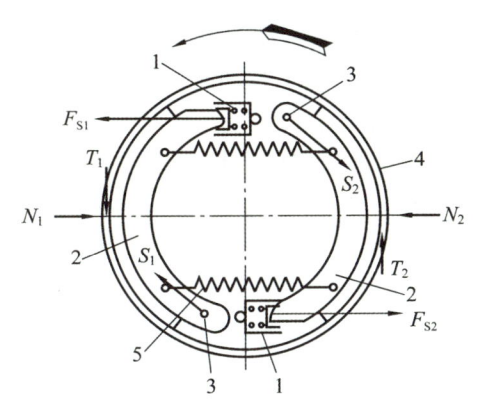

1—制动轮缸；2—制动蹄；3—支承销；
4—制动鼓；5—回位弹簧。

图 20-4　双领蹄式制动器示意图

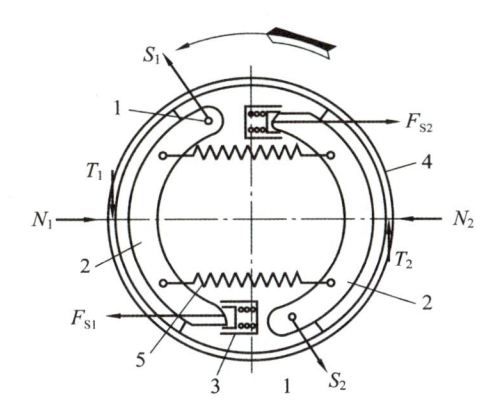

1—支承销；2—制动蹄；3—制动轮缸；
4—制动鼓；5—回位弹簧。

图 20-5　双从蹄式制动器示意图

3. 双向双领蹄式制动器

双向双领蹄式制动器不论汽车是前行还是倒退，两制动蹄总是领蹄，制动效能不变。双向双领蹄式制动器的结构示意图如图 20-6 所示，其采用两个双活塞式制动轮缸，两个制动蹄的两端都采用浮动式支承，并且支点的位置随轮缸活塞的移动而变化。

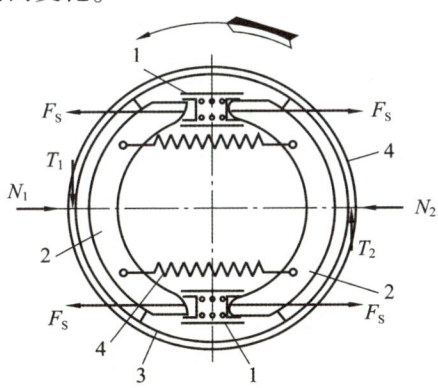

20-7 双向双领蹄动画

1—制动轮缸；2—制动蹄；3—制动鼓；
4—回位弹簧。

图 20-6　双向双领蹄式制动器示意图

4. 自增力式制动器

自增力式制动器可分为单向自增力式和双向自增力式两种。其工作原理是使用可调顶杆浮动铰接的制动蹄来代替固定的制动蹄，利用前蹄的助势推动后蹄，使总的摩擦力矩增大，起到自动增力的作用。

单向自增力式的结构原理图如图 20-7 所示。前制动蹄 1 和后制动蹄 6 的下端分别浮支在浮动顶杆 7 的两端，在上方有一个支承销 3。不制动时，两蹄上端借各自的回位弹簧 2 拉靠在支承销上。制动时，单活塞式制动轮缸 5 在促动力作用下向外推动前制动蹄，整个制动蹄绕顶杆 7 左端支承点旋转，并压靠到制动鼓 4 上。前制动蹄为领蹄。由于顶杆是浮动的，其成为后制动蹄的促动装置，故后制动蹄也是领蹄。

20-8 自增力动画

对前制动蹄1进行受力分析可知，$S_1 > F_{s1}$，而 $F_{s1} = F_{s2}$，故后制动蹄的制动力矩必然大于前制动蹄的制动力矩。该制动器的前进制动效能最高，但在倒车制动时，两个蹄均为从蹄，制动效能最低。单向自增力制动器只在汽车前进时起自增力作用。

双向自增力式的结构原理图如图20-8所示。其原理与单向自增力式的相似，只是在汽车前进或倒车制动时都能起自增力作用，不同之处在于其采用双活塞式制动轮缸。

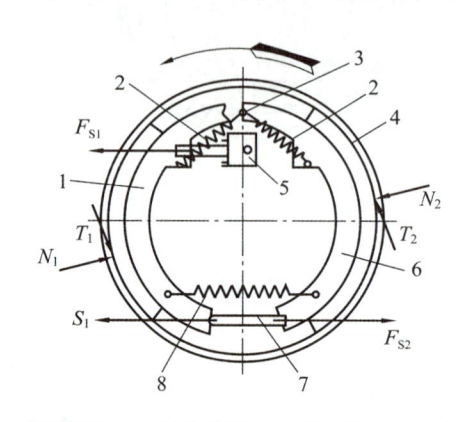

1—前制动蹄；2—回位弹簧；3—支承销；4—制动鼓；
5—制动轮缸；6—后制动蹄；7—顶杆；8—拉紧弹簧。

图20-7 单向自增力式制动器示意图

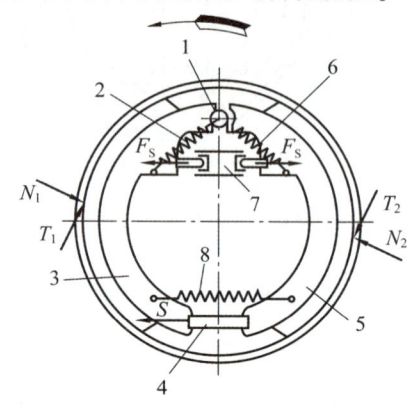

1—支承销；2、6—回位弹簧；3—前制动蹄；4—顶杆；
5—后制动蹄；7—制动轮缸；8—拉紧弹簧。

图20-8 双向自增力式制动器示意图

以上介绍的几种典型轮缸式制动器，就制动效能而言，在基本结构参数和轮缸工作压力相同的条件下，自增力式制动器由于对摩擦助势作用利用得最为充分而居首位，以下依次为双领蹄式、领从蹄式、双从蹄式。蹄鼓之间的摩擦系数随摩擦片材料、温度和表面状况（如沾水等）的变化在很大范围内变化，自增力式制动器的效能对摩擦系数的依赖性最大，故其稳定性最差。

双向自增力式制动器多用于轿车后轮，原因之一是便于兼充驻车制动器。因倒车制动时对前轮制动器效能的要求不高，单向自增力式制动器只用于中、轻型汽车的前轮。双从蹄式制动器的制动效能虽然最低，但稳定性良好。领从蹄制动器发展较早，其效能及效能稳定性均居于中游，结构较简单，目前仍广泛地用于各种汽车。

二、盘式制动器

盘式制动器一般分为两类：一类是将工作面积不大的制动摩擦片装在钳形支架（称为制动钳）上的钳盘式制动器；一类是圆盘形的制动摩擦片与制动盘的全部工作面接触的全盘式制动器。钳盘式制动器散热能力强，热稳定性好，广泛应用于大多数轿车和轻型货车上（尤其是前轮），全盘式制动器只在少数汽车上用作车轮制动器。

20-9 盘式制动器组成

1. 钳盘式制动器

在钳盘式制动器中，由工作面积不大的摩擦块与其金属背板组成制动块，每个制动器中一般有2~4块。这些制动块及其促动装置都装在横跨制动盘两侧的钳形支架中，称为制动钳。**钳盘式制动器按制动钳的结构形式，可分为定钳盘式和浮钳盘式两种。**

（1）定钳盘式制动器

图20-9所示为定钳盘式制动器原理示意图。制动盘1固定在轮毂上，跨置在制动盘

上的制动钳5固定在车桥上，既不能旋转，也不能沿制动盘轴向移动。制动钳内装有两个制动轮缸活塞2。当驾驶员踩下制动踏板使汽车制动时，来自制动主缸的制动油液经进油口进入钳体中两个相通的液压腔中，使其油压升高，推动轮缸活塞将其上的制动块3压靠到制动盘上，从而产生制动。

定钳盘式制动器不足之处是油缸分置于制动盘两侧，必须用跨越制动盘的钳内油道或外部油管来连通，使得制动钳的尺寸过大，结构复杂；热负荷大时，油缸和跨越制动盘的油管或油道中的制动液容易受热汽化；若要兼用于驻车制动，则必须加装一个机械促动的驻车制动钳。

（2）浮钳盘式制动器

浮钳盘式制动器的制动钳是浮动的，可以相对于制动盘轴向移动。图20-10所示为浮钳盘式制动器原理示意图。制动钳支架3固定在车桥上，制动钳1通过导向销2与制动钳支架3相连，可沿导向销2相对于制动盘4轴向移动。制动盘的内侧设有油缸，外侧的制动块5附装在钳体上。制动时，液压油通过进油口进入制动油缸，推动活塞8及其上的制动块向左移动，直至压靠到制动盘上不能移动，在液压力的作用下，使活塞连同制动钳体整体沿导向销2向右移动，直到制动盘左侧的固定制动块5也压到制动盘上。此时两侧制动块都压在制动盘上，制动块夹住制动盘实现制动。

解除制动时，活塞密封圈7使活塞回位。若制动器产生了过量的间隙，活塞则相对于密封圈滑移，借此实现间隙自动调整。

与定钳盘式制动器相反，浮钳盘式制动器的单侧油缸结构不需要跨越制动盘的油道，轴向和径向尺寸较小，有可能布置得更接近车轮轮毂，并且制动液受热汽化的机会较少。此外，浮钳盘式制动器在兼充驻车制动器的情况下，只需在行车制动钳油缸附近加装一些用于推动油缸活塞的驻车制动机械传动零件即可。因此，与定钳盘式制动器相比，其应用广泛。

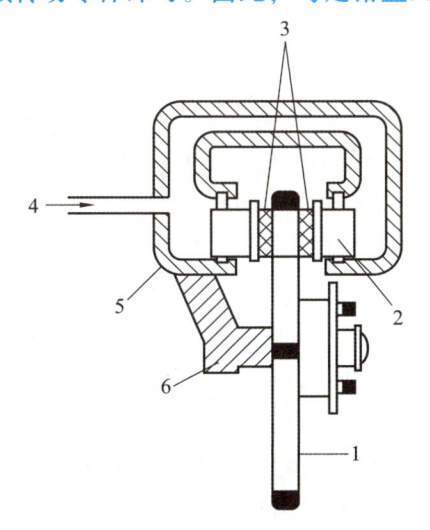

1—制动盘；2—活塞；3—制动块；
4—进油口；5—制动钳；6—车桥。

图20-9 定钳盘式制动器示意图

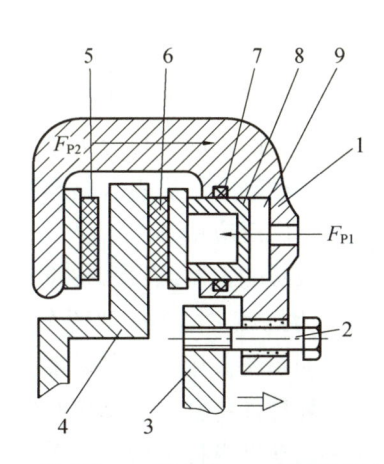

1—制动钳；2—导向销；3—制动钳支架；
4—制动盘；5—固定制动块；6—活动制动块；
7—活塞密封圈；8—活塞；9—液压油缸。

图20-10 浮钳盘式制动器示意图

2. 全盘式制动器

全盘式制动器摩擦副的固定元件和旋转元件都是圆盘形的，分别称为固定盘和旋转盘。制动盘的全部工作面同时与摩擦片接触，可获得更大的制动力，结构和工作原理与摩擦离合器的相似，多用在重型载货汽车上。

盘式制动器与鼓式制动器相比，其优点：

①工作表面为平面且两面传热，圆盘旋转容易冷却，不易发生较大变形，制动效能较为稳定。

②浸水后制动效能降低小，并且恢复较快。

③在制动力相同的情况下，制动器的尺寸和质量一般较小。

④制动盘受热后轴向膨胀较小，不会过大影响制动器间隙。

⑤盘式制动器结构简单，维修方便，易实现制动间隙自动调整。

盘式制动器的不足之处：

①摩擦片直接作用在圆盘上，无自动摩擦增力作用，制动效能较低，因此，用于液压制动系时，所需制动促动管路压力较高，需要另装动力辅助装置。

②兼用于驻车制动时，加装的驻车制动传动装置比鼓式制动器的复杂，因而在后轮上的应用受到限制。

第三节 制动传动机构

汽车制动传动机构将驾驶员或其他动力源的作用力传到制动器，并控制制动器工作，从而获得所需的制动力矩。按传力介质的不同，制动传动机构可分为机械式制动系统、液压制动系统、气压制动系统等。

一、机械式制动系统

机械式制动系统主要用于驻车制动系统，驻车制动系统使汽车可靠地停留在原地，并在任何情况下不致自行滑移。驻车制动器又称手制动器或手刹，按安装位置的不同，可分为中央制动器和车轮制动器两种，前者的制动器安装在传动轴上，后者和行车制动装置共用一套制动器，结构简单紧凑，在轿车上广泛应用。

20-13 桑塔纳驻车制动结构

驻车制动系统的控制装置和传动装置主要由杠杆、拉杆、轴、摇臂等机械零件组成。图 20-11 所示为红旗 CA7220 型轿车的制动系统示意图，其中，驻车制动系统是机械式的，与行车制动系统共用后轮制动器。在驻车制动时，驾驶员将驻车制动操纵杆 7 向上扳起，通过一系列杆件将驻车制动操纵缆绳 9 拉紧，对两后轮制动器进行驻车制动。

由于驻车制动操纵杆上棘爪的单向作用，棘爪与棘爪齿板啮合，操纵杆不能反转，机械驻车制动杆系被可靠地锁止在制动位置。欲解除驻车制动，一般需要先压下操纵杆端头的压杆按钮，然后放松操纵杆端按钮，将驻车制动杆系锁止在解除制动的位置。

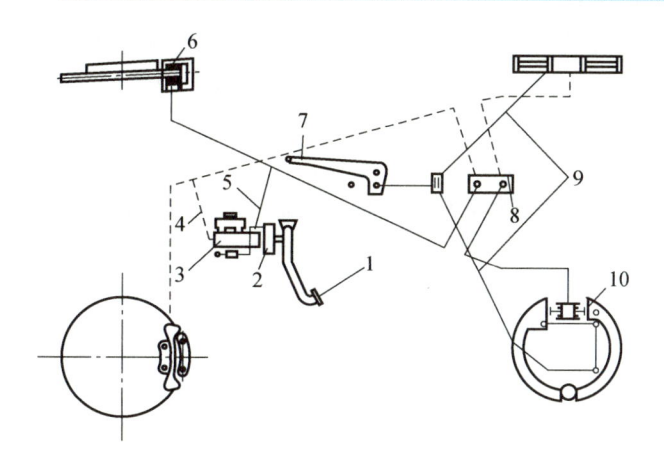

1—制动踏板；2—真空助力器；3—制动主缸；4、5—制动管路；6—前轮盘式制动器；7—驻车制动操纵杆；8—感载比例阀；9—驻车制动操纵缆绳；10—后轮鼓式制动器。

图 20-11　红旗 CA7220 型轿车的制动系统示意图

二、液压制动系统

液压制动系统的传力介质是制动液，常用于轿车和轻型车上，可分为单回路、双回路等类型。目前应用最多的是双回路液压制动系统，其特点是当其中一套管路发生故障而失效时，另一套管路仍能继续起制动作用，从而提高了汽车制动的可靠性和行车安全性。双回路液压制动系统在汽车上的布置各不相同，主要有两种，如图 20-12 所示。

① 一轴对一轴（Ⅱ）型：前轴制动器与后轴制动器各有一套管路。该布置方案简单，可与单轮缸鼓式制动器配合使用，在前置后驱汽车上广泛应用，如南京依维柯、广州标致等。缺点是当一套管路失效时，前后制动力分配关系被破坏。

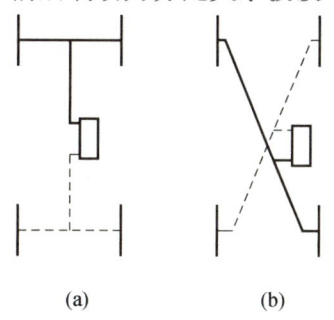

图 20-12　双回路液压制动系统的布置方案
（a）一轴对一轴（Ⅱ）型；（b）交叉（X）型

② 交叉（X）型：一轴的一侧车轮制动器与另一轴对角车轮制动器同属一套管路。任一管路失效时，剩余总制动力保持正常管路时总制动力的一半，并且前后制动力分配关系不改变，有利于提高制动稳定性。多用于前置前驱的轿车上，如上海桑塔纳、奥迪 100 等。

另外，液压制动系统按照制动能源的不同，可分为人力液压制动系统和伺服液压制动系统。伺服液压制动系统常用的有真空助力式和真空增压式，下面以常见的真空助力伺服制动系统为例进行说明。

1. 液压制动系统组成及原理

图 20-13 所示为一汽红旗 CA7220 型轿车的真空助力式液压制动系统的示意图。该系

统采用的是交叉（X）型布置的双回路液压制动系统。主要由制动踏板机构1、真空助力器3、制动主缸4、制动轮缸（10、11、12、13）和油管等组成。制动踏板和制动主缸装在车架上，制动轮缸装在制动底板上，制动主缸和制动轮缸内均装有活塞，用油管相连。真空助力器的左边是串列双腔制动主缸，主缸输出的高压油液通过对角线布置的双回路液压制动管路传递到各个车轮制动器的制动轮缸。制动时，踩下制动踏板，将制动液从主缸压出，分别注入前后各车轮的制动轮缸内，使汽车制动。放开踏板，制动蹄和轮缸活塞在回位弹簧作用下回位，制动作用解除。管路中的液压和制动器产生的制动力矩与踏板力成线性关系，这种特性称为路感。

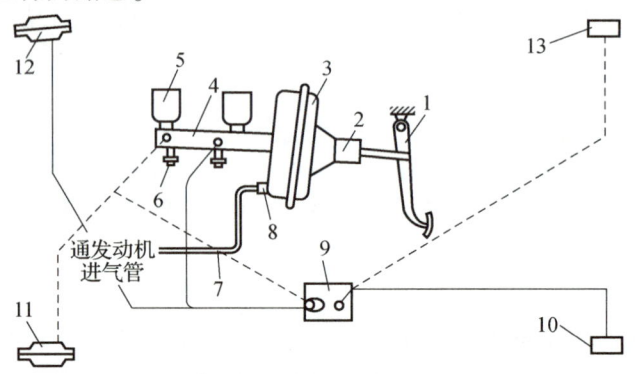

1—制动踏板机构；2—控制阀；3—真空助力器；4—制动主缸；5—储液罐；6—制动信号灯液压开关；7—真空供能管路；8—单向阀；9—感载比例阀；10—左后轮缸；11—左前轮缸；12—右前轮缸；13—右后轮缸。

图 20-13　CA7220 型轿车的真空助力式液压制动系统

2. 主要零部件组成及原理

（1）制动主缸

制动主缸属于单向作用活塞式液压缸，它的作用是将踏板机构输入的机械能转换成液压能。图 20-14 所示为串联式双腔制动主缸的结构示意图。制动主缸的壳体内装有前缸活塞7、后缸活塞12 及前缸弹簧21、后缸弹簧18。前缸活塞用密封圈19 密封；后缸活塞用密封圈16 密封，用挡圈13 定位。两个储液筒分别与前腔B、后腔A 相通，通过各自的出油阀3 与前后

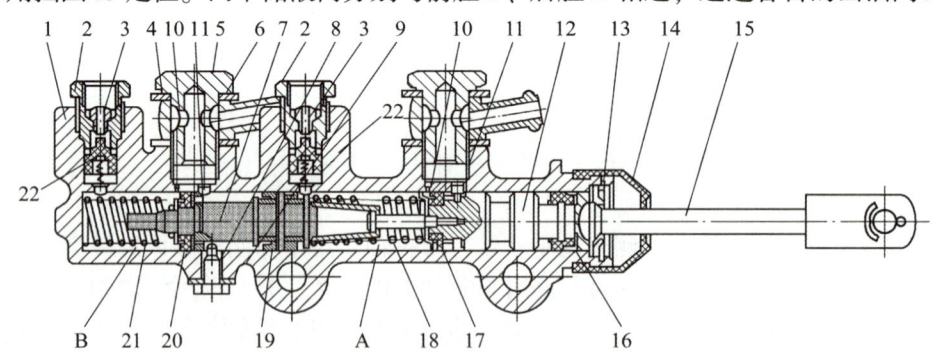

1—制动主缸缸体；2—出油阀座；3—出油阀；4—进油管接头；5—空心螺栓；6—密封垫；7—前缸活塞；8—定位螺钉；9—密封垫；10—旁通孔；11—补偿孔；12—后缸活塞；13—挡圈；14—护罩；15—推杆；16—后缸密封圈；17—后活塞皮碗；18—后缸弹簧；19—前缸密封圈；20—前活塞皮碗；21—前缸弹簧；22—回油阀；A—后腔；B—前腔。

图 20-14　串联式双腔制动主缸的结构示意图

制动轮缸相通，前缸活塞靠后缸活塞的液力推动，后缸活塞则由推杆 15 推动。

主缸不工作时，前后腔内的活塞头部与皮碗正好位于各自的旁通孔 10 和补偿孔 11 之间。前缸活塞回位弹簧的弹力大于后缸活塞回位弹簧的弹力，以保证两个活塞不工作时都处于正确的位置。

制动时，踩下制动踏板，踏板力通过传动机构传给推杆 15，推动后缸活塞 12 向前移动，皮碗盖住旁通孔后，后腔压力升高。在后腔液压和后缸弹簧力的作用下，前缸活塞 7 向前移动，前腔压力提高。当继续向下踩制动踏板时，前后腔的液压继续提高，使前后制动器产生制动。

解除制动时，驾驶员松开制动踏板，在前、后活塞弹簧的作用下，制动主缸中的活塞和推杆回到初始位置，管路中的油液推开回油阀 22 流回制动主缸，制动作用消失。当前腔控制的回路发生故障时，前缸活塞不产生液压力，但在后缸活塞液力作用下，前缸活塞被推至最前端，后腔产生的液压力仍能制动；当后腔控制的回路发生故障时，后腔不产生液压力，但后缸活塞在推杆作用下前移，并与前缸活塞接触而推动前缸活塞前移，前腔仍能产生液压力使车轮制动。由此可见，当双回路液压制动系统中任何一套管路失效时，制动主缸仍能工作，只是所需的踏板行程增大而已。

（2）制动轮缸

制动轮缸的作用是将制动主缸输入的液压能转变为机械能，使制动器进入工作状态。制动轮缸有单活塞式和双活塞式两种。单活塞式制动轮缸主要用于双领蹄式和双从蹄式制动器，双活塞式制动轮缸应用较广，既可用于领从蹄式制动器，又可用于双向双领蹄式制动器及双向自增力式制动器。

双活塞式制动轮缸如图 20-15 所示。缸体 1 用螺栓固定在制动底板上。缸内有两个活塞 2，两个活塞之间的内腔由两个皮碗 3 密封，活塞外端的凸台孔内压有顶块 5，与制动蹄的上端抵紧，防护罩 6 用于防止尘土和水分进入，以免活塞与缸体锈蚀而卡死。缸体上方有放气阀，排放轮缸内的空气。

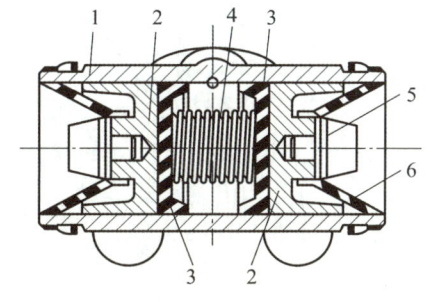

1—缸体；2—活塞；3—皮碗；
4—弹簧；5—顶块；6—防护罩；

图 20-15 双活塞制动轮缸结构示意图

（3）真空助力器

真空助力器是为了减轻驾驶员的疲劳而增设的机构，正常情况下，制动能量大部分由真空助力器提供，其装在制动踏板与制动主缸之间，利用发动机进气管的真空和大气间的压力差起助力作用。其主要由真空伺服气室和控制阀组成，结构如图 20-16（a）所示，其中，图 20-16（b）、（c）为控制阀部分放大图。真空伺服气室由前、后壳体 1 和 19 组成，两者之间的伺服气室膜片 20 将伺服气室分成前、后两腔。前腔与发动机进气歧管（即真空源）相通，外界空气经过滤环 11 和毛毡过滤环 14 滤清后进入后腔。

伺服气室膜片座 8 内有用于连通伺服气室前腔和控制阀腔的通道 A，以及用于连接伺服气室后腔和控制阀腔的通道 B。带有密封套的橡胶阀门与在膜片座 8 上加工出来的阀座组成真空阀 9，又与控制阀柱塞 18 的大气阀座组成空气阀 10。真空阀与空气阀组成控制阀，其结构图部分放大后如图 20-16（b）和图 20-16（c）所示。

真空助力器不工作时，如图20-16（b）所示，控制阀推杆12在推杆弹簧15的作用下，离开橡胶反作用盘7，处于右端极限位置，真空阀开启。橡胶阀门被阀门弹簧16压紧在大气阀座上，空气阀关闭。此时伺服气室的前后两腔相互连通，并与大气隔绝。在发动机工作时，前后两腔内都能产生一定的真空度。

20-14 真空助力器动画

制动时，踩下制动踏板，踏板力推动控制阀推杆12和控制阀柱塞18向前移动，在消除柱塞与橡胶反作用盘7之间的间隙后，如图20-16（c）所示，再继续推动制动主缸推杆2，主缸内的制动液以一定压力流入制动轮缸。与此同时，在阀门弹簧16的作用下，真空阀9也向前移动，直到压靠在膜片座8的阀座上，使通道A和B隔绝，也即伺服气室的前腔和后腔隔绝。进而空气阀开启，空气经过滤环11、毛毡过滤环14、空气阀的开口和通道B充入伺服气室后腔。随着空气的充入，伺服气室膜片20的两侧出现压力差而产生推力，此推力通过膜片座8、橡胶反作用盘7推动制动主缸推杆2向前移动。此时，制动主缸推杆上的作用力为踏板力和伺服气室反作用盘推力的总和，使制动主缸输出的压力成倍增长。

解除制动时，控制阀推杆弹簧15使控制阀推杆和空气阀向右移动，真空阀离开膜片座上的阀座而开启。伺服气室的前、后两腔相通。膜片座和膜片在回位弹簧的作用下回位，制动主缸解除制动作用。

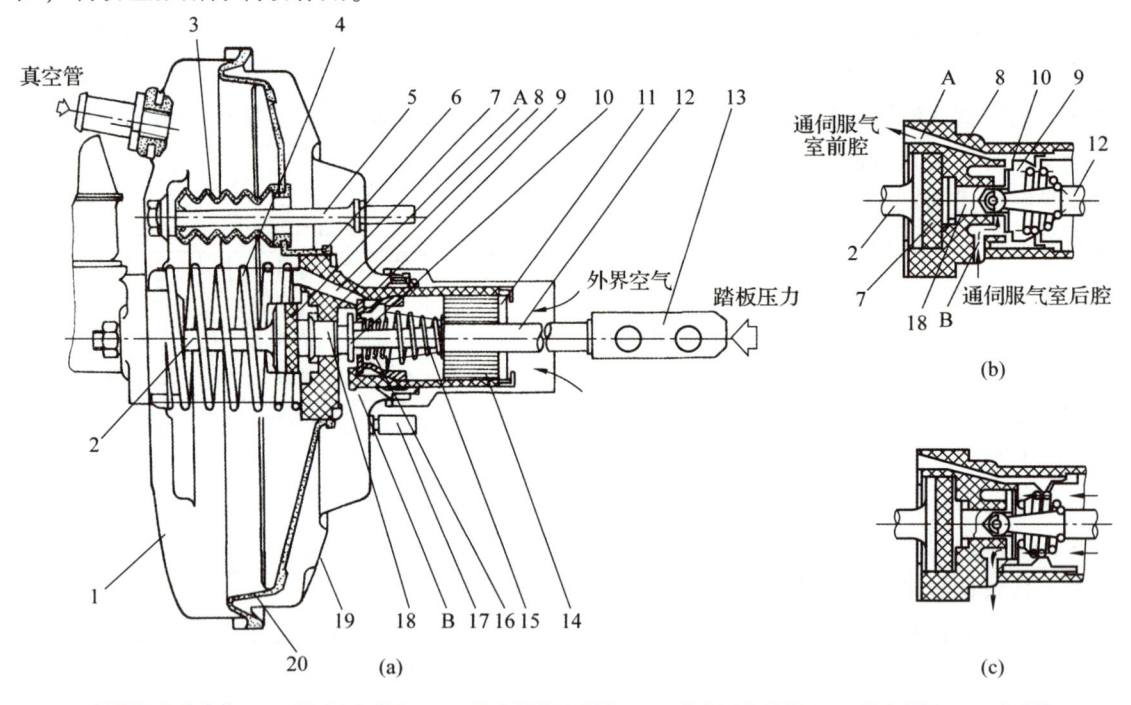

1—伺服气室前壳体；2—制动主缸推杆；3—导向螺栓密封套；4—膜片回位弹簧；5—导向螺栓；6—控制阀；7—橡胶反作用盘；8—伺服气室膜片座；9—真空阀；10—空气阀；11—过滤环；12—控制阀推杆；13—调整叉；14—毛毡过滤环；15—控制阀推杆弹簧；16—阀门弹簧；17—螺栓；18—控制阀柱塞；19—伺服气室后壳体；20—伺服气室膜片。

图20-16 真空助力器

三、气压制动系统

气压制动系统是发展最早的一种动力制动系统，其制动能源是空压机产生的压缩空气，驾驶员仅作为控制能源，而不是制动能源。驾驶员通过控制踏板的行程，调整气体压力的大小而获得不同强度的制动力。气压制动系统踏板行程较短，操纵轻便，制动力较大，但结构复杂，制动不如液压式柔和，一般在一些国产中型以上的载货汽车和大型客车上采用。气压制动系统的制动回路和液压制动系统的一样，一般采用双回路。

图 20-17 所示为解放 CA1091 型汽车的双回路气压制动系统示意图。空气压缩机 1 由发动机驱动，其中的压缩空气经单向阀 9 流入湿储气筒 4 （其上装有安全阀 5 和放气阀 3）进行冷却和油水分离，再分别经两个单向阀 9 进入储气筒 8 的前、后腔。前腔与串联双腔制动阀 14 的上腔相连，可向后制动气室充气；后腔与串联双腔制动阀 14 的下腔相连，可向前制动气室充气。

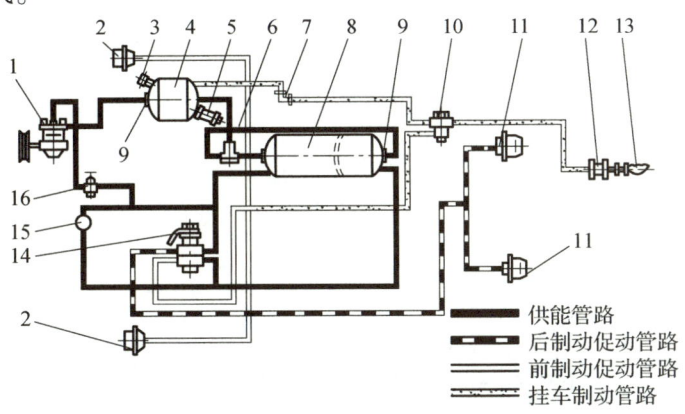

1—空气压缩机；2—前制动气室；3—放气阀；4—湿储气筒；5—安全阀；6—三通管；7—管接头；
8—储气筒；9—单向阀；10—挂车制动阀；11—后制动气室；12—分离开关；13—连接头；
14—串联双腔制动阀；15—气压表；16—气压调节器。

图 20-17　解放 CA1091 型汽车的双回路气压制动系统示意图

另外，储气筒两腔的气压都经三通管与双指针式的气压表 15 相连，气压表的上指针表示储气筒的前腔气压，下指针表示储气筒的后腔气压，储气筒的后腔还通过气管和单向阀 9 相连，当储气筒后腔气压增大到规定值时，单向阀便使空气压缩机空转而停止向储气筒供气。储气筒最高气压为 0.8 MPa。

制动时，踩下制动踏板，通过拉杆机构拉动控制阀使之工作，储气筒前后腔的压缩空气便通过制动控制阀的右腔和左腔进入前、后轮制动气室，制动器开始制动。当放松制动踏板时，制动阀使制动气室通大气以解除制动。制动气室内的气压越高，制动器产生的制动力矩越大。故为保证行车制动的渐进性，制动阀应具有随动作用，即保证制动气室压力与踏板行程成一定的递增函数关系。

第四节　制动力调节机构

汽车制动时，由制动力矩产生的阻碍汽车运动的制动力受轮胎与路面间的附着力限制。制动力一旦达到附着力的数值，车轮便抱死。若前轮抱死，汽车会失去转向能力；若后轮抱死，可能导致汽车甩尾甚至掉头，非常危险。所以，制动时首先要避免后轮抱死。比较理想的情况是前后轮同时抱死，其条件是前后轮制动力之比等于前后轮对路面垂直载荷之比。

制动力调节机构的作用是在汽车制动时，通过调节前后轮制动力的分配，在避免车轮

281

抱死的前提下，尽量充分地利用地面附着力，以获得最大的制动力，使汽车获得良好的制动效能和制动稳定性。

一、制动防抱死系统（ABS）

制动防抱死系统（Antilock Braking System，ABS）的作用是在汽车制动时防止车轮抱死，控制车轮的滑移率在最佳范围内（一般为10%~30%），避免制动时发生侧滑、甩尾、失去转向等现象，提高了制动的稳定性，减轻了轮胎磨损，同时，将制动力保持在最佳范围内，缩短了制动距离，使汽车制动更安全有效。

1. ABS 系统组成

ABS 制动防抱死系统是在普通制动系统的基础上加装车轮速度传感器、ABS 电控单元、制动压力调节装置等电子控制系统组成的，如图 20-18 所示。

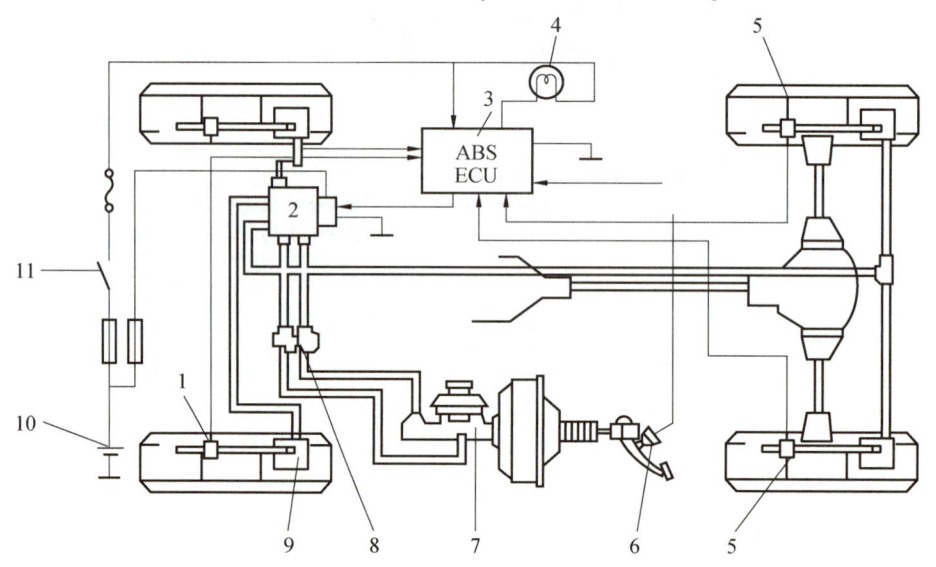

1—前轮速度传感器；2—制动压力调节器；3—ABS 电控单元；4—ABS 警告灯；5—后轮速度传感器；6—停车灯开关；7—制动主缸；8—比例分配阀；9—制动轮缸；10—蓄电池；11—点火开关。

图 20-18　ABS 组成及控制原理示意图

2. ABS 系统工作原理

在汽车制动过程中，轮速传感器不断监视着所有的车轮，将检测到的信号送给电子控制单元（ECU），ECU 根据传感器的信号及内部储存的信息进行处理，然后向执行器发出控制指令。执行器（制动压力调节器）根据指令，控制液压调节系统的压力，使车轮处于理想的运动状态。一旦某一车轮将要抱死，ABS 快速反应，迅速调整该车轮的制动压力，防止车轮抱死。一般制动过程分为常规制动过程、降压过程、保压过程、增压过程。

20-15 ABS 动画

当开始工作时，驾驶员踩下制动踏板，轮缸制动压力增加，ABS 未进入工作，此时属于常规制动过程；当轮速传感器检测到车轮有抱死趋势时，通过控制阀门，减小轮缸制动压力，此时属于降压过程；在降压过程中，检测到车轮的滑移率处于最佳范围，关闭阀门，保持轮缸压力不变，此时处于保压过程；当车轮的滑移率降低，不在最佳范围时，制动液重新补充进入轮缸，制动压力增加，使车轮的滑移率达到最佳状态，此过程属于增压过程。ABS 制动系统的制动就是在高频地进行增压、保压、减压的往复过程中完成的。

ABS 系统只在被控制车轮趋于抱死时，才会调节车轮的制动压力。在被控制车轮没抱死时，制动过程与常规制动系统的制动过程完全相同。

二、稳定性控制系统

稳定性控制系统有许多别名，最常用的是**电子稳定程序** ESP（Electronic Stabilty Program），也有 ESC（Electronic Stabilty System）、VSC（Vehicle Stability Control）等，其能改善汽车行驶性能，使其保持行驶稳定性。

电子稳定程序通常起到支援 ABS 及 ASR 的功能。它通过对从各传感器传来的车辆行驶状态信息进行分析，然后向 ABS、ASR 发出纠偏指令，来帮助车辆维持动态平衡。ESP 可以使车辆在各种状况下保持最佳的稳定性，在转向过度或转向不足的情形下效果更加明显，如图 20-19 和图 20-20 所示。

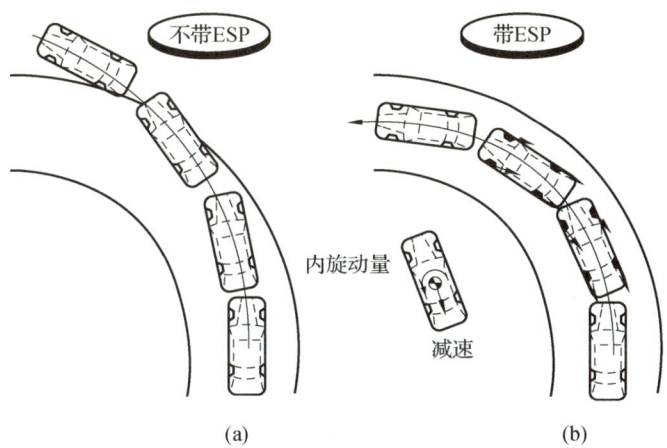

图 20-19 避免不足转向的原理
（a）不足转向；（b）ESP 避免不足转向

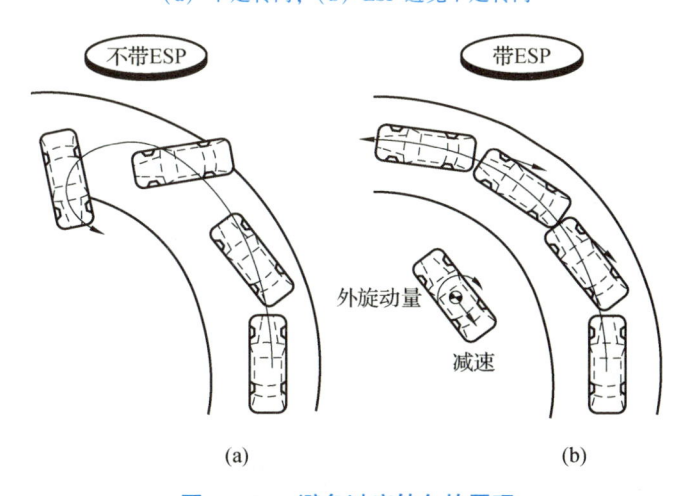

图 20-20 避免过度转向的原理
（a）过度转向；（b）ESP 避免过度转向

ESP 系统由控制单元及转向传感器（监测转向盘的转向角度）、车轮传感器（监测各个车轮的速度转动）、侧滑传感器（监测车体绕垂直轴线转动的状态）、横向加速度传感器（监测汽车转弯时的离心力）等组成。控制单元通过这些传感器的信号对车辆的运行状态进行判断，进而发出控制指令。

> **补充提示：**
>
> ASR（Anti slip regulation，驱动防滑）和 ABS 都有控制车轮打滑的作用，但 ABS 是防止制动时车轮抱死，在路面上滑移，而 ASR 则是防止驱动轮在路面上原地不动的滑转，两者控制车轮的滑动方向是相反的，但从控制车轮和路面的滑移率来看，二者采用了相同的技术。ASR 可独立设立，但多数轿车将 ASR 和 ABS 组合在一起，用 ASR/ABS 表示为防滑控制系统。ASR 的工作过程和 ABS 的类似，只是控制的不是制动轮缸的压力，而是改变反映驱动力大小的结构，如有的车辆通过控制电动机改变节气门的开度。ASR 系统又称为牵引力控制（Traction Control System，TCS）系统，其作用是防止汽车在起步、加速和在低附着系数的路面上行驶时驱动轮的滑转，以提高汽车的牵引性和操纵稳定性。

练习题

1. 制动系统由哪些装置组成？试以简图说明制动系统的一般工作原理。
2. 鼓式制动器有几种形式？说明各种结构的特点及其应用。
3. 常见的盘式制动器有几种形式？各具有什么特点？
4. 盘式制动器与鼓式制动器相比，具有哪些优缺点？
5. 简述真空助力式液压制动系统的原理。
6. ABS 制动防抱死系统有何作用？主要由哪些装置组成？其工作原理如何？

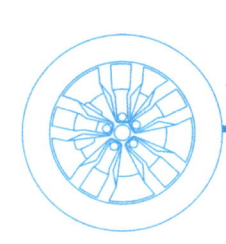

第二十一章 车身及附属设备

学习目标

本章主要介绍了车身及附属设备的组成、结构等。要求学生了解车身的分类和结构；了解汽车附属装置的组成、特点等。

重点难点

1. 车身的结构。
2. 安全防护装置。

第一节 汽车车身

一、车身功用

汽车车身既是驾驶员的工作场所，也是容纳乘客和货物的场所。其主要功用如下：
①为驾驶员提供良好的操作条件和舒适的工作场所。
②消除或减轻汽车行驶时的振动、噪声、废气及恶劣气候的影响。
③保证完好无损地运载货物且装卸方便。
④保证行车安全和减轻事故后果。
⑤车身合理的外部形状可以在行驶时有效引导周围的气流，提高汽车的动力性、经济性和行驶稳定性，改善发动机的冷却条件和驾驶室内的通风。

二、车身类型

车身壳体按照受力情况，可分为非承载式、半承载式和承载式（或称全承载式）三种。

非承载式车身通过橡胶软垫或弹簧与车架作柔性连接。车架是支承全车的基础，承受着在其上所安装的各个总成的各种载荷。车身只承受所装载的人员和货物的重量及惯性力，在车架设计时，不考虑车身对车架承载所起的辅助作用。

半承载式车身通过铆接、焊接等方法与车架刚性连接。车架是承受各个总成载荷的主要构件，车身在一定程度上有助于加固车架，分担车架所承受的一部分载荷。

承载式车身没有车架，车身就作为发动机和底盘各总成的安装基体，车身兼有车架的作用并承受全部载荷。

三、车身基本组成

车身是全体车身部件的安装基础，主要包括车身壳体、车门、车窗、车身外部装饰件和内部覆饰件、座椅及通风、暖气、空调装置等。在货车和专用汽车上还包括货箱和其他装备。

1. 车身壳体

为省去笨重的车架而使汽车轻量化，绝大多数轿车车身都采用承载式结构，车身是由外部覆盖件和内部板件焊合而成的空间结构。图 21-1 所示为捷达轿车的车身结构图。现代轿车承载式车身壳体前部都有副车架，在副车架上安装发动机、传动系统、前悬架和前轮，组合成便于装配和维修的整体。副车架与承载式车身前部的下方用弹簧橡胶垫连接，以隔离振动和冲击，提高车身的舒适性。

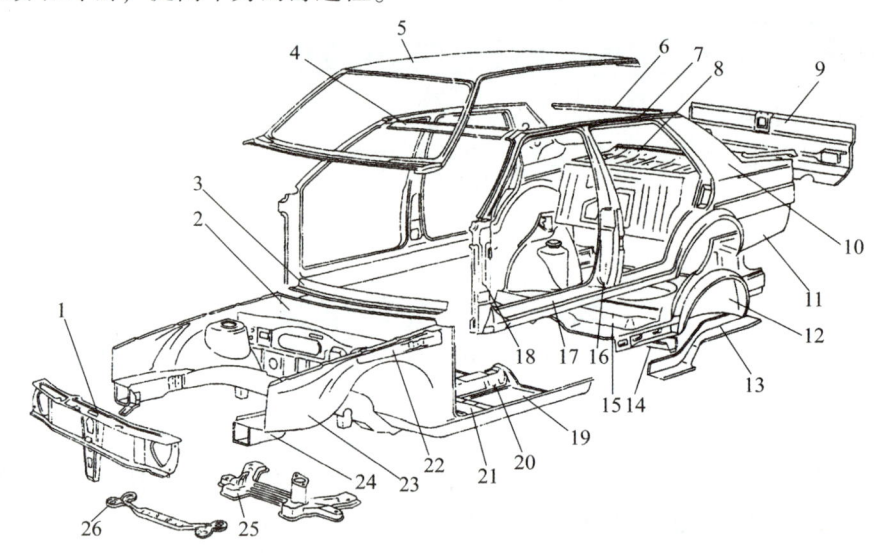

1—散热器框架；2—前围板；3—前风窗框下横梁；4—前风窗上横梁；5—顶盖；6—后风窗框上横梁；7—上边梁；8—后窗台板；9—后围板；10—后立柱（C柱）；11—后翼板；12—后轮罩；13—后纵梁；14—地板后横梁；15—后地板；16—中立柱（B柱）；17—门槛；18—前立柱（A柱）；19—前地板；20—地板通道；21—前座椅横梁；22—前挡泥板加强撑；23—前挡泥板；24—前纵梁；25—副车架；26—前横梁。

图 21-1 捷达轿车的车身壳体

绝大多数货车驾驶室都是非承载式结构，驾驶室没有明显的骨架，由外部覆盖件和内部板件焊合成壳体，通过 3 点或 4 点弹性悬置与车架连接，如图 21-2 所示。客车车身大都是箱式的，其骨架由许多钢件焊接成一个整体，如图 21-3 所示。

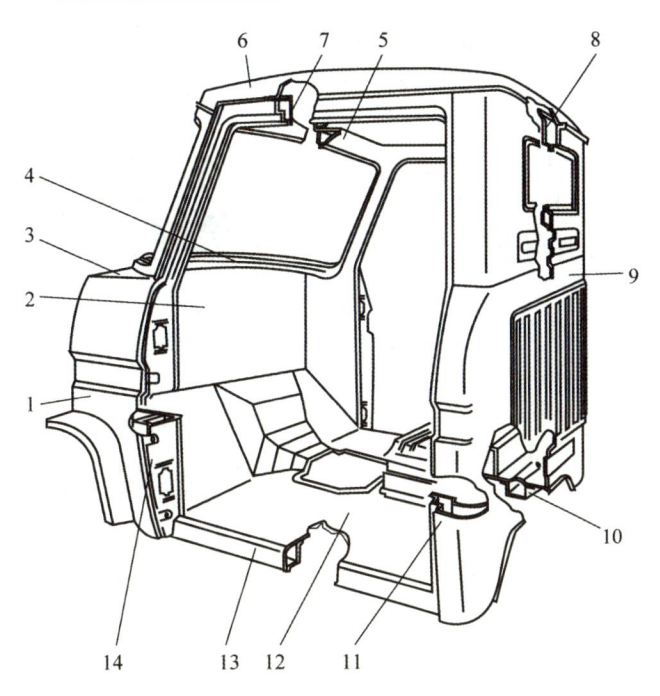

1—前围左侧盖板；2—前围板；3—前围上盖板；4—前风窗框下横梁；5—前风窗框上横梁；6—顶盖；7—上边梁；8—后围上横梁；9—后围板；10—地板后横梁；11—左后立柱；12—地板；13—左门槛；14—左前立柱。

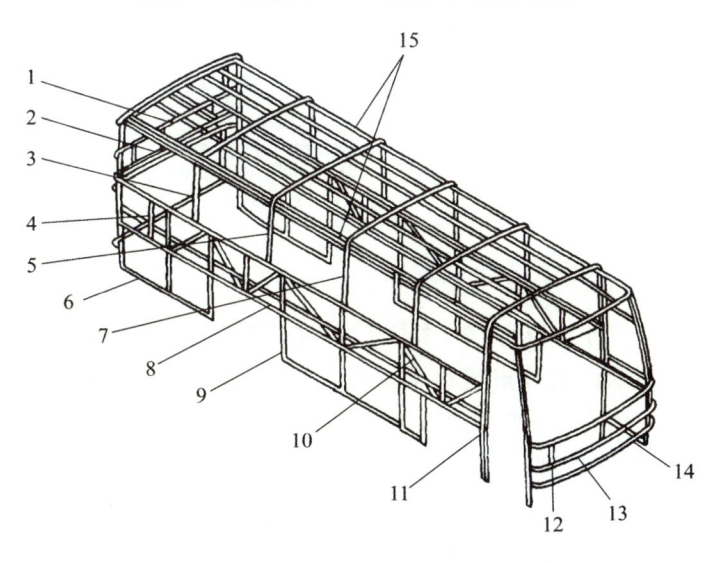

图 21-2　解放 CA1092 型货车驾驶室壳体

1—后围骨架；2—后围横梁；3—后围裙边横梁；4—侧围纵梁；5、7—侧围立柱；6—侧围裙边梁；8—侧围搁梁；9—裙立柱；10—斜撑；11—门柱；12—前围骨架；13—前围横梁；14—前围裙边梁；15—顶盖纵梁。

图 21-3　客车车身骨架

2. 车门、车窗

车门是车身的重要组成部件。按其开启方式，可分为顺开式、逆开式、水平滑移式、上掀式、折叠式和外摆式等。顺开式车门比较安全，汽车行驶中可借气流的压力关上车门，并方便驾驶员倒车时向后观察，故被广泛采用。逆开式车门比较危险，很少采用。当车身侧壁与障碍物距离较小时，水平移动式车门仍能全部开启，被广泛应用于微型客货两用车的中门。上掀式车门广泛用于轿车和轻微型客货车的后门。折叠式车门则被广泛应用于大、中型客车上。目前对于豪华型大客车，为方便乘客上下车，广泛采用外摆门。

如图21-4所示，车门主要由门外板3、门内板2、窗框等组成。门内板是各种附件安装基体，其上装有门铰链14、升降玻璃4及导轨、玻璃升降器手柄12、门锁8、车门开度限位器13等附件。有的汽车车门内还有冷气、暖气、遥控门锁和防盗车门报警传感器等。

汽车的前、后风窗通常采用有利于视野而又美观的曲面玻璃。为便于自然通风，某些汽车在车门上设有三角通风窗，三角通风窗可绕垂直轴旋转，窗的前部向车内转动而后部向车外转动，使空气在其附近形成涡流并绕车窗循环流动。

客车的侧窗可设计成上下开启式或水平移动式。具有完善的冷气、暖气、通风及空调设备的高级客车常常将侧窗设计成不可开启式，以提高车身的密封性。

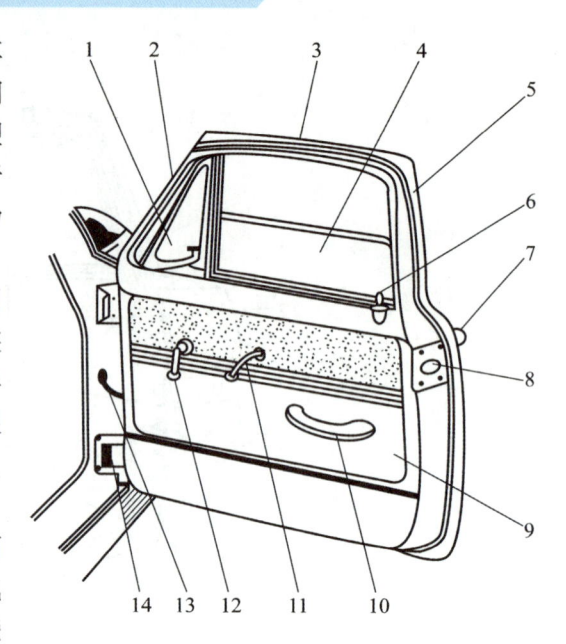

1—三角窗；2—门内板；3—门外板；4—升降玻璃；
5—密封条；6—内锁止按钮；7—门锁外手柄；
8—门锁；9—内护板；10—拉手；11—门锁内手柄；
12—玻璃升降手柄；13—限位器；14—门铰链。

图21-4　车门及其附件客车车身骨架

第二节　附属设备

一、汽车仪表、照明与信号装置

为保证行车安全，工作可靠，并使驾驶员随时掌握汽车及各系统的工作状况，现代汽车仪表板上装有各种指示仪表和报警指示装置。另外，汽车上装有各种照明和信号装置，用于照明道路、标示车辆宽度、照明车辆内部及仪表指示等。在转弯、制动、停车、倒车等工况下，还应发出光亮或音响信号，以警示行人和其他车辆。

1. 汽车仪表

车上常用的仪表有车速里程表、发动机转速表、机油压力表、燃油表、冷却液温度（水温）表等，它们通常与各种信号灯一起安装在仪表板上，称为组合仪表。

车速里程表由车速表和里程表两部分组成，车速表用来指示汽车瞬时行驶速度，里程表可记录汽车行驶的总里程和短程里程。车速里程表有磁感应式和电子式两种，车速表和里程表通常安装在同一个壳体中，由同一根轴驱动，或使用同一个传感器。

发动机转速表可以直观地指示发动机的转速，是发动机工况信息的指示装置，便于驾驶员选择发动机的最佳速度范围、把握好换挡时机，以及充分利用经济车速等。发动机转速表有机械式和电子式两种。机械式转速表的结构和工作原理与车速表的基本相同。电子式转速表由于结构简单、指示准确、安装方便等优点而在现代车辆中应用广泛。

机油压力表指示发动机润滑系统主油道中机油压力的大小，由油压指示表和油压传感器组成。常用的机油压力表为双金属式油压表。有的车上还装有机油压力报警灯，当压力低于正常值时，报警灯点亮，向驾驶员发出报警信号。一些车型的仪表板上没有机油压力表，采用油压指示系统监视润滑系统的机油压力。当油压过低或过高时，通过油压报警灯和蜂鸣器报警。

燃油表用来指示汽车燃油箱内的存油量。它由燃油指示表、油面高度传感器以及电源稳压器等组成。常用的燃油指示表有电热式、电磁式、电子集成式等不同形式。

水温表用来指示发动机冷却水套中冷却水的温度。它由安装在仪表板上的水温指示表、安装在发动机气缸盖上的水温传感器以及与燃油表共用的电源稳压器等组成。常用的水温表有电热式、电磁式和电子式三种形式，其中电热式水温表应用较多。

2. 照明装置

汽车上所采用的照明装置包括车外照明装置和车内照明装置两部分。车外照明装置包括前照灯、雾灯、尾灯、牌照灯等。车上使用的照明装置的数量、结构形式以及安装位置因车型而异。轿车常将示宽灯、前照灯和前雾灯组装在一起，称为组合前灯；将后转向灯、制动灯、尾灯、后雾灯和倒车灯等组装在一起，称为组合后灯。

车内照明装置包括顶灯、仪表灯、车门灯等。顶灯主要用于车内照明，灯光一般为白色。其通常由灯光总开关和顶灯开关共同控制，有的车辆顶灯还具有门灯的作用，当车门关闭不严时灯亮，提醒驾驶员注意。这时，顶灯还受门柱开关控制。

3. 信号装置

汽车信号装置的作用是通过声、光信号向其他车辆的驾驶员和行人发出有关车辆运行状况或状态的信息，以引起有关人员注意，确保车辆行驶安全。

汽车转向信号装置由转向信号灯、转向信号闪光器和转向信号灯开关等组成。转向信号灯分装在车身前端和后端的左、右两侧。由驾驶员在转向之前，开亮左侧或右侧的转向信号灯，以通知交通警察、行人和其他汽车上的驾驶员。为了在白天能引人注目，转向信号灯的亮度很强，在转向信号灯电路中装有转向信号闪光器，使转向信号灯光发生闪烁。

倒车信号装置由倒车信号灯、倒车信号灯开关及倒车报警器等组成。倒车信号灯和倒车报警器由倒车灯开关控制。倒车信号灯点亮的同时，倒车报警器的电喇叭也发出断续的声响或语言报警，以警告后车的驾驶员和行人。

二、风窗玻璃清洁装置

为了保证在各种使用条件下，驾驶室的风窗玻璃表面干净、清洁，汽车上都装有风窗玻璃刮水器和风窗玻璃洗涤器。

风窗刮水器的功用是刮去附着在风窗玻璃上的雨、雪及尘污，以保证驾驶员有良好的视线。现代汽车使用较多的是电动式刮水器。图21-5所示是电动刮水器的总成结构图。刮水器的左右刮水刷片1被刮水片臂2和8压在风窗玻璃外表面上，电动机4驱动蜗轮减速器5旋转，并通过驱动杆件6驱动刮水刷片做往复运动，从而刮刷风窗玻璃。

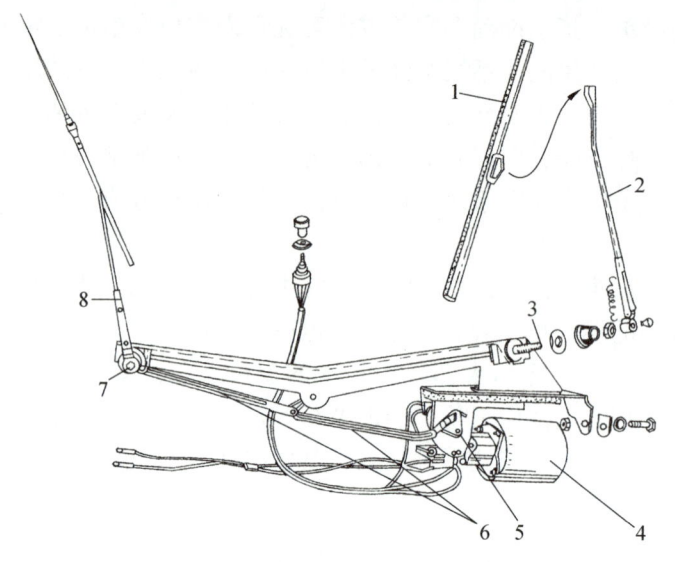

1—刮水刷片；2、8—刮水片臂；3、7—刮水片臂轴；4—电动机；5—涡轮减速器；6—驱动杆件。
图 21-5　电动刮水器的总成结构图图

风窗玻璃洗涤器的功用是将清洁的水或洗涤液喷射到风窗玻璃上，在刮水器的作用下，清除风窗玻璃上的尘土和污物，使驾驶员有良好的视野。

在较冷的季节，挡风玻璃上易结霜，另外，由于车厢内外温差较大，车厢内的水蒸气也易凝结在挡风玻璃上而结霜，从而影响驾驶员的视线。为此，汽车上还安装了风窗玻璃除霜装置。

另外，为防止驾驶员离开汽车后汽车被盗，汽车上都装有安全防盗装置。常用的防盗装置由转向锁、燃油切断装置、蓄电池接线柱断路装置、点火系统关断装置、各种电子报警器、各种外用机械防盗锁以及电子控制防盗系统等组成。

三、空气调节装置

车内空气调节装置包括通风、采暖、冷气、除霜及空气净化等，其作用是维持车内良好的环境，保证驾驶员和乘客的舒适性。该装置主要是空调系统，其对车厢内的空气进行制冷、加热、换气和空气净化，主要由制冷系统、供暖系统、通风和空气净化装置以及控制系统组成。

汽车室内通风分为自然通风和强制通风两种。自然通风是利用汽车行驶时的迎面气流，依靠车身上的进、出风口以及打开的侧窗、顶窗、车门上的升降玻璃和三角通风窗来实现。利用风机进行强制通风的方法比自然通风更有效，并可用过滤方法保证空气更加洁净。

四、座椅

汽车座椅是车身内部的重要装置，其作用是支撑人体，为司乘人员提供便于操作、舒适安全的驾驶、乘坐位置，如图 21-6 所示，应具备以下条件：

①整个车厢内座椅的布置应合理，特别是驾驶员座椅必须处在最佳位置。

②座椅的外形设计必须符合人体生理功能，在保证舒适性的前提下力求美观。

③座椅必须安全可靠，应有足够的强度、刚度与耐久性，结构紧凑，并尽可能地减少

质量。

④为满足司乘人员舒适性所设的各种调节机构，要有可靠的锁止装置，以确保安全。

汽车座椅按形状，可分为分开式座椅、长座椅；按功能，可分为固定式、可卸式、调节式；按乘坐人数，可分为单人、双人、多人椅。根据座椅的使用性能，从最早的固定式座椅，一直发展到多功能的动力调节座椅，有气垫座椅、电动座椅、立体音响座椅，直到电子调节座椅。还有一些特殊使用对象的座椅，如儿童座椅和赛车座椅等。

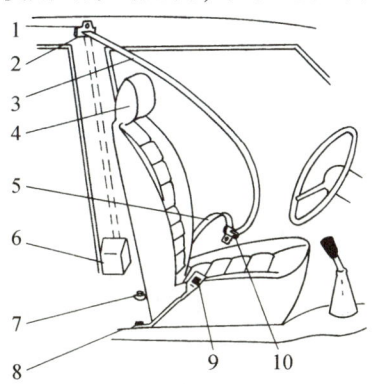

1—外侧上部固定点；2—导向板；3—肩带；4—头枕；5—腰带；6—收卷器；
7—外侧地板固定点；8—内侧地板固定点；9—锁扣；10—插板。

图 21-6　座椅三点式安全带及头枕

五、安全防护装置

随着汽车事故的增多，由此引起的人员伤亡、财产损失已成为不容忽视的问题。为此，汽车上广泛采用安全带、安全气囊以及各种缓冲装置来有效地减轻发生事故时人员伤亡和汽车的损坏程度。

1. 车外防护装置

车身壳体的正确结构使乘客舱具有较大的刚度，以便在碰撞时尽量减少变形，同时，使车身的头部、尾部等其他离乘员较远部位的刚度相对较小，在碰撞时产生较大的变形而吸收撞击能量。

汽车最前端和最后端都有保险杠，许多轿车左、右两侧还有纵贯前后的护条。保险杠和护条的安装高度应符合规定，以便汽车相撞时两车的保险杠或护条能首先接触。

汽车的其他外部构件主要有前翼板、前照灯、发动机罩、前轮、风窗玻璃等。这些构件不应尖锐和坚硬，最好是平滑又富有弹性。有些轿车的整个正面都用大块聚氨酯泡沫塑料制成，并将发动机罩顶面用软材料包垫，以提高安全性。

2. 车内防护装置

汽车碰撞时，其速度迅速下降，而车内乘员的身体由于惯性的作用仍以较大的速度向前冲，有可能撞到转向盘、仪表板、风窗玻璃上，引起伤亡。安全带和安全气囊是避免人体与上述构件相撞的两种常用的防护装置。

安全带：汽车上最常用的是三点式安全带，在座椅外侧和内侧的地板上各有一个固定点，第三个固定点位于座椅外侧支柱上方。安全带由斜跨前胸的肩带和绕过人体胯部的腰带两部分组成。

安全气囊：可以有效地减轻人员头部的受伤，与安全带一起对前排乘员提供有效的保护。近年来，为提高安全性，有些汽车还设置了侧面气囊系统。

头枕：是汽车后部受撞击时限制人的头部向后甩动的安全装置，头枕可降低颈椎受伤的可能性。

安全玻璃：汽车上广泛应用的安全玻璃有钢化玻璃和夹层玻璃两种。钢化玻璃受冲击损坏时，整块玻璃出现网状裂纹，脱落后分成许多无锐边的碎片。夹层玻璃受冲击损坏时，内外层玻璃碎片仍黏附在中间层上，中间层韧性较好，在承受撞击时吸收部分冲击能量，起缓冲作用。大量事故调查表明，夹层玻璃的安全性优于钢化玻璃。

另外，汽车的门锁与门铰链应有足够的强度，应避免车门开启乘员被甩出车外而受重伤或死亡的危险。此外，事故发生后车门仍能打开。车身内部一切可能受人体撞击的构件都不应有尖角、突棱或小圆弧过渡的形状，并且车身室内广泛采用软材料包垫。

补充提示：

目前市场上的座椅，大部分通过实体按键、屏幕触摸按键、手势、声音识别等方式来控制调节，有一座椅专利，其不需要依托任何人机交互操作界面，通过压力感应技术即可识别意图实现座椅自动调节。其通过配备座椅坐垫、靠背以及头枕上的压力传感器，收集驾乘人员各方向上的受力大小以及运动趋势方向的反馈，通过相应的算法判断乘客的调节意图，系统将信号发送给执行机构，实现座椅的前后及靠背角度的调节。该算法结合 AI 技术，可快速适应不同使用者的调节意图，提供贴心服务，增强人们的幸福感。

练习题

1. 试述非承载式与承载式车身特点。为什么轿车多数采用承载式结构？
2. 汽车仪表、照明与信号装置有哪些？
3. 试述车身壳体结构的安全防护措施。

第二篇 新能源汽车

第二十二章　新能源汽车基础

学习目标

本章介绍了新能源汽车的基本概念，要求学生了解发展新能源汽车的必要性，以及新能源汽车的定义、分类和关键技术。

重点难点

1. 新能源汽车的定义与分类。
2. 新能源汽车的关键技术。

在能源和环保的压力下，新能源电动汽车将成为未来汽车的发展方向。新能源汽车能优化资源分配，减轻传统能源负担，其发展是顺应能源结构改革的必然结果。另外，我国在电池、电动机、电控技术和资源上拥有优势，可以凭借大力发展新能源汽车，绕过发动机和变速箱这两座大山，在新能源汽车领域里实现弯道超车。

一、新能源汽车的定义

新能源汽车的定义随着科技的进步和实时政策的调整不断地更新。2009年工业和信息化部制定了《新能源汽车生产企业及产品准入管理规则》，规则中所称新能源汽车是指采用非常规的车用燃料作为动力来源（或使用常规的车用燃料，但采用新型车载动力装置），综合车辆的动力控制和驱动方面的先进技术，形成的技术原理先进、具有新技术、新结构的汽车。分类包括混合动力汽车、纯电动汽车（BEV，包括太阳能汽车）、燃料电池电动汽车（FCEV）、氢发动机汽车、其他新能源（如高效储能器、二甲醚）汽车等各类别产品。

2012年7月10日国务院印发的《节能与新能源汽车产业发展规划（2012—2020年）》一文中，继续沿用了新能源汽车这个名词，分类包括插电式混合动力汽车、纯电动汽车和燃料电池汽车，主要特征是采用新型动力系统，完全或主要依靠新型能源驱动汽车。非插电式混合动力汽车被列为节能汽车，节能汽车是指以内燃机为主要动力系统，综合工况燃料消耗量优于下一阶段目标值的汽车。

2016年10月20日我国工业和信息化部第26次部务会议审议通过的《新能源汽车生产企业及产品准入管理规定》中，再次明确了新能源汽车的定义。此规定所称新能源汽车，是指采用新型动力系统，完全或者主要依靠新型能源驱动的汽车，包括插电式混合动力（含增程式）汽车、纯电动汽车和燃料电池汽车等。

二、新能源汽车的发展

其实电动汽车算不上"新"能源汽车，因为在燃油汽车发明之前，电动汽车就已出现。美国人托马斯·达文波特于1834年制造出第一辆直流电动机驱动的电动车，其使用干电池作为车辆的动力源，不能充电，只能一次性使用。第一辆真正具有实际意义的纯电动汽车是由法国古斯塔夫·特鲁夫在1881年制造的可充电的电动汽车（图22-1），采用铅酸电池为动力，以直流电动机驱动。1900年费迪南德·保时捷在巴黎博览会上展出了一辆四轮驱动的电动汽车，四个车轮上均装有轮毂电动机，每次充满电可行驶80 km。20世纪初期，内燃机的发展让纯电动汽车退出市场。随着发动机技术发展、

图22-1 古斯塔夫·特鲁夫的三轮汽车

内燃机的发明以及生产技术的提高，燃油车在这一阶段形成了绝对的优势。大批量生产的福特T型车，加速了纯电动汽车的消失。

20世纪70年代的能源危机和石油短缺，人们又开始重视纯电动汽车。但此时电动汽车商业化缓慢，产品以技术验证为主。80年代至90年代，人们日益关注空气质量和温室效应所产生的影响，欧美国家开始实行更严格的排放法规，新能源汽车开始活跃起来。1994年，奔驰推出了世界上第一款氢燃料电池车NECARI，但高昂的造价成为阻碍氢燃料电池车量产销售的最大问题。阻碍电动车发展最大的问题就是电池技术发展滞后，传统汽车制造商在市场压力下，开始研发混合动力汽车，1997年，丰田公司推出了第一代普锐斯混合动力电动汽车，该车最高速度可达140 km/h，在日本此前采用的10~15工况下，燃油经济性为3.57 L/100 km，CO、HC和NO_x的排放水平相当于日本法规的1/10。

进入21世纪，电池技术有所突破，这一阶段电池密度提升，电动汽车的续航水平也在不断提升，电动机的动力表现已经不弱于一些低排量的燃油车。纯电动汽车、混合动力（插电式和增程式）电动汽车和燃料电池汽车得到进一步的发展。以特斯拉、蔚来、小鹏为代表的新能源造车新势力加速了新能源汽车的发展。比如2003年成立的美国特斯拉公司，创立至今在很短时间内就从一家小型初创电动汽车公司发展成为全球化车企。图22-2所示为汽车按动力系统电气化程度分类的发展历程。

图 22-2 按动力系统电气化程度的分类

（注：图示 Accord 为 2018 年之前的 PHEV 车型，2019 款 Accord PHEV 在全工况都可以纯电运行，可以归入纯电型）

纯电动汽车是新能源汽车技术发展的主要方向，在技术上，纯电动汽车呈现动力系统平台化、车身轻量化、车辆智能化等发展趋势，将进一步朝着机械、电子、信息技术高度集成的方向发展。

三、新能源汽车的分类

我国的新能源汽车主要包括纯电动汽车、混合动力电动汽车、燃料电池汽车等。由于新能源汽车主要是指电动汽车，本书就以介绍电动汽车为主要内容。

1. 纯电动汽车

纯电动汽车（Battery Electric Vehicle，BEV）是指完全由动力蓄电池（如铅酸蓄电池、镍镉蓄电池、镍氢蓄电池或锂离子蓄电池）提供动力的汽车。纯电动汽车完全由外接电源充电获得能量，当动力蓄电池能量耗尽时，汽车就不能继续行驶。

2. 混合动力电动汽车

混合动力电动汽车可以使用纯电动模式驱动车辆行驶，当电能不足时，起动发动机，车辆以混合模式行驶。混合动力电动汽车可分为插电式混合动力电动汽车（Plug-in Hybrid Vehicle，PHEV）和增程式电动汽车（Extended Range Electric Vehicles，EREV）。插电式混合动力电动汽车的特点是纯电动行驶里程较长，电池可通过外部电网充电，主要满足 60 km 内的燃油经济性最佳、城市内尾气排放最低。增程式电动汽车是一类电气化程度更高、更加接近纯电动的插电式混合动力汽车，也称纯电型 PHEV。当车载可充电储能系统无法满足续驶里程要求时，可打开车载辅助供电装置为动力系统提供电能，以延长续航行驶里程。

3. 燃料电池汽车

燃料电池汽车（Fuel Cell Vehicles，FCV）是以燃料电池系统作为单一动力源或者是以燃料电池系统与可充电储能系统作为混合动力源的电动汽车。以燃料电池系统作为单一动力源的电动汽车称为纯燃料电池电动汽车；以燃料电池系统与可充电储能系统作为混合动力源的电动汽车称为燃料电池混合动力电动汽车。

四、新能源汽车的关键技术

新能源汽车发展的关键技术主要包括动力电池技术、驱动电动机技术、整车电控技术、整车能量管理技术、燃料电池相关技术等。

1. 动力电池技术

电池是电动汽车的动力源，是电动汽车的核心技术之一，也是制约电动汽车发展的"瓶颈"因素。电池的安全性、比能量、能量密度、比功率和寿命等关键性能和电池成本直接影响新能源汽车的推广应用。因此，动力电池技术体系的突破是新能源汽车技术发展的重中之重。

2. 驱动电动机技术

驱动电动机是新能源汽车的核心部件，与新能源汽车动力性密切相关。围绕高效节能、安全舒适和轻量化的目标，提升驱动系统关键部件功率密度、效率等关键性能指标，开发出动力性能更优、更节能、更高效、更智能的驱动电动机，是支撑新能源汽车整车性能提升、实现产业电动化转型的关键。新能源汽车驱动电动机呈现小型化、轻量化、集成化、智能化的发展趋势。

3. 整车电控技术

整车电控系统是电动汽车的神经中枢，将电动机、电池和其他辅助系统连接在一起并加以控制，提高新能源汽车的安全性和稳定性。整车电控系统的电力驱动控制系统控制汽车在各类工况下的行驶速度、加速度和能量转换情况，直接影响汽车的行驶性能。

4. 整车能量管理技术

整车能量管理技术主要是提供汽车行驶中能量分配解决方案，协调各功能模块工作的能量管理，使有限的能量最大限度地被使用。纯电动汽车的能量管理系统对电池SOC、整车热流、回收再生制动能量等子系统进行协调管理，能够有效提高电动汽车的能量利用率，提升电动汽车的续航里程。混合动力电动汽车的整车能量控制系统的主要功能是进行整车功率控制和工作模式切换的控制，控制目标是根据驾驶员的操作，判断驾驶员的意图，在满足车辆动力性能的前提下，最优地分配电动机、发动机、动力电池等部件的功率输出，实现能量的最优分配，提高车辆的燃油经济性和排放性能。

5. 燃料电池相关技术

燃料电池相关技术是燃料电池电动汽车发展的最关键技术之一。车用燃料电池系统的核心是燃料电池堆。燃料电池堆研究正在向高性能、高效率和高耐久方向发展。氢燃料作为最常见的燃料，其制取、储存、运输也是重中之重。

> **补充提示：**
> 2020年11月2日，国务院办公厅印发《新能源汽车产业发展规划（2021—2035）》，以习近平新时代中国特色社会主义思想为指引，坚持创新、协调、绿色、开放、共享的发展理念，以深化供给侧结构性改革为主线，坚持电动化、网联化、智能化发展方向，深入实施发展新能源汽车国家战略，以融合创新为重点，突破关键核心技术，提升产业基础能力，构建新型产业生态，完善基础设施体系，优化产业发展环境，推动我国新能源汽车产业高质量可持续发展，加快建设汽车强国。

练习题

1. 什么是新能源汽车？新能源汽车的类别有哪些？
2. 为什么要大力发展新能源汽车？
3. 简述新能源汽车的关键技术。

第二十三章 纯电动汽车

学习目标

本章介绍了纯电动汽车的特点、分类以及结构原理等，要求学生掌握纯电动汽车的组成与工作原理，了解电动汽车驱动系统的布置方案以及关键技术。

重点难点

1. 纯电动汽车的特点与分类。
2. 纯电动汽车的组成、工作原理以及驱动布置方案。
3. 纯电动汽车的关键技术。

第一节 概述

一、定义

纯电动汽车是指由电动机驱动的汽车，电动机的驱动电能来源于车载可充电蓄电池或其他能量储存装置。 纯电动汽车的电动机相当于内燃机汽车的发动机，蓄电池或其他能量储存装置相当于内燃机汽车油箱中的燃料。目前，纯电动汽车是发展最快的新能源汽车，也是新能源汽车发展的重点。

二、特点

纯电动汽车与内燃机汽车相比，具有以下优点：

①零排放。纯电动汽车使用电能，在行驶中无排放，不污染环境。

②能源效率高。特别是在城市中运行时，汽车走走停停，行驶速度不高，电动汽车更加适宜。电动汽车停止时不消耗电量，在制动过程中，电动机可自动转化为发电机，实现

制动减速时能量的再利用。

③动力性好。电动汽车在驾驶中无丝毫换挡引起的顿挫，电动机响应迅速，低转速扭矩大。电动机最大的特点就是在起步的时候就可以输出接近最大的输出扭矩。

④噪声低。电动汽车没有传统汽车内燃机产生的噪声，电动机噪声也较小。

但是，与内燃机汽车相比，纯电动汽车主要有以下缺点：续驶里程较短，受季节温度影响较大，配套不完善，安全性较差。随着电动汽车技术的突破，特别是动力蓄电池容量和循环寿命的提高，以及价格的降低，电动汽车的推广使用一定会得到大的发展。

三、分类

1. 按驱动形式分类

按动力驱动控制系统结构形式不同，纯电动汽车主要分为以下几类：
①直流电动机驱动。
②交流电动机驱动。
③双电动机驱动。
④轮毂电动机驱动。

2. 按电池类型分类

按使用电池类型不同，纯电动汽车可分为以下几类：
①铅酸蓄电池。
②镍氢电池。
③锂离子电池。
④燃料电池。

第二节　结构与工作原理

一、结构组成

纯电动汽车与内燃机汽车相比，取消了发动机，底盘上的传动机构发生了改变，根据驱动方式不同，有些部件已被简化或省去，增加了电源系统和驱动电动机系统等。

典型纯电动汽车组成如图 23-1 所示，主要包括电源系统、驱动电动机系统、整车控制器和辅助系统等。动力电池输出电能，通过电动机控制器驱动电动机运转产生动力，再通过减速机构将动力传给驱动车轮，使电动汽车行驶。

23-1 电动汽车结构

1. 电源系统

电源系统主要包括动力电池、电池管理系统、车载充电机及辅助动力源等。

①动力电池。动力电池是电动汽车的动力源，是能量的存储装置，也是目前制约电动汽车发展的关键因素，要使电动汽车与内燃机汽车相竞争，关键是开发出比能量高、比功率大、使用寿命长、成本低的动力电池。目前纯电动汽车以锂离子蓄电池为主。

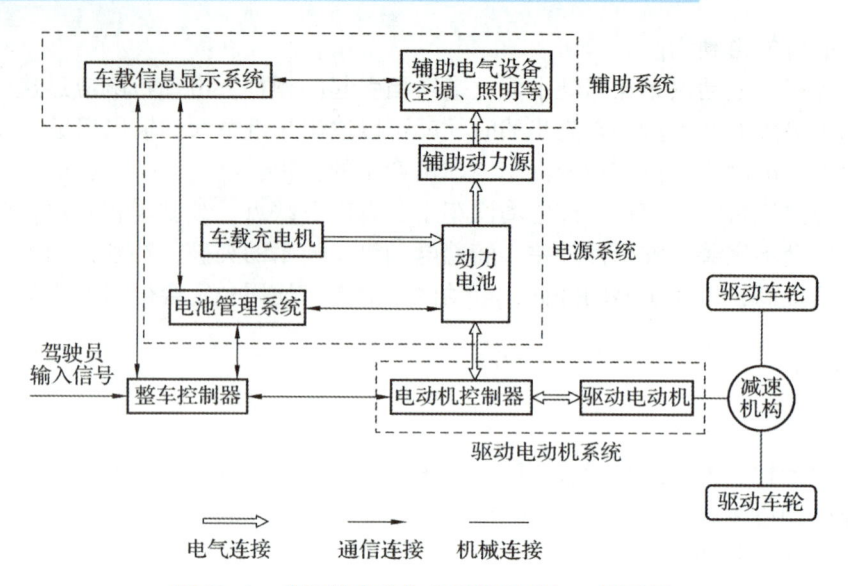

图 23-1 典型纯电动汽车系统组成与工作原理

②电池管理系统。电池管理系统实时监控动力电池的使用情况，对动力电池的端电压、内阻、温度、电解液浓度、当前电池剩余电量、放电时间、放电电流或放电深度等动力蓄电池状态参数进行检测，并按动力电池对环境温度的要求进行调温控制，通过限流控制来避免动力电池过充、放电，对有关参数进行显示和报警。

③车载充电机。车载充电机是把电网供电制式转换为对动力电池充电要求的制式，即把交流电转换为相应电压的直流电，并按要求控制其充电电流。

④辅助动力源。辅助动力源一般为 12 V 或 24 V 的直流低压电源，它主要给动力转向、制动力调节控制、照明、空调、电动门窗等各种辅助用电装置提供所需的能源。

2. 驱动电动机系统

驱动电动机系统主要包括电动机控制器和驱动电动机。

①电动机控制器按照整车控制器的指令、驱动电动机的转速和电流反馈信号等，对驱动电动机的转速、转矩和旋转方向进行控制。

②电动机在纯电动汽车中承担着驱动和发电的双重功能，即在正常行驶时发挥其主要的驱动功能，将电能转化为机械旋转能；而在减速和下坡滑行时进行发电，承担发电机功能，将车轮的惯性动能转换为电能。

3. 整车控制器

整车控制器根据驾驶员输入的加速踏板和制动踏板的信号，向电动机控制器发出相应的控制指令，对电动机进行启动、加速、减速、制动控制。在纯电动汽车减速和下坡滑行时，整车控制器配合电源系统的电池管理系统进行发电回馈，使动力蓄电池反向充电。整车控制器还对动力蓄电池充放电过程进行控制，对于与汽车行驶状况有关的速度、功率、电压、电流及有关故障诊断等信息，还需传输到车载信息显示系统。

4. 辅助系统

辅助系统包括车载信息显示系统、动力转向系统、导航系统、空调、照明及除霜装置、刮水器和收音机等，借助这些辅助设备来提高汽车的操纵性和乘员的舒适性。

与传统燃油汽车不同，纯电动汽车取消了变速器，电动机的转速变化通过电子控制器来调节，然后通过减速器和差速器直接传递到前轴或后轴上。纯电动汽车没有发动机的真空力量作为制动助力，因此采用专门的电动真空泵向真空制动助力器补充真空。纯电动汽车的制动系统还有制动能量回收功能，用来回收汽车下坡或制动时的动能。

二、工作原理及工作模式

1. 工作原理

纯电动汽车工作时，整车控制器根据驾驶员输入的加速踏板和制动踏板信号，向电动机控制器发出相应的控制指令，对电动机进行启动、加速、减速、制动控制等。

当电动汽车行驶时，储存在动力蓄电池中的电能通过电动机控制器输送给驱动电动机，驱动电动机通过减速机构将电能高效地转化为驱动车轮的动能，使车轮转动，驱动汽车起步、行驶、加速。

当汽车制动减速或下坡滑行时，动力蓄电池停止向电动机供电，驱动轮反过来作用于电动机，经控制器将车轮的动能转化为电能充入蓄电池，进行制动能量回收。

2. 工作模式

纯电动汽车有三种工作模式，即电动驱动模式、再生制动模式、外部充电模式。

（1）电动驱动模式

纯电动车辆电动驱动单元的配置与完全混合动力车辆的配置完全相同，高压蓄电池向动力驱动电子元件供能，动力电子元件将直流电压转变成交流电压来驱动电动机工作。

（2）再生制动模式

电动车在制动或下坡时，电动机作为交流发电机，部分动能通过其转化成电能，并对高压蓄电池充电。

（3）外部充电模式

高压蓄电池通过车辆上的充电触点进行充电。当连接外部充电电源时，车辆将按照设定值自动充电。如果充电过程中使用用电设备，它们将由充电电压供电。

第三节　驱动系统的布置方案

纯电动汽车驱动系统布置形式是指驱动轮数量、位置以及驱动电动机系统布置的形式。 电动汽车的驱动系统是电动汽车的核心部分，其性能决定着电动汽车行驶性能的好坏。驱动系统布置取决于电动机驱动方式，主要有后轮驱动、前轮驱动和四轮驱动。

一、后轮驱动方式

后轮驱动方式是传统的布置方式，适合中高级电动轿车和各种类型电动客货车，有利于车轴负荷分配均匀，汽车操纵稳定性、行驶平顺性较好。

后轮驱动方式主要有传统后驱动布置形式、电动机-驱动桥组合后驱动布置形式、电动机-变速器一体化后驱动布置形式、双电动机整体后驱动布置形式、轮边电动机后驱动布置形式、轮毂电动机后驱动布置形式等。

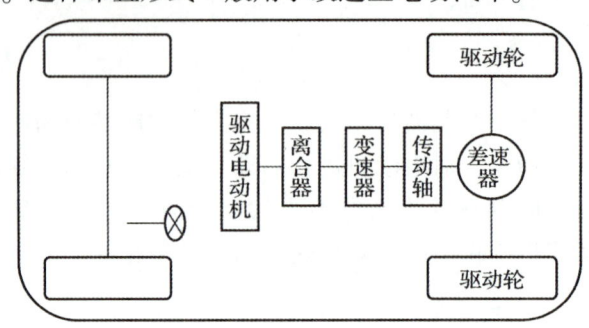

1. 传统后驱动布置形式

传统后驱动布置形式如图23-2所示。它与传统内燃机汽车后轮驱动系统的布置方式基本一致，带有离合器、变速器和传动轴，驱动桥与内燃机汽车驱动桥一样，只是将发动机换成电动机。变速器通常有2~3个挡位，可以提高电动汽车的启动转矩，增加低速时电动汽车的后备功率。这种布置形式一般用于改造型电动汽车。

图23-2 传统后驱动布置形式

2. 电动机-驱动桥组合后驱动布置形式

电动机-驱动桥组合后驱动布置形式如图23-3所示。它取消了离合器、变速器和传动轴，但具有减速差速机构，把驱动电动机、固定速比的减速器和差速器集成为一个整体，通过两个半轴来驱动车轮。

此种布置形式的整个传动长度比较短，传动装置体积小，占用空间小，容易布置，可以进一步降低整车的重量；但对电动机的要求较高，不仅要求电动机具有较高的起动转矩，而且要求具有较大的后备功率，以保证电动汽车的起动、爬坡、加速超车等动力性。一般低速电动汽车采用这种布置形式。

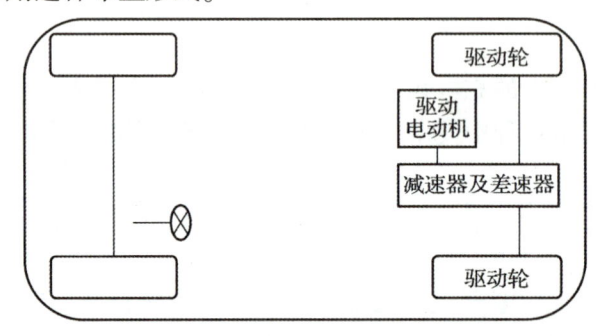

图23-3 电动机-驱动桥组合后驱动布置形式

3. 电动机-变速器一体化后驱动布置形式

电动机-变速器一体化后驱动布置形式如图23-4所示。相比于单一的电动机驱动系统，一体化驱动系统可以综合协调控制电动机和变速器，最大限度地改善电动机输出动力特性，增大电动机转矩输出范围，在提升电动汽车的动力性的同时，使电动机最大限度地工作在高效经济区域内。变速器一般采用2挡自动变速器。

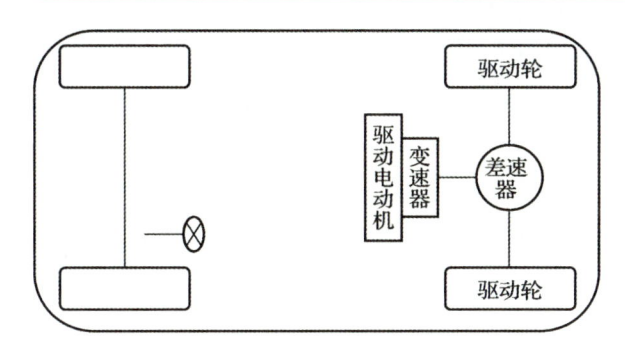

图 23-4　电动机-变速器一体化后驱动布置形式

4. 双电动机整体后驱动布置形式

双电动机整体后轮驱动布置形式如图 23-5 所示。此种布置形式取消了差速器，采用两个电动机，通过固定速比的减速器分别驱动两个车轮，每个电动机的转速可单独调节，通过电子差速器来解决左、右半轴的差速问题，使电动汽车更加灵活，在复杂的路况下可以获得更好的整车动力性能，提高了传动效率，传动系统体积小。但这种布置方式对电动机有较高的要求，要求有较大的起动转矩和后备功率，有较高的控制精度、良好的可靠性等，从而保证电动汽车安全、平稳地行驶。

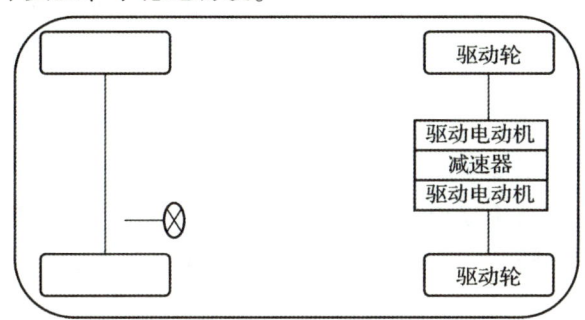

图 23-5　双电动机整体后驱动布置形式

5. 轮边电动机后驱动布置形式

轮边电动机后驱动布置形式如图 23-6 所示。轮边电动机与减速器集成后融入驱动桥上，采用刚性连接，减少高压电器数量和动力传输线路长度，优化后的驱动系统可降低车身高度、提高承载量、提升有效空间。轮边电动机后驱动布置形式可用于电动客车。

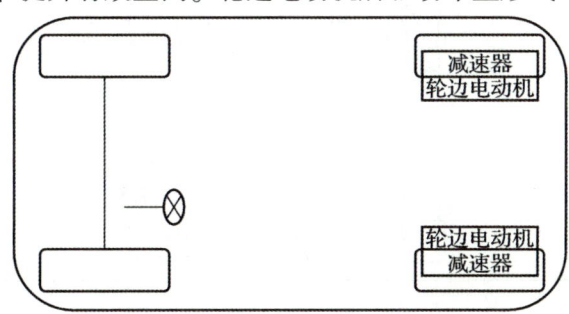

图 23-6　轮边电动机后驱动布置形式

6. 轮毂电动机后驱动布置形式

轮毂电动机后驱动布置形式如图 23-7 所示。轮毂电动机直接安装在车轮上，此时轮毂是电动机的转子，羊角轴承座是定子。

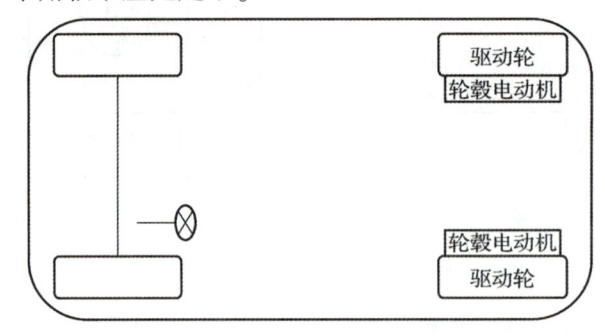

图 23-7 轮毂电动机后驱动布置形式

轮毂电动机后驱动的纯电动汽车，大大减少了零部件数量和动力系统的体积，让车辆的动力系统变得更加简单且传动效率更高。根据实际需要，可以在车辆上灵活地布置电池组。从另一个方面来看，在满足目前空间需求的前提下，使用轮毂电动机驱动的车辆在体积上可以变得更加小巧，这将改善城市中的拥堵和停车等问题。同时，独立的轮毂电动机在驱动车辆方面灵活性更高，能够实现传统车辆难以实现的功能和驾驶特性。

二、前轮驱动方式

前轮驱动纯电动汽车结构紧凑，有利于其他总成的安排，在转向和加速时行驶稳定性较好；前轮驱动兼转向，结构复杂，上坡时前轮附着力减小，易打滑。前轮驱动方式适用于中级及中级以下的电动轿车。前轮驱动方式的布置形式基本和后轮驱动类似。

三、四轮驱动方式

四轮驱动适合要求动力性强的电动轿车或城市 SUV，与四轮驱动内燃机汽车相比，四轮驱动纯电动汽车能够取消部分传动零件，提高空间的利用率和动力的传递效率。

四轮驱动方式主要采用轮边电动机或轮毂电动机方式。轮边电动机四轮驱动布置形式如图 23-8（a）所示，轮毂电动机四轮驱动布置形式如图 23-8（b）所示。

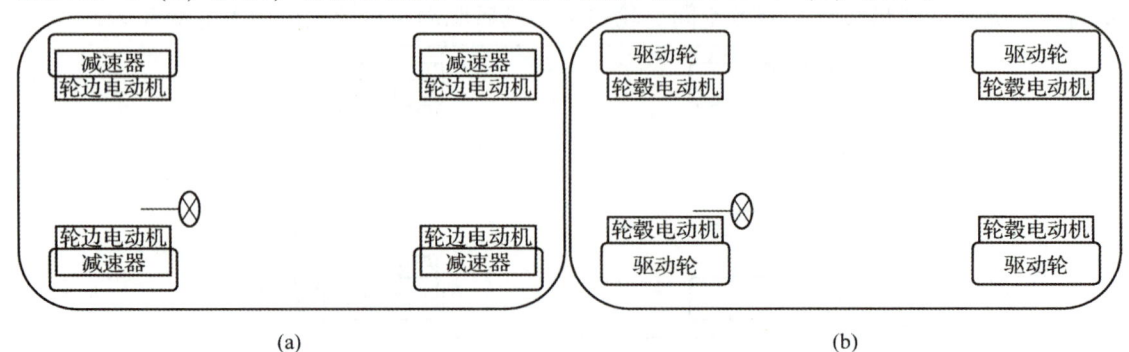

图 23-8 四轮驱动布置形式
(a) 轮边电动机四轮驱动布置形式；(b) 轮毂电动机四轮驱动布置形式

电动机四轮驱动可以极大地节省空间，并且每个车轮都是一个独立的动力单元，因此能够实现对每一个车轮进行精准的转矩分配，反应更快、更直接，效率更高，这是目前传统四轮驱动汽车无法做到的。轮边电动机和轮毂电动机驱动布置形式是纯电动汽车驱动系统布置形式的发展趋势。随着电动机技术和变速技术的发展，会有更多种驱动系统布置形式出现。电动汽车驱动系统布置的原则是简单、节省空间、效率高。

第四节　电动汽车的关键技术

一、动力电池

电池是纯电动汽车的动力源，是能量的存储装置，也是目前制约纯电动汽车发展的关键因素。 纯电动汽车对动力电池的要求是比能量高、比功率大、充放电效率高、相对稳定性好、使用成本低、安全性好等。电动汽车上常用的动力电池主要有镍氢电池和锂离子电池等，下面以其为例简要说明。

1. 镍氢电池

镍氢电池是 20 世纪 90 年代发展起来的一种新型碱性蓄电池，具有比能量高、功率大、可循环充放电、安全可靠等优点，比能量比铅酸电池的大 1 倍，其他性能也优于铅酸电池，由于不存在重金属污染问题，被称为"绿色电池"。 目前，如丰田等公司仍然把镍氢电池作为混合动力电动汽车电池的首选。

镍氢电池是将物质的化学反应产生的能量直接转换为电能的一种装置，由镍氢化合物正电极、储氢合金负电极及碱性电解液组成，其结构如图 23-9 所示。镍氢电池主要由正极、负极、极板、分离层、电解液、安全阀、绝缘膜、外壳等组成，其外形主要有方形和圆柱形。镍氢电池正极是活性物质氢氧化镍，负极是储氢合金，用氢氧化钾作为电解质，在正、负极板间有分离层，共同组成镍氢单体电池。在金属铂的催化作用下，完成充电和放电的可逆反应。

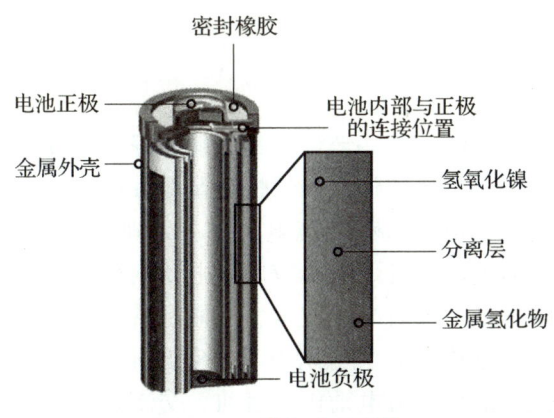

图 23-9　镍氢电池结构

2. 锂离子电池

锂离子电池是 1990 年由日本索尼公司首先推向市场的新型高能蓄电池，是目前新一代的充电电池。与其他电池相比，**锂离子电池具有电压高、比能量高、充放电寿命长、无**

记忆效应、无污染、快速充电、自放电率低、安全可靠等优点，已成为未来电动汽车较理想的动力电源。目前，纯电动汽车上应用的储能装置主要是锂离子电池。

锂离子电池由正极、负极、隔板、电解液和安全阀等组成，其外形主要有方形和圆柱形，其中圆柱形结构如图 23-10 所示。锂离子电池正极材料采用锂化合物，负极采用锂-碳层间化合物，电解液为有机溶液。

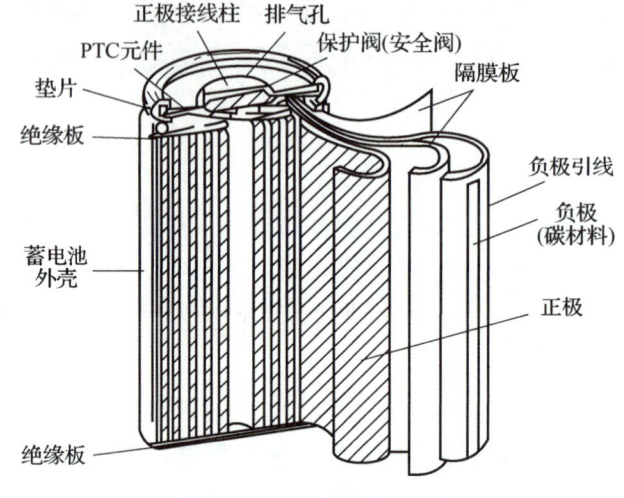

23-2 锂离子电池工作原理

图 23-10 锂离子电池结构

电池在充电时，锂离子从正极材料的晶格中脱出，通过电解质溶液和隔膜，嵌入负极中；放电时，锂离子从负极脱出，通过电解质溶液和隔膜，嵌入正极材料晶格中。在整个充放电过程中，锂离子往返于正负极之间。

电动汽车锂离子电池的基本单元是单体电池，按使用要求组合成不同电压和不同电量的锂离子电池总成。锂离子电池总成是指由一个或若干个锂离子电池模块、电路设备（保护电路、锂离子电池管理系统、电路和通信接口）等组成的，用来为用电装置提供电能的电源系统。

二、驱动电动机

1. 车用电动机概述

电动机是电动汽车驱动系统的核心部件，其性能的好坏直接影响电动汽车驱动系统的性能，特别是影响电动汽车的最高车速、加速性能及爬坡性能等。

电动汽车经常采用的驱动电动机有直流电动机、无刷直流电动机、交流异步电动机、永磁同步电动机、开关磁阻电动机等。最早应用于电动汽车的是直流电动机，这种电动机的特点是控制性能好、成本低。随着电子技术、机械制造技术和自动控制技术的发展，交流异步电动机、永磁同步电动机和开关磁阻电动机表现出比直流电动机更加优越的性能，这些类型的电动机正在逐步取代直流电动机。目前，交流异步电动机与永磁同步电动机主要应用在乘用车领域，开关磁阻电动机则主要应用于商用车。表 23-1 是电动汽车常用驱动电动机的性能比较。

表 23-1　常用驱动电动机性能比较

项目	直流电动机	交流异步电动机	永磁同步电动机	开关磁阻电动机
功率密度	低	中	高	较高
功率因数/%		82~85	90~93	60~65
负荷效率/%	80~87	90~92	85~97	78~86
过载能力/%	200	300~500	300	300~500
峰值效率/%	85~89	90~95	95~97	80~90
结构坚固性	差	好	一般	优秀
转速范围/(r·min^{-1})	4 000~6 000	12 000~15 000	4 000~10 000	>15 000
过载系数	2	3~5	3	3~5
可靠性	一般	好	优秀	好
体积	大	中	小	小
调速控制性能	很好	中	好	好
控制操作性能	最好	好	好	好
电动机重量	重	中	轻	轻

2. 常用电动机结构原理分析

（1）交流异步电动机

交流异步电动机主要由定子和转子两大部分组成，定子和转子之间存在气隙。具体结构如图 23-11 所示。

定子主要由铁芯、绕组、机座组成。定子铁芯一般由硅钢片冲制叠压而成，在铁芯的内圆冲有均匀分布的槽，用于嵌放定子绕组；绕组的作用是通入三相交流电，产生旋转磁场；机座固定定子铁芯，与前后端盖共同支撑转子，并起防护、散热等作用。

23-3 交流异步电动机图片

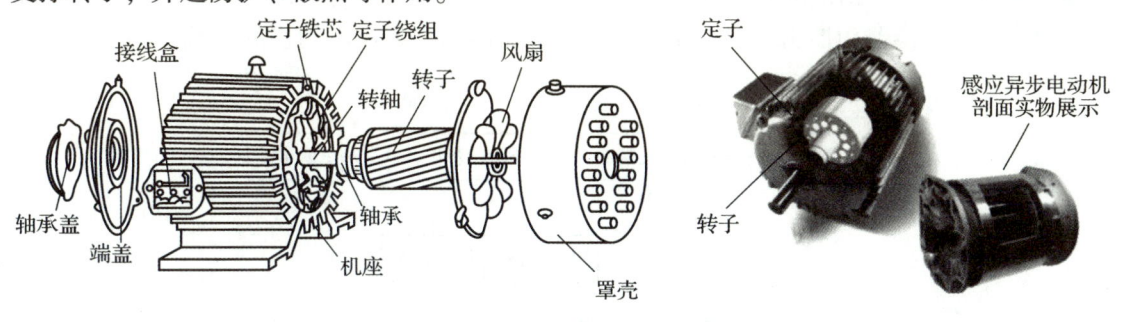

图 23-11　三相异步电动机结构

转子主要由铁芯、绕组、转轴组成。转子铁芯是电动机磁路的一部分，放置转子绕组，转子绕组切割定子磁场，产生感应电动势和电流，并在旋转磁场的作用下受力使转子转动，多数转子绕组采用鼠笼式结构；转轴用于传递转矩及支撑转子的重量。

异步电动机工作时，通过定子产生的旋转磁场与转子绕组的相对运动，转子绕组切割磁感线产生感应电动势，从而使转子绕组中产生感应电流。转子绕组中的感应电流与磁场作用，产生电磁转矩，使转子旋转。旋转过程中，转子的转速总是小于旋转磁场的速度，故称之为异步电动机。

(2) 永磁同步电动机

永磁同步电动机主要由转子、端盖及定子等各部件组成。永磁同步电动机的定子结构与普通的感应电动机的结构非常相似，转子结构与异步电动机的最大不同是在转子上放有高质量的永磁体磁极，根据在转子上安放永磁体的位置不同，永磁同步电动机通常分为表面式转子结构和内置式转子结构。永磁同步电动机结构如图23-12所示。

永磁同步电动机的起动和运行是由定子绕组、转子鼠笼绕组和永磁体这三者产生的磁场相互作用而形成的。电动机静止时，给定子绕组通入三相对称电流，产生定子旋转磁场，定子旋转磁场相对于转子旋转，在笼型绕组内产生电流，形成转子旋转磁场，定子旋转磁场与转子旋转磁场相互作用产生的异步转矩使转子由静止开始加速转动。当转子加速到速度接近同步转速的时候，定子旋转磁场速度稍大于转子永磁磁场，它们相互作用产生转矩将转子牵入同步运行状态。此时转子绕组内不再产生电流，只有永磁体产生磁场，与定子旋转磁场相互作用，产生驱动转矩。

23-4 永磁同步电动机图片

图23-12 永磁同步电动机结构

由此可知，永磁同步电动机是靠转子绕组的异步转矩实现起动的。起动完成后，转子绕组不再起作用，由永磁体和定子绕组产生的磁场相互作用产生驱动转矩。

(3) 开关磁阻电动机

开关磁阻电动机是一种新型调速电动机，是继变频调速系统、无刷直流电动机调速系统之后的最新一代调速系统。它的结构简单坚固，调速范围宽，系统可靠性高。完整系统主要由电动机实体、功率变换器、控制器与位置检测器等部分组成。控制器内包含功率变换器和控制电路，而转子位置检测器则安装在电动机的一端。结构框图如图23-13所示。

23-5 开关磁阻电动机图片

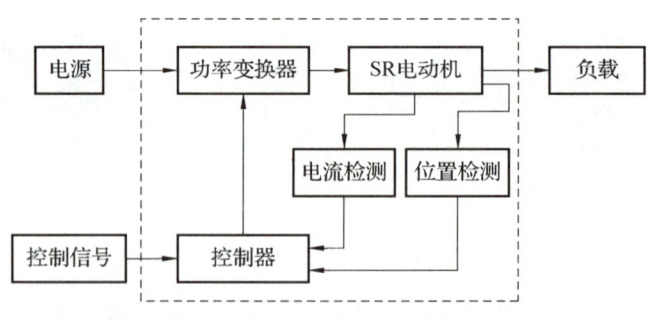

图23-13 开关磁阻电动机系统结构框图

开关磁阻电动机调速系统所用的开关磁阻电动机是实现机电能量转换的部件。开关磁阻电动机是双凸极可变磁阻电动机，其定子、转子的凸极均由普通硅钢片叠压而成。转子既无绕组，也无永磁体，定子极上绕有集中绕组，径向相对的两个绕组连接起来，称为"一相"，电动机可以设计成多种不同相数结构，并且定子、转子的极数有多种不同的搭配。相数多、步距角小，有利于减少转矩脉动，但结构复杂，并且主开关器件多，成本高，现今应用较多的是四相（8/6）结构和六相（12/8）结构。四相（8/6）结构开关磁阻电动机原理如图23-14所示。

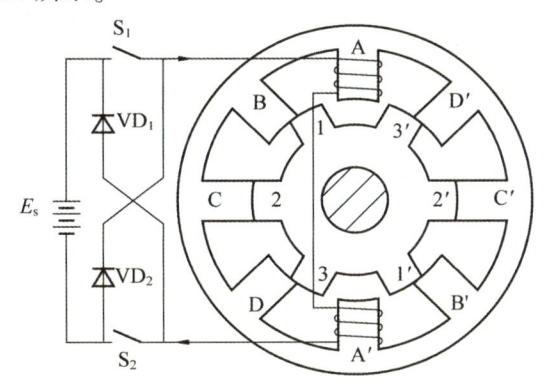

图23-14　四相（8/6）结构开关磁阻电动机原理图

开关磁阻电动机的运行遵循"磁阻最小原理"，磁通总要沿着磁阻最小的路径闭合，而具有一定形状的铁芯在移动到最小磁阻位置时，必使自己的主轴线与磁场的轴线重合，当定子、转子齿中心线不重合、磁导不为最大时，磁场就会产生磁拉力，形成磁阻转矩，使转子转到磁导最大的位置。当向定子各相绕组中依次通入电流时，电动机转子将一步一步地沿着通电相序相反的方向转动。

三、能量管理系统与制动能量回收系统

在当前电动汽车电池储能技术没有重大突破的条件下，良好的能量管理系统和制动能量系统回收电动汽车制动能量，可以提高电动汽车的能量利用率，改善电动汽车的续航里程。

能量管理系统（Energy Management System，EMS）在电动汽车中非常重要。能量管理系统由硬件系统和软件系统组成，如图23-15所示。**能量管理系统具有从电动汽车各子系统采集运行数据、控制蓄电池的充电、显示蓄电池的荷电状态、预测剩余续航里程、监控电池的状态、调节车内温度、调节车灯亮度，以及回收再生制动能量为蓄电池充电等功能。**

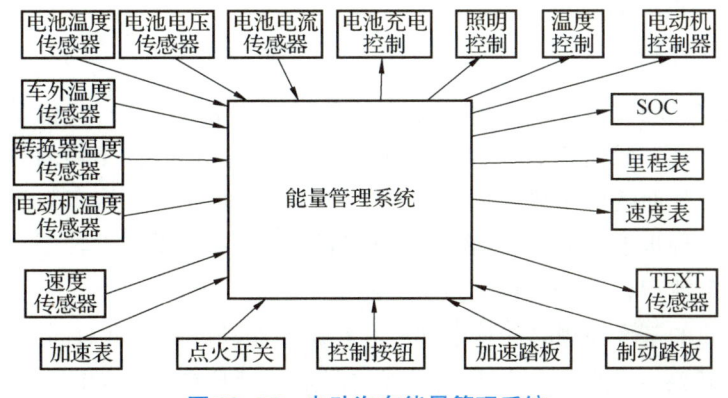

图23-15　电动汽车能量管理系统

311

1. 电池管理系统

电池管理系统能够提高电池的利用率，防止电池出现过充电和过放电，延长电池的使用寿命，监控电池的状态。电池管理系统是集监测、控制与管理为一体的复杂的电气测控系统，也是电动汽车商品化、实用化的关键。电池管理的核心问题就是 SOC 的预估问题，电动汽车电池操作窗 SOC 的合理范围是 30%~70%，这对保证电池寿命和整体的能量效率至关重要。

典型的电池管理系统应具备如下功能：

①实时采集电池系统运行状态参数。

实时采集电动汽车蓄电池组中的每块电池的端电压和温度、充放电电流以及电池组总电压等。由于电池组中的每块电池在使用中的性能和状态不一致，因而对每块电池的电压、电流和温度数据都要进行监测。

②确定电池的 SOC。

准确估测动力电池组的 SOC，从而随时预报电动汽车储能电池还剩余多少能量或储能电池的 SOC，使电池的 SOC 值控制在 30%~70% 的工作范围。

③故障诊断与报警。

当蓄电池电量或能量过低需要充电时，及时报警，以防止电池过放电而损害电池的使用寿命；当电池组的温度过高，非正常工作时，及时报警，以保证蓄电池正常工作。

④电池组的热平衡管理。

电池热管理系统是电池管理系统的有机组成部分，其功能是通过风扇等冷却系统和热电阻加热装置使电池温度处于正常工作温度范围内。

⑤一致性补偿。

当电池之间有差异时，有一定措施进行补偿，保证电池组表现能力更强，并有一定的手段来显示性能不良的电池位置，以便修理替换。

⑥通过总线实现各检测模块和中央处理单元的通信。

在电动汽车上实现电池管理的难点和关键在于如何根据采集的每块电池的电压、温度和充放电电流的历史数据，建立确定每块电池剩余能量的较精确的数学模型，即准确估计电动汽车蓄电池的 SOC 状态。

2. 制动能量回收系统

制动能量回收是现代电动汽车与混合动力汽车的重要技术之一，也是它们的重要特点。在一般内燃机汽车上，当车辆减速、制动时，车辆的运动能量通过制动系统而转变为热能，并向大气中释放。而在电动汽车与混合动力汽车上，这种被浪费掉的运动能量可通过制动能量回收技术转变为电能并储存于蓄电池中，进一步转化为驱动能量。

23-6 制动能量回收系统

制动能量回收的基本原理是先将电动汽车在减速制动或者下坡时的一部分机械能（动能）经再生系统转换（或转移）为其他形式的能量（液压能、化学能、旋转动能等），并储存在储能器中，同时产生一定的负荷阻力使汽车减速制动；当汽车再次起动或加速时，再生系统又将储存在储能器中的能量转换为汽车行驶所需要的动能（驱动力），最终增加电动汽车的续驶里程。

四轮轮毂电动机驱动的纯电动汽车制动能量回收系统的结构如图 23-16 所示。

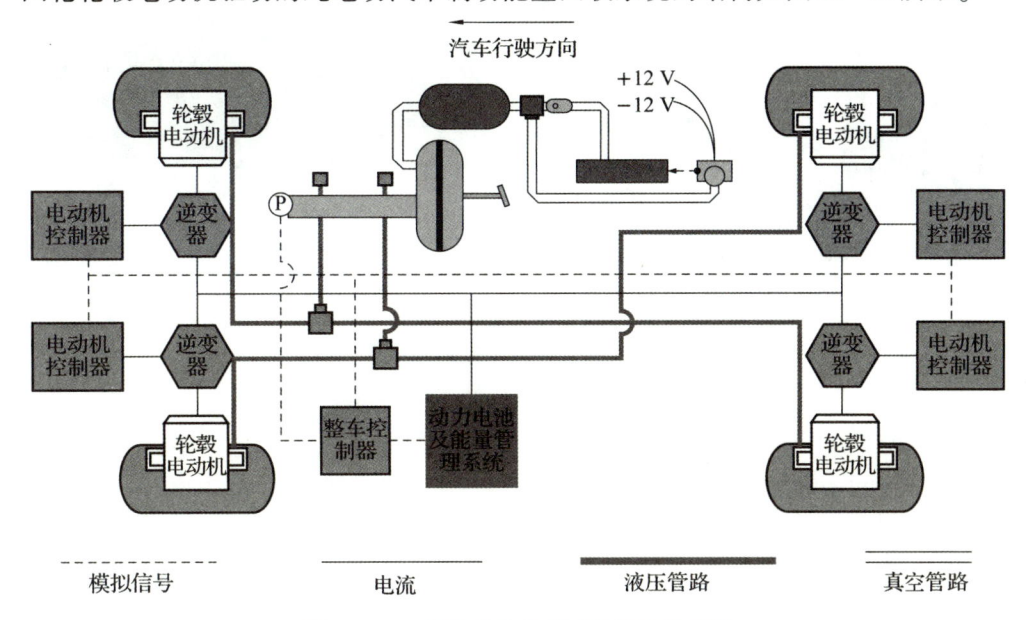

图 23-16　纯电动汽车制动能量回收系统

电动汽车的制动过程是在液压摩擦制动与电动机再生制动协调作用下完成的。制动过程中，制动控制器根据制动踏板的开度（实际为主缸压力）判断整车的制动强度，确定相应的摩擦制动和再生制动的分配关系。前后轴的摩擦制动分配关系由液压系统对前后轮的分配实现，制动控制器根据制动强度和电池的 SOC 值确定可以输出的制动转矩并对前后轴进行分配，然后通过电动机控制器控制驱动电动机进行再生制动。在整个制动的过程中，要保证电动汽车的制动稳定性和平稳性，并尽可能多地回收制动能量，延长电动汽车续驶里程。

按储能方式不同，电动汽车制动能量回收系统方法有飞轮储能、液压储能、电化学储能三类。以电化学储能工作原理为例。它是先将汽车在制动或减速过程中的动能，通过发电机转化为电能并以化学能的形式储存在储能器中；当汽车再次起动或加速时，再将储能器中的化学能通过电动机转化为汽车行驶的动能。储能器可采用蓄电池或超级电容，由发电机/电动机实现机械能和电能之间的转换。系统还包括一个控制单元，用来控制蓄电池或超级电容的充放电状态，并保证蓄电池的剩余电量在规定的范围内。

四、电动汽车充电技术

1. 充电设备

电动汽车充电设备主要包括充电桩、充电机等（图 23-17），其功能类似于加油站里的加油机。

(a)　　　　　　　　　　　　　　　　(b)

图 23-17　电动汽车充电设备
(a) 充电桩；(b) 充电机

(1) 充电桩

充电桩是指固定安装在电动汽车外、输入端与交流电网连接、采用传导方式为具有车载充电机的电动汽车提供常规充电和快速充电的装置。其一般由桩体、充电插座、保护控制装置、计量装置、读卡装置、人机交互界面等组成。按安装方式，可分为落地式充电桩、挂壁式充电桩。落地式充电桩适合安装在不靠近墙体的停车位。挂壁式充电桩适合安装在靠近墙体的停车位。

(2) 充电机

电动汽车充电机作为供电电源与电动汽车动力电池之间的功率转换器，其功能是将供电电源的能量按照既定的充电模式传递给电动汽车动力蓄电池。其基本工作原理是：三相/单相交流电输入，经过可控或者不可控整流器整流后，通过一系列的滤波环节得到直流电压，再经过隔离型 DC/DC 变换器、二次整流、平滑滤波，最后将直流电能传送给电动汽车的动力电池。反馈控制电路根据电池各项采样参数，产生 DC/DC 变换控制信号。

电动汽车充电机可分为车载充电机和非车载充电机。

①车载充电机是指安装在电动汽车上的采用地面交流电网和车载电源对电池组进行充电的装置，它将一根带插头的交流动力电缆线直接插到电动汽车的插座中给电动汽车动力电池充电。车载充电机的充电功率一般较小，采用单相供电，充电时间长。

②非车载充电机一般安装于固定的地点，已事先做好输入电源的连接工作，而直流输出端与需要充电的电动汽车相连接。地面充电机可以提供多达上百千瓦的充电功率，可以对电动汽车进行直流快充。

2. 充电方式

电动汽车充电方式，主要有交流慢充、直流快充、更换动力电池包、无线充电等。

(1) 交流慢充

交流慢充是指采用小电流在较长的时间内对动力电池进行慢速充电，常规动力电池均采用小电流的恒压恒流三段式充电，充电时间可长达 5~10 h。

交流慢充的优点：充电装置和安装成本较低；可充分利用电力低谷时段进行充电，降低充电成本，保证充电时段电压相对稳定。

交流慢充的缺点：充电时间过长，难以满足车辆紧急运行的需求。

（2）直流快充

交流慢充的充电时间一般比较长，给实际车辆使用带来许多不便。直流快充模式的出现，为电动汽车的商业化提供了技术支持。直流快充又称为应急充电，是指以较大的电流在 12 min～1 h 的时间内，为电动汽车进行快速充电的一种方式。

直流快充的优点：充电时间短，便利性好。

直流快充的缺点：充电效率较低，充电装置安装成本和工作成本较高；充电电流大，对充电的技术和方法要求高，对电池的寿命有极大影响，并存在安全隐患。

（3）更换动力电池包

该方式采用更换动力电池包的方法迅速补充电能，整个更换过程可以在 10 min 内完成。

优点：电池更换方式可以利用低谷时段给动力电池充电，同时又能在很短的时间内完成电动汽车电能补给；电池更换模式还可以及时发现电池组中电池单体的问题，对于电池的维护工作将具有积极意义。

缺点：基础设施建设成本较高，占用场地大，电网配套要求高；需要电动汽车行业众多标准的严格统一；蓄电池租赁的运作复杂性和成本提高。

（4）无线充电

无线充电即感应式充电，充电装置和汽车接收装置之间不采用直接接触的方式，而是由分离的高频变压器组合而成，通过感应涡合，无接触地传输能量。采用感应涡合方式充电，可以避免接触式充电的缺陷。无线充电装置的类型主要分为三种：电磁感应方式、磁共振方式和微波方式。

无线充电具有使用方便、安全、可靠，没有电火花和触电的危险，无积尘和接触损耗，无机械磨损，没有相应的维护问题，可以适应雨雪等恶劣的天气等优点。无线充电是充电技术未来的发展方向之一，如果可以实现电动汽车的动态无线充电，则可以大幅度减小电动汽车配备的动力蓄电池容量，从而减小车体质量，降低电动汽车的运行成本。

> **补充提示：**
>
> 比亚迪创始人王传福说："关键核心技术是要不来、买不来、讨不来的。"比亚迪历经从无到有，十余年的坚持不懈和艰苦攻关，让核心技术产业化成果蓝图清晰地呈现出来。由比亚迪股份有限公司牵头完成的《高性能电动汽车动力系统关键技术及产业化》项目荣获 2020 年度国家科学技术进步奖二等奖。基于该项关键技术，比亚迪的高安全动力电池搭载整车安全运行已超 300 亿千米；自主 IGBT 芯片（电控系统）国内汽车市场占有率由空白提升至 18%；高效一体化驱动总成效率等综合性能已经达到国际先进水平。

练习题

1. 简述纯电动汽车的特点。
2. 简述纯电动汽车的结构组成。
3. 纯电动汽车的关键技术有哪些？
4. 纯电动汽车的布置方案有哪些？

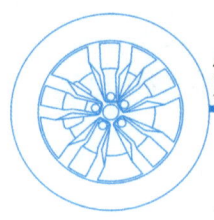

第二十四章 混合动力电动汽车

学习目标

本章介绍混合动力电动汽车的分类、结构和工作原理、能量管理策略，要求学生掌握混合动力电动汽车的分类与特点、混合动力电动汽车的结构和工作原理，了解混合动力电动汽车的能量管理策略。

重点难点

1. 混合动力电动汽车分类与特点。
2. 混合动力电动汽车的结构和工作原理。
3. 混合动力电动汽车的能量管理策略。

第一节 概 述

一、定义

根据 GB/T—19596，混合动力电动汽车是指至少从两类车载储存的能量（可消耗的燃料、可再充电能/能量储存装置）中获得动力的汽车。混合动力电动汽车是内燃机汽车向纯电动汽车发展中的过渡车型。

按动力系统结构形式划分，混合动力电动汽车分为串联式混合动力电动汽车、并联式混合动力电动汽车及混联式混合动力电动汽车。

（1）串联式混合动力电动汽车

串联式混合动力电动汽车完全靠电动机驱动，发动机通过发电机为电池补充电能，或者直接为驱动电动机提供电力。

（2）并联式混合动力电动汽车

并联式混合动力电动汽车的发动机和电动机转矩均可直接传递到车轮，靠发动机和电动机共同驱动。

（3）混联式混合动力电动汽车

混联式混合动力电动汽车既可实现发动机与电动机分别控制，车辆靠电动机驱动，也可实现发动机与电动机共同驱动。

二、特点

混合动力电动汽车是纯电动汽车和传统燃油车两者的结合体，具有以下优点：

①排放性能良好。混合动力汽车在日常运行中，在电动机配合下，使得发动机能保持良好的工作状态，提高了燃油效率，减少了尾气排放。

②动力性能佳。混合动力电动汽车可根据不同车况来选择发动机、发电机和蓄电池之间的任意组合，能形成适合车况的动力输出。尤其是在爬坡、转弯、加速时，更能体现出良好的动力性能。

③续驶里程长。混合动力电动汽车可以利用现有的加油设施，具有与传统燃油汽车相同的续驶里程。

④较低的电池性能要求。相较于纯电动汽车，混合动力电动汽车对电池的性能要求相对较低，这也是混合动力电动汽车有效进行市场推广的重要因素之一。

混合动力电动汽车缺点如下：

①控制策略较复杂。混合动力电动汽车多种驱动模式之间的切换及两种动力的耦合控制比较复杂。

②整车布置复杂。混合动力电动汽车由于存在两套动力系统的动力耦合问题，使底盘的布置比较复杂。

③售价高。混合动力系统的生产成本比内燃发动机系统的成本更高。在普通汽车的基础上，还需要配置电池组、电动机及精密的电子控制模板等，因此成本要高。

第二节　结构与工作原理

一、串联式混合动力电动汽车

串联式混合动力电动汽车行驶系统的驱动力只来源于电动机，结构特点是发动机带动发电机发电，电能通过电动机控制器输送给驱动电动机，由电动机驱动车辆行驶。另外，动力电池也可以单独向驱动电动机提供电能驱动车辆行驶。

1. 串联式混合动力电动汽车的结构

串联式混合动力电动汽车系统结构如图 24-1 所示，它主要由发动机、发电机、功率转换器、驱动电动机及电动机控制器、动力电池系统及车载充电机等部件组成。发动机与发电机直接连接产生电能，来驱动电动机或者给动力电池充电。驱动电动机直接与驱动桥相连，汽车行驶时的驱动力由驱动电动机输出。当动力电池的荷电状态 SOC 值降到一个预定值时，发动机即开始对动力电池进行充电，来延长混合动力电动汽车的续航里程。

24-1 串联式混合动力

另外，动力电池系统还可以单独向驱动电动机提供电能来驱动电动汽车，使混合动力电动汽车在零污染状态下行驶。

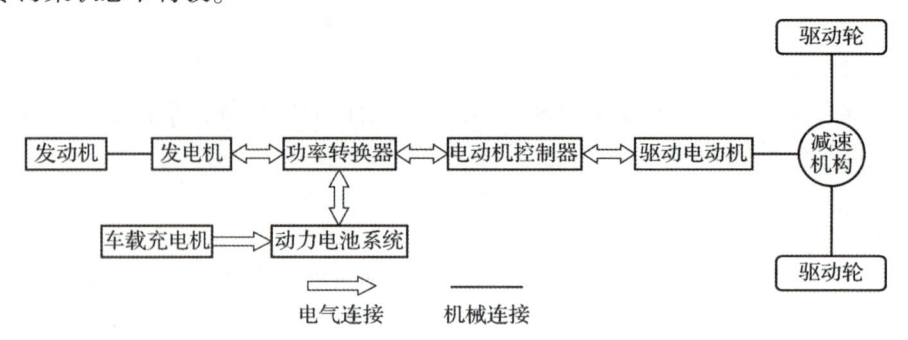

图 24-1 串联式混合动力电动汽车系统结构

2. 串联式混合动力电动汽车的工作模式

串联式混合动力电动汽车的工作模式通常有四种：纯电动模式、纯发动机驱动模式、混合驱动模式、再生制动模式。

①纯电动模式。发动机关闭，车辆行驶完全依靠电池组供电驱动。

②纯发动机驱动模式。该模式仅在发动机运行情况下驱动车辆，蓄电池电力充足时作为储备，不足时，发动机同时为其充电。

③混合驱动模式。通过发动机与电池组共同向电动机提供电力，驱动整车前进。

④再生制动模式。驱动电动机运行在发电机状态，通过消耗车辆本身的动能产生电功率向蓄电池充电。

3. 串联式混合动力电动汽车的特点

串联式混合动力电动汽车的优点如下：

①发动机独立于行驶工况，使发动机运转始终处于高效率区域，避免在低速和怠速区域所造成的能源浪费、排放差的情况，因此，提高了发动机经济性和排放性。

②串联式结构使混合动力系统只有单一的驱动路线，动力系统的控制策略较为简单。

③动力电池具有储能作用，能够根据驱动功率的需求对电动机进行功率的补充，发动机用于储能，因此可以选择功率较小的发动机。

④发电机和电动机之间采用电气连接，发动机只与发电机采用机械连接，使传动系及底盘的布置具有较大的空间和灵活性，有利于整车传动系统的布置。

⑤当发动机关闭时，可实现纯电动模式的行驶，发动机可以延长汽车的续航里程。

串联式混合动力电动汽车也存在以下缺点：

①串联系统只能由电动机驱动车轮，在化学能转化为机械能、机械能转化为电能、电能再转化为机械能的过程中，能量损失较大，降低了能量利用率。

②动力蓄电池就像一个调节水库，除了要满足发电机的输出功率，还要使充放电水平处于合理的区间内，避免充电过度和放电过度，这需要容量较大的动力电池，增加电池成本和质量。

③由于只有电动机直接驱动，因此需要较大功率的电动机，增加了整车的质量和成本。

二、并联式混合动力电动汽车

并联式混合动力电动汽车有发动机和电动机两套驱动系统，它们可以分开工作，也可以一起协调工作，共同驱动。

1. 并联式混合动力电动汽车的结构

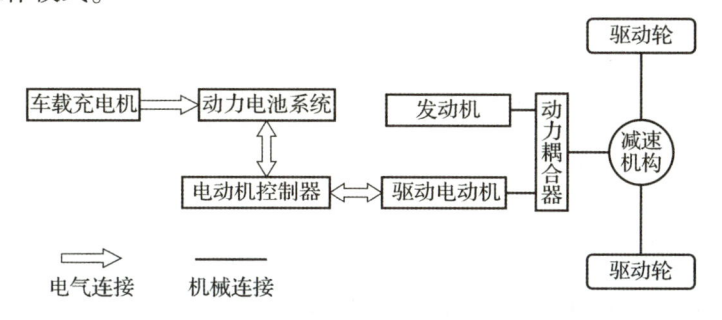

并联式混合动力电动汽车系统的结构如图 24-2 所示，它主要由发动机、驱动电动机及电动机控制器、动力电池系统、车载充电机、动力耦合器等部件组成，有多种组合形式，可以根据使用要求进行设计。并联式混合动力系统采用发动机和驱动电动机两套独立的驱动系统。发动机和驱动电动机通过动力耦合器、减速机构来驱动车轮，可以采用发动机单独驱动、驱动电动机单独驱动或者发动机和驱动电动机混合驱动三种工作模式。

图 24-2 并联式混合动力电动汽车系统的结构

2. 并联式混合动力电动汽车的工作模式

并联式的工作模式有纯电动模式、纯发动机驱动模式、混合驱动模式、再生制动模式。

①纯电动模式。当混合动力电动汽车处于起步、低速等轻载工况且蓄电池的电量充足时，关闭发动机，由蓄电池提供能量并以电动机驱动车辆行驶。

②纯发动机驱动模式。当混合动力电动汽车以高速平稳运行时，或者行驶在城市郊区等排放要求不高的地方，可由发动机单独工作驱动车辆行驶。若蓄电池荷电状态未达到最高限值时，发动机除了要提供驱动车辆所需的动力外，发动机多余能量用于带动发电机给蓄电池充电。

③混合驱动模式。当混合动力电动汽车处于急加速或者爬坡时，发动机和电动机均处于工作状态，电动机作为辅助动力源协助发动机，提供车辆急加速或者爬坡时所需的功率。

④再生制动模式。当混合动力电动汽车减速或者制动时，发动机不工作，电动机以发电机模式工作发电，然后给蓄电池充电，将回收的制动能量存储在蓄电池中，在必要时释放能量驱动车辆行驶，使能量利用率提高，提高整车燃料经济性。

3. 并联式混合动力电动汽车的特点

并联式混合动力电动汽车具有以下优点：

①良好的燃料经济性。并联式结构布置两套动力传递路线，可根据实际工况选择不同的动力输出路线和动力组合，具有更强的选择性和适应性，避免能量在多次转换中浪费和损失，提高燃料经济性。

②良好的动力性。当高负荷运行时，发动机和电动机动力耦合，同时对汽车进行驱动，具有良好的动力性。

③系统稳定性较高。并联式结构布置两套独立的动力传递路线，当一条传递系统出现故障时，可以启用另外一条传递路线，保证汽车的正常运行。

④电池容量和电动机功率较小。由于发动机可以单独驱动，也可以和电动机共同驱动汽车，因此可以选择功率较小的电动机。并联式的电动机作为辅助动力，所需动力电池容量较小。

并联式混合动力电动汽车具有以下缺点：

①控制策略较复杂。并联插电式混合动力电动汽车具有两条驱动路线，可以单独或耦合参与驱动，多种驱动模式之间的切换以及两种动力的耦合控制比较复杂。

②整车布置复杂。由于存在两套动力系统，并且发动机和驱动轴之间存在机械连接，以及考虑两种动力的耦合，使底盘的布置比较复杂。

③排放性能相对较差。由于不同驱动模式之间的切换，使得发动机频繁点火起动、熄火，发动机不能稳定在高效率区域工作，致使排放性能较差。

④纯电动模式续航里程较短。

三、混联式混合动力电动汽车

混联式混动电动汽车是串联混动和并联混动两者的结合。通过特定的结构元件，使车辆能够在串联或者并联的混动模式中随意切换。

1. 混联式混合动力电动汽车的结构

混联式混合动力电动汽车系统的结构如图24-3所示。

主要由发动机、发电机、功率转换器、驱动电动机及电动机控制器、动力耦合器、动力电池系统等部件组成。发动机发出的功率一部分通过机械传动系输送给驱动桥，另一部分驱动发电机发电。发电机发出的电能输送给电动机或动力电池，驱动电动机产生的驱动力矩通过动力耦合器传送给驱动桥。

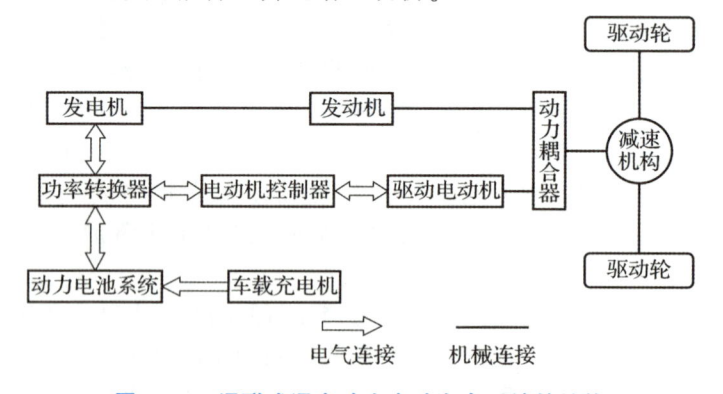

图 24-3　混联式混合动力电动汽车系统的结构

混联式驱动系统的控制策略是：行驶时优先使用纯电动模式；在动力电池的荷电状态（SOC）降到一定限值时，切换到混合动力模式下，起动、低速时使用串联式系统的发电机发电，电动机驱动汽车车轮行驶；加速、爬坡、高速时使用并联式系统，主要由发动机驱动汽车车轮行驶。发动机多余能量可带动发电机发电，给动力电池充电。

2. 混联式混合动力电动汽车的工作模式

混联式混合动力电动汽车的工作模式有纯电动模式、纯发动机驱动模式、混合驱动模式、再生制动模式。

①纯电动模式。车辆由蓄电池通过功率转换器向电动机供电，电动机通过动力耦合器提供驱动功率。

②纯发动机驱动模式。该模式下发动机单独向车辆提供驱动功率，若蓄电池荷电状态未达到最高限值时，发动机除了要提供驱动车辆所需的动力外，发动机多余能量用于带动发电机给蓄电池充电。

③混合驱动模式。车辆的驱动功率由蓄电池和发动机共同提供，并通过动力耦合器合成后，经过减速机构向车轮提供动力。

④再生制动模式。当混合动力电动汽车减速或者制动时，电动机以发电机模式工作发电，然后给蓄电池充电，将回收的制动能量存储在蓄电池中。

3. 混联式混合动力电动汽车的特点

混联式混合动力电动汽车具有以下优点：

①低排放性和低油耗性。应对复杂的运行工况，混联式混合动力电动汽车具有多种驱动模式，能保证发动机在最佳工作区域工作，最大限度降低有害气体排放，提高燃料经济性。

②较强的动力性。在加速或高速运行时，动力系统主要以并联模式运行，发动机和电动机同时提供驱动力，为汽车运行提供较强动力。

③较好的舒适性。起动以及中速以下行驶时，电动机独立驱动车辆行驶，减小了噪声，提高了舒适性。

混联式混合动力电动汽车具有以下缺点：

①控制策略较复杂。混联式混合动力电动汽车有两套动力系统，它们可以单独驱动或耦合参与驱动，使该结构具有多种驱动模式，多种驱动模式之间的切换以及两种动力的耦合控制比较复杂。

②整车布置复杂。由于存在两套动力系统，并且发动机和驱动轴之间存在机械连接，以及考虑两种动力的耦合，使底盘的布置比较复杂。

③技术难度大，成本高。

四、增程式电动汽车

增程式电动汽车是一类在纯电动模式下可以达到其所有的动力性能，电气化程度更高、更加接近纯电动的插电式混合动力汽车，也称纯电型PHEV。当车载可充电储能系统无法满足续驶里程要求时，可打开车载辅助供电装置为动力系统提供电能，以延长续航行驶里程，并且该车载辅助供电装置与驱动系统没有传动轴（带）等传动连接。

增程式动力系统可以看作串联式插电式混合动力系统，是在电动汽车的电动机系统基础上发展起来的，采用电动机直驱，无变速器和离合器，结构简单，采取电池扩容的方式，增加了纯电动工作模式的行驶距离。其动力传动系统的组成如图 24-4 所示，主要由驱动电动机系统、电源系统、增程器和整车控制器等组成。与纯电动汽车相比，增加了增程器。

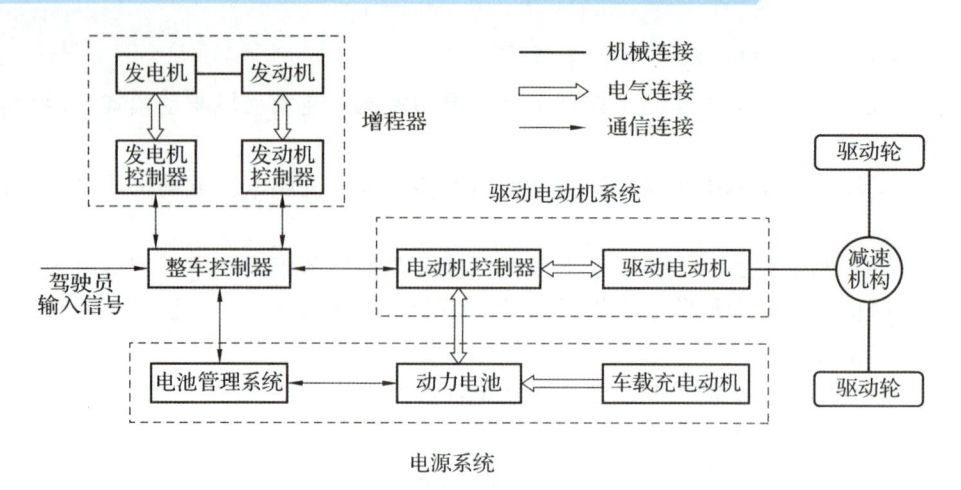

图 24-4　增程式电动汽车结构组成

增程式电动汽车以动力电池为主要动力源，以小排量发动机+发电机为辅助动力源，其发动机不直接参与驱动汽车，而仅用于带动发电机发电，可在最佳燃油经济区输出功率和转矩。因此，它的结构和动力性能都接近于纯电动汽车。增程式电动汽车首先依靠自身的动力电池行驶，此时发动机不起动，当电池的电量下降到一定程度时，起动发动机驱动发电机发电，所产生的电能直接参与车辆的驱动。若产生的电量有富余，则可以存储到动力电池中。

增程式电动汽车是一种新型的混合动力电动汽车，与常规混合动力电动汽车和纯电动汽车相比，主要有以下几方面区别：

①在纯电动模式下，发动机不启动，由动力电池驱动整车行驶，可减少整车对石油的依赖，缓解石油危机。

②在动力电池电能不足时，为保证车辆性能和动力电池的安全性，进入电量保持模式，由动力电池和发动机联合驱动整车行驶。

③整车纯电动续航里程满足大部分人员每天行驶里程的要求，动力电池可利用晚间低谷电力充电，缓解供电压力。

④整车大部分情况在电量消耗模式下行驶，能达到零排放和低噪声的效果。

⑤发动机与机械系统不直接相连，发动机可工作于最佳效率点，大大提高整车燃料效率。

第三节　能量管理策略

混合动力电动汽车的性能与其能量管理策略紧密相关，能量管理系统能量管理策略的控制目标是根据驾驶员的操作，判断驾驶员的意图，在满足车辆动力性能的前提下，最优地分配电动机、发动机、动力电池等部件的功率输出，实现能量的最优分配，提高车辆的燃油经济性和排放性能。能量管理策略还应考虑动力电池的荷电状态平衡，以延长电池寿命，降低车辆维护成本。

下面以串联式混合动力电动汽车的能量管理策略为例来简要说明。

串联式混合动力电动汽车的发动机与汽车行驶工况没有直接联系，因此能量管理策略的主要目标是使发动机在最佳效率区和排放区工作。串联式混合动力电动汽车有三种规则型能量管理策略。

恒温器策略：当动力电池 SOC 值低于设定的低门限值时，起动发动机，在最低油耗或排放点按恒功率模式输出，一部分功率用于满足车轮驱动功率要求，另一部分功率给动力电池充电。而当动力电池 SOC 值上升到设定高门限值时，发动机关闭，由电动机驱动车辆。

功率跟踪式策略：由发动机全程跟踪车辆功率需求，只有在动力电池的 SOC 值大于 SOC 设定上限，并且仅由动力电池提供的功率能满足车辆需求时，发动机才停机或怠速运行。

基本规则型策略：该策略综合了恒温器策略与功率跟踪式策略两者的优点，根据发动机负荷特性图设定了高效率工作区，根据动力电池的充放电特性设定了动力电池高效率的荷电状态范围。并设定一组控制规则，根据需求功率和 SOC 进行控制，以充分利用发动机和动力电池的高效率区，使其达到整体效率最高。

> **补充提示：**
>
> 相比纯电动和传统内燃机，混合动力系统的研发难度更大，需要系统性地控制发动机、变速器、电动机等，让各个部件之间实现良好的配合，保障切换的平顺性。随着自主品牌在技术研发上不断加大投入，比亚迪、长安、上汽、广汽等国内多家车企纷纷开启混动技术路线，因势而谋、应势而动、顺势而为，并已推出或计划推出量产混动产品，攻克了混动领域的"卡脖子"技术，让人们看到了自主品牌的更多可能性。

练习题

1. 混合动力电动汽车分为几类？
2. 简述混合动力电动汽车的结构和工作原理。
3. 增程式电动汽车的特点是什么？

第二十五章 燃料电池电动汽车

学习目标

本章介绍新能源汽车中的燃料电池电动汽车，要求学生了解燃料电池电动汽车的类型、结构和工作原理，以及燃料电池汽车的关键技术。

重点难点

1. 燃料电池汽车的特点。
2. 燃料电池汽车的结构和工作原理。
3. 燃料电池汽车的关键技术。

第一节　概　述

一、定义

燃料电池汽车（FCV）是一种用车载燃料电池装置产生的电力作为动力的汽车。 车载燃料电池装置所使用的燃料为高纯度氢气或含氢燃料经重整所得到的高含氢重整气。

燃料电池汽车以电力驱动作为唯一的驱动模式，按照驱动能源组合形式不同，可分为纯燃料电池（Pure Fuel Cell，PFC）驱动和混合驱动两种形式。

①纯燃料电池驱动的电动汽车只有燃料电池一个动力源，汽车需要的所有功率都由燃料电池提供。

②混合驱动系统将燃料电池与辅助动力源相结合，燃料电池可以只满足持续功率需求，借助辅助动力源不仅可以提供加速、爬坡等所需的峰值功率，而且在制动时可以将回馈的能量存储在辅助动力源中。混合驱动包括燃料电池与辅助蓄电池联合驱动（Fuel Cell+Battery，FC+B）、燃料电池与超级电容联合驱动（Fuel Cell+Capacitor，FC+C）及燃料电池与蓄电

池和超级电容联合驱动（Fuel Cell+Battery+Capacitor，FC+B+C）。

二、特点

燃料电池电动汽车与内燃机汽车及纯电动汽车相比，具有以下优点：

①效率高。燃料电池的工作过程是化学能转化为电能的过程，不受卡诺循环的限制，能量转换效率较高，可以达到30%以上，而汽油机和柴油机汽车整车效率分别为16%~18%和22%~24%。

②续航里程长。采用燃料电池系统作为能量源，克服了纯电动汽车续航里程短的缺点，其长途行驶能力及动力性已经接近于传统内燃机汽车。

③绿色环保。燃料电池没有燃烧过程，以纯氢作燃料，生成物只有水，属于零排放。采用其他富氢有机化合物用车载重整器制氢作为燃料电池的燃料，生成物除水之外，还可能有少量的 CO，接近零排放。

④过载能力强。燃料电池短时过载能力可达额定功率的200%或更大。

燃料电池电动汽车具有以下缺点：

①燃料电池汽车的制造成本和使用成本过高。

②辅助设备复杂，并且质量和体积较大。

③起动时间长，系统抗震能力有待进一步提高。此外，在 FCEV 受到震动或者冲击时，各种管道的连接和密封的可靠性需要进一步提高，防止汽车在受到严重碰撞时发生安全事故。

第二节　结构与工作原理

一、结构组成

典型燃料电池电动汽车主要由燃料电池系统、高压储氢罐、辅助动力源、驱动电动机和整车控制器等组成，如图 25-1 所示。高压储氢罐是气态氢的储存装置，用于给燃料电池供应氢气，燃料电池和辅助动力源向电动机供电，在整车控制器的控制下，电动机驱动汽车行驶。

25-1 燃料电池电动汽车

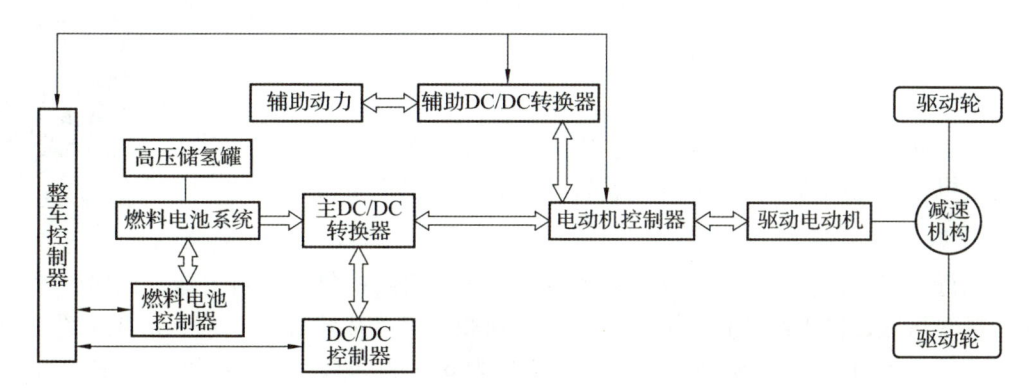

图 25-1　典型燃料电池电动汽车结构

1. 燃料电池

燃料电池是燃料电池电动汽车的主要动力源，它是一种不燃烧燃料而直接以电化学反应方式将燃料的化学能转变为电能的高效发电装置。燃料电池（FC）是一种化学电池，它直接把物质发生化学反应时释放出的能量变换为电能，工作时需要连续地向其供给活性物质（起反应的物质）——燃料和氧化剂。由于它是把燃料通过化学反应释放出的能量转换为电能输出，所以被称为燃料电池。

2. 高压储氢罐

高压储氢罐是气态氢的储存装置，用于给燃料电池供应氢气。为保证燃料电池电动汽车一次充气有足够的续航里程，需要多个高压储氢罐来储存气态氢气。一般轿车需要2~4个高压储气瓶，大客车上需要5~10个高压储氢罐。

3. 辅助动力源

根据FCEV的设计方案不同，其采用的辅助动力源也有所不同，可以用蓄电池组、飞轮储能器或超大容量电容器等共同组成双电源系统。

4. 驱动电动机

燃料电池电动汽车用的驱动电动机主要有直流电动机、交流电动机、永磁同步电动机和开关磁阻电动机等，具体选型必须结合整车开发目标，综合考虑电动机的特点。

5. 整车控制器

整车控制器是燃料电池电动汽车的"大脑"，由燃料电池管理系统、电池管理系统、驱动电动机控制器等组成，它一方面接收来自驾驶员的需求信息（如点火开关、油门踏板、制动踏板、挡位信息等）实现整车工况控制；另一方面基于反馈的实际工况（如车速、制动、电动机转速等）以及动力系统的状况（燃料电池及动力蓄电池的电压、电流等），根据预先匹配好的多能源控制策略进行能量分配调节控制。

二、工作原理

燃料电池电动汽车的工作原理：高压储氢罐中的氢气和空气中的氧气在汽车搭载的燃料电池中发生氧化还原化学反应，产生出电能驱动电动机工作，驱动电动机产生的机械能经变速传动装置传给驱动轮，从而驱动电动汽车前进。

以丰田Mirai燃料电池电动汽车为例，行驶过程分为起动、一般行驶、加速行驶以及减速行驶四个工况。

1. 起动工况

车辆起动时，由车载蓄电池进行供电，来自蓄电池的电源直接提供给驱动电动机，使电动机工作，驱动车轮转动，燃料电池不参与工作。

25-2 丰田Mirai燃料电池电动汽车

2. 一般行驶工况

一般行驶工况下，来自高压储氢罐的氢气经高压管路提供给燃料电池，同时，来自空气压缩机的氧气也提供给燃料电池，经质子交换膜内部产生电化学反应，产生大约300 V的电压，然后经DC/DC变换器进行升压，转变为650 V的直流电，经动力控制单元转换为交流电提供给驱动电动机，驱动电动机运转，带动车轮转动。

3. 加速行驶工况

加速时，除了燃料电池正常工作外，需要由车载蓄电池参与工作，以提供额外的电力供驱动电动机使用，此时车辆处于大负荷工况下。

4. 减速行驶工况

减速时，车辆在惯性作用下行驶，此时燃料电池不再工作，车辆减速所产生的惯性能量由驱动电动机转换为发电机进行发电，经动力控制单元将其转换为直流电后，反馈回车载蓄电池进行电能的回收。

> **补充提示：**
>
> 宇通客车旗下生产的第三代氢燃料客车ZK6125FCEVG，采用了60 kW燃料电池系统+动力电池的混合动力系统方案，百千米耗氢7.28 kg，仅需要10 min就可以完成氢燃料添加，而每次添加完氢燃料后，续航能力高达500 km。
>
> 经过四个五年国家科技计划的组织实施，我国燃料电池从电堆、系统到关键部件技术研发，均取得一系列关键突破，形成了涵盖制氢、储氢、氢安全及燃料电池及整车应用等技术的产学研用研发体系，培育了一批从事燃料电池及关键零部件研发生产的企业。但技术发展水平较国际先进水平相比仍有一定差距。作为新时代的青年，应该发扬工匠精神，勇担社会责任，做新时代科技创新的排头兵，为推动新能源汽车技术快速发展贡献力量。

练习题

1. 简述燃料电池汽车的特点。
2. 简述燃料电池汽车的结构和原理。
3. 简述燃料电池汽车的关键技术。

第三篇 智能网联汽车

第二十六章 智能网联汽车概述

> **学习目标**
>
> 本章介绍了智能网联汽车的定义、技术分级及发展历程。要求学生了解智能网联汽车的含义、国内外智能网联汽车的发展过程、从智能化和网联化两个维度对智能网联汽车的等级划分、智能网联汽车的关键技术。

> **重点难点**
>
> 1. 智能网联汽车的技术分级。
> 2. 智能网联汽车的关键技术。

第一节 智能网联汽车的定义

智能网联汽车是指搭载先进的车载传感器、控制器、执行器等装置,并融合现代通信与网络技术,实现车与X(人、车、路、云端等)智能信息交换共享,具备复杂环境感知、智能决策、协同控制等功能,可实现安全、高效、舒适、节能行驶,最终实现替代人来操作的新一代汽车。

汽车的智能化发展是逐步推进的。2014年,美国汽车工程协会(SAE)将汽车自动化等级定义为六个层次,分别是无自动驾驶、驾驶辅助、部分自动驾驶、有条件自动驾驶、高度自动驾驶和完全自动驾驶。

2016年,我国工信部使用智能化和网联化两个维度对智能网联汽车进行等级划分。

在智能化层面,汽车配备了多种传感器(摄像头、超声波雷达、毫米波雷达、激光雷达等),实现对周围环境的自主感知,通过传感器信息处理和智能决策,汽车按照一定控制算法实现预定的驾驶任务。智能化层面分级基本上参考了美国SAE的分级标准,主要包括驾驶辅助、部分自动驾驶、有条件自动驾驶、高度自动驾驶和完全自动驾驶,并对各个等级下对应的典型工况做了详细说明，见表26-1。

表26-1 我国汽车智能化分级

智能化等级	等级名称	等级定义	控制	监视	失效应对	典型工况
人监控驾驶环境							
1	驾驶辅助	通过环境信息对方向和加减速中的一项操作提供支援，其他驾驶操作都由人操作	人与系统	人	人	车道内正常行驶，高速公路无车道干涉路段、泊车工况
2	部分自动驾驶	通过环境信息对方向和加减速中的多项操作提供支援，其他驾驶操作都由人操作	人与系统	人	人	高速公路及市区无车道干涉路段，换道、环岛、绕行、拥堵跟车等工况
自动驾驶系统（"系统"）监控驾驶环境							
3	有条件自动驾驶	由无人驾驶系统完成所有驾驶操作，根据系统请求，驾驶人需要提供适当的干预	系统	系统	人	高速公路正常行驶工况，市区无车道干涉路段
4	高度自动驾驶	由无人驾驶系统完成所有驾驶操作。特定环境下，系统会向驾驶人提出响应请求，驾驶人可以对系统请求不进行响应	系统	系统	系统	高速公路全部工况及市区有车道干涉路段
5	完全自动驾驶	无人驾驶系统可以完成驾驶人能够完成的所有道路环境下的驾驶操作	系统	系统	系统	所有工况

在网联化层面，车辆采用新一代移动通信技术（LTE-V、5G等），实现人、车、路、云平台之间全方位的连接和信息交互，并由控制器进行计算，进一步增强车辆的智能化程度和自动驾驶能力。根据网联化的高低程度进行分类，从低到高依次为网联辅助信息交互、网联协同感知、网联协同决策与控制三个层次，见表26-2。

表26-2 网联化分级

网联化等级	等级名称	等级定义	控制	典型信息	传输需求
1	网联辅助信息交互	基于车-路、车-后台通信、实现导航等辅助信息的获取，以及车辆行驶与驾驶人操作等数据的上传	人	地图、交通流量、交通标志、油耗、里程等信息	传输实时性、可靠性要求较低

续表

网联化等级	等级名称	等级定义	控制	典型信息	传输需求
2	网联协同感知	基于车-车、车-路、车-人、车-后台通信，实时获取车辆周边交通环境信息，与车载传感器的感知信息融合，作为车辆自动驾驶决策与控制系统的输入	人与系统	周边车辆/行人/非机动车位置、信号灯相位、道路预警等信息	传输实时性、可靠性要求较高
3	网联协同决策与控制	基于车-车、车-路、车-人、车-后台通信，实时并可靠获取车辆周边交通环境信息及车辆决策信息，以及车-车、车-路等各交通参与者之间信息进行交互融合，形成车-车、车-路等各交通参与者之间的协同决策与控制	人与系统	车-车、车-路间的协同控制信息	传输实时性、可靠性要求最高

> **补充提示：**
> 我国汽车技术正朝着电动化、智能化、网联化、共享化的"四化"方向发展，这给汽车工业的发展带来了巨大的挑战和机遇。智能网联汽车不仅可提供更安全、更舒适、更节能、更环保的驾驶方式，还会带来汽车产品和技术的升级，从而重塑汽车及相关产业全业态和价值链体系。

第二节 智能网联汽车的发展历程

汽车的智能化和网联化已经成为整个汽车产业的最新发展方向，科研院校、车企、科技公司、汽车零部件厂商等在智能网联汽车技术领域进行不断的探索。其实从汽车诞生开始，人们就产生了自动驾驶的梦想，渴望从驾驶工作中解脱出来。

一、国外发展历程

国外汽车智能化研究起步较早，早在1925年，美国无线电设备公司就设计了一辆名为"American Wonder"的无人驾驶汽车（图26-1），它接收后车发出的无线电信号，通过电动机操纵车辆的转向盘、离合器和制动器等部件，可以被视为人类无人驾驶汽车的雏形。1956年，美国通用汽车展出FirebirdⅡ概念车，是世界上第一辆配备汽车安全和自动导航系统的概念车（图26-2）。1958年，FirebirdⅢ问世，通过预埋式线缆，向安装了接收器的汽车发送电子脉冲信号，实现汽车自动驾驶。1977年，日本的筑波工程实验室开发出第一个基于摄像头的巡航系统替代预埋式线缆的自动驾驶汽车，这是最早使用视觉设备进行无人驾驶的尝试。在军事应用需求的推动下，无人驾驶车辆技术得到不断发展和完善。美国、德国、意大利走在世界前列。在2000年以前，以美国卡内基梅隆大学研制的NavLab系列和意大利帕尔马大学的ARGO项目最具代表性。为了推进无人驾驶技术的发展，美国国防高级计划研究总署（DARPA）于 2004—2007 年共举办了三届 DARPA 无人驾驶挑战赛。

图 26-1　世界上第一辆自动驾驶汽车"American Wonder"

图 26-2　美国通用汽车 Firebird 概念车

2009 年，以谷歌为代表的新技术力量纷纷布局无人驾驶，2012 年 3 月，谷歌无人驾驶车获得了内华达州颁发的全球首个无人驾驶测试许可证；2015 年，无人驾驶原型车上路测试；2016 年，无人驾驶业务独立，成立 Waymo；2017 年，首次实现无人驾驶和配备安全员的无人驾驶出租车。谷歌采用的是"一步到位"的无人驾驶技术发展路线，即直接研发 L4+级别的无人驾驶汽车。

2013 年开始，福特、宝马、丰田、沃尔沃等车企相继在无人驾驶领域进行了布局。2015 年，特斯拉推出了搭载自动驾驶系统 Autopilot 的 Model S 系列车型，这是第一个投入商用的自动驾驶技术。2016 年，通用汽车收购了自动驾驶技术创业公司 Cruise Automation，正式进入无人驾驶领域，并于 2018 年推出搭载 Super Cruise 超级智能驾驶系统的凯迪拉克 CT6。2018 年推出的新款奥迪 A8 是全球首款量产搭载 L3 级别的自动驾驶系统的车型，使驾驶员在拥堵路况下可以获得最大限度的解放。

二、国内发展历程

我国从 20 世纪 80 年代开始智能汽车技术的研究。由我国有关部委"八五"和"九五"计划支持的"军用地面机器人"（Autonomous Test Bed，ATB）系列，由南京理工大学、北京理工大学、清华大学、浙江大学和国防科技大学等联合研制，能实现自主行驶、道路跟踪、避障、越野及岔路转弯，同时具有夜间行驶和侦察等功能，代表了同一时期无人驾驶车辆技术的先进水平。2008 年，国家自然科学基金委员会开展了"重大研究技术-'视听觉信息的认知计算'"，无人驾驶车辆作为视听觉信息的认知计算集成验证平台，要求研制出具有自然环境感知和智能行为决策能力的无人驾驶车辆验证平台，其主要性能指标达到世界先进水平。在此基础上，2009年创办中国智能车未来挑战赛，旨在集成创新研发无人驾驶汽车，并通过真实道路环境下的自主行驶来检验研究成果，促进研发交流及产业化应用。

2011年7月，国防科技大学和一汽集团联合研制的红旗HQ3首次完成了从长沙到武汉的286 km的高速全程无人驾驶试验，该次试验的成功标志着我国无人驾驶技术在复杂环境识别、智能行为决策和控制等方面实现了新的技术突破。2013年，以百度为代表的高科技公司也相继加入了无人驾驶汽车领域的研究。2015年，百度在北京完成了高速路段的测试；2017年，发布百度Apollo平台，秉承开放能力、共享资源、加速创新、持续共赢的理念，帮助汽车行业及自动驾驶领域的合作伙伴快速搭建一套属于自己的自动驾驶系统；2018年，与厦门金龙合作生产的L4级自动驾驶巴士"阿波龙"量产下线。2015年，宇通大型客车在完全开放的道路环境下完成自动驾驶测试，这是全球第一辆无人驾驶大客车，在开放道路交通条件下，全程无人工干预成功运行。2016年4月，长安汽车成功完成了历经多省约2 000 km的自动驾驶测试，在实现高速驾驶的同时，还实现了全速自适应巡航、交通拥堵辅助、自动紧急刹车、交通标志识别等功能。2019年，由百度和一汽联手打造的中国首批量产L4级自动驾驶乘用车——红旗EV，获得5张北京市自动驾驶道路测试牌照，实现了包括安全、量产能力以及外观内饰、驾乘体验等维度的全方位优化升级，是Apollo自动驾驶技术迭代的最新成果。

2020年，中国L2级智能网联乘用车的市场渗透率达到15%，L3级自动驾驶车型在特定场景下开展测试验证。高精度摄像头、激光雷达等感知设备已达到国际先进水平，为多款主流车型供货；智能驾驶计算平台、车规级AI芯片在多个车型上进行装车应用。多地加快部署5G通信、路侧联网设备等基础设施，加大交通设备数字化改造力度，开展车路协同试点，支持企业进行载人载物示范应用。

企业和高校科研院所研究如火如荼，在国家政策层面上，我国高度重视智能网联汽车的发展。2015年国务院正式印发了《中国制造2025》，将智能网联汽车列为未来十年国家智能制造发展的重要领域。2016年，中国汽车工程学会组织500多名行业专家研究编制并发布了《节能与新能源汽车技术路线图》，其中，智能网联汽车发展技术路线图描绘出了智能网联汽车发展所需的关键核心技术及发展路径。2017年，《汽车产业中长期发展规划》明确近、中、远期目标，加大智能网联汽车关键技术攻关，加快智能网联汽车法律法规体系建设，开展智能网联汽车示范推广。《新一代人工智能发展规划》进一步明确了自动驾驶技术自主应用的战略目标。2020年2月，国家发改委等11部门联合发布《智能汽车创新发展战略》，战略指出，到2025年，中国标准智能汽车的技术创新、产业生态、基础设施、法规标准、产品监管和网络安全体系基本形成，实现有条件自动驾驶的智能汽车达到规模化生产，实现高度自动驾驶的智能汽车在特定环境下市场化应用。智能交通系统和智慧城市相关设施建设取得积极进展，车用无线通信网络（LTE-V2X等）实现区域覆盖，新一代车用无线通信网络（5G-V2X）在部分城市、高速公路逐步开展应用，高精度时空基准服务网络实现全覆盖。

2020年，《节能与新能源汽车技术路线图（2.0版）》正式发布。技术路线图分别以2025年、2030年、2035年为关键节点，设立了产业总体发展里程碑，预计到2035年，节能汽车与新能源汽车年销售量占比达到50%，汽车产业实现电动化转型；燃料电池汽车保有量将达到 100 万辆左右，商用车将实现氢动力转型，各类网联式高度自动驾驶汽车在国内广泛运行。中国方案智能网联汽车与智慧能源、智慧交通、智慧城市深度融合。

2021 年 7 月 13 日，中国互联网协会发布了《中国互联网发展报告（2021）》，在车联网领域，2020 年智能网联汽车的销量超过了 303 万辆，同比增长了 107%。车联网为汽车工业产业的升级提供了驱动力，已被提到国家战略的高度，我国车联网标准体系建设基本完成。

道路测试是开展智能网联汽车技术研发和应用不可或缺的重要环节。2018 年 4 月，工信部、公安部、交通部联合印发国家层面的《智能网联汽车道路测试管理规范（试行）》相关文件，提出了测试申请内容、审核流程、交通违法及事故处理等方面要求。部分地区积极出台地方管理智能网联汽车道路测试管理实施细则，选定开放测试路段，推进智能网联汽车封闭区测试工作。2016 年 6 月，由工信部批准的国内首个"国家智能网联汽车（上海）试点示范区"封闭测试区正式开园运营。整个园区模拟城市交通场景，可以为无人驾驶、自动驾驶和 V2X 网联汽车提供 29 种场景的测试验证。这意味着中国智能网联和无人驾驶汽车从国家战略高度正式进入实际操作阶段。

目前，我国汽车技术正朝着电动化、智能化、网联化、共享化的"四化"方向发展，为汽车工业的发展带来了巨大的挑战和机遇。信息技术、网络技术等先进技术的运用将全面升级传统汽车产业，并与互联网产业深度融合。智能网联技术被认为是汽车诞生一百多年来最具革命性的技术变革，在世界新一轮技术革命的影响下，未来汽车工业必将经历一次突破性的创新。

第三节　智能网联汽车的关键技术

智能网联汽车是指车联网与智能车辆的有机结合，以汽车为主体，通过搭载传感器、控制器、执行器等装置，融合网络通信技术，实现安全、舒适、高效行驶。从汽车本身的角度，其主要由环境感知系统、智能决策系统及底层控制系统组成，如图 26-3 所示。

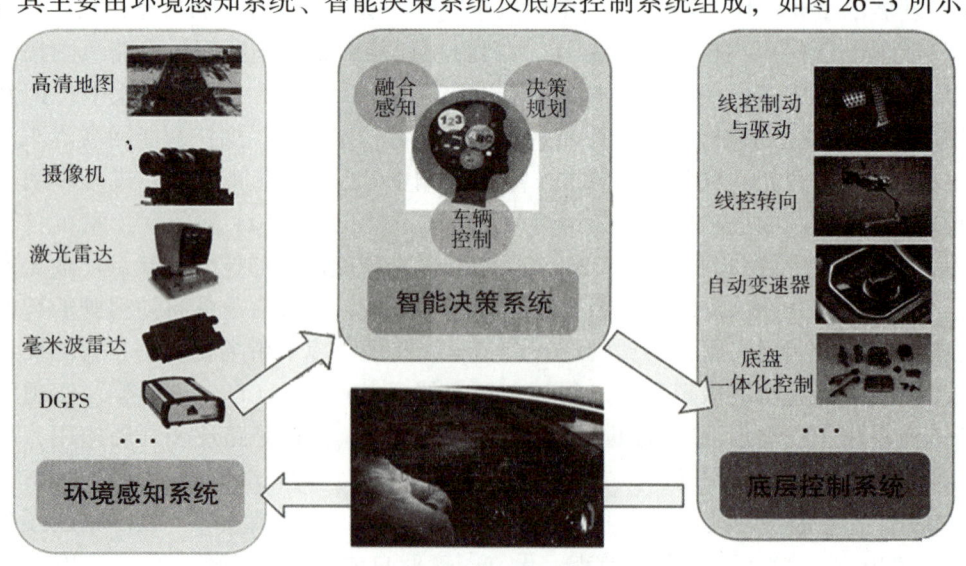

图 26-3　智能网联汽车的层次结构

1. 环境感知系统

主要功能是通过车载环境感知技术、卫星定位技术、4G/5G 及 V2X 无线通信技术等，实现对车辆自身属性和车辆外在属性（如道路、车辆和行人等）的静、动态信息提取和收集，并向智能决策层输送信息。

2. 智能决策系统

主要功能是接收环境感知层的信息并融合，在道路、车辆、行人、交通标志和交通信号等信息的基础上，利用机器学习等相关技术对车辆进行行为决策、路径规划，并将结果传送到底层控制系统。

3. 底层控制系统

主要功能是按照智能决策层的指令，对车辆进行加减速、转向等控制，使车辆的速度和轨迹等参数的变化与智能决策规划相一致。

智能网联汽车三大系统需要各类关键技术来实现各类典型功能，所涉及的关键技术有：

①环境感知技术，主要包括机器视觉图像识别技术、雷达（激光、毫米波、超声波）周边障碍物检测技术、车辆网络通信技术、传感器信息融合技术等。

②路径规划技术，包括危险事态建模技术、危险预警与控制优先级划分、多目标协同技术、车辆轨迹规划、驾驶员多样性分析、人机交互系统等。

③行为决策技术，汇集车辆周围信息，不仅包括汽车本身的当前位置、速度、方向和所在车道，还包括一定距离内与感知相关的所有重要障碍物体信息和预测轨迹。

④控制执行技术，包括基于驱动、制动系统的纵向运动控制，基于转向系统的横向运动控制，基于悬架系统的垂向运动控制，基于驱动/制动/转向/悬架的底盘一体化控制，以及利用通信及车载传感器的车队列协同和车路协同控制、人机交互控制等。

⑤V2X 通信技术，包括车辆专用通信系统、车与车信息共享与协同控制通信保障机制、移动自组织网络技术等。

⑥云平台和大数据技术，包括智能网联汽车云平台架构和数据交互标准、云操作系统、数据高效存储和检索技术、大数据关联分析和数据挖掘技术等。

⑦高精度地图和高精度定位技术，包括高精度地图数据模型和采集方式标准化技术、交换格式和物理存储技术、基于卫星定位系统和差分增强的高精度定位技术、多源辅助定位技术等。

⑧标准与法规，包括智能网联汽车整体标准体系，以及涵盖汽车、交通、通信等各个领域的关键技术标准。

⑨试验评价，包括智能网联汽车试验评价方法和试验环境建设。

补充提示：

我国发展智能网联汽车有很多优势，如新能源汽车的发展，作为国家战略已经取得显著成效，汽车的电动化与智能化相结合发展有很好的前景；在互联网技术和互联网企业方面，我们也有较好的基础，像 5G 通信技术、北斗卫星定位、高精度地图等信息技术，处于全球领先水平；我国还拥有全球最大的汽车市场，有各种应用场景等丰富的资源，有市场发展空间。让我们不忘初心、牢记使命，推动智能网联汽车更好、更快发展，为构建"绿色、智能、共享、安全"的汽车社会和出行方式而共同努力。

练习题

1. 智能网联汽车的定义是什么？
2. 美国汽车工程协会（SAE）将自动驾驶分为哪些级别？
3. 智能网联汽车所涉及的关键技术有哪些？

第二十七章 环境感知技术

学习目标

本章介绍了智能网联汽车的环境感知技术。要求学生了解常见的环境感知传感器的类型、结构、工作原理；理解高精度地图的定义、高精度定位的实现方式；熟悉智能网联汽车 V2X 的实现方式。

重点难点

1. 视觉传感器的工作原理及应用。
2. 激光雷达、毫米波雷达的工作原理。
3. 高精度地图与定位在智能网联汽车中的作用。
4. 智能网联汽车 V2X 的实现方式。

环境感知、智能决策和底层控制是智能网联汽车的三大功能模块，环境感知系统通过智能传感器（视觉传感器、毫米波雷达、激光雷达等）、高精度地图和定位系统或 V2X 通信技术获取道路、车辆、行人、交通标志、交通信号灯、车辆位置和航向等信息，感知汽车自身和汽车行驶的周围环境，为智能决策和控制执行提供依据，是智能网联汽车实现自动驾驶的前提条件，在智能网联汽车技术中起着非常重要的作用。

第一节 先进的传感器技术

一、视觉传感器

视觉传感器是指通过对摄像头拍摄到的图像进行图像处理，对目标进行检测，并输出数据和判断结果的传感器。视觉传感器在智能网联汽车上的应用，主要是环境感知，例如道路的检测与识别、障碍物（道路上的汽

27-1 视觉传感器

车、行人和自行车等物体）的检测和识别，以及交通标志、交通信号灯的检测与识别。

汽车上广泛应用的视觉传感器主要有单目视觉传感器、双目视觉传感器、环视摄像头和红外夜视视觉传感器，它们的检测原理、处理算法及特点各有不同，下面分别介绍这几种典型的车载视觉传感器。

1. 单目视觉传感器

单目视觉传感器的工作原理是先识别后测距，首先通过图像匹配对目标进行识别，根据目标的大小进一步估计目标距离。识别过程需要建立并不断维护一个庞大的样本特征数据库，保证这个数据库包含待识别目标的全部特征数据。如果缺乏待识别目标的特征数据，就会导致系统无法对这些车型、物体、障碍物进行识别，从而也无法准确估算这些目标的距离。

单目的优势在于成本较低，对计算资源的要求不高，系统结构相对简单，并且很多图像算法的研究都是基于单目开发的，算法成熟度较高。其缺点在于必须不断更新和维护一个庞大的样本数据库，才能保证系统达到较高的识别率；对于非标准障碍物，样本数据库少，识别率低。

2. 双目视觉传感器

双目摄像头是通过对两幅图像视差的计算，直接对前方目标进行距离测量，不需要判断前方出现的是什么类型目标，所以不需要样本库。双目摄像头的原理与人眼相似，测距精度比单目的高；但双目测量距离比单目短，成本高，并且计算量非常大，对计算单元的性能要求非常高，这使得双目系统的产品化和小型化难度较大，在汽车上的安装放置难度较高。另外，由于绝大多数的算法都是针对单目研究的，双目的算法还不太成熟。

3. 环视摄像头

环视摄像头一般至少包括4个鱼眼摄像头，而且安装位置是朝向地面的，能够实现360°环境感知。鱼眼摄像头可以获取足够大的视野，代价是图像的畸变严重。环视摄像头的感知范围并不大，主要用于短距离内的障碍物检测、自主泊车时的库位线识别等。

4. 红外夜视视觉传感器

由于夜间可见光成像的信噪比较低，从而导致视觉传感器夜间成像的难度增大，而远红外系统在这个时候就能发挥自身独特的优势。基于红外热成像原理，通过能够透过红外线的红外光学系统，将视场内景物的红外线聚焦到红外探测器上，红外探测器再将强弱不等的辐射信号转换成相应的电信号，经过放大和视频处理，形成可供人眼观察的视频图像。

红外夜视技术可分为主动和被动两种类型。被动红外夜视技术，利用目标发出的红外线形成环境的热图像；主动红外夜视技术，通过主动向外发射强红外线，再由反射光学系统的物镜组接收，在红外成像管的光电阴极表面形成被测目标的红外图像。

红外夜视系统是视觉传感器一个独特的分支，图像处理算法在处理远红外夜视图像过程中依然能够发挥作用，因此，红外夜视系统能够像可见光摄像头一样，获取环境中的目标大小和距离等信息，在光照不足条件下是对基于可见光的视觉传感器的一种有效补充。

二、毫米波雷达

毫米波雷达是工作在毫米波波段的探测雷达。通常毫米波是指频率在 30～300 GHz

（波长为 1~10 mm）的电磁波。车载毫米波雷达主要采用调频连续（FWCW）波雷达。调频连续波雷达是利用多普勒效应测量目标的距离和速度的。

雷达调频器通过天线发射毫米波信号，发射信号遇到目标后，经目标的反射会产生回波信号，发射信号与回波信号相比，形状相同，时间上存在差值。当目标与毫米波雷达信号发射源之间存在相对运动时，发射信号与回波信号之间除存在时间差外，还会产生多普勒频率，利用多普勒效应可精确测量出目标相对于毫米波雷达的距离和速度等信息。

目前汽车领域获准使用的毫米波雷达主要有 24 GHz 和 77 GHz 两个波段。24 GHz 毫米波雷达主要用于 50~70 m 的中、短距离检测，实现盲点监测、换道辅助、自动泊车等功能；77 GHz 毫米波雷达主要用于 100~250 m 的中远程检测，实现如自适应巡航、前向碰撞预警、紧急制动等功能。毫米波雷达的技术参数主要有最大探测距离、距离分辨率、距离测量精度、最大探测速度等。

毫米波雷达具有波长短、频带宽（频率范围大）、穿透能力强的特点，不受恶劣天气影响，体积小巧紧凑，识别精度较高，可实现远距离和近距离的感知与探测。

三、激光雷达

激光雷达（Light Detection and Ranging，LiDAR）是一种光学遥感传感器，它通过向目标物体发射激光，然后根据接收-反射的时间间隔确定目标物体的实际距离，根据距离及激光发射的角度，通过几何变化推导出物体的位置信息。**激光雷达能够确定物体的位置、大小、外部形貌甚至材质**。激光雷达采集到的物体信息呈现出一系列分散的、具有准确角度和距离信息的点，称为点云。图 27-1 所示为激光雷达工作过程中的点云图。

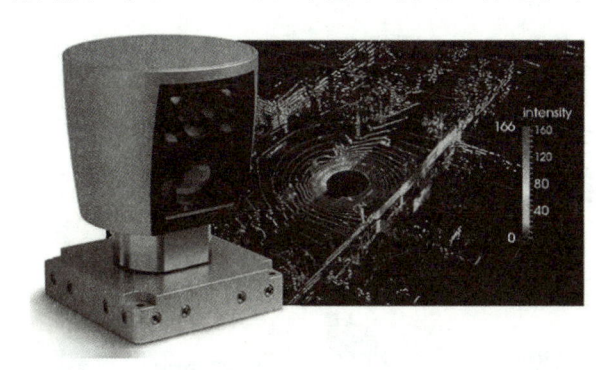

图 27-1 激光雷达工作过程中的点云图

车载激光雷达根据其扫描方式的不同，可分为机械激光雷达和固态激光雷达。机械激光雷达通过电动机带动单点或多点测距模块旋转，实现 360°或其他大角度的扫描。由于技术难度小，机械激光雷达最先获得应用。目前自动驾驶测试车上装备的激光雷达多是机械式激光雷达，如图 27-2 所示。但机械式激光雷达调试、装配工艺复杂，生产周期长，成本高，机械部件寿命短，难以满足苛刻的车规级要求（至少 1 万小时以上）。另外，由于光学结构固定，适配不同车辆往往需要精密调节其位置和角度。

固态激光雷达由于不存在旋转的机械结构，其结构简单、尺寸小，所有的激光探测水平和垂直视角都是通过电子方式实现的，并且装配调试可以实现自动化，能够量产，成本大幅降低，设备的耐用性也有所提高，固态激光雷达应用前景良好。但是，固态激光雷达在不良天气条件下检测性能较差，不能实现全天候工作。固态意味着激光雷达只能探测特定范围，要实现全方位扫描，需多个固态激光雷达配合使用。

图 27-2　机械式激光雷达

车载激光雷达根据线数的多少，可分为单线激光雷达与多线激光雷达。单线激光雷达扫描一次只产生一条扫描线，所获得的数据为 2D 数据，无法区别有关目标物体的 3D 信息。多线激光雷达扫描一次可产生多条扫描线，相比单线激光雷达，其在维度提升和场景还原上有了质的改变，可以识别物体的高度信息，主要应用于障碍物的雷达成像。目前市场上多线产品包括 4 线、8 线、16 线、32 线、64 线等。图 27-3 所示为多线激光雷达扫描的不同类型障碍物的点云图，包括汽车、人、墙、树木、公交车和小货车等。

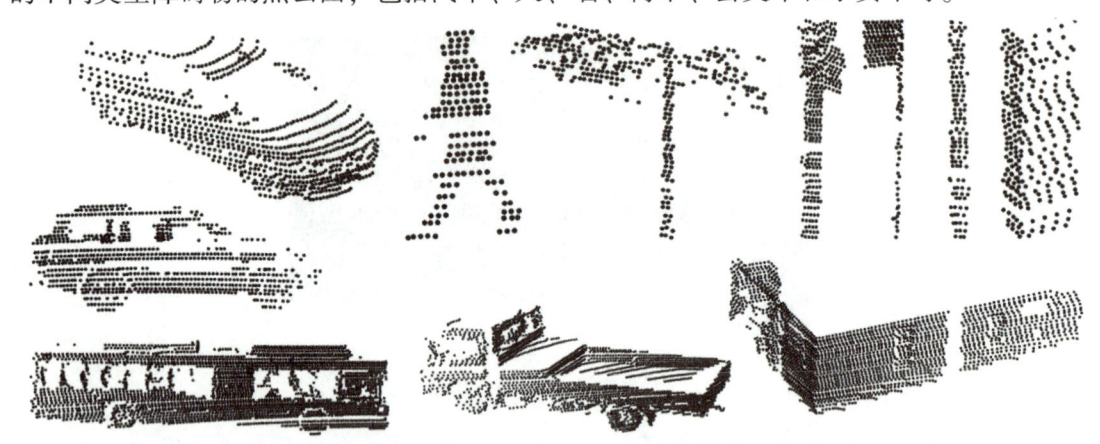

图 27-3　多线激光雷达扫描不同类型障碍物的点云图

车载激光雷达测距原理有脉冲测距法、相位测距法和三角测距法。其中，脉冲测距与相位测距的原理是利用发射波和返回波之间所形成的时间差或相位差来测量距离的，脉冲测距抗干扰能力强，适合远距离测量。缺点是探测电路设计难度大，硬件成本高。相位测距精度高、体积小、结构简单、昼夜可用，发展潜力很大。三角测距法的原理为激光器发射激光照射到物体后，反射光由线性 CCD 接收，由于激光器和探测器间隔了一段距离，依照光学路径，不同距离的物体将会成像在 CCD 上不同的位置。按照三角公式进行计算就能推导出被测物体的距离。三角测距法的优势主要体现在成本上，但在实际应用过程中并不稳定，导致其应用受到很大限制。

四、传感器融合技术

各类传感器因其测量原理不同，在环境感知方面有着各自明显的优缺点（见表27-1），毫米波雷达可以全天候工作，但分辨率不够高，无法区分人与物；摄像头具有较高的分辨率，可以感知颜色，但受强光影响较大；激光雷达可以提供具有三维信息的特性，对环境的可重构性很强，但受天气影响较大。毫米波雷达可以弥补激光雷达、视觉传感器在环境适应性上的不足；视觉传感器或者激光雷达可以弥补毫米波雷达在目标分类上的不足等。传感器各有优点和缺点，需要相互融合，才能使智能网联汽车更加准确地理解环境，进而做出准确的决策。

表27-1 环境感知各传感器的性能特点

	视觉传感器	超声波雷达	红外线传感器	激光雷达	毫米波雷达
优势	成本适中；可以分辨出障碍物的距离和大小，并区分障碍物类型	结构简单，价格低廉，体积小巧	低成本，夜间不受影响	测距精度高，响应方向性强，时间快，不受地面杂波干扰	不受天气情况和夜间的影响，可以探测到远距离（100 m以上）的物体
劣势	与人眼一样，会受到视野范围的影响	会受到天气和温度变化的影响，最大探测距离一般只有几米	会受天气条件限制，只能探测到近距离的物体	成本很高；不能全天候工作，遇浓雾、雨、雪等极端天气时无法工作	成本较高；行人的反射波较弱，难以探测，需与视觉传感器互补使用
远距离探测能力	强	弱	一般	强	强
夜间工作能力	弱	强	强	强	强
全天候工作能力	弱	弱	弱	弱	强
受气候影响	大	小	大	大	小
烟雾环境工作能力	弱	一般	弱	弱	强
雨雪环境工作能力	一般	强	弱	一般	强
温度稳定性	强	弱	一般	强	强
车速测量能力	弱	一般	弱	弱	强

在传感器融合算法的研究中，有多种理论和方法得到了应用，如极大似然估计、D-S证据决策理论、熵理论、神经网络、遗传算法等。目前在智能汽车领域应用较多的是卡尔曼滤波方法和贝叶斯方法。

> **补充提示：**
>
> 作为信息获取源头的传感器，特别是基于微机电系统技术的智能传感器，已经成为实现我国制造业信息化、网络化、智能化，进而实现《中国制造2025》目标的基础保障和核心技术。很长一段时间，国外品牌的高端智能传感器的关键技术处于垄断地位，随着云计算、人工智能、大数据等技术在国内逐渐成熟落地，传感技术自主化为不可逆转的趋势，中国许多企业发扬"大国工匠精神"，打造国产高端传感器，成功研制了多款高端传感器产品。

第二节　高精度地图与导航定位技术

一、高精度地图

在自动驾驶中，高精度地图不仅用于导航、路径规划，还可以为环境感知和理解提供先验知识，辅助车载传感器实现高精度定位。高精度地图被普遍认为是L3级及以上自动驾驶不可缺少的关键技术。

传统的导航系统中，数字地图根据起始位置、目标位置为使用者规划行驶路径，辅助驾驶人驾驶。导航地图通常仅需描述一些典型道路交通特征、路口指引等道路级的导航信息，导航过程中，10 m级的定位精度即可满足要求。对于自动驾驶系统，导航系统需要提供更高精度的行驶路径，引导车辆驶向目的地，需要将环境中尽可能丰富的信息提供给自动驾驶系统。作为存储静态、准静态交通信息的数据库，为了满足自动驾驶系统的导航、路径规划要求，高精度地图需要提供更精细、精确的交通信息，如图27-4所示。

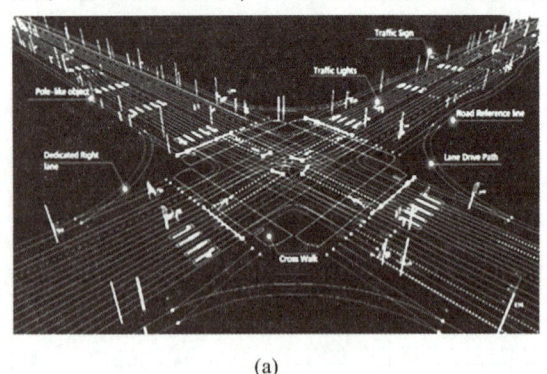

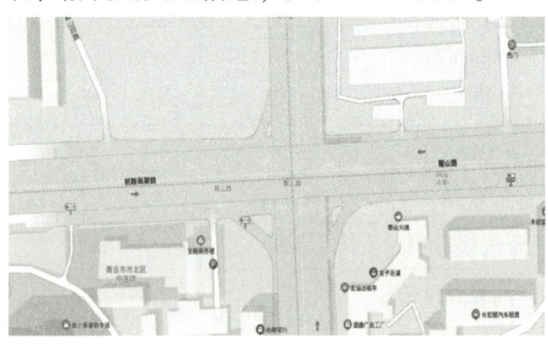

(a)

(b)

图27-4　高精度地图与传统地图信息对比示意图
(a) 高精度地图；(b) 传统地图

高精度地图包含丰富的道路信息和驾驶辅助信息，主要有以下内容和特点：
(1) 道路参考线
为了实现车道级导航、路径规划功能，需要在原始地图数据中抽象道路结构，形成由定点组成的拓扑图形结构。同时，为了优化数据的存储，需要将道路用连续的曲线段来表示。

（2）道路连通性

除道路参考线外，高精度地图还应描述道路的连通性。比如十字路口中没有车道线的部分，需要将所有可能的行驶路径抽象成道路参考线，在高精度地图数据库中体现。

（3）车道模型

除记录道路参考线、车道边缘和停车线外，高精度地图数据库还需要记录无车道道路的拓扑结构，并且除车道的几何特性外，道路模型还包括车道数、道路坡度、功能属性等。

（4）对象模型

对象模型记录道路和车道行驶空间范围边界区域的元素，模型属性包括对象的位置、形状和属性值。这些地图元素包括路牙、护栏、互通式立交桥、隧道、龙门架、交通标志、可变信息标志、轮廓标志、收费站、电线杆、交通灯、墙壁、箭头、文字、符号、警告区、分流区等，如图27-5所示。

图27-5 高精度地图的对象模型元素

二、导航定位技术

定位系统用来提供车辆的位置、姿态等信息，帮助车辆了解自己相对于外界环境的精准位置，从而做出正确的决策，同时辅助感知系统，得到更加准确的检测和跟踪结果。根据场景以及定位性能的需求不同，车辆定位方案是多种多样的。常用的定位技术有全球导航卫星技术、惯性导航技术、同时定位与地图创建技术等。由于任何一种单独定位技术都有无法克服的弱点，智能网联汽车通常需要组合定位技术来实现精准定位。组合定位技术融合了两种或两种以上的不同类型的定位技术，实现优势互补，以获得更高的定位性能。

27-3 高精度定位示意图

1. 全球导航卫星系统

全球导航卫星系统（Global Navigation Satellite System，GNSS）是一种基于卫星基础设施的，具有全球覆盖范围的无线电定位技术。主要有美国的全球定位系统（Global Positioning System，GPS)、俄罗斯的格洛纳斯（GLONASS）卫星定位系统、欧盟的伽利略（GALILEO）卫星定位系统以及中国的北斗卫星定位系统（BDS)。全球四大导航系统参数比较见表27-2。

表27-2 全球四大导航系统参数比较

导航系统	卫生数量/颗	轨道高度/km	位置精度/m	授时精度/ns	速度精度/(m·s^{-1})
GPS	24 以上	20 200	6	20	0.1
GLONASS	24 以上	19 100	12	25	0.1
BDS	30 以上	21 500	10	50	0.2
GALILEO	30 以上	24 126	1	20	0.1

以 GPS 为例，全球导航卫星系统主要由空间部分、地面监控部分和用户设备部分组成，如图 27-6 所示。

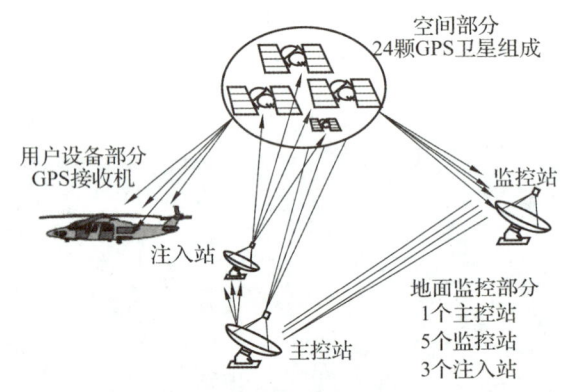

图 27-6 GPS 的组成

空间部分由覆盖全球的 24 颗卫星组成卫星系统。在地球上的任何地方、任何时间都可以观测到 4 颗以上的 GPS 卫星，保持定位的精度，从而提供连续的全球导航能力。地面监控部分主要由 1 个主控站、5 个监测站和 3 个注入站组成。主控站负责从各个监控站收集卫星数据，计算卫星星历、相对距离、大气校正等数据，管理和协调地面监测系统各部分的工作，将导航信息编译发送到注入站，监测卫星状态，并向卫星发送控制命令。监测站的主要功能是对导航卫星信号进行跟踪监测，接收导航卫星信息，测量监测站相对导航卫星的伪距、载波相位和多普勒观测数据，经过预处理后送入主控站。注入站负责把导航电文、控制指令发送给卫星。用户设备主要由 GPS 接收机和 GPS 数据处理软件组成，主要功能是接收卫星发射的信号，经过综合处理，计算出用户所在位置的三维坐标、速度、方向和精确时刻等。

GPS 定位系统是根据三角测量定位原理来实现的。如图 27-7 所示，计算过程依据三球交叉定位原理，只要同时观测 3 颗卫星，获得 3 个空间距离，结合 3 个卫星的位置数据，就可以计算出接收器的位置数据。但由于接收机的时钟有误差，从而使测得的距离有误差，所以在实际应用中，要求接收机可以同时观测到 4 颗以上卫星，就可以得到更为精确和可靠的定位信息。

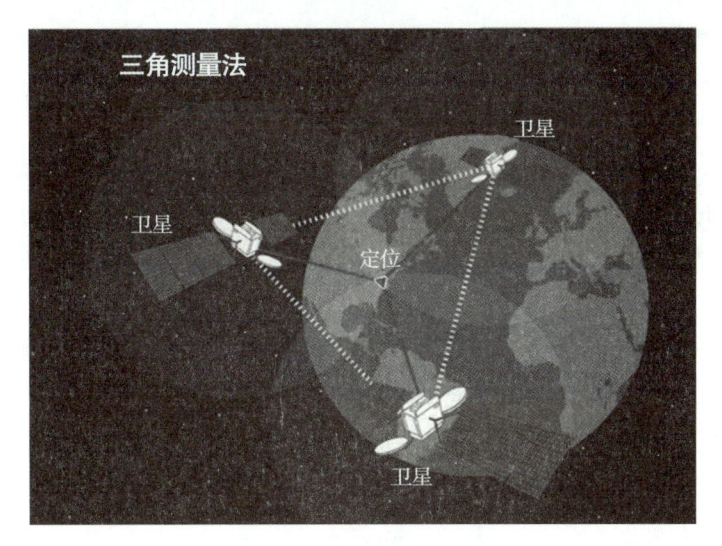

图 27-7　三角定位原理图

在实际工程应用中，卫星信号的传播还受大气电离层、云层、树木、高楼、城市、峡谷等遮挡、反射、折射，以及多路径干扰，这些都会影响到 GPS 信号传播，从而影响到测距信息的准确度。为了提高定位精度，实际应用可以采用差分 GPS（Differential GPS，DGPS）。如图 27-8 所示，DGPS 技术通过一个已知精确坐标的基准站，通过自身的位置真值修正卫星定位过程中的动态误差，通过基准站差分的方式提供更高精度的定位。

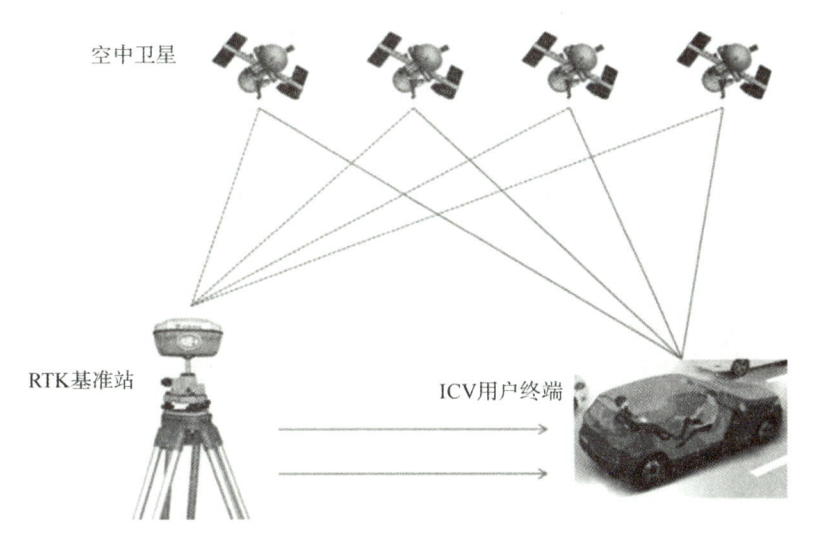

图 27-8　DGPS 工作示意图

DGPS 可以提高定位精度，但解决不了遮挡、反射和更新频率低的问题，尤其是高楼林立的城市或者车辆通过隧道时，GPS 卫星信号很差甚至中断，无法满足定位要求。为保证车辆定位的连续性和可靠性，还需要其他辅助手段。

2. 惯性导航系统

惯性导航系统（Inertial Navigation System，INS），简称惯导，是一种不依赖于外部信息，也不向外部辐射能量的自主式导航系统。**惯性导航系统基于陀螺仪和加速度传感器的信号组合进行自主式导航，陀螺仪测量物体三轴的角速率，用于计算载体姿态；加速度传感器测量物体三轴的线加速度，可用于计算载体速度和位置。**

惯性导航系统能提供位置、速度、航向和姿态角数据，所产生的导航信息连续性好，并且噪声小；数据更新率高、短期精度和稳定性好；可全天候地工作于空中、地面乃至水下；隐蔽性好，并且不受外界电磁干扰的影响。但是，由于其导航信息经过积分而产生，更新过程中存在误差累积，容易产生温漂和零漂等问题。

惯性导航系统主要有两个作用：一个是在 GPS 信号丢失或者很弱的情况下，暂时填补 GPS 留下的空缺，用积分法取得最接近真实的三维高精度定位；另一个作用是配合激光雷达。GPS+IMU 为激光雷达的空间位置和脉冲发射姿态提供高精度定位，建立激光雷达点云坐标系。

3. SLAM 自主导航定位

同时定位与地图构建（Simultaneous Localization And Mapping，SLAM），**通常是指在机器人或者其他载体上，通过对各种传感器数据进行采集和计算，生成对其自身位置姿态的定位和场景地图信息的系统。** SLAM 起源于机器人领域，其问题可以描述为：机器人在未知环境中开始启动，并尝试从一个未知位置开始移动，在移动过程中根据自身位姿估计和地图匹配进行自身定位，然后在自身定位的基础上实现运动中拓展地图，最终实现全局机器人的自主定位和导航。

一般来讲，SLAM 系统通常都包含多种传感器和多种功能模块。而按照核心的功能模块来区分，目前常见的智能网联汽车 SLAM 系统一般具有两种形式：基于激光雷达的 SLAM（激光 SLAM）和基于视觉的 SLAM（Visual SLAM 或 VSLAM）。

> **补充提示：**
> 2020 年 7 月 31 日，北斗三号全球卫星导航系统正式开通，大国重器，意义非凡。26 年来，参与北斗系统研制建设的全体人员迎难而上，敢打硬仗，发扬"两弹一星"精神，培育了新时代北斗精神。作为新时代的大学生，要传承好、弘扬好这种精神，把个人理想追求融入国家和民族的事业中，把远大抱负落实到实际行动中。

第三节　V2X 通信技术

一、V2X 的定义

车用无线通信技术（Vehicle to Everything，V2X）是将车辆与一切事物相连接的新一代信息通信技术。其中，V 代表车辆，X 代表任何与车交互信息的对象，当前 X 主要包含车、人、交通路侧基础设施和网络。V2X 交互的信息模式包括车与车之间、车与基础设施、车与人之间、车与网络之间的交互。

27-5 V2X 技术

V2V（Vehicle to Vehicle），指通过车载终端进行车辆间的通信。最普遍的应用场景是在城市街道与高速公路中，车辆之间实现信息和数据的共享。V2V 技术允许车辆通过转发自身及前方的实时信息来预防事故的发生，最终实现改善交通环境，减少交通拥堵的目的。

V2I（Vehicle to Infrastructure），指车载设备与路边基础设施（如红绿灯、交通摄像头、路侧单元等）进行通信，路边基础设施获取附近区域环境的信息并发布各种实时信息。车与路通信主要应用于实时信息服务、车辆监控管理、不停车收费等。

V2P（Vehicle to People）是指车载设备和弱势交通群体（包括行人、骑行者等）使用用户设备（如智能手机、可穿戴式设备、自行车 GPS 信号仪等）进行通信。车与行人通信主要应用于交通安全、智能钥匙、位置信息服务、汽车共享等。

V2N/C（Vehicle to Network/Cloud）是指车载设备通过网络与云平台连接，云平台与车辆之间进行数据交互，并对获取的数据进行存储和处理，提供远程交通信息推送、娱乐、商务服务和车辆管理等。车与云平台通信主要应用于车辆导航、车辆远程监控、紧急救援、信息娱乐服务等。

与自动驾驶技术中常用的摄像头或激光雷达相比，V2X 拥有更广的使用范围，它具有突破视觉死角和跨越遮挡物的信息获取能力，同时，可以和其他车辆及设施共享实时驾驶状态信息，还可以通过研判算法产生预测信息。另外，V2X 是唯一不受天气状况影响的车用传感技术，无论雨、雾或强光照射，都不会影响其正常工作。

此外，除传统智能汽车信息交换共享和环境感知的功能之外，V2X 还强调了"智能决策""协同控制和执行"功能，以强大的后台数据分析、决策、调度服务系统为基础。而且要实现自动驾驶，车辆必须具备有感知系统，像人一样能够观察周围的环境，所以，除了传感器，V2X 技术也属于自动驾驶的一个感知手段。

二、V2X 的技术实现

V2X 通信技术在国际上存在两大技术阵营：一种是比较成熟的由 IEEE 主导的专用短程通信技术（Dedicated Short Range Communication，DSRC）方案，另一种是由 3GPP 主导的 LTE-V 方案。

1. DSRC 技术

DSRC 是由 IEEE 802.11p 底层通信协议与 IEEE 1609 系列标准所构成的技术，由美国主导，福特、丰田等车企推动，具备低传输延迟特性，以提供车用环境中短距离通信服务。IEEE 802.11p 解决了在高速移动环境中数据的可靠低时延传输问题。IEEE 1609 系列规范阐释了 V2X 通信的系统架构、资源管理、安全机制等。该技术可以实现小范围内图像、语音和数据的实时、准确和可靠的双向传输，将车辆和道路有机连接，是一种专门用于道路环境的车辆与车辆、车辆与基础设施、基础设施与基础设施间通信距离有限的无线通信方式，是智能网联汽车系统最重要的通信方式之一。

DSRC 技术主要由车载单元（On Board Unit，OBU）、路旁部署的路侧单元（Road-Side Unit，RSU）两部分组成。通过车载单元与路侧设备之间的无线通信实现路网与车辆之间的双向信息交流，将车辆与道路有机地连接在一起，如图 27-9 所示。

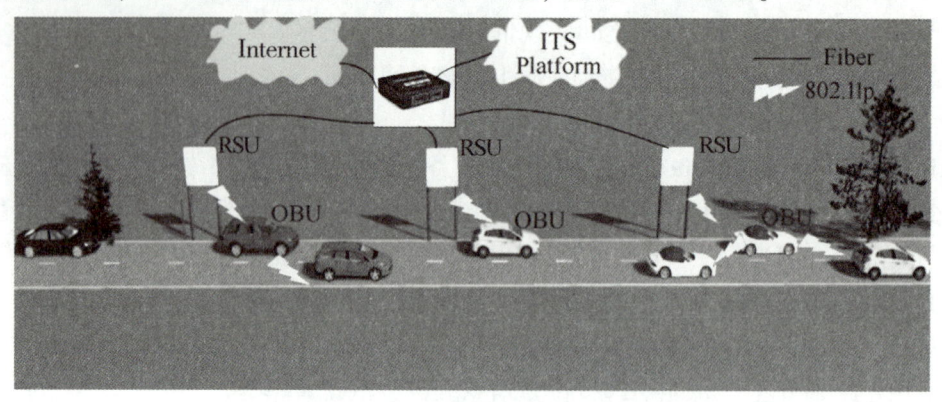

图 27-9 DSRC 系统的组成示意图

DSRC 具有易于部署、低成本和原生的自组织网络支持等优点。而且，针对 V2X 通信的终端高速移动和数据传输的高可靠、低延时等需求进行了优化，适合应用在 V2X 场景，尤其是一些和安全相关的交通场景。

与此同时，DSRC 也存在以下缺点：第一，车辆接入互联网的路侧设备覆盖问题。如果汽车需要接入互联网，必须依靠连接到互联网的路侧 DSRC 终端的支持，这需要在路侧布置大量能够接入互联网的终端设备。第二，车辆高速移动环境下，数据包的多级连跳通信以及路由问题削弱了 DSRC 高可靠和低延时的性能。第三，DSRC 在高密度场景下，车辆之间的信道接入竞争会非常强烈，从而导致通信延迟增加和传输速率下降。第四，由于 DSRC 路侧设施投入大，商业盈利模式尚未明确。

2. LTE-V 技术

LTE-V 技术支持在车辆与车辆（V2V）、车辆与基础设施（V2I）、车辆与行人（V2P）之间快速组网，构建数据共享交互桥梁。

LTE-V 技术包括集中式（LTE-V-Cell）和分布式（LTE-V-Direct）两种，如图 27-10 所示。其中，LTE-V-Cell 需要基站作为控制中心，实现大带宽、大覆盖通信；LTE-V-Direct 则可以不用基站作为支撑，直接实现车辆与周边环境节点低时延、高可靠通信。

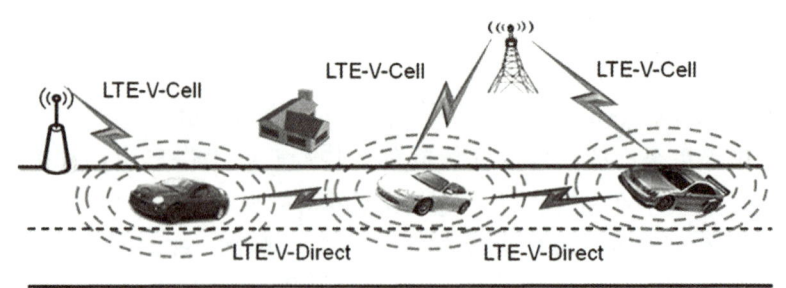

图 27-10 LTE-V 技术分类

LTE-V-Cell 的传输带宽最高可扩展至 100 MHz，下行 1 Gb/s，用户面时延≤10 ms，控制面时延≤50 ms，支持车速 500 km/h，在 5G 时代演进成 C-V2X 技术，主要由电信企业推动。

LTE-V-Direct 直通式通信模式可以独立于蜂窝网络，实现车辆与周边环境节点低时延、高可靠的直接通信，满足行车安全需求。LTE-V-Direct 模式能够将车辆感知范围扩展到数百米甚至上千米，这与目前已有的其他车辆感知系统（如雷达、摄像头）的探测范围相比有很大优势。多种探测手段相结合，借助融合信息处理技术，能够有效提升行车安全和交通效率问题。

LTE-V 的优点：基于现有的移动蜂窝网络，部署简单。部署时，只需要在现在的 LTE-V 基站中增加一些设备，不需要额外建设基站；覆盖范围广，可实现无缝覆盖；传输更可靠；3GPP 持续演进，未来可支持更高级的车路协同业务需求；网络运营模式灵活，盈利模式多样化。

LTE-V 的缺点：当前的技术成熟度较低；蜂窝基础设施的中继性质，会导致在对时间敏感的车辆操作中存在安全隐患；LTE-V 应用于车辆主动安全与车辆智能驾驶时，其网络通信性能还需要充分的测试验证。

> **补充提示：**
> 5G 的魅力，不仅在于其本身超快的速度，还在于其改变世界的巨大潜力，技术创新与知识产权是 5G 发展的命脉，加大研发力度，掌握自主知识产权的新技术，才能在 5G 时代乘风远航。华为 5G 领先世界的壮举再次告诉我们，只有坚持自主研发，才能拥有自己的核心技术，同时，也只有这一条路能让中国科技走上世界之巅。

练习题

1. 简述视觉传感器在智能网联汽车中的应用。
2. 简述毫米波雷达的结构、原理和特点。
3. 简述激光雷达的结构、原理和分类。
4. 高精度地图与普通的导航地图有哪些区别？
5. 卫星定位导航系统有哪些种类？
6. 实现智能网联汽车 V2X 功能的网络通信技术有哪些？

第二十八章
智能决策技术

> **学习目标**
>
> 　　本章介绍了智能网联汽车智能决策的相关技术。要求学生掌握智能决策的目的，了解目标状态预测、行为决策常用的方法、全局路径规划和局部路径规划的区别、路径规划的常用算法。

> **重点难点**
>
> 1. 行为决策常用的方法。
> 2. 全局路径规划和局部路径规划。
> 3. 路径规划的常用算法。

　　在智能网联汽车系统的三大模块中，如果将环境感知模块比作车辆的眼睛和耳朵，将底层控制模块看作车辆的手和脚，那么智能决策模块就相当于车辆的大脑，是体现驾驶智慧水平的直接环节，其首先融合环境感知信息，对周围环境中的可能目标障碍物状态进行预测，然后根据驾驶需求进行行为决策，规划出多条可选安全路径，并在这些路径中选取一条最优的路径作为车辆行驶轨迹，输出给底层控制模块，如图28-1所示。

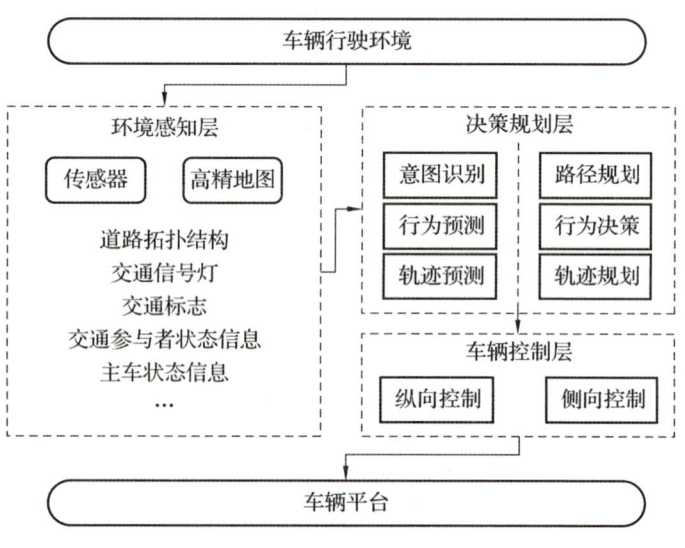

图28-1　决策规划层实施步骤

第一节　目标状态预测

目标状态预测是对智能网联汽车周边的目标（人、车、物等）进行未来比较短时间内的行为和轨迹预测，该预测信息可附加在目标感知结果中，与环境感知信息一起发送给行为决策模块，为汽车智能决策规划提供信息依据。目标状态预测主要解决两大类问题：一是目标的行为预测（包括静止、左行、右行或直行等）；二是目标的轨迹预测（包含位置、时间戳、速度、角度、加速度等信息）。通过辨识目标的行为和拟合运动轨迹，实现对目标的状态预测。预测模块需要将目标与周围环境结合起来，积累历史数据知识，对目标进行跟踪。

28-1 目标检测

如图 28-2 所示，预测模块可以基于当前时刻 t 及过往时间内目标的运动状态，预测未来时间（$t+1$、$t+2$、$t+3$、$t+4$、…）内目标可能的运动轨迹。预测过程中，首先根据检测到的环境目标信息，区分目标类型，获取目标当前运动状态；然后，根据不同类型的目标匹配不同的运动模型，结合目标当前运动状态对目标未来轨迹做出预测。

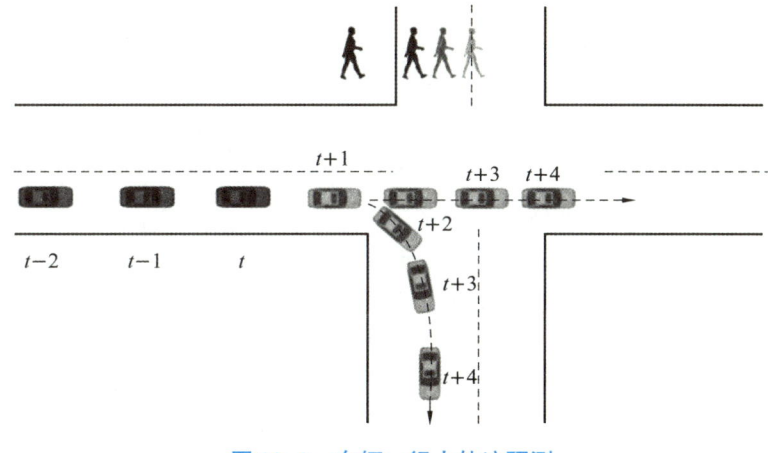

图 28-2　车辆、行人轨迹预测

当前主流的目标状态预测方法主要包括基于运动模型的卡尔曼滤波、基于马尔可夫链的预测方法、基于数据的神经网络方法等。

第二节　行为决策

智能网联汽车行为决策指通过传感器感知得到交通环境信息，考虑周边环境、动静态障碍物、车辆汇入及让行规则等，根据规则、数据学习等进行决策，选择适合当前交通环境下的驾驶策略（跟驰、换道、自由行驶等）。

行为决策的目标主要是保证智能网联汽车可以像人类一样产生安全的驾驶行为，满足车辆安全性能、遵守交通法规。智能网联汽车的行为决策方法包括基于规则的行为决策方法和基于强化学习的行为决策方法。

一、基于规则的行为决策方法

如图 28-3 所示，该方法主要是将智能网联汽车的运动行为进行划分，根据当前任务路线、交通环境、交通法规以及驾驶规则知识库等建立行为规则库，对不同的环境状态进行行为决策逻辑推理，输出驾驶行为，同时，接受运动规划层对当前执行情况的反馈情况，进行实时动态调整。

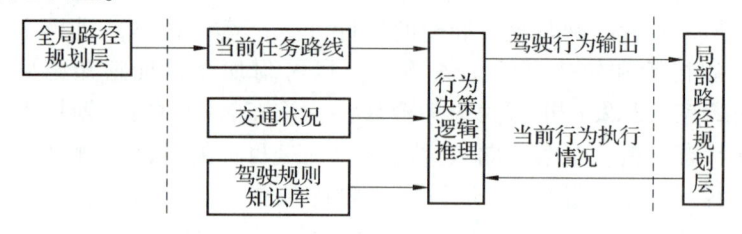

图28-3 基于规则的行为决策方法架构

基于规则的行为决策系统便于建模、安全系数高，但行动机械，缺乏对动态变化环境的适应能力，其代表方法为有限状态机法。有限状态机是一种离散的数学模型，用来研究有限个状态以及状态之间的转移。其主要包括有限状态集合、输入集合和状态转移规则集合三部分。状态、转移、事件和动作是有限状态机的四大要素。

二、基于强化学习的行为决策方法

强化学习作为一种新兴的人工智能算法，是机器学习的技术之一，其通过智能体与环境不断地交互产生评价性的反馈信号，并利用反馈信号不断改善智能体的策略，最终使智能体能够自主学习到适应环境的最优策略。该方法在序贯决策问题上表现出了强大的优越性和灵活性。强化学习关键的三个因素是状态、行为和环境奖励。

强化学习采用的是边获得样例边学习的方式，在获得样例之后更新自己的模型，利用当前的模型来指导下一步的行动，下一步的行动获得奖励之后再更新模型，不断迭代重复，直到模型收敛。在这个过程中，非常重要的一点在于"在已有当前模型的情况下，如何选择下一步的行动才对完善当前的模型最有利"，这就涉及强化学习的两个非常重要的概念：探索和开发。探索是指选择之前未执行过的动作，从而探索更多的可能性；开发是指选择已执行过的动作，从而对已知动作的模型进行完善。

第三节 路径规划

路径规划是在当前工作环境中根据需求，按照某种性能指标搜索出一条从起点到终点的最优路径。最优的标准可以是最短行车距离、最少行车时间、最低费用和最少拥堵等。

一、路径规划分类

智能网联汽车的路径规划分为全局路径规划和局部路径规划。

全局路径规划根据已知电子地图和起点终点信息，采用路径搜索算法搜索出一条最优的全局期望路径，为智能汽车的自主驾驶提供方向性的引导。在规划全局路径时，不同的环境下常常会选择不同的择优标准。在城市环境中，通常以路径长度最短或时间最短为最优标准。在越野环境中，经常以"安全性"为最优标准。这种规划可以行驶前离线进行，也可以在行驶中不停地重规划。

局部路径规划依照行为决策确定的当前行驶模式，通过传感器为自主车辆提供障碍物等相关信息，基于一定的环境地图寻找一条满足车辆运动学约束和舒适性指标的无碰撞路径。规划出来的局部路径必须具备对全局路径的跟踪能力和动态环境的避障能力。

全局路径规划需要掌握所有的环境信息，是起点到终点的最佳道路行驶序列；局部路径规划需要有传感器实时采集环境信息，确定出所在地图的位置及其局部的障碍物分布情况，从而可以选出从当前节点到目标节点的最优路径。

二、常用的路径规划算法

常用的路径规划算法可分为基于采样的路径规划算法和基于地图的路径搜索算法两大类。基于采样的搜索算法很早用于车辆路径规划，比较常见的有 PRM 概率图算法和 RRT 快速随机扩展树算法；基于地图的搜索算法是通过搜索表示环境信息的环境地图来获得规划路径，比较有代表性的有 DFS 深度优先搜索算法、BFS 广度优先搜索算法、IDS 迭代加深搜索算法、UCS 等代价搜索算法和 HS 启发式搜索算法等。路径规划常用的 A* 算法、D* 算法就属于启发式算法。

按照算法应用的先后顺序，可分为传统的路径规划算法和智能仿生类算法。传统路径规划算法主要包括模拟退火算法、人工势场法、模糊逻辑算法等；在处理复杂动态环境信息的路径规划问题时，来自自然界的启示往往能起到很好的作用，智能仿生学算法就是通过仿生学研究发现的算法，常用的有蚁群算法、神经网络算法、遗传算法等。

28-2 遗传算法

> **补充提示：**
> 由于人类驾驶过程中所面临的路况与场景多种多样，不同的驾驶员对不同的工况做出的驾驶决策也有所不同，因此，类人驾驶决策算法的优化需要完善、高效的人工智能模型以及大量的有效数据。这些数据需要尽可能地覆盖到各种路况，这也是目前驾驶决策发展的"瓶颈"所在。

练习题

1. 简述智能网联汽车智能决策的目的。
2. 简述智能网联汽车行为决策常用的方法。
3. 简述全局路径规划和局部规划的含义和区别。
4. 路径规划有哪些常用算法？

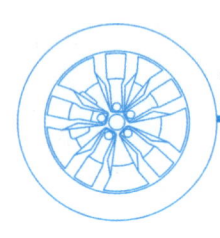

第二十九章 底层控制技术

学习目标

本章主要介绍智能网联汽车底层控制的功能和分类。要求学生掌握底层控制的目的，了解底层控制的类型以及常用的控制算法。

重点难点

1. 智能网联汽车底层控制的目的。
2. 纵向控制和横向控制的目的和类型。
3. 底层控制的常用算法。

智能网联汽车底层控制是整个自动驾驶系统的最后一环，其将来自智能决策系统的路径规划落实到汽车执行机构上，使车辆的速度和轨迹等参数的变化与决策规划相一致。底层控制主要包括车辆的纵向控制和横向控制。

第一节 车辆纵向控制

一、纵向控制概述

纵向控制主要为速度控制，通过控制刹车、油门等实现对车速的控制。纵向控制基本原理是根据期望速度和车辆实际速度之间的偏差，基于油门踏板和制动踏板的控制与协调切换，控制车辆加速、减速，实现对车辆纵向期望速度跟踪与控制。其控制原理框图如图29-1 所示。

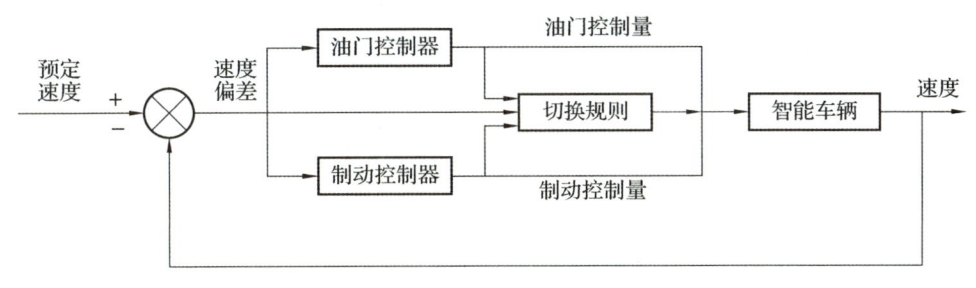

图 29-1　纵向控制系统控制框图

二、纵向控制的类型

纵向控制按照实现方式，可分为直接式运动控制和分层式运动控制。

1. 直接式运动控制

直接式运动控制是通过纵向控制器直接控制期望制动压力和节气门开度，从而实现对汽车纵向速度的直接控制。该方法能够使汽车实际纵向速度迅速达到期望值，响应速度快。具体结构如图 29-2 所示。

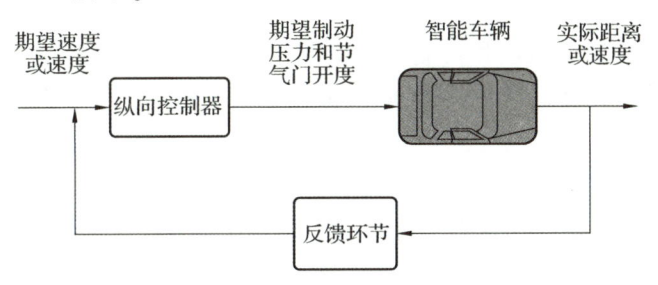

图 29-2　直接式运动控制结构图

直接式运动控制考虑了系统的复杂性和非线性等特点，具有集成程度高、模型准确性强的特点。但是其开发难度较大，灵活性较差。

2. 分层式运动控制

分层式纵向控制结构如图 29-3 所示。上位控制器控制策略设计的目的是产生期望车速或者期望加速度；下位控制器接收上位控制器产生的期望状态值以及反馈的实际状态值，并按照其控制算法产生期望的制动压力值与期望油门开度值，从而实现车辆纵向车间距离或速度跟踪控制的功能。

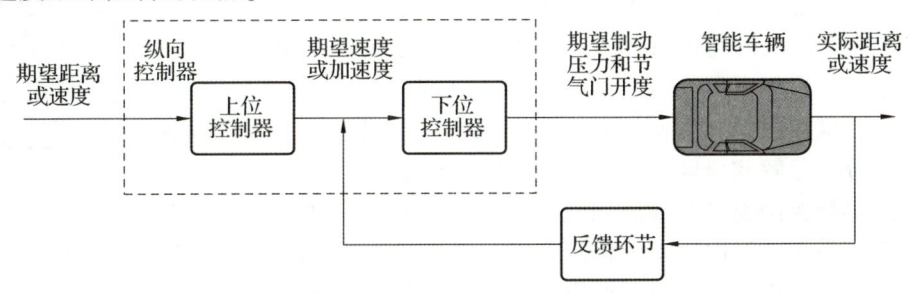

图 29-3　分层式运动控制结构图

分层式运动控制通过协调节气门和制动分层控制，开发相对易实现。但是由于参数的不确定性、模型误差以及外界干扰，分层式运动控制建模的准确性会受到一定的影响。

第二节　车辆横向控制

一、横向控制概述

横向控制主要控制航向，通过改变转向盘扭矩或角度的大小等，使车辆按照想要的航向行驶。横向控制的基本原理是根据期望轨迹和车辆实测轨迹的偏差，转向控制器根据算法得到转向盘转角控制量，最终实现车辆沿期望轨迹行驶。其控制原理框图如图29-4所示。

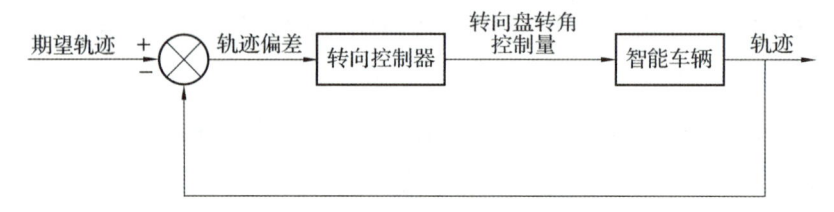

图29-4　横向控制系统控制框图

图29-4所示是把期望轨迹和智能车辆实测轨迹的偏差作为控制器输入信号，转向控制器根据算法得到转向盘转角控制量，最终实现车辆沿期望轨迹行驶。

二、横向控制的类型

按照横向控制的设计方法不同，可以分为三种类型。

①完全基于控制层的上一级动作规划控制，不考虑道路几何特性，通常用PID做反馈控制。

②基于模仿驾驶员行为，用驾驶员操纵过程的数据训练控制器获取控制参数。

③基于车辆动力学模型和控制理论。

前两种方法不需要车辆动力学的精确知识，仅需要一个表达响应特性的车辆模型和一个模拟驾驶员行为的控制器就可以；后一种方法通常需要一个较好的车辆动力学模型，然后用不同的控制算法来达到特定目标。

第三节　横纵向一体化控制

单独设计智能车辆的横向控制或者纵向控制系统并不能满足智能车的行驶需求。车辆在实际行驶过程中，简单的工况也会涉及横纵向的同时运动，如超车、靠边停车等行为。针对智能车辆横纵向动力学间的耦合、关联特性，采用横纵向综合协调控制。从控制结构上讲，智能车辆横纵向运动综合控制分为分解式协调控制和集中式协调控制。

分解式协调控制通过对横纵向动力学进行解耦，分别独立设计横纵向控制律，同时，设计用于协调横向与纵向运动的控制逻辑。分解式协调控制只是对横纵向控制律的执行进行协调，从本质上讲，没有克服横纵向动力学的耦合特性。

集中式协调控制针对智能车辆的横纵向耦合特性，综合设计横纵向协调控制律，直接根据横纵向动力学模型求解。图 29-5 所示为某底盘动力学域的纵、横、垂向控制架构，垂向主要是考虑车辆的舒适性。

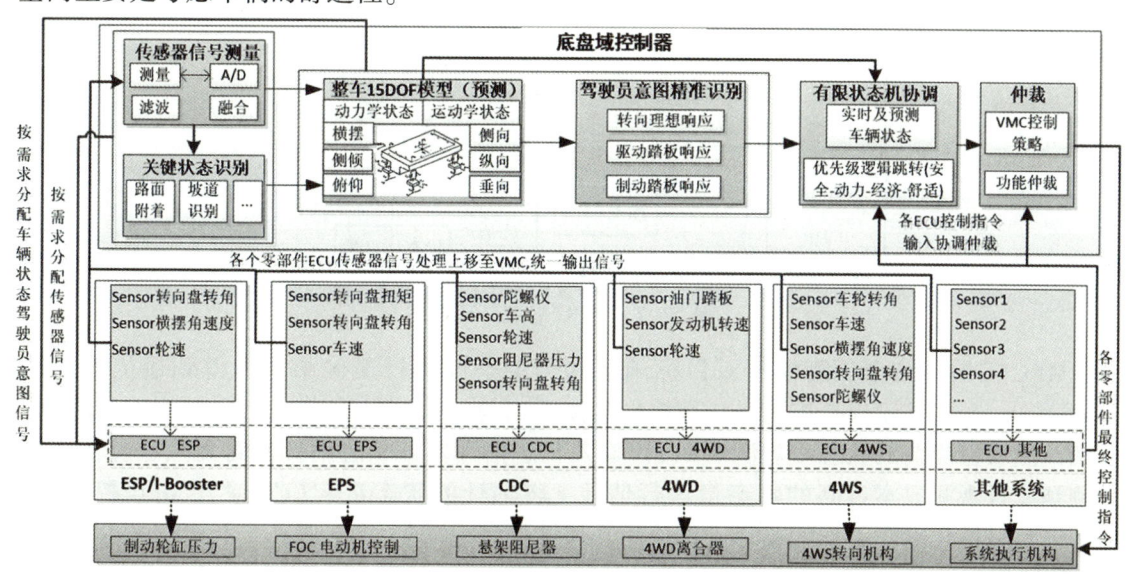

图 29-5 底盘动力学域控制架构

第四节 车辆控制执行算法

目前控制执行主流的控制算法主要有 PID 控制、模型预测控制和滑模控制等。

一、PID 控制

PID 控制简称比例、积分和微分控制。PID 控制器结构简单、容易实现且能达到较好的控制效果，因此广泛应用于控制领域。PID 控制由比例单元 P、积分单元 I 和微分单元 D 组成，其反馈控制原理如图 29-6 所示。

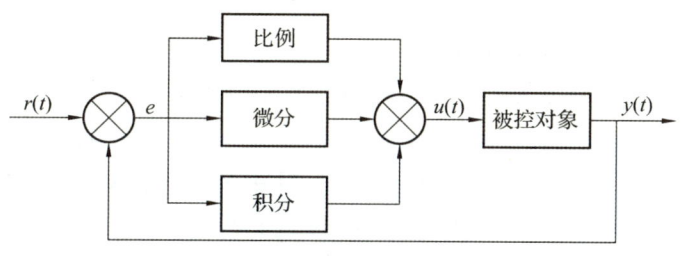

图 29-6 PID 控制原理图

首先对输入误差 e 进行比例、积分、微分运算，运算后的叠加结果 u 作为输出量用于控制被控对象，同时，被控对象融合当时状态输出反馈信号 y，再次与期望值 r 进行比较，对得到的误差 e 再次进行比例、积分、微分调节，如此循环进行，直到达到控制效果。

二、模型预测控制

模型预测控制（Model Predictive Control，MPC）起源于工业界，用于解决 PID 控制不易解决的多变量、多约束的优化问题，具有处理线性和非线性模型、同时观察系统约束和考虑未来行为的能力,近年来广泛用于智能网联汽车路径跟踪控制。MPC 主要由模型预测、滚动优化和反馈调整三部分组成,基于 MPC 的控制器原理如图 29-7 所示。

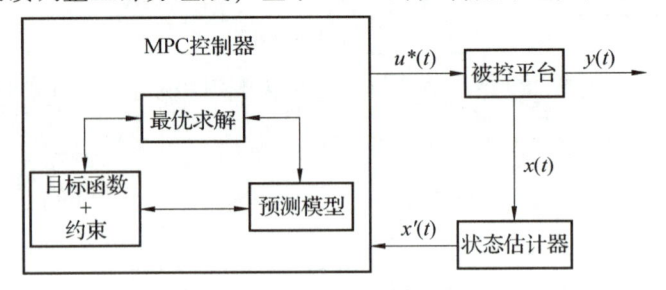

图 29-7　MPC 控制原理图

MPC 控制器结合预测模型、目标函数和约束条件进行最优求解,得到最优控制序列 $u^*(t)$,并将其输入被控平台,被控平台按照当前的控制量输出 $y(t)$ 对被控对象进行控制,然后将当前的状态量观测值 $x(t)$ 输入状态估计器,状态估计器对无法通过传感器观测到或者观测成本过高的状态量进行估计,将估计的状态量 $x'(t)$ 输入 MPC 控制器,再次进行最优化求解,如此循环,构成闭环反馈控制系统。

三、滑模控制

滑模控制(Sliding Mode Control,SMC)本质上是一类特殊的非线性变结构控制,其非线性表现为控制的不连续性,控制原理为根据系统所期望的动态特性来设计系统的切换超平面,通过滑动模态控制器使系统状态从超平面之外向切换超平面收敛;系统一旦到达切换超平面,控制作用将保证系统沿切换超平面到达系统原点,这一沿切换超平面向原点滑动的过程称为滑模控制。

滑模控制 SMC 对非线性系统以及未知干扰具有较强的鲁棒性,然而单一的 SMC 往往不能满足智能汽车控制的要求,因此,改进基于滑模变结构的运动控制方法成为当前的研究重点,主要方向有融合比例微分控制、自适应模糊控制以及神经网络控制的控制方法。

> **补充提示:**
> 车路协同技术通过对道路交通环境进行实时高精度感知定位,为车辆提供更高维度的智能要素,实现车辆与基础设施之间协同感知、协同决策、协同控制,成为自动驾驶商业化落地的重要机遇。百度 Apollo 坚持推动"单车智能+网联赋能"的中国方案,2020 年 9 月,由百度 Apollo 支持建设的中国首条支持高级别自动驾驶车路协同的高速公路 G5517 长常北线高速长益段正式通车。

练习题

1. 智能网联汽车中,纵向控制和横向控制的含义是什么?
2. 简述智能网联汽车纵向控制的实现方式。
3. 简述智能网联汽车横向控制的常用设计方法。
4. 智能网联汽车执行控制的常用控制算法有哪些?

参考文献

[1] 关文达. 汽车构造［M］. 4版. 北京：机械工业出版社，2016.
[2] 王勇，等. 汽车构造［M］. 北京：机械工业出版社，2021.
[3] 史文库，等. 汽车构造［M］. 6版. 北京：人民交通出版社，2013.
[4] 肖生发，等. 汽车构造［M］. 北京：北京大学出版社，2017.
[5] 田国红，等. 汽车构造［M］. 北京：北京理工大学出版社，2015.
[6] 臧杰，等. 汽车构造［M］3版. 北京：机械工业出版社，2017.
[7] 于秀涛. 汽车构造［M］. 北京：北京理工大学出版社，2018.
[8] 颜伏伍，等. 汽车发动机原理［M］. 4版. 北京：机械工业出版社，2017.
[9] 王海林，等. 汽车构造与原理［M］. 4版. 北京：机械工业出版社，2018.
[10] 李昌凤. 汽车维修全程图解——底盘和车身电气系统分册［M］. 北京：机械工业出版社，2016.
[11] 蔡兴旺，等. 汽车发动机构造与维护［M］. 北京：机械工业出版社，2014.
[12] 陈新亚. 汽车为什么会跑——图解汽车构造与原理［M］. 3版. 北京：机械工业出版社，2017.
[13] 陈新亚. 汽车为什么会跑——车身图解［M］. 北京：机械工业出版社，2015.
[14] 陈新亚. 汽车不神秘——汽车构造透视图典［M］. 北京：机械工业出版社，2015.
[15] 陈新亚. 汽车为什么会跑——发动机图解［M］. 北京：机械工业出版社，2015.
[16] 陈新亚. 视频图解新能源汽车构造与原理［M］. 北京：机械工业出版社，2020.
[17] 崔胜民. 新能源汽车概论［M］. 北京：人民邮电出版社，2019
[18] 崔胜民. 新能源汽车技术解析［M］. 北京：化学工业出版社，2016.
[19] 瑞佩尔. 新能源汽车结构与原理［M］. 北京：化学工业出版社，2019.
[20] 吴兴敏. 新能源汽车［M］. 北京：化学工业出版社，2017.
[21] 李妙然，等. 智能网联汽车技术概论［M］. 北京：机械工业出版社，2019.
[22] 崔胜民. 智能网联汽车概论［M］. 北京：人民邮电出版社，2019.
[23] 程增木. 智能网联汽车技术入门一本通［M］. 北京：机械工业出版社，2021.
[24] 陈晓明，等. 智能网联汽车技术基础［M］. 北京：机械工业出版社，2020.
[25] 王庞伟，等. 智能网联汽车电子技术［M］. 北京：机械工业出版社，2021.
[26] 崔胜民. 智能网联汽车新技术［M］. 北京：化学工业出版社，2016.
[27] 王树凤. 汽车构造［M］. 北京：国防工业出版社，2009.

附录 各章知识小结导图

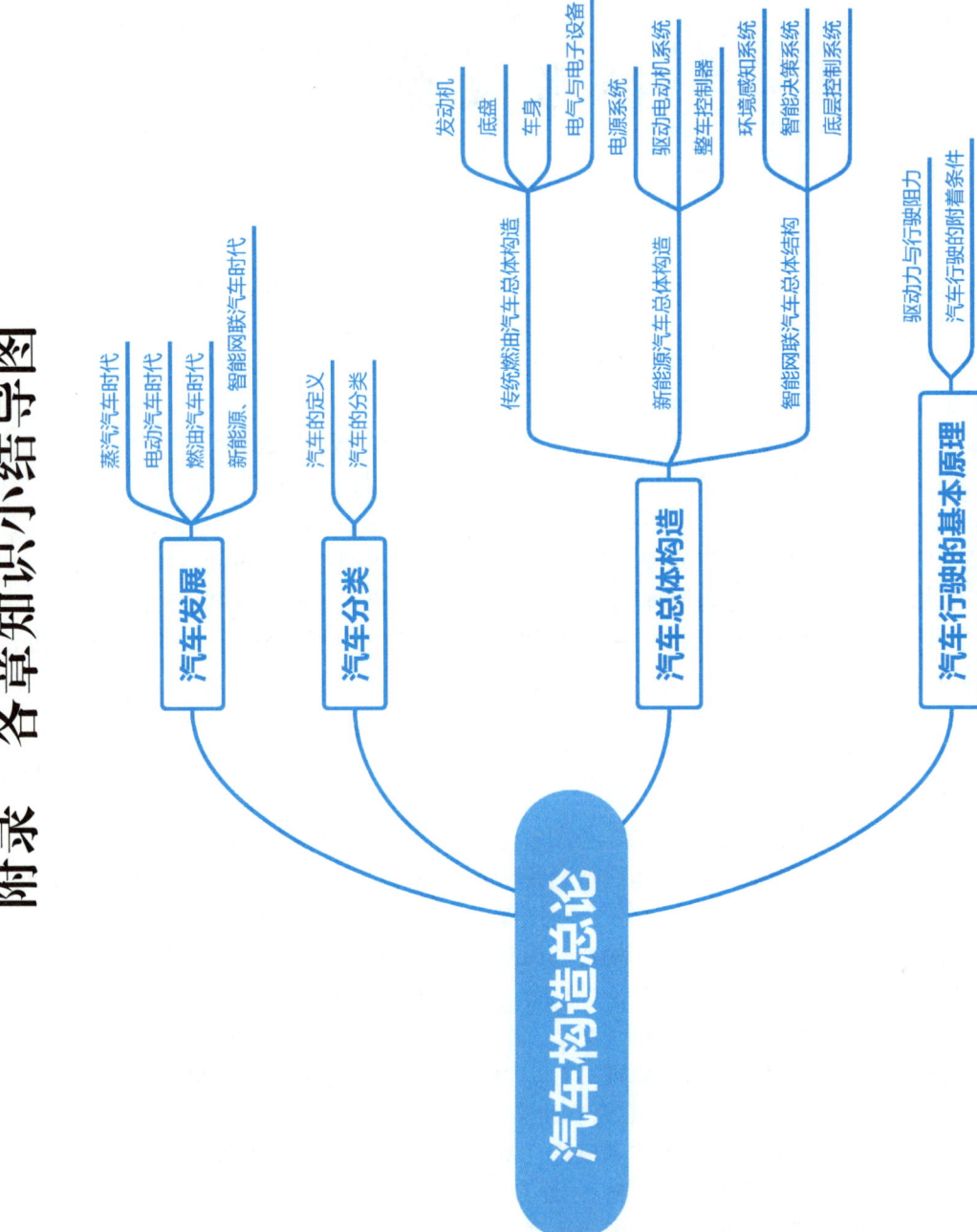

汽车构造总论

- **汽车发展**
  - 蒸汽汽车时代
  - 电动汽车时代
  - 燃油汽车时代
  - 新能源、智能网联汽车时代

- **汽车分类**
  - 汽车的定义
  - 汽车的分类

- **汽车总体构造**
  - 传统燃油汽车总体构造
    - 发动机
    - 底盘
    - 车身
    - 电气与电子设备
  - 新能源汽车总体构造
    - 电源系统
    - 驱动电动机系统
    - 整车控制器
  - 智能网联汽车总体结构
    - 环境感知系统
    - 智能决策系统
    - 底层控制系统

- **汽车行驶的基本原理**
  - 驱动力与行驶阻力
  - 汽车行驶的附着条件

附录　各章知识小结导图

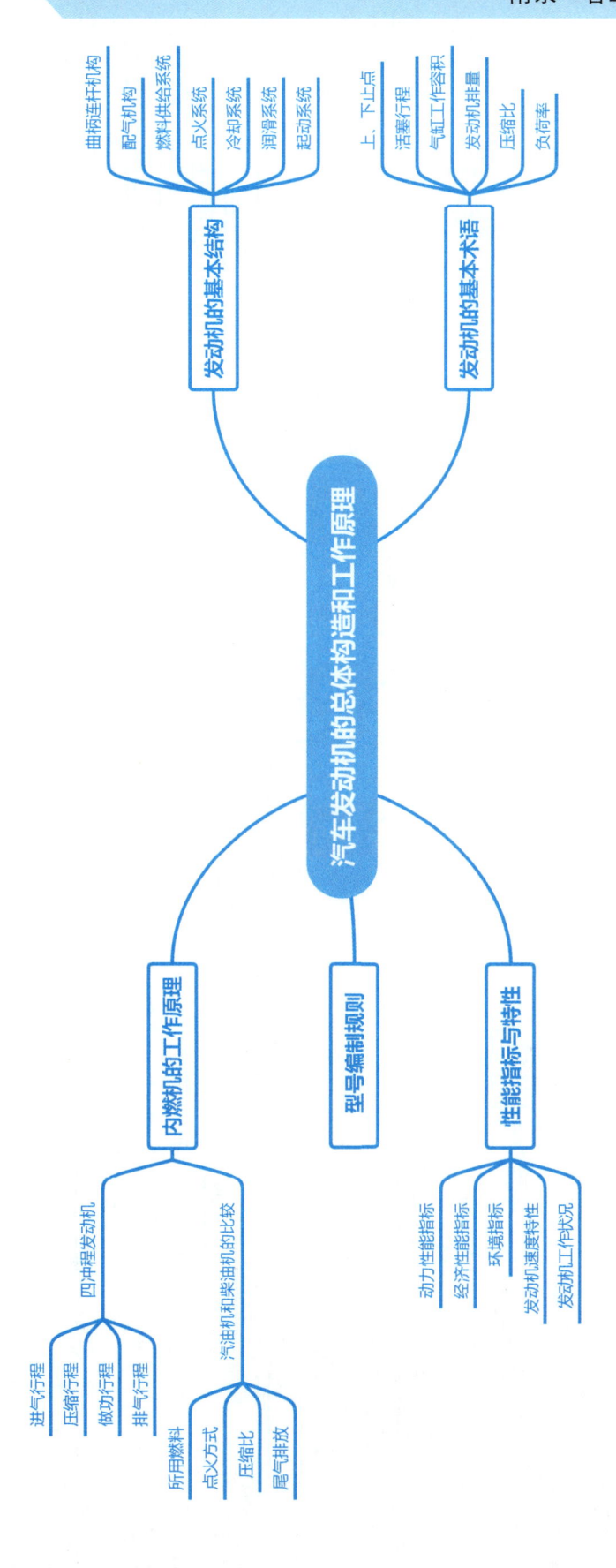

汽车发动机的总体构造和工作原理

发动机的基本结构
- 曲柄连杆机构
- 配气机构
- 燃料供给系统
- 点火系统
- 冷却系统
- 润滑系统
- 起动系统

发动机的基本术语
- 上、下止点
- 活塞行程
- 气缸工作容积
- 发动机排量
- 压缩比
- 负荷率

内燃机的工作原理
- 四冲程发动机
  - 进气行程
  - 压缩行程
  - 做功行程
  - 排气行程
- 汽油机和柴油机的比较
  - 所用燃料
  - 点火方式
  - 压缩比
  - 尾气排放

型号编制规则

性能指标与特性
- 动力性能指标
- 经济性能指标
- 环境指标
- 发动机速度特性
- 发动机工作状况

363

曲柄连杆机构

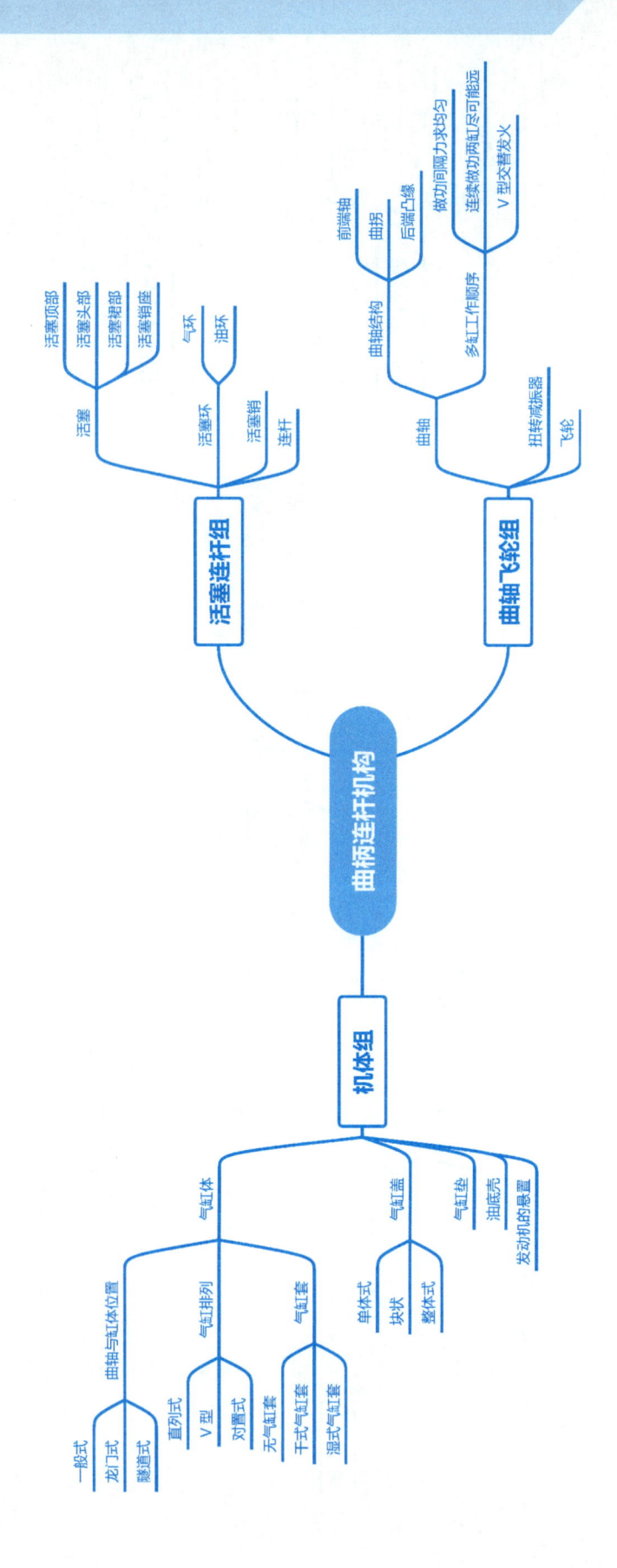

活塞连杆组
- 活塞
  - 活塞顶部
  - 活塞头部
  - 活塞裙部
  - 活塞销座
- 活塞环
  - 气环
  - 油环
- 活塞销
- 连杆

曲轴飞轮组
- 曲轴
  - 曲轴结构
    - 前端轴
    - 曲拐
    - 后端凸缘
  - 多缸工作顺序
    - 做功间隔力求均匀
    - 连续做功的两缸尽可能远
    - V型交替发火
- 扭转减振器
- 飞轮

机体组
- 气缸体
  - 一般式
  - 龙门式
  - 隧道式
  - 曲轴与气缸体位置
  - 直列式
  - V型
  - 对置式
  - 气缸排列
  - 无气缸套
  - 干式气缸套
  - 湿式气缸套
  - 气缸套
- 气缸盖
  - 单体式
  - 块状
  - 整体式
- 气缸垫
- 油底壳
- 发动机的悬置

364 汽车构造

附录　各章知识小结导图

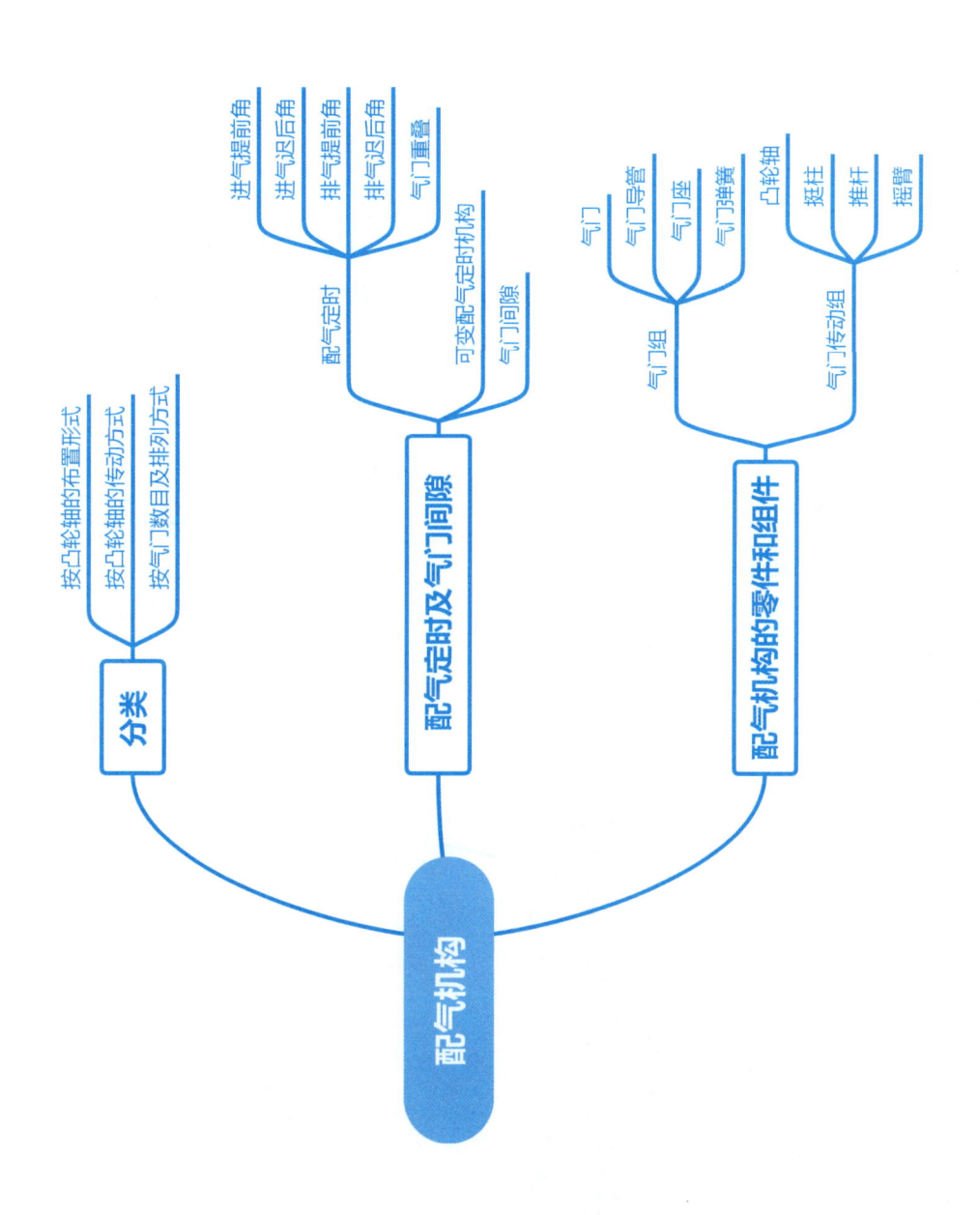

配气机构

分类
- 按凸轮轴的布置形式
- 按凸轮轴的传动方式
- 按气门数目及排列方式

配气定时及气门间隙
- 配气定时
  - 进气提前角
  - 进气迟后角
  - 排气提前角
  - 排气迟后角
  - 气门重叠
- 可变配气定时机构
- 气门间隙

配气机构的零件和组件
- 气门组
  - 气门
  - 气门导管
  - 气门座
  - 气门弹簧
- 气门传动组
  - 凸轮轴
  - 挺柱
  - 推杆
  - 摇臂

365

电控汽油喷射式燃料供给系统

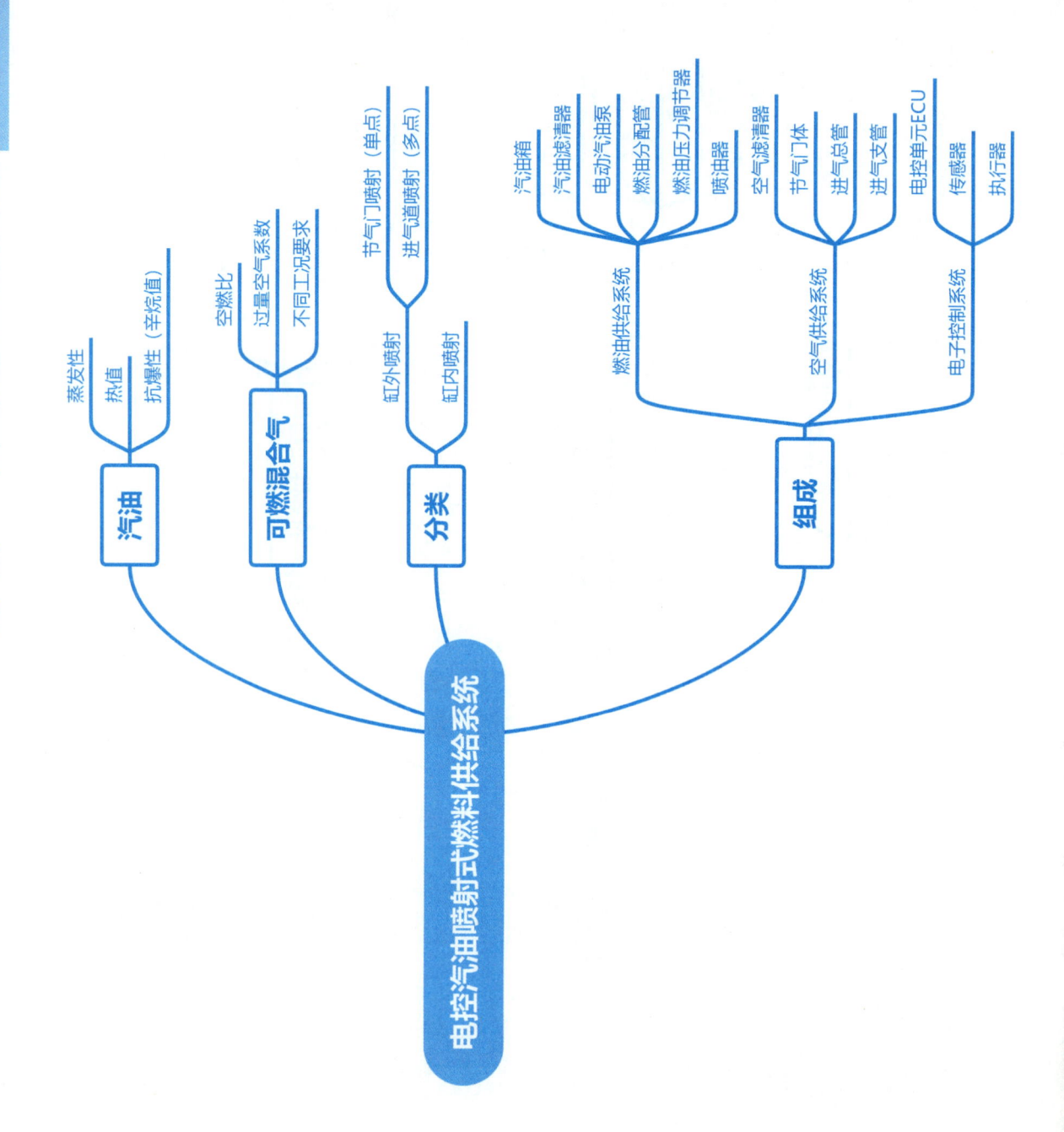

- **汽油**
  - 蒸发性
  - 热值
  - 抗爆性（辛烷值）
- **可燃混合气**
  - 空燃比
  - 过量空气系数
  - 不同工况要求
- **分类**
  - 节气门喷射（单点）
  - 进气道喷射（多点）
  - 缸外喷射
  - 缸内喷射
- **组成**
  - 燃油供给系统
    - 汽油箱
    - 汽油滤清器
    - 电动汽油泵
    - 燃油分配管
    - 燃油压力调节器
    - 喷油器
  - 空气供给系统
    - 空气滤清器
    - 节气门体
    - 进气总管
    - 进气支管
  - 电子控制系统
    - 电控单元ECU
    - 传感器
    - 执行器

附录 各章知识小结导图

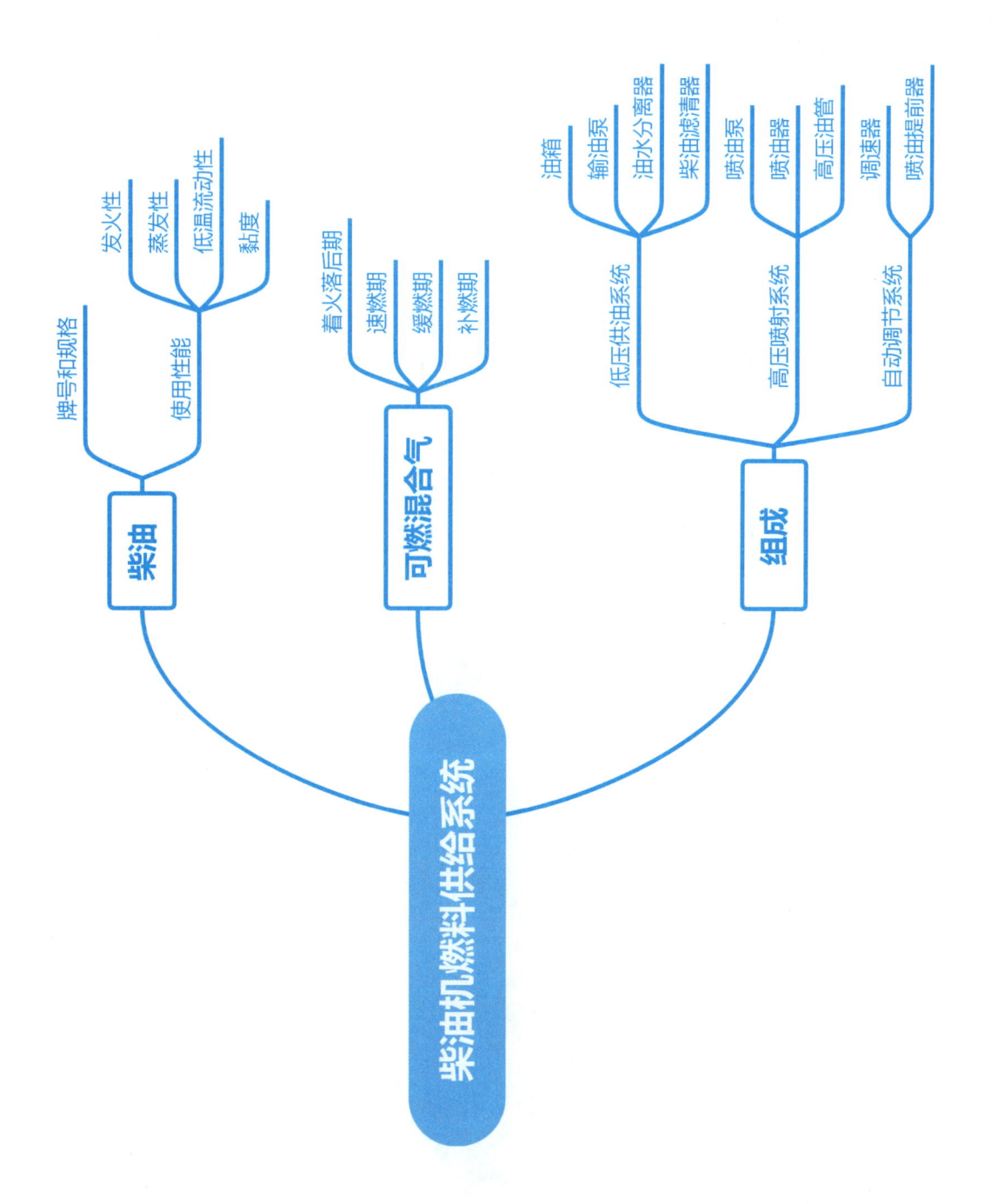

柴油机燃料供给系统

柴油
- 牌号和规格
- 使用性能
  - 发火性
  - 蒸发性
  - 低温流动性
  - 黏度

可燃混合气
- 着火落后期
- 速燃期
- 缓燃期
- 补燃期

组成
- 低压供油系统
  - 油箱
  - 输油泵
  - 油水分离器
  - 柴油滤清器
- 高压喷射系统
  - 喷油泵
  - 喷油器
  - 高压油管
- 自动调节系统
  - 调速器
  - 喷油提前器

367

进排气系统及排气净化装置

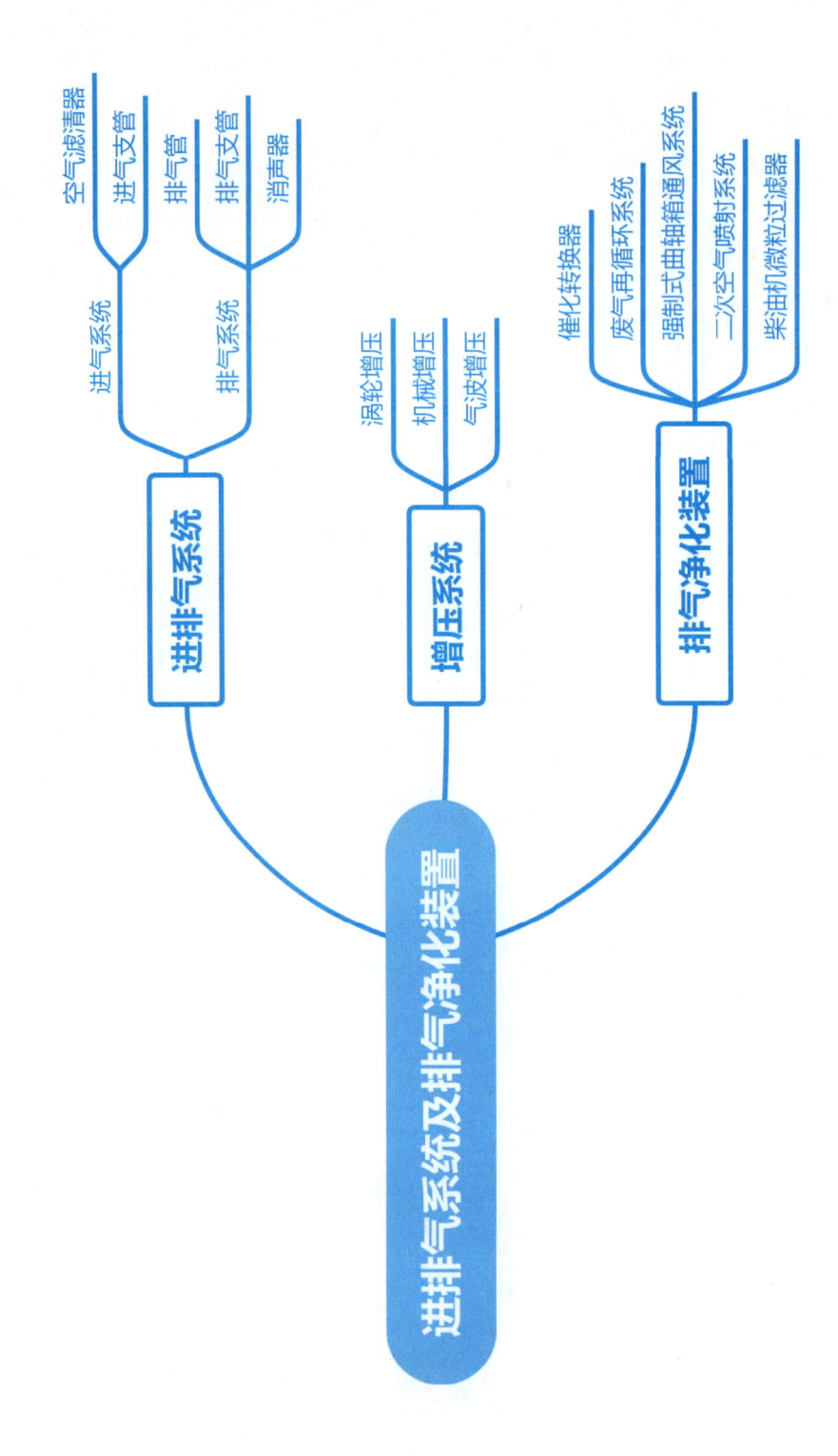

进排气系统

- 进气系统
  - 空气滤清器
  - 进气支管
- 排气系统
  - 排气管
  - 排气支管
  - 消声器

增压系统
- 涡轮增压
- 机械增压
- 气波增压

排气净化装置
- 催化转换器
- 废气再循环系统
- 强制式曲轴箱通风系统
- 二次空气喷射系统
- 柴油机微粒过滤器

附录 各章知识小结导图

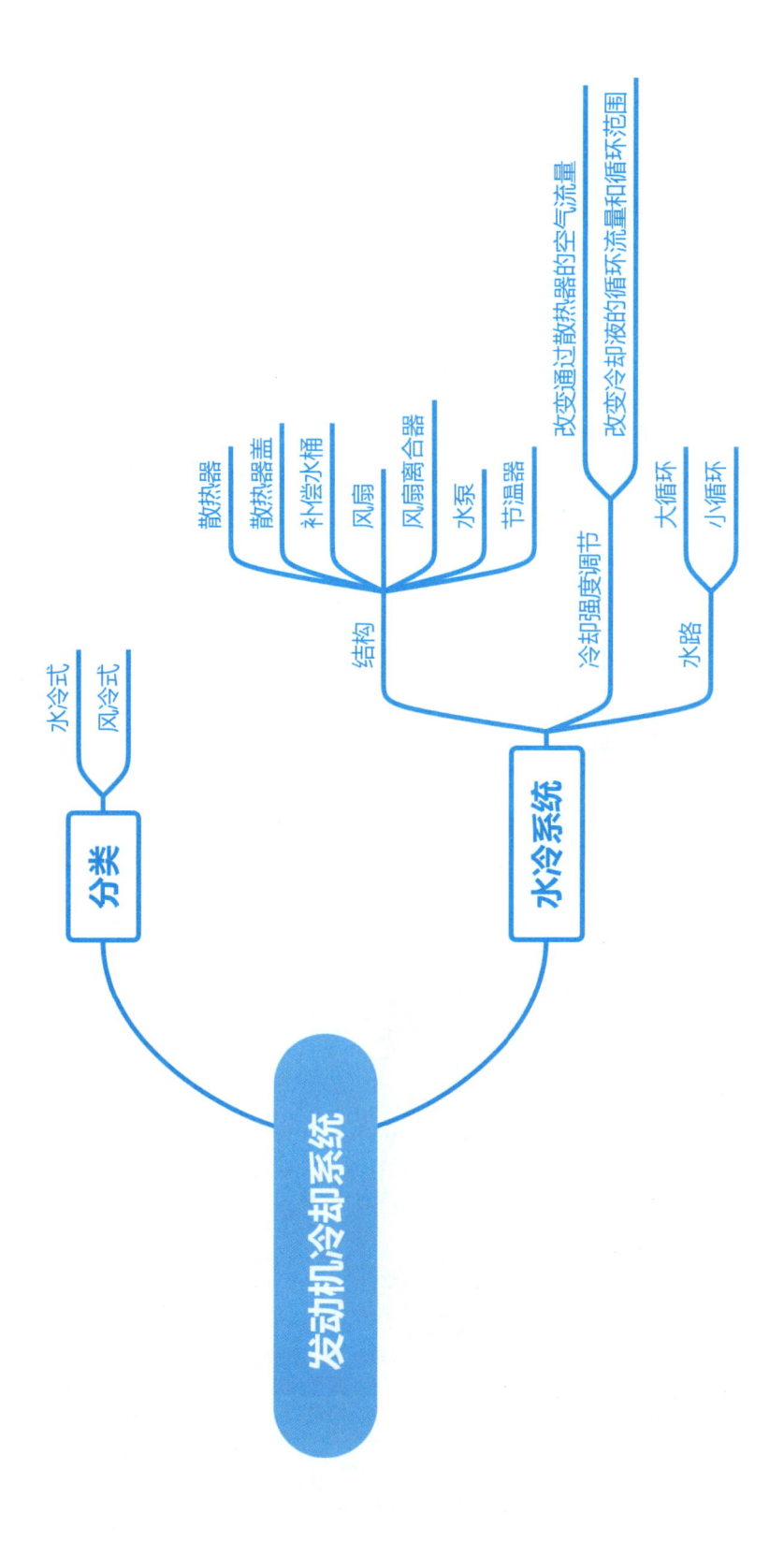

发动机冷却系统

- **分类**
  - 水冷式
  - 风冷式
- **水冷系统**
  - 结构
    - 散热器
    - 散热器盖
    - 补偿水桶
    - 风扇
    - 风扇离合器
    - 水泵
    - 节温器
  - 冷却强度调节
    - 改变通过散热器的空气流量
    - 改变冷却液的循环流量和循环范围
  - 水路
    - 大循环
    - 小循环

369

发动机润滑系统

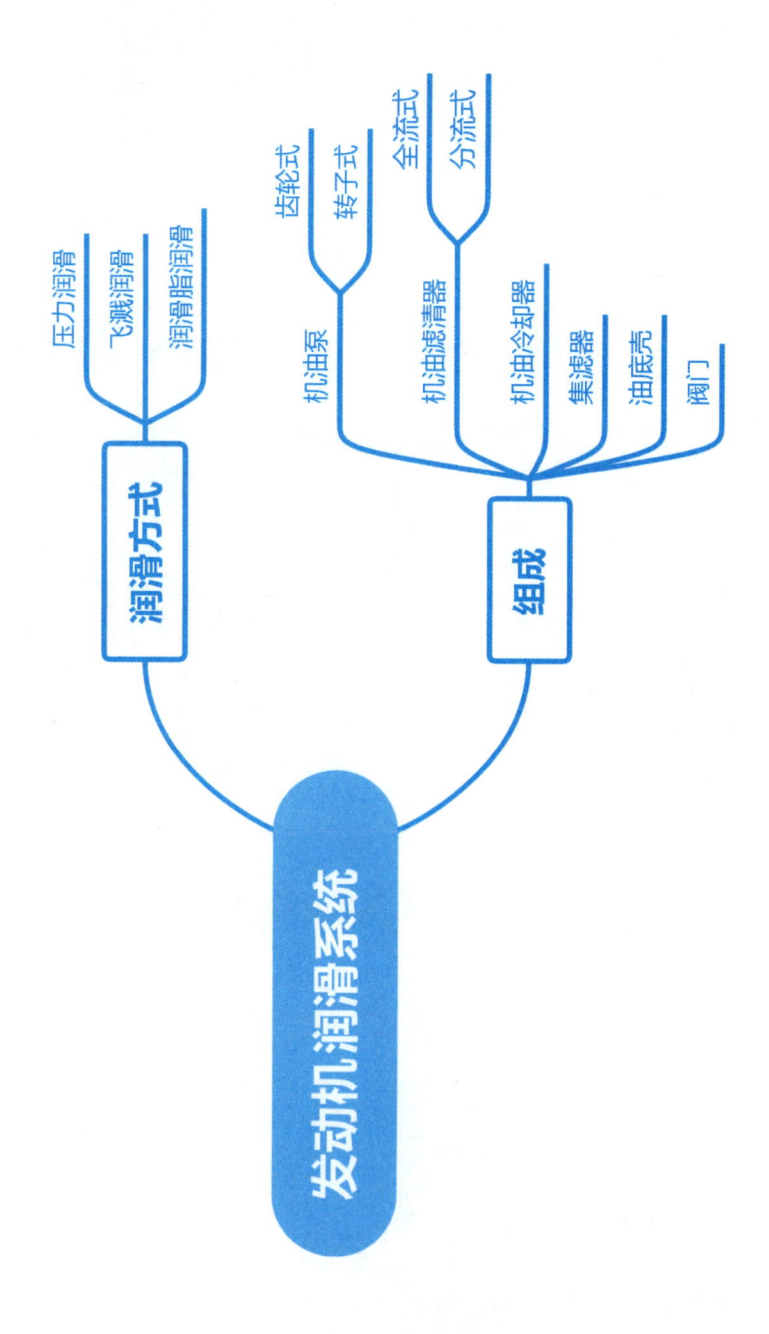

润滑方式
- 压力润滑
- 飞溅润滑
- 润滑脂润滑

组成
- 机油泵
  - 齿轮式
  - 转子式
- 机油滤清器
  - 全流式
  - 分流式
- 机油冷却器
- 集滤器
- 油底壳
- 阀门

附录　各章知识小结导图

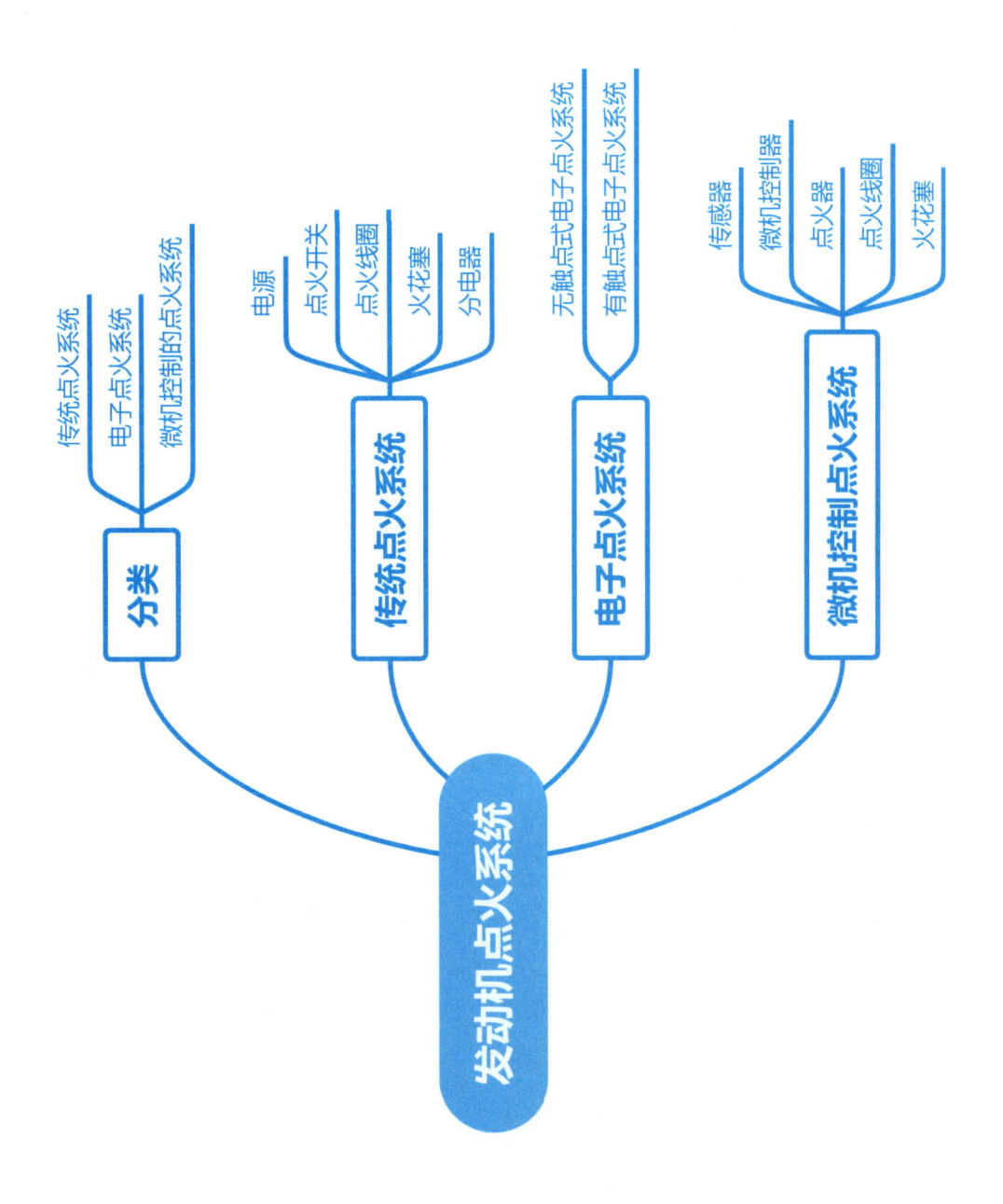

发动机点火系统

分类
- 传统点火系统
- 电子点火系统
- 微机控制的点火系统

传统点火系统
- 电源
- 点火开关
- 点火线圈
- 火花塞
- 分电器

电子点火系统
- 无触点式电子点火系统
- 有触点式电子点火系统

微机控制点火系统
- 传感器
- 微机控制器
- 点火器
- 点火线圈
- 火花塞

371

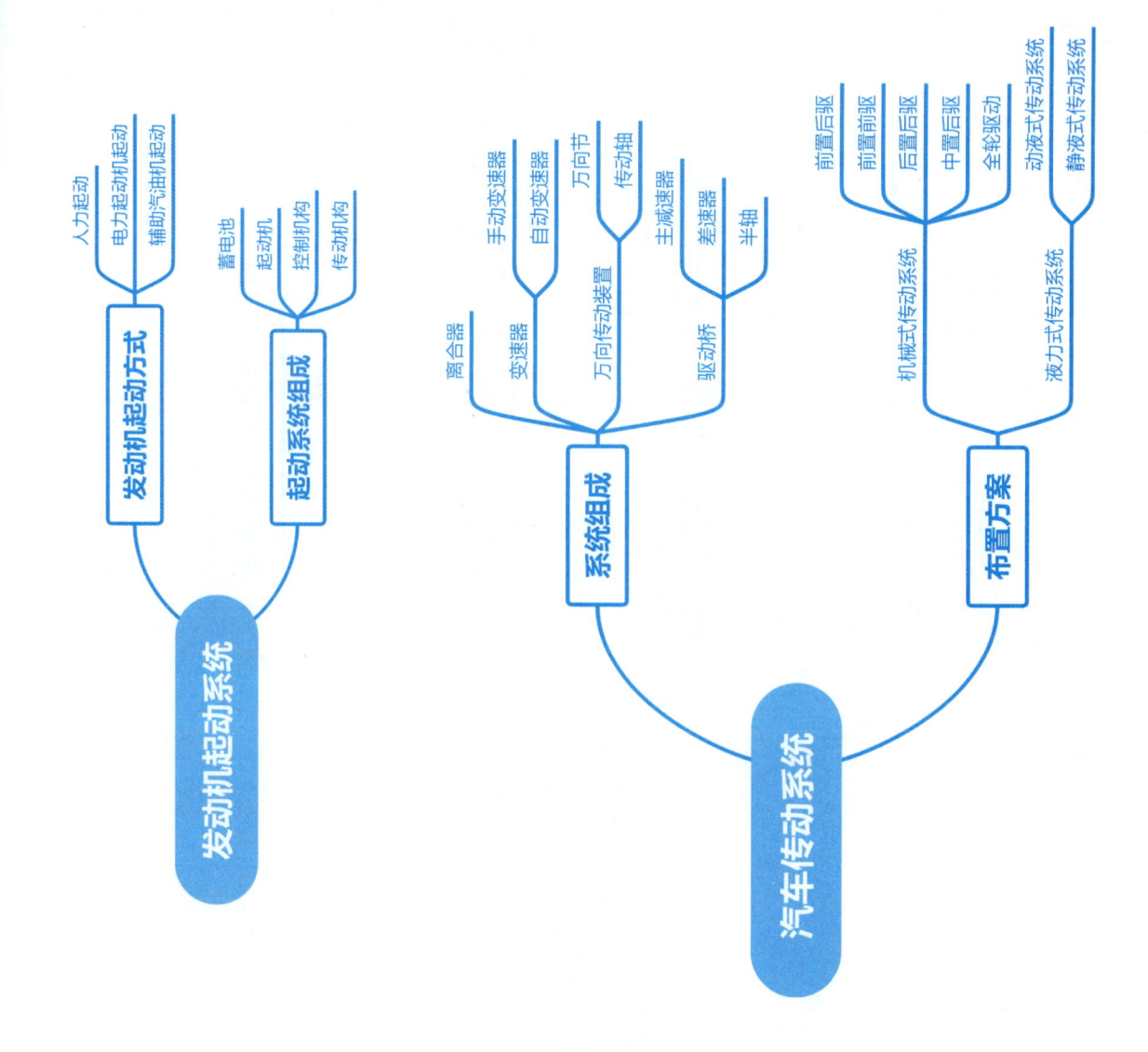

汽车构造

发动机起动系统

发动机起动方式
- 人力起动
- 电力起动机起动
- 辅助汽油机起动

起动系统组成
- 蓄电池
- 起动机
- 控制机构
- 传动机构

汽车传动系统

系统组成
- 离合器
- 变速器
  - 手动变速器
  - 自动变速器
- 万向传动装置
  - 万向节
  - 传动轴
- 驱动桥
  - 主减速器
  - 差速器
  - 半轴

布置方案
- 机械式传动系统
  - 前置后驱
  - 前置前驱
  - 后置后驱
  - 中置后驱
  - 全轮驱动
- 液力式传动系统
  - 动液式传动系统
  - 静液式传动系统

372

附录　各章知识小结导图

离合器

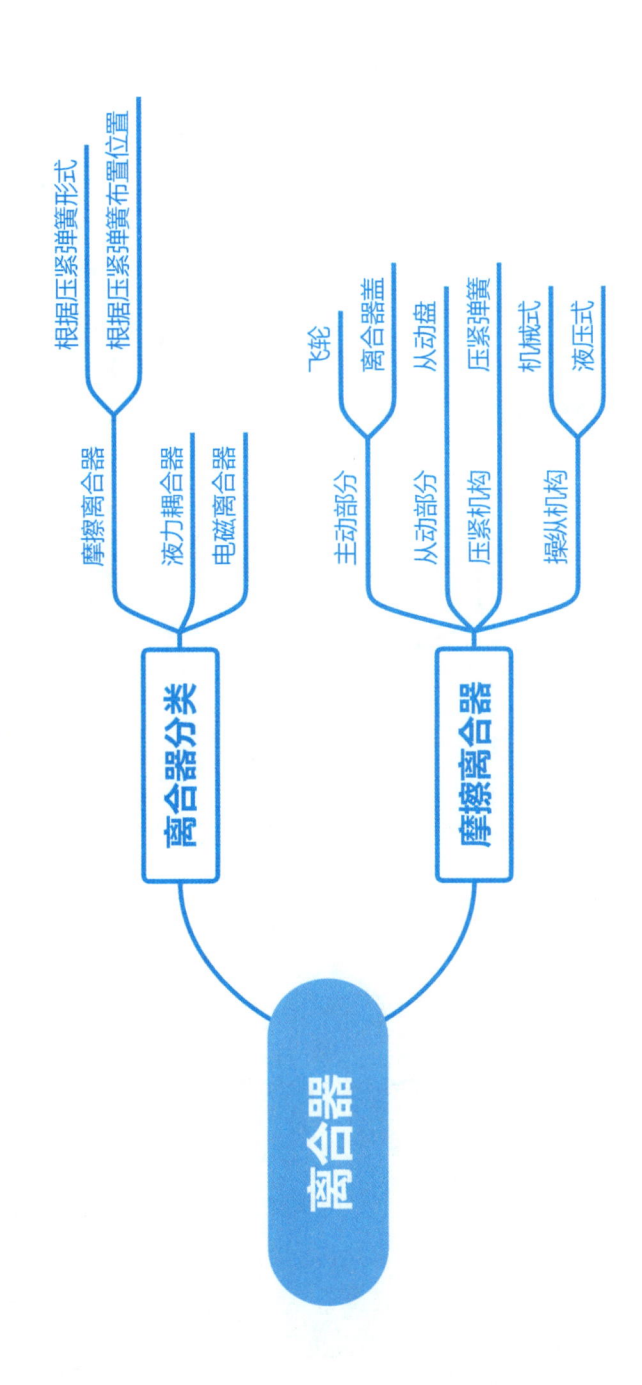

离合器分类
- 摩擦离合器
  - 根据压紧弹簧形式
  - 根据压紧弹簧布置位置
- 液力耦合器
- 电磁离合器

摩擦离合器
- 主动部分
  - 飞轮
  - 离合器盖
- 从动部分
  - 从动盘
- 压紧机构
  - 压紧弹簧
- 操纵机构
  - 机械式
  - 液压式

373

手动变速器

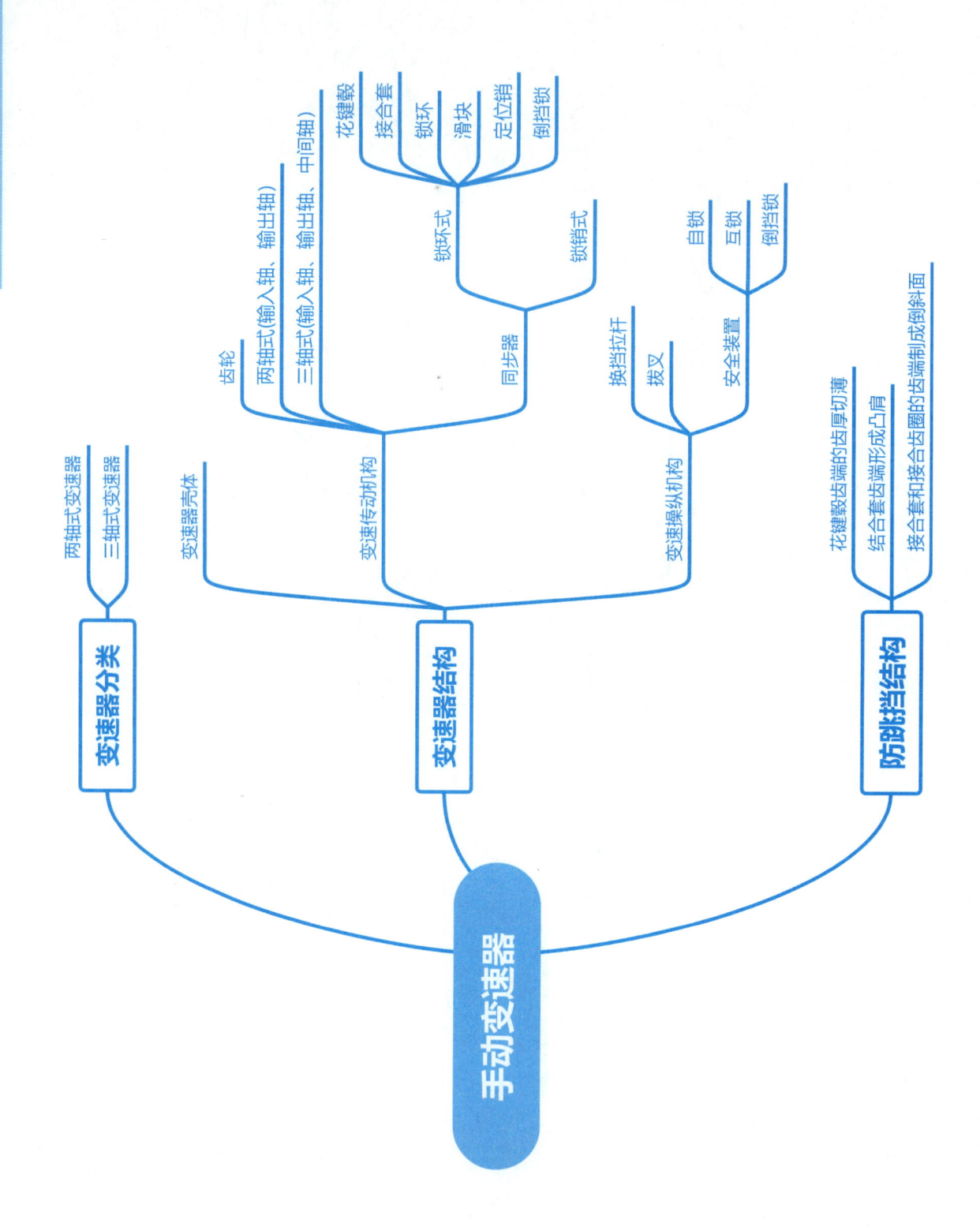

变速器分类
- 两轴式变速器
- 三轴式变速器

变速器结构
- 变速器壳体
- 齿轮
  - 两轴式（输入轴、输出轴）
  - 三轴式（输入轴、输出轴、中间轴）
- 同步器
  - 锁环式
    - 花键毂
    - 接合套
    - 锁环
    - 滑块
    - 定位销
    - 倒挡锁
  - 锁销式
- 变速传动机构
- 变速操纵机构
  - 换挡拉杆
  - 拨叉
  - 安全装置
    - 自锁
    - 互锁
    - 倒挡锁

防跳挡结构
- 花键毂齿端的齿厚切薄
- 结合套齿端形成凸肩
- 接合套和接合齿圈的齿端制成倒斜面

附录 各章知识小结导图

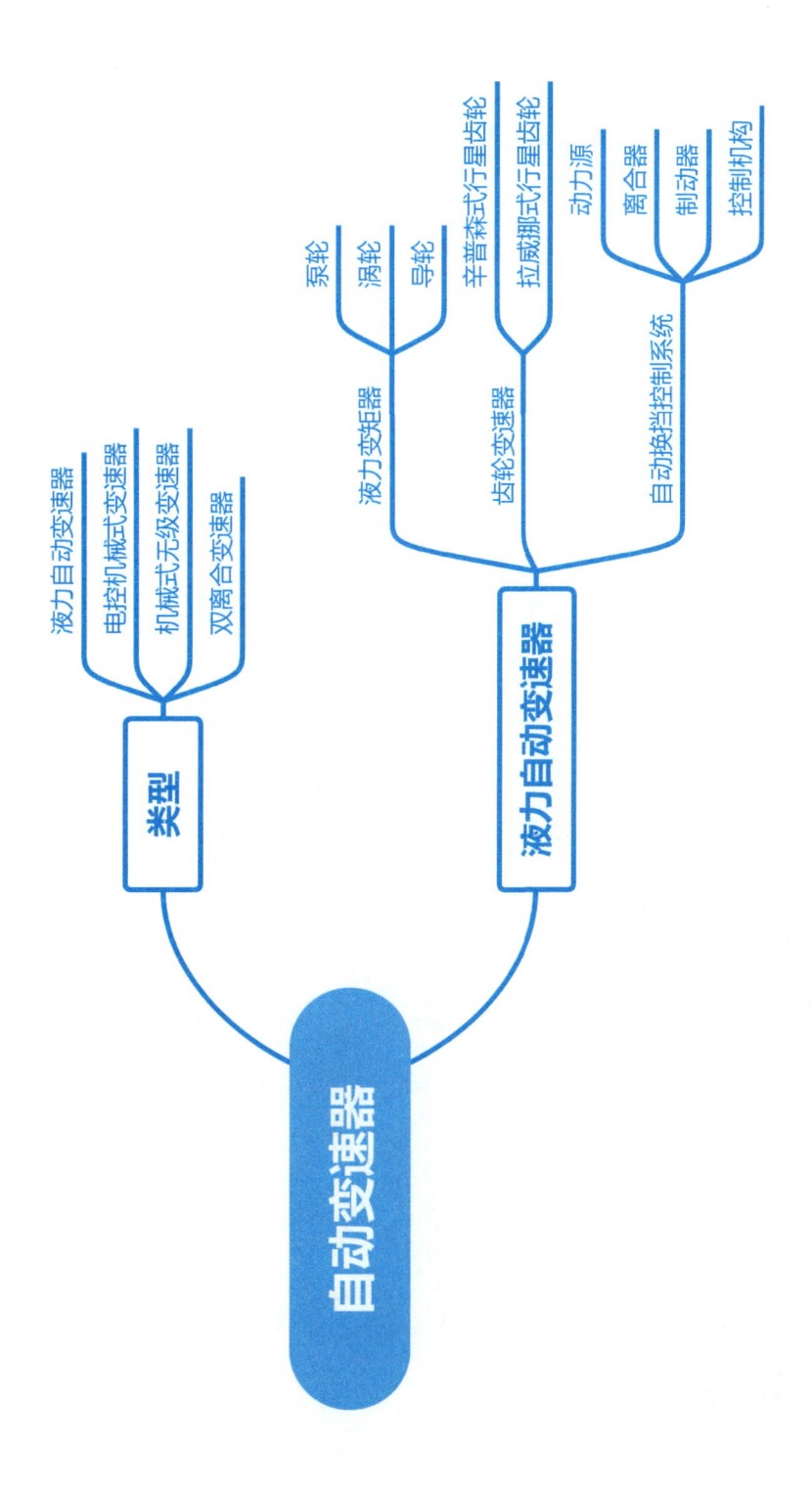

自动变速器

- 类型
  - 液力自动变速器
  - 电控机械式变速器
  - 机械式无级变速器
  - 双离合变速器

- 液力自动变速器
  - 液力变矩器
    - 泵轮
    - 涡轮
    - 导轮
  - 齿轮变速器
    - 辛普森式行星齿轮
    - 拉威挪式行星齿轮
  - 自动换挡控制系统
    - 动力源
    - 离合器
    - 制动器
    - 控制机构

万向传动装置

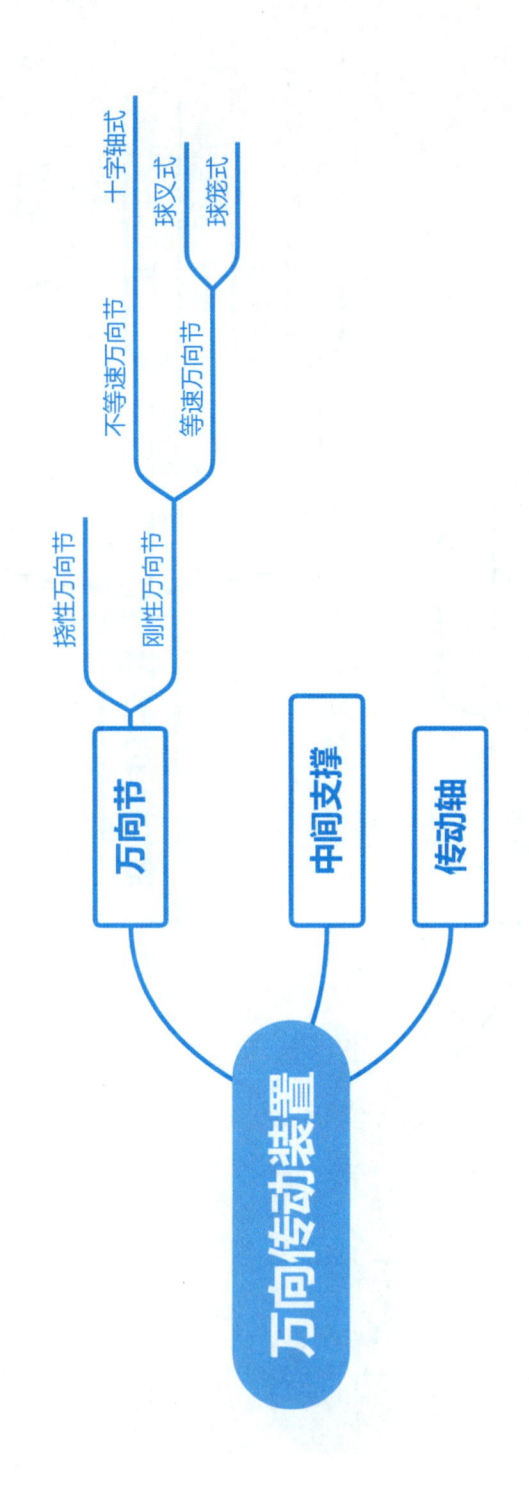

- 万向节
  - 挠性万向节
  - 刚性万向节
    - 不等速万向节
      - 十字轴式
    - 等速万向节
      - 球叉式
      - 球笼式
- 中间支撑
- 传动轴

附录　各章知识小结导图

驱动桥

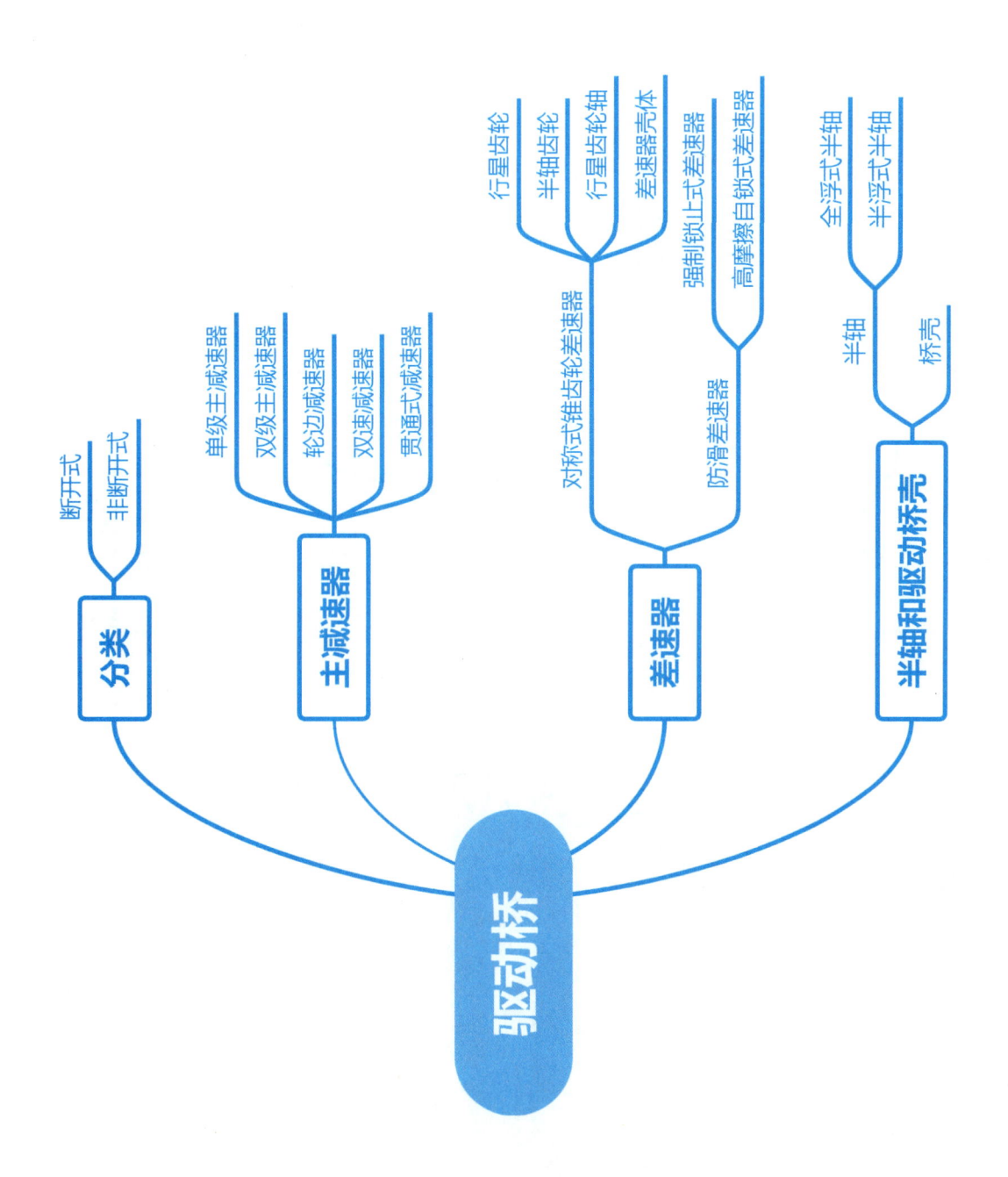

分类
- 断开式
- 非断开式

主减速器
- 单级主减速器
- 双级主减速器
- 轮边减速器
- 双速减速器
- 贯通式减速器

差速器
- 对称式锥齿轮差速器
  - 行星齿轮
  - 半轴齿轮
  - 行星齿轮轴
  - 差速器壳体
- 防滑差速器
  - 强制锁止式差速器
  - 高摩擦自锁式差速器

半轴和驱动桥壳
- 半轴
  - 全浮式半轴
  - 半浮式半轴
- 桥壳

377

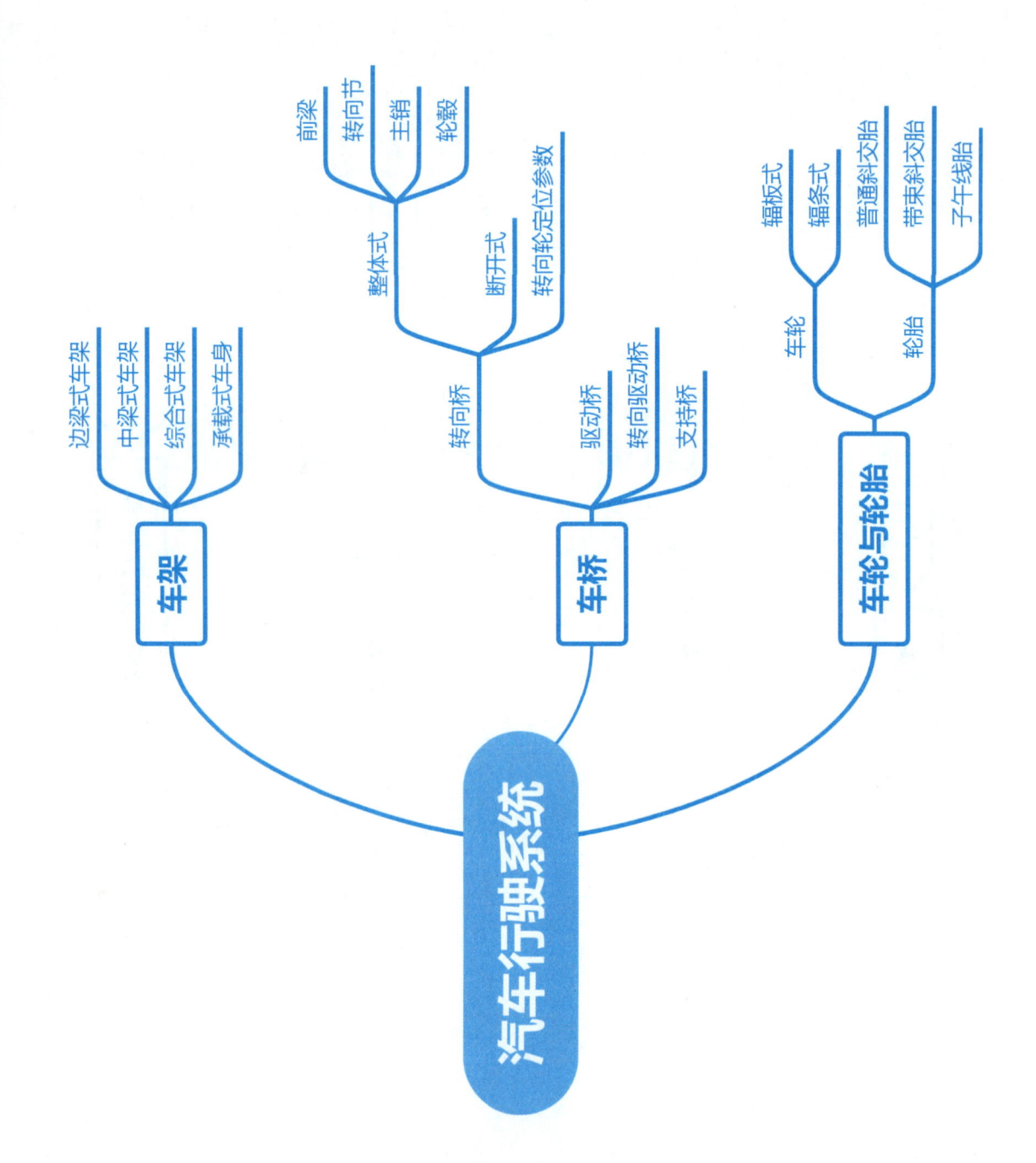

汽车构造

汽车行驶系统

- **车架**
  - 边梁式车架
  - 中梁式车架
  - 综合式车架
  - 承载式车身

- **车桥**
  - 转向桥
    - 整体式
      - 前梁
      - 转向节
      - 主销
      - 轮毂
    - 断开式
    - 转向轮定位参数
  - 驱动桥
  - 转向驱动桥
  - 支持桥

- **车轮与轮胎**
  - 车轮
    - 辐板式
    - 辐条式
  - 轮胎
    - 普通斜交胎
    - 带束斜交胎
    - 子午线胎

附录　各章知识小结导图

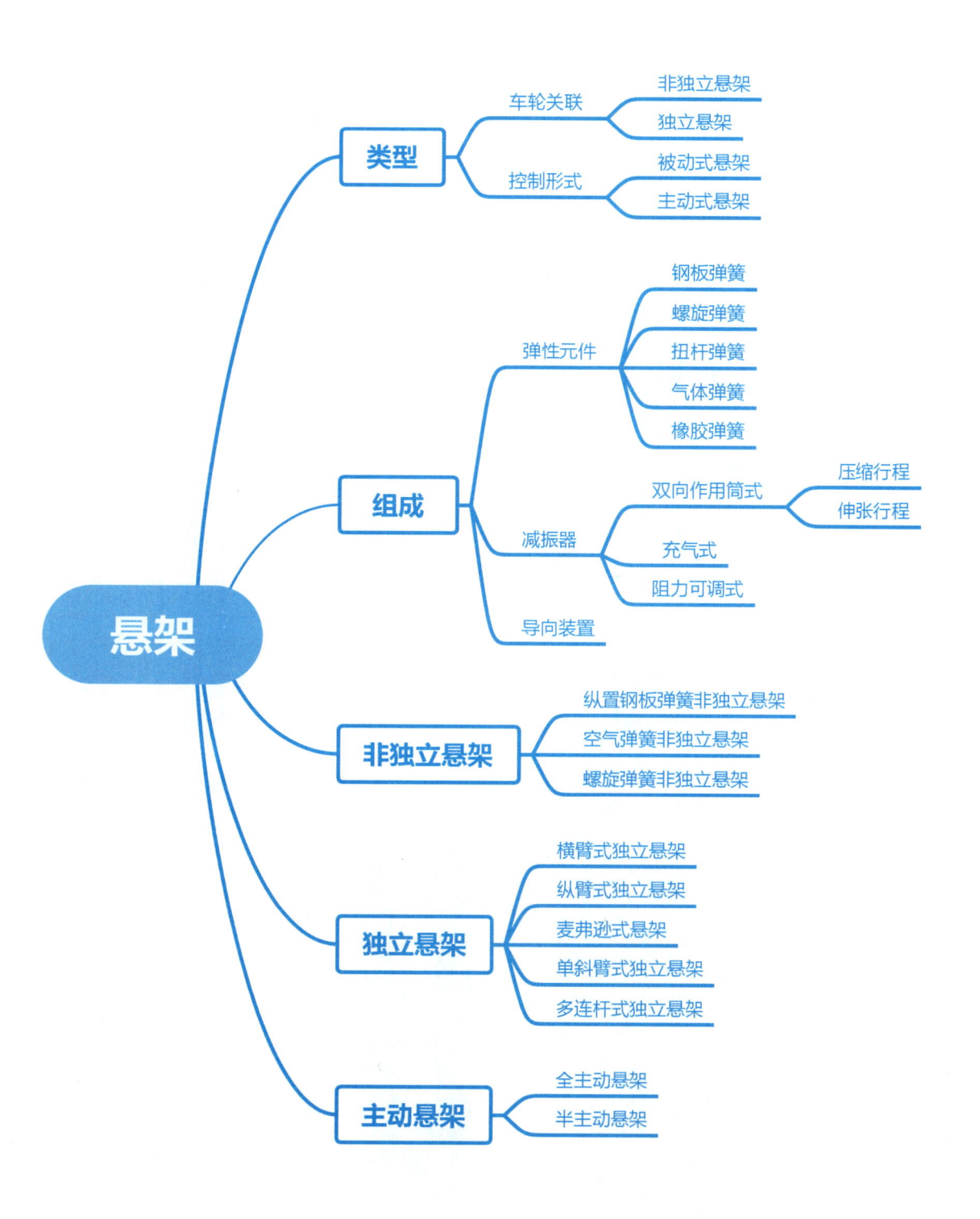

- 悬架
  - 类型
    - 车轮关联
      - 非独立悬架
      - 独立悬架
    - 控制形式
      - 被动式悬架
      - 主动式悬架
  - 组成
    - 弹性元件
      - 钢板弹簧
      - 螺旋弹簧
      - 扭杆弹簧
      - 气体弹簧
      - 橡胶弹簧
    - 减振器
      - 双向作用筒式
        - 压缩行程
        - 伸张行程
      - 充气式
      - 阻力可调式
    - 导向装置
  - 非独立悬架
    - 纵置钢板弹簧非独立悬架
    - 空气弹簧非独立悬架
    - 螺旋弹簧非独立悬架
  - 独立悬架
    - 横臂式独立悬架
    - 纵臂式独立悬架
    - 麦弗逊式悬架
    - 单斜臂式独立悬架
    - 多连杆式独立悬架
  - 主动悬架
    - 全主动悬架
    - 半主动悬架

汽车转向系统

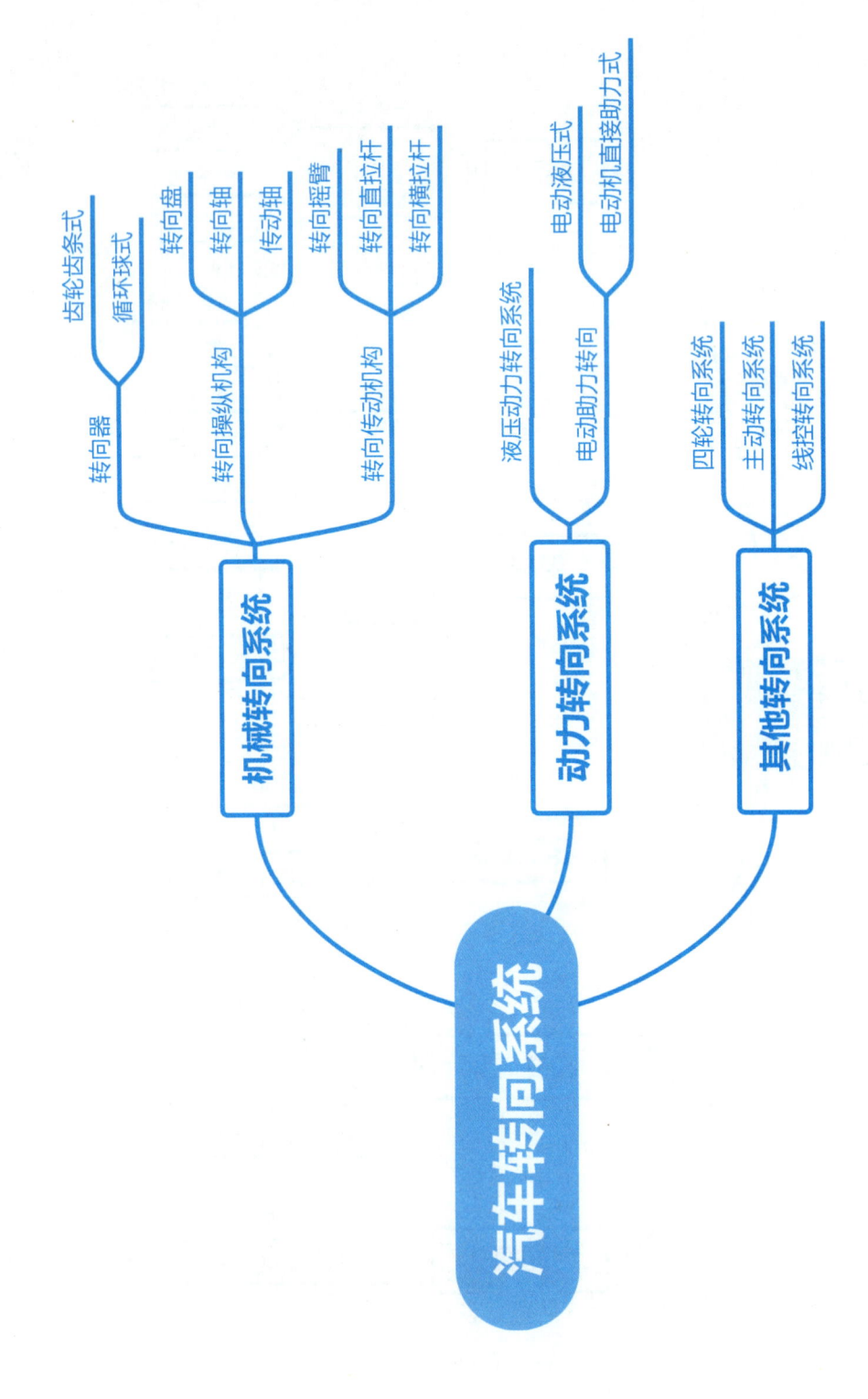

机械转向系统
- 转向器
  - 齿轮齿条式
  - 循环球式
- 转向操纵机构
  - 转向盘
  - 转向轴
  - 传动轴
- 转向传动机构
  - 转向摇臂
  - 转向直拉杆
  - 转向横拉杆

动力转向系统
- 液压动力转向系统
- 电动助力转向
  - 电动液压式
  - 电动机直接助力式

其他转向系统
- 四轮转向系统
- 主动转向系统
- 线控转向系统

附录　各章知识小结导图

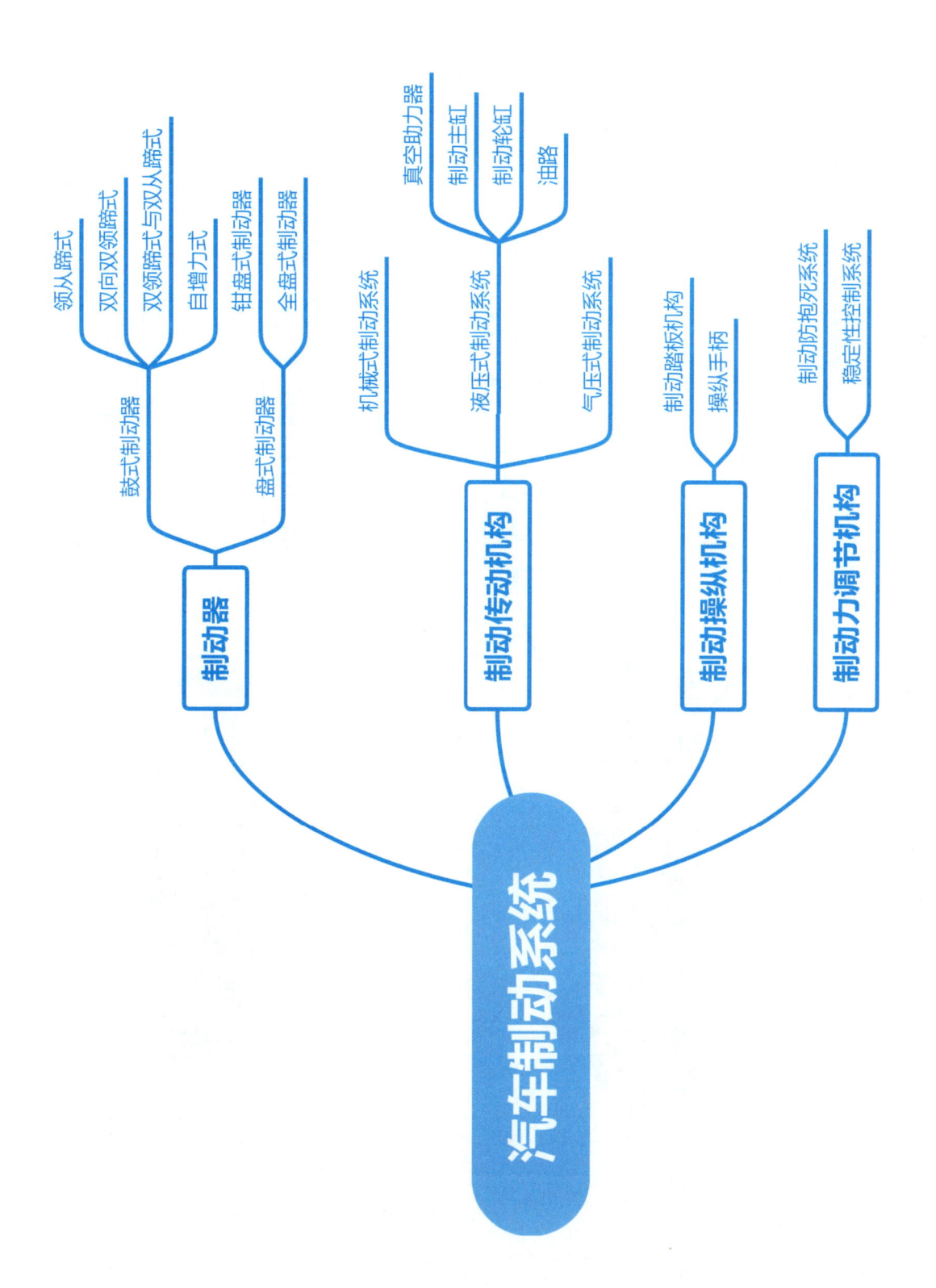

汽车制动系统

- 制动器
  - 鼓式制动器
    - 领从蹄式
    - 双向双领蹄式
    - 双领蹄式与双从蹄式
    - 自增力式
  - 盘式制动器
    - 钳盘式制动器
    - 全盘式制动器
- 制动传动机构
  - 机械式制动系统
  - 液压式制动系统
    - 真空助力器
    - 制动主缸
    - 制动轮缸
    - 油路
  - 气压式制动系统
- 制动操纵机构
  - 制动踏板机构
  - 操纵手柄
- 制动力调节机构
  - 制动防抱死系统
  - 稳定性控制系统

381

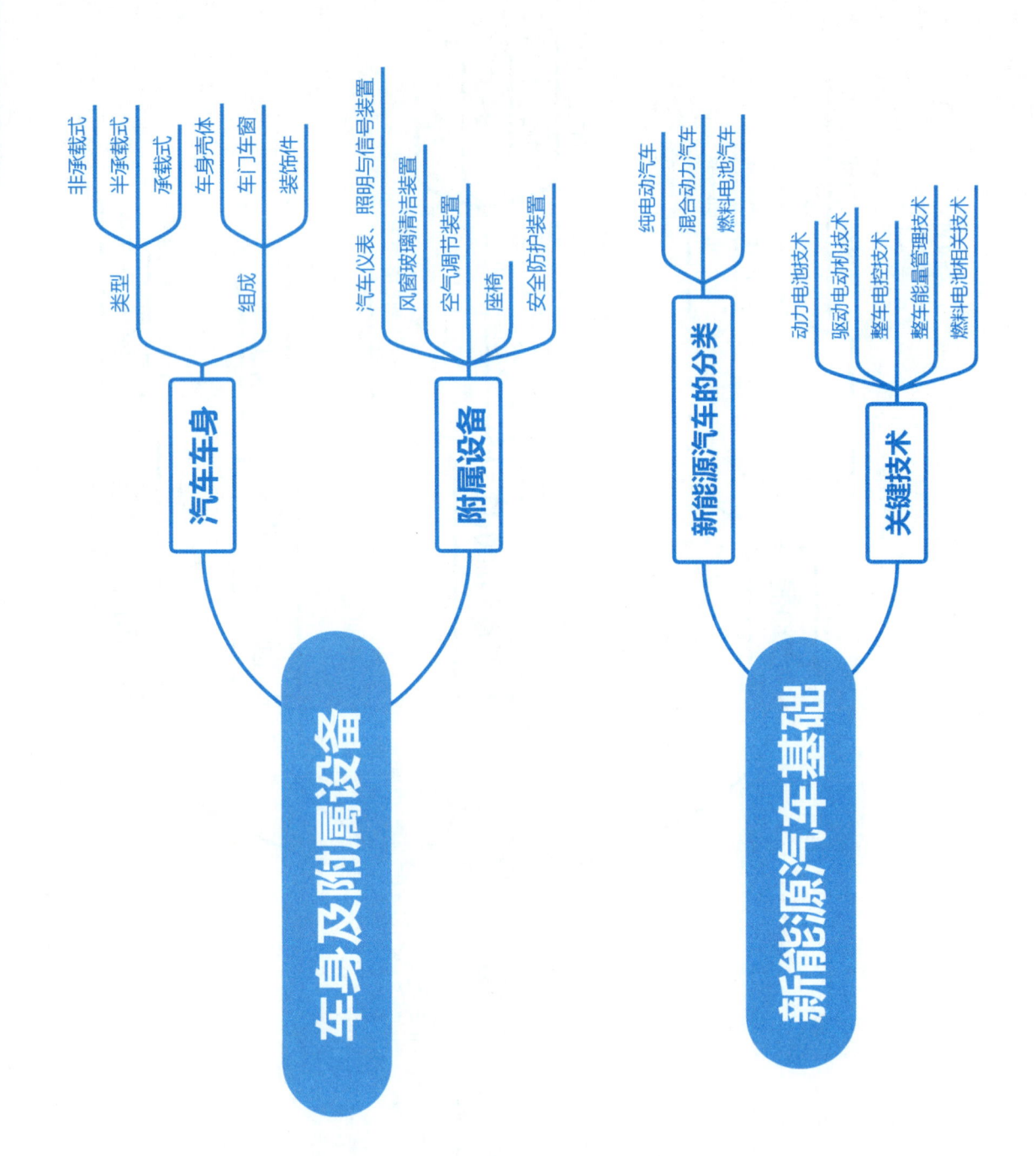

汽车构造

车身及附属设备

- 汽车车身
  - 类型
    - 非承载式
    - 半承载式
    - 承载式
  - 组成
    - 车身壳体
    - 车门车窗
    - 装饰件
- 附属设备
  - 汽车仪表、照明与信号装置
  - 风窗玻璃清洁装置
  - 空气调节装置
  - 座椅
  - 安全防护装置

新能源汽车基础

- 新能源汽车的分类
  - 纯电动汽车
  - 混合动力汽车
  - 燃料电池汽车
- 关键技术
  - 动力电池技术
  - 驱动电动机技术
  - 整车电控技术
  - 整车能量管理技术
  - 燃料电池相关技术

附录　各章知识小结导图

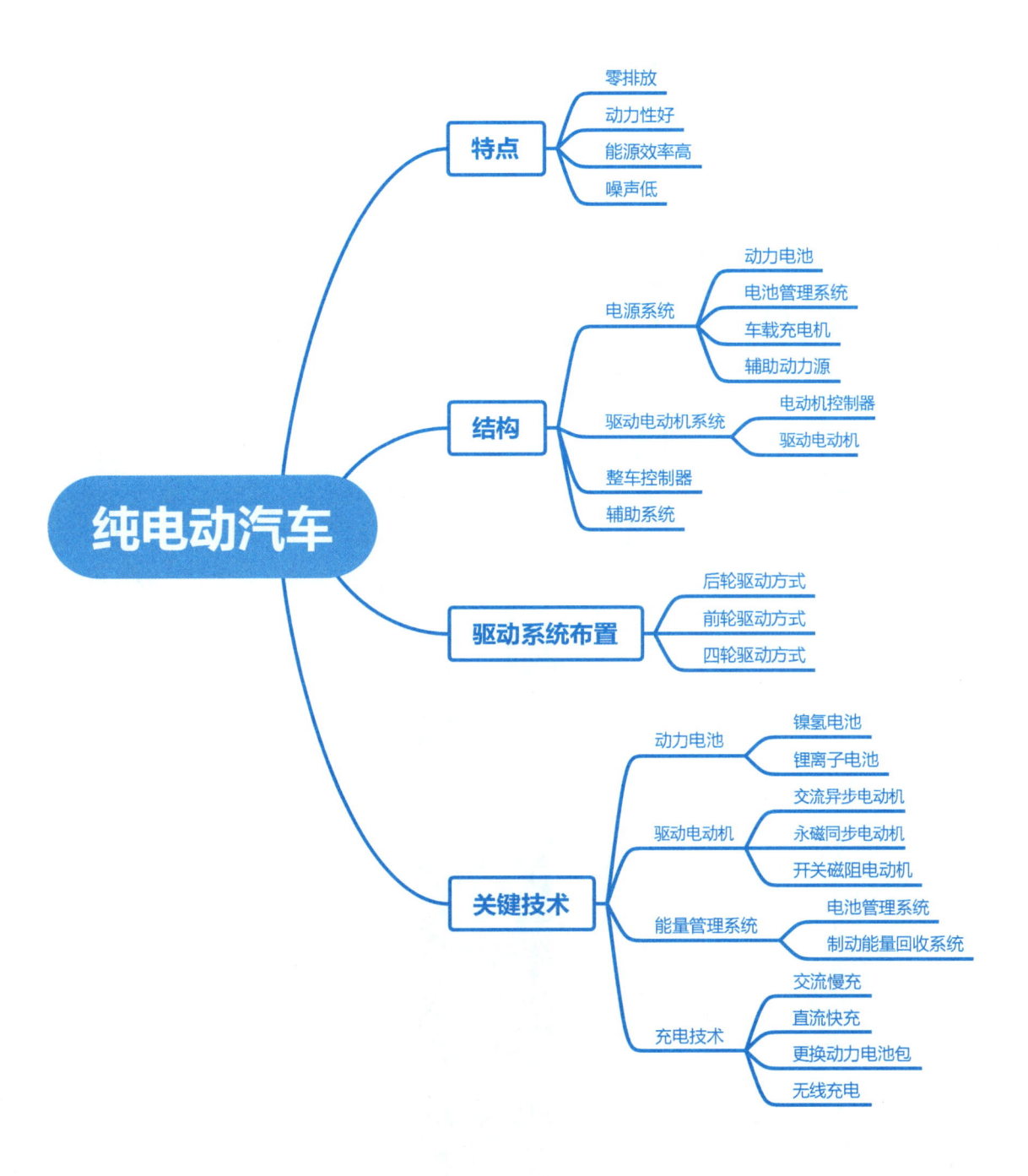

纯电动汽车

- **特点**
  - 零排放
  - 动力性好
  - 能源效率高
  - 噪声低

- **结构**
  - 电源系统
    - 动力电池
    - 电池管理系统
    - 车载充电机
    - 辅助动力源
  - 驱动电动机系统
    - 电动机控制器
    - 驱动电动机
  - 整车控制器
  - 辅助系统

- **驱动系统布置**
  - 后轮驱动方式
  - 前轮驱动方式
  - 四轮驱动方式

- **关键技术**
  - 动力电池
    - 镍氢电池
    - 锂离子电池
  - 驱动电动机
    - 交流异步电动机
    - 永磁同步电动机
    - 开关磁阻电动机
  - 能量管理系统
    - 电池管理系统
    - 制动能量回收系统
  - 充电技术
    - 交流慢充
    - 直流快充
    - 更换动力电池包
    - 无线充电

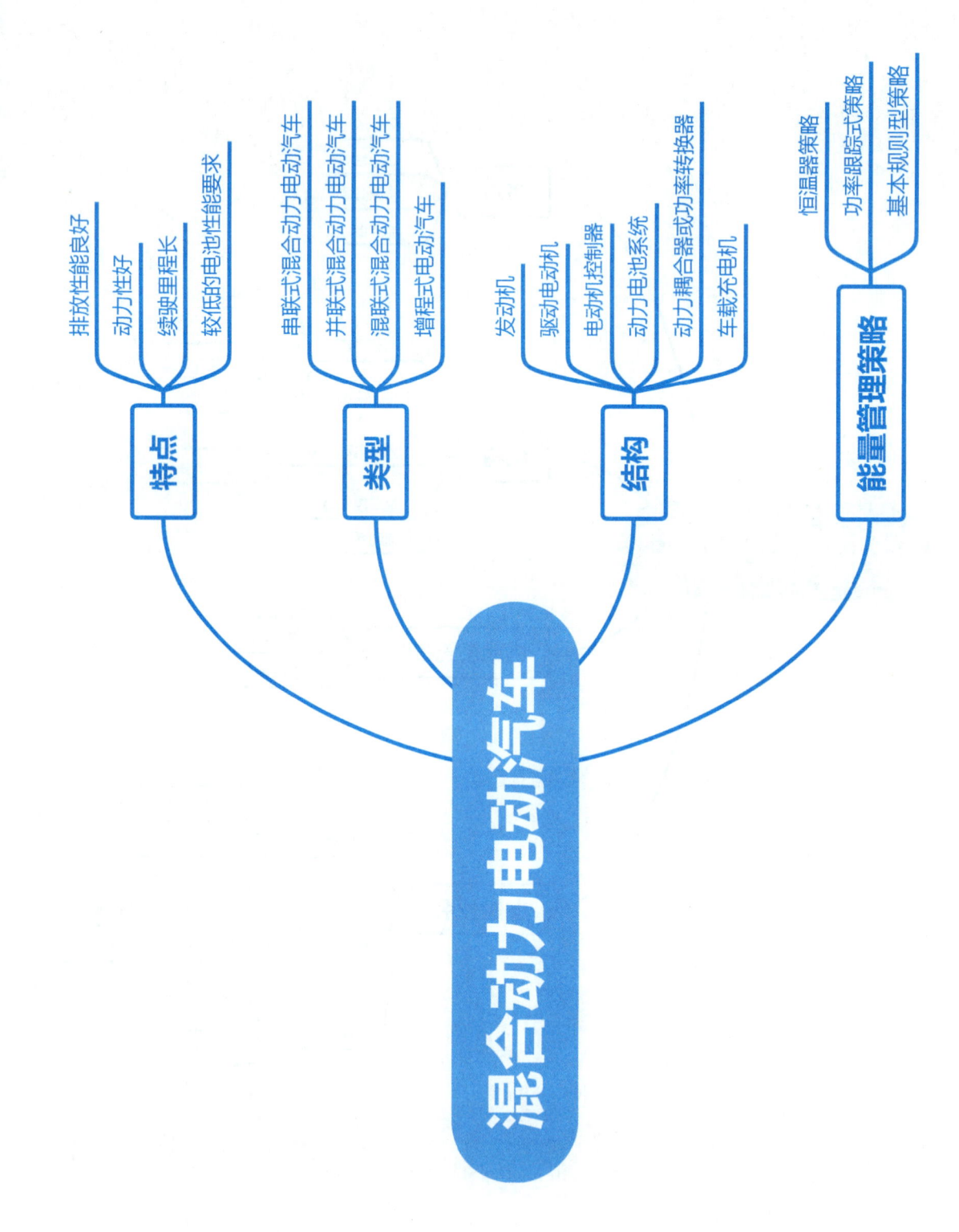

汽车构造

混合动力电动汽车

- **特点**
  - 排放性能良好
  - 动力性好
  - 续驶里程长
  - 较低的电池性能要求

- **类型**
  - 串联式混合动力电动汽车
  - 并联式混合动力电动汽车
  - 混联式混合动力电动汽车
  - 增程式电动汽车

- **结构**
  - 发动机
  - 驱动电动机
  - 电动机控制器
  - 动力电池系统
  - 动力耦合器或功率转换器
  - 车载充电机

- **能量管理策略**
  - 恒温器策略
  - 功率跟踪式策略
  - 基本规则型策略

附录　各章知识小结导图

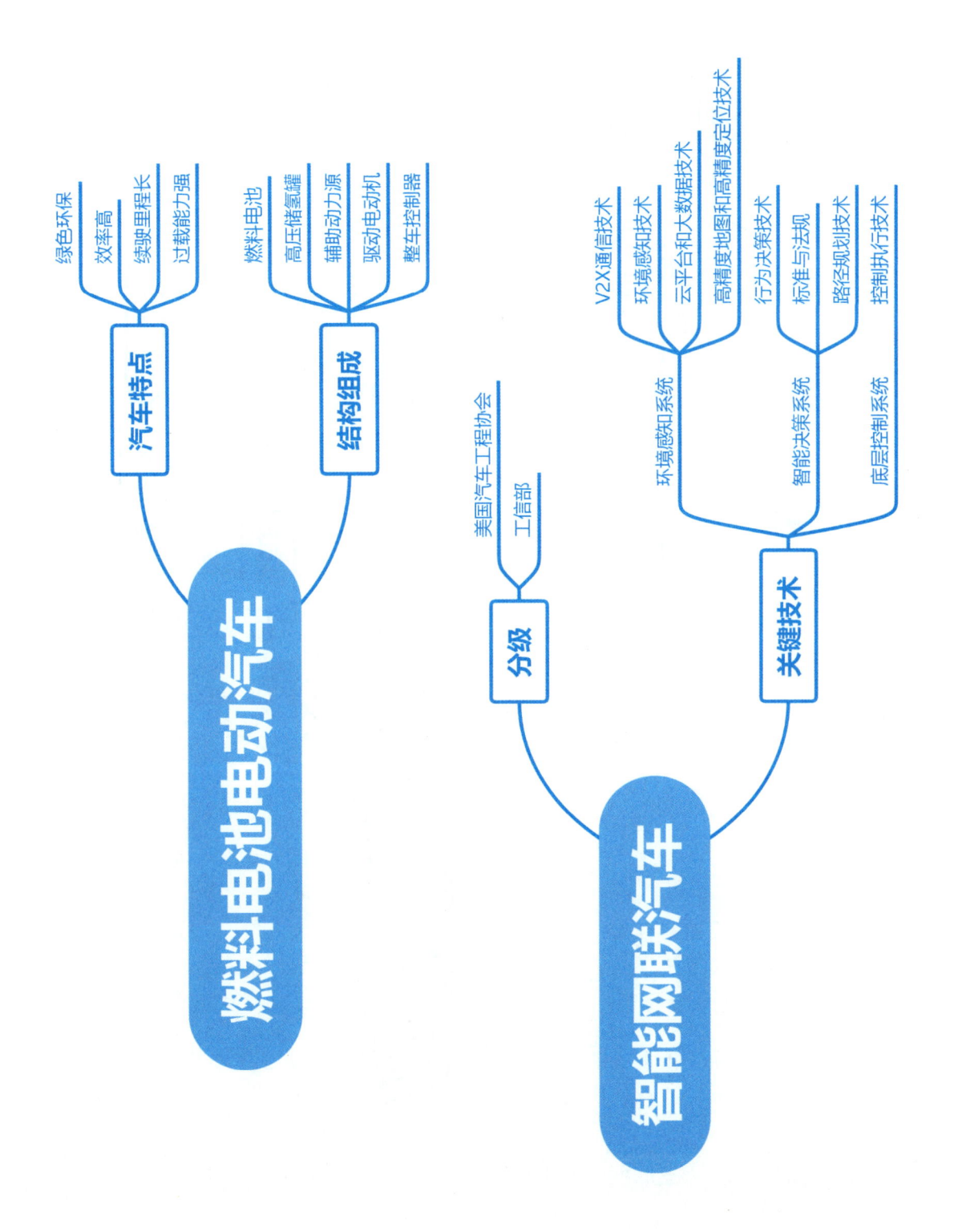

燃料电池电动汽车

- 汽车特点
  - 绿色环保
  - 效率高
  - 续驶里程长
  - 过载能力强
- 结构组成
  - 燃料电池
  - 高压储氢罐
  - 辅助动力源
  - 驱动电动机
  - 整车控制器

智能网联汽车

- 分级
  - 美国汽车工程协会
  - 工信部
- 关键技术
  - 环境感知系统
    - V2X通信技术
    - 环境感知技术
    - 云平台和大数据技术
    - 高精度地图和高精度定位技术
  - 智能决策系统
    - 行为决策技术
    - 标准与法规
    - 路径规划技术
  - 底层控制系统
    - 控制执行技术

385

环境感知技术

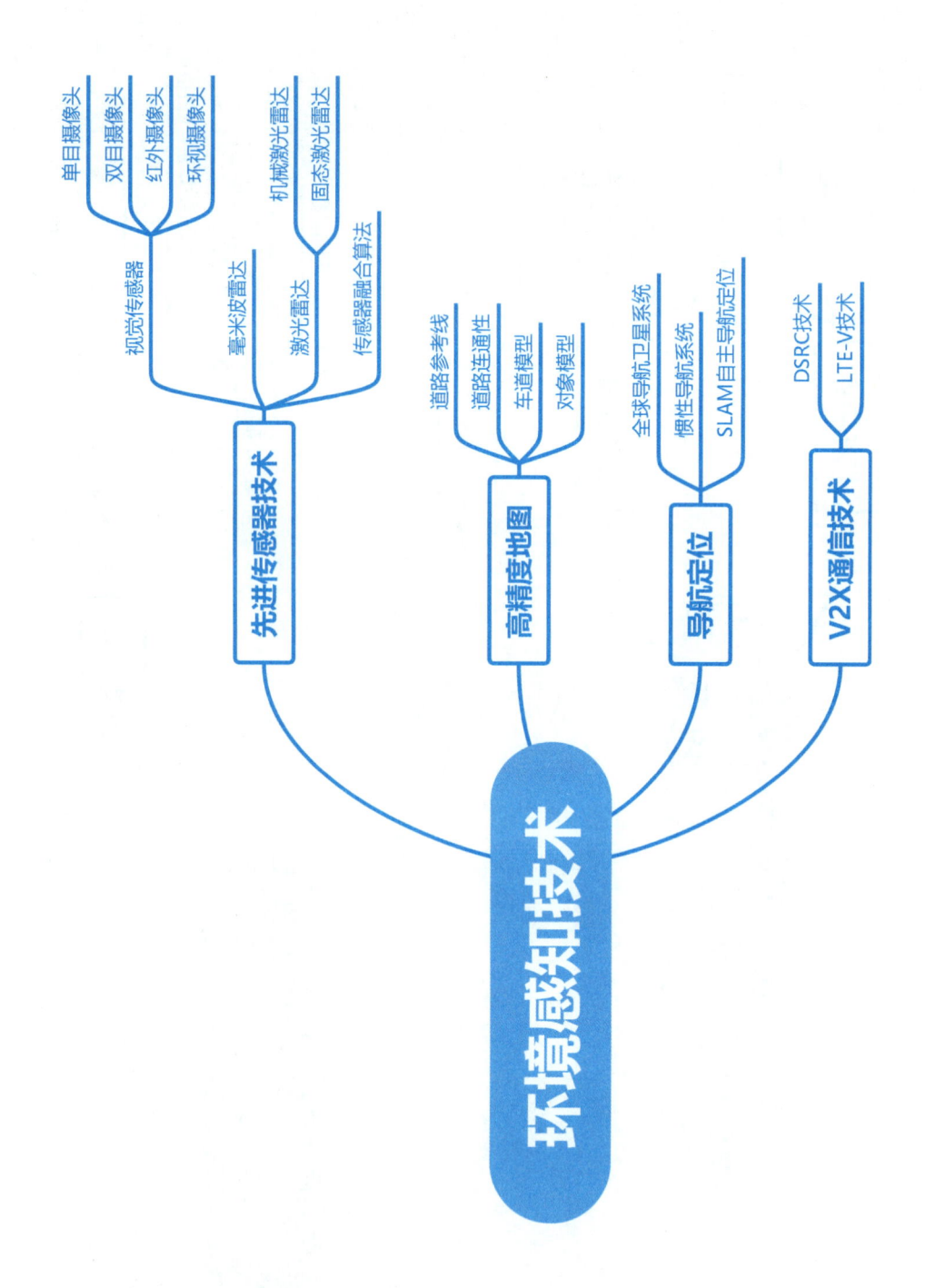

- **先进传感器技术**
  - 视觉传感器
    - 单目摄像头
    - 双目摄像头
    - 红外摄像头
    - 环视摄像头
  - 毫米波雷达
  - 激光雷达
    - 机械激光雷达
    - 固态激光雷达
  - 传感器融合算法
- **高精度地图**
  - 道路参考线
  - 道路连通性
  - 车道模型
  - 对象模型
- **导航定位**
  - 全球导航卫星系统
  - 惯性导航系统
  - SLAM自主导航定位
- **V2X通信技术**
  - DSRC技术
  - LTE-V技术

附录　各章知识小结导图

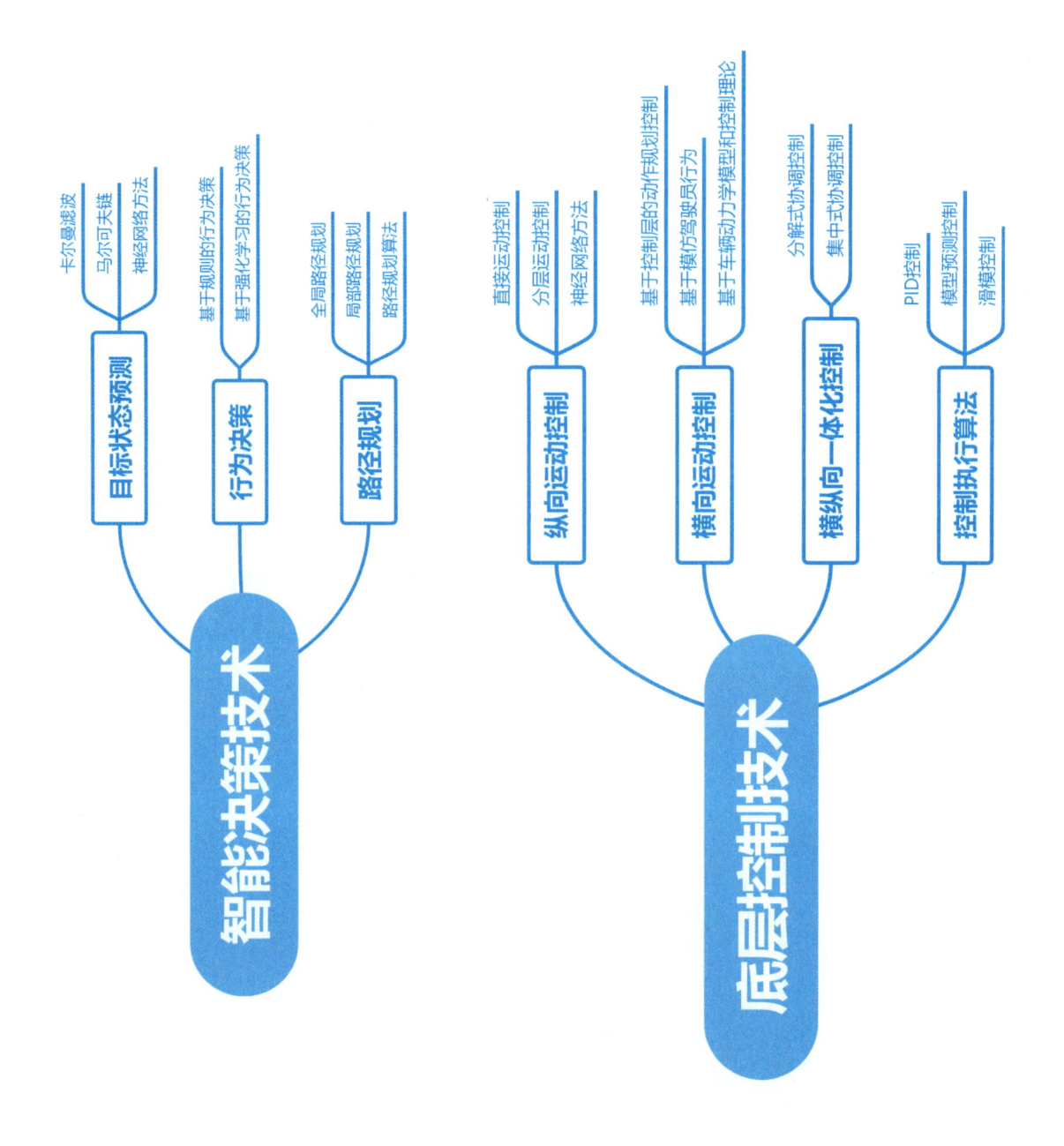

智能决策技术

- 目标状态预测
  - 卡尔曼滤波
  - 马尔可夫链
  - 神经网络方法
- 行为决策
  - 基于规则的行为决策
  - 基于强化学习的行为决策
- 路径规划
  - 全局路径规划
  - 局部路径规划
  - 路径规划算法

底层控制技术

- 纵向运动控制
  - 直接运动控制
  - 分层运动控制
  - 神经网络方法
- 横向运动控制
  - 基于控制层的动作规划控制
  - 基于模仿驾驶员行为
  - 基于车辆动力学模型和控制理论
- 横纵向一体化控制
  - 分解式协调控制
  - 集中式协调控制
- 控制执行算法
  - PID控制
  - 模型预测控制
  - 滑模控制

387